〔美〕西蒙·本尼卡 (**Simon Benninga**)
〔美〕塔尔·莫夫卡迪 (**Tal Mofkadi**) 著

陈代云 译

Finance Textbook

高级金融学译丛

财务金融建模
用 Excel 和 R（第五版）

FINANCIAL MODELING
Fifth Edition

格致出版社　上海人民出版社

本书首先是为了纪念西蒙·本尼卡,他被许多人认为是"财务金融建模之父"。西蒙·本尼卡是特拉维夫大学管理学院的金融学教授和Sofaer国际工商管理硕士项目主任并担任宾夕法尼亚大学沃顿商学院的客座教授多年。除了拥有许多学术成就外,西蒙还是一位很棒的老师,也是一个善良慷慨的人。多年来,他的知识、热情和幽默激励了他的学生、同事、金融专业人士和无数其他人。毫无疑问,他对生活和金融的热情像火一样蔓延开来,吸引了许多好奇的人。愿他的火永不熄灭。

本书也献给本尼卡家族的特里(Terry)、诺亚(Noah)、萨拉(Sara)和泽维(Zvi),以及莫夫卡迪家族的莉齐(Lizzie)、丹尼尔(Danielle)、达芙妮(Daphne)和埃玛(Emma)。

前言与致谢

本书的前四个版本已经使其成为金融学者和专业人士案头的"必备"之书。书中直接、动手实践的方法,通过使用 Excel 和 R 实现了解释和应用财务金融模型的融合,满足了学术和实务工作两个市场中读者的需求。他们意识到,入门课程中学习的金融基础知识的应用,通常需要另一种更高效的计算和实现方法。Excel 是金融领域使用最广泛的计算工具,是加深我们对材料理解的天然载体,而 R 和 Python 是学者和实务工作者最常用的编程语言。

我们为前几版《财务金融建模》的成功感到自豪,也尽了最大努力来更新和完善第五版,使其(或希望使其)更好。本书之前版本的用户会发现第五版在风格上类似,同时由于财务分析领域的进步,更好地解决了今天的需求并改进了所需的工具。

由于 Excel 被认为是理解金融理论实现的最佳方式,我们通过两种方法解决 Excel 的局限性(主要是大数据的可扩展性和效率):第一种是 VBA 代码,它可以在 Excel 中实现(VBA 是 Excel 的编程语言);第二种是 R,现在所有数据密集型的章节都有在 R 中的实现。在本书的配套网站上,你还可以找到这些材料的 Python 实现。

此外,我们用最新的数据更新了书中的所有例子,使它们更贴近时代。金融方面的进步也包括在内,如期权的二阶和三阶希腊字母以及蒙特卡罗方法。

本书包括七个部分。前五个部分各介绍一个特定的金融领域。这些部分彼此独立,但读者应该认识到,它们都建立在读者对财务金融领域有一定了解的基础之上。本书可不是一些介绍性的教程。

第一部分(第 1—6 章)讨论公司财务主题。第二部分(第 7—9 章)涵盖债券和收益率曲线模型。第三部分(第 10—15 章)是关于投资组合理论的讨论。第四部分(第 16—20 章)介绍了期权和衍生品主题。第五部分(第 21—27 章)介绍了蒙特卡罗方法及其在金融中的实现。

本书最后两部分本质上是技术性的。第六部分(第 28—33 章)涵盖了本书使用的 Excel 和 R 的各种主题。各章节可以根据需要阅读和使用。第七部分(第 34—37 章)涉及 VBA,由本杰明·恰奇克斯(Benjamin Czaczkes)撰写。不过请注意,为了使本书更精简,这部分内容收录在本书附带的配套网站上。本书的结构安排使得读者可以理解所有其他章节的财务建模材料而不需要 VBA 或 R 章节。

新材料与更新

这一版《财务金融建模》包含许多全新的和更新的材料。我们已经提到了 R 和 Python 的引入。我们对所有的章节都进行了审核,并在可以改进的地方对材料进行了调整。第 2 章"公司估值概述"、第 19 章"期权希腊字母"、第 25 章"风险价值"及第 27 章"期权定价的蒙特卡罗方法"已全面修订。

Getformula 和 Formulatext 函数

本版 Excel 文件包含使用用户能够跟踪单元格内容的两个等效函数,分别为 Getformula 和 Formulatext。这两个函数将在第 0 章"开始之前"中讨论。Getformula 是一个由用户定义的函数(使用 VBA),为了让它工作,你需要启用宏。为此,请转至"文件|选项|信任中心":

在"信任中心设置"中,建议设置如下:

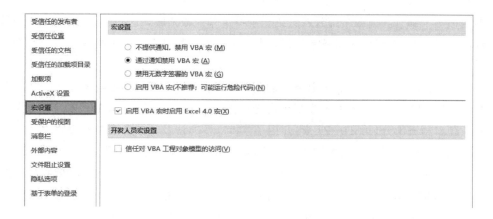

如果你选择了如图所示的设置,那么在第一次打开 Excel 工作簿时,你将遇到以下警告:

对于本书附带的工作簿,你可以安全地单击"启用内容",这样你就可以使用工作簿上的公式了。

Excel 版本

在本书中,我们使用了 Excel 365(2019 版)。据我们所知,所有的电子表格都可以在 Excel 2007、Excel 2010 和 Excel 2013 等不同版本中运行,不过,读者可能需要或多或少进行适应性调整。

配套网站

读者可以通过本书附带的配套网站访问所有章节和练习的 Excel 文件、Python 实现、VBA 部分、演示稿和其他相关材料。

在大学课程中使用《财务金融建模》

《财务金融建模》已经成为许多高级金融课程的首选,这些课程强调多种建模技能的结合,如 Excel、R 和 Python,以及对基础金融模型更深入的理解。《财务金融建模》经常用于第三或第四年的本科课程或第二学年的 MBA 课程。这些课程可以有很大的不同,并且会融入许多教师个人的调整,但它们似乎也有一些一般特征:

● 一门典型的课程以两到三节课入门,强调财务金融建模所需的技能(Excel/R/Python)。这些课程通常需要学生使用笔记本电脑跟随教授一起学习。尽管几乎所有的商学院学生都知道 Excel,但他们往往不知道模拟运算表(第 28 章)以及一些基本的金融函数(第 1 章和第 30 章)和数组函数(第 31 章)的巧妙之处。

● 大多数时长为一学期的课程最多涵盖财务金融建模的一个部分。假设在一门典型的大学课程中,每周学习一章,是上限(许多章节需要两周的时间),那么一门典型的课程可能会集中在公司金融(第 1—6 章),债券、收益率曲线模型和风险债务(第 7—9 章),投资组合理论(第 10—15 章),期权及衍生工具(第 16—20 章),或蒙特卡罗方法(第 21—27 章)上。

基于计算机的课程经常遇到如何组织期末考试的问题。有两种解决方案似乎很有效。一种选择是让学生(无论是单独还是团队)提交期末项目。例如,如果课程基于本书的第一部分,则期末项目可能是公司估值,第三部分是事件研究,第四部分是基于期权的项目,或使用蒙特卡罗方法计算复杂导数值(第五部分)。第二种选择是让学生通过电子邮件提交基于电子表格的考卷，并有严格的时间限制。例如，一位使用本书的教师在早上 9 点给他的班级发送期末考试试卷（电子表格问题的概要），并要求学生在中午之前以电子邮件的形式提交电子表格的答案。

致谢

我们感谢许多对本版本提出重要意见的人，他们是：Michael Antel，Shlomi Ben-Yehuda，Rafi Eldor，Iddo Eliazar，Aharon(Roni) Ofer，Roy Shalem，Itay Sharony。我们也要感谢麻省理工学院出版社的审稿人，感谢他们的优秀建议、评论和改进。特别感谢 Sagi Haim，他负责编译本书在 R 和 Python 中的实现。

最后，我们要感谢本书的文案编辑，威彻斯特出版服务公司的 Karen Brogno 和 John Donohue，他们一直以来都乐于助人且很有耐心。

免责声明

本书中的材料仅用于教学和教育目的，以说明在现实世界中遇到的类似情况。但是，它们可能不能被直接应用于现实。作者和麻省理工学院出版社对应用本书材料的后果不负任何责任。

摘自第四版序言

《财务金融建模》的前三个版本都得到了读者们令人满意的积极回应。通过使用 Excel 解释和应用财务金融模型，这本"食谱"满足了学术和实务工作这两个市场的需求，读者们意识到，应用入门金融课程中学习的金融基础知识时，需要另一种更高效的计算和实现方法。Excel 是金融领域使用最广泛的计算工具，是加深我们对金融知识理解的天然工具。

在第四版《财务金融建模》中，我增加了一些关于蒙特卡罗方法的章节（第 24—30 章），其目的是提高读者对金融模型模拟的关注。我确信，对模型的统计理解（"投资组合收益率的均值和标准差是什么？"）低估了不确定性的影响。只有对模型和回归过程进行模拟，才能对不确定性的维度有较好的把握。

增加了蒙特卡罗的部分后，本书现在包括七个部分。前五部分中的每一部分分别涉及财务金融中的一个特定领域。这些部分是相互独立的，但是读者应该认识到，它们都假设读者对财务金融领域有一定的熟悉程度——《财务金融建模》不是介绍性的教材。第一部分（第 1—7 章）讨论公司财务问题；第二部分（第 8—14 章）讨论投资组合模型；第三部分（第 15—19 章）讨论期权模型；第四部分（第 20—23 章）讨论债券相关的主题；第五部分（第 24—30 章），如前所述，向读者介绍金融中的蒙特卡罗方法。

本书的最后两部分本质上是技术性的。第六部分（第 31—35 章）涉及各种 Excel 主题，这些主题贯穿全书。这一部分内容可以根据需要阅读和使用。第七部分（第 36—39 章）讨论 Excel 的编程语言——Visual Basic for Applications(VBA)。在整本《财务金融建模》中使用 VBA 来创建函数和程序，可以使学习更加容易。但从读者可以理解本书所有其他章节的材料而不需要 VBA 章节这个原则上说，它从来不是必修的。

致谢

感谢许多对这个版本提出了重要意见的人：Meni Abudy, Zvika Afik, Javierma Bedoya, Lisa Bergé, Elizabeth Caulk, Sharon Garyn-Tal, Victor Lampe, Jongdoo Lee, Erez Levy, Warren Miller, Tal Mofkadi, Roger Myerson, Siddhartha Sarkar, Maxim Sharov, Permjit Singh, Sondre Aarseth Skjerven,

Alexander Suhov, Kien-Quoc Van Pham, Chao Wang, Tim Wuu。

最后, 我要感谢:麻省理工学院出版社的编辑 John Covell, 麻省理工学院出版社的主任 Ellen Faran, 以及 Books By Design 的 Nancy Benjamin 和她的编辑团队。他们都给予了我无尽的帮助和耐心。

摘自第三版序言

《财务金融建模》的前两个版本都得到了读者令人满意的积极回应。通过使用 Excel 解释和实现财务金融模型,这本"食谱"满足了学术和实务工作这两个市场的需求,读者们认识到,在应用入门金融课程中学习的金融基础知识时,通常需要另一种更高效的计算和实现方法。Excel 是金融领域使用最广泛的计算工具,是加深我们对金融知识理解的天然工具。

致谢

首先,我想感谢一群出色的编辑:John Covell, Nancy Lombardi, Elizabeth Murry, Ellen Pope, Peter Reinhart。接下来,我要感谢一群敬业的同事,他们阅读了《财务金融建模》的打字稿:Michael Chau, Jaksa Cvitanic, Arindam Bandopadhyaya, Richard Harris, Aurele Houngbedji, Iordanis Karagiannidis, Yvan Lengwiler, Nejat Seyhun, Gökşe Soydemir, David Y. Suk。

本版《财务金融建模》的许多变化都来源于读者的评论,他们一直在孜孜不倦地提供建议和改进意见。我遵循了《财务金融建模》前两个版本的传统,感谢那些评论被纳入本版本的读者:Meni Abudy, Zvika Afik, Gordon Alexander, Apostol Bakalov, Naomi Belfer, David Biere, Vitaliy Bilyk, Oded Braverman, Roeland Brinkers, Craig Brody, Salvio Cardozo, Sharad Chaudhary, Israel Dac, Jeremy Darhansoff, Toonde Bakker, Govind vyas Dharwada, Davey Disatnik, Kevin P. Dowd, Brice Dupoyet, Cederik Engel, Orit Eshel, Yaara Geyra, Rana P. Ghosh, Bjarne Jensen, Marek Jochec, Milton Joseph, Erez Kamer, Saggi Katz, Emir Kiamilev, Brennan Lansing, Paul Ledin, Paul Legerer, Quinn Lewis, David Martin, Tom McCurdy, Tsahi Melamed, Tal Mofkadi, Geoffrey Morrisett, Sandip Mukherji, Max Nokhrin, Michael Oczkowski, David Pedersen, Mikael Petitjean, Georgio Questo, Alex Riahi, Arad Rostampour, Joseph Rubin, Andres Rubio, Ofir Shatz, Natalia Simakina, Ashutosh Singh, Permjit Singh, Gerald Strever, Shavkat Sultanbekov, Ilya Talman, Mel Tukman, Daniel Vainder, Guy Vishnia, Torben Voetmann, Chao Wang, James Ward, Roberto Wessels, Geva Yaniv, Richard Yeh, Werner Zitzman。

最后,我要感谢我的妻子特里,她非常耐心。在过去的五年里,她完成了两本书并担任商学院院长的职务,保持了我们之间的平衡。

摘自第二版序言

本书的目的仍然是为在 Excel 中实现常见的财务金融模型提供一本"食谱"。这个版本已经扩展了六个额外的章节，涵盖财务计算、资本成本、风险价值（VaR）、实物期权、提前行权边界和期限结构建模。还有一个额外的技术章节，包含 Excel 提示的集合。

我感谢许多人（除了前面序言中提到的那些人）的帮助和建议：Andrew A. Adamovich, Alejandro Sanchez Arevalo, Yoni Aziz, Thierry Berger-Helmchen, Roman Weissman Bermann, Michael Giacomo Bertolino, John Bollinger, Enrico Camerini, Manuel Carrera, Roy Carson, John Carson, Lydia Cassorla, Philippe Charlier, Michael J. Clarke, Alvaro Cobo, Beni Daniel, Ismail Dawood, Ian Dickson, Moacyr Dutra, Hector Tassinari Eldridge, Shlomy Elias, Peng Eng, Jon Fantell, Erik Ferning, Raz Gilad, Nir Gluzman, Michael Gofman, Doron Greenberg, Phil Hamilton, Morten Helbak, Hitoshi Hibino, Foo Siat Hong, Marek Jochec, Russell W. Judson, Tiffani Kaliko, Boris Karasik, Rick Labs, Allen Lee, Paul Legerer, Guoli Li, Moti Marcus, Gershon Mensher, Tal Mofkadi, Stephen O'Neil, Steven Ong, Oren Ossad, Jackie Rosner, Steve Rubin, Dvir Sabah, Ori Salinger, Meir Shahar, Roger Shelor, David Siu, Maja Sliwinski, Bob Taggart, Mauri Tamarkin, Mun Hon Tham, Efrat Tolkowsky, Mel Tukman, Sandra van Balen, Michael Verhofen, Lia Wang, Roberto Wessels, Ethan Weyand, Ubbo Wiersema, Weiqin Xie, Ke Yang, Ken Yook, George Yuan, Khurshid Zaynutdinov, Ehud Ziegelman, Eric Zivot。我还要感谢我的编辑们，他们再次给了我很大的帮助：Nancy Lombardi, Peter Reinhart, Victoria Richardson, Terry Vaughn。

摘自第一版序言

就像它的前身——《金融中的数值技术》(*Numerical Techniques in France*),这本书的目的是介绍一些重要的财务金融模型,并展示它们如何使用 Excel 进行数值求解和/或模拟。从这个意义上说,这是一本金融"食谱"。和任何食谱一样,这本书提供的"食谱"包括"食材"清单以及"制作和烘焙"的说明。任何厨师都知道,食谱只是一个起点,按照食谱做了很多次后,你可以考虑自行加工,使结果符合你的口味和需要。

本书涵盖了公司财务、财务报表模拟、投资组合问题、期权、投资组合保险、期限和免疫等领域的标准财务金融模型。每个案例的目的都是使用 Excel 清晰而简洁地解释模型的实现。除了需要理解数值实现的地方,本书很少提供理论。

虽然 Excel 通常不是用于高级工业强度计算的工具(投资组合就是一个例子),但它是一个很好的工具,可以用于理解金融建模中涉及的复杂计算。通常情况下,对模型的充分理解来自计算它们,Excel 是用于这一目的的最容易上手且强大的工具之一。

在这个过程中,很多学生、同事和朋友(他们并不矛盾)都给了我建议和评论。我特别感谢 Olivier Blechner, Miryam Brand, Elizabeth Caulk, John Caulk, Benjamin Czaczkes, John Ferrari, John P. Flagler, Dan Fylstra, Kunihiko Higashi, Julia Hynes, Don Keim, Anthony Kim, Ken Kunimoto, Rick Labs, Adrian Lawson, Philippe noore, Isidro Sanchez Alvarez, Nir Sharabi, Edwin Strayer, Robert Taggart, Mark Thaler, Terry Vaughn 和 Xiaoge Zhou。最后,我要感谢一组很棒的编辑:Nancy Lombardi, Peter Reinhart, Victoria Richardson, Terry Vaughn。

Contents

目 录

第三部分 投资组合理论

0

开始之前

0.1　模拟运算表

本书广泛使用模拟运算表。我们建议读者首先确保理解模拟运算表（请阅读第 28 章，特别是第 28.1—28.5 节）。模拟运算表在敏感性分析中发挥绝对关键的作用，而敏感性分析又是大多数财务金融模型不可或缺的一部分。它们有点复杂，但对金融建模者的"武器库"来说是无价的补充。

在本章的剩余内容中，我们将讨论 Getformula、Formulatext 和 R。

0.2　Getformula 是什么

本版《财务金融建模》的 Excel 文件包含一个名为 Getformula 的函数，该函数可以对电子表格进行注释。在下面的例子中，单元格 C5 显示了单元格 B5 中包含的公式；这个公式计算了一笔金额为 16.5 万美元、利率为 8％的 7 年期贷款的年度还款金额。单元格 C5 包含函数 ＝Getformula(B5)。

⊿	A	B	C	D	E	F	G
2	本金	165,000					
3	利率	8%					
4	期限	7	<— years				
5	年偿还金额	31,691.95	<— =PMT(B3,B4,-B2)				

在本章中，我们将介绍如何将该公式添加到你的 Excel 工作簿。Mac 用户需要注意：这些说明只适用于 Excel 2011 及以上版本。

0.3 怎样在你的 Excel 工作簿中添加 Getformula

（1）打开要在其中使用该公式的 Excel 工作簿。

（2）打开 VBA 编辑器：

- 在 Windows 操作系统中：[Alt]＋F11。
- 在 Mac 操作系统（Excel 2011）中：Tools|Macro|Visual Basic Editor。

（3）这将打开 VBA 编辑器。

Windows 屏幕	Mac 屏幕
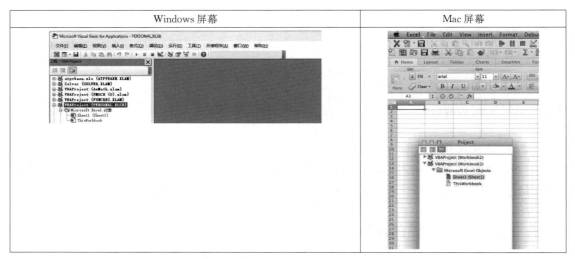	

（4）在屏幕顶端选择"插入|模块"。

Windows 屏幕	Mac 屏幕
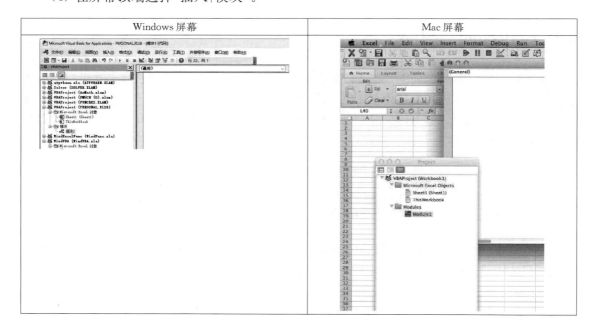	

（5）现在，将以下文本插入模块窗口（显示为"通用"）。

```
'8/5/2006 Thanks to Maja Sliwinski and Beni
Czaczkes
Function getformula(r As Range) As String
    Application.Volatile
    If r.HasArray Then
    getformula = "<—" & " {" & r.FormulaArray
    & "}"
    Else
    getformula = "<—" & " " & r.FormulaArray
    End If
End Function
```

在 Windows 系统下，关闭 VBA 窗口（不需要保存）。在 Mac 系统下，可继续在电子表格上工作。该公式现在是电子表格的一部分，并将与它一起被保存。

0.4 保存 Excel 工作簿：Windows

为了保存包含 VBA 宏 Getformula 的 Excel 工作簿，你必须将其保存为"启用宏的工作簿"。

启用宏的工作簿的扩展名为.xlsm，而普通 Excel 工作簿的扩展名为.xlsx。你的用户永远不会知道其中的区别。

我们已经改变了 Excel 的设置（文件｜选项｜保存），使保存启用宏的工作簿成为默认选项：

0.5　保存 Excel 工作簿：Mac

在 Mac 系统中，保存启用宏的工作簿时屏幕显示如下：

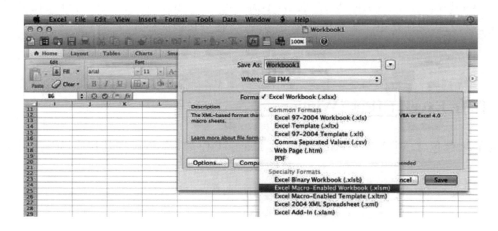

0.6　你必须把 Getformula 添加到每个 Excel 工作簿吗?

简单的回答是"是的"。你可以创建一个 Excel 插件程序，其中包含 Getformula（参见本书附带的配套网站上的第 37 章），但这将使你更难以共享你的工作簿。我们更倾向于将 Getformula 放在我们创建的每一个新电子表格中。

0.7　使用 Formulatext( )代替 Getformula

Excel 2013 及后续版本均包含一个内置函数，名为 Formulatext，基本与 Getformula 的功能相同。在 Formulatext 和 Getformula 之间有一些细微的区别值得注意：

（1）Formulatext 不包含指向左边的箭头。这可以通过将字符串"＜－－"（小于和两个负号）连接到 Formulatext 轻松解决，如下所示。

	A	B	C	D	E	F	G
1			GETFORMULA 与 FORMULATEXT对比				
2			1. Formulatext 和 "<--"&Formulatext				
3	16	=2*8		<--=FORMULATEXT(A3)			
4	16	<--=2*8		<--="<--"&FORMULATEXT(A4)			

（2）当指向一个没有公式的单元格时，Formulatext 将返回一个错误（♯N/A），而 Getformula 将简单地返回值。

	A	B	C	D	E	F	G
6	2. Formulatext 在没有公式时返回"N/A"						
7	单元格	Getformula		Formulatext			
8	20	<-- =5*4	=@getformula(A8)	<--="<--"&FORMULATEXT(A8)			
9	5*4	<-- 5*4	=@getformula(A9)	#N/A	="<--"&FORMULATEXT(A9)		
10	20	<-- 20	=@getformula(A10)	#N/A	="<--"&FORMULATEXT(A10)		
11	Lizzie	<-- Lizzie	=@getformula(A11)	#N/A	="<--"&FORMULATEXT(A11)		

（3）Formulatext 无法在 Excel 2013 之前的 Excel 版本上工作，如果你与许多用户共享工作簿，这将使他们感到沮丧。

（4）但是，Formulatext 是 Excel 后期版本中的本机函数，因此不需要手动将其添加到每个 Excel 文件。

（5）要使用 Getformula，必须在用户的机器上启用宏。这有时可能会引起问题，特别是在大型组织中。然而，由于本书广泛使用 VBA，因此这不应该是一个有效的约束。

0.8　使用 Getformula 和 Formulatext 的快捷方式

一旦你把 Getformula 添加到 Excel 工作簿，你就必须使用它！这个函数绝大多数时候被用于解释公式所在单元格左侧单元格的内容：

	A	B	C	D	E	F	G	H	I
1			自动添加 FORMULATEXT 和 GETFORMULA						
2	项目	值							
3	A	5							
4	B	6		这个单元格包含 {=getformula(B7)}					
5	C	8							
6	D	9							
7	平均值	7	<-- =AVERAGE(B3:B6)						

我们把一个简短的宏放到了我们的个人工作簿（Personal notebook）中，它可以自动执行这个过程。本节的其余部分将描述如何使 Getformula（或 Formulatext）过程自动化。

自动化过程

我们希望将 Getformula(或 Formulatext)被放入单元格的过程自动化:

- 将其变成一个宏。
- 为这个宏指定一个快捷键(在我们的例子中是[Ctrl]+e)。
- 使宏和快捷键在 Excel 电子表格中可用。

我们将宏保存到我们的"Personal.xlsb"文件中。每次启动 Excel 时,该文件都会被自动激活。它是你一个人的——电子表格的其他读者不会看到它。下面我们将介绍 Windows 和 Mac 的操作步骤。

0.9 在 Windows 系统中录制 Getformula

下面是在 Windows 系统中记录宏的步骤:

- 激活菜单栏上的"开发工具"选项卡。
- 使用"录制宏"以将宏保存到个人工作簿中。

激活开发工具选项卡

点击"文件|选项|自定义功能区"并激活"开发工具"选项卡,如下所示:

使用录制宏

开发工具选项卡允许录制宏并将其保存为"Personal.xlsb"工作簿的一部分。

（1）打开一个空白 Excel 工作簿，点击"开发工具"选项卡然后点击"录制宏"：

Excel 将询问录制的详细信息。这是我们输入的信息。我们将其保存为"个人宏工作簿"，然后使用快捷键"［Ctrl］＋e"：

（2）现在转到你的电子表格并使用 Getformula，指向你希望 Getformula 出现的位置左侧的单元格。在下面的电子表格中，我们在单元格 C7 中输入＝Getformula（B7）：

	A	B	C
2	项目	值	
3	A	5	
4	B	6	
5	C	8	
6	D	9	
7	平均值	7	<-- =AVERAGE(B3:B6)

（3）回到"开发工具"选项卡，并停止录制：

（4）关闭 Excel。Excel 会询问你是否要保存个人工作簿。答案当然是肯定的：

这将创建以下文件：C:\Users\Tal_Mofkadi\AppData\Roaming\Microsoft\Excel\XL-START\PERSONAL.XLSB（"Tal_Mofkadi"当然是作者之一在其计算机上的用户名——在你的案例中，你将用你的用户名代替。

使用宏

从现在起，无论何时在电脑上打开 Excel 文件，都可以使用 Ctrl＋e 自动添加 Getformula，该公式指向它左边的单元格。

0.10　在 Mac 系统中录制 Getformula

要在 Excel 中记录宏，请使用"工具│宏│录制新宏"（Tools│Macro│Record New Macro）：

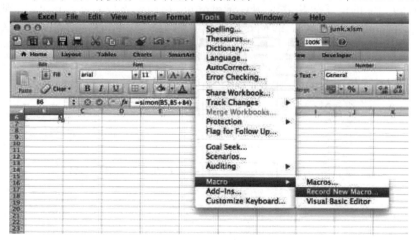

停止录制：

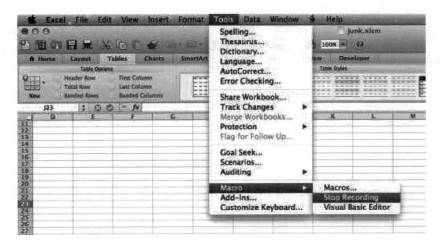

　　与 Windows 的情况一样，系统将提示你为宏命名并为其分配快捷键。当你保存电子表格时，系统将询问你是否要保存个人工作簿。大功告成！

0.11　使用 R

　　财务金融建模有时需要比 Excel 更系统的工具。虽然 Excel 是一个很好用的工具，特别是与 VBA 结合使用时，但许多从业人员也会使用其他统计程序，如 R 和 python。①本书的第一和第二部分并不需要使用这些工具，但是第三到第五部分的内容技术性更强，确实需要用到它们。在这几章中，我们将展示 Excel 和 R 的应用。在本书的配套网站（http://mitpress.mit.edu/FM5）上，你可以找到 Excel 文件、R 文件以及相应的 Python 文件。你在那里也可以找到有助于教学和学习的 PowerPoint 文件。

　　在 R 中实现编程（编码）的开发环境是 RStudio。我们强烈建议你习惯使用它，因为这也是行业标准。②

---

① 要更好地理解 R，请参阅 https://www.r-project.org/。要更好地了解 Python，请参见 https://www.python.org/。

② 参见 https://rstudio.com/。

第一部分　公司金融

1

基本财务分析

1.1 概述

本章的目的是提供一些财务基础知识以及它们的 Excel 实现。如果你已经很好地学过金融学入门课程,本章可能仅作复习之用。[①]

本章涵盖以下内容:净现值(NPV);内部收益率(IRR);还款时间表和贷款表;未来价值;养老金和积累问题;连续复利;特定日期现金流(Excel 函数 XNPV 和 XIRR)。

几乎所有的财务问题都围绕着计算一段时间内一系列现金收入的现值展开。现金收入(我们称之为现金流)可能是确定的,也可能是不确定的。在 t 时刻预期收到的现金流 F_t 的现值为 $\dfrac{CF_t}{(1+r)^t}$。这个表达式的分子通常被理解为 t 时刻的期望现金流,分母中的贴现率 r 是根据期望现金流的风险进行调整的——风险越高,贴现率越高。

计算现值的一个基本概念是机会成本(opportunity cost)。机会成本是使一项投资成为具有类似风险特征的其他投资的可行替代方案所需的回报。在金融文献中,机会成本有许多同义词,其中包括贴现率、资金成本、利率。当被应用于风险现金流时,我们有时将机会成本称为风险调整贴现率(RADR)或加权平均资本成本(WACC)。显而易见,这个贴现率应该进行风险调整(即,资本成本应该反映与期望现金流相同的风险),很多标准金融文献都讨论了如何做到这一点。正如后文将要提到的,当计算净现值时,我们使用投资的机会成本作为贴现率。我们在计算内部收益率时,会将计算得到的收益率与投资的机会成本进行比较以判断其价值。

[①] 在我们的《基于 Excel 的金融学原理》(*Principles of Finance with Excel*)第三版(牛津大学出版社,2017)中,我们详细讨论了许多基本的 Excel/财务主题。

1.2 现值和净现值

现值和净现值这两个概念都与一组未来期望现金流的现值有关。举个例子,假设我们正在评估一项投资,该投资承诺在今年年底和未来四年每年支付 100 美元。我们假设这些现金流是无风险的:毫无疑问,这一系列的 5 次支付,每次 100 美元,将会实际得到执行。如果一家银行为 5 年期存款支付 4% 的年利率,那么这 4% 就是该项投资的机会成本,也就是我们想要比较投资回报的替代基准收益率。我们可以用这个机会成本作为贴现率,通过贴现现金流来计算投资的价值。

	A	B	C	D
1			计算现值	
2	贴现率	4%		
3	年份	现金流	现值	
4	0			
5	1	100	96.15	<--=B5/(1+$B$2)^A5
6	2	100	92.46	<--=B6/(1+$B$2)^A6
7	3	100	88.90	<--=B7/(1+$B$2)^A7
8	4	100	85.48	<--=B8/(1+$B$2)^A8
9	5	100	82.19	<--=B9/(1+$B$2)^A9
10				
11	现值			
12	加总单元格 C5:C9	445.18	<--=SUM(C5:C9)	
13	运用 Excel 的 NPV 函数	445.18	<--=NPV(B2,B5:B9)	
14	运用 Excel 的 PV函数	445.18	<--=PV(B2,5,-100)	

现值 445.18 是该项投资的现值。在竞争性市场中,现值应该与现金流的市场价格相对应。上面的电子表格说明了获得该值的三种方法:

• 对单元格 C5:C9 中的单个现值求和。注意,我们使用"^"表示幂。为了简化复制,请小心使用相对引用和绝对引用;例如,C5 单元格中的=B5/(1+$B$2)^A5。

• 使用 Excel 的 NPV 函数。要注意的是,正如后面的小节中所显示的,Excel 的 NPV 函数被不恰当地命名——它实际上计算的是现值,而不是净现值。

• 使用 Excel 的 PV 函数。这个函数计算一系列固定支付的现值。PV(B2,5,−100) 是以单元格 B2 中的值作为贴现率的 5 次支付、每次支付 100 美元这一组现金流的现值。当现金流为正时,PV 函数返回负值;为了防止这种情况发生,我们在计算中将现金流设为负。[①]

Excel 的 PV 函数和 NPV 函数之间的差异

前面的电子表格可能会给人留下错误的印象,认为 PV 函数和 NPV 函数执行完全相同的计算。但事实并非如此——NPV 函数可以处理任何类型的现金流,而 PV 函数只能处理恒

[①] 正现金流返回负值,要不是因为都有这个奇怪的属性,一些 Excel 函数,比如 PMT 和 PV,就是完美无瑕的了。导致微软以这种方式编写这些函数的逻辑有些复杂,不值得解释。

	A	B	C	D
1			计算现值 本例中为不等额现金流 单独为每笔现金流贴现或运用 Excel的 NPV函数 Excel的 PV函数不适用该情形		
2	贴现率	4%		
3		年份	现金流	现值	
4	0			
5	1	100	96.15	<--=B5/(1+$B$2)^A5
6	2	200	184.91	<--=B6/(1+$B$2)^A6
7	3	300	266.70	<--=B7/(1+$B$2)^A7
8	4	400	341.92	<--=B8/(1+$B$2)^A8
9	5	500	410.96	<--=B9/(1+$B$2)^A9
10				
11	现值			
12	加总单元格 C5:C9	1,300.65	<--=SUM(C5:C9)	
13	运用 Excel的 NPV 函数	1,300.65	<--=NPV(B2,B5:B9)	

定的现金流。

Excel 的 NPV 函数的命名是错误的

在标准财务术语中，一系列现金流的现值是未来现金流在今天的价值：

$$现值 = \sum_{t=1}^{N} \frac{CF_t}{(1+r)^t}$$

净现值是现值减去获得资产的成本（零时刻的现金流）：

$$净现值 = \sum_{t=0}^{N} \frac{CF_t}{(1+r)^t} = \underbrace{CF_0}_{\substack{\text{在许多情况下}\\CF_0<0,\text{意味}\\\text{着取得资产所}\\\text{支付的价格}}} + \underbrace{\sum_{t=1}^{N} \frac{CF_t}{(1+r)^t}}_{\substack{\text{这是 Excel 的 NPV}\\\text{函数给出的现值}}}$$

Excel 关于贴现现金流的表示与标准财务术语有些不同。要使用 Excel 计算一系列现金流的财务净现值，我们必须计算未来现金流的现值（使用 Excel 的 NPV 函数），并考虑零时刻的现金流（这通常是相关资产的成本）。

净现值

假设前述投资以 1 500 美元的价格出售。很明显，这一价格偏高，因为考虑到 4% 的替代收益率（贴现率），该投资的价值仅为 1 300.65 美元。净现值的概念在这里适用。用 r 表示投资适用的贴现率，计算净现值得到：

$$NPV = CF_0 + \sum_{t=1}^{N} \frac{CF_t}{(1+r)^t}$$

其中，CF_t 为该项投资在时间 t 的现金流，CF_0 为今日的现金流。

例如，假设一组连续支付 5 次、每次支付 100 美元的现金流以 250 美元的价格出售。那么，如下图所示，$NPV = 195.18$。

	A	B	C	D
1			计算净现值	
2	贴现率	4%		
3	年份	现金流	现值	
4	0	-250	-250.00	<--=B4/(1+$B$2)^A4
5	1	100	96.15	<--=B5/(1+$B$2)^A5
6	2	100	92.46	<--=B6/(1+$B$2)^A6
7	3	100	88.90	<--=B7/(1+$B$2)^A7
8	4	100	85.48	<--=B8/(1+$B$2)^A8
9	5	100	82.19	<--=B9/(1+$B$2)^A9
10				
11	净现值			
12	加总单元格 C4:C9	195.18	<--=SUM(C4:C9)	
13	运用Excel的 NPV 函数	195.18	<--=B4+NPV(B2,B5:B9)	

净现值代表现金流的购买者所积累的财富增量。如果你以 250 美元购买 5 笔 100 美元的现金流,那么今天你的财富增加了 195.18 美元。在竞争性市场中,一系列现金流的净现值应该为零,原因是现值应该与现金流的市场价格相对应。换句话说,在竞争性市场中,假设 4% 是正确的风险调整贴现率,我们的 5 笔 100 美元的现金流的市场价格应该是 445.18 美元。

年金和永续年金的现值——一些有用的公式[①]

年金(annuity)是一种在未来每个时期支付固定现金流的证券。年金可能有一系列有限的支付。当偿付期为无穷时,称为永续年金。当定期现金流为 C,适当的贴现率为 r 时,则支付 n 期的年金在今天的价值为:

$$年金的\ PV = \frac{C}{(1+r)^1} + \frac{C}{(1+r)^2} + \cdots + \frac{C}{(1+r)^n} = \frac{C}{r}\left(1 - \frac{1}{(1+r)^n}\right)$$

如果年金承诺无限期的等额未来支付($n \rightarrow \infty$),则公式可简化为:

$$永续年金的\ PV = \frac{C}{(1+r)^1} + \frac{C}{(1+r)^2} + \cdots = \frac{C}{r}$$

这两个公式都可以用 Excel 计算。下面我们用三种方法计算有限期年金的价值——使

	A	B	C
1			计算年金价值
2	定期偿付额, C	1,000	
3	未来偿付期数, n	5	
4	贴现率, r	6%	
5	年金的现值		
6	运用公式	4,212.36	<--=B2*(1-1/(1+B4)^B3)/B4
7	运用Excel的 PV函数	4,212.36	<--=PV(B4,B3,-B2)
8			
9	期数	年金	
10	0		
11	1	1,000.00	<--=B2
12	2	1,000.00	
13	3	1,000.00	
14	4	1,000.00	
15	5	1,000.00	
16			
17	运用Excel的NPV函数计算现值	4,212.36	<--=NPV(B4,B11:B15)

---

① 本节中的所有公式都依赖于一些众所周知但经常被遗忘的高中代数的内容。

用前述公式(单元格 B6)、使用 Excel 的 PV 函数(单元格 B7)和使用 Excel 的 NPV 函数(单元格 B17)。

计算永续年金(无限期年金)的价值甚至更简单,如下面的电子表格所示:

	A	B	C
1	**永续年金(无限期年金)的价值**		
2	定期偿付额, C	1,000	
3	贴现率, r	6%	
4	年金的现值	16,666.67	<--=B2/B3

增长型年金的价值

增长型年金在首期支付的金额为 C,该金额每期以增长率 g 增长。如果年金是有限期的,则其在今天的价值为:

$$有限期增长型年金的 \ PV = \frac{C}{(1+r)^1} + \frac{C(1+g)}{(1+r)^2} + \frac{C(1+g)^2}{(1+r)^3} + \cdots + \frac{C(1+g)^{n-1}}{(1+r)^n}$$

$$= \frac{C}{r-g}\left(1 - \left(\frac{1+g}{1+r}\right)^n\right)$$

利用这个公式,令 $n \to \infty$,我们可以计算出一个增长型永续年金(无限期增长年金)的价值:

$$增长型永续年金的 \ PV = \frac{C}{(1+r)^1} + \frac{C(1+g)}{(1+r)^2} + \frac{C(1+g)^2}{(1+r)^3} + \cdots$$

$$= \frac{C}{r-g}, \ g < r$$

这些公式可以很容易地在 Excel 中实现。下面我们使用前述公式(单元格 B7)和 Excel 的 NPV 函数(单元格 B17)计算有限期增长型年金的价值。

	A	B	C
1	**计算有限期增长型年金的价值**		
2	首笔偿付额, C	1,000	
3	增长率, g	3%	
4	未来偿付期数, n	5	
5	贴现率, r	6%	
6	年金的现值		
7	运用公式	4,457.43	<--=B2*(1-((1+B3)/(1+B5))^B4)/(B5-B3)
8			
9	**期数**	**年金**	
10	0		
11	1	1,000.00	<--=B2
12	2	1,030.00	<--=$B$2*(1+$B$3)^(A12-$A$11)
13	3	1,060.90	<--=$B$2*(1+$B$3)^(A13-$A$11)
14	4	1,092.73	<--=$B$2*(1+$B$3)^(A14-$A$11)
15	5	1,125.51	<--=$B$2*(1+$B$3)^(A15-$A$11)
16			
17	运用Excel的NPV函数计算现值	4,457.43	<--=NPV(B5,B11:B15)

当增长型年金为无限期偿付时,称为增长型永续年金。下一个电子表格显示了它的值是如何计算的。

	A	B	C
1	计算增长的永续年金(无限期增长的年金)的价值		
2	定期偿付额, C	1,000	<-- 从日期1开始
3	增长率, g	3%	
4	贴现率, r	6%	
5	年金的现值	33,333.33	<-=IF(B3<B4,B2/(B4-B3),"NA")

戈登公式

戈登(Gordon)公式以股权成本 r_E 为其未来预期股息贴现率来估算股票的价值。设 P_0 为当前股价, Div_0 为当前股息, g 为未来股息的增长率,则有:

$$P_0 = \sum_{t=1}^{\infty} \frac{Div_0(1+g)^t}{(1+r_E)^t}$$

使用无限期增长型年金的公式,我们可以将其写成:

$$P_0 = \frac{Div_0(1+g)}{(r_E - g)}, \ g < r_E$$

在第 2 章、第 4 章、第 5 章和第 6 章中,我们使用戈登公式对公司的终值进行建模,在第 3 章中我们通过对该公式求反函数来为股权成本 r_E 进行建模。

1.3 内部收益率和贷款表

内部收益率被定义为使净现值等于零的复合收益率 r:

$$IRR = (r \mid NPV(r) = 0) \rightarrow CF_0 + \sum_{t=1}^{N} \frac{CF_t}{(1+IRR)^t} = 0$$

为了说明这一点,请考察下面电子表格中第 3—8 行给出的例子:在第 0 年花费 800 美元的项目,在第 1 年到第 5 年,每年结束时回报了一系列可变的现金流。项目的内部收益率(单元格 B10)为 19.54%。

	A	B	C
1	计算内部收益率		
2	年份	现金流	
3	0	-800	
4	1	100	
5	2	200	
6	3	300	
7	4	400	
8	5	500	
9			
10	内部收益率 (IRR)	19.54%	<-=IRR(B3:B8)

请注意,Excel 的 IRR 函数以投资的所有现金流作为参数,包括第一个(在本例中为负)现金流—800。

通过试错确定内部收益率

计算内部收益率没有简单的数学公式。Excel 的 IRR 函数使用试错法，可以通过电子表格来模拟，如下图所示。我们从贴现率开始（下面的例子中是 6％），计算项目的净现值。

	A	B	C
1		计算内部收益率	
2	贴现率 (r)	6.00%	
3	年份	现金流	
4	0	-800	
5	1	100	
6	2	200	
7	3	300	
8	4	400	
9	5	500	
10			
11	净现值 (NPV)	414.69	<--=NPV(B2,B5:B9)+B4

通过调整贴现率或使用 Excel 的"单变量求解"（在"数据 | 模拟分析"工具栏之下，参见第 31 章），我们可以确定在贴现率为 19.54％时，单元格 B11 中的净现值为零。

	A	B	C
1		计算内部收益率	
2	贴现率 (r)	19.54%	
3	年份	现金流	
4	0	-800	
5	1	100	
6	2	200	
7	3	300	
8	4	400	
9	5	500	
10			
11	净现值 (NPV)	0.00	<-- =NPV(B2,B5:B9)+B4

我们允许 Excel 通过将 NPV 指向目标单元格来更改利率单元格，从而将净现值设置为零。下面是在我们得到正确答案之前，"单变量求解"界面的样子。

投资表和内部收益率

内部收益率是投资支付的复合收益率。为了充分理解这一点，我们可以做一个投资表，这个表显示了投资在累计利率收入和现金支付之后的年化价值。

	A	B	C	D	E	F
1		内部收益率				
2	年份	现金流				
3	0	-800				
4	1	100				
5	2	200				
6	3	300				
7	4	400				
8	5	500				
9						
10	内部收益率（IRR）	19.54%	<-- =IRR(B3:B8)			
11						
12			在投资表中运用IRR			
13			=B17*$B$10			
14	=-B3				=B4	
15						
16	年份	年初投资	收入	年底现金流	年末投资	
17	1	800.00	156.31	100.00	856.31	<-- =B17+C17-D17
18	2	856.31	167.31	200.00	823.61	
19	3	823.61	160.92	300.00	684.53	
20	4	684.53	133.75	400.00	418.28	
21	5	418.28	81.72	500.00	0.00	
22						
23	=E17					
24			最后一笔现金流之后一年的剩余投资本金为零，表明本金已全部偿还			
25			。			

投资表显示了每年的储蓄余额如何因利息收入而增加，而因年度现金流支付而减少。每年年底的收入部分是内部收益率乘以当年年初的本金余额而得到。

我们可以用投资表来求内部收益率。考察一项今天花费 800 美元的投资，它在第 1，2，…，5 年结束时偿还下面所示的现金流。按 10% 的利率计算（下面表格中的 B2 单元格），第 5 年年末的本金为负，这表明利息收入太少。因此，内部收益率必须大于 10%。

	A	B	C	D	E	F
1			运用投资表查找内部收益率			
2	IRR?	10%				
3			=B6*$B$2			
4						
5	年份	年初投资	收入	年底现金流	年末投资	
6	1	800.00	80.00	100.00	780.00	<-- =B6+C6-D6
7	2	780.00	78.00	200.00	658.00	
8	3	658.00	65.80	300.00	423.80	
9	4	423.80	42.38	400.00	66.18	
10	5	66.18	6.62	500.00	-427.20	
11						
12	=E6			最终的投资价值是负的！		

如果单元格 B2 中的利率确实是内部收益率，那么单元格 E10 应该是零。我们可以使用 Excel 的单变量求解（在"数据|模拟分析"工具栏下找到）来计算内部收益率，如下面的电子表格所示。

	A	B	C	D	E	F	G	H
1			运用投资表查找内部收益率					
2	IRR?	10.00%						
3			=B6*$B$2					
4								
5	年份	年初投资	收入	年底现金流	年末投资			
6	1	800.00	80.00	100.00	780.00	<-- =B6+C6-D6		
7	2	780.00	78.00	200.00	658.00			
8	3	658.00	65.80	300.00	423.80			
9	4	423.80	42.38	400.00	66.18			
10	5	66.18	6.62	500.00	-427.20			
11								
12	=E6			期末投资价值为零				
13								
14								
15								
16								

单变量求解 ? ×
目标单元格(E): $E$10
目标值(V): 0
可变单元格(C): $B$2
确定 取消

如下所示，内部收益率为 19.54%。

	A	B	C	D	E	F
1			运用投资表查找内部收益率			
2	IRR?	19.54%				
3			=B6*$B$2			
4						
5	年份	年初投资	收入	年底现金流	年末投资	
6	1	800.00	156.31	100.00	856.31	<-- =B6+C6-D6
7	2	856.31	167.31	200.00	823.61	
8	3	823.61	160.92	300.00	684.53	
9	4	684.53	133.75	400.00	418.28	
10	5	418.28	81.72	500.00	0.00	
11						
12	=E6			期末投资价值为零		

投资表有效地说明内部收益率是在一定期限内投资回报的利率。当然，直接使用 Excel 的 IRR 函数可以简化计算，如前文所示。

Excel 的 Rate 函数

Excel 的 Rate 函数计算一系列固定未来支付的内部收益率（即年金的内部收益率）。在下面的例子中，我们在今天支付 1 000 美元，并在接下来的 30 年里每年获得 100 美元。Rate 函数显示内部收益率为 9.307%。

	A	B	C
1		运用 EXCEL 的 RATE函数计算内部收益率	
2	初始投资	1,000	
3	每期现金流	100	
4	偿付期数	30	
5	IRR	9.307%	<-- =RATE(B4,B3,-B2)

注意：Rate 函数的工作原理很像本章其他地方讨论的 PMT 函数和 PV 函数；它需要初始投资和周期性现金流之间的符号变化（我们在单元格 B5 中使用了－B2）。它还具有允许从今天开始付款和从往后一期开始付款的开关（上面的例子中没有显示）。

1.4 多个内部收益率

有时一系列的现金流有多个内部收益率。在下面的例子中，我们可以看出单元格 B6：B11 中的现金流有两个内部收益率，因为净现值曲线两次穿过 x 轴。

Excel 的 IRR 函数允许我们添加一个额外的参数，这将帮助我们找到两个内部收益率。我们输入的公式不是＝IRR(B6:B11)，而是＝IRR(B6:B11, guess)。参数 guess 是 Excel 用于查找内部收益率的算法的起点；通过调整 guess，我们可以确定两个内部收益率。单元格 B30 和 B31 给出了说明。

关于这个程序有两件事需要注意：

● 参数 guess 只需要接近内部收益率；它不是唯一的。例如，通过将 guess 设置为 0.1 和 0.5，我们仍然会得到相同的内部收益率，如下所示。

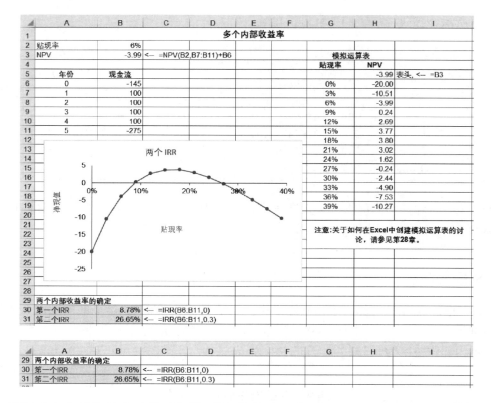

	A	B	C	D	E	F	G	H	I
1				多个内部收益率					
2	贴现率	6%							
3	NPV	-3.99	<— =NPV(B2,B7:B11)+B6				模拟运算表		
4							贴现率	NPV	
5	年份	现金流						-3.99	表头,<— =B3
6	0	-145					0%	-20.00	
7	1	100					3%	-10.51	
8	2	100					6%	-3.99	
9	3	100					9%	0.24	
10	4	100					12%	2.69	
11	5	-275					15%	3.77	
12							18%	3.80	
13							21%	3.02	
14							24%	1.62	
15							27%	-0.24	
16							30%	-2.44	
17							33%	-4.90	
18							36%	-7.53	
19							39%	-10.27	
20									
21							注意:关于如何在Excel中创建模拟运算表的讨		
22							论,请参见第28章。		
29	两个内部收益率的确定								
30	第一个IRR	8.78%	<— =IRR(B6:B11,0)						
31	第二个IRR	26.65%	<— =IRR(B6:B11,0.3)						

	A	B	C	D	E	F	G	H	I
29	两个内部收益率的确定								
30	第一个IRR	8.78%	<— =IRR(B6:B11,0)						
31	第二个IRR	26.65%	<— =IRR(B6:B11,0.3)						

● 为了确定内部收益率及其近似值,将投资的净现值绘制成各种贴现率的函数(正如我们上面所做的那样)非常有帮助。内部收益率是图形与 x 轴相交的点,这些点的大致位置的值应该被用作 IRR 函数中的 guess 值。[1]

从纯技术的角度来看,一组现金流只有在至少有两次符号变化的情况下才能具有多个内部收益率。许多典型的现金流只有一次符号变化。例如,考察购买一张票面利率为 10%,面值为 1 000 美元,还有 8 年到期的债券所产生的现金流。如果债券的当前市场价格是 800 美元,那么现金流只会改变一次符号(从第 0 年的负变为第 1 年到第 8 年的正)。因此,这里只有一个内部收益率:

	A	B	C	D	E	F	G	H	I	J	K
1		债券现金流:	NPV与X轴相交一次,因此只有一个内部收益率								
2	年份	现金流			模拟运算表:	贴现率对 NPV 的影响					
3	0	-800									
4	1	100				1,000.00	<— =NPV(E4,B4:B11)+B3, 表头				
5	2	100			0%	1,000.00					
6	3	100			2%	786.04					
7	4	100			4%	603.96					
8	5	100			6%	448.39					
9	6	100			8%	314.93					
10	7	100			10%	200.00					
11	8	1,100			12%	100.65					
12					14%	14.45					
13	IRR	14.36%	<— =IRR(B3:B11)		16%	-60.62					
14					18%	-126.21					
15					20%	-183.72					

---

[1] 如果你不输入 guess 值(就像我们在前一节中所做的那样),Excel 默认的值为 0.1。因此,在当前的例子中,IRR(B34:B39)将返回 8.78%。

1.5　等额偿付计划

另一个常见的问题是计算贷款的"固定"还款金额。例如：你贷款 10 000 美元，年利率为 7%。银行希望你在 10 年内偿还贷款和利息。我们可以使用 Excel 的 PMT 函数来确定每年应该偿还多少。

	A	B	C	D	E	F
1			等额偿付计划			
2	贷款本金	10,000				
3	利率	7%				
4	贷款期限	6	<- 偿还贷款的年限			
5	年还款额	2,097.96	<- =PMT(B3,B4,-B2)			

函数参数　　　　　　　　　　　　　?　×

PMT

Rate　B3　　↑　= 0.07

Nper　B4　　↑　= 6

Pv　-B2　　↑　= -10000

Fv　　　　↑　= 数值

Type　　　　↑　= 数值

= 2097.957998

计算在固定利率下，贷款的等额分期偿还额

Rate　各期利率。例如，当利率为 6% 时，使用 6%/4 计算一个季度的还款额

计算结果 = ￥2,097.96

有关该函数的帮助(H)　　　　　　　　确定　取消

请注意，我们在"PV"（Excel 对初始贷款本金的命名）前面加了一个负号。如前所述，如果我们不这样做，Excel 将返回负的偿付金额（这是一个小麻烦）。你可以通过创建贷款表确认 2 097.96 美元的答案是正确的。

	A	B	C	D	E	F
1			等额偿付计划			
2	贷款本金	10,000				
3	利率	7%				
4	贷款期限	6	<- 偿还贷款的年限			
5	年还款额	2,097.96	<- =PMT(B3,B4,-B2)			
6						
7	=B2		=$B$3*B10			
8				将还款分割为：		
9	年份	年初本金	年末偿还额	利息	本金偿还	
10	1	10,000.00	2,097.96	700.00	1,397.96	<- =C10-D10
11	2	8,602.04	2,097.96	602.14	1,495.82	
12	3	7,106.23	2,097.96	497.44	1,600.52	
13	4	5,505.70	2,097.96	385.40	1,712.56	
14	5	3,793.15	2,097.96	265.52	1,832.44	
15	6	1,960.71	2,097.96	137.25	1,960.71	
16	7	0.00				
17						
18	=B10-E10					

单元格 B16 中的零表示贷款在 6 年的期限内全部被偿还。你可以很容易地确认，6 年内偿付金额的现值是初始本金 1 万美元。

1.6 未来价值及应用

我们从一件小事开始。假设你今天在一个账户上存了 1 000 美元，放着 10 年不动用。假设该账户的年利息率为 10％，那么 10 年后你有多少钱？答案如下面的电子表格所示，是 2 593.74 美元。

	A	B	C	D	E
1			简单终值		
2	利率	10%			
3					
4	年份	年初账户余额	年内所得利息	年末账户总额	
5	1	1,000.00	100.00	1,100.00	<-- =C5+B5
6	2	1,100.00	110.00	1,210.00	<-- =C6+B6
7	3	1,210.00	121.00	1,331.00	
8	4	1,331.00	133.10	1,464.10	
9	5	1,464.10	146.41	1,610.51	=$B$2*B5
10	6	1,610.51	161.05	1,771.56	
11	7	1,771.56	177.16	1,948.72	
12	8	1,948.72	194.87	2,143.59	
13	9	2,143.59	214.36	2,357.95	=D5
14	10	2,357.95	235.79	2,593.74	
15					
16	一个简单方式		2,593.74	<-- =B5*(1+B2)^10	

正如单元格 D16 所示，你不需要所有这些复杂的计算。10 年后，每年利率为 10％ 的 1 000 美元的未来价值：

$$FV = 1\,000 \times (1+10\%)^{10} = 2\,593.74$$

现在考察下面这个稍微复杂的问题：你打算另外开立一个储蓄账户。你在今天（第 1 年年初）存储第一笔 1 000 美元，并将在第 2，…，10 年年初各有一笔类似的存款（每年年初存款，共计 10 笔）。如果这个账户每年的收益率为 10％，那么在第 10 年年末，你的账户里有多少钱？

这个问题很容易在 Excel 中建模，如下所示：

	A	B	C	D	E	F
1			有年度存款情形下的终值			
2	利率	10%				
3	年存款金额	1,000	<-- 在今天和未来9年年初存入			
4	存款笔数	10				
5						
6	年份	年初账户余额	年初存款金额	年内所获利息	年末账户总额	
7	1	0.00	1,000	100.00	1,100.00	<-- =D7+C7+B7
8	2	1,100.00	1,000	210.00	2,310.00	<-- =D8+C8+B8
9	3	2,310.00	1,000	331.00	3,641.00	
10	4	3,641.00	1,000	464.10	5,105.10	
11	5	5,105.10	1,000	610.51	6,715.61	=$B$2*(C7+B7)
12	6	6,715.61	1,000	771.56	8,487.17	
13	7	8,487.17	1,000	948.72	10,435.89	
14	8	10,435.89	1,000	1,143.59	12,579.48	
15	9	12,579.48	1,000	1,357.95	14,937.42	
16	10	14,937.42	1,000	1,593.74	17,531.17	
17						
18	终值	17,531.17	<-- =FV(B2,B4,-B3,,1)		=E7	

因此,答案是,在第 10 年年底,你的账户上将有 17 531.17 美元。同样的答案可以用一个公式来表示,该公式将每笔存款的未来价值相加(上面的 E16 单元格):

$$第 10 年年初总计金额 = 1\,000 \times (1+10\%)^{10} + 1\,000 \times (1+10\%)^9$$
$$+ \cdots + 1\,000 \times (1+10\%)^1$$
$$= \sum_{t=1}^{10} 1\,000 \times (1+10\%)^t$$

一个 Excel 函数:从上面的单元格 B18 中注意到,有一个 Excel 函数 FV 给出了这个总和。FV 函数弹出的对话框如下[*]:

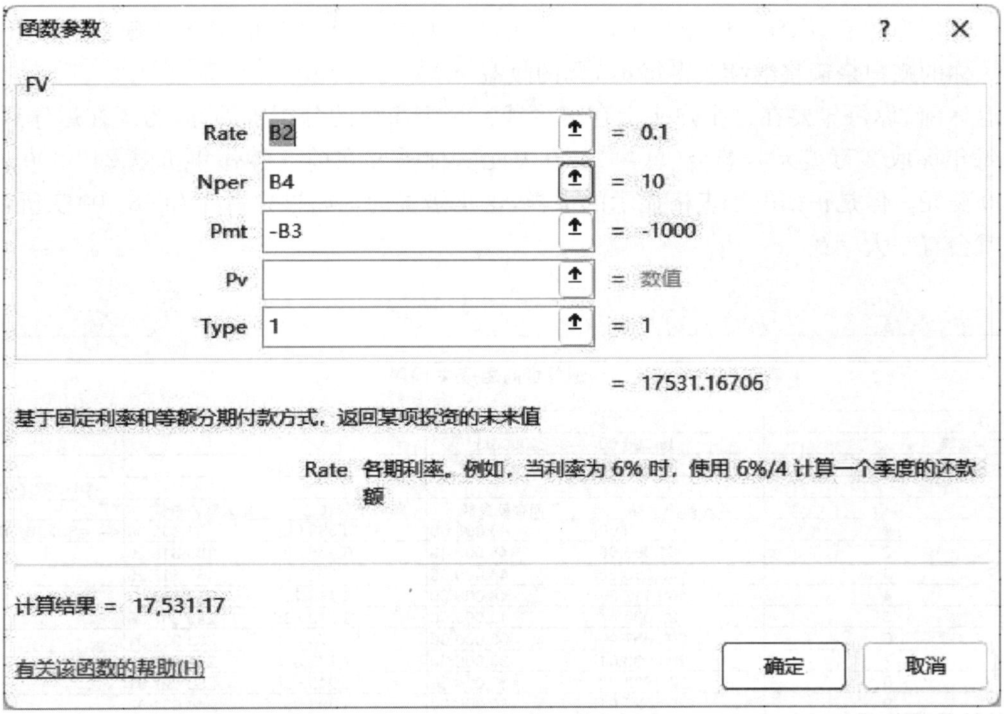

关于这个函数,我们注意到三件事:

● 对于正存款,FV 函数返回一个负数。这是 FV 函数与 PV 函数和 PMT 函数共有的一个恼人性质。为了避免返回负数,我们在"PMT"中输入 $-1\,000$。

● 对话框中的"PV"一行指的是在进行一系列存款时,账户的初始值不是 0。在上面的例子中,它被留空,这表明初始账户值为零。

● 如图所示,"Type"(1 或 0)表示存款是在期初还是期末时存入(在我们的例子中,是前者)。

---

[*] 原书配图似有误。——译者注

1.7 养老金问题——使未来价值问题复杂化

考察一个典型的例子:你现在 55 岁,打算在 60 岁退休。为了让退休生活更轻松,你打算开立一个退休金账户:

● 在第 1 年、第 2 年、第 3 年、第 4 年、第 5 年的年初(即从今天开始,在未来四年的每年年初),你打算各向退休金账户存入一笔钱。你认为这个账户每年能赚 7%。

● 60 岁退休后,你预计还能再活 8 年。[①]在每年年初,你想从你的退休金账户中提取 3 万美元。你的账户余额将继续获得每年 7% 的收益。

退休前,你每年要在这个户头上存多少钱? 一个简单的分析告诉你,为了在退休后的 8 年里每年提取 3 万美元养老金(总共 24 万美元),你需要在前 5 年每年贡献 240 000÷5 = 48 000 美元。但是正如电子表格显示的那样,这是错误的。如果你每年存 48 000 美元,8 年后你就会有一大笔钱!

	A	B	C	D	E	F
1			退休金问题-基本问题			
2	利率	7%				
3	年存款额	48,000.00	<— =240000/5			
4	年退休金支取额	30,000.00				
5						=$B$2*(C7+B7)
6	年份	年初账户余额	年初存款金额	年内所获利息	年末账户总额	
7	1	0.00	48,000.00	3,360.00	51,360.00	<— =SUM(B7:D7)
8	2	51,360.00	48,000.00	6,955.20	106,315.20	
9	3	106,315.20	48,000.00	10,802.06	165,117.26	
10	4	165,117.26	48,000.00	14,918.21	228,035.47	
11	5	228,035.47	48,000.00	19,322.48	295,357.96	
12	6	295,357.96	-30,000.00	18,575.06	283,933.01	
13	7	283,933.01	-30,000.00	17,775.31	271,708.32	
14	8	271,708.32	-30,000.00	16,919.58	258,627.91	
15	9	258,627.91	-30,000.00	16,003.95	244,631.86	
16	10	244,631.86	-30,000.00	15,024.23	229,656.09	
17	11	229,656.09	-30,000.00	13,975.93	213,632.02	
18	12	213,632.02	-30,000.00	12,854.24	196,486.26	
19	13	196,486.26	-30,000.00	11,654.04	178,140.29	
20						
21	注:该问题有5笔存款和8笔年度支取,均在年初发生。第13年初是退休计划的最后一年;如果年存款额计算正确,则第13年开始(和结束)支取后的余额应为零。					

原因很明显——这种分析忽略了储蓄的累计收益和复利的强大影响。(如果你将电子表格中的利率设置为零,你会发现你是对的。)

有几种方法可以解决这个问题。第一种涉及 Excel 的规划求解。你可以在 Excel 的"数

---

① 当然,你会活得更久! 祝你身体健康! 为了使它很适合呈现在一页纸上,我们限制了这个问题的篇幅。

据"菜单上找到它。[1]

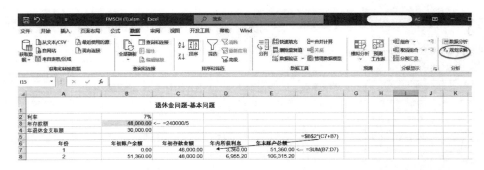

单击"规划求解"会出现一个对话框。下面的截图展示了我们是如何填充它的：

---

① 　如果规划求解没有出现在工具菜单上，则必须加载它。转到"文件 | 选项 | 加载项"，然后单击程序列表上的"规划求解加载项"。注意，你也可以使用单变量求解工具来解决这个问题。对于简单的问题，比如这个问题，规划求解和单变量求解之间没有太大的区别；规划求解的一个（并非不可忽视的）优势是它会记住之前的参数，所以如果你在同一个电子表格中再次打开它，你可以看到你在之前的迭代中做了什么。在后面的章节中，我们将说明单变量求解无法解决的问题，这时就需要使用规划求解工具。

如果现在点击"求解"按钮,我们会得到以下答案:

	A	B	C	D	E	F
1			退休金问题			
2	利率	7%				
3	年存款额	31,150.60				
4	年退休金支取额	30,000.00				
5						=$B$2*(C7+B7)
6	年份	年初账户余额	年初存款金额	年内所获利息	年末账户总额	
7	1	0.00	31,150.60	2,180.54	33,331.14	<-- =SUM(B7:D7)
8	2	33,331.14	31,150.60	4,513.72	68,995.46	
9	3	68,995.46	31,150.60	7,010.22	107,156.28	
10	4	107,156.28	31,150.60	9,681.48	147,988.36	
11	5	147,988.36	31,150.60	12,539.73	191,678.68	
12	6	191,678.68	-30,000.00	11,317.51	172,996.19	
13	7	172,996.19	-30,000.00	10,009.73	153,005.92	
14	8	153,005.92	-30,000.00	8,610.41	131,616.34	
15	9	131,616.34	-30,000.00	7,113.14	108,729.48	
16	10	108,729.48	-30,000.00	5,511.06	84,240.55	
17	11	84,240.55	-30,000.00	3,796.84	58,037.38	
18	12	58,037.38	-30,000.00	1,962.62	30,000.00	
19	13	30,000.00	-30,000.00	0.00	0.00	

用财务公式解决退休问题

如果理解了贴现过程,我们就能以一种更聪明的方式解决这个问题。整组现金流以 7% 贴现,其现值必须为零:

$$\sum_{t=0}^{4} \frac{初始存款}{(1.07)^t} - \sum_{t=5}^{12} \frac{30\,000}{(1.07)^t} = 0 \Rightarrow 初始存款 = \frac{\sum_{t=5}^{12} \frac{30\,000}{(1.07)^t}}{\sum_{t=0}^{4} \frac{1}{(1.07)^t}}$$

重新记 $\sum_{t=5}^{12} \frac{30\,000}{(1.07)^t} = \frac{1}{(1.07)^5} \sum_{t=0}^{7} \frac{30\,000}{(1.07)^t}$。我们现在可以使用 Excel 的 PV 函数和 PMT 函数来解决这个问题,如下图所示:

	A	B	C
1		退休金问题 - 运用财务公式	
2	利率	7%	
3	年度退休支取	30,000.00	
4	支取年数	8	
5	存款年数	5	
6	支取现值	136,664.25	<-=-PV(B2,B4,B3,,1)/(1+B2)^B5
7	年存款额	31,150.60	<-=PMT(B2,B5,-B6,,1)
8			
9	检查	31,150.60	<-=PMT(B2,B5,PV(B2,B4,B3)/(1+B2)^B5)

1.8 连续复利

假设你在银行存款 1 000 美元,年息 5%。这意味着在年底你将有 1 000×1.05＝1 050 美元。现在假设银行将"每年5％"解释为每年分两次支付你2.5％的利息。因此,6个月后你会有1 025美元,在1年之后你将有 $1\,000 \times \left(1 + \dfrac{0.05}{2}\right)^2 = 1\,050.63$ 美元。根据这个逻辑,如果每年支付你 n 次利息,年底你的存款将增值到 $1\,000 \times \left(1 + \dfrac{0.05}{n}\right)^n$ 美元。随着 n 的增加,这个数值会越来越大,收敛(相当快,你很快就会看到)到 $e^{0.05}$,在Excel中,它被记为函数Exp。当 n 为无穷大时,我们称之为连续复利。[通过在电子表格单元格中输入Exp(1),你可以看到e=2.718 281 828 5…。]

正如你在接下来的展示中将看到的那样,1 000美元以5％的利率连续复利1年,在年底增长到 $1\,000 \times e^{0.05} = 1\,051.271$ 美元。连续复利 t 年,它将增长到 $1\,000 \times e^{0.05t}$ 美元,其中 t 不必是一个整数(例如,当 $t = 4.25$ 时,则增长因子 $e^{0.05 \times 4.25}$ 衡量了初始投资年增长率为5％,连续复利4年3个月的结果)。

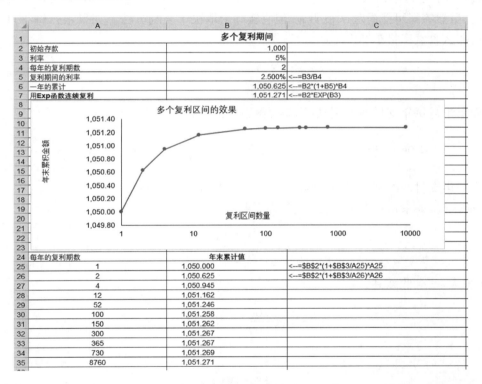

结论是:虽然存在一个明显的渐近值,但更多的复利期增加了未来价值。后文我们将看到,t 年后,这个值为 e^{rt}。

回到连续贴现的财务问题

如果 t 年以利率 r 连续复利的累积因子是 e^{rt},那么同期的贴现因子是 e^{-rt}。因此,发生在第 t 年并以连续复利率 r 贴现的现金流 C_t 在今天的价值为 $C_t \times e^{-rt}$,如下图所示。

	A	B	C	D
1			连续贴现	
2	利率	8%		
3				
4	年份	现金流	连续贴现现值	
5	1	100	92.31	<— =B5*EXP(-$B$2*A5)
6	2	200	170.43	<— =B6*EXP(-$B$2*A6)
7	3	300	235.99	
8	4	400	290.46	
9	5	500	335.16	
10				
11	现值		1,124.35	<— =SUM(C5:C9)

计算价格数据的连续复利收益率

假设在时间 0，你在银行有 1 000 美元，一年后这笔存款增长至 1 200 美元。你的收益率是多少？虽然答案可能看起来很明显，但它实际上取决于复利方法。如果银行每年只支付一次利息，那么收益率将是 20%：

$$\frac{1\,200}{1\,000}-1=20\%$$

但是，如果银行每年支付两次利息，你需要解下面的方程来计算收益率：

$$1\,000\times\left(1+\frac{r}{2}\right)^2=1\,200\Rightarrow r=2\times\left[\left(\frac{1\,200}{1\,000}\right)^{1/2}-1\right]=19.089\%$$

因此，当一年支付两次利息时，年收益率为 $2\times9.544\,5\%=19.089\%$。

一般来说，如果每年有 n 个复利期，你需要解：

$$r=n\times\left[\left(\frac{1\,200}{1\,000}\right)^{1/n}-1\right]$$

如果 n 很大，它会收敛到：

$$r=\ln\left(\frac{1\,200}{1\,000}\right)=18.232\,2\%$$

	A	B	C
1		由价格计算收益率	
2	初始存款	1,000	
3	年底价值	1,200	
4	复利期间数	2	
5	隐含年利率	19.09%	<--=((B3/B2)^(1/B4)-1)*B4
6			
7	连续收益率	18.23%	<--=LN(B3/B2)
8			
9		含n个复利期的隐含年利率	
10	复利期间数	利率	
11		19.09%	<--=B5
12	1	20.00%	
13	2	19.09%	
14	4	18.65%	
15	12	18.37%	
16	24	18.30%	
17	365	18.24%	
18	1000	18.23%	

为什么使用连续复利?

这一切似乎有些深奥。然而,连续复利/贴现常被用于财务计算。在本书中,连续复利被用于计算投资组合的收益率(第三部分)和实际上所有的期权计算(第四部分)。

使用连续复利还有另一个原因——它的计算简单。例如,假设你的 1 000 美元在 1 年 9 个月后增长到 1 500 美元。年化收益率是多少? 回答这个问题最简单、最一致的方法是计算连续复利的年收益率。由于 1 年 9 个月等于 1.75 年,因此收益率为:

$$1\,000 \times e^{r \times 1.75} = 1\,500 \Rightarrow r = \frac{1}{1.75} \ln\left[\frac{1\,500}{1\,000}\right] = 23.169\,4\%$$

1.9 对特定日期的现金流贴现

本章中的大多数计算都考察以固定周期间隔发生的现金流。通常,我们观察发生在第 0,1,…,n 期的现金流,其中期间表示年度、半年或其他固定的间隔。Excel 的两个函数,XIRR 和 XNPV,允许我们对在特定日期发生的现金流进行计算,而不需要具有均匀的时间间隔。[①]

在下面的例子中,我们计算了 2019 年 1 月 1 日发生的 1 000 美元投资的内部收益率,及其在特定日期获得的支付。

	A	B	C
1	运用 XIRR 计算年化内部收益率		
2	日期	现金流	
3	1-Jan-19	-1,000	
4	3-Mar-19	150	
5	4-Jul-20	100	
6	12-Oct-20	50	
7	25-Dec-20	1,000	
8			
9	IRR	16.67%	<-- =XIRR(B3:B7,A3:A7)

XIRR 函数输出年化收益率。它计算每日内部收益率并将其年化:$XIRR = (1 + 每日\ IRR)^{365} - 1$。

XNPV 函数计算特定日期发生的一系列现金流的净现值,如下所示:

	A	B	C
1	运用 XNPV 计算净现值		
2	年贴现率	8%	
3			
4	日期	现金流	
5	1-Jan-19	-1,000	
6	3-Mar-20	100	
7	4-Jul-20	195	
8	12-Oct-21	350	
9	25-Dec-22	800	
10			
11	净现值	136.37	<-- =XNPV(B2,B5:B9,A5:A9)
12			
13	注意,XNPV 与 NPV 有不同的语法! XNPV 需要所有现金流,包括最初的现金流,而 NPV 假设第一笔现金流在一个周期之后出现。		

---

① 如果你没有看到这些函数,请通过工具栏上的"工具\|加载项"并勾选"分析工具库"来添加它们。

修复 XNPV 和 XIRR 中的错误

XNPV 函数和 XIRR 函数都有错误，在几个版本的 Excel 中微软都没有修复这些错误。本章的文件包含修复这些错误的函数，称为 NXNPV 和 NXIRR。[①]

- XNPV 函数不适用于零利率或负利率。
- XIRR 函数不能识别多个内部收益率。

XNPV 函数与该函数未能正确处理零或负贴现率有关。

	A	B	C
1		**XNPV的问题** **XNPV不能处理零或负贴现率**	
2	贴现率	-3.00%	
3	净现值		
4	运用XNPV	#NUM!	<-- =XNPV(B2,B8:B12,A8:A12)
5	运用NXNPV	591.93	<-- =nXNPV(B2,B8:B12,A8:A12)
6			
7	日期	现金流	
8	1-Jan-19	-1,000	
9	3-Mar-20	100	
10	4-Jul-20	195	
11	12-Oct-21	350	
12	25-Dec-22	800	

NXNPV 函数可以解决这个问题。

XIRR 函数中的错误是其中的 guess 参数不起作用。考察以下问题：

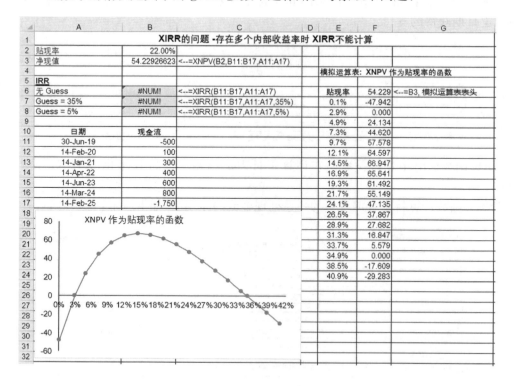

	A	B	C	D	E	F	G
1		**XIRR的问题 -存在多个内部收益率时 XIRR不能计算**					
2	贴现率	22.00%					
3	净现值	54.22926623	<--=XNPV(B2,B11:B17,A11:A17)				
4					模拟运算表: XNPV 作为贴现率的函数		
5	**IRR**						
6	无 Guess	#NUM!	<--=XIRR(B11:B17,A11:A17)		贴现率	54.229	<--=B3, 模拟运算表表头
7	Guess = 35%	#NUM!	<--=XIRR(B11:B17,A11:A17,35%)		0.1%	-47.942	
8	Guess = 5%	#NUM!	<--=XIRR(B11:B17,A11:A17,5%)		2.9%	0.000	
9					4.9%	24.134	
10	日期	现金流			7.3%	44.620	
11	30-Jun-19	-500			9.7%	57.578	
12	14-Feb-20	100			12.1%	64.597	
13	14-Jan-21	300			14.5%	66.947	
14	14-Apr-22	400			16.9%	65.641	
15	14-Jun-23	600			19.3%	61.492	
16	14-Mar-24	800			21.7%	55.149	
17	14-Feb-25	-1,750			24.1%	47.135	
18					26.5%	37.867	
19					28.9%	27.682	
20					31.3%	16.847	
21					33.7%	5.579	
22					34.9%	0.000	
23					38.5%	-17.609	
24					40.9%	-29.283	

---

① 这些错误的修复是由我们的同事本杰明·恰奇克斯开发的。

从模拟运算表可以明显看出，存在两个内部收益率（2.9％左右和 34.9％左右）。但是 XIRR 函数不能识别两者（参见单元格 B6：B8）。NXIRR 函数修复了这个错误。

	A	B	C
1		NXIRR修复XIRR的问题	
2	贴现率	-3.00%	
3			
4	IRR		
5	无 Guess	2.91%	<--=nXIRR(B10:B16,A10:A16)
6	Guess = 35%	34.87%	<--=nXIRR(B10:B16,A10:A16,35%)
7	Guess = 5%	2.91%	<--=nXIRR(B10:B16,A10:A16,5%)
8			
9	日期	现金流	
10	30-Jun-19	-500	
11	14-Feb-20	100	
12	14-Jan-21	300	
13	14-Apr-22	400	
14	14-Jun-23	600	
15	14-Mar-24	800	
16	14-Feb-25	-1,750	

练习

1. 你被兜售一项价格为 600 美元的资产，在未来 10 年的每年年底，它将产生的现金流为 100 美元。

a. 如果该资产的适当贴现率是 8％，你是否应该购买？

b. 该资产的内部收益率是多少？

2. 你刚获得一笔 1 万美元的 5 年期抵押贷款。每年年底等额偿还（每年偿还额相等），利率为 15％。计算相应的贷款摊销表，显示每年偿还的本金和利息之间的细目。

3. 我们向你提供了一项投资，条件如下：

● 投资成本为 1 000 美元。

● 投资在第 1 年年底给付 X 美元；这笔给付以每年 10％的速度增长，将持续 11 年。

如果你的贴现率是 15％，计算出吸引你购买资产的最小 X。例如，如下所示，X＝100 美元太小了——净现值为负值：

	A	B	C
1	贴现率	15%	
2	初始支付	129.2852	
3	NPV	-226.52	<-- =B6+NPV(B1,B7: B17)
4			
5	年	现金流	
6	0	-1000	
7	1	100	<-- 100
8	2	110	<-- =B7*1.1
9	3	121	<-- =B8*1.1
10	4	133.1	
11	5	146.41	
12	6	161.05	
13	7	177.16	
14	8	194.87	
15	9	214.36	
16	10	235.79	
17	11	259.37	

4. 下面的现金流模式有两个内部收益率。使用 Excel 绘制这些现金流的净现值作为贴现率的函数的图形。然后使用 IRR 函数来识别这两个内部收益率。如果机会成本是 20％，你会投资这个项目吗？

	A	B
4	年	现金流
5	0	-500
6	1	600
7	2	300
8	3	300
9	4	200
10	5	-1,000

5. 在这个练习中,我们迭代求解内部收益率。考察一项投资,其成本为800美元,第1年到第5年的现金流分别为300、200、150、122和133美元。下面建立的贷款摊销表显示内部收益率小于10%(因为第5年年底的本金回报小于年初的本金)。

	A	B	C	D	E	F	G	H
1	IRR?	10.00%						
2						贷款表		还款分为
3	年	现金流		年	年初本金	年末还款	利息	本金
4	0	-800		1	800	300	80	220
5	1	300		2	580	200	58	142
6	2	200		3	438	150	43.8	106.2
7	3	150		4	331.8	122	33.18	88.82
8	4	122		5	242.98	133	24.3	108.7
9	5	133		6	134.28	<- 对IRR而言,应该为0		

将单元格B1设置为3%表明内部收益率大于3%,因为第5年年底的本金回报大于第5年年初的本金。通过改变单元格B1中的内部收益率的值,得到投资的内部收益率。

	A	B	C	D	E	F	G	H
1	IRR?	3.00%						
2						贷款表		还款分为
3	年	现金流		年	年初本金	年末还款	利息	本金
4	0	-800		1	800	300	24	276
5	1	300		2	524	200	15.72	184.28
6	2	200		3	339.72	150	10.19	139.81
7	3	150		4	199.91	122	6	116
8	4	122		5	83.91	133	2.52	130.48
9	5	133		6	-46.57	<- 对IRR而言,应该为0		

6. 内部收益率的另一种定义是使本金在第6年年初等于零的利率。[1]这在前面的电子表格中已经显示出来,其中单元格E9给出了第6年年初的本金。使用Excel的单变量求解功能,找到这个利率(下面我们将说明屏幕操作)。

	A	B	C	D	E	F	G	H
1	IRR?	3.00%						还款分为
2						贷款表		
3	年	现金流		年	年初本金	年末还款	利息	本金
4	0	-800		1	800	300	24	276
5	1	300		2	524	2		
6	2	200		3	339.72			
7	3	150		4	199.91	1		
8	4	122		5	83.91	1		
9	5	133		6	-46.57	<- 对IRR而言		
10								
11								
12	IRR	5.07%	这里利用了EXCEL公式=IRR(B4:B9)					
13								
14								

单变量求解 ? ×

目标单元格(E): $B$12

目标值(V): 0

可变单元格(C): $B$1

确定　取消

①　当然,一般来说,内部收益率是在最后一笔付款之后的一年内使本金等于零的收益率。

（当然，你应该使用 Excel 的 IRR 函数检查你的计算。）

7. 计算偿付利率为 13％的 5 年期抵押贷款 100 000 美元所需的固定年还款额。

8. 你刚刚借了 15 000 美元的汽车贷款。贷款期限为 48 个月，年利率为 15％（银行将其转换为每月 15％/12＝1.25％）。这 48 笔还款（在接下来的 48 个月的每个月月底支付）都是相等的。

a. 计算每月还款额。

b. 在贷款表中计算，每月月初剩余的贷款本金，以及该月还款中的利息和本金的细目。

c. 证明每月月初的本金是该贷款利率下剩余贷款的现值（使用 NPV 函数或 PV 函数）。

9. 你正在考虑从当地的汽车经销商那里买一辆车。经销商提供两种付款方式：

● 你可以支付 3 万美元现金。

● 你可以选择"延期付款计划"，今天向经销商支付 5 000 美元现金，然后在未来 30 个月的每个月月底支付 1 050 美元。

作为向经销商融资的另一种选择，你已经接触了当地的一家银行，它愿意以每月 1.25％的利率给你 25 000 美元的汽车贷款。

a. 假设 1.25％是机会成本，计算经销商延期付款计划中所有付款的现值。

b. 经销商收取的有效利率是多少？通过准备一个像下面这样的电子表格来进行计算（电子表格只显示了一部分——你必须对所有 30 个月进行计算）。

	A	B	C	D	E
2	月	现金支付	延期付款项下的支付	差额	
3	0	30,000	5,000	25,000	<-- =E3-F3
4	1	0	1,050	-1,050	<-- =E4-F4
5	2	0	1,050	-1,050	
6	3	0	1,050	-1,050	
7	4	0	1,050	-1,050	
8	5	0	1,050	-1,050	
9	6	0	1,050	-1,050	
10	7	0	1,050	-1,050	
11	8	0	1,050	-1,050	

现在计算差额列的内部收益率；这是延期付款计划的月有效利率。

10. 你正在考虑一个储蓄计划，该计划要求在未来 5 年的每年年底存入 15 000 美元。如果该计划提供 10％的利率，你在第 5 年年底会积累多少存款？通过完成下面的电子表格来进行计算。这个电子表格进行了两次计算——一次使用 FV 函数，一次使用一个简单的表格来显示每年年初的累积值。

	A	B	C	D	E
1	年支付	15,000			
2	利率	10%			
3	年数	5			
4	总价值	$91,576.50	<-- =FV(B2,B3,-B1,,0)		
5					
6	年	年初积累额	年底支付	年利率	
7	1	0	15,000	0	
8	2	15,000	15,000	1,500.00	
9	3	31,500			
10	4				
11	5				
12	6				

11. 重新进行之前的计算，这次假设你在今年年初和未来 4 年的每年年初进行 5 次存款。到第 5 年年底你会积累多少存款？

12. 一家共同基金一直在宣传，如果你在过去 10 年里每月向该基金存入 250 美元，你现在将累积拥有 85 000 美元。假设这些存款是在期限为 120 个月的每个月月初存入，计算投资者得到的有效年收益率。

提示：建立如下电子表格，然后使用单变量求解功能。

	A	B	C
1	月支付	250	
2	月份数	120	
3			
4	有效月收益率?		
5	累积金额		<-- =FV(B4,B2,-B1,,1)

有效的年收益率可以通过以下两种方式之一计算：

- $(1+月收益率)^{12}-1$：这是复合年收益率，是更可取的，因为它考虑了每个月的收入再投资。
- $12\times月收益率$：这种方法经常被银行使用。

13. 你刚满 35 岁，打算开始为退休储蓄。一旦你在 30 年后退休（当你 65 岁时），你希望在未来 20 年里每年有 10 万美元的收入。计算从现在到 65 岁之间你需要储蓄多少，才能为你的退休收入提供资金。做以下假设：

- 所有储蓄每年按照 10% 的年利率计算复利。
- 你今天支付第 1 笔付款，在你 64 岁那天支付最后 1 笔付款（30 笔付款）。
- 你在 65 岁时第 1 次取款，在 84 岁时最后 1 次取款（20 笔取款）。

14. 你目前在一个利息率为 5% 的银行储蓄账户中有 25 000 美元。你的业务需要 25 000 美元，你正在考虑两种选择：（a）使用储蓄账户中的钱，或（b）从银行以 6% 的利率借钱，不动用储蓄账户。你的财务分析师认为（b）方案更好。其逻辑是：利率为 6% 的贷款的利息总额低于 25 000 美元存款同时赚取的利息。计算如下图所示。请证明这种逻辑是错误的。（如果你仔细想想，当你从银行得到 5% 的利息时，拿 6% 的贷款是不可取的。然而，对此的解释可能并不简单。）

	A	B	C	D	E	F	G
1	练习14 金融分析师的计算						
2	利息收入	5%					
3	利息支付	6%					
4	初始存款	25,000					
5						=PMT($B$3,2,-$B$4)	
6	6%贷款						
7	年	年初本金		年底支付	支付利息	偿还本金	
8	1	25,000.00		13,635.92	1,500.00	12,135.92	<-- =C8-D8
9	2	12,864.08		13,635.92	771.84	12,864.08	
10		总支付利息			2,271.84		
11							
12	储蓄账户						
13	年	年初储蓄账户	年底利息收入		年末账户余额		
14	1	25,000.00	1,250.00		26,250.00		
15	2	26,250.00	1,312.50		27,562.50		
16		利息收入	2,562.50				

15. 使用 XIRR 函数计算以下投资的内部收益率：

	A	B
1	日期	现金流
2	30-Jun-20	-899
3	14-Feb-21	70
4	14-Feb-22	70
5	14-Feb-23	70
6	14-Feb-24	70
7	14-Feb-25	70
8	14-Feb-26	1,070

16. 使用 XNPV 函数对以下投资进行估值,假设年贴现率为 15%:

	A	B
1	日期	现金流
2	30-Jun-20	-500
3	14-Feb-21	100
4	14-Feb-22	300
5	14-Feb-23	400
6	14-Feb-24	600
7	14-Feb-25	800
8	14-Feb-26	-1,800

17. 在练习 16 中找出投资的两个内部收益率。

2

公司估值概述

2.1 概述

第 3—6 章将讨论公司估值的方方面面，这是财务金融中最棘手的话题之一。本章旨在对这个复杂的主题做一个简短的概述。在接下来的章节中，我们将讨论估值的各个组成部分：可比方法，也称为倍数估值（参见本章第 2.4 节）；资本成本的计算（第 3 章）；从公司的合并现金流量表（CSCF）和公司预估财务报表中对公司自由现金流的直接估值（第 4 章）。

什么是公司估值？

当我们讨论公司的估值时，我们可能会提到以下任何一个：

- 企业价值（enterprise value，EV）：评估公司的生产活动。
- 权益价值：对公司股票进行估值，无论是为了购买或出售单一股票，还是为了公司收购而对所有股权进行估值。
- 债务价值：评估公司的债务。当债务有风险时，其价值取决于发行债务的公司的价值。
- 其他：我们可能想要评估与公司相关的其他证券，例如公司的认股权证或期权、员工股票期权等。

在第 2—6 章中，我们将讨论前两个主题，将债务和其他证券的估值留到后面的章节。[①]

2.2 计算企业价值的三种方法

企业估值的核心概念是企业价值。企业价值是指企业核心经营活动的价值，构成了大多

[①] 债务估值将在第二部分"债券"中讨论。衍生证券的估值将在第四部分"期权"中讨论。

数企业估值模型的基础。我们区分了计算企业价值的三种方法：

（1）企业价值的会计方法是将资产负债表上的项目移动,以便所有经营性项目都在资产负债表的左侧,所有财务项目都在右侧。尽管大多数学者对这种方法嗤之以鼻,但它通常是思考企业价值的一个有用的起点。

（2）企业价值重估的有效市场方法——尽可能地将项目以市场价值在会计企业价值资产负债表上呈现。一个明显的重估方法是用股票的市场价值取代公司的账面价值。在某种程度上,我们知道其他公司债务（债务、养老金负债等）的市场价值,这个市场价值也将取代账面价值。有效市场方法是"可比方法"的基础,也称为"倍数估值方法"。

（3）贴现现金流（DCF）方法将企业价值视为公司未来预期的自由现金流（FCF）在加权平均资本成本上贴现的现值。自由现金流最好被认为是由公司的经营资产（营运资本、固定资产、商誉等）产生的现金流。

在本书中,我们应用了两种 DCF 方法。这些方法在公司自由现金流的推导上有所不同。

● 在第 4 章中,我们基于对公司合并现金流量表的分析对未来预期的自由现金流进行预测。

● 在第 5 章和第 6 章中,我们基于公司财务报表的预估模型对未来预期的自由现金流进行预测。

2.3 用会计账面价值评估公司:企业的账面企业价值

虽然我们很少使用会计数字来评估一家公司,但公司的资产负债表是评估过程中一个有用的起始框架。在本节中,我们将展示会计报表如何帮助定义企业价值概念。作为起点,考察 XYZ 公司的资产负债表。

我们在资产负债表上确定经营项目、超额项目和财务项目。我们将经营性资产与超额资

	A	B	C	D	E
1	**XYZ 公司资产负债表**				
2	**资产**			**负债与权益**	
3	短期资产			短期负债	
4	现金	1,000		应付账款	1,500
5	有价证券	1,500		应缴税款	200
6	存货	1,500		一年内到期的长期债务	1,000
7	应收账款	3,000		短期债务	500
8					
9	固定资产			长期债务	1,500
10	土地	150		养老金债务	800
11	厂房、物业及设备按成本价计算	2,000			
12	减去累计折旧	-700		优先股	200
13	**固定资产净值**	**1,450**		少数权益	100
14					
15	商誉	1,000		权益	
16				按面值计算的股票	1,000
17	已终止经营业务	500		累计留存收益	3,500
18				股票回购	-350
19	**总资产**	**9,950**		**负债及权益合计**	**9,950**

产（也称为非经营性资产）分开。

● 经营性资产产生期望现金流。

● 超额资产不属于产生现金的资产，因此不属于企业价值。超额资产可以是金融资产（如现金及现金等价物）或有形资产（如并非用于经营的房地产、已终止经营业务、经营净亏损、合营企业或养老金资产净额）。

我们还将负债分为经营性负债和金融负债：

● 经营性负债主要包括应付账款和其他应付款。

● 金融负债包括所有有息负债。

	A	B	C	D	E
1		XYZ公司资产负债表 资产负债表项目按其经济性质划分为主要类别				
2	资产			负债与权益	
3	超额金融资产			经营负债(负营运资金)	
4	现金	1,000		应付账款	1,500
5	有价证券	1,500		应缴税款	200
6	超额金融资产合计	2,500		经营负债合计	1,700
7					
8	固定资产净值			金融负债	
9	土地	150		一年内到期的长期债务	1,000
10	厂房、物业及设备按成本价计算	2,000		短期债务	500
11	减去累计折旧	-700		长期债务	1,500
12	净固定资产	1,450		养老金债务	800
13				优先股	200
14	运营资金			少数权益	100
15	存货	1,500		金融负债合计	4,100
16	应收账款	3,000			
17				权益	
18	商誉	1,000		按面值计算的股票	1,000
19				累计留存收益	3,500
20	超额资产			股票回购	-350
21	已终止经营业务	500		权益合计	4,150
22					
23	总资产	9,950		负债与权益合计	9,950
24					
25	=SUM(B6,B12,B15:B21)			=SUM(E21,E15,E6)	

在资产负债表中对每个项目进行分类后，我们将分两步创建经营性资产负债表：

（1）我们把经营性流动资产移到资产负债表的左侧。

（2）我们将所有债务（短期债务、长期债务的流动部分和长期债务）合并为一个债务项目。

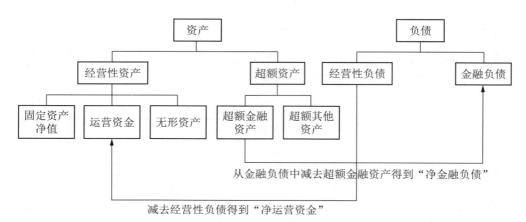

当我们完成这些步骤时,公司所有的生产性资产在资产负债表的左侧,所有的融资在右侧。由此产生的资产负债表的左侧包括公司的企业价值,定义为公司的经营性净资产的价值。这些资产为公司的实际业务活动提供现金流。

	A	B	C	D	E
1	**XYZ公司运营资产负债表** **经营性流动负债移至左侧,所有金融负债移至右侧**				
2	**资产**		负债与权益		
3	净固定资产	1,450	净金融负债		
4				金融负债	4,100
5	运营资金			减去差额金融 资产	-2,500
6	存货	1,500	金融负债净额		**1,600**
7	应收账款	3,000			
8	减去应付账款	-1,500			
9	扣除应交税金	-200			
10	**运营资金净值**	**2,800**			
11			权益		4,150
12	商誉	1,000			
13					
14	**净运营 资产合计**	**5,250**			
15					
16	超额资产	500			
17					
18	**资产合计**	**5,750**	负债与权益合计		**5,750**
19					
20	='Balance sheet categorized'!B21			=SUM(E11,E6)	
21					
22		=SUM(B14,B16)			

Caterpillar 公司[①]

为了说明实际资产负债表的改写情况,我们将使用 Caterpillar 公司(CAT)2019 年 12 月 31 日的资产负债表。

为了得到 Caterpillar 的企业价值资产负债表,我们把金融项目从资产负债表的左侧移

	A	B	C	D	E
1	**CATERPILLAR INC. 资产负债表** **2019年12月31日 (以百万美元计)**				
2	**资产:**		负债		
3			流动负债		
4	流动资产		应付账款		5,957
5	现金及短期投资	8,284	应计费用		3,750
6	应收账款-贸易及其他	8,568	应计工资、薪金及雇员福利		1,629
7	应收账款 - 融资	9,336	客户预付款		1,187
8	预付费用及其他资产	1,739	应付股利		567
9	存货	11,266	其他流动负债		2,155
10	**流动资产合计**	**39,193**	机械、能源和运输		21
11			金融产品		11,355
12	物业、厂房及设备,净额	12,904	流动负债合计		**26,621**
13	长期收款-贸易及其他	1,193			
14	长期收款-融资	12,651	**一年后到期的长期债务:**		
15	非流动递延所得税和可退还所得税	1,411	机械、能源和运输		9,141
16	无形 资产	1,565	金融产品		17,140
17		6,196	离职后福利负债		6,599
18	其他资产	3,340	其他负债		4,323
19			**总负债**		**63,824**
20					
21			**股东权益合计**		**14,629**
22					
23	资产合计	78,453	负债和股东权益总额		78,453

① 我们在第 3 章、第 4 章和第 6 章中重新讨论 Caterpillar 公司,在那里我们计算了它的加权平均资本成本。

到右侧，把经营性流动负债从资产负债表的右侧移到左侧。请注意，我们从公司的金融债务中剔除了流动资产（现金和有价证券）。其假设是 Caterpillar 的核心业务活动不需要这些资产。

Caterpillar 企业价值的账面价值为 542.85 亿美元。在使用会计数据计算企业价值时，通常称其为投入资本（invested capital）或已用资本（capital employed）。

	A	B	C	D	E
1	\multicolumn{5}{c}{**CATERPILLAR INC.经营性资产负债表** **2019年12月31日（以百万美元计）**}				
2	企业价值（会计价值）			净金融负债	
3	物业、厂房及设备，净额	12,904		短期金融产品	11,355
4	净运营资金	33,620		应付股利	567
5	商誉和无形资产	7,761		其他流动负债	2,155
6	会计企业价值(投入资本)	54,285		机械、能源和运输	9,141
7				长期金融产品	17,140
8	其他资产	3,340		离职后福利负债	6,599
9				其他负债	4,323
10	合计	57,625		减现金及短期投资	-8,284
11				净金融负债合计	42,996
12					
13				权益	14,629
14					
15				合计	57,625
16					
17	其中净运营资金 为:				
18	应收账款-贸易及其他	8,568			
19	应收账款-融资	9,336			
20	预付费用及其他资产	1,739			
21	存货	11,266			
22	长期应收款-贸易及其他	1,193			
23	长期应收款-融资	12,651			
24	非流动递延所得税和可退还所得税	1,411			
25	应付账款	-5957			
26	应计费用	-3750			
27	应计工资、薪金及雇员福利	-1629			
28	客户预付款	-1187			
29	机械、能源和运输	-21			
30	净运营资金	33,620			

2.4　企业估值的有效市场方法

Caterpillar 的例子假设账面价值是对公司的正确估值。但一个简单的计算就能显示出问题有多严重：截至 2019 年底，Caterpillar 拥有 5.526 6 亿股流通股，每股市场价格为 147.68 美元。这表明 Caterpillar 的企业价值为 1 213 亿美元，远远高于其 543 亿美元的账面价值。

	A	B	C	D	E
1	\multicolumn{5}{c}{**CATERPILLAR 权益估值: 有效市场方法**}				
2				已发行股份(2019年12月，百万股)	552.66
3	单元格$B$6中公式为：=E7+E6-B7			股价(2019年12月，美元)	147.68
4				市值(百万美元)-股本价值	81,617
5					
6	有效市场方法得到的企业价值	121,273		净金融负债	42,996
7	其他资产	3,340		权益	81,617
8					
9	合计	124,613		合计	124,613

对 Caterpillar 的股权和金融负债进行估值的有效市场方法假设,公司股票或债务的市场价值就是估值时的市场价值。这种方法比上一节的会计方法更好,也比后面几节以及第 5 章和第 6 章所述的 DCF 估值方法简单得多。此外,它背后有逻辑的力量和许多学术研究的支持。如果市场是有效的——有许多参与者在交易公司证券,有许多有关该公司的信息,而估值者没有特别的信息——为什么不接受市场价格作为该公司的真正价值呢?[①]

使用有效市场方法对特定资产负债表项目进行价值评估

将有效市场方法应用于 Caterpillar 企业价值资产负债表,在资产负债表的右侧给出了124 613 的数值。当然,这意味着我们必须对资产负债表左侧重新估值。使得该企业价值资产负债表平衡的一种方法是假设净营运资本和无形资产的账面价值是市场价值的合理近似。然后,我们可以重新计算该公司长期资产的市场价值,使资产负债表达到平衡。

	A	B	C	D	E
1	**CATERPILLAR INC.企业价值资产负债表** **右侧按照市场价值重估** **通过调整长期资产使得左边与右边平衡**				
2				已发行股份(2019年12月,百万股)	553
3				股价(2019年12月,美元)	147.68
4				市值(百万美元)-股本价值	81,617
5	**企业价值**				
6	净固定资产 (市值)	79,892	<-=B9-B8-B7	净金融负债	42,996
7	净运营资金	33,620			
8	商誉 和无形资产	7,761			
9	**有效市场方法得到的企业价值**	**121,273**	<-=B12-B10		
10	其他资产	3,340		权益	81,617
11					
12	合计	**124,613**	<-=E12	合计	124,613

请注意,我们还可以将市场估值应用于资产负债表右侧的其他组成部分——我们可以尝试重新评估公司的金融负债、其他负债和少数股权。我们通常不会这样处理,除非有令人信服的证据表明这些负债的账面价值与其市场价值存在巨大差异。

运用有效市场方法对非上市公司进行估值

在许多情况下,我们被要求对非上市公司进行估值。有效市场方法可以很容易地帮助我们相对快速地得到一个粗略的估计。请记住,有效市场方法指出,拥有足够交易量的上市公司的定价是公平的。我们将观察上市公司的市场价格,并从中推断非上市公司的价值。这和我用隔壁邻居一周前出售房子的价格来猜测我的公寓价值非常相似。

这种方法被称为"倍数估值"。关于这种"快速而粗糙"的估值方法的利弊,文献中有大量的讨论(提前透露:有很多缺点,一个主要的优点是这种方法超级简单)。我们把这个问题留给其他教科书来讨论。[②]

Caterpillar 在大型、国际建筑、农业和机械行业运营。类似的公司包括 Deere 公司(Deere

[①] 我们必须小心:市场价格随着时间的推移而变化,而且通常是急剧变化。有效市场假说只是表达,不可能在混合成当前市场信息的信息之外预测市场价格。

[②] 很好的参考资料有 Benninga 和 Sarig(1997),Damodaran(2012),Goedhart、Koller 和 Wessels(2015)。

& Company，DE)和其他公司。为了使讨论变得简洁，我们将使用 DE 作为唯一的可比公司。从业人员通常选取行业中几个参与者的平均值或中位数。以下是 DE 的主要财务信息：

	A	B	C	D	E	F
1			**DEERE & COMPANY主要财务状况, 2019年** **(百万美元)**			
2	资产			负债		
3	现金和现金等价物	3,857		短期借贷	10,784	
4	有价证券	581		短期证券化借款	4,321	
5	来自未合并附属公司的应收款项	46		应付未合并附属公司款项	142	
6	贸易账款及应收票据-净额	5,230		应付账款及应计费用	9,656	
7	应收款项融资-净额	29,195		递延所得税	495	
8	融资应收款项证券化-净额	4,383		长期借贷	30,229	
9	其他应收款	1,487		退休福利及其他负债	5,953	
10	经营租赁的设备-净额	7,567		负债合计	61,580	<-=SUM(E3:E9)
11	存货	5,975		可赎回非控制性权益	14	
12	物业和设备-净额	5,973				
13	对未合并附属公司的投资	215		股东权益合计	11,417	
14	商誉	2,917				
15	其他资产 - 净额	1,380				
16	退休福利	840				
17	递延所得税	1,466				
18	其他资产	1,899				
19	资产合计	73,011	<-=SUM(B3:B18)	负债与股东权益合计	72,997	
20						
21	主要损益表数字					
22	销售及收入净额	39,258				
23	销售成本	28,370				
24	毛利	10,888	<-=B22-B23			
25	利息、税项、折旧及摊销前盈利(EBITDA)	6,107				
26	折旧与摊销	2,019				
27	息税前盈利(EBIT)	4,088				
28	净收入	3,257				

将 DE 的会计资产负债表重新组织为经营性资产负债表，并使用有效市场方法来评估 DE 的企业价值，产生了以下电子表格：

	A	B	C	D	E	F
1			**DEERE & COMPANY主要财务状况, 2019年** **资产负债表调整为经营性资产负债表** **(百万美元)**			
2	企业价值（会计价值）			净金融负债		
3	物业和设备-净额	13,755		短期借贷	10,784	
4	净运营资金	34,008		长期借贷	30,229	
5	商誉和无形资产	4,297		可赎回非控制性权益	14	
6	会计企业价值（投入资本）	52,060	<-=SUM(B3:B5)	退休福利及其他负债	5,953	
7				减现金和现金等价物	-3,857	
8				减有价证券	-581	
9	其他资产	1,899		净金融负债	42,542	<-=SUM(E3:E8)
10				权益	11,417	<-=B12-E9
11						
12	资产合计	53,959	<-=SUM(B6:B11)	合计	53,959	<-=SUM(E9:E10)
13						
14			**DEERE & COMPANY, 企业价值资产负债表**			
15				已发行股份(2019年10月，百万)	313.14	
16				股价 (2019年10月，美元)	176.11	
17				市值(百万美元)-权益价值	55,147	<-=E16*E15
18						
19	有效市场方法得到的企业价值	95,790	<-=B21-B20	净金融负债	42,542	
20	其他资产	1,899		权益	55,147	
21	合计	97,689	<-=E21	合计	97,689	<-=SUM(E19:E20)

我们现在可以使用 DE 作为参考来评估 Caterpillar 的企业价值。请注意，倍数的定义是企业价值除以价值来源。例如，将销售倍数定义为 $\frac{企业价值}{销售收入}$，将息税前盈利（EBIT）倍数定义为 $\frac{企业价值}{EBIT}$，等等。在我们的例子中，我们通过使用 EBIT 及利息、税项、折旧和摊销前收益（EBITDA）乘以 DE 的倍数来计算 Caterpillar 的企业价值。

	A	B	C	D
31	基于DEERE & COMPANY的倍数为CATERPILLAR INC估值			
32	**步骤1 -计算DE的倍数**			
33	销售及收入净额倍数	2.44	<--=$B$19/B25	
34	毛利倍数	8.80	<--=$B$19/B26	
35	利息、税项、折旧及摊销前盈利(EBITDA)倍数	15.69	<--=$B$19/B27	
36	息税前盈利(EBIT)倍数	23.43	<--=$B$19/B28	
37	净收入倍数	29.41	<--=$B$19/B29	
38				
39	**步骤2-企业价值估计**			
40		Caterpillar的企业价值		
41	基于 销售及收入净额倍数	131,273	<--=B33*C25	
42	基于毛利倍数	151,058	<--=B34*C26	
43	基于EBITDA倍数	170,452	<--=B35*C27	
44	基于 EBIT 倍数	194,252	<--=B36*C28	
45	基于净收入倍数	178,404	<--=B37*C29	
46	平均值	165,088	<--=AVERAGE(B41:B45)	
47				
48	加：超额资产	3,340		
49	减：净金融负债	-42,996		
50	权益价值	125,432	<--=SUM(B46:B49)	

请注意，在这种情况下，倍数法对 Caterpillar 的估值高于市场直接赋予它的估值（使用倍数法的估值为 1 254 亿美元，而市场反映的估值为 816 亿美元）。

2.5 以自由现金流的现值为企业价值：贴现现金流法"自上而下"估值

在上一节中，我们使用公司企业价值资产负债表右侧的市场价值评估企业价值——使用其股权的市场价值，也可能使用公司融资的其他要素的市场估值。在本节中，我们将集中讨论企业价值资产负债表的左侧。

DCF 方法主要关注两个核心概念：

（1）公司的自由现金流被定义为公司经营活动所创造的现金。

（2）公司的加权平均资本成本是与自由现金流风险相适应的风险调整贴现率（第 3 章）。

企业的企业价值是未来自由现金流根据加权平均资本成本贴现后的现值：

$$EV = \sum_{t=1}^{\infty} \frac{FCF_t}{(1+WACC)^t}$$

其思想是通过考察自由现金流的现值来评估公司的价值，其中自由现金流被定义为从其资产流向公司的现金流（资产一词使用广泛，可以是固定资产、知识和商标资产以及净营运资本）。下一小节将更详细地讨论这个概念。

在这几章中，我们经常做两个额外的假设：假设自由现金流的预测期是有限的，假设现金流在全年平均地发生。这就得到了以下公式：

$$EV = \sum_{t=1}^{N} \frac{FCF_t}{(1+WACC)^{t-0.5}} + \frac{终值}{(1+WACC)^{N-0.5}}$$

$$= \underbrace{\left[\sum_{t=1}^{N} \frac{FCF_t}{(1+WACC)^t} + \frac{终值}{(1+WACC)^N} \right]}_{利用Excel的NPV函数计算} (1+WACC)^{0.5}$$

出于估值目的而假设现金流大约发生在年中是为了捕捉这样一个事实，即大多数企业现金流发生在全年,因此,按现金流发生在年底估值是错误的。从上面的公式可以看出,假设现金流发生于年中在 Excel 中很容易计算:我们只需将 Excel 得到的净现值乘以 $(1+WACC)^{0.5}$ 即可。

定义自由现金流

自由现金流是衡量公司运营产生多少现金的指标。它有两种公认的定义(当然,这两种定义最终归结为同一件事)。

基于损益表的自由现金流量

净收入(税后利润)	这是衡量企业盈利能力的基本指标,但它是一种包括融资流量(如利息)以及非现金费用(如折旧)的会计指标。税后利润既不包括公司营运资本的变化,也不包括购买新的固定资产,这两者都可能是公司的重要现金消耗
＋折旧及其他非现金支出	折旧是一项非现金费用,在计算自由现金流时,将其加回税后利润。如果公司的损益表中还有其他非现金费用,这些费用也会被加回来
一经营性流动资产的增加	当企业的销售额增加时,需要对存货、应收账款等进行更多的投资。这一流动资产的增加不是一项税务费用(因此在税后利润中被忽略),但它是公司的现金消耗。在调整流动资产的自由现金流时,我们注意不包括与销售没有直接关系的金融流动资产,如现金和有价证券
＋经营性流动负债的增加	销售额的增加通常会引起与销售额有关的融资的增加(例如,应付账款或应付税款)。当与销售有关时,流动负债的增加为公司提供了现金。由于与销售直接相关,我们在计算自由现金流时将该现金包括在内。在调整流动负债的自由现金流时,我们只注意包括与销售直接相关的融资性流动负债,如应付账款,而不包括与运营无关的融资性负债,如短期债务的变化和长期债务的流动部分
＋按成本计算的固定资产(CAPEX)的增加	固定资产(企业的长期生产性资产)的增加是对现金的使用,减少了企业的自由现金流
＋税后利息支付(净额)	自由现金流是衡量企业经营活动产生的现金的一种尝试。为了抵消利息支付对公司利润的影响,我们: ● 将债务利息的税后成本加回来(税后,因为利息支付是可抵扣的) ● 减去现金和有价证券的税后利息支付

另一种等效的定义基于公司的 EBIT:

基于 EBIT 的自由现金流

EBIT	
－EBIT 税	
＋折旧及其他非现金支出	
一经营性流动资产的增加	$-\Delta CA+\Delta CL$ 的总和为公司净营运资本的变化 ΔNWC
＋经营性流动负债的增加	
一固定资产(按成本)的增加	

我们如何预测未来的自由现金流?

在评估一家公司时,至关重要的是要预测其未来自由现金流。在本书中,我们探讨了两种获取这些现金流的方法。两种方法主要基于会计数据。由于会计数据是历史数据,我们需要对这些数据未来将如何发展做出一些判断。

- 第一种方法是根据公司合并现金流量表对未来自由现金流量进行估计(见第 2.6 节)。这是一种简化的估值方法。
- 第二种方法是估计公司的一套预估财务报表,并从这些报表中得出自由现金流(第 4 章)。这两种方法将在后面的章节中简要介绍。

2.6 基于合并现金流量表的自由现金流

使用合并现金流量表被认为是一种简化的估值方法。下面将介绍,通过假设四个数字,我们将能够估计企业价值的经济价值。这种方法的主要输入值是可以从企业的合并现金流量表中提取的企业经营自由现金流。

合并现金流量表是每个财务报表的一部分。它是会计上对企业产生了多少现金以及这些现金是如何产生的做出的解释。它由三个部分组成:经营性现金流、投资性现金流和融资性现金流。当使用合并现金流量表来确定自由现金流时,我们使用以下一般程序(解释将在随后的小节中给出,并在第 4 章中再次给出):

- 我们接受公司报告的经营性现金流。
- 我们仔细审查了投资性现金流,将与生产活动有关的投资性现金流留给自由现金流,并剔除了与公司投资金融资产有关的投资性现金流。
- 我们不将任何融资性现金流计入自由现金流。
- 在所有情况下,我们都会仔细考察特定项目是一次性的还是重复的,从考察中排除一次性项目。
- 我们通过加回支付的净利息来调整经调整后的合并现金流量表数字的总额。

我们假设在 2020 年,ABC 公司产生了 481 091 美元的经营性自由现金流。在第 4 章中,我们将详细讨论历史自由现金流是如何推导的,以及如何将其用作现金流预测的基础。一家公司的估值可能是这样的。

	A	B	C	D	E	F	G	H
1		ABC CORP. 估值 基于合并现金流量表(CSCF)						
2	截至2020年12月31日的年度自由现金流(FCF)	481,091						
3	FCF增长率,第1-5年	8.00%	<-- 对短期增长乐观					
4	长期FCF增长率	5.00%	<-- 对长期增长更悲观					
5	加权平均资本成本,WACC	10.70%						
6								
7	年份	2020	2021	2022	2023	2024	2025	
8	FCF		519,578	561,144	606,036	654,518	706,880	<--=F8*(1+$B$3)
9	终值						13,021,473	<--=G8*(1+B4)/(B5-B4)
10	合计		519,578	561,144	606,036	654,518	13,728,353	<--=SUM(G8:G9)
11								
12	企业价值	10,592,904	<--=NPV(B5,C10:G10)*(1+B5)^0.5					
13	加回初始现金和 有价证券	73,697	<-- 来自当前资产负债表					
14	减2020年金融负债	-1,379,106	<-- 来自当前资产负债表					
15	权益价值	9,287,495	<--=SUM(B12:B14)					
16	每股(已发行100万股)	9.29	<--=B15/1000000					

2.7 基于预估财务报表的自由现金流

另一种预测自由现金流的方法是基于我们对公司及其财务报表的理解建立一套可预测的财务报表。我们将在第 4 章讨论这样一个模型的构建，并将在第 5 章给出一个完整的默克公司(Merck)的例子。典型的模型可能如下所示：

	A	B	C	D	E	F	G	H
1				预估财务模型				
2	销售增长率	10%						
3	流动资产/销售额	15%						
4	流动负债/销售额	8%						
5	净固定资产/销售额	77%						
6	已售货物成本/销售额	50%						
7	折旧率	10%						
8	债务利率	10%						
9	现金及有价证券的利率	8%						
10	税率	27%						
11	派息率	40%						
12								
13	损益表							
14	年份	0	1	2	3	4	5	
15	销售	1,000	1,100	1,210	1,331	1,464	1,611	<--=F15*(1+$B$2)
16	已售货物成本	(500)	(550)	(605)	(666)	(732)	(805)	<--=-G15*$B$6
17	总利润	500	550	605	666	732	805	<--=SUM(G15:G16)
18	偿还债务的利息	(32)	(32)	(32)	(32)	(32)	(32)	<--=-$B$8*(F38+G38)/2
19	现金及有价证券所赚取的利息	6	20	49	82	118	160	<--=$B$9*(F29+G29)/2
20	折旧	(100)	(117)	(137)	(161)	(189)	(220)	<--=-$B$7*(G32+F32)/2
21	税前利润	874	971	1,090	1,219	1,362	1,518	<--=SUM(G15:G20)
22	税	(236)	(262)	(294)	(329)	(368)	(410)	<--=-G21*$B$10
23	税后利润	638	709	795	890	994	1,108	<--=G22+G21
24	股息	(255)	(284)	(318)	(356)	(398)	(443)	<--=-$B$11*G23
25	留存收益	383	425	477	534	597	665	<--=G24+G23
26								
27	资产负债表							
28	年份	0	1	2	3	4	5	
29	现金及有价证券	80	421	806	1,239	1,724	2,266	<--=G41-G30-G34
30	流动资产	150	165	182	200	220	242	<--=G15*$B$3
31	固定资产							
32	按成本价	1,070	1,264	1,486	1,740	2,031	2,364	<--=G34-G33
33	折旧	(300)	(417)	(554)	(715)	(904)	(1,124)	<--=F33+G20
34	净固定资产	770	847	932	1,025	1,127	1,240	<--=G15*$B$5
35	资产合计	1,000	1,433	1,920	2,463	3,071	3,747	<--=G34+G30+G29
36								
37	流动负债	80	88	97	106	117	129	<--=G15*$B$4
38	债务	320	320	320	320	320	320	<--=F38
39	股票	450	450	450	450	450	450	<--=F39
40	累计留存收益	150	575	1,053	1,587	2,183	2,848	<--=F40+G25
41	负债与权益合计	1,000	1,433	1,920	2,463	3,071	3,747	<--=SUM(G37:G40)

使用第 2.5 节中关于自由现金流的定义：

	A	B	C	D	E	F	G	H
43	自由现金流量计算							
44	年份	0	1	2	3	4	5	
45	税后利润		709	795	890	994	1108	<--=G23
46	加回折旧		117	137	161	189	220	<--=-G20
47	减去流动资产的增加		(15)	(17)	(18)	(20)	(22)	<--=-(G30-F30)
48	加回流动负债的增加		8	9	10	11	12	<--=G37-F37
49	减去按成本计算的固定资产增加额		(194)	(222)	(254)	(291)	(333)	<--=-(G32-F32)
50	加回债务的税后利息		23	23	23	23	23	<--=-(1-$B$10)*G18
51	减去现金及有价证券的税后利息		(15)	(36)	(60)	(87)	(116)	<--=-(1-$B$10)*G19
52	自由现金流量		634	691	752	819	892	<--=SUM(G45:G51)

现在,我们可以使用这些自由现金流来计算该公司的企业价值(下面第 64 行)及其股份价值(单元格 B69):

	A	B	C	D	E	F	G	H
55	对公司进行估值							
56	加权平均资金成本	10.7%						
57	长期自由现金流增长率	5%						
58								
59	年份	0	1	2	3	4	5	
60	自由现金流量		634	691	752	819	892	<--=G52
61	终值						16,436	<-- =G60*(1+B57)/(B56-B57)
62	合计		634	691	752	819	17,329	<--=G61+G60
63								
64	企业价值,第 62行现值	13,320	<-- =NPV(B56,C62:G62)*(1+B56)^0.5					
65	加上初始(第0年)现金及有价证券	80	<-- =B29					
66	第0年的资产价值	13,400	<-- =B65+B64					
67	减去公司今天的债务价值	-320	<-- =B38					
68	股权价值	13,080	<-- =B66+B67					
69	股份价值(100股)	130.80	<-- =B68/100					

2.8 总结

在本章中,我们介绍了四种企业价值估值方法:

● 账面价值法使用经适当地重新安排的资产负债表数字来评估公司的企业价值。

● 在可能的情况下,有效市场方法用市场价值代替金融资产和负债的账面价值,然后对公司的实物资产估值进行适当调整。我们可以使用有效市场方法,使用可比估值方法(倍数估值)估计企业价值。

● 贴现公司自由现金流的方法根据公司的合并现金流量表对未来自由现金流进行估计。然后以适当的加权平均资本成本(见第 3 章)对这些自由现金流进行贴现。

● 对公司自由现金流贴现的第二种方法是从公司预计未来会计报表(预估会计报表)的模型中构建自由现金流。和前面的要点一样,这些自由现金流根据加权平均资本成本贴现。

练习

1. 本书的配套网站上提供了苹果公司 3 年的资产负债表。要求:

a. 重述这些资产负债表,使得左侧记录企业价值。

b. 使用有效市场的方法来评估苹果公司的企业价值。

2. 在本书的配套网站上,你将找到思科的合并现金流量表。检查并将其转化为一笔自由现金流。

3. 在本书的配套网站上,有一些思科股票的年终数据。用市场价值重估企业价值。

4. 使用第 2.6 节中 ABC 公司估值的模板来评估亚马逊(AMZN)的股票。假设 AMZN 的加权平均资本成本为 10%,第 1 年至第 5 年增长率为 4%,长期增长率为零。(详细信息和模板见本书的配套网站。)

3

计算加权平均资本成本

3.1　概述

在本章中,我们将讨论企业加权平均资本成本的计算。加权平均资本成本在财务金融中有两个重要用途:

- 当用作公司预期自由现金流的贴现率时,加权平均资本成本能够给出公司的企业价值。自由现金流在第 2 章、第 4 章和第 5 章中详细讨论。在这一点上,可以说自由现金流是由公司的核心业务活动产生的现金流。这些章节还展示了如何将加权平均资本成本应用于公司估值。

- 加权平均资本成本也是企业项目的适当风险调整贴现率,其风险与企业现金流的平均风险相似。在这种情况下,加权平均资本成本通常被称为公司的"期望收益率"。

加权平均资本成本是公司权益成本 r_E 和债务成本 r_D 的加权平均值,其权重由公司权益(E)和债务(D)的市场价值决定:

$$WACC = \frac{E}{E+D}r_E + \frac{D}{E+D}r_D(1-T_C)$$

其中,E =公司权益的市场价值;D =公司债务的市场价值;r_E =公司的权益成本;r_D =公司的债务成本;T_c =公司的企业所得税税率。

本章将讨论加权平均资本成本的五个组成部分的计算:公司的权益和债务的市场价值 E 和 D、公司的企业所得税税率 T_C、公司的预期债务成本 r_D 和预期权益成本 r_E。最后,我们将展示怎样计算公司的加权平均资本成本的详细例子。读者应该注意,所讨论的模型的应用需要进行大量的判断——计算加权平均资本成本既是科学,也是艺术!

主要的技术问题是公司权益成本 r_E(即应用于权益现金流的贴现率)的计算。我们考察计算权益成本 r_E 的两个模型。

- 戈登模型根据支付给公司股东的预期现金流计算权益成本。在戈登模型的应用中,以未来恒定增长率增长的股利通常被视为预期股东现金流。我们将探讨该模型的两种变化:多重未来增长率和总权益现金流。

● 资本资产定价模型(CAPM)根据公司的权益收益率与一个庞大、分散化的市场组合的收益率之间的相关性计算权益成本。该模型的变体包括定义该模型的税收框架。

资本成本的另一个麻烦的组成部分是债务成本 r_D，即公司未来借款的预期成本。本书包含三个模型来计算债务成本，其中两个模型将在本章中讨论，第三种方法将在第9章中单独讨论。

● 债务成本 r_D 通常通过公司当前的净利息支付除以平均净债务(其中净债务为债务减去现金和有价证券)来计算。

● 另一种方法是通过评级调整后的收益率曲线计算公司的债务成本 r_D。

● 最后，我们可以计算该公司债券的期望收益率，将其作为债务成本的替代指标；我们将在第9章单独讨论这种方法。

一个关于术语的说明：如第1章所述，"资本成本"是适用于一系列现金流的"适当贴现率"的同义词。在金融领域，"适当"通常是"风险调整"的同义词。因此，资本成本的另一个名称是风险调整贴现率。

本章剩余部分

在接下来的章节中，我们将讨论加权平均资本成本的各个组成部分，并举例说明如何计算它们：

● 第3.2节：计算权益价值，E。

● 第3.3节：计算公司债务价值，D。

● 第3.4节：计算公司的企业所得税税率，T_C。

● 第3.5节：计算公司的债务成本，r_D。

● 第3.6节：计算公司的权益成本，r_E。我们将展示如何使用戈登股利模型和CAPM来计算 r_E。在这几节中讨论的每个模型都有许多道道和变体。

● 第3.7节和第3.8节：计算市场期望收益率 $E(r_M)$ 和CAPM中的无风险利率 r_f。

● 第3.9节：我们将给出四个计算加权平均资本成本的例子并提供了一个帮助你理解加权平均资本成本计算的统一模板。

● 第3.10节：我们将讨论使用股利模型和CAPM的问题，包括确定非上市公司的加权平均资本成本的案例。

3.2 计算公司的权益价值

在所有与加权平均资本成本相关的计算中，计算公司的权益价值是最简单的：只要公司是公开上市的，令 E 等于发行在外的股份数量和当前每股价值的乘积即可。以 Caterpillar 公司为例，这家纽约证券交易所的上市公司生产和销售建筑和采矿设备、柴油和天然气发动机以及工业燃气轮机。在2019年12月31日，Caterpillar 有2.057亿股发行在外，每股交易价

	A	B	C
1	计算CATERPILLAR (CAT)的权益价值 - E		
2	已发行股票 (百万)	575.54	
3	股票价格, 2019年12月31日	147.68	
4	权益价值 - "市值" (百万美元)	84,996	<--=B3*B2

为 33.80 美元。公司的权益价值为 69.53 亿美元。[①]

3.3 计算公司的债务价值

我们用其金融债务的市场价值减去其超额金融资产的市场价值来计算公司的债务价值。这个数字的一个常见近似是用公司债务的资产负债表价值减去公司现金余额的价值,再减去有价证券的价值。下面是一个关于 Caterpillar 债务价值的例子:

	A	B	C	D
1	CATERPILLAR (CAT), 计算净负债 (百万美元)			
2		Dec. 31, 2019	Dec. 31, 2018	
3	短期金融产品	11,355	2,332	
4	应付股息	567	495	
5	其他流动负债	2,155	1,919	
6	机械、能源和运输(债务)	9,141	8,005	
7	金融产品	17,140	16,995	
8	离职后福利负债	6,599	7,455	
9	其他负债	4,323	3,756	
10	现金和短期投资	-8,284	-7,857	
11	净负债	42,996	33,100	<--=SUM(C3:C10)

就计算加权平均资本成本而言,我们对债务的定义不包括其他类似债务的项目,如养老金负债及递延税项。虽然我们认为这些项目是债务,但很难给它们附加成本;我们更倾向于通过使用扣除流动资产后的财务负债来近似加权平均资本成本。

一家公司出现"负的净债务"并不罕见——当公司的现金和有价证券的价值高于其债务价值时,这种情况就会发生。当这种情况发生时,我们将加权平均资本成本计算中的债务价值设为零,并将负的净债务作为超额金融资产。苹果公司就是一个例子。

	A	B	C	D
1	苹果公司净债务为负或超额金融资产为正(百万美元)			
2		2018	2017	
3	负债			
4	其他流动负债	32,687	30,551	
5	商业票据	11,964	11,977	
6	定期债务 (流动)	8,784	6,496	
7	定期债务 (非流动)	93,735	97,207	
8	其他非流动债务	45,180	40,415	
9	超额金融资产			
10	现金及现金等价物	-25,913	-20,289	
11	有价证券	-40,388	-53,892	
12	其他流动资产	-12,087	-13,936	
13	有价证券	-170,799	-194,714	
14	净债务	-56,837	-96,185	<-- =SUM(C4:C13)

以苹果公司为例,我们说该公司是无杠杆的(无有效债务经营),截至 2018 财年年末,它拥有 2 251.87 亿美元的净超额金融资产。

---

① 大多数市场交易者将这个数字称为"市值"。

3.4 计算企业所得税税率

在加权平均资本成本公式中,T_C 应该衡量公司的边际税率,但通常通过计算公司的报告税率来衡量它。这通常不会造成任何问题,如下面的苹果公司的例子所示:

	A	B	C	D
13			苹果公司税率		
14		Sep. 28, 2019		Sep. 29, 2018	
15	税前利润	65,737		72,903	
16	税	10,481		13,372	
17	税率, T_C	15.9%		18.3%	<-=C16/C15

在某种程度上,苹果公司的所得税税率是稳定的。在我们的加权平均资本成本计算中,我们很可能使用当前税率或过去几年的平均税率,或者,如果我们对其有具体的了解的话,使用预期税率。像苹果这样的公司非常擅长将它们的收入安排在舒适的税务管辖地,合理的税率估计在 16% 到 18% 之间。然而,有时这并不管用,如下面的 DE 公司的例子所示:

	A	B	C	D
7			DEERE & COMPANY 税率		
8		Nov. 03, 2019		Oct. 28, 2018	
9	税前利润	4,088		4,071	
10	税	852		1,727	
11	税率, T_C	20.8%		42.4%	<-=C10/C9

将同样的技术应用于 Caterpillar,结果显示 2019 年的标准税率约为 22%。

	A	B	C	D
1			CATERPILLAR 税率		
2		Dec. 31, 2019		Dec. 31, 2018	
3	税前利润	7,812		7,822	
4	税	1,746		1,698	
5	税率, T_C	22.35%		21.71%	<-=C4/C3

多年来,美国的企业所得税发生了巨大变化。自 2018 年 1 月 1 日起,名义联邦企业所得税税率为 21%,该税率随着 2017 年《减税和就业法案》的通过而生效。州和地方的税收规定因辖区而异,但平均在 7% 左右。这使得总平均法定税率达到了 28% 左右。

3.5 计算公司的债务成本

现在我们来计算债务成本 r_D。原则上,r_D 是企业额外借款一美元的边际成本(未扣除企业所得税)。至少有三种方法可以计算公司的债务成本。我们将在下面对它们做出简要的说明,然后继续就其中两种方法的应用做详细介绍。虽然这些方法在理论上可能并不完美,但它们经常在实践中被使用。

- 作为一个实际问题,债务成本可以通过取公司现有债务的平均成本来近似。这种方法的问题在于,它有可能混淆过去的成本与我们实际想要衡量的未来预期债务成本。

● 我们可以使用风险相似的新发行公司证券的收益率。如果一家公司的评级为 A 级,并且大部分债务是中期债务,那么我们可以使用中期 A 级债务的平均收益率作为该公司的债务成本。请注意,这种方法在某种程度上是有问题的,因为债券的收益率是其承诺的收益率,而债务成本是公司债务的期望收益率。由于通常存在违约风险,承诺收益率一般高于期望收益率。然而,尽管存在问题,但这种方法通常是一个很好的折中处理,特别是对于相对安全的债务而言。

● 我们可以使用一个模型,根据公司债券价格、估计的违约概率以及在违约情况下债券持有人的估计收益率等数据来估计债务成本。这种方法需要大量的工作,在数学处理上也很烦琐,我们把讨论推迟到第 9 章。对于资本成本的计算,只有当我们分析的公司有大量的风险债务时,它才会在实践中被使用。

以上前两种方法比较容易应用,许多情况下,在这些方法中遇到的问题或错误都不是至关重要的。[①]然而,从理论上讲,这两种方法都不能对公司的债务成本进行适当的风险调整。第三种方法涉及计算公司债务的期望收益率,它更符合标准的金融理论,但也更难以应用。因此,这可能不值得我们付出努力。

在本节的其余部分,我们将应用前两种方法来计算 Caterpillar 的债务成本。

方法 1:Caterpillar 的平均债务成本

对于 Caterpillar,我们计算的平均债务成本如下:

$$r_D = \frac{当年的净利息支付}{当年和前一年的平均净债务}$$

	A	B	C	D
1		CATERPILLAR (CAT), 债务成本 - r_D		
2	12月止年度	2019	2018	
3	短期金融产品	11,355	2,332	
4	应付股息	567	495	
5	其他流动负债	2,155	1,919	
6	机械、能源和运输(债务)	9,141	8,005	
7	金融产品	17,140	16,995	
8	离职后福利负债	6,599	7,455	
9	其他负债	4,323	3,756	
10	现金和短期投资	-8,284	-7,857	
11	净负债	42,996	33,100	<--=SUM(C3:C10)
12	金融产品利息支出	754	722	
13	隐含债务成本, r_D	1.98%	<--=B12/(AVERAGE(B11:C11))	

我们的计算有几个方面值得注意:

● 根据财务报表计算债务的平均成本时,重要的是要包括所有金融债务,并不区分短期和长期项目。

● 我们将现金和现金等价物等流动资产视为负债务,并在公司债务中扣减它们。这里的考虑是,企业可以用其现金偿还部分债务,因此企业的有效债务融资是其金融负债减去现金。

---

① 值得重复的是,计算资本成本需要大量假设,而且不一定能给出精确的答案。资本成本估算的使用者应始终围绕所计算的数字进行敏感性分析。考虑到你正在分析的公司的数据,在资本成本计算上的一些马虎(以及随之而来的时间节省)可能是有利的。

然而,这一理论的实施在很大程度上是一个判断问题——我们可能不希望将所有现金都用于偿还债务,我们可能希望计算公司的借款成本,而不是它从现金中赚取的利息。

如果使用 Caterpillar 的平均债务成本作为其未来债务成本 r_D 的预测值,我们很可能在加权平均资本成本计算中使用当前成本 $r_D \approx 2\%$。这样处理是因为我们认为,债务的历史成本对未来成本的预测能力很小。

现金增加了债务成本

当一家公司的现金余额赚取的利息低于借款成本时,基于净利息和净债务的平均债务成本高于借款成本。为了理解这一点,假设现金利率比债务利率低 ε:

$$平均债务成本 = \frac{付出的利息 - 收到的利息}{债务 - 现金} = \frac{债务 \times i_{债务} - 现金 \times i_{现金}}{债务 - 现金}$$

$$= \frac{债务 \times i_{债务} - 现金 \times (i_{债务} - \varepsilon)}{债务 - 现金} = \frac{(债务 - 现金) \times i_{债务} + \varepsilon \times 现金}{债务 - 现金}$$

$$= i_{债务} + \frac{现金}{债务 - 现金} \times \varepsilon > i_{债务}$$

对 r_D 的估计反映了持有财务收益率较低的流动资产储备的成本。从纯粹的财务角度来看,公司将利用流动资产回购其债务,或将其作为股息或股份回购的支付,从而使股东受益。[①]

方法 2:作为 Caterpillar 的评级调整收益率的 r_D

还有另一种方法来衡量 Caterpillar 借款的债务成本:我们可以从适当债务的收益率曲线中估算 Caterpillar 债务的边际成本。截至 2019 年 1 月,Caterpillar 债券被标准普尔评为 A 级,被惠誉评为 A 级,被穆迪评为 A3 级(相当于标准普尔的 A 级)。根据美联储经济数据(https://fred.stlouisfed.org),我们发现,截至 2019 年 12 月 31 日,A 级债券的到期收益率(YTM)为 2.65%:

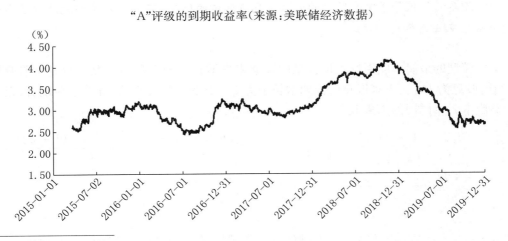

"A"评级的到期收益率(来源:美联储经济数据)

---

① 这种说法忽略了流动资产的期权价值及其为公司提供财务灵活性的能力。

3.6 计算企业权益成本的两种方法

你可能还记得,加权平均资本成本的方程是 $WACC = \dfrac{E}{E+D} r_E + \dfrac{D}{E+D} r_D (1-T_C)$。在本章中,到目前为止我们已经讨论了加权平均资本成本五个参数中的四个的估计:E、D、T_C、r_D。现在我们来讨论与加权平均资本成本参数相关的计算中最麻烦的问题——权益成本 r_E 的计算。有两种方法可以很容易地计算出 r_E:

- 戈登模型基于当前股票 Div_0、当前股价 P_0 和未来股票的预期增长率 g 计算 r_E:

$$r_E = \frac{Div_0(1+g)}{P_0} + g$$

- CAPM 基于无风险利率 r_f、市场期望收益率 $E(r_M)$ 和具体公司风险指标 β 计算 r_E:

$$r_E = r_f + \beta \big[E(r_M) - r_f \big]$$

$$r_f = 市场无风险利率$$

$$E(r_M) = 市场组合的期望收益率$$

$$\beta = 具体公司风险指标 = \frac{\mathrm{cov}(r_{股票}, r_M)}{\mathrm{var}(r_M)}$$

每个模型都有其变化和问题,将在接下来的两节中讨论。

方法 1:用戈登模型求 r_E

戈登模型从以下看似简单的陈述中得出权益成本:

> 股票的价值等于来自股票的未来预期股息流的现值,其中未来预期股息以适当的风险调整权益成本 r_E 贴现。[1]

戈登模型的最简单应用场景是股息的预期未来增长率为常数的情况。假设当前股价为 P_0,当前股息为 Div_0,未来股息的预期增长率为 g。戈登模型表明,股价等于贴现后(以适当的权益成本 r_E 计算)的未来股息:

$$P_0 = \frac{Div_0 \times (1+g)^1}{(1+r_E)^1} + \frac{Div_0 \times (1+g)^2}{(1+r_E)^2} + \frac{Div_0 \times (1+g)^3}{(1+r_E)^3} + \frac{Div_0 \times (1+g)^4}{(1+r_E)^4} \cdots$$

$$= \sum_{t=1}^{\infty} \frac{Div_0 \times (1+g)^t}{(1+r_E)^t}$$

---

[1] 这个模型是以 M. J. 戈登的名字命名的,他在一篇题为《股利、收益和股票价格》("Dividends, Earnings and Stock Prices")的论文中首次发表了这个公式。参见 Gordon(1959,99—105)。

因此,给定一个恒定的预期股息增长率,我们得到戈登模型的权益成本:[①]

$$P_0 = \frac{Div_0 \times (1+g)}{r_E - g}, \ g < r_E$$

请注意这个公式末尾的附带条件:为了让公式第一行的无穷和有一个有限的解,股息的增长率必须小于贴现率。在我们讨论具有异常增长率的戈登模型(见后文)时,我们将回到这种不满足附带条件的情况。

为了应用这个公式,假设一家公司在过去一年中支付了 3 美元的股息(即 $Div_0 = 3$ 美元/股),其股价为每股 130 美元(即 $P_0 = 50$ 美元)。假设股息预期每年持续增长 7%。那么该公司的权益成本 r_E 为 9.47%:

	A	B	C
1	戈登模型求股权成本		
2	当前股价, P_0	130	
3	去年支付的股息, Div_0	3	
4	预期股息增长率, g	7%	
5	戈登模型权益成本,r_E	9.47%	<-=B3*(1+B4)/B2+B4

使用戈登模型计算 Caterpillar 的权益成本

我们将戈登模型应用于 Caterpillar,其 10 年的股息历史在下面的电子表格中给出(注意,一些数据已被隐藏)。

	A	B	C	D	E	F	G
1				CATERPILLAR的股息历史			
2	日期	每股股息		年份	总股息	年度股息增长率	
3	2019/10/18	1.03		2019	3.78	14.19%	<-=LN(E3/E4)
4	2019/7/19	1.03		2018	3.28	5.64%	<-=LN(E4/E5)
5	2019/4/18	0.86		2017	3.10	-21.67%	
6	2019/1/18	0.86		2016	3.85	26.97%	
7	2018/10/19	0.86		2015	2.94	-8.47%	
8	2018/7/19	0.86		2014	3.20	62.08%	
9	2018/4/20	0.78		2013	1.72	-36.59%	
10	2018/1/19	0.78		2012	2.48	32.05%	
11	2017/10/20	0.78		2011	1.80	4.55%	
12	2017/7/18	0.78		2010	1.72	2.35%	<-=LN(E12/E13)
13	2017/4/20	0.77		2009	1.68		
14	2017/1/18	0.77					
15	2016/10/20	0.77		平均 (方法1)		8.11%	<-=AVERAGE(F3:F12)
16	2016/7/18	0.77		平均 (方法2)		8.45%	<-=(E3/E13)^(1/10)-1
17	2016/4/21	0.77					
18	2016/1/18	0.77					
19	2016/1/15	0.77		单元格 E4中的公式为:			
20	2015/10/22	0.77		=SUMIFS($B$3:$B$52,$A$3:$A$52,">="&DATE(D4,1,1),$A$3:$A$52,"<="&DATE(D4,12,31))			
21	2015/7/16	0.77					
45	2009/10/22	0.42					
46	2009/7/16	0.42					
47	2009/4/16	0.42					
48	2009/1/15	0.42					

具体取决于计算方法,Caterpillar 的历史股息年化增长率可能为 8.11% 或 8.45%。为了计算权益成本 r_E,现在的问题是这些增长率中哪一个能更好地预测未来预期的股息

[①] 假设增长率恒定且 $g < r_E$,表达式 $\sum_{t=1}^{\infty} \frac{Div_0 \times (1+g)^t}{(1+r_E)^t}$ 简化为 $\frac{Div_0 \times (1+g)}{r_E - g}$。我们不详述这个推导,它是基于一个通常在高中学习的几何级数的公式得出的。

增长率。[1] 在下面的电子表格中，我们考虑了这两种可能性。计算中使用 Caterpillar 公司 2019 年 12 月底的股价 $P_0 = 147.68$ 美元。

	A	B	C
1		利用戈登模型计算 CATERPILLAR的 r_E	
2	Caterpillar的股票价格P_0, 31-Dec-2019	147.68	
3	当前股息, Div_0	3.78	
4	股息增长率, g		
5	平均 (方法1)	8.11%	
6	平均 (方法2)	8.45%	
7			
8	戈登模型权益成本, r_E		
9	运用方法1	10.88%	<--=\$B\$3*(1+B5)/\$B\$2+B5
10	运用方法2	11.22%	<--=\$B\$3*(1+B6)/\$B\$2+B6

出于所有实际应用目的，考虑到我们对未来的估计的误差范围，这些数字是相同的——请记住，我们正试图根据过去的股息支付来预测未来的股息增长。

调整戈登模型，计入所有权益现金流

如前文所述，戈登模型是以每股为基础计算的，仅用于股息。然而，为了评估公司的权益，戈登模型应该扩展到包括所有权益现金流。除了股息，现金流还包括至少两个额外的组成部分：

- 股票回购现在占美国公司支付给股东的现金总额的 50% 左右。[2]
- 公司发行股票是一个重要的负向权益现金流。在许多公司中，最重要的股票发行发生在员工行使股票期权的时候。

为了计入这些额外的权益现金流，我们必须根据总权益价值重写戈登模型。戈登的基本估值模型现在变成：

$$权益价值 = \sum_{t=1}^{\infty} \frac{权益现金流_0 \times (1+g)^t}{(1+r_E)^t}$$

其中，$g =$ 权益现金流的预期增长率。这就得到权益成本 r_E 的计算公式：

$$r_E = \frac{权益现金流_0 \times (1+g)}{权益价值} + g, \quad g < r_E$$

作为一个例子，我们考察以下的 Caterpillar 数据：

	A	B	C	D	E
1		戈登模型计算的 CATERPILLAR的权益支付			
2	总权益支出中的股票回购率		50%		
3		股息	总权益支出	增长率	
4	2019	3.78	7.56	14.19%	<--=LN(C4/C5)
5	2018	3.28	6.56	5.64%	<--=LN(C5/C6)
6	2017	3.10	6.20	-21.67%	
7	2016	3.85	7.70	26.97%	
8	2015	2.94	5.88	<--=B8/(1-\$C\$2)	
9					
10	平均增长率	6.28%	<--=AVERAGE(D4:D7)		
11					
12	基于总权益支付计算戈登模型的权益成本 r_E				
13	股价 (Dec 2019)	147.68			
14	戈登模型的权益成本, r_E	11.72%	<--=C4*(1+B10)/B13+B10		

---

[1] 或者也许都不是！也许我们最好用另一个故事来预测未来预期的股息增长。我们可以使用一个预测模型（在第 4 章中讨论）来预测公司的预期股息支付政策。

[2] 参见 DeAngelo、DeAngelo 和 Skinner(2008)。

如果我们假设 Caterpillar 公司 6.28％ 的权益现金流的历史增长率将在无限的未来持续下去，那么它的权益成本为 $r_E = 11.72\%$。[1]在下一小节中，我们将介绍戈登模型的另一种变化，该模型使这一假设更灵活。

"异常增长"和戈登模型

戈登模型 $r_E = \dfrac{Div_0 \times (1+g)}{P_0} + g$ 的一个基本条件是 $g < r_E$。[2]在金融领域，违背 $g < r_E$ 的情况通常发生在那些（至少在短期）高速发展的公司里，对于这些公司，我们预期它有非常高的增长率，因此 $g > r_E$。如果这种"超常"增长或"异常"增长长期存在，原始股息贴现公式表明 P_0 将具有无限值，公式表示为 $\sum\limits_{t=1}^{\infty} \dfrac{Div_0 \times (1+g)^t}{(1+r_E)^t} \to \infty$。因此，股息增长率非常高的时期（其中 $g > r_E$）之后必须有一个股息长期增长率小于权益成本的时期，$g < r_E$。

假设企业预期在第 $1, \cdots, m$ 期发放高成长股息，而在之后各期，股息增长率会更低。我们可以将这些预期未来股息的贴现价值记为：

股票今天的价值＝股息的贴现值

$$= \underbrace{\sum_{t=1}^{m} \frac{Div_0 \times (1+g_1)^t}{(1+r_E)^t}}_{m\text{年高增速}g_1\text{股息的现值}} + \underbrace{\sum_{t=m+1}^{\infty} \frac{Div_m \times (1+g_2)^t}{(1+r_E)^t}}_{\text{余下正常增速}g_2\text{股息的现值}}$$

问题通常是根据预测的增长率确定权益成本 r_E。在下面的例子中，我们使用 VBA 函数 TwoStageGordon 来计算 r_E，它使上述方程两侧的值相等。在本节的最后，我们讨论 TwoStageGordon 的构建。假设一家公司的股价目前为 $P_0 = 60$，其当前股息为 $Div_0 = 3$，在股息连续 5 年每年增长 20％后，股息增长率将放缓至 6％。如下所示，$r_E = 15.11\%$。

	A	B	C
1	两个增长率的戈登模型 使用TwoStageGordon函数		
2	当前股息, Div_0	3.00	
3	增长率 g_1, 第 1 年->m ("非正常")	20%	
4	增长率 g_2, 第6年->¥	6%	
5	非正常增长年数, m	5	
6	股票价格	60.00	
7	权益成本	15.11%	<-=TwoStageGordon(B6,B2,B3,B5,B4)

将两阶段戈登模型应用于 Caterpillar

下面我们使用两阶段模型来计算 Caterpillar 的权益成本。假设 6.28％ * 的过去 5 年的股息异常增长率仅在未来 3 年持续，之后的股息增长率为 4％。权益成本为 $r_E = 9.66\%$。

---

① 大多数公司每年只报告一次股票回购和员工股票期权行使情况。因此，这些数字的唯一可用数据是年度数据，而股息是按季度报告的，用于计算 CAPM 贝塔（稍后在第 3.6 节中讨论）的股票价格数据是每天可获得的。

② 在本节中，我们将戈登公式中的 Div_0 解释为每股股息或总的股息支出。

* 原书为 0.62％，似有误。——译者注

	A	B	C	D	E
1		CATERPILLAR的权益成本			
		使用两阶段戈登模型			
2	总权益支出中的股票回购率		50%		
3		股息	总权益支出	增长率	
4	2019	3.78	7.56	14.19%	<--=LN(C4/C5)
5	2018	3.28	6.56	5.64%	<--=LN(C5/C6)
6	2017	3.10	6.20	-21.67%	
7	2016	3.85	7.70	26.97%	
8	2015	2.94	5.88	<--=B8/(1-$C$2)	
9					
10	平均增长率	6.28%	<--=AVERAGE(D4:D7)		
11					
12	基于总权益支付和两阶段戈登模型计算的权益成本 r_E				
13	股票价格, 2019年12月31日	147.68			
14					
15	异常增长率, g_{high}	6.28%	<--=B10		
16	异常增长年数, m	3	<-- 作者猜测		
17	正常增长率, g_{normal}	4.00%	<-- 作者猜测		
18					
19	权益成本, r_E	9.66%	<--{=TwoStageGordon(B13,C4,B15,B16,B17)}		

技术说明

使用函数 TwoStageGordon（你可在本书的配套网站上找到本章的 Excel 文件"FM5，Chapter 03-WACC.xlsm"）计算两阶段戈登模型的权益成本 r_E。使用该函数计算贴现率 r_E，它使得当前股价等于未来权益现金流量的现值：

```
Function TwoStageGordon(P0, Div0, Highgrowth,
Highgrowthyrs, Normalgrowth)
    high = 4
    low = 0

    Do While (high - low) > 0.00001
    Estimate = (high + low) / 2
    Term1 = Div0 * (1 + Highgrowth) / (Estimate -
    Highgrowth) * _
    (1 - ((1 + Highgrowth) / (1 + Estimate)) ^
    Highgrowthyrs)

    Term2 = Div0 * (1 + Highgrowth) ^ High-
    growthyrs * (1 + Normalgrowth) _
    / (Estimate - Normalgrowth) / (1 + Estimate)
    ^ Highgrowthyrs

    If (Term1 + Term2) > P0 Or Term2 < 0 Then
        low = (high + low) / 2
        Else: high = (high + low) / 2
    End If
    Loop
    TwoStageGordon = (high + low) / 2
End Function
```

方法 2:CAPM:计算贝塔

CAPM 是计算资本成本的戈登模型唯一可行的替代方案。它也是得到最广泛使用的权益成本模型,原因是它既有理论上的优雅,也有实现上的简单。CAPM 从其与市场收益率的协方差中得出公司的资本成本。[①]公司权益成本的经典 CAPM 公式为:

$$r_E = r_f + \beta_E(E(r_M) - r_f)$$

其中,r_f = 市场无风险利率;$E(r_M)$ = 市场组合的期望收益率;β_E = 具体公司风险指标 = $\dfrac{\text{cov}(r_{\text{股票}}, r_M)}{\text{var}(r_M)}$。

在本节的剩余部分,我们将重点衡量该公司的 β_E;下一节将展示如何应用 CAPM 求公司的权益成本 r_E。

贝塔是该公司股票收益率对市场收益率的回归系数

在下面的电子表格中,我们给出了 Caterpillar 和标准普尔 500 指数(SP500)5 年的月度

	A	B	C	D	E	F	G
1			计算CATERPILLAR的贝塔				
			2015-2019年 Caterpillar 和 SP500的月收益率				
2	阿尔法	0.0010	<-=INTERCEPT(E10:E68,F10:F68)				
3	贝塔	1.5031	<-=SLOPE(E10:E68,F10:F68)				
4	R方	0.4601	<-=RSQ(E10:E68,F10:F68)				
5	阿尔法的t-统计量	0.1307	<-=K13/K14				
6	贝塔的t-统计量	6.9691	<-=J13/J14				
7							
8			价格			收益率	
9	日期	CAT	SP500		CAT	SP500	
10	1-Dec-19	146.65	3,230.78		2.02%	2.82%	<-=LN(C10/C11)
11	1-Nov-19	143.72	3,140.98		5.69%	3.35%	<-=LN(C11/C12)
12	1-Oct-19	135.77	3,037.56		8.71%	2.02%	<-=LN(C12/C13)
13	1-Sep-19	124.45	2,976.74		5.96%	1.70%	<-=LN(C13/C14)
14	1-Aug-19	117.25	2,926.46		-9.35%	-1.83%	
15					-3.45%	1.30%	
16					12.89%	6.67%	
17					-14.55%	-6.80%	
18					2.86%	3.86%	
19					-1.36%	1.78%	
20					3.73%	2.93%	
21					4.68%	7.57%	
22					-6.55%	-9.63%	
23					11.81%	1.77%	
24					-22.87%	-7.19%	
25					9.37%	0.43%	
26					-2.89%	2.98%	
27					5.82%	3.54%	
28					-11.31%	0.48%	
29					5.60%	2.14%	
68					4.41%	5.34%	
69							
70							

图表:CAT 与SP500月收益率 2015-2019

$y = 1.5031x + 0.001$
$R^2 = 0.4601$

X轴:SP500 月收益率;Y轴:CAT 月收益率

[①] CAPM 将在第 10—13 章中详细讨论。在这里,我们简单介绍该模型在寻找资本成本方面的应用而不对理论进行讨论。

价格和收益率。我们将 SP500 作为整个股票市场的代表。在单元格 B2:B4 中,我们用 Caterpillar 的收益率对 SP500 的收益率进行回归后得到:

$$r_{CAT,t} = \alpha_{CAT} + \beta_{CAT}r_{SP500,t} = -0.001\,0 + 1.503\,1 \times r_{SP500,t},\ R^2 = 0.460\,1$$

以下是我们可以从这个回归中学到的东西:

• Caterpillar 的贝塔值 β_{CAT} 显示了其股票收益率对市场收益率的敏感性。计算公式如下:

$$\beta_{CAT} = \frac{\text{cov}(\text{SP500 收益率},\text{CAT 收益率})}{\text{var}(\text{SP500 收益率})}$$

我们可以使用下面电子表格中的公式(单元格 J5)或使用上面电子表格中的 Excel Slope 函数(单元格 B3)计算贝塔值。在上述期间,SP500 的月收益率增加(减少)1%,Caterpillar 的月收益率增加(减少)1.503 1%。斜率的 t 统计量(单元格 B6)表明 β_{CAT} 是非常显著的(至于这个函数是如何构造的,参见下文)。[①]在上面的例子中,直接应用公式是这样的:

	I	J	K	L
2	利用 Covar 和 Var计算贝塔			
3	协方差(CAT,SP500)	0.0018	<-=COVARIANCE.S(E10:E68,F10:F68)	
4	方差(SP500)	0.0012	<-=VAR.S(F10:F68)	
5	贝塔	1.5031	<-=J3/J4	

• Caterpillar 的阿尔法值 α_{CAT} 显示了无论 SP500 如何变化,Caterpillar 在此期间的月收益率都为 $\alpha_{CAT}=0.1\%$。按年度计算,这是 $12 \times 0.1\% = 1.2\%$,这似乎表明,用金融市场的行话来说,Caterpillar 在此期间有正的表现。[②]然而,请注意,阿尔法(单元格 B5)的 t 统计量较小。该函数(其在 Excel 中的构造如下所述)表明,正截距与零没有显著差异。

• 回归的 R^2 显示,46.01% 的 Caterpillar 收益率的变化是由 SP500 的变化造成的。46% 的 R^2 可能看起来很低,但在关于 CAPM 的文献中,这并不罕见,并且实际上是相当高了。这表明,Caterpillar 收益率的大约 46% 的变化可由 SP500 收益率的变化说明。Caterpillar 收益率的其他变动可以通过将 Caterpillar 股票纳入分散化的股票组合来分散。股票的平均 R^2 约为 30% 至 40%,这意味着股票波动中市场因素约占这一百分比,股票特有的因素占其余部分。

本章附带的电子表格显示了进行回归的三种方法:一种方法是使用函数 Intercept、Slope 和 Rsq。第二种方法涉及使用 Excel 函数 Covariance.s 和 Var.s。第三种方法涉及 Excel 的(图表中)Trendline 功能。在 XY 散点图上绘制 CAT 和 SP500 的收益后,我们采取以下步骤:

---

① 关于 t 统计量的确切含义,你应该参考好的统计学教科书。对于我们而言,大于 1.96 的 t 统计量表明 95% 的概率下所讨论的变量(截距或斜率)显著不同于零。因此,截距为 0.001 的 t 统计量表明截距与零没有显著差异,而斜率为 6.969 1 的 t 统计量表明斜率与零有显著差异。

② 准确地说,CAPM 说明:$E(r_i) = r_f + \beta_i \times (E(r_M) - r_f)$ 或 $R(r_i) = r_f(1-\beta_i) + \beta_i \times E(r_M)$。所以,阿尔法应该与 $r_f(1-\beta_i)$ 相比,而不是与零相比。

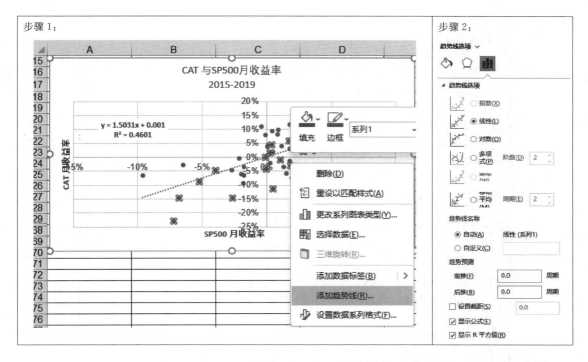

上图展示了用于从 Excel 中的 XY 散点图生成回归结果的命令序列。标记完这些点后，右击选择"添加趋势线"（左图）。我们选择线性回归（右图），并勾选在图上显示回归方程和 R^2。

自定义函数 TIntercept 和 TSlope

前面的电子表格计算了截距和斜率的 t 统计量。这是建立在第 30 章和第 31 章讨论的 Linest 函数之上的。将 Linest 函数应用于收益率数据，我们得到：

	I	J	K	L
9				
10				
11		单元格 J13:K17由数组函数 {=LINEST(E10:E68,F10:F68,,1)}生成		
12		斜率	截距	
13	斜率 -->	1.5031	0.0010	<-- 截距
14	斜率标准差 -->	0.2157	0.0076	<-- 截距标准差
15	R方 -->	0.4601	0.0569	<-- y 值标准误
16	F统计量 -->	48.5677	57.0000	<-- 自由度
17	SS$_{xy}$ -->	0.1570	0.1842	<-- SSE = 残差平方和
18				
19	阿尔法的t-统计量	0.1307	<--=K13/K14	
20	阿尔法的t-统计量	0.1307	<--=tintercept(E10:E68,F10:F68)	
21	贝塔的t-统计量	6.9691	<--=J13/J14	
22	贝塔的t-统计量	6.9691	<--=tslope(E10:E68,F10:F68)	

通过使用 Excel 函数 Index，我们可以定义一个 VBA 函数 TIntercept，它将 Linest 函数产生的截距项的值（Linest 输出的第一行，第二列）除以截距的标准差（第二行，第二列）。下面是 Intercept 函数的 t 统计量代码：

```
Function tintercept(yarray, xarray)
    tintercept = Application.Index(Application. _
    LinEst(yarray, xarray,, 1), 1, 2) / _
    Application.Index(Application.LinEst
    (yarray, _
    xarray,, 1), 2, 2)
End Function
```

类似地,我们可以定义一个函数 TSlope,它给出斜率的 t 统计量:

```
Function tslope(yarray, xarray)
    tslope = Application.Index(Application. _
    LinEst(yarray, xarray,, 1), 1, 1) / _
    Application.Index(Application.LinEst
    (yarray, _
    xarray,, 1), 2, 1)
End Function
```

这两个函数都嵌入在本章附带的电子表格中。

使用 Excel 的数据分析加载项来估计贝塔

有第四种方法来产生回归输出:通过单击"工具|数据分析|回归",我们可以使用复杂的 Excel 程序来计算更多的统计量,包括 t 统计量。这个程序产生的输出如下所示 [*]:

	N	O	P	Q	R	S	T
11	Using data-analysis						
12	总结输出						
13							
14	回归统计						
15	多重相关系数 (Multiple R)	0.68					
16	决定系数 (R Square)	0.46					
17	调整后决定系数 (Adjusted R Square)	0.45					
18	标准误差	0.06					
19	观测值	59					
20							
21	方差分析						
22		自由度 (df)	平方和 (SS)	均方 (MS)	F-统计量	显著性F	
23	回归分析		0.157	0.157	48.568	0.000	
24	残差	57	0.184	0.003			
25	总计	58	0.341				
26							
27		系数	标准误差	t-统计量	P-值	下限 95.0%	上限 95.0%
28	截距	0.00	0.01	0.13	0.90	-0.01	0.02
29	X变量1	1.50	0.22	6.97	0.00	1.07	1.94

我们使用"工具|数据分析|回归"来产生这个输出。设置如下:

---

[*] 原书配图似有误。——译者注

虽然"工具|数据分析|回归"产生大量数据,但它有一个主要缺点:当底层数据发生变化时,输出不会动态更新。因此,我们更倾向于使用所说明的其他方法。

3.7 使用证券市场线来计算 Caterpillar 的权益成本

在 CAPM 中,证券市场线(SML)被用于计算风险调整后的资本成本。经典的 CAPM 公式使用了一个 SML 方程:

$$权益成本 \; r_E = r_f + \beta_E [E(r_M) - r_f]$$

这里 r_f 是经济中的无风险收益率,$E(r_M)$ 是市场的期望收益率。SML 参数值的选择通常是一个复杂的问题。一个常见的方法是选择:

● r_f 等于经济中的无风险利率(例如,国债利率)。出于说明目的,我们暂且使用 $r_f = 2\%$。

● $E(r_M)$ 等于市场收益率的历史平均值,定义为宽基市场投资组合的平均收益率。还有一种基于市场倍数的替代方法;下面将讨论这两种方法。在这一节,我们使用 $E(r_M) = 8\%$。

下面的电子表格展示了 Caterpillar 的经典 CAPM 权益成本计算方法：

	A	B	C
1	计算CATERPILLAR的权益成本 经典的CAPM：$r_E = r_f + b*[E(r_M) - r_f]$		
2	Caterpillar的权益贝塔，β_E	1.5031	
3	无风险利率，r_f	2.00%	
4	期望市场收益率，$E(r_M)$	8.00%	
5	Caterpillar的权益成本，r_E	11.02%	<-- =B3+B2*(B4-B3)

计算非上市公司的权益成本

当公司未上市且没有可用的股票数据时，我们通常使用可比公司来估计权益成本。需要记住的主要问题是，权益成本结合了两种风险来源：

（1）商业/行业风险。这是来自行业和公司经营活动的风险。行业风险越高，行业资本成本越高。

（2）杠杆风险。这是特定公司的杠杆决策给股东带来的风险。杠杆率越高，公司股权持有人的资本成本就越高。

由于我们观察的是可比企业的权益成本，而且不同企业的杠杆水平各不相同，因此，我们需要先对样本企业进行处理，消除杠杆对权益成本的影响，以获得行业的去杠杆化资本成本，然后再对资本成本进行重新杠杆化，计算我们企业的权益成本。将权益成本与去杠杆化资本成本联系起来的方程如下：[①]

$$\text{如果我们假设一段时间内债务不变，} r_E = r_A + \frac{D}{E} \times (1 - t_C) \times (r_A - r_D)$$

$$\text{如果我们假设债务权益比随时间不变，} r_E = r_A + \frac{D}{E} \times (r_A - r_D)$$

下面是 Caterpillar 的例子：

	A	B	C	D	E	F	G	H	I
1	利用可比公司计算CATERPILLAR的权益成本 2019年12月								
2	无风险利率(r_f)	2%							
3	市场风险溢价 (MRP)	6%			单元格 'G6' 包含公式 =$B$2+F6*$B$3				
4	假设债务不变 (D)								
5		权益 (百万美元)	净债务(百万美元)	公司税率(t_C)	债务成本(r_D)	权益贝塔 (β_E)	权益成本(r_E)	无杠杆的资本成本 (r_A)	
6	Astec Industries	946	0	12%	0.00%	1.88	13.28%	13.28%	<--=(G6+E6*C6/B6*(1-D6))/(1+C6/B6*(1-D6))
7	JohnDeere	54,840	47,500	21%	3.09%	1.02	8.12%	6.07%	
8	Manitowoc Crane Group	621	830	21%	3.94%	2.32	15.92%	9.77%	
9	Terex	2,120	1,120	15%	7.85%	1.85	13.10%	11.47%	
10							行业无杠杆资本成本 (r_A)	10.15%	<--=AVERAGE(H6:H9)
11									
12	Caterpillar的数据								
13	规范性债务比(D/E)	39%							
14	债务成本 (r_D)*	2.65%							
15	公司税率 (t_C)	22.35%							
16	权益成本 (r_E)	12.42%	<--=H10+B13*(1-B15)*(H10-B14)						

① 这些公式中隐含了一个关于税盾风险的假设。当我们假设债务以美元价值计算不变时，税盾的风险与债务的风险相似；当我们假设债务权益比为常数时，税盾的风险与资产的风险相似。

* 原书债务成本(r_D)赋值 3.9%，因此得出权益成本(r_E)为 12.04%，似有误。——译者注

3.8 市场期望收益率的三种计算方法

在使用 CAPM 计算权益成本时,仍然存在两个关键问题:

● 市场期望收益率 $E(r_M)$ 是多少? 应该从历史数据中计算吗? (如果是这样,数据序列应该有多长?)或者,也许可以基于前瞻性方法根据当前市场数据计算而无需求助于历史数据?

● 无风险利率 r_f 是多少?

在本节中,我们处理第一个问题,将 r_f 的计算留在第 3.9 节处理。计算 $E(r_M)$ 有三种主要方法:

(1) 主要市场指数的历史收益率;

(2) 市场指数的历史市场风险溢价;

(3) 戈登模型。

我们在本节中说明所有三种方法,并在本节的最后说明它们对计算 Caterpillar 的权益成本的影响。

将市场投资组合的历史平均收益率作为 $E(r_M)$

计算 $E(r_M)$ 的一个简单方法是将其视为一个主要市场指数的历史收益率的平均值。在下面的计算中,我们通过使用 SP500 作为市场的代表来介绍这种方法。自 1950 年以来,该指数对应基金的年化收益率为 6.64%。我们可以将这作为持有 SP500 的历史年平均收益率的可靠替代指标。

	A	B	C	D
1	使用历史数据测量 E(r_M) 源自SP500指数基金(代码:^GSPC)的价格 1960—2019年 (一些行被隐藏)			
2	年化收益率		6.64%	<—=AVERAGE(C:C)
3	年化标准差		16.08%	<—=STDEV.S(C:C)
4				
5	日期	价格	收益率	
6	31/Dec/19	3,221.29	25.08%	<—=LN(B6/B7)
7	31/Dec/18	2,506.85	-6.44%	<—=LN(B7/B8)
8	31/Dec/17	2,673.61	17.75%	
9	31/Dec/16	2,238.83	9.11%	
10	31/Dec/15	2,043.94	-0.73%	
11	31/Dec/14	2,058.90	10.79%	
12	31/Dec/13	1,848.36	25.93%	
13	31/Dec/12	1,426.19	12.58%	
63	31/Dec/62	63.10	-12.57%	
64	31/Dec/61	71.55	20.81%	
65	31/Dec/60	58.11	-3.02%	
66	1/Jan/60	59.89		

直接计算市场风险溢价 $E(r_M) - r_f$

我们也可以直接计算市场风险溢价。这需要更多的工作。在下面的电子表格中,我们展

	A	B	C	D	E	F
1	使用历史数据计算市场风险溢价 E (r_M) – r_f SP500指数 (代码: ^GSPC) 减去国债收益率 1990–2019年					
2	年风险溢价	3.64%	<-- =AVERAGE(E7:E65)			
3	年标准差	17.41%	<-- =STDEV.S(E7:E65)			
4						
5	日期	价格	收益率	1-年期国债利率	市场风险溢价	
6	31/Dec/19	3,221.29	25.08%	2.63%	22.45%	
7	31/Dec/18	2,506.85	-6.44%	1.76%	-8.20%	<--=C7-D7
8	31/Dec/17	2,673.61	17.75%	0.85%	16.90%	<--=C8-D8
9	31/Dec/16	2,238.83	9.11%	0.65%	8.46%	<--=C9-D9
10	31/Dec/15	2,043.94	-0.73%	0.25%	-0.98%	
11	31/Dec/14	2,058.90	10.79%	0.13%	10.66%	
12	31/Dec/13	1,848.36	25.93%	0.16%	25.77%	
13	31/Dec/12	1,426.19	12.58%	0.12%	12.46%	
14	31/Dec/11	1,257.60	0.00%	0.29%	-0.29%	
15	31/Dec/10	1,257.64	12.03%	0.47%	11.56%	
16	31/Dec/09	1,115.10	21.07%	0.37%	20.70%	
17	31/Dec/08	903.25	-48.59%	3.34%	-51.93%	
18	31/Dec/07	1,468.36	3.47%	5.00%	-1.53%	
19	31/Dec/06	1,418.30	12.77%	4.38%	8.39%	
20	31/Dec/05	1,248.29	2.95%	2.75%	0.21%	
21	31/Dec/04	1,211.92	8.61%	1.26%	7.35%	
22	31/Dec/03	1,111.92	23.41%	1.32%	22.09%	
23	31/Dec/02	879.82	-26.61%	2.17%	-28.78%	
24	31/Dec/01	1,148.08	-13.98%	5.32%	-19.30%	
25	31/Dec/00	1,320.28	-10.69%	5.98%	-16.67%	
26	31/Dec/99	1,469.25	17.84%	4.53%	13.31%	
27	31/Dec/98	1,229.23	23.64%	5.51%	18.13%	
28	31/Dec/97	970.43	27.01%	5.51%	21.50%	
29	31/Dec/96	740.74	18.45%	5.18%	13.27%	
30	31/Dec/95	615.93	29.35%	7.20%	22.15%	
31	31/Dec/94	459.27	-1.55%	3.63%	-5.18%	
32	31/Dec/93	466.45	6.82%	3.61%	3.21%	
33	31/Dec/92	435.71	4.37%	4.12%	0.25%	
34	31/Dec/91	417.09	23.35%	6.82%	16.53%	
35	31/Dec/90	330.22	-6.78%	7.76%	-14.54%	
36	31/Dec/89	353.40				

示了 SP500 的年收益率和美国国库券的年利息。SP500 的年平均风险溢价为 3.64%。

将风险溢价直接应用到 Caterpillar 权益成本的计算中,权益成本 r_E 接近 8.2%(请注意,我们仍然没有解决 r_f 的问题):

	A	B	C
1		使用市场风险溢价 E(r_M)–r_f 计算Caterpillar的权益成本	
2	Caterpillar的权益贝塔, β_E	1.5031	
3	根据历史数据估计的E(r_M) - r_f	3.64%	
4	无风险利率, r_f	2.70%	<-- 待讨论
5	Caterpillar的权益成本, r_{E,CAT}	8.17%	<--=B4+B2*B3

使用戈登模型计算市场期望收益率

设定 $E(r_M)=6.64\%$,比较接近美国 1960 年至 2019 年的历史市场收益率。如果我们认为未来期望收益率将与历史平均水平相当,那么选取历史平均水平是合适的。另一方面,我们可能想用当前的市场数据直接计算未来的市场期望收益率。我们可以用戈登模型来计算。回顾第 3.6 节,该模型中权益成本 r_E 的计算方法是:

$$E(r_E)=\frac{Div_0(1+g)}{P_0}+g$$

这个公式也适用于市场组合,因此我们可以记:

$$E(r_M) = \frac{Div_0(1+g)}{P_0} + g$$

将 Div_0、P_0 和 g 解释为市场组合当前的股息、价格和增长率。假设该公司将其收益的固定比例 a 作为股息支付;用 EPS_0 表示当期每股收益,$Div_0 = a \times EPS_0$。将 g 解释为公司的盈利增长,我们可以这样记:

$$E(r_M) = \frac{a \times EPS_0(1+g)}{P_0} + g = \frac{a \times (1+g)}{P_0/EPS_0} + g$$

等式右侧的项 P_0/EPS_0 是市盈率。我们可以使用这个公式计算 $E(r_M)$,从而将权益成本与当前可观察到的市场参数联系起来。下面是一个应用:

	A	B	C
1	使用市场倍数计算 $E(r_M)$		
2	市盈率, 2019年12月	24.67	
3	权益性现金流派息率	50%	<-- Approx. U.S.: 股息+回购
4	市场期望权益现金流增长	5.0%	<--分析师估计
5	市场期望收益率, $E(r_M)$	7.13%	<-- =B3*(1+B4)/B2+B4

3.9 CAPM 中的无风险利率 r_f 是多少?

这里的观点似乎分歧很大。一些作者建议使用短期利率,而另一些人则使用中期或长期利率。从业者通常使用 10 年至 15 年的利率。对于本章中的例子,这里有一些来自美国财政部的数据:

	A	B	C	D	E	F	G	H	I	J	K	L	M
1	无风险收益率曲线												
2	数据来源:	https://www.treasury.gov/resource-center/data-chart-center/interest-rates/Pages/default.aspx											
3	日期	1 Mo	2 Mo	3 Mo	6 Mo	1 Yr	2 Yr	3 Yr	5 Yr	7 Yr	10 Yr	20 Yr	30 Yr
4	31/Dec/19	1.48%	1.51%	1.55%	1.60%	1.59%	1.58%	1.62%	1.69%	1.83%	1.92%	2.25%	2.39%

从财务上讲,我们应该用与现金流存续期相匹配的贴现率对预期的未来现金流进行贴现。在第 7 章中,我们将解释永续现金流的久期(duration)为:久期 $= \dfrac{1+WACC}{WACC}$。在下表中,我们可以看到,7%—12%的加权平均资本成本对应 9 年至 15 年的久期。

	A	B	C
7	WACC	久期	
8	7%	15.29	<-=(1+A8)/A8
9	8%	13.50	<-=(1+A9)/A9
10	9%	12.11	
11	10%	11.00	
12	11%	10.09	
13	12%	9.33	

为了便于举例,我们使用 10 年期无风险利率。

3.10 计算加权平均资本成本

在接下来的部分中,我们计算 Caterpillar 的加权平均资本成本。我们使用的例子是 $E(r_M)=7.13\%$(在第 3.7 节中根据 SP500 的市盈率计算),10 年期国债利率是 $r_f=2.69\%$(在第 3.8 节中讨论)。

我们已经在前几节讨论了 Caterpillar 的权益成本 r_E 和债务成本 r_D。我们的模板概括了这些计算:

	A	B	C
1		计算 CATERPILLAR的加权平均资本成本（2019年12月）	
2	已发行股票(百万)	575.54	
3	股票价格, 2019年12月31日	147.68	
4	权益价值, E (百万)	84,996	<-- =B2*B3
5	净负债, D (百万)	33,100	
6	负债成本t, r_D	2.65%	A评级的债券到期收益率
7	税率, T_C	22.35%	有效税率
8			
9	基于CAPM的WACC		
10	无风险利率, r_f	1.92%	
11	市场期望收益率, $E(r_M)$	7.13%	使用戈登模型
12	权益贝塔, β	1.5031	
13	权益成本, r_E	9.75%	<-- =B10+B12*(B11-B10)
14	WACC	7.59%	<-- =$B$5/SUM($B$4:$B$5)*$B$6*(1-$B$7)+$B$4/SUM($B$4:$B$5)*B13
15			
16	基于戈登两阶段模型的WACC		
17	权益成本, r_E	9.66%	使用两阶段戈登模型
18	WACC	7.53%	<-- =$B$5/SUM($B$4:$B$5)*$B$6*(1-$B$7)+$B$4/SUM($B$4:$B$5)*B17
19			
20	平均WACC	7.56%	<-- =AVERAGE(B18,B14)

Caterpillar 的估计加权平均资本成本(单元格 B20)包括一个人为判断:我们对两个加权平均资本成本的估计进行了平均。

3.11 何时模型不起作用?

所有的模型都有问题,没有什么是完美的。在本节中,我们讨论戈登模型和 CAPM 的一些潜在问题。

戈登模型的问题

显然,如果一家公司不支付股息,而且似乎在不久的将来也不打算支付股息,戈登模型就不起作用了。[①]但即使对支付股息的公司来说,应用该模型也可能是困难的。在许多情况下,尤其棘手的是从过去的股息中提取未来的股息支付率。

---

① 公司不可能打算永远不支付股息,因为理性地讲,这样的意图意味着股票的价值为零。

例如,考察一下福特汽车公司 2007 年至 2018 年的股息历史:

	A	B	C	D
1	福特汽车公司的股息历史 2007—2018 年			
2	年份	股息	增长率	
3	2007—2011	0.00		
4	2012	0.20	NA	
5	2013	0.40	69.31%	<--=LN(B5/B4)
6	2014	0.50	22.31%	<--=LN(B6/B5)
7	2015	0.60	18.23%	
8	2016	0.60	0.00%	
9	2017	0.60	0.00%	
10	2018	0.60	0.00%	
11	增长率, 2012—2018年		18.31%	<--=AVERAGE(C5:C10)
12	增长率, 2013—2018年		8.11%	<--=AVERAGE(C6:C10)
13	增长率, 2015—2018年		0.00%	<--=AVERAGE(C8:C10)

这里的问题很容易识别:福特从 2007 年到 2011 年没有支付任何股息,2012 年开始支付 20 美分的股息,到 2015 年,股息稳步增加到 0.6 美元*。从那时起,福特将年度股息保持在每股 60 美分。如果用历史来预测未来,我们对未来的预期应该是什么?

看来,福特派息的历史或许并不是预测其未来派息的最佳指南。对于那些希望使用戈登模型的人,有以下几种解决方案:

● 如本章所示,我们可以使用福特的总权益支出。然而,这种方法并不意味着我们可以避免做出人为判断(看看我们对两阶段戈登模型的广泛使用)。

● 寻找福特资本成本的另一个选择是,通过为该公司建立一个全面的财务模型来预测其未来的股息。这类模型(将在接下来的两章中加以说明)经常被分析师使用。虽然它们的建立是复杂和耗时的,但它们考虑了公司的所有生产和财务活动。因此,它们可能是股息的更准确的预测。

CAPM 的问题

我们将在第 10—13 章详细讨论 CAPM 的性质和 CAPM 的检验。从本节中即可看出在实施 CAPM 模型时存在的一些潜在问题,具体如下:

● 一些股票的贝塔值为负,但它们显然存在风险。这表明,在投资组合的背景下,股票具有负风险。如果这是真的,这意味着将这些股票添加到投资组合中会降低投资组合方差,足以证明这些股票的无风险收益率低于零风险。虽然这对一些股票来说可能是真的,但很难相信从长期来看许多股票的贝塔值确实是负的。[1]

● 在某些情况下,我们会得到股票收益率与 SP500 指数之间的回归的 R^2 基本为零,这意味着 SP500 指数根本无法解释股票收益率的任何变化。对于统计爱好者:截距和斜率的 t 统计量表明两者都没有显著不同于零。简而言之,对 SP500 的历史收益率进行回归表明,这两者之间没有任何联系。

我们该如何看待这些情况?我们应该如何计算这些股票的资本成本?有几种选择:

● 我们可以假设股票的贝塔值实际上是零;考虑到股票估计的贝塔值的标准差,贝塔值在统计上与零没有差异,所以这个假设是有道理的。这意味着股票的所有风险都是可以分散

---

* 原书为 0.6 美分,似有误。——译者注

[1] 一个更合理的解释是,在所涵盖的期间内,股票的收益率与市场收益率没有任何关系。

的,股票的正确权益成本是无风险利率。

- 我们可以忽略观察到的贝塔值,并计算可比公司的权益成本,如前文所述,就好像该公司没有上市一样。

无论如何,我们会选择后一种情况。

3.12 总结

在本章中,我们详细说明了计算权益成本的两个模型:戈登股利模型和 CAPM 的应用。我们还考察了计算债务成本的三个可行模型中的两个。由于这些模型的应用需要进行很多直觉判断,我们的建议如下:

- 如果可能的话,尝试使用几个模型来计算资本成本,以综合判断得出你的结果。
- 如果有时间,试着不仅计算你正在分析的公司的资本成本,也计算同行业其他公司的资本成本。
- 从你的分析中,尝试找出一个一致的资本成本估计。不要犹豫,排除你认为不合理的数字。总而言之,资本成本的计算不仅仅是一种机械的操作!

练习

1. ABC 公司的股票价格 P_0 等于 50。该公司刚刚支付了每股 3 美元的股息,聪明的股东认为,股息将以每年 5% 的速度增长。使用戈登股利模型计算 ABC 的权益成本。

2. Unheardof 有限公司刚刚支付了每股 5 美元的股息。该股息预期将以每年 15% 的速度增加。如果 Unheardof 的权益成本是 25%,那么该公司每股的市场价值是多少?

3. Dismal.Com 是一家制造令人沮丧的互联网产品的公司。该公司目前没有支付股息,但其首席财务官认为,从 3 年后开始,它可以支付每股 15 美元的股息,该股息将每年增长 20%。假设 Dismal.Com 的权益成本为 35%,请根据贴现股息对股票进行估值。

4. 洲际航空公司(TCA)目前的股价为每股 65 美元。TCA 目前每年支付每股 3 美元的股息。在过去 5 年中,公司股息每年以 23% 的速度增长。一位受人尊敬的分析师假设,目前的股息增长率将在未来 5 年保持不变,此后股息增长率将放缓至每年 5%。使用 TwoStageGordon 函数计算权益成本。[①]

5. ABC 公司刚刚派了每股 3 美元的股息。你是一位经验丰富的分析师,确信公司未来 10 年的股息增长率将为每年 15%。10 年后,你认为公司的股息增长率将放缓到行业平均水平,即每年约 5%。如果 ABC 的权益成本是 12%,那么今天公司一股的价值是多少?

6. 假设一家公司拥有 $\beta_{权益}=1.5$ 和 $\beta_{债务}=0.4$。假设无风险利率为 6%,市场期望收益率 $E(r_M)$ 为 15%,企业所得税税率为 40%。如果该公司在资本结构中有 40% 的股权和 60% 的债务,使用 CAPM 计算加权平均资本成本。

---

① 要做这道题,你需把公式从本章的电子表格中复制到答案的电子表格中。详见第 0 章。

7. 在本书的配套网站上,你将找到以下思科股价和 SP500 指数的月度数据。计算方程 $r_{思科,t} = \alpha_{思科} + \beta_{思科} \times r_{SP500,t}$,并包括 R^2 及方程系数的 t 统计量。①

	A	B	C
1	\multicolumn{3}{c|}{**思科和SP500价格** **2015—2020年**}		
2	**日期**	**思科**	**SP500**
3	1/Dec/19	47.61	3230.78
4	1/Nov/19	44.98	3140.98
5	1/Oct/19	46.81	3037.56
6	1/Sep/19	48.68	2976.74
7	1/Aug/19	46.12	2926.46
8	1/Jul/19	54.24	2980.38
9	1/Jun/19	53.58	2941.76
10	1/May/19	50.94	2752.06
11	1/Apr/19	54.43	2945.83
12	1/Mar/19	52.53	2834.4
13	1/Feb/19	50.37	2784.49
14	1/Jan/19	45.66	2704.1
15	1/Dec/15	23.74	2043.94
16	1/Nov/15	23.82	2080.41
17	1/Oct/15	25.02	2079.36
18	1/Sep/15	22.76	1920.03
19	1/Aug/15	22.44	1972.18
20	1/Jul/15	24.46	2103.84
21	1/Jun/15	23.63	2063.11
22	1/May/15	25.22	2107.39
23	1/Apr/15	24.81	2085.51
24	1/Mar/15	23.51	2067.89
25	1/Feb/15	25.2	2104.5
26	1/Jan/15	22.37	1994.99

8. 今天是 2020 年 1 月 1 日。Normal America,Inc.(NA)在过去 10 年每年都支付了年终股息,如下表所示:

	A	B	C	D
1	\multicolumn{4}{c|}{**NORMAL AMERICA, INC.**}			
2	**年**	**12月31日股票价格**	**12月15日每股股息**	**SP500收益率**
3	2010	33		
4	2011	30.69	2.5	0.047
5	2012	35.38	2.5	0.162
6	2013	42.25	3	0.314
7	2014	34.38	3	-0.033
8	2015	36.25	1.6	0.302
9	2016	32.25	1.4	0.074
10	2017	43	0.8	0.099
11	2018	42.13	0.8	0.012
12	2019	52.88	1.1	0.374
13	2020	55.75	1.6	0.229

a. 计算 NA 相对于 SP500 的贝塔。

b. 假设国债利率为 5.5%,市场期望收益率为 $E(r_M) = 13\%$。如果企业所得税税率 $T_C = 3\%$,使用 CAPM 计算 NA 的权益成本。

c. 假设 NA 的债务成本为 8%。如果公司由三分之一的权益和三分之二的债务融资,使用 CAPM,其加权平均资本成本是多少?

9. 假设 SP500 的市盈率为 17.5,派息率为 55%,你估计未来股息增长率为 8%。$E(r_M)$ 是多少?

	A	B
1	\multicolumn{2}{c|}{**根据市盈率计算E(r_M)**}	
2	当前SP500的P/E	17.5
3	派息率	0.55
4	股息增长率	0.07
5	E(r_M)	
6		

① 为了解这个问题,你必须将函数 TIntercept 和 TSlope 从电子表格 fm3_chapter02.xls 复制到你的答案电子表格中。详见第 0 章。

10. 2020 年 12 月末，SP500 指数的市盈率为 19.24。假设该指数是市场的代表，其派息率为 60％。还假设股息预计将以 7％的速度增长。计算 $E(r_M)$。

11. 本练习的模板（参见本书的配套网站）给出了先锋指数 500 基金（VFINX）的价格。该基金的价格复制了 SP500 的股息再投资。使用以下数据来估计 SP500 在两个变量上的期望收益率：（1）所有数据，（2）最近两年的数据。（这项工作显示了使用历史市场数据来估计预期回报的问题。）

12. 本练习的模板（参见本书的配套网站）给出了英特尔 10 年季度股息的历史数据。使用戈登股息模型计算英特尔的权益成本。对根据 10 年增长计算的权益成本与根据最近 5 年增长计算的权益成本进行比较。

13. 你正在考虑购买一家风险很高的公司的债券。面值为 100 美元、期限为 1 年、票面利率为 22％的债券的售价为 95 美元。你考虑的情况是，该公司有 80％的概率将生存下来，并偿还债券，有 20％的概率公司会违约，在这种情况下，你认为你能收回 40 美元。

a. 债券的期望收益率是多少？

b. 如果公司的权益成本 $r_E = 25\%$，税率 $T_C = 35\%$，其资本结构的 40％是权益，其加权平均资本成本是多少？

4

基于现金流贴现法的预估分析与估值

4.1　概述

本书第 2 章定义了三种公司估值方法。所有这些都基于公司的企业价值的计算，即计算企业经营性资产的经济价值（市场价值）。

● 企业价值的会计方法移动了资产负债表上的项目，以便所有经营项目都在资产负债表的左侧，所有财务项目都在右侧。通常，使用会计方法得到的企业价值被称为"已用资本""投入资本"，或简单地称为"资本"。

● 对企业价值重估的有效市场方法是（在可能的范围内），以市场价值对企业价值资产负债表上的项目进行价值重估。一个显而易见的重估方法是用股票的市场价值取代公司的权益账面价值。

● DCF 方法将企业价值估值为公司未来预期自由现金流的现值，并以加权平均资本成本贴现。自由现金流是企业生产性资产（营运资金、固定资产、商誉等）产生的现金流。在本章中，我们使用了两种 DCF 的应用方法。这些方法对公司自由现金流的推导有所不同。

在本节中，我们对未来预期自由现金流的预测基于对公司合并现金流量表的分析。该方法易于实现，且相对简单（对于估值方法而言，所有这些都需要花费大量时间）。在第 4.2 节中，我们对未来预期自由现金流的预测建立在公司财务报表的预估模型之上。预估报表是可以用于商业计划和估值的强大工具，但实施它们很难且耗时。

虽然本章的前两节（简化方法和预估方法）在推导自由现金流的方法上有所不同，但这两部分都可以归结为以下模板中提供的信息：

两种 DCF 方法的区别在于对未来自由现金流的推导。在本节，我们研究了公司的合并现金流量表，并将其作为估计未来现金流量表的基础。然后，我们讨论与估计短期增长率（上面的 8％）和长期增长率（上面的 4％）有关的问题，假设你已经从第 3 章学习了如何计算加权平均资本成本（上面的 11％）。

	A	B	C	D	E	F	G	H
1			基本现金流估值模板					
2	长期自由现金流增长率	4%						
3	加权平均资本成本(WACC)	11%						
4								
5	年份	0	1	2	3	4	5	
6	未来自由现金流预测值		1,000	1,080	1,166	1,260	1,360	
7	贴现期间		0.50	1.50	2.50	3.50	4.50	
8	贴现因子		0.95	0.86	0.77	0.69	0.63	<==1/(1+$B$3)^G7
9	贴现自由现金流		949	924	899	874	851	<==G8*G6
10								
11	现值短期预测	4,496	<==SUM(C9:G9)					
12	现值长期预测（终值）	12,638	<==G6*(1+B2)/(B3-B2)*G8					
13	企业价值	17,134	<==SUM(B11:B12)					
14	加回超额资产	2,000						
15	减去净债务	-10,000						
16	权益价值	9,134	<==SUM(B13:B15)					
17	每股价值 (1,000 股)	9.13	<==B16/1000					

我们专注于几个重要的技术问题：

● 从合并现金流量表到自由现金流的过程中需要进行调整。这些调整包括：融资调整；对会计规则变化的修正；剔除非前瞻性项目。

● 日期不匹配。这些日期的间隔往往不均匀。例如，我们可能根据 12 月 31 日结束的年度报表进行预测，但当前估值日期可能是 9 月。在这种情况下，我们如何进行合适的估值？其中一个答案是使用 XNPV 函数，正如我们将看到的那样。

● 估算资产收益率与权益收益率。XIRR 函数可以为我们提供答案。最后，我们将讨论使现实符合我们的模板的方法。（或者反之亦然？有时这很难说！）

4.2 "布置舞台"——贴现自由现金流

经营活动的自由现金流

自由现金流的定义是企业在不考虑其融资方式的情况下产生的现金。它是衡量一个企业所产生现金的最佳指标。我们在第 2 章讨论了自由现金流的定义，这里只回顾一下定义：

定义自由现金流

税后利润	企业盈利能力的会计计量，它不是现金流	
加上税后净利息支付	自由现金流衡量该公司业务活动产生的现金。加回税后净利息支付，以中和税后利润的利息部分的影响	
加回折旧	将这项非现金费用加回税后利润	
减去经营性流动资产的增加	与销售相关的流动资产的增加在税务上不是一项费用（因此在税后利润中被忽略），但它对公司来说是一种现金消耗	就自由现金流而言，我们对流动资产和流动负债的定义不包括现金和债务等融资项目
增加经营性流动负债	增加与销售有关的流动负债为企业提供现金	
按成本减去固定资产的增加	固定资产（公司的长期生产性资产）的增加是对现金的使用，减少了公司的自由现金流	

在本章中，我们基于公司的合并现金流量表来计算自由现金流。

年中贴现

将企业价值重写为包含企业终值的形式,可以得到:

$$EV = \underbrace{\sum_{t=1}^{5} \frac{FCF_t}{(1+WACC)^t}}_{\text{短期预测的现值}} + \underbrace{\frac{1}{(1+WACC)^5} \frac{FCF_5(1+g_{LT})}{(WACC-g_{LT})}}_{\text{终值}}$$

此公式假设所有现金流量均发生于年末。事实上,大多数公司的现金流是在全年间发生的。例如,如果我们在 1 年中产生 120 美元,贴现率为 10%,按年终贴现为:

$$PV = \frac{120}{(1+10\%)^1} = 109.09$$

而如果我们假设 120 美元是在 1 年中平均产生的(每个月月底产生 10 美元),我们得到:

$$PV = \frac{10}{(1+10\%)^{1/12}} + \frac{10}{(1+10\%)^{2/12}} + \cdots + \frac{10}{(1+10\%)^{12/12}} = 114.00$$

如果假设每天收到现金流($n=365$),我们得到 114.44。

	A	B	C
1		年末与年中贴现对比	
2	WACC	10%	
3	CF	120	
4			
5	年末贴现		
6	T	1	
7	PV	109.09	<--=B3/(1+$B$2)^B6
8			
9	年中贴现		
10	n (次/年)	12	
11	PV (精确)	114.00	<--=-PV((1+B2)^(1/B10)-1,B10,$B$3/B10)
12	年中贴现	114.42	<--=$B$3/(1+$B$2)^0.5
13			
14	敏感性分析－每年平均支付n笔现金流的现值		
15	n	现值	
17	1	109.09	
18	2	111.75	
19	4	113.10	
20	12	114.00	
21	365	114.44	

如果我们通过假设,平均而言,年度 t 的现金流发生在年中(上面的单元 B11)来近似这一事实,我们可以将企业价值等式重写为:

$$EV = \underbrace{\sum_{t=1}^{5} \frac{FCF_t}{(1+WACC)^{t-0.5}}}_{\text{短期预测的现值}} + \underbrace{\frac{1}{(1+WACC)^{4.5}} \frac{FCF_5(1+g_{LT})}{(WACC-g_{LT})}}_{\text{终值}}$$

本节中使用的正是这个公式计算的企业价值。

计算终值

企业价值被定义为所有未来自由现金流的现值:

$$EV = \sum_{t=1}^{\infty} \frac{FCF_t}{(1+WACC)^{t-0.5}}$$

我们的估值模型假设了一个短期(第 1—5 年)的增长率和一个长期(第 6 年及以后)的增长率。我们用 g_{ST} 表示短期增长率,用 g_{LT} 表示长期增长率:

$$EV = \underbrace{\sum_{t=1}^{5} \frac{FCF_0(1+g_{ST})^t}{(1+WACC)^{t-0.5}}}_{\substack{t=1,\cdots,5,现金流以短期\\增长率增长的现值}} + \underbrace{\frac{1}{(1+WACC)^{4.5}}}_{\substack{将终值贴现到时间0}} \underbrace{\frac{FCF_5(1+g_{LT})}{(WACC-g_{LT})}}_{\substack{终值:现金流 4.5 时的现值,\\t>5 后,以长期增长率增长}}$$

使用标准技术,我们可以证明:

$$\underset{4.5年时}{\underline{终值}} = \sum_{t=1}^{\infty} \frac{FCF_5(1+g_{LT})^t}{(1+WACC)^t} = \begin{cases} \dfrac{FCF_5(1+g_{LT})}{WACC-g_{LT}}, 如果\ WACC > g_{LT} \\ 未定义,如果\ WACC < g_{LT} \end{cases}$$

4.3 以合并现金流量表为基础的简化方法

	A	B	C	D	E	F	G
1	**ABC 公司** **合并现金流量表, 2014—2018年**						
2		2014	2015	2016	2017	2018	
3	经营活动:						
4	会计净收益	479,355	495,597	534,268	505,856	520,273	
5	调整净收益与经营活动提供的净现金						
6	加回折旧和摊销	41,583	47,647	46,438	45,839	46,622	
7	经营性资产负债变动情况:						
8	减应收账款增加额	9,387	25,951	-12,724	1,685	-2,153	
9	减存货增加额	-37,630	-22,780	-16,247	-15,780	-5,517	
10	减预付费用和其他资产增加额	-52,191	13,573	16,255	14,703	-2,975	
11	加应付账款、应计费用、养老金和其他负债	29,612	51,172	6,757	40,541	60,255	
12	经营活动产生的净现金流量	**470,116**	**611,160**	**574,747**	**592,844**	**616,505**	<-=SUM(F4:F11)
13							
14	投资活动:						
15	短期投资,净额	-5,000	-55,000	50,000	-10,000	20,000	
16	购置物业、厂房及设备	-48,944	-70,326	-89,947	-37,044	-88,426	
17	处置物业、厂房及设备所得款项	197	6,956	22,942	6,179	28,693	
18	投资活动使用的现金净额	**-53,747**	**-118,370**	**-17,005**	**-40,865**	**-39,733**	<-=SUM(F15:F17)
19							
20	融资活动:						
21	债务偿还	0	0	-300,000	0	-7,095	
22	循环信贷融资借款所得款项	1,242,431	0	0	0	250,000	
23	发行股票所得款项	48,286	114,276	69,375	68,214	37,855	
24	股息支付	-332,986	-344,128	-361,208	-367,499	-378,325	
25	股票回购	-150,095	-200,031	-200,038	-200,003	-597,738	
26	融资活动使用的现金净额	**807,636**	**-429,883**	**-791,871**	**-499,288**	**-695,303**	<-=SUM(F21:F25)
27							
28	现金余额变动	**1,224,005**	**62,907**	**-234,129**	**52,691**	**-118,531**	<-=F12+F18+F26
29							
30	补充披露现金流量信息						
31	在此期间支付的现金						
32	所得税	255,043	175,972	314,735	283,618	305,094	
33	利息	83,553	83,551	70,351	57,151	57,910	

　　ABC 公司 2014—2018 年的合并现金流量表如上。为了把这个合并现金流量表变成自由现金流,我们去掉了所有的融资项目。我们还通过将税后净利息加回,来对这些数据加以调

整。由于我们希望使用合并现金流量表来产生前瞻性自由现金流,我们也可能希望去掉那些预计不会重复出现的经营性或投资性项目。[①]在大多数情况下,调整包括以下内容:

- 保留合并现金流量表中的所有经营活动项目。
- 剔除所有融资活动项目。
- 仔细检查投资活动项目,排除那些融资活动项目,但保留经营性项目。
- 加回税后利息。

在当前示例中:

	A	B	C	D	E	F	G
1		**ABC 公司**					
		合并现金流量表, 2014—2018年					
2		2014	2015	2016	2017	2018	
3	**经营活动:**						
4	净收益	479,355	495,597	534,268	505,856	520,273	
5	调整净收益与经营活动提供的净现金						
6	加回折旧和摊销	41,583	47,647	46,438	45,839	46,622	
7	经营性资产负债变动情况:						
8	减应收账款增加额	9,387	25,951	-12,724	1,685	-2,153	
9	减存货增加额	-37,630	-22,780	-16,247	-15,780	-5,517	
10	减预付费用和其他资产增加额	-52,191	13,573	16,255	14,703	-2,975	
11	加应付账款、应计费用、养老金和其他负债	29,612	51,172	6,757	40,541	60,255	
12	**经营活动产生的净现金流量**	**470,116**	**611,160**	**574,747**	**592,844**	**616,505**	<--=SUM(F4:F11)
13							
14	**投资活动:**						
15	短期投资,净额						
16	购置物业、厂房及设备	-48,944	-70,326	-89,947	-37,044	-88,426	
17	处置物业、厂房及设备所得款项	197	6,956	22,942	6,179	28,693	
18	**投资活动使用的现金净额**	**-53,747**	**-118,370**	**-67,005**	**-30,865**	**-59,733**	<--=SUM(F15:F17)
19							
20	**融资活动:**						
21	债务偿还						
22	循环信贷融资借款所得款项						
23	发行股票所得款项						
24	股息支付						
25	股票回购						
26	**融资活动使用的现金净额**						
27							
28	利息调整前的自由现金流量	416,369	492,790	507,742	561,979	556,772	<--=F12+F18+F26
29	加回税后净利息	54,537	61,658	44,271	36,620	36,504	<--=(1-F37)*F35
30	**自由现金流量(FCF)**	**470,906**	**554,448**	**552,013**	**598,599**	**593,276**	<--=F28+F29
31							
32	**补充披露现金流量信息**						
33	在此期间支付的现金						
34	所得税	255,043	175,972	314,735	283,618	305,094	
35	利息	83,553	83,551	70,351	57,151	57,910	
36							
37	所得税税率	34.73%	26.20%	37.07%	35.92%	36.96%	<--=F34/(F4+F34)

企业价值和每股价值

目前,我们对该公司的历史自由现金流进行了估计。为了应用该方法,我们需要估计三个参数:

- ABC 现金流的短期增长率(g_{ST});
- ABC 现金流的长期增长率(g_{LT});
- 加权平均资本成本(WACC)。

经过一些分析,并结合我们的直觉,可以得到以下参数选择和估值。模拟运算表对长期

---

① 当前示例没有这样的项目。

	A	B	C	D	E	F	G	H
1				ABC 公司基于合并现金流量表的估值				
2	2018年的自由现金流(FCF)	593,276						
3	短期自由现金流增长率(gST)	8%						
4	长期自由现金流增长率(gLT)	5%						
5	加权平均资本成本(WACC)	11%						
6								
7	年份	0	1	2	3	4	5	
8	未来自由现金流预测值	593,276	640,738	691,997	747,357	807,145	871,717	<--=F8*(1+$B$3)
9	贴现期间		0.50	1.50	2.50	3.50	4.50	
10	贴现因子		0.95	0.86	0.77	0.69	0.63	<--=1/(1+$B$5)^G9
11	贴现自由现金流		608,161	591,725	575,732	560,172	545,032	<--=G10*G8
12								
13	现值短期预测	2,880,822	<--=SUM(C11:G11)					
14	现值长期预测(终值)	9,538,060	<--=G8*(1+B4)/(B5-B4)*G10					
15	企业价值	12,418,882	<--=SUM(B13:B14)					
16	加回超额资产	2,000,000	<-- From 2018 balance sheet					
17	减去净债务	-10,000,000	<-- From 2018 balance sheet					
18	权益价值	4,418,882	<--=SUM(B15:B17)					
19	每股价值 (100,000 股)	44.19	<--=B18/100000					
20								
21	模拟运算表: 股票价值 与 gLT 和WACC之间的关系							
22	↓WACC; →gLT				模拟运算表表头, =IF(B5>B4,B19,"NA")			
23		44.19	0%	2.5%	5%	7.5%	10.0%	
24		6%	64.09	148.72	656.50	NA	NA	
25		8%	27.90	65.73	166.62	1,276.41	NA	
26		9%	15.85	43.40	105.40	374.04	NA	
27		11%	-1.64	14.53	44.19	116.21	548.34	
28		13%	-13.73	-3.32	13.60	45.89	132.00	
29		16%	-26.15	-20.14	-11.42	2.45	27.87	
30		18%	-32.11	-27.73	-21.67	-12.72	1.81	

增长率和加权平均资本成本进行了敏感性分析。

模拟运算表表头(我们对模拟运算表实际计算内容的命名)包含一个 If 语句。原因在于,如上所示,终值公式只有在长期增长率小于加权平均资本成本时才成立。

对 Caterpillar 应用模型:对市场价值进行逆向工程

本章讨论的方法通常可以用来推断市场隐含的增长预期。以 Caterpillar 公司为例。对合并现金流量表进行分析处理,得到该公司 2019 年自由现金流为 55.9 亿美元。使用第 3 章计算得到的值为 7.65% 的加权平均资本成本,以及一些任意的短期和长期自由现金流的增长率值,我们可以得到下面的 Caterpillar 估值模板。[①]

	A	B	C	D	E	F	G	H
1				CATERPILLAR基于合并现金流量表的估值				
2	2019年的自由现金流(FCF)	5,592,479						
3	短期自由现金流增长率(gST)	4%						
4	长期自由现金流增长率 (gLT)	2%						
5	加权平均资本成本(WACC)	7.56%						
6								
7	年份	0	1	2	3	4	5	
8	未来自由现金流预测值	5,592,479	5,816,178	6,048,826	6,290,779	6,542,410	6,804,106	<--=F8*(1+$B$3)
9	贴现期间		0.50	1.50	2.50	3.50	4.50	
10	贴现因子		0.96	0.90	0.83	0.77	0.72	<--=1/(1+$B$5)^G9
11	贴现自由现金流		5,607,992	5,422,256	5,242,672	5,069,036	4,901,151	<--=G10*G8
12								
13	现值短期预测	26,243,107	<--=SUM(C11:G11)					
14	现值长期预测 (终值)	89,873,643	<--=G8*(1+B4)/(B5-B4)*G10					
15	企业价值	116,116,750	<--=SUM(B13:B14)					
16	加回超额资产	1,251,000	<-- From 2018 balance sheet					
17	减去净债务	-25,836,000	<-- From 2018 balance sheet					
18	权益价值	91,531,750	<--=SUM(B15:B17)					
19	已发行股份(千股)	575,540						
20	每股价值	159.04	<--=B18/B19					
21	股票价格, 2019年12月31日	147.68						

---

① 我们跳过了许多细节,这些细节可以在本章的 Excel 文件中找到。

Caterpillar 的加权平均资本成本在第 3 章中讨论过,我们看到合理的估计在 7％到 12％之间。WACC＝7.65％是在第 3 章中确定的合理估计的平均值。如果短期增长率为 4％,长期增长率为 2％,那么我们的模型得到的股票价值为 159.04 美元,这在一定程度上接近 Caterpillar 的股价 147.68 美元。我们使用一个模拟运算表来确定当前的市场价格所代表的长期增长率和加权平均资本成本:

	A	B	C	D	E	F	G	H	I	J	K
18	权益价值	91,531,750	<-=SUM(B15:B17)								
19	已发行股份 (千股)	575,540									
20	每股价值	159.04	<-=B18/B19								
21	股票价格, 2019年12月31日	147.68									
22	模拟运算表: 股票价值 与 g_{LT} 和WACC之间的关系				模拟运算表表头, =IF(B5>B4,B20,"NA")						
23	↓WACC, →g_{LT}										
24	159.04	0%	1.0%	2%	3%	4.0%	5%	6%	7.0%	8%	9%
25	8.0%	106.95	123.08	144.58	174.68	219.83	295.09	445.60	897.12	NA	NA
26	8.5%	98.28	112.22	130.45	155.30	191.20	247.62	349.17	586.12	1,770.88	NA
27	7.0%	128.03	150.24	181.34	227.98	305.73	461.22	927.69	NA	NA	NA
28	7.6%	115.49	133.94	159.04	195.13	251.48	351.83	580.61	1,622.92	NA	NA
29	8.0%	106.95	123.08	144.58	174.68	219.83	295.09	445.60	897.12	NA	NA
30	9.0%	90.57	102.72	118.33	139.15	168.29	212.01	284.88	430.61	867.80	NA
31	10.0%	77.47	86.88	98.64	113.77	133.93	162.16	204.50	275.08	416.22	839.66

我们使用 Excel 的"条件格式"(Conditional Formatting)来突出 Caterpillar 在当前市场价格基础上涨跌 20％的股票价值。很明显,隐含的长期增长率在 3％至 6％之间。

小结

到目前为止,我们已经说明了一个相对简单的估值技术。从合并现金流量表得出的自由现金流开始,我们构建了一个简单的估值模板,该模板只包含四个参数:当前自由现金流、短期自由现金流增长率、长期自由现金流增长率和加权平均资本成本。我们的技术使我们能够专注于主要估值参数,也使我们能够通过逆向工程得出当前市场价格中隐含的增长率和加权平均资本成本预期。

4.4 预估财务报表建模

财务报表预测对企业财务管理的好处是无可争议的。这种预测被称为预估财务报表,是许多公司财务分析的基础。在本节,我们重点介绍如何使用预估财务报表对公司及其证券进行估值。然而,预估财务报表也是许多信用分析的基础;通过检查预估财务报表,我们可以预测一家公司在未来几年需要多少融资。我们可以进行模拟模型中常见的"what-if"分析,也可以使用预估模型来探究财务和销售参数的变化可能会给公司带来什么样的压力。

在本节,我们将介绍各种财务模型。所有这些模型都是由销售驱动的,因为它们假设资产负债表和损益表的许多项目直接或间接地与销售有关。求解这些模型的数学结构包括为一组预测未来几年的资产负债表和损益表的联立线性方程求解。然而,电子表格的用户不必担心模型的求解;事实上,电子表格可以通过迭代解出模型的财务关系,这意味着我们只需要关心在 Excel 模型中正确地陈述相关的会计关系即可。

财务模型如何工作：理论和一个初始示例

几乎所有的财务报表模型都是销售驱动的；这一术语意味着我们将尽可能多地将最重要的财务报表变量假设为公司销售水平的函数。例如，应收账款通常被认为是公司销售额的一个直接百分比。一个稍微复杂一点的例子可以假设固定资产（或其他账户）是销售水平的阶梯函数：

$$固定资产 = \begin{cases} a, & \text{如果销售额} < A \\ b, & \text{如果 } A \leq \text{销售额} < B \\ \text{其他} \end{cases}$$

为了求解财务规划模型，我们必须区分那些与销售或其他财务报表项目有函数关系的财务报表项目以及那些涉及政策决策的项目。我们通常假设资产负债表的资产端仅依赖于函数关系。流动负债也可以被认为只涉及函数关系，而将长期债务和权益的结构作为一项政策决定。

下面是一个简单的例子。我们希望预测一家公司的财务报表，其当前的资产负债表和损益表如下：

	A	B
2		0 实际
3	销售增长率	
4	已售货物成本/销售额	50%
5	债务利率	10%
6	销售及行政开支的年增长率	
7	流动资产/销售额	15%
8	流动负债/销售额	8%
9	固定资产净额/销售额	77%
10	折旧率	13%
11	现金及有价证券的利率	8.0%
12	税率	35%
13	派息率	35%
14		
15	年份	0
16	损益表	
17	销售额	1,000
18	已售货物成本	(500)
19	总利润	400
20	毛利%	40%
21	销售，一般和行政	(100)
22	偿还债务的利息	(32)
23	现金及有价证券所赚取的利息	6.4
24	折旧	(100)
25	税前利润	174
26	税	(61)
27	税后利润(净利润)	113
28	净利润%	11%
29	股息	(40)
30	留存收益	73
31		
32	资产负债表	
33	现金及有价证券	80
34	流动资产	150
35	固定资产	
36	以成本价	1,070
37	累计折旧	(300)
38	固定资产净值	770
39	总资产	1,000
40		
41	流动负债	80
42	债务	320
43	股票	450
44	累计留存收益	150
45	负债及权益合计	1,000

　　目前(第 0 年)的销售水平为 1 000。该公司预计其销售额将以每年 10% 的速度增长,并预计存在以下财务报表关系:

项　目	假　设
流动资产	假设为年底销售额的 15%
流动负债	假设为年底销售额的 8%
折旧	按当年资产平均价值的 10% 计提折旧
按成本计算的固定资产	固定资产净值与累计折旧之和
债务	在预估的 5 年内,该公司既不偿还任何现有债务,也不借入更多资金
现金及有价证券	假设现金及有价证券的平均余额获得 8% 的利息

"吸收项"

　　财务报表模型中最重要的财务政策变量可能是"吸收项"。这涉及哪个资产负债表项目将使得模型"平账"的决定:

- 它保证资产和负债相等(这是会计意义上的"闭合")。
- 它决定公司如何为其投资融资(这是"财务闭合")。

　　一般来说,预估模型中的吸收项将是资产负债表的三个财务项目之一:(1)现金和有价证券,(2)负债,(3)股票。[①]例如,考察我们的第一个预估模型的资产负债表:

资　产	负债及权益
现金及有价证券	流动负债
流动资产	长期负债
固定资产	权益
按成本计价的固定资产－累计折旧	股票(股东直接提供的资金净额)
固定资产净值	累计留存收益(未分配利润)
总资产	负债和权益合计

　　在本例中,我们假设固定资产净值为吸收项。这个假设具有两层含义:

　　(1) 吸收项的机制含义。形式上,我们定义:

$$固定资产净值＝流动负债＋长期负债＋权益－现金及有价证券－流动资产$$

通过使用该定义,我们保证资产和负债将始终相等。

　　(2) 吸收项目的财务含义。通过将吸收项定义为固定资产净值,我们也说明了企业是如何融资的。例如,在后文的模型中,公司不出售额外的股票,不偿还现有的任何债务,也不筹集更多的债务。该定义意味着企业的所有增量融资(如有需要)都将来自固定资产净值账户;这也意味着,如果企业有额外的现金,它将用于购买更多的固定资产。

预测明年的资产负债表和损益表

　　前面我们给出了第 0 年的财务报表。我们现在预测第 1 年的财务报表:

---

① 　如第 3 章所述,现金通常可以被认为是负债务,反之亦然。我们将在第 4.5 节讨论这一点。

	A	B	C	D
1		建立财务报表模型——明年预测		
2		**0** 实际	**1** 假设	
3	销售增长率		10%	
4	已售货物成本/销售额	50%	50%	<--=B4
5	债务利率	10%	10%	<--=B5
6	销售及行政开支的年增长率		3%	<--=3%
7	流动资产/销售额	15%	15%	<--=B7
8	流动负债/销售额	8%	8%	<--=B8
9	固定资产净额/销售额	77% 吸收项		
10	折旧率	13%	13%	<--=B10
11	现金及有价证券的利率	8.0%	8.0%	<--=B11
12	税率	35%	35%	<--=B12
13	派息率	35%	35%	<--=B13
14				
15	年份	**0**	**1**	
16	损益表			
17	销售额	1,000	1,100	<--=B17*(1+C3)
18	已售货物成本	(500)	(550)	<--=C17*C4
19	总利润	**400**	**550**	<--=SUM(C17:C18)
20	毛利%	40%	50%	<--=C19/C17
21	销售，一般和行政	(100)	(103)	<--=B21*(1+C6)
22	偿还债务的利息	(32)	(32)	<--=-C5*AVERAGE(B42,C42)
23	现金及有价证券所赚取的利息	6.4	6.4	<--=C11*AVERAGE(B33,C33)
24	折旧	(100)	(116)	<--=-C38*C10
25	税前利润	**174**	**306**	<--=C19+SUM(C21:C24)
26	税	(61)	(107)	<--=-C25*C12
27	税后利润(净利润)	**113**	**199**	<--=C26+C25
28	净利润%	11%	18%	<--=C27/C17
29	股息	(40)	(70)	<--=-C13*C27
30	留存收益	**73**	**129**	<--=C29+C27
31				
32	资产负债表			
33	现金及有价证券	80	80	<--=B33
34	流动资产	150	165	<--=C17*C7
35	固定资产			
36	以成本价	1,070	1,307	<--=C38-C37
37	累计折旧	(300)	(416)	<--=B37+C24
38	固定资产净值	770	892	<--=C45-SUM(C33:C34)
39	总资产	**1,000**	**1,137**	<--=C38+C34+C33
40				
41	流动负债	80	88	<--=C17*C8
42	债务	320	320	<--=B42
43	股票	450	450	<--=B43
44	累计留存收益	150	279	<--=B44+C30
45	负债及权益合计	**1,000**	**1,137**	<--=SUM(C41:C44)

这些公式大多是显而易见的。在每年使用以下公式(模型参数以**黑体**显示)：

● 损益表方程：

$$销售额_t = 销售额_{t-1} \times (1 + 销售增长率)$$

$$销售成本 = 销售额 \times 销售成本/销售额$$

这里假设与销售有关的唯一费用是已销售货物的成本：

$$SG\&A_T = SG\&A_{T-1} \times (1 + SG\&A \ 增长率)$$

其中 $SG\&A$ 包括销售、一般和行政费用。

$$债务利息支付 = 债务利率 \times 一年内的平均负债$$

该公式允许我们适应不同利率下债务偿还和债务展期模型的变化。请注意，在当前版本的模型中，负债保持不变；但在后面讨论的其他版本的模型中，负债将随着时间的推移而变化。

$$现金及有价证券的利息＝\mathbf{现金利率}×一年中平均现金及有价证券$$

$$折旧＝\mathbf{折旧率}×年末固定资产净值$$

这是一种简化的折旧模型。我们将在第 5 章讨论另一种选择。

$$税前利润＝销售额－销售成本－债务利息支付＋现金及有价证券赚取的利息－折旧$$

$$税金＝\mathbf{税率}×税前利润$$

$$税后利润＝税前利润－税金$$

$$股息＝\mathbf{派息率}×税后利润$$

假设该公司将其利润的一个固定百分比作为股息支付。另一种选择是假设该公司有一个每股股息的目标。

$$留存收益＝税后利润－股息$$

- 资产负债表方程：

$$现金及有价证券＝与去年相同$$

$$流动资产＝(\mathbf{流动资产/销售额})×销售额$$

$$固定资产净值＝负债与权益总值－现金及有价证券－流动资产$$

$$累计折旧＝上年度累计折旧＋\mathbf{折旧率}×当年按成本计算的平均固定资产$$

$$按成本计算的固定资产＝固定资产净值＋累计折旧$$

请注意，该模型不区分物业、厂房和设备（PP&E）及其他固定资产（如土地）。

$$流动负债＝(\mathbf{流动负债/销售额})×销售额$$

假设债务保持不变。我们稍后将探讨的另一个模型假设债务是资产负债表的吸收项

股票（股本）没有变化（股东没有提供额外的直接融资；假设本公司不发行新股或回购任何股票）

$$累计留存收益＝上年度累计留存收益＋本年度对留存收益的补充$$

Excel 中的循环引用

Excel 中的财务报表模型几乎总是涉及相互依赖的单元格。因此，模型的解依赖于 Excel 解决循环引用的能力。如果你打开一个涉及迭代的电子表格，如果你的电子表格没有设置为循环引用，你会看到以下 Excel 报错消息：

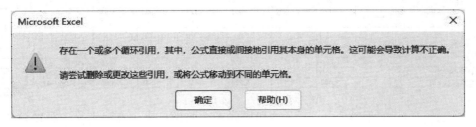

为了确保你的电子表格重新计算，你必须打开"文件|选项|公式"框，然后点击"启用迭代计算"：

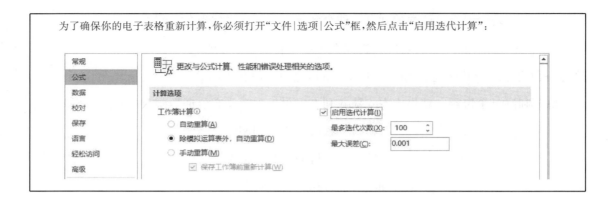

将该模型扩展到第 2 年及以后

现在你已经建立了模型，你可以通过复制列对其进行扩展：

	A	B	C	D	E	F	G	H
1				建立财务报表模型——5年预测				
2		0 实际	1 假设	2 假设	3 假设	4 假设	5 假设	
3	销售增长率		10%	10%	10%	10%	10%	
4	已售货物成本/销售额	50%	50%	50%	50%	50%	50%	
5	债务利率	10%	10%	10%	10%	10%	10%	
6	销售及行政开支的年增长率		3%	3%	3%	3%	3%	
7	流动资产/销售额	15%	15%	15%	15%	15%	15%	
8	流动负债/销售额	8%	8%	8%	8%	8%	8%	
9	固定资产净额/销售额	77%			吸收项			
10	折旧率	13%	13%	13%	13%	13%	13%	
11	现金及有价证券的利率	8%	8%	8%	8%	8%	8%	
12	税率	35%	35%	35%	35%	35%	35%	
13	派息率	35%	35%	35%	35%	35%	35%	
14								
15	年份	0	1	2	3	4	5	
16	损益表							
17	销售额	1,000	1,100	1,210	1,331	1,464	1,611	<--=F17*(1+G3)
18	已售货物成本	(500)	(550)	(605)	(666)	(732)	(805)	<--=-G17*G4
19	总利润	400	550	605	666	732	805	<--=SUM(G17:G18)
20	毛利%	40%	50%	50%	50%	50%	50%	<--=G19/G17
21	销售，一般和行政	(100)	(103)	(106)	(109)	(113)	(116)	<--=F21*(1+G6)
22	偿还债务的利息	(32)	(32)	(32)	(32)	(32)	(32)	<--=-G5*AVERAGE(F42,G42)
23	现金及有价证券所赚取的利息	6.4	6.4	6.4	6.4	6.4	6.4	<--=G11*AVERAGE(F33,G33)
24	折旧	(100)	(116)	(133)	(153)	(175)	(199)	<--=-G10*G38
25	税前利润	174	306	340	378	419	465	<--=G19+SUM(G21:G24)
26	税	(61)	(107)	(119)	(132)	(147)	(163)	<--=-G25*G12
27	税后利润(净利润)	113	199	221	246	273	302	<--=G26+G25
28	净利润%	11%	18%	18%	18%	19%	19%	<--=G27/G17
29	股息	(40)	(70)	(78)	(87)	(96)	(107)	<--=-G13*G27
30	留存收益	73	129	143	159	176	196	<--=G29+G27
31								
32	资产负债表							
33	现金及有价证券	80	80	80	80	80	80	<--=F33
34	流动资产	150	165	182	200	220	242	<--=G17*G7
35	固定资产							
36	以成本价	1,070	1,307	1,576	1,879	2,221	2,605	<--=G38-G37
37	累计折旧	(300)	(416)	(549)	(702)	(877)	(1,075)	<--=F37+G24
38	固定资产净值	770	892	1,027	1,177	1,344	1,530	<--=G45-SUM(G33:G34)
39	总资产	1,000	1,137	1,288	1,457	1,644	1,851	<--=G38+G34+G33
40								
41	流动负债	80	88	97	106	117	129	<--=G17*G8
42	债务	320	320	320	320	320	320	<--=F42
43	股票	450	450	450	450	450	450	<--=F43
44	累计留存收益	150	279	422	580	757	952	<--=F44+G30
45	负债及权益合计	1,000	1,137	1,288	1,457	1,644	1,851	<--=SUM(G41:G44)

自由现金流:衡量业务产生的现金

现在我们有了模型,我们可以应用它来使用自由现金流计算进行财务预测。作为参考,我们简要重复第 2 章中首次给出的自由现金流的定义:

定义自由现金流

税后利润	企业盈利能力的会计计量,它不是现金流	
＋折旧	这项非现金费用被加回到税后利润中	
－经营性流动资产的增加	与销售相关的流动资产的增加在税收目的上不是一项费用(因此在税后利润中被忽略),但它是公司的现金消耗	就自由现金流而言,我们对流动资产和流动负债的定义不包括现金和债务等融资项目
＋经营性流动负债的增加	与销售有关的流动负债的增加向企业提供现金	
－按成本核算的固定资产增加	固定资产(公司的长期生产性资产)的增加是对现金的使用,减少了公司的自由现金流	
＋税后净利息支付	自由现金流衡量公司业务活动产生的现金。加回税后净利息支付,以中和税后利润的利息部分	

以下是对我们公司的计算:

	A	B	C	D	E	F	G	H
47	年份	0	1	2	3	4	5	
48	自由现金流量计算							
49	税后利润		199	221	246	273	302	<--=G27
50	加回折旧		116	133	153	175	199	<--=G24
51	减去流动资产的增加		(15)	(17)	(18)	(20)	(22)	<--=-(G34-F34)
52	加回流动负债的增加		8	9	10	11	12	<--=G41-F41
53	减去按成本计算的固定资产增加额		(237)	(269)	(303)	(342)	(384)	<--=-(G36-F36)
54	加回债务的税后利息		21	21	21	21	21	<--=-G22*(1-G12)
55	减去现金及有价证券的税后利息		(4)	(4)	(4)	(4)	(4)	<--=G23*(1-G12)
56	自由现金流量		87	95	103	113	123	<--=SUM(G49:G55)

调节现金余额

自由现金流的计算不同于"合并现金流量表",后者是会计报表的一部分。合并现金流量表的目的是解释资产负债表中现金账户的增加是企业经营、投资和融资活动现金流量的函数。在本节的预估实例中,它可以从标准会计现金流量表中推导出来:

	A	B	C	D	E	F	G	H
1				建立财务报表模型——5年预测				
2		0 实际	1 假设	2 假设	3 假设	4 假设	5 假设	
3	销售增长率		10%	10%	10%	10%	10%	
4	已售货物成本/销售额	50%	50%	50%	50%	50%	50%	
5	债务利率	10%	10%	10%	10%	10%	10%	
6	销售及行政开支的年增长率		3%	3%	3%	3%	3%	
7	流动资产/销售额	15%	15%	15%	15%	15%	15%	
8	流动负债/销售额	8%	8%	8%	8%	8%	8%	
9	固定资产净额/销售额	77%			吸收项			
10	折旧率	13%	13%	13%	13%	13%	13%	
11	现金及有价证券的利率	8%	8%	8%	8%	8%	8%	
12	税率	35%	35%	35%	35%	35%	35%	
13	派息率	35%	35%	35%	35%	35%	35%	
14								
15	年份	0	1	2	3	4	5	
16	损益表							
17	销售额	1,000	1,100	1,210	1,331	1,464	1,611	<--=F17*(1+G3)
18	已售货物成本	(500)	(550)	(605)	(666)	(732)	(805)	<--=-G17*G4
19	总利润	400	550	605	666	732	805	<--=SUM(G17:G18)
20	毛利%	40%	50%	50%	50%	50%	50%	<--=G19/G17
21	销售，一般和行政	(100)	(103)	(106)	(109)	(113)	(116)	<--=F21*(1+G6)
22	偿还债务的利息	(32)	(32)	(32)	(32)	(32)	(32)	<--=G5*AVERAGE(F42,G42)
23	现金及有价证券所赚取的利息	6.4	6.4	6.4	6.4	6.4	6.4	<--=G11*AVERAGE(F33,G33)
24	折旧	(100)	(116)	(133)	(153)	(175)	(199)	<--=-G10*G38
25	税前利润	174	306	340	378	419	465	<--=G19+SUM(G21:G24)
26	税	(61)	(107)	(119)	(132)	(147)	(163)	<--=-G25*G12
27	税后利润(净利润)	113	199	221	246	273	302	<--=G26+G25
28	净利润%	11%	18%	18%	18%	19%	19%	<--=G27/G17
29	股息	(40)	(70)	(78)	(87)	(96)	(107)	<--=-G13*G27
30	留存收益	73	129	143	159	176	196	<--=G29+G27
31								
32	资产负债表							
33	现金及有价证券	80	80	80	80	80	80	<--=F33
34	流动资产	150	165	182	200	220	242	<--=G17*G7
35	固定资产							
36	以成本价	1,070	1,307	1,576	1,879	2,221	2,605	<--=G38-G37
37	累计折旧	(300)	(416)	(549)	(702)	(877)	(1,075)	<--=F37+G24
38	固定资产净值	770	892	1,027	1,177	1,344	1,530	<--=G45-SUM(G33:G34)
39	总资产	1,000	1,137	1,288	1,457	1,644	1,851	<--=G38+G34+G33
40								
41	流动负债	80	88	97	106	117	129	<--=G17*G8
42	债务	320	320	320	320	320	320	<--=F42
43	股票	450	450	450	450	450	450	<--=F43
44	累计留存收益	150	279	422	580	757	952	<--=F44+G30
45	负债及权益合计	1,000	1,137	1,288	1,457	1,644	1,851	<--=SUM(G41:G44)
46								
47	年份	0	1	2	3	4	5	
48	自由现金流量计算							
49	税后利润		199	221	246	273	302	<--=G27
50	加回折旧		116	133	153	175	199	<--=-G24
51	减去流动资产的增加		(15)	(17)	(18)	(20)	(22)	<--=-(G34-F34)
52	加回按流动负债的增加		8	9	10	11	12	<--=G41-F41
53	减去按成本计算的固定资产增加额		(237)	(269)	(303)	(342)	(384)	<--=-(G36-F36)
54	加回债务的税后利息		21	21	21	21	21	<--=-G22*(1-G12)
55	减去现金及有价证券的税后利息		(4)	(4)	(4)	(4)	(4)	<--=-G23*(1-G12)
56	自由现金流量		87	95	103	113	123	<--=SUM(G49:G55)
57								
58				合并现金流量表:调节现金余额				
59	经营活动现金流							
60	税后利润		199	221	246	273	302	<--=G27
61	加回折旧		116	133	153	175	199	<--=-G24
62	调整净营运资本的变动:							
63	减去流动资产的增加		(15)	(17)	(18)	(20)	(22)	<--=-(G34-F34)
64	加回流动负债的增加		8	9	10	11	12	<--=G41-F41
65	经营活动净现金流		307	347	390	438	491	<--=SUM(G60:G64)
66								
67	投资活动现金流							
68	固定资产收购-资本支出		(237)	(269)	(303)	(342)	(384)	<--=-(G36-F36)
69	购买投资证券		0	0	0	0	0	<-- Not in our model
70	销售投资证券所得款项		0	0	0	0	0	<-- Not in our model
71	投资活动使用的现金净额		(237)	(269)	(303)	(342)	(384)	<--=SUM(G68:G70)
72								
73	融资活动产生的现金流量							
74	借款活动所得款项净额		0	0	0	0	0	<--=G42-F42
75	发行股票、回购所得款项净额		0	0	0	0	0	<--=G43-F43
76	股息支付		(70)	(78)	(87)	(96)	(107)	<--=G29
77	融资活动所得现金净额		-70	-78	-87	-96	-107	<--=SUM(G74:G76)
78								
79	现金及现金等价物净增加额		0	0	0	0	0	<--=G77+G71+G65
80	检查: 现金及有价证券的变化		0	0	0	0	0	<--=G33-F33

第 80 行检查通过合并现金流量表得出的现金账户的变化是否与财务模型得出的变化相匹配(在我们的例子中,财务模型假设现金及有价证券没有变化)。正如你所看到的,合并现金流量表中的现金余额变化实际上与预估模型中的预计资产负债表相匹配,在这一意义上,该模型是可行的。

4.5　使用自由现金流对公司及其权益进行估值

大多数金融分析师认为,预测无限期的自由现金流是不合适的;因此,预计的现金流量往往在某一任意日期被切断,以终值替代该日期之后的现金流量:

$$企业价值 = \frac{FCF_1}{(1+WACC)^{0.5}} + \frac{FCF_2}{(1+WACC)^{1.5}} + \cdots$$
$$+ \frac{FCF_5}{(1+WACC)^{4.5}} + \frac{终值_{第5年}}{(1+WACC)^{4.5}}$$

在这个公式中,第 5 年终值代表第 6 年以后所有自由现金流的现值。我们不预测第 6 年以后的自由现金流,而是使用最常见的终值模型,假设第 5 年的自由现金流以长期增长率 g_{LT} 增长:

$$第 4.5 年终值 = \sum_{t=1}^{\infty} \frac{FCF_{5+t}}{(1+WACC)^t} = \sum_{t=1}^{\infty} \frac{FCF_5 \times (1+g_{LT})^t}{(1+WACC)^t}$$
$$= \frac{FCF_5 \times (1+g_{LT})}{WACC - g_{LT}}, \quad g_{LT} < WACC$$

该模型(基于增长型年金现值公式,见第 1.1 节)假设第 5 年的现金流将继续以恒定的长期增长率增长。注意,如果长期增长率 g_{LT} 大于或等于加权平均资本成本,则公式没有意义;如果是这种情况,那么终值将是无限的(显然不可能的)。

下面是一个使用我们的预测的例子:

	A	B	C	D	E	F	G	H
58			企业估值					
59	长期自由现金流增长率(g_{LT})	3%	假设					
60	加权平均资本成本(WACC)	12%	假设					
61								
62	年份	0	1	2	3	4	5	
63	未来自由现金流预测值		87	95	103	113	123	<=G56
64	贴现期间		0.50	1.50	2.50	3.50	4.50	
65	贴现因子		0.94	0.84	0.75	0.67	0.60	<==1/(1+$B$60)^G64
66	贴现自由现金流		82	80	78	76	74	<==G65*G63
67								
68	现值短期预测	389	<==SUM(C66:G66)					
69	现值长期预测(终值)	847	<==G63*(1+B59)/(B60-B59)*G65					
70	企业价值	1,237	<==SUM(B68:B69)					
71	加回超额资产	0	与此例不相关					
72	减去净债务	-240	<==-(B42-B33)					
73	权益价值	997	<==SUM(B70:B72)					

请注意,单元 B59 中的长期自由现金流增长率与我们在上述财务报表模型的设置中第 3 行的销售增长不同。销售增长为 1—5 年的预期增长;通过对公司市场部门的增长进行更现

实的估计,可能会更好地估计长期增长率。对于在成熟市场中运营的公司,我们通常将长期自由现金流增长率估计为实际增长率与预期通胀率之和。

有关估值步骤的若干说明

在这一部分中,我们讨论与本节概述的估值步骤有关的一些问题。

终值

在确定终值时,我们使用了第 1 章中描述的增长型年金模型。我们假设——在 5 年的预测期之后——现金流将以 3% 的长期增长率增长。这就得出终值:

$$第\ 4.5\ 期的终值 = \frac{FCF_5 \times (1 + 长期自由现金流增长率)}{WACC - 长期自由现金流增长率}$$

如前一部分所述,该公式仅在长期自由现金流增长率小于加权平均资本成本时有效。

还有其他计算终值的方法。下面所有这些方法都是可以在我们的模型框架中实现的常见变体(参见本章末尾的练习):

$$终值 = 第\ 5\ 年债务账面价值 + 权益$$

此计算假设账面价值正确地预测了市场价值。

$$终值 = (企业市价与账面值比率) \times (第\ 5\ 年债务账面价值 + 权益)$$

$$终值 = 市盈率倍数 \times 第\ 5\ 年利润 + 第\ 5\ 年债务账面价值$$

$$终值 = EBITDA\ 倍数 \times 第\ 5\ 年预期\ EBITDA$$

在估值时对现金和有价证券的处理

我们已经将初始现金余额加回到预计的自由现金流现值以获得企业价值。该过程假设如下:

- 后续年度不需要第 0 年的现金和有价证券余额来产生现金流。换句话说,现金和有价证券是超额金融资产。
- 第 0 年的现金和有价证券的余额是"盈余",可以由股东提取或支付,而不会影响公司未来的经济表现。

年中贴现

如前文所述,出于贴现的目的,我们应该将现金流视为平均发生在年中而对其贴现。

敏感性分析

与任何 Excel 模型一样,我们可以对估值进行广泛的敏感性分析。例如,以上一节的例子为基础案例,我们可以探究销售增长率对公司权益价值的影响:

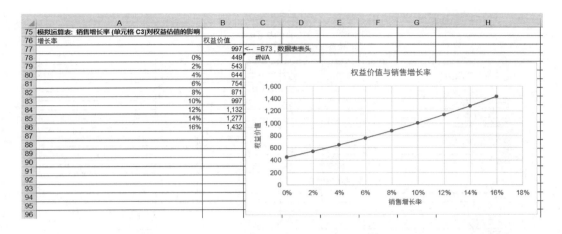

单元格 B77：B86 包含一个模拟运算表（如果你不确定如何构造这些表，请参阅第28章）。

另一个变化是计算长期自由现金流增长率和加权平均资本成本对权益估值的影响。然而，在这里，你必须小心：检查终值方程，终值$_{t=4.5}=\dfrac{FCF_5\times(1+g_{LT})}{WACC-g_{LT}}$将向你表明，这个计算只有在加权平均资本成本大于长期增长率的情况下才有意义。[①]为了克服这个问题，我们以下方式定义模拟运算表单元格 A99（这是模拟运算表进行敏感性分析所依据的计算）：

	A	B	C	D	E	F	G
97	长期增长率和加权平均资本成本对权益估值的影响						
98			模拟运算表表头, =IF(B60<=B59,"NA",B73)				
99	997	8%	10%	12%	16%	18%	20%
100	0%	1,276	970	767	513	429	362
101	2%	1,669	1,191	905	579	477	398
102	3%	1,983	1,349	997	619	506	419
103	5%	3,239	1,854	1,260	721	577	470
104	7%	9,518	3,031	1,734	870	673	537
105	9%	NA	8,920	2,840	1,102	813	628
106	10%	NA	NA	4,222	1,277	909	688
107	12%	NA	NA	NA	1,888	1,197	850
108	14%	NA	NA	NA	3,722	1,772	1,122
109			注：模拟运算表在第28章讨论。				

4.6　将债务设定为吸收项，并将目标债务/权益比率纳入预估模型

我们可能希望在模型中进行的另一个更改与吸收项有关。假设我们将债务设定为吸收项目，公司有一个债务与权益的目标比率。在第1—5年的每一年，它希望资产负债表上的债务/权益（D/E）比率符合某个数值。下面的例子说明了这种情况：

---

① 如果增长率≥加权平均资本成本，则终值→∞。因此，加权平均资本成本为长期增长率设定了有效的上限。

	A	B	C	D	E	F	G	H
1				目标负债/权益比率 现金是固定的，债务/权益的比率每年变化				
2		0 实际	1 假设	2 假设	3 假设	4 假设	5 假设	
3	销售增长率		10%	10%	10%	10%	10%	
4	已售货物成本/销售额	50%	50%	50%	50%	50%	50%	
5	债务利率	10%	10%	10%	10%	10%	10%	
6	销售及行政开支的年增长率		3%	3%	3%	3%	3%	
7	流动资产/销售额	15%	15%	15%	15%	15%	15%	
8	流动负债/销售额	8%	8%	8%	8%	8%	8%	
9	固定资产净值	77%	77%	77%	77%	77%	77%	
10	折旧率	13%	13%	13%	13%	13%	13%	
11	现金及有价证券的利率	8%	8%	8%	8%	8%	8%	
12	税率	35%	35%	35%	35%	35%	35%	
13	派息率	35%	35%	35%	35%	35%	35%	
14	D/E比值	53%	45%	40%	30%	30%	30%	
15		初始(第 0 年) D/E比率: =B43/SUM(B44:B45)						
16	年份	0	1	2	3	4	5	
17	损益表							
18	销售额	1,000	1,100	1,210	1,331	1,464	1,611	<--=F18*(1+G3)
19	已售货物成本	(500)	(550)	(605)	(666)	(732)	(805)	<--=G18*G4
20	总利润	400	550	605	666	732	805	<--=SUM(G18:G19)
21	毛利%	40%	50%	50%	50%	50%	50%	<--=G20/G18
22	销售、一般和行政	(100)	(103)	(106)	(109)	(113)	(116)	<--=F22*(1+G6)
23	偿还债务的利息	(32)	(32)	(31)	(29)	(29)	(32)	<--=G5*AVERAGE(F43,G43)
24	现金及有价证券所赚取的利息	6.4	6.4	6.4	6.4	6.4	6.4	<--=G11*AVERAGE(F34,G34)
25	折旧	(100)	(110)	(121)	(133)	(146)	(161)	<--=G10*G39
26	税前利润	174	312	353	400	451	503	<--=G20+SUM(G22:G25)
27	税	(61)	(109)	(124)	(140)	(158)	(176)	<--=G26*G12
28	税后利润(净利润)	113	203	229	260	293	327	<--=G27+G26
29	净利润%	11%	18%	19%	20%	20%	20%	<--=G28/G18
30	股息	(40)	(72)	(81)	(92)	(103)	(115)	<--=G13*G28
31	留存收益	73	131	149	168	190	212	<--=G30+G28
32								
33	资产负债表							
34	现金及有价证券	80	80	80	80	80	80	<--=F34
35	流动资产	150	165	182	200	220	242	<--=G18*G7
36	固定资产							
37	以成本价	1,070	1,257	1,463	1,689	1,938	2,212	<--=G39-G38
38	累计折旧	(300)	(410)	(531)	(664)	(811)	(972)	<--=F38+G25
39	固定资产净值	770	847	932	1,025	1,127	1,240	<--=G9*G18
40	总资产	1,000	1,092	1,193	1,305	1,427	1,562	<--=G39+G35+G34
41								
42	流动负债	80	88	97	106	117	129	<--=G18*G8
43	债务	320	312	313	276	302	331	<--=G14*SUM(G44:G45)
44	股票	450	411	353	324	220	103	<--=G40-G42-G43-G45
45	累计留存收益	150	281	430	598	787	999	<--=F45+G31
46	负债及权益合计	1,000	1,092	1,193	1,305	1,427	1,562	<--=SUM(G42:G45)

电子表格第 14 行显示了第 1—5 年每年的目标债务/权益比率。该公司希望在未来三年内将目前 53％的债务/权益比率降至 30％。我们初始模型方程的相关变化如下：

债务＝目标债务/权益比率×(股票＋留存收益)

股票＝总资产－流动负债－债务－累计留存收益

注意，公司将在第 4 年和第 5 年发行新债；在第 1 年至第 5 年，股票账目减少，这表明公司进行了股票回购。

4.7 计算投入资本回报率

许多从业者使用的一个较好的一致性检验方法是计算投入资本回报率(ROIC)。投入资本回报率被定义为：

$$ROIC_t = \frac{NOPAT_t}{\text{投入资本}_{t-1}}$$

其中：

- *NOPAT* 为净经营利润减去调整后的税项。如前所述，这可以通过在没有财务费用（或收入）的情况下提交损益表直接计算，也可以通过以下方式间接计算：

$$NOPAT = \text{净利润} + \text{利息费用} \times (1 - \text{税率})$$

- 投入资本的定义为：

$$\text{投入资本} = \text{固定资产净值} + \text{运营资本净值} + \text{无形资产}$$

投入资本回报率告诉你公司是如何使用其运营资产的。在大多数情况下，它不应随着时间的推移而大幅波动。这是我们上例中投入资本回报率的计算：

	A	B	C	D	E	F	G	H
48	计算投入资本回报率(ROIC)							
49		0 实际	1 假设	2 假设	3 假设	4 假设	5 假设	
50	税后净营业利润(NOPAT)	130	219	246	275	308	343	<--=G28-SUM(G23:G24)*(1-G12)
51	投资资本	840	924	1,016	1,118	1,230	1,353	<--=G39+G35-G42
52	投入资本回报率(ROIC)		26.08%	26.58%	27.06%	27.50%	27.92%	<--=G50/F51

在我们的模型中，投入资本回报率约为 26%—28%。

4.8 项目融资:债务偿还时间表

这里是预估建模的另一个用途:在一个典型的"项目融资"案例中，公司借款是为项目融资。借款通常是有附加条件的:

- 在还清债务之前，不允许公司支付任何股息。
- 不允许该公司发行任何新股票。
- 公司必须在规定的期限内偿还债务。

下面的简化示例假设吸收项是现金余额。一个新的公司或项目成立了。第 0 年:

- 该公司拥有资产 2 200,其中 100 为流动负债融资,1 100 为权益融资,1 000 为债务融资。
- 债务必须在未来五年内以等额本金方式分期偿还。在还清债务之前，不允许公司支付股息(如果有额外的现金，它将进入现金及有价证券账户)。

通过简单地指定每年年底的债务余额,债务偿还条款被纳入模型。由于假设(根据贷款契约)企业不发行新股本,因此,模型的吸收项不可能位于资产负债表的负债一侧。在我们的模型中,吸收项是现金及有价证券账户。

该模型包含了另一个经常对固定资产做出的假设:它假设固定资产净值在项目的整个生命周期内保持不变。本质上,这意味着折旧准确地反映了固定资产的资本维持情况。从上面第 37—39 行可以看出,按成本计算的固定资产每年随着资产折旧的增加而增长。这也意味着没有来自折旧的净现金流:

	A	B	C	D	E	F	G	H
1				项目融资				
				不分红，偿债计划固定，固定资产净值不变				
2		0 实际	1 假设	2 假设	3 假设	4 假设	5 假设	
3	销售增长率		15%	15%	15%	15%	15%	
4	已售货物成本/销售额		45%	45%	45%	45%	45%	
5	债务利率		10%	10%	10%	10%	10%	
6	销售及行政开支的年增长率		3%	3%	3%	3%	3%	
7	流动资产/销售额		15%	15%	15%	15%	15%	
8	流动负债/销售额		8%	8%	8%	8%	8%	
9	固定资产净值	2,000	2,000	2,000	2,000	2,000	2,000	
10	折旧率		10%	10%	10%	10%	10%	
11	现金及有价证券的利率		8%	8%	8%	8%	8%	
12	税率		35%	35%	35%	35%	35%	
13	派息率		0%	0%	0%	0%	0%	← 在清偿所有债务之前不分红
14	债务偿还		200	200	200	200	200	← 债务分5年偿还
15								
16	年份	0	1	2	3	4	5	
17	损益表							
18	销售额		1,150	1,323	1,521	1,749	2,011	<--=F18*(1+G3)
19	已售货物成本		(518)	(595)	(684)	(787)	(905)	<--=G18*G4
20	总利润		633	727	836	962	1,106	<--=SUM(G18:G19)
21	毛利%		55%	55%	55%	55%	55%	<--=G20/G18
22	销售、一般和行政费用		(50)	(52)	(53)	(55)	(56)	<--=F22*(1+G6)
23	偿还债务的利息		(90)	(70)	(50)	(30)	(10)	<--=G5*AVERAGE(F43,G43)
24	现金及有价证券所赚取的利息		0.4	2.9	10.7	25.9	50.0	<--=G11*AVERAGE(F34,G34)
25	折旧		(200)	(200)	(200)	(200)	(200)	<--=G10*G39
26	税前利润		293	409	544	703	890	<--=G20+SUM(G22:G25)
27	税		(103)	(143)	(190)	(246)	(311)	<--=G26*G12
28	税后利润(净利润)		190	266	354	457	578	<--=G27+G26
29	净利润%		17%	20%	23%	26%	29%	<--=G28/G18
30	股息		-	-	-	-	-	<--=G13*G28
31	留存收益		190	266	354	457	578	<--=G30+G28
32								
33	资产负债表							
34	现金及有价证券	-	10	64	203	444	805	<--=G46-G39-G35
35	流动资产	200	173	198	228	262	302	<--=G18*G7
36	固定资产							
37	以成本价	2,000	2,200	2,400	2,600	2,800	3,000	<--=G39-G38
38	累计折旧	-	(200)	(400)	(600)	(800)	(1,000)	<--=F38+G25
39	固定资产净值	2,000	2,000	2,000	2,000	2,000	2,000	<--=G9
40	总资产	2,200	2,182	2,262	2,431	2,707	3,106	<--=G39+G35+G34
41								
42	流动负债	100	92	106	122	140	161	<--=G18*G8
43	债务	1,000	800	600	400	200	-	<--=F43-G14
44	股票	1,100	1,100	1,100	1,100	1,100	1,100	<--=F44
45	累计留存收益	-	190	456	810	1,267	1,845	<--=F45+G31
46	负债及权益合计	2,200	2,182	2,262	2,431	2,707	3,106	<--=SUM(G42:G45)

	A	B	C	D	E	F	G	H	I
48	年份	0	1	2	3	4	5		
49	自由现金流量计算								
50	税后利润		190	266	354	457	578	<-- =G28	
51	加回折旧		200	200	200	200	200	<-- =G25	折旧产生的现金流量等
52	减去流动资产的增加		28	(26)	(30)	(34)	(39)	<-- =(G35-F35)	于资本支出。
53	加回流动负债的增加		(8)	14	16	18	21	<-- =G42-F42	
54	减去按成本计算的固定资产增加额		(200)	(200)	(200)	(200)	(200)	<--=(G37-F37)	
55	将债务的税后利息加回		59	46	33	20	7	<-- =G23*(1-G12)	
56	减去现金+现金等价物的税后利息		(0)	(2)	(7)	(17)	(32)	<-- =G24*(1-G12)	
57	自由现金流量		268	297	365	444	534	<--=SUM(G50:G56)	

在这个例子中，公司在偿还债务本金方面没有问题。作为信用分析师，我们可能会对公司的支付能力如何受到各种参数值的影响感兴趣。

4.9 计算净资产收益率

从业人员对净资产收益率(ROE)的定义为：

$$ROE_t \frac{\text{净收入}_t}{\text{average}(\text{净资产}_{t-1}, \text{净资产}_t)}$$

在上面的例子中，我们得到了 26.5% 的年平均净资产收益率：

	A	B	C	D	E	F	G	H
60	净资产收益率(ROE)							
61	年份	0	1	2	3	4	5	
62	税后利润(净利润)		190	266	354	457	578	<--=G28
63	股本	1,100	1,290	1,556	1,910	2,367	2,945	<--=SUM(G44:G45)
64	净资产收益率		16%	19%	20%	21%	22%	<--=G62/AVERAGE(F63:G63)
65	其间的平均净资产收益率	19.6%	<--=AVERAGE(C64:G64)					

然而,这并不是权益持有人的实际有效年收益率。我们可以使用本章介绍的预估模型来计算预期的净资产收益率。看看前面的例子:项目的股权所有者必须在第 0 年支付 1 100 美元。在第 1—4 年,他们没有收益,但在第 5 年,他们拥有了公司。假设资产的账面价值准确地反映了市场价值。那么在第 5 年年末,该公司的股权价值为股票+累计留存收益=2 945。股权投资的有效年净资产收益率计算如下:

	A	B	C	D	E	F	G	H
67	有效年净资产收益率							
68	年份	0	1	2	3	4	5	
69	权益现金流量	-1,100	-	-	-	-	2,945	<-- =G23+G37+G38
70	有效净资产收益率	21.8%	<-- =IRR(B59:G59)					

请注意,这种净资产收益率随着股权投资的减少而增加。[1]考察这样一种情况:公司最初借入 1 500 美元作为债务,而股权所有者投资 600 美元(将前面我们最初的项目融资表格中的单元 B43 更改为 1 500):

	A	B	C	D	E	F	G	H
67	有效年净资产收益率							
68	年份	0	1	2	3	4	5	
69	权益现金流量	-600					2,277	<-- =G23+G37+G38
70	有效净资产收益率	30.6%	<-- =IRR(B59:G59)					

如下表和图所示,初始股权投资越少,净资产收益率越高:

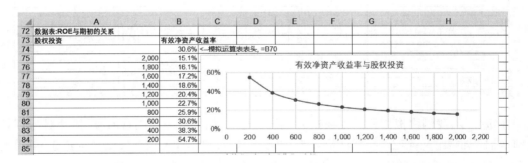

	A	B	C	D	E	F	G	H
72	数据表:ROE与期初的关系							
73	股权投资	有效净资产收益率						
74		30.6%	<--模拟运算表表头, =B70					
75	2,000	15.1%						
76	1,800	16.1%						
77	1,600	17.2%						
78	1,400	18.6%						
79	1,200	20.4%						
80	1,000	22.7%						
81	800	25.9%						
82	600	30.6%						
83	400	38.3%						
84	200	54.7%						
85								

4.10 税项损失结转

企业可以利用累计亏损来减少当期税收负债。在本节中,我们将展示如何在预估模型中

---

[1] 这是一个有趣但并不令人惊讶的观察结果:随着股权投资的下降,项目变得具有更高的杠杆,因此对股权投资者来说风险更大。增加的收益应能补偿股东承担的额外风险。真正有趣的问题(这里没有回答)是,增加收益率实际上是否是对风险的补偿。

对此类税项损失结转进行建模。我们在基本模型中做了一些修改,如下所示:

- 我们假设销售商品的成本是销售额的55%。
- 我们假设去年的销售、一般和行政成本为350。

	A	B	C	D	E	F	G	H
1				模拟税项亏损结转				
2		0 实际	1 假设	2 假设	3 假设	4 假设	5 假设	
3	销售增长率		10%	10%	10%	10%	10%	
4	已售货物成本/销售额	55%	55%	55%	55%	55%	55%	
5	债务利率	10%	10%	10%	10%	10%	10%	
6	销售及行政开支的年增长率		3%	3%	3%	3%	3%	
7	流动资产/销售额	15%	15%	15%	15%	15%	15%	
8	流动负债/销售额	8%	8%	8%	8%	8%	8%	
9	固定资产净值	77%			吸收项			
10	折旧率	13%	13%	13%	13%	13%	13%	
11	现金及有价证券的利率	8%	8%	8%	8%	8%	8%	
12	税率	35%	35%	35%	35%	35%	35%	
13	派息率	-53%	-53%	-53%	-53%	-53%	-53%	
14								
15	年份	0	1	2	3	4	5	
16	损益表							
17	销售额	1,000	1,100	1,210	1,331	1,464	1,611	<--=F17*(1+G3)
18	已售货物成本	(550)	(605)	(666)	(732)	(805)	(886)	<--=-G17*G4
19	总利润	400	495	545	599	659	725	<--=SUM(G17:G18)
20	毛利%	40%	45%	45%	45%	45%	45%	<--=G19/G17
21	销售、一般和行政费用	(350)	(361)	(371)	(382)	(394)	(406)	<--=F21*(1+G6)
22	偿还债务的利息	(32)	(32)	(32)	(32)	(32)	(32)	<--=-G5*AVERAGE(F46,G46)
23	现金及有价证券所赚取的利息	6.4	6.4	6.4	6.4	6.4	6.4	<--=G11*AVERAGE(F37,G37)
24	折旧	(100)	(101)	(108)	(118)	(131)	(148)	<--=-G10*G42
25	税前利润	(76)	8	40	73	109	145	<--=G19+SUM(G21:G24)
26	税	-	-	-	(16)	(38)	(51)	<--=-MAX(G12*G33,0)
27	税后利润(净利润)	(76)	8	40	57	71	94	<--=G26+G25
28	净利润%	-8%	1%	3%	4%	5%	6%	<--=G27/G17
29	股息	(40)	4	21	30	37	50	<--=G13*G27
30	留存收益	(116)	13	61	87	108	144	<--=G29+G27
31								
32	以前年度的税项亏损结转	-	(76)	(67)	(27)	-	-	<-- =MIN(F32+F25,0)
33	应税利润	0	0	0	46	109	145	<-- =MAX(G25+G32,0)
34	实际税率	0%	0%	0%	22%	35%	35%	<-- =-G26/G25
35								
36	资产负债表							
37	现金及有价证券	80	80	80	80	80	80	<--=F37
38	流动资产	150	165	182	200	220	242	<--=G17*G7
39	固定资产							
40	以成本价	1,070	1,176	1,337	1,534	1,763	2,046	<--=G42-G41
41	累计折旧	(300)	(401)	(508)	(626)	(757)	(905)	<--=F41+G24
42	固定资产净值	770	776	829	908	1,006	1,140	<--=G49-SUM(G37:G38)
43	总资产	1,000	1,021	1,090	1,187	1,306	1,462	<--=G42+G38+G37
44								
45	流动负债	80	88	97	106	117	129	<--=G17*G8
46	债务	320	320	320	320	320	320	<--=F46
47	股票	450	450	450	450	450	450	<--=F47
48	累计留存收益	150	163	224	311	419	563	<--=F48+G30
49	负债及权益合计	1,000	1,021	1,090	1,187	1,306	1,462	<--=SUM(G45:G48)

在每一年,我们模拟累积的税项损失(第32行)。如果前一年出现亏损,则累计亏损按该金额增加。如果前一年出现收益(第2年,收益为40),则累计税项损失结转接近于零(单元格E32)。在某一时刻(在我们的例子中是第4年),税项损失可能会完全用尽。

在任何一年,应课税利润都列在第33行。如果累计税项损失结转大于当年利润,则无税项。否则,只对收入差额征税(例如,考察第4年)。这些差异反映在第34行的实际税率中。

计算自由现金流时采用的是实际税率,如下图所示:

	A	B	C	D	E	F	G	H
51	年份	0	1	2	3	4	5	
52	自由现金流量计算							
53	税后利润		8	40	57	71	94	<--=G27
54	加回折旧		101	108	118	131	148	<--=G24
55	减去流动资产的增加		(15)	(17)	(18)	(20)	(22)	<--=-(G38-F38)
56	加回流动负债的增加		8	9	10	11	12	<--=G45-F45
57	减去按成本计算的固定资产增加额		(106)	(161)	(197)	(229)	(282)	<--=G40-F40
58	加回债务的税后利息		32	32	25	21	21	<--=-G22*(1-G34)
59	减去现金及有价证券的税后利息		(6)	(6)	(5)	(4)	(4)	<--=-G23*(1-G34)
60	自由现金流量		21	4	(10)	(21)	(33)	<--=SUM(G53:G59)

4.11　结论

预估建模是企业财务分析的基本技能之一,是财务、会计规则的执行和电子表格技能的综合运用。在实际应用中,财务金融模型必须与手头的情况相匹配,但它们也必须足够简单,以便用户能够轻松地理解为什么结果会出现（无论是估值、信誉,还是对公司或项目未来几年的情况的具有常识的预测）。

练习

1. 在本书的配套网站上,你可以找到 Kellogg 的相关信息。使用这些信息和第 4.1 节中的模板来为 Kellogg 估值。

2. 选择具备以下特点的公司:

● 在美国上市。

● 经营性现金流为正。

● 净债务为正。

下载所选公司的资产负债表、损益表和现金流量表。我们建议使用美国证券交易委员会（SEC）的网站 EDGAR 来获取最新的 10-K 文件:https://www.sec.gov/edgar/searchedgar/companysearch.html。

对于你选择的公司,请计算以下值（列出你的假设）:

a. 经济资产负债表（或经营资产负债表）。

b. 使用有效市场假设的企业价值。

c. 加权平均资本成本。明确地写下你的假设。

d. 使用加权平均资本成本以及简化估值方法计算每股价值。

e. 使用加权平均资本成本以及"全面预估分析"方法计算每股价值。

注:在本章的配套网站上,你可以找到作者截至 2019 年 12 月的对亚马逊的建议。此外,第 5 章将对默克公司的分析进行介绍。

5

建立预估模型:以默克公司为例

5.1 概述

在本章中,我们将应用在第 4 章中讨论的预估建模技术,为默克公司建立一个财务模型。本书的大多数读者肯定都知道,默克是一家全球性的医疗保健公司(在北美以外被称为"MSD")。该公司生产和销售处方药、疫苗、生物疗法和动物保健产品。该公司的业务可分为四个部门:制药、动物保健、医疗保健服务和联盟。

在本章中,我们将努力了解默克公司 2015—2018 年的财务报表,以便使其符合第 4 章所示的格式。这不是一项琐碎的任务,它需要结合建模技能和少量的财务技巧来理解默克的业务(否则我们永远不会完成练习)。

警告:本章可能对你的精神健康有害[①]

本章的内容令人恼火且复杂(有时乏味),但并不难。为什么生气呢? 因为预估财务模型需要大量的假设和分析。一切事物几乎都与其他事物相关。还因为预估模型要求你回忆一些基本的会计概念。

然而,本章中的案例说明了最重要的公司财务应用之一:在其会计和财务参数的框架下对公司进行估值。这样的估值是大多数商业计划、公司财务规划模型和(聪明的)分析师估值的核心。

5.2 默克公司 2015—2018 年财务报表

默克公司 2015 年至 2018 年 4 年的财务报表如下:

---

① 这当然影响了作者的精神稳定。

	A	B	C	D	E
1	MERCK 损益表，截至12月31日 (除股数外，单位为百万美元)				
2		2015	2016	2017	2018
3	销售额	39,498	39,807	40,122	42,294
4	销售成本	14,934	14,030	12,912	13,509
5	总利润	24,564	25,777	27,210	28,785
6	其他成本、费用及其他				
7	销售，一般和行政	10,313	10,017	10,074	10,102
8	研究与发展	6,704	10,261	10,339	9,752
9	重组成本	619	651	776	632
10	利息收入	-289	-328	-385	-343
11	利息费用	672	693	754	772
12	其他(收入)费用净额	1,144	-176	-869	-831
13	其他成本、费用及其他合计	19,163	21,118	20,689	20,084
14	税前收入	5,401	4,659	6,521	8,701
15	所得税	942	718	4,103	2,508
16	净收益	4,459	3,941	2,418	6,193
17	减归属于非控股股东的净(损失)收入	17	21	24	-27
18	归属默克公司股东的净利润	4,442	3,920	2,394	6,220
19	归属于普通股股东的每股普通股收益	1.56	1.41	0.87	2.32

	A	B	C	D	E
1	MERCK合并资产负债表，12月31日 (除每股金额外，以百万美元计)				
2		2015	2016	2017	2018
3	资产				
4	流动资产				
5	现金及现金等价物	8,524	6,515	6,092	7,965
6	短期投资	4,903	7,826	2,406	899
7	应收账款	6,484	7,018	6,873	7,071
8	存货	4,700	4,866	5,096	5,440
9	其他流动资产	5,140	4,389	4,299	4,500
10	流动资产总额	29,751	30,614	24,766	25,875
11	投资	13,039	11,416	12,125	6,233
12	物业、厂房及设备(按成本计算)	28,430	27,775	29,041	29,615
13	减累计折旧	15,923	15,749	16,602	16,324
14	净PP&E	12,507	12,026	12,439	13,291
15	商誉	17,723	18,162	18,284	18,253
16	其他无形资产净额	22,602	17,305	14,183	11,431
17	其他资产	6,055	5,854	6,075	7,554
18	总资产	101,677	95,377	87,872	82,637
19					
20	负债及权益				
21	流动负债				
22	应付贷款及长期债务的流动部分	2,583	568	3,057	5,308
23	应付账款	2,533	2,807	3,102	3,318
24	应计及其他流动负债	11,216	10,274	10,427	10,151
25	应交所得税	1,560	2,239	708	1,971
26	应付股利	1,309	1,316	1,320	1,458
27	流动负债合计	19,201	17,204	18,614	22,206
28	长期债务	23,829	24,274	21,353	19,806
29	递延所得税	6,535	5,077	2,219	1,702
30	其他非流动负债	7,345	8,514	11,117	12,041
31	总负债	56,910	55,069	53,303	55,755
32					
33	默克公司股东权益				
34	普通股	1,788	1,788	1,788	1,788
35	其他实收资本	40,222	39,939	39,902	38,808
36	留存收益	45,348	44,133	41,350	42,579
37	累计其他综合损失	-4,148	-5,226	-4,910	-5,545
38	以成本计算的库存减少	-38,534	-40,546	-43,794	-50,929
39	默克公司股东权益总和	44,676	40,088	34,336	26,701
40	非控制权益	91	220	233	181
41	总股本	44,767	40,308	34,569	26,882
42	负债及权益合计	101,677	95,377	87,872	82,637
43	检查(资产=负债+权益)?	TRUE	TRUE	TRUE	TRUE

	A	B	C	D	E
1		MERCK 合并现金流量表, 截至12月31日年度(百万美元)			
2		2015	2016	2017	2018
3	经营活动产生的现金流				
4	净收益	4,459	3,941	2,418	6,193
5	调整净收入与经营活动提供的净现金:				
6	折旧及摊销	6,375	5,471	4,676	4,519
7	其他	1,972	3,565	4,374	1,763
8	资产负债变动净额:				
9	应收账款	-480	-619	297	-418
10	存货	805	206	-145	-911
11	应付账款	-37	278	254	230
12	应计及其他流动负债	-8	-2,018	-922	-341
13	应缴所得税	-266	124	-3,291	827
14	非流动负债	-277	-809	-123	-266
15	其他	-5	237	-1,087	-674
16	经营活动提供的现金净额	12,538	10,376	6,451	10,922
17					
18	投资活动产生的现金流				
19	资本支出	-1,283	-1,614	-1,888	-2,615
20	购买证券及其他投资	-16,681	-15,651	-10,739	-7,994
21	出售证券及投资所得款项	20,413	14,353	15,664	15,252
22	收购，扣除收购的现金	-7,428	-780	-396	-431
23	其他	221	482	38	102
24	投资活动提供（使用）的现金净额	-4,758	-3,210	2,679	4,314
25					
26	筹资活动产生的现金流				
27	短期借款净变动	-1,540	0	-26	5,124
28	偿还债务	-2,906	-2,386	-1,103	-4,287
29	发行债务所得款项	7,938	1,079	0	0
30	购买库存股	-4,186	-3,434	-4,014	-9,091
31	支付给股东的股息	-5,117	-5,124	-5,167	-5,172
32	行使股票期权所得款项	485	939	499	591
33	其他	-61	-118	-195	-325
34	融资活动使用的现金净额	-5,387	-9,044	-10,006	-13,160
35	汇率的影响	-1310	-131	457	-205
36	现金、现金等价物净增加(减少)额	1,083	-2,009	-419	1,871

重编资产负债表

分析任何公司的第一步是将其会计资产负债表转换为经济资产负债表。这是通过重编资产负债表来合并短期和长期金融负债项目来实现的。我们还将所有经营性(即非融资性)流动资产和经营性流动负债记为一个项目。

	H	I	J	K	L	M
1		MERCK 营运资产负债表，12月31日 (除股数外，单位为百万美元)				
2		2015	2016	2017	2018	
3	经营性资产					
4	固定资产	25,546	23,442	24,564	19,524	<--=E14+E11
5	营运资金净额	12,231	11,227	12,458	11,722	<--=E7+E8+E9-E23-E25
6	无形资产	40,325	35,467	32,467	29,684	<--=E15+E16
7	经营性资产合计	78,102	70,136	69,489	60,930	<--=SUM(L4:L6)
8	超额资产	6,055	5,854	6,075	7,554	<--=E17
9	总资产	84,157	75,990	75,564	68,484	<--=SUM(L7:L8)
10						
11	净金融负债					
12	计息负债	51,599	48,927	48,406	49,189	<--=SUM(E22,E24,E28,E29,E30,E40)
13	减现金及等价物	-13,427	-14,341	-8,498	-8,864	<--=-(E5+E6)
14	金融负债净额	38,172	34,586	39,908	40,325	<--=SUM(L12:L13)
15						
16	权益	45,985	41,404	35,656	28,159	<--=L9-L14
17	检查:	TRUE	TRUE	TRUE	TRUE	<--=L16=(E39+E26)

5.3 分析财务报表

我们现在用第4章的技术建立一套财务报表,格式与默克公司的历史报表大致相同。我们的模型是前瞻性的,但是建立在默克的历史财务报表基础之上。我们对模型参数的选择基于我们对历史表现的分析和一系列的主观判断。

销售预测

销售预测是我们模型中最重要的元素之一。它是否应该基于默克公司销售的历史分析?它是否应该基于专家对制药行业潜在增长的看法?我们是否应该区分短期(未来五年)增长和长期增长?

这些问题没有一个令人满意的答案。我们举例说明了几种方法,并建议你使用预估模型对各种答案进行试验,以查看它们是否具有影响价值。下面的 Excel 屏幕截图显示:

- 销售同比增长;
- 累计平均增长率(CAGR)。

B14 单元格累计平均增长率为 4.93%,计算公式如下:

$$CAGR = \left(\frac{\text{销售}_{2018}}{\text{销售}_{2009}}\right)^{\left(\frac{1}{9}\right)} - 1 = 4.93\%$$

累计平均增长率经常被使用,但由于依赖于所采用的样本,它是一个有疑问的数字。除非得到其他时间跨度的验证,否则我们认为这是一个值得怀疑的长期增长率指标。数据显示,默克公司的同比增长率呈现出很大的波动性。在上面的 Excel 中,我们对样本进行了处理,发现累计平均增长率变动可以从−1.81%到 4.93%不等。

流动资产和流动负债

流动资产与销售额的比率和流动负债与销售额的比率在 4 年中显示出很大的稳定性。作为模型参数值,我们选择了 4 年的平均值。

	A	B	C	D	E	F
1				MERCK运营资本分析		
2		**2015**	**2016**	**2017**	**2018**	
3	销售额	39,498	39,807	40,122	42,294	
4						
5	经营性流动资产					
6	应收账款	6,484	7,018	6,873	7,071	
7	存货	4,700	4,866	5,096	5,440	
8	其他流动资产	5,140	4,389	4,299	4,500	
9	经营性流动资产总额	**16,324**	**16,273**	**16,268**	**17,011**	<--=SUM(E6:E8)
10	经营性流动资产占销售额的百分比	41.33%	40.88%	40.55%	40.22%	<--=E9/E3
11						
12	经营性流动负债					
13	应付账款	2,533	2,807	3,102	3,318	
14	应交所得税	1,560	2,239	708	1,971	
15	经营性流动负债总额	**4,093**	**5,046**	**3,810**	**5,289**	<--=SUM(E13:E14)
16	经营性流动负债占销售额的百分比	10.36%	12.68%	9.50%	12.51%	<--=E15/E3
17						
18	净运营资本 (NWC)	**12,231**	**11,227**	**12,458**	**11,722**	<--=E9-E15
19	净运营资本占销售额的百分比	30.97%	28.20%	31.05%	27.72%	<--=E18/E3

运营成本

和大多数工业公司一样,默克的运营成本包括折旧。按照第 4 章的模型,我们想把折旧和其他经营成本分开,所以我们参考合并现金流量表来计算不含折旧的经营成本。从 2015 年到 2018 年的 4 年中,运营成本变化很大。

我们还注意到,运营成本比是销售额的递增函数(如下图所示)。这表明固定成本占很大比例。我们选择将运营成本建模为销售额的线性函数,并进行回归:

$$运营成本_t = 21\ 516 + 0.171\ 8 \times 销售额_t$$

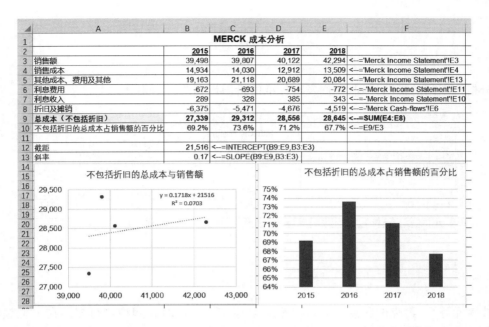

虽然回归解释能力相当弱（R^2 约为 7%），但我们在默克公司的预估模型中使用了这个回归。

固定资产和销售额

我们需要确定默克公司固定资产的模型。这涉及两个决定：

● 固定资产（FA）的最佳建模方法是假设关键模型比率为固定资产净值/销售额或固定资产点值/销售额吗？我们略微倾向于前者，认为前者在经济上更有意义。[1]

● 适用的平均折旧率是多少？

在这一小节中，我们处理第一个问题。折旧率将在下一节讨论。

	A	B	C	D	E	F
1	MERCK 固定资产分析					
2		2015	2016	2017	2018	
3	物业、厂房及设备(按成本计算) (PP&E)	28,430	27,775	29,041	29,615	
4	减累计折旧	15,923	15,749	16,602	16,324	
5	净PP&E	12,507	12,026	12,439	13,291	
6						
7	销售额	39,498	39,807	40,122	42,294	
8						
9	固定资产/销售额	72.0%	69.8%	72.4%	70.0%	<-=E3/E7
10	固定资产净额/销售额	31.7%	30.2%	31.0%	31.4%	<-=E5/E7
11						
12	四年平均					
13	固定资产/销售额	71.0%	<-=AVERAGE(B9:E9)			
14	固定资产净额/销售额	31.1%	<-=AVERAGE(B10:E10)			

默克公司的物业、厂房及设备（PP&E）与销售额的比例相对稳定；对于我们的模型，我们将使用该时期的平均值，即 31.1%。

---

① 如果折旧有任何经济意义的话，那么产生更多的销售额就需要更多的固定资产净值。

折旧

分析该期间的折旧计划,我们发现标准的折旧计划约为 6 年。

	A	B	C	D	E	F
1			MERCK 折旧分析			
2		2015	2016	2017	2018	
3	物业、厂房及设备(按成本计算) (PP&E)	28,430	27,775	29,041	29,615	
4	减累计折旧	15,923	15,749	16,602	16,324	
5	净PP&E	12,507	12,026	12,439	13,291	
6						
7	折旧	6,375	5,471	4,676	4,519	
8	隐含折旧计划	4.46	5.08	6.21	6.55	<-=E3/E7
9						
10	平均折旧计划		6	<-=ROUND(AVERAGE(B8:E8),0)		

股息

按美元计算,默克的股息总额多年来相当稳定——比净利润稳定得多。在金融领域,这种现象被称为"股息平滑"。在这 4 年期间,年均增长率为 0.36%。我们将在我们的模型中使用这个数字。

	A	B	C	D	E
1			MERCK 股息分析		
2		2015	2016	2017	2018
3	归属默克公司股东的净利润	4,442	3,920	2,394	6,220
4	支付给股东的股息	5,117	5,124	5,167	5,172
5	年增长率		0.14%	0.84%	0.10%
6					
7	平均增长率	0.36%	<-=(E4/B4)^(1/3)-1		

金融负债

多年来,金融负债似乎稳定在 500 亿美元左右。我们将在我们的模型中使用这个金融债务:

	A	B	C	D	E	F
1			MERCK 金融负债分析			
2		2015	2016	2017	2018	
3	金融负债					
4	应付贷款及长期债务的流动部分	2,583	568	3,057	5,308	
5	应计及其他流动负债	11,216	10,274	10,427	10,151	
6	长期债务	23,829	24,274	21,353	19,806	
7	递延所得税	6,535	5,077	2,219	1,702	
8	其他非流动负债	7,345	8,514	11,117	12,041	
9	非控制权益	91	220	233	181	
10	金融负债合计	51,599	48,927	48,406	49,189	<-=SUM(E4:E9)

默克的税率

多年来,默克公司的平均税率为 31.1%或 32.7%(取决于你使用的是简单平均还是加权

	A	B	C	D	E	F
1			**MERCK 税率分析**			
2		**2015**	**2016**	**2017**	**2018**	
3	税前收入	5,401	4,659	6,521	8,701	
4	所得税	942	718	4,103	2,508	
5	有效税率	17.4%	15.4%	62.9%	28.8%	<--=E4/E3
6						
7	平均税率					
8	简单平均	31.1%	<--=AVERAGE(B5:E5)			
9	加权平均	32.7%	<--=SUM(B4:E4)/SUM(B3:E3)			

平均)。我们在模型中使用32%。

请注意,自2018年1月1日和2017年《减税和就业法案》通过以来,美国名义联邦企业所得税税率稳定在21%。州和地方的税收和规定因辖区而异,但平均在7%左右。这使得总平均法定税率达到28%左右。

默克公司的债务成本

默克公司是金融市场上评级很高的借款人。截至2018年12月,穆迪评级为A1,惠誉评级为A+,标准普尔评级为A。平均而言,A级债券的风险溢价为1.4%。[1]

10年期无风险利率为2.69%(数据来自美国财政部):

	A	B	C	D	E	F	G	H	I	J	K	L	M
1					**无风险收益率曲线**								
2	数据来源:	https://www.treasury.gov/resource-center/data-chart-center/interest-rates/Pages/default.aspx											
3	日期	1月	2月	3月	6月	1年	2年	3年	5年	7年	10年	20年	30年
4	31-Dec-18	2.44%	2.45%	2.45%	2.56%	2.63%	2.48%	2.46%	2.51%	2.59%	2.69%	2.87%	3.02%

因此,债务成本为2.69%+1.4%=4.09%。

现金和短期证券的利息

在撰写本章时,短期利率相对较低。我们假设默克公司的短期现金投资收益率为1%。

调节值是多少?

将调节值设置为以下财务项目之一是很自然的。我们在模型中使用现金及现金等价物(加上短期投资)。

	A	B	C	D	E	F
1			**MERCK 现金及现金等价物**			
2		**2015**	**2016**	**2017**	**2018**	
3	现金及现金等价物	8,524	6,515	6,092	7,965	
4	短期投资	4,903	7,826	2,406	899	
5	现金及现金等价物合计	**13,427**	**14,341**	**8,498**	**8,864**	<--=SUM(E3:E4)

---

[1] 美联储经济数据(https://fred.stlouisfed.org/)。

5.4 默克公司的模型

使用为默克公司计算的值和前面详细的假设，我们得出了该公司的以下预估模型：

	A	B	C	D	E	F	G	H
1				MERCK 预估模型 - 5年预测				
2		0 实际	1 假设	2 假设	3 假设	4 假设	5 假设	
3	销售增长率		4.93%	4.93%	4.93%	4.93%	4.93%	
4	营业总成本截距		21,516	21,516	21,516	21,516	21,516	<--=F4
5	总营业成本斜率		0.1718	0.1718	0.1718	0.1718	0.1718	<--=F5
6	债务利率		4.1%	4.1%	4.1%	4.1%	4.1%	<--=2.69%+1.4%
7	流动资产/销售额		40.7%	40.7%	40.7%	40.7%	40.7%	<--=F7
8	流动负债/销售额		11.26%	11.3%	11.3%	11.3%	11.3%	<--=F8
9	固定资产净额/销售额		31.08%	31.1%	31.1%	31.1%	31.1%	<--=F9
10	折旧计划		6	6	6	6	6	<--=F10
11	现金及有价证券所赚取的利息		1%	1%	1%	1%	1%	
12	税率		32%	32%	32%	32%	32%	<--=F12
13	股息年增长率		0.36%	0.36%	0.36%	0.36%	0.36%	<--=F13
14								
15	年份	0	1	2	3	4	5	
16	损益表							
17	销售额	42,294	44,379	46,567	48,862	51,271	53,799	<--=F17*(1+G3)
18	不包括折旧的总营业成本	(28,645)	(29,141)	(29,517)	(29,912)	(30,326)	(30,760)	<--=-(G4+G5*G17)
19	息税前利润折旧(EBITDA)	13,649	15,237	17,049	18,950	20,945	23,039	<--=SUM(G17:G18)
20								
21	偿还债务的利息	(772)	(2,028)	(2,045)	(2,045)	(2,045)	(2,045)	<--=G6*AVERAGE(F44,G44)
22	现金及有价证券所赚取的利息	343	85.8	81.8	81.7	85.9	93.8	<--=G11*AVERAGE(F32,G32)
23	折旧	(4,519)	(4,936)	(5,842)	(6,929)	(8,202)	(9,694)	<--=F35/G10
24	税前利润	8,701	8,359	9,244	10,058	10,784	11,393	<--=G19+SUM(G21:G23)
25	税	(2,508)	(2,675)	(2,958)	(3,219)	(3,451)	(3,646)	<--=G24*G12
26	税后利润(净利润)	6,193	5,684	6,286	6,840	7,333	7,747	<--=G25+G24
27	净利润%	15%	13%	13%	14%	14%	14%	<--=G26/G17
28	股息	(5,172)	(5,190)	(5,209)	(5,228)	(5,246)	(5,265)	<--=F28*(1+G13)
29	留存收益	1,021	494	1,077	1,612	2,087	2,482	<--=G28+G26
30								
31	资产负债表							
32	现金及有价证券	8,864	8,306	8,058	8,280	8,908	9,860	<--=G47-SUM(G37:G40,G33)
33	流动资产	17,011	18,082	18,973	19,908	20,890	21,920	<--=G17*G7
34	固定资产							
35	以成本价	29,615	35,051	41,573	49,215	58,166	68,646	<--=G37-G36
36	折旧	(16,324)	(21,260)	(27,102)	(34,030)	(42,233)	(51,927)	<--=F36+G23
37	固定资产净值	13,291	13,791	14,471	15,184	15,933	16,718	<--=G9*G17
38	投资	6,233	6,233	6,233	6,233	6,233	6,233	<--=F38
39	商誉及其他无形资产	29,684	29,684	29,684	29,684	29,684	29,684	<--=F39
40	其他资产	7,554	7,554	7,554	7,554	7,554	7,554	<--=F40
41	总资产	82,637	83,650	84,973	86,844	89,202	91,969	<--=SUM(G32:G33,G37:G40)
42								
43	流动负债	5,289	4,997	5,243	5,502	5,773	6,058	<--=G17*G8
44	债务	49,189	50,000	50,000	50,000	50,000	50,000	<--=F44
45	不包括留存收益的权益	(8,875)	(8,875)	(8,875)	(8,875)	(8,875)	(8,875)	<--=F45
46	累计留存收益	37,034	37,528	38,605	40,217	42,304	44,786	<--=F46+G29
47	负债及权益合计	82,637	83,650	84,973	86,844	89,202	91,969	<--=SUM(G43:G46)
48								

该模型给出了以下自由现金流预测和投入资本回报率计算：

	A	B	C	D	E	F	G	H
49	年份	0	1	2	3	4	5	
50	自由现金流计算							
51	税后利润	6,193	5,684	6,286	6,840	7,333	7,747	<--=G26
52	加回折旧	4,519	4,936	5,842	6,929	8,202	9,694	<--=G23
53	减去流动资产的增加	-743	-1,071	-891	-935	-981	-1,030	<--=(G33-F33)
54	加回流动负债的增加	1,479	-292	246	258	271	285	<--=G43-F43
55	减去按成本计算的固定资产增加额	-574	-5,436	-6,522	-7,642	-8,951	-10,480	<--=-(G35-F35)
56	将债务的税后利息加回	772	1,379	1,391	1,391	1,391	1,391	<--=G21*(1-G12)
57	减现金及有价证券的税后利息	-233	-58	-56	-56	-58	-64	<--=-G22*(1-G12)
58	自由现金流量	11,413	5,142	6,296	6,785	7,206	7,543	<--=SUM(G51:G57)
59								
60	投入资本回报率计算(ROIC)							
61		0	1	2	3	4	5	
62	税后净营业利润(NOPAT)		9,680	10,579	11,393	12,116	12,720	<--=G24-SUM(G21:G22)*(1-G12)
63	投资资本	60,930	62,793	64,118	65,508	66,967	68,497	<--=G37+G38+G39+(G33-G43)
64	投入资本回报率(ROIC)		15.89%	16.85%	17.77%	18.50%	18.99%	<--=G62/F63

5.5 运用模型对默克公司进行估值

在第 3 章中,我们讨论了 Caterpillar 的资本成本。对默克公司使用相同的方法得出的结论是加权平均资本成本＝8.81%。

	A	B	C
1	计算 MERCK的加权平均资本成本 (2018年12月)		
2	已发行股份(百万股)	2,580	
3	股价, 2018年12月31日	76.41	
4	权益价值, E(百万)	197,138	<-=B2*B3
5	净负债, D(百万)	40,325	
6	债务成本, r_D	4.0900%	
7	税率, T_c	32.00%	
8			
9	基于CAPM的WACC		
10	无风险利率, r_f	2.69%	10 年期美国政府债券
11	预期市场收益, $E(r_M)$	7.69%	使用戈登模型
12	权益贝塔, β	1.47	制药行业贝塔, 资料来源:达莫达兰 (Damodaran) 教授的网站
13	权益成本, r_E	10.04%	<-=B10+B12*(B11-B10)
14	加权平均资本成本	8.81%	<-=\$B\$5/SUM(\$B\$4:\$B\$5)*\$B\$6*(1-\$B\$7)+\$B\$4/SUM(\$B\$4:\$B\$5)*B13

在我们的模型中使用这个数字并假设长期自由现金流增长率为 5.5%,产生如下自由现金流估值:

	A	B	C	D	E	F	G	H
66	企业估值							
67	长期FCF增长率(g_{LT})	5.5%	假设					
68	加权平均资本成本(WACC)	8.81%	假设					
69								
70	年份	0	1	2	3	4	5	
71	预测未来FCFs		5,142	6,296	6,785	7,206	7,543	<-=G58
72	贴现期间		0.50	1.50	2.50	3.50	4.50	
73	贴现因子		0.92	0.84	0.78	0.71	0.66	<-=1/(1+\$B\$68)^G70
74	自由现金流量贴现		4,726	5,318	5,266	5,141	4,946	<-=G73*G71
75								
76	短期PV预测	25,397	<-=SUM(C74:G74)					
77	长期PV预测(终值)	157,625	<-=G71*(1+B67)/(B68-B67)*G73					
78	企业价值	183,021	<-=SUM(B76:B77)					
79	增加超额资产	13,787	<-=SUM(B38,B40)					
80	减负债净额	-40,325	<-=-(B44-B32)					
81	股权价值	156,483	<-=SUM(B78:B80)					
82	每股价值	60.65	<-=B81/WACC!B2					

根据这些模型的估值结果,默克目前被高估了(以每股 76.41 美元交易)。

由关于短期和长期增长率的模拟运算表得到下表:

	A	B	C	D	E	F	G	H
84	模拟运算表: 短期增长率 (单元格 C3) 和长期增长率 (单元格 B61) 对权益估值的影响							
85				模拟运算表表头,				
86	↓短期销售增长率;→长期增长率			=B81				
87	156,483	0%	2%	4%	5.5%	6%	7%	
88	0%	13,363	20,487	33,535	53,668	65,156	107,170	<-{=TABLE(B67,C3)}
89	2%	29,596	40,925	61,674	93,690	111,958	178,767	
90	4%	46,721	62,503	91,408	136,008	161,455	254,525	
91	4.93%	54,994	72,932	105,787	156,483	185,409	291,199	
92	6%	64,770	85,261	122,793	180,705	213,748	334,555	
93	7%	74,150	97,096	139,123	203,972	240,973	376,296	
94	8%	83,773	109,241	155,888	227,866	268,934	419,132	
95	9%	93,642	121,702	173,096	252,397	297,643	463,124	
96	10%	103,763	134,485	190,753	277,576	327,114	508,292	

5.6　使用倍数法的默克公司估值模型

利用医药行业 11 家公司组成的同行小组，对默克公司采用倍数估值方法得出的估值范围在 1 240 亿美元至 1 866 亿美元之间：

	A	B	C	D	E	F	G
1		MERCK 倍数估值模型　（2018年12月）					
2	代码	名称	EV/Sales	EV/EBITDA	EV/EBIT	EV/FCFF	
3	ABBV	Abbvie Inc	5.32	21.39	27.31	12.98	
4	AGN	Allergan Plc	4.24	127.83	NA	11.87	
5	AMGN	Amgen Inc	5.61	10.92	12.99	11.80	
6	BIIB	Biogen Inc	4.76	9.28	10.88	10.35	
7	BMY	Bristol-Myers Squibb Company	3.70	12.64	13.99	14.05	
8	LLY	Eli Lilly and Company	5.62	23.47	34.16	21.85	
9	GILD	Gilead Sciences Inc	3.59	8.25	9.69	9.46	
10	JNJ	Johnson & Johnson	4.34	13.34	18.05	15.95	
11	PFE	Pfizer Inc	5.04	13.26	19.31	17.08	
12	REGN	Regeneron Pharmaceuticals	5.69	14.24	15.07	17.40	
13	ZTS	Zoetis Inc Cl A	7.91	20.90	24.30	25.74	
14		Average	5.07	25.05	18.58	15.32	<--=AVERAGE(F3:F13)
15		Median	5.04	13.34	16.56	14.05	<--=MEDIAN(F3:F13)
16							
17	MRK	Merck 公司 2018年数据 (百万美元)					
18			销售额	EBITDA	EBIT	FCFF	
19		指标	42,294	13,649	9,130	11,413	
20		估计企业价值	213,162	182,078	151,193	160,349	<--=F19*F15
21		增加超额资产	13,787	13,787	13,787	13,787	
22		减负债净额	-40,325	-40,325	-40,325	-40,325	
23		股权价值	186,624	155,540	124,655	133,811	<--=SUM(F20:F22)
24		每股价值	72.33	60.29	48.32	51.86	<--=F23/WACC!$B$2

其中 EV/Sales 是企业价值与销售额之比，EV/EBITDA 是企业价值与 EBITDA 之比，以此类推。

5.7　小结

一方面，预估财务模型是一种非常劳动密集型的评估公司价值的方法。另一方面，在对默克公司建模的过程中，我们对公司的运作方式有了更好的了解，以及更清楚我们对其财务报表的理解（和不理解）有多少。

预估建模技术不是可以随随便便采用的，但如果需要对公司的运作进行深入调查，就应该采用这种方法。

6

租赁财务分析

6.1 概述

　　租赁是资产所有者(出租人)将资产租给承租人的一种合同安排。在本章中,我们将分析长期租赁,即资产与承租人一起度过其使用寿命的大部分时间的一种租赁。从经济角度来看,我们研究的租赁被承租人视为购买资产的替代方案。这一分析适用于许多长期设备租赁,但不适用于短期租赁(例如汽车租赁)。金融理论认为这种租赁本质上是一种债务合同:对于承租人来说,租赁是用债务购买资产的另一种选择,出租人本质上是为承租人提供融资。

　　在下面的例子中,我们考察一家面临在购买或租赁设备之间做出选择的公司。我们假设设备的经营性流入和流出不受其所有权的影响——无论资产是如何被持有的(无论是自有还是租赁),所有者/承租人将拥有相同的销售额,并必须承担维护设备的责任。根据美国财务会计准则委员会的第 13 号文件(FASB 13),我们所考察的租赁是"将财产所有权的所有利益和附带的风险基本上转移"给承租人的租赁。[①]

　　本章的分析主要集中在租赁产生的现金流上。假设出租人就租赁租金的收入纳税,并获得资产折旧的税盾,而承租人可以要求将租金作为费用。这一分析假设税务机关将出租人视为资产的所有人,将承租人视为资产的使用人。[②]

6.2 一个简单但具有误导性的例子

　　我们的分析的实质可以通过下面这个简单的例子来理解:一家公司决定获得一台成本为

---

　　① 国际财务报告准则(IFRS)第 16 号文件和美国公认会计原则(U.S. GAAP)均涉及租赁会计。

　　② 从经济学的角度来看,这种假设并非无伤大雅:如果承租人对资产拥有真正的经济所有权,为什么承租人不能承担折旧呢? 但事实并非如此。

600 000 美元的计算机的使用权。如果选择购买，机器将按照直线折旧法折旧到残值为零。机器估计寿命为 6 年，公司的企业所得税税率 T_C 为 30%。

如果公司不购买这台机器，另一种选择是租赁机器 6 年。一名出租人提出以每年 11.5 万美元的价格将这台机器租给该公司，现在支付第 1 笔款项，在未来 5 年的每年开始时支付另外 5 笔款项。

分析这个问题的一种方法（事实证明，这是一种具有误导性的方法）是比较公司租赁和购买资产的现金流的现值。该公司认为，租赁付款和折旧的税盾是无风险的。此外，假设无风险利率为 5%。根据以下计算，公司应该租赁该资产，因为租赁方案的净现值更高（负得更少）。[①]

$$NPV(租赁) = -\sum_{t=0}^{5} \frac{租赁费(1-T_C)}{(1+r)^t} = -\sum_{t=0}^{5} \frac{115\,000 \times (1-30\%)}{(1+5)^t} = -429\,023$$

$$NPV(购买) = -资产成本 + PV(折旧的税盾)$$

$$= -600\,000 + \sum_{t=1}^{6} \frac{100\,000 \times 30\%}{(1+5)^t} = -447\,729$$

以电子表格形式呈现如下：

	A	B	C
1		不能这样分析租约	
2	资产成本	600,000	
3	利率	5%	
4	租赁租金支付	115,000	
5	每年的折旧	100,000	<--=(B2-0)/6
6	税率	30%	
7			
8	NPV(租赁)	-429,023	<--=PV(B3,6,B4*(1-B6),,1)
9	NPV(购买)	-447,729	<--=-B2-PV(B3,6,B6*B5)
10	决定?	租赁	<--=IF(B8>B9,"租赁","购买")

这一分析表明，租赁资产比购买资产更可取。然而，这是具有误导性的，因为它忽略了一个事实，即租赁非常像用贷款购买资产。因此，当我们比较租赁（隐含的是有贷款融资的购买）和没有贷款融资的直接购买时，财务风险是不同的。如果公司愿意租赁资产，那么也许它也应该愿意借钱购买资产。这种借款将改变现金流模式，还可能带来税收优惠。因此，如果将贷款的可能性考虑在内，我们关于租赁决策的决定可能会改变。

在下一节中，我们将介绍一种分析租赁的方法，通过想象什么样的贷款将产生等同于租赁产生的现金流（和因此而产生的财务风险）来处理这个问题。这种租赁分析方法被称为等效贷款法（equivalent-loan method）。

6.3 租赁与企业融资——等效贷款法

等效贷款法的思想是设计一笔假设的贷款，它在某种程度上等同于租赁。[②]这样就很容易

---

① 在这一点上，我们假设资产在其生命周期结束时的残值为零。在第 6.5 节中，我们将放弃这个假设。

② 这种方法是由 Myers、Dill 和 Bautista(1976)提出的。在 Levy 和 Sarnat(1979)中可以找到一个更容易理解的解释。

看出租赁或购买资产哪一个是更好的选择。

理解等效贷款法的最简单的方法是看一个例子。我们回到前面的例子：

	A	B	C	D	E	F	G	H	I
1			等效贷款法——承租人的角度						
2	资产成本	600,000							
3	利率	5%							
4	租赁租金支付	115,000							
5	年度折旧	100,000	<—=(B2-0)/6						
6	税率	30%							
7									
8	年	0	1	2	3	4	5	6	
9	来自租赁的税后现金流								
10	税后租赁租金	-80,500	-80,500	-80,500	-80,500	-80,500	-80,500◄		=-$B$4*(1-$B$6)
11									
12	购买该资产产生的税后现金流								
13	资产成本	-600,000							
14	折旧税盾		30,000	30,000	30,000	30,000	30,000	30,000	<—=$B$5*$B$6
15	购买资产产生的净现金	-600,000	30,000	30,000	30,000	30,000	30,000	30,000	<—=SUM(H13:H14)
16									
17	现金流差额：承租人节省金额								
18	租赁减去购买	519,500	-110,500	-110,500	-110,500	-110,500	-110,500	-30,000	<—=H10-H15
19									
20	差额现金流的内部收益率	3.75%	<—=IRR(B18:H18,0)						
21	税后利率	3.50%	<—=B3*(1-B6)						
22	决定？	购买	<—=IF(B20<B21,"租赁","购买")						

第2—6行给出了问题的各种参数。随后，该电子表格比较了两个税后现金流：租赁现金流和购买现金流。我们用负号表示流出，用正号表示流入（比如折旧的税盾）。

● 第0—5年每年租赁资产的现金流为：(1—税率)×租赁付款。

● 购买资产的现金流是第0年的资产成本（现金流出，因此为负）和第1—6年资产折旧的税盾，税率×折旧（现金流入，因此在这里用正号表示）。

租赁和购买决策之间的现金流差额（第18行）表明，选择租赁资产而不是购买资产会给出租人带来以下现金流：

● 第0年现金流流入519 500美元。这一现金流流入是在时刻0时通过租赁节省的现金：购买资产的成本为600 000美元，而在时刻0时租赁资产的成本仅为税后80 500美元。因此，租赁最初为承租人节省了519 500美元。

● 第1—5年现金流流出110 500美元，第6年流出30 000美元。这些流出对应于这些年的租赁与购买的税后成本。这项成本有两个组成部分：税后租赁费用（80 500美元），以及租赁时承租人无法获得的资产折旧的税盾（30 000美元）。

因此，选择租赁而不购买资产就像获得519 500美元的贷款，第1—5年的税后还款为110 500美元，第6年的税后还款为30 000美元。换句话说，租赁可以被视为资产融资的另一种方法。为了比较租赁和购买，我们应该比较这种融资的成本与替代融资的成本。差额现金流的内部收益率（单元格B20为3.75%）给出了租赁中隐含的融资的税后成本；这比公司借款的税后成本要大，因为在这种情况下（公司的企业所得税税率是30%，借款成本是5%），这个成本是3.5%。我们的结论是：购买比租赁更好。

我们为什么决定不租赁？

不是每个人都完全相信前面的结论。因此，我们在本小节中提出另一个论据。我们证明，如果公司能以 5% 的利率借款，它就能借到更多的钱，而且税后还款时间表与租赁和购买的还款时间表相同。这个假设的贷款如下表所示：

	A	B	C	D	E	F	G	H	I
24	年	年初本金	利息支付	本金支付	税后贷款偿还	第1—6年租赁减去购买的差额现金流			
25	1	523,318	26,166	92,184	110,500	110,500		<--{=TRANSPOSE(C18:H18)}	
26	2	431,134	21,557	95,410	110,500	110,500			
27	3	335,724	16,786	98,750	110,500	110,500			
28	4	236,974	11,849	102,206	110,500	110,500			
29	5	134,769	6,738	105,783	110,500	110,500			
30	6	28,986	1,449	28,986	30,000	30,000			
31									
32	=NPV($B$3*(1-$B$6),F25:F30)			=B25-B26					
33									
34		=$B$3*B25				=(1-$B$6)*C25+D25			

该表（第 1 章中讨论的贷款表的一个版本）显示了一笔假设的银行贷款的本金，利率为 5%。例如，在第 0 年年初（也就是说，在公司购买或租赁资产的时候），公司从银行借了 523 318 美元。在年底，公司向银行偿还 118 350 美元，其中 26 166 美元是利息（因为 26 166 美元＝5%×523 318 美元），剩余的 92 184 美元是本金偿还。第 1 年的净税后还款（假设利息支付全部可以用作税收抵扣）是（1−30%）×26 166＋92 184＝110 500 美元，当然，这与我们原始电子表格中计算的税后现金流差额相同。

之后各年度的付款计算方法与前段所示类似。在第 6 年年初，仍有 28 986 美元的待偿还本金；这笔款项将在年底全部付清，税后支付 3 万美元。

这个例子的重点是什么？如果公司正在考虑租赁资产以获得 519 500 美元的融资，它应该以 5% 的利率从银行借款 523 318 美元；它可以用租赁合同中隐含的税后现金流偿还这笔更大的贷款。底线是：购买资产仍然比租赁资产更可取。

上面的这个贷款表按以下方式构建。

第 1—6 年每年开始时的本金是租赁和购买现金流差额以（1−30%）×5% 作为贴现率的贴现值。因此：

$$523\,318 = \sum_{t=0}^{5} \frac{110\,500}{[1+5\%\times(1-30\%)]^t} + \frac{30\,000}{[1+5\%\times(1-30\%)]^6}$$

$$431\,134 = \sum_{t=1}^{4} \frac{110\,500}{[1+5\%\times(1-30\%)]^t} + \frac{30\,000}{[1+5\%\times(1-30\%)]^5}$$

$$\vdots$$

$$28\,986 = \frac{30\,000}{[1+5\%\times(1-30\%)]^1}$$

一旦知道了每年年初的本金，构造其余的列就很容易了：

利息＝5%×年初本金

本金偿还＝本年度年初的本金−下一年度年初的本金

税后付款＝（1−税率）×利息＋本金偿还

6.4 出租人的问题:计算可接受的最低租金*

出租人的问题与承租人的问题相反:

- 承租人必须决定是购买资产还是租赁资产(给定租赁资产的租金率)。
- 出租人必须决定所购买资产的最低租金,以便将其出租出去。

解决出租人问题的一个方法是把上述分析颠倒过来。我们使用 Excel 的单变量求解(数据|模拟分析|单变量求解)得到 114 011 美元是出租人可接受的最低租金:

	A	B	C	D	E	F	G	H
1				出租人的问题 计算可接受的最低租金				
2	资产成本	600,000						
3	利率	5%						
4	最低可接受租赁付款额	114,011	<-- 利用单变量求解或规划求解计算					
5	每年的折旧	100,000	<--=(B2-0)/6					
6	税率	30%						
7								
8	一年	0	1	2	3	4	5	6
9	出租人租赁产生的税后现金流							
10	税后租赁租金	79,808	79,808	79,808	79,808	79,808	79,808	
11								
12	出租人购买该资产产生的税后现金流							
13	资产成本	-600,000						
14	折旧税盾		30,000	30,000	30,000	30,000	30,000	30,000
15	购买产生的净现金	-600,000	30,000	30,000	30,000	30,000	30,000	
16								
17	出租人现金流量							
18	租赁+购买	-520,192	109,808	109,808	109,808	109,808	109,808	30,000
19								
20	差额现金流的内部收益率	3.50%	<-- =IRR(B18:H18)					

下面是"单变量求解"的对话框设置:

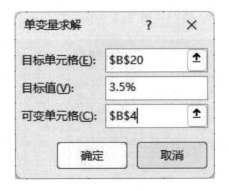

------

* 原书为最高租金,似有误。——译者注

如果你使用"数据|规划求解"来解这个问题,设置界面如下所示:

6.5 资产残值及其他考虑

在前面的例子中,我们忽略了资产的残值——租期结束时的预期市场价值。从机理上讲,计算时包括残值是很容易的。例如,假设你认为该资产在 7 年后的市场价值为 5 万美元;假设这个价值被完全课税(毕竟,我们在前 6 年里已经将资产折旧到零),税后残值将是(1—

	A	B	C	D	E	F	G	H	I
1					租赁分析中的残值				
2	资产成本	600,000							
3	利率	5%							
4	租赁租金支付	115,000							
5	每年的折旧	100,000	<—=(B2-0)/6						
6	税率	30%							
7	残值	50,000	<— 预期在第6年实现; 完全征税						
8									
9	年	0	1	2	3	4	5	6	
10	来自租赁的税后现金流								
11	税后租赁租金	-80,500	-80,500	-80,500	-80,500	-80,500	-80,500		<—=-$B$4*(1-$B$6)
12									
13	购买该资产产生的税后现金流								
14	资产成本	-600,000							
15	折旧税盾		30,000	30,000	30,000	30,000	30,000	30,000	<—=$B$5*$B$6
16	税后剩余							35,000	<—=(1-B6)*B7
17	购买产生的净现金	-600,000	30,000	30,000	30,000	30,000	30,000	65,000	<—=SUM(H14:H16)
18									
19	现金流差额								
20	租赁减购买	519,500	-110,500	-110,500	-110,500	-110,500	-110,500	-65,000	<—=H11-H17
21									
22	差额现金流的内部收益率	5.47%	<— =IRR(B20:H20,0)						
23	税后利率	3.50%	<—=B3*(1-B6)						
24	决策?	购买	<— =IF(B22<B23,"租赁","购买")						

税率)×50 000 美元＝35 000 美元 *。

毫不奇怪，从资产所有权中实现额外现金流的可能性使租赁比之前更没有吸引力（你可以注意到单元格 B22 中的收益率，即差额现金流的内部收益率，从原始示例中的 3.75% 增加到 5.47%）。

不过，这里要小心一点：电子表格将残值视为与折旧税盾和租赁租金具有相同的实现确定性。事实可能远非如此！这个问题没有好的实用的解决办法；一种特别的处理方法是，用一个表达其实现的不确定性的因子降低 5 万美元残值的价值。金融专业术语是"确定性等价因子"（certainty-equivalence factor），你可以在任何金融教材中找到它。[①] 下面的电子表格假设你已经确定残值的确定性等价因子为 0.7：

	A	B	C	D	E	F	G	H	I
1			租赁分析中的残值 估计残值乘以代表实现残值不确定性的确定性等价因子						
2	资产成本	600,000							
3	利率	5%							
4	租赁租金支付	115,000							
5	每年的折旧	100,000	<--=(B2-0)/6						
6	税率	30%							
7	残值	50,000	<-- 预计在第6年实现，完全征税						
8	残差的确定性等价因子	0.70							
9									
10	年份	0	1	2	3	4	5	6	
11	来自租赁的税后现金流								
12	税后租赁租金	-80,500	-80,500	-80,500	-80,500	-80,500	-80,500		<-=$B$4*(1-$B$6)
13									
14	购买该资产生的税后现金流								
15	资产成本	-600,000							
16	折旧税盾		30,000	30,000	30,000	30,000	30,000	30,000	<-=$B$5*$B$6
17	税后剩余							24,500	<-=(1-B6)*B7*B8
18	购买产生的净现金	-600,000	30,000	30,000	30,000	30,000	30,000	54,500	<-=SUM(H15:H17)
19									
20	现金流差额								
21	租赁减购买	519,500	-110,500	-110,500	-110,500	-110,500	-110,500	-54,500	<-=H12-H18
22									
23	差额现金流的内部收益率	4.97%	<-- =IRR(B21:H21,0)						
24	税后利率	3.50%	<-=B3*(1-B6)						
25	决策？	购买	<-- =IF(B23<B24,"租赁","购买")						

6.6 小案例：租赁什么时候对出租人和承租人都有利可图？

承租人问题和出租人问题的对称性表明，如果承租人想要租赁，出租人为了将资产出租而购买资产是没有利润的。

然而，在某些情况下，可能是承租人和出租人之间所得税税率的差异使双方达成租赁安排都有利可图。这里有一个例子：格林维尔电力公司是一家不纳税的公用事业公司。它的信用评级是最高级别，因为格林维尔的所有债务都由格林维尔市担保。格林维尔电力公司决定新增一台新的涡轮机。该涡轮机耗资 1 200 万美元，将在 3 年内折旧为零残值。格林维尔电力公司以 6% 的利率借款。

---

* 原书此处似有误。——译者注

① 关于确定性等价的进一步参考文献，请参见（例如）Brealey、Myers 和 Allen（2013，Ch.9）。然而，请注意，无论是这本著作还是目前的教材（或其他任何人）都不能准确地告诉你如何计算确定性等价因子。这取决于你对风险的态度。

格林维尔可以租用或购买。它提供的租赁条件是每年 230 万美元，为期 6 年（从现在开始）；出租人*是涡轮制造商联合涡轮机公司的专属租赁子公司。联合涡轮机租赁公司的借款利率为 6%，企业所得税税率为 30%。

如下所示，租赁对出租人和承租人都是有利可图的。格林维尔电力公司以 5.96% 的成本获得融资，而其借款成本为 6%；联合涡轮机的税后收益率为 4.41%，而其税后借款成本为 4.2%。格林维尔电力公司和联合涡轮机公司都获利。[①]

	A	B	C	D	E	F	G	H
1				格林维尔电力公司				
2	涡轮机成本	12,000,000						
3	格林维尔的借款利率	6.00%						
4	租赁支付	2,300,000						
5	格林维尔电力公司的税率	0%						
6								
7	年	**0**	**1**	**2**	**3**	**4**	**5**	
8	承租人税后租赁成本	-2,300,000	-2,300,000	-2,300,000	-2,300,000	-2,300,000	-2,300,000	
9								
10	承租人税后购买成本							
11	资产成本	-12,000,000						
12	折旧税盾		0	0	0	0	0	<--=$B$2/5*$B$5
13	购买产生的净现金	-12,000,000	0	0	0	0	0	<--=SUM(G11.G12)
14								
15	租赁节省的现金							
16	租赁-购买现金流	9,700,000	-2,300,000	-2,300,000	-2,300,000	-2,300,000	-2,300,000	<--=G8+G13
17								
18	差额现金流的内部收益率	5.96%	<-- =IRR(B16:G16,0)					
19	格林维尔电力公司的税后借款成本	6.00%	<-- =B3					
20								
21				联合涡轮机租赁公司				
22	涡轮机成本	12,000,000						
23	租赁支付	2,300,000						
24	折旧(直线，3年)	4,000,000	<--=B22/3					
25	联合涡轮机租赁公司的借款利率	6.00%						
26	联合涡轮机租赁公司税率	30%						
27								
28	一年	**0**	**1**	**2**	**3**	**4**	**5**	
29	出租人现金流量							
30	设备成本	-12,000,000						
31	租赁付款，税后	1,610,000	1,610,000	1,610,000	1,610,000	1,610,000	1,610,000	<--=(1-$B$26)*$B$23
32	折旧税盾		1,200,000	1,200,000	1,200,000	<--=$B$24*$B$26		
33	出租人现金流总额	-10,390,000	2,810,000	2,810,000	2,810,000	1,610,000	1,610,000	<--=SUM(G30:G32)
34								
35	出租人现金流的内部收益率	4.41%	<-- =IRR(B33:G33)					
36	联合涡轮机公司的税后借款成本	4.20%	<-- =B25*(1-B26)					
37								

6.7　杠杆租赁

到目前为止，我们从承租人（资产的长期使用者）和出租人（资产的所有者，将资产出租给承租人）的角度分析了租赁与购买决策。现在我们来分析杠杆租赁。在杠杆租赁中，出租人用债务为购买将要租赁的资产提供资金。从承租人的角度来看，杠杆租赁和非杠杆租赁的分析没有区别。然而，从出租人的角度来看，杠杆租赁的现金流存在一些有意思的问题。

杠杆租赁通常至少涉及六方：承租人、租赁中的权益合伙人、权益合伙人的债权人、所有

---

* 原书此处为承租人，似有误。——译者注

① 谁输了？当然是政府！使租赁有利可图的是利用了其他未使用的折旧税盾。

权受托人、契约受托人和资产生产商。在大多数情况下，还涉及第七方：租赁包装商（经纪人或租赁公司）。图 6.1 展示了典型杠杆租赁的六方之间的安排。

杠杆租赁

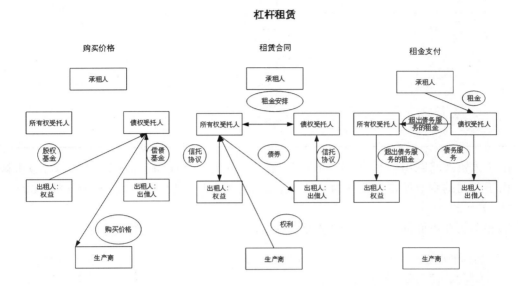

与杠杆租赁分析相关的两个主要问题是：

● 从出租人的角度对租赁进行直接的财务分析。这涉及出租人获得的现金流的计算以及这些现金流的净现值或内部收益率的计算。

● 租赁的会计分析。会计师使用一种被称为多阶段法（MPM）的方法来计算杠杆租赁的收益率。MPM 收益率不同于内部收益率。在一般的财务教科书中，这无关紧要，因为有效市场假设告诉我们，只有现金流才重要。然而，在一个不那么有效的世界里，人们往往非常关心财务报表上的情况。由于租赁的会计收益率很复杂，我们将使用 Excel 进行计算，然后对结果进行分析。

6.8 杠杆租赁实例

我们可以通过考察一个实例来探讨这些问题，这个例子大致基于 FASB 13 附录 E 中的一个例子改编，FASB 13 是会计行业关于租赁会计的重要材料。

一家租赁公司正在考虑购买一项价值 100 万美元的资产。该资产将以公司 20 万美元的权益和 80 万美元的债务购买。该债务的利息为 10％，因此在 15 年的债务期限内，每年支付的利息和本金为 105 179.7 美元。[①]

公司将以每年 110 000 美元的价格出租该资产，每年年底支付。租期为 15 年。该资产将

① 使用 Excel：＝PMT(10％, 15, −800 000)得到 105 179。

在 8 年的时间内折旧,使用标准的美国国税局(IRS)7 年寿命的资产折旧计划。[1]此类资产的折旧计划如下:

年	折旧
1	14.28%
2	24.49%
3	17.49%
4	12.50%
5	8.92%
6	8.92%
7	8.92%
8	4.48%

由于该资产将在出售时(第 16 年)完全折旧,因此整个预期残值(300 000 美元)将被课税。由于公司的企业所得税税率为 30%,这意味着残值税后现金流为(1−30%)×300 000＝210 000 美元。

这些事实在下面的电子表格中进行了总结,它还得出了出租人的现金流:

	A	B	C	D	E	F	G	H	I
1				基本杠杆租赁示例					
2	资产成本	1,000,000							
3	租期	15							
4	残值	300,000	<-- 第16年实现						
5	权益	200,000							
6	负债	800,000	<--15年期定期贷款，本息等额支付						
7	利率	10%							
8	年度债务偿还	105,179	<-- =PMT(B7,B3,-B6)					=(1-tax)*C14+tax*D14-(1-tax)*G14-H14	
9	收到的年租金	110,000							
10	税率	30%							
11									
12	年份	权益投资	租金或残值	折旧	年初本金	还款额	利息	本金偿还	权益现金流
13	0	-200,000							-200,000
14	1		110,000	142,800	800,000	105,179	80,000	25,179	38,661
15	2		110,000	244,900	774,821	105,179	77,482	27,697	68,536
16	3		110,000	174,900	747,124	105,179	74,712	30,467	46,705
17	4		110,000	125,000	716,657	105,179	71,666	33,513	30,821
18	5		110,000	89,200	683,144	105,179	68,314	36,865	19,075
19	6		110,000	89,200	646,280	105,179	64,628	40,551	17,969
20	7		110,000	89,200	605,728	105,179	60,573	44,606	16,753
21	8		110,000	44,800	561,122	105,179	56,112	49,067	2,095
22	9		110,000		512,056	105,179	51,206	53,973	-12,817
23	10		110,000		458,082	105,179	45,808	59,371	-14,437
24	11		110,000		398,711	105,179	39,871	65,308	-16,218
25	12		110,000		333,403	105,179	33,340	71,839	-18,177
26	13		110,000		261,565	105,179	26,156	79,023	-20,332
27	14		110,000		182,542	105,179	18,254	86,925	-22,703
28	15		110,000		95,617	105,179	9,562	95,617	-25,311
29	16		300,000						210,000
30							现金流内部收益率		8.04%
31							=IRR(I13:I29)		

最后一列是资产所有者的现金流。权益所有者典型的一年现金流计算如下:

$$现金流＝(1−税率)×租赁付款＋税率×折旧−(1−税率)×利息＋本金还款$$

典型的长期杠杆租赁的现金流通常在租期开始时为正,然后随着时间的推移下降,在收到残值时再次转为正。造成这种现象的原因有三:

● 来自折旧的现金流通常在租期结束前结束或迅速下降。折旧方法越快,资产生命周期开始时的折旧免税额就越大(因此折旧税盾也就越大)。

---

[1] 我们使用的折旧计划被称为修正加速成本回收系统(MACRS)折旧法。更多信息可以从介绍性金融教材或许多网站(例如,www.real-estate-owner.com/depreciation-chart.html)上获得。

- 在租赁的后期,年度债务支付中用于利息的部分(可减免税)下降,而年度债务支付中构成本金偿还的部分(不可减免税)上升。
- 最后,当然,我们预计在租期结束时资产残值的实现将产生大量现金流。

6.9 总结

本章研究了租购决策。我们将租赁的决定作为一个纯粹的融资决策来考察,假设(1)租赁和购买之间的所有操作因素都是等效的,(2)公司已经做出了获得资产使用权的基本决定。在这些假设的基础上,可以使用等效贷款法进行租购决策。

杠杆租赁是一种安排,出租人(资产所有者)通过债务和权益的组合为其投资融资。在本章中,我们分析了杠杆租赁中出租人的权益收益。对租赁现金流的经济学分析表明,在租赁寿命的某一时刻,权益所有者的权益价值为负。

练习

1. 贵公司正考虑购买或租赁一项价值 1 000 000 美元的资产。如果购买该资产,将在 6 年内直线折旧到零残值。租赁公司愿意以每年 30 万美元的价格出租该资产;租赁的第 1 笔付款在租赁开始时(即第 0 年)支付,其余 5 笔付款在第 1—5 年每年开始时支付。贵公司的企业所得税税率是 $T_C = 40\%$,可以从银行以 10% 的利率借款。

a. 贵公司应租用还是购买该资产?

b. 贵公司同意支付的最高租赁费是多少?

2. ABC 公司正在考察从 XYZ 公司租赁一项资产,以下是相关事实:

资产价值	1 000 000 美元	
折旧时间表	第 1 年	20%
	第 2 年	32%
	第 3 年	19.20%
	第 4 年	11.52%
	第 5 年	11.52%
	第 6 年	5.76%
租赁期间	6 年	
租赁付款	200 000 美元　每年,在第 0、1、2、…、5 年年初	
资产残值	0	
税　率	ABC:$T_C = 0$(ABC 公司有税项损失结转,使它不能利用任何额外的税盾)	
	XYZ:$T_C = 40\%$	

ABC 的利息成本是 10%,XYZ 的利息成本是 7%,证明 ABC 租赁资产和 XYZ 购买资产以将其出租给 ABC 都是有利的。

3. 继续上面的例子:找出 ABC 愿支付的最大租金和 XYZ 愿接受的最低租金。

4. 对第 6.5 节中的确定性等价因子进行敏感性分析(使用"数据|模拟运算表"),说明差额现金流的内部收益率如何随确定性等价因子变化。

5. 亨普航空(HA,"我们飞得高")即将购买 5 架 CFA3000 通勤飞机。每架飞机造价 5 000 万美元。一家友好的银行组织了一个财团为这笔交易提供资金。该财团包括 20% 的股权投资和 80% 的债务投资。该贷款的年利率为 8%,期限为 10 年。在未来 10 年的每年年底,亨普航空将支付 3 500 万美元的租金。在 10 年租期结束时,亨普航空有权以每架 1 000 万美元的价格购买飞机;预计该公司将行使这一选择权,即飞机以预期的公允市场价值定价。这些飞机将在 5 年内直线折旧至零残值。

如果租赁的股权合伙人的所得税税率是 35%,那么它的期望复合收益率是多少?

7

债券的久期

7.1 概述

久期被用来衡量债券价格对债券贴现利率变化的敏感性。它被广泛用于衡量债券的风险——债券的久期越长，风险越大。在本章中，我们考察一个基本的久期指标——麦考利久期（Macaulay duration），它是在期限结构平坦的情况下定义的。在第 7.7 节中，我们将研究久期在免疫策略中的使用。

考察一个支付为 $C_t(t=1, \cdots, N)$ 的债券。通常情况下，前 $N-1$ 笔支付将是利息支付，C_N 将是所偿还的本金和最后一次利息支付的总和。如果期限结构是平坦的，所有支付的贴现率为到期收益率（用 YTM 表示），则债券今天的市场价格为：

$$P = \sum_{t=1}^{N} \frac{C_t}{(1+YTM)^t}$$

在下面的电子表格中，我们用两种方法计算价格和到期收益率。直接方法（第 9 行和第 16 行）使用 Excel 的 NPV 函数和 IRR 函数。在这种方法中，我们需要列出各笔支付款。Excel 也有为债券设计的函数。在第 10 行和第 12 行中，我们使用 Excel 函数 PRICE() 和 YIELD() 作为间接方法。[①]请注意，到期收益率被 Excel 的 PRICE() 和 YIELD() 视为规定利率，而不是有效利率。

麦考利久期指标（在本章和下一章中，每当我们使用"久期"这个词时，我们总是指这个指标）表示债券偿付的时间加权平均到期时间。它的定义为：

$$D = \frac{1}{P} \sum_{t=1}^{N} \frac{t \cdot C_t}{(1+YTM)^t}$$

---

① PRICE() 的语法是 PRICE(结算日，到期日，票面利率，到期收益率，面值 \$100 的有价证券的清偿价值，每年的派息频率，日计数基础)。YIELD() 的语法：YIELD(结算日，到期日，票面利率，价格，面值 \$100 的有价证券的清偿价值，每年的派息频率，日计数基础)。

	A	B	C	D	E	F	G	H
1			使用PRICE() 和YIELD()计算价格和到期收益率					
2	面值($)	100						
3	年票面利率	5%						
4	派息频率	2	一年两次					
5	到期收益率	6%						
6		31-Dec-19	30-Jun-20	31-Dec-20	30-Jun-21	31-Dec-21	30-Jun-22	
7	现金流		2.50	2.50	2.50	2.50	102.50	<--=$B$3*$B$2/$B$4+B2
8								
9	价格	97.71	<--=NPV(B5/2,C7:G7)					
10	价格	97.71	<--=PRICE(B6,G6,B3,B5,B2,B4,3)					
11								
12	到期收益率	6.00%	<--=YIELD(B6,G6,B3,B9,100,B4,3)					
13								
14		2019/12/31	2020/6/30	2020/12/31	2021/6/30	2021/12/31	2022/6/30	
15		-97.71	2.50	2.50	2.50	2.50	102.50	
16	到期收益率	6.00%	<--=IRR(B15:G15)*2					

在第 7.3 节中，我们将深入探讨这个公式的含义。首先，我们想要展示如何在 Excel 中计算久期。

7.2 两个示例

考察两个债券。债券 A 刚刚发行。它的面值是 1 000 美元，目前的市场利率为 7%，将在 10 年内到期。债券 B 是 5 年前发行的，当时利率更高。这个债券面值为 1 000 美元，票面利率为 13%。发行时，该债券的期限为 15 年，因此剩余期限为 10 年。由于目前的市场利率为 7%，所以债券 B 的市场价格如下：

$$\$1\,421.41 = \sum_{t=1}^{10} \frac{\$130}{(1.07)^t} + \frac{\$1\,000}{(1.07)^{10}}$$

绕点弯路计算这两个债券的久期是值得的（就一次！）。我们在 Excel 中建立了一个表格。在下面的电子表格中，第 19 行到第 24 行显示了久期冗长计算的替代方法。

	A	B	C	D	E	F	G
1				基本久期计算			
2	到期收益率	7%					
3	年	$C_{t,A}$	$t^*C_{t,A}$		$C_{t,B}$	$t^*C_{t,B}$	
4	1	70	70	<--=B4*A4	130	130	<--=E4*A4
5	2	70	140		130	260	
6	3	70	210		130	390	
7	4	70	280		130	520	
8	5	70	350		130	650	
9	6	70	420		130	780	
10	7	70	490		130	910	
11	8	70	560		130	1,040	
12	9	70	630		130	1,170	
13	10	1,070	10,700	<--=B13*A13	1,130	11,300	<--=E13*A13
14							
15	债券价格	1,000.00	<--=NPV(B2,B4:B13)		1,421.41	<--=NPV(B2,E4:E13)	
16		1,000.00	<--=-PV(B2,A13,B4,1000)		1,421.41	<--=-PV(B2,A13,E4,1000)	
17	久期	7.52	<--=NPV(B2,C4:C13)/B15		6.75	<--=NPV(B2,F4:F13)/E15	
18							
19	使用 Excel 函数Duration和 "自制" 函数Duration						
20	债券 A	7.52	<--=DURATION(DATE(2020,12,31),DATE(2030,12,31),7%,B2,1)				
21		7.52	<--={=dduration(A13,7%,B2,1)}				
22							
23	债券 B	6.75	<--=DURATION(DATE(2020,12,31),DATE(2030,12,31),13%,B2,1)				
24		6.75	<--=dduration(A13,13%,7%,1)				

正如预期的那样，债券 A 的久期比债券 B 的久期长，因为债券 A 的平均支付时间比债券 B 的平均支付时间长。从另一个角度来看，债券 A 第一年支付的净现值（70 美元）代表债券价格的 $6.54\%\left(\dfrac{70}{(1+7\%)^1}/1\,000=6.54\%\right)$，而债券 B 第一年支付的净现值（130 美元）是其价格的 $8.55\%\left(\dfrac{130}{(1+7\%)^1}/1\,421=8.55\%\right)$。针对第二年的收益，这些数据分别是 $6.11\%\left(\dfrac{70}{(1+7\%)^2}/1\,000=6.11\%\right)$ 和 $7.99\%\left(\dfrac{130}{(1+7\%)^2}/1\,421=7.99\%\right)$。

使用 Excel 中的久期公式

Excel 中有两个久期公式，分别为 Duration（）和 MDuration（）。MDuration 的定义如下：

$$MDuration = \frac{久期}{\left(1+\dfrac{YTM}{每年付息次数}\right)}$$

这两个公式具有相同的语法；例如，Duration（）的语法是：

Duration（settlement，maturity，coupon，yield，frequency，basis）

其中，settlement 是债券的结算日期（即购买日期）；maturity 是债券的到期日；coupon 是债券的息票利率；yield 是债券的到期收益率；frequency 是每年支付票息的次数；basis 是"日计数基准"（即一年中的天数），是一个介于 0 到 4 之间的代码：0 或省略表示 US（NASD）30/360，1 表示实际天数/实际天数，2 表示实际天数/360，3 表示实际天数/365，4 表示欧洲 30/360。

Duration 公式给出了标准麦考利久期。MDuration 公式可用于计算债券的价格弹性（见第 7.3 节）。应用这两个久期公式可能需要一点技巧，因为它们都需要结算日和到期日的序列号。在前面的电子表格中，通过假设债券 A 的结算日期是 2020 年 12 月 31 日，债券的到期日是 2030 年 12 月 31 日，在单元格 B20 和 B23 中实现了 Excel 公式。日期的选择是任意的。Excel 久期公式的最后一个参数给出的是日计数基准，这个参数是可选的，可以省略。

在 Excel 久期公式中插入序列日期格式通常不方便。在本章后面，我们将使用 VBA 定义一个更简单的久期公式，这就克服了这个问题，还可以计算出债券支付间隔非均匀时的债券久期。这个"自制的"久期公式叫做 Dduration＊。这个函数的编程内容将在第 7.5 节中讨论。前面的电子表格在单元格 B21 和 B24 中使用了这个函数。用 Dduration 计算债券 B 的久期的对话框如下：

＊ 原书此处为 Duration，似有误。——译者注

参数 TimeFirst 是从债券购买日到第一次付款的时间。以债券 A 和债券 B 为例，该参数为 1。

7.3 久期是什么意思

在本节中，我们将介绍久期的三种不同含义。每一种都很有意思，也很重要。

久期是债券支付的时间加权平均值

这是麦考利（Macaulay，1938）最初的定义。将久期公式重记如下：

$$D = \frac{1}{P} \sum_{t=1}^{N} \frac{t \cdot C_t}{(1+YTM)^t} = \sum_{t=1}^{N} \frac{C_t P}{(1+YTM)^t} \cdot t$$

注意，所有 $\dfrac{C_t P}{(1+YTM)^t}$ 项的和为 1。这源于债券价格的定义；每一项都是 t 时刻支付所代表的债券价格的比例。在久期公式中，每一项 $\dfrac{C_t P}{(1+YTM)^t}$ 都被乘以它的发生时间。因此，久期是支付时间的加权平均值，由每次付款对债券价格的相对贡献加权而成。

久期是债券相对于贴现率的价格弹性

结果表明,债券的久期与债券的价格对到期收益率变化的敏感性高度相关。这种看待久期的方式解释了为什么久期指标可以用来衡量债券的价格波动;它还说明了为什么久期经常被用作债券的风险衡量指标。为了得到这一解释,我们将债券价格对当前利率求导:

$$P = \sum_{t=1}^{N} \frac{C_t}{(1+YTM)^t}$$

因此:

$$\frac{\mathrm{d}P}{\mathrm{d}YTM} = \sum_{t=1}^{N} \frac{-t \cdot C_t}{(1+YTM)^{t+1}}$$

通过简单的代数运算可得:

$$\frac{\mathrm{d}P}{\mathrm{d}YTM} = \sum_{t=1}^{N} \frac{-t \cdot C_t}{(1+YTM)^{t+1}} = -\frac{D \cdot P}{1+YTM}$$

或者:

$$\underbrace{\frac{\Delta P}{P}}_{\text{价格变化\%}} = \underbrace{\frac{D}{1+YTM}}_{\text{修正久期}} \cdot \underbrace{\Delta YTM}_{\text{收益率变化}}$$

这就得到对久期的两种有用解释:

• 首先,我们可以将久期视为债券价格相对于贴现因子的弹性。所谓"贴现因子",我们指的是 $1+r$:

$$\frac{\mathrm{d}P/P}{\mathrm{d}YTM/(1+YTM)} = \frac{\text{债券价格变化的\%}}{\text{贴现因子变化的\%}} = -D$$

• 其次,我们可以用久期来衡量债券的价格波动,将之前的方程重写为:

$$\frac{\Delta P}{P} = -D \cdot \frac{\mathrm{d}YTM}{1+YTM}$$

为了在电子表格中说明久期的这种解释,我们回到前一节的示例。假设市场利率上升 1%,从 7% 上升到 8%(这是 100 个基点的变化)。债券价格会发生什么变化?债券 A 的价格为:

$$\sum_{t=1}^{10} \frac{\$70}{(1.08)^t} + \frac{\$1\,000}{(1.08)^{10}} = \$932.9$$

类似的计算表明,债券 B 的价格为:

$$\sum_{t=1}^{10} \frac{\$130}{(1.08)^t} + \frac{\$1\,000}{(1.08)^{10}} = \$1\,335.50$$

根据价格波动公式的预测,债券价格的变化近似为 $\Delta P \cong -D \cdot P \cdot \Delta YTM/(1+YTM)$。为了说明这一点,我们计算出每个债券的价格变动:

	A	B	C	D
1	久期是价格的弹性 债券价格的变化近似于 $\Delta P \approx$ - Duration*Price*ΔYTM/(1+YTM)			
2	贴现率 (YTM)	7%		
3		债券A	债券B	
4	票面利率	7%	13%	
5	面值	1,000	1,000	
6	到期时间	10	10	
7	债券价格	1,000.00	1,421.41	<--=-PV($B$2,C6,C4*C5,C5)
8	久期	7.515	6.754	<--=DURATION(DATE(2020,12,31),DATE(2030,12,31),C4,$B$2,1)
9	修正久期(直接)	7.024	6.312	<--=C8/(1+$B$2)
10	修正久期 (excel)	7.024	6.312	<--=MDURATION(DATE(2020,12,31),DATE(2030,12,31),C4,$B$2,1)
11				
12	新贴现率	8.00%		
13	新价格(直接)	932.90	1,335.50	<--=-PV($B$12,C6,C4*C5,C5)
14	1+YTM变化的%: ΔYTM/(1+YTM)	0.93%	<--=(B12-B2)/(1+B2)	
15	价格变动			
16	实际	-67.10	-85.91	<--=C13-C7
17	由久期近似为 $\Delta P \approx$ - Duration *Price*ΔYTM/(1+YTM)	-70.24	-89.72	<--=-C8*$B$14*C7
18	使用 Mduration函数	-70.24	-63.12	<-- =-($B$12-B2)*C5*C10

注意上面电子表格中的第 18 行:我们不使用 Excel 的 Duration 函数,也不乘以 $\Delta YTM/(1+YTM)$,而是使用 MDuration 函数并乘以 ΔYTM。

Babcock 公式:久期是债券收益率的凸组合

对久期的第三种解释是 Babcock(1985)公式,该公式表明久期是两个因子的加权平均:

$$D = \left(1 - \frac{y}{YTM}\right) \cdot N + \frac{y}{YTM} \cdot PAF(YTM, N) \cdot (1+YTM)$$

其中,$y = \dfrac{债券息票}{债券价格}$,是债券的当前收益率;$PAF(YTM, N) = \sum_{t=1}^{N} \dfrac{1}{(1+TYM)^i}$,是 N 期年金的现值。

这个公式为久期指标提供了两个有用的见解:

● 久期是债券期限(N)和($1+YTM$)乘以与债券相关的现值年金因子(PAF)的加权平均值。(请注意,PAF 由 Excel 公式 $-PV(r, N, 1)$ 给出。)

● 在许多情况下,债券的当前收益率 y 与其到期收益率 r 相差不大。在这些情况下,久期与 $(1+r) \times PAF$ 也相差不大。

与前两种解释不同的是,Babcock 公式只适用于在时刻 N 有固定息票支付和一次本金偿还的债券;也就是说,该公式不适用于支付 C_t 随时间变化的情况。

以下是 Babcock 公式在债券 B 上的一个应用:

	A	B	C	D
1	**BABCOCK久期公式** **久期是当前收益率和现值因子的凸组合:** **D = N*y/YTM + (1 - y/YTM) * PV(YTM,N,1)*(1+YTM)**			
2		债券A	债券B	
3	N,债券到期时间	10	10	
4	到期收益率(YTM)	7%	7%	
5	C, 票面利率	7%	13%	
6	面值	1,000	1,000	
7	价格	1,000.00	1,421.41	<--=-PV(C4,C3,C6*C5,C6)
8	当前票面收益率	7.00%	9.15%	<--=C5*C6/C7
9	现值年金因子 PAF(r,N)	7.0236	7.0236	<--=-PV(C4,C3,1)
10				
11	**两个久期公式**			
12	Babcock公式	7.5152	6.7535	<--=C3*(1-C8/C4)+C8/C4*C9*(1+C4)
13	标准公式	7.5152	6.7535	<--=DURATION(DATE(2020,12,31),DATE(2030,12,31),C5,C4,1)

7.4 久期的模式

从直观上看,我们可以预期久期是债券息票率的递减函数,是债券期限的递增函数。第一种直觉是正确的,第二种则不然。

下面的电子表格显示了增加债券票面利率对债券久期的影响,正如我们的直觉所示,随着票面利率的增加,债券久期确实会下降。

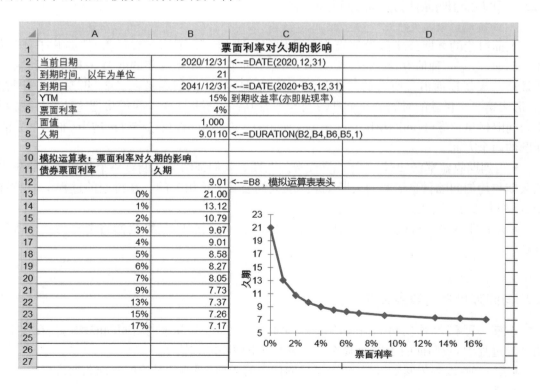

	A	B	C	D
1	**票面利率对久期的影响**			
2	当前日期	2020/12/31	<--=DATE(2020,12,31)	
3	到期时间,以年为单位	21		
4	到期日	2041/12/31	<--=DATE(2020+B3,12,31)	
5	YTM	15%	到期收益率(亦即贴现率)	
6	票面利率	4%		
7	面值	1,000		
8	久期	9.0110	<--=DURATION(B2,B4,B6,B5,1)	
9				
10	**模拟运算表:票面利率对久期的影响**			
11	**债券票面利率**	**久期**		
12		9.01	<--=B8,模拟运算表表头	
13	0%	21.00		
14	1%	13.12		
15	2%	10.79		
16	3%	9.67		
17	4%	9.01		
18	5%	8.58		
19	6%	8.27		
20	7%	8.05		
21	9%	7.73		
22	13%	7.37		
23	15%	7.26		
24	17%	7.17		
25				
26				
27				

然而,久期并不总是债券期限的递增函数:

	A	B	C	D
1	**到期时间对久期的影响**			
2	当前日期	2020/12/31	<−=DATE(2020,12,31)	
3	到时时间,以年为单位	21		
4	到期日	2041/12/31	<−=DATE(2020+B3,12,31)	
5	YTM	15%	到期收益率 (亦即贴现率)	
6	票面利率	4%		
7	面值	1,000		
8	久期	9.0110	<−=DURATION(B2,B4,B6,B5,1)	
9				
10	模拟运算表:到期时间对久期的影响			
11	债券到期时间	久期		
12		9.01	<−=B8,模拟运算表表头	
13	1	1.00		
14	5	4.52		
15	10	7.48		
16	15	8.81		
17	20	9.04		
18	25	8.79		
19	30	8.45		
20	35	8.16		
21	40	7.97		
22	45	7.84		
23	50	7.77		
24	55	7.72		
25				
26				
27				

7.5 非均匀间隔付息债券的久期

上面讨论的久期公式假设债券支付是均匀间隔的。除了第一次付款,债券几乎都是如此。例如,考察一种债券,在 2021 年、2022 年、……年、2035 年每年的 5 月 1 日支付利息,并在最后一天偿还面值。所有的付息间隔一年;但是,如果该债券是在 2020 年 9 月 1 日购买的,那么第一次付款的时间是 8 个月(9 月至 5 月)后,而不是 1 年。我们将把这种债券称为非均匀间隔付息债券(bond with uneven payments)。在本节中,我们将讨论这个(非常常见的)问题的两个方面:

- 当到期收益率已知时,计算此类债券的久期。我们证明了久期有一个非常简单的公式,该久期与均匀间隔付息债券的久期(即标准久期公式)是相关的。在讨论的过程中,我们在 Excel 中开发了一个更简单的久期公式。
- 计算非均匀支付债券的到期收益率。这需要一点技巧,最终我们将引出另一个 VBA 函数。

非均匀间隔付息债券的久期

考察一种有 N 次支付的债券,第一次发生在时间 $\alpha < 1$,其余的时间间隔均匀。在接下来的推导过程中,我们证明了这种债券的久期由以下两项之和给出:

- 第一项:以均匀间隔进行 N 次支付的债券的久期(即前面讨论的标准久期)。
- 第二项:$\alpha < 1$,这是一个负项,因为 $\alpha < 1$。

要解释为什么相对简单。将债券的支付表示为 C_α，$C_{\alpha+1}$，$C_{\alpha+2}$，$\cdots$，$C_{\alpha+N-1}$，$0<\alpha<1$。债券的价格是：

$$P = \sum_{t=1}^{N} \frac{C_{t-1+\alpha}}{(1+YTM)^{t-1+\alpha}} = (1+YTM)^{1-\alpha} \sum_{t=1}^{N} \frac{C_{t-1+\alpha}}{(1+YTM)^{t}}$$

该债券的久期为：

$$D = \frac{1}{P} \sum_{t=1}^{N} \frac{(t-1+\alpha)C_{t-1+\alpha}}{(1+YTM)^{t-1+\alpha}}$$

重写最后一个表达式如下：

$$D = \frac{1}{P}(1+YTM)^{1-\alpha}\left\{ \sum_{t=1}^{N} \frac{t \cdot C_{t+\alpha-1}}{(1+YTM)^{t}} - \sum_{t=1}^{N} \frac{(1-\alpha)C_{t+\alpha-1}}{(1+YTM)^{t}} \right\}$$

$$= \frac{1}{(1+YTM)^{1-\alpha} \sum_{t=1}^{N} \dfrac{C_{t+\alpha-1}}{(1+YTM)^{t}}}(1+YTM)^{1-\alpha}\left\{ \sum_{t=1}^{N} \frac{t \cdot C_{t+\alpha-1}}{(1+YTM)^{t}} - \sum_{t=1}^{N} \frac{(1-\alpha)C_{t+\alpha-1}}{(1+YTM)^{t}} \right\}$$

$$= \underbrace{\left\{ \frac{\displaystyle\sum_{t=1}^{N} \dfrac{t \cdot C_{t+\alpha-1}}{(1+r)^{t}}}{\displaystyle\sum_{t=1}^{N} \dfrac{C_{t+\alpha-1}}{(1+r)^{t}}} \right\}}_{\text{假设付息前为完整期间的久期}} + \underbrace{(\alpha-1)}_{\text{对}\alpha\text{期间的调整}}$$

这里有一个计算非均匀间隔付息债券久期的例子。回想一下，当到第一次支付前的时间为 α 时，久期公式为：

$$D = \frac{1}{P} \sum_{t=1}^{N} \frac{(t+\alpha-1)C_{t+\alpha-1}}{(1+r)^{t+\alpha-1}}$$

C10:C14 每个单元格各自计算这个公式中的一个值：

	A	B	C	D
1			**非均匀间隔付息债券的久期** **直接计算和DDuration函数**	
2	阿尔法	0.25	第一次付息时间(年)	
3	N	5	支付次数	
4	到期收益率	6%		
5	票面利率	10%		
6	面值	1,000		
7	债券价格	1,221	<-=NPV(B4,B10:B14)*(1+B4)^(1-B2)	
8				
9	**时期**	**支付**	**t*C$_t$ /(1+YTM)^t**	
10	0.25	100	24.64	<-=(B10*A10)/(1+$B$4)^A10
11	1.25	100	116.22	
12	2.25	100	197.35	
13	3.25	100	268.93	
14	4.25	1,100	3,649.49	
15				
16	**久期计算**			
17	直接计算	3.4871	<-=SUM(C10:C14)/B7	
18	公式计算	3.4871	<-=DURATION(DATE(2020,12,31),DATE(2020+B3,12,31),B5,B4,1)-(1-B2)	
19	新定义的 VBA函数计算	3.4871	<-=@dduration(B3,B5,B4,B2)	

如第 7.2 节所述，由于插入了日期，内置的 Excel 公式 Duration() 有点难以使用。我们已经使用 VBA 引入了一个更简单的久期公式；这个公式的语法是 Dduration(numPayments，couponRate，YTM，timeFirst)：

```
Function DDuration(NumPayments, CouponRate, YTM,
TimeFirst)
    price = 0
    DDuration = 0
    For Index = 1 To NumPayments
       price = CouponRate / (1 + YTM) ^
       Index + price
       DDuration = CouponRate * Index / (1 + YTM) ^
       Index + DDuration
       If Index = NumPayments Then
       price = price + 1 / (1 + YTM) ^
       NumPayments
       DDuration = DDuration + NumPayments /
       (1 + YTM) ^ NumPayments
       End If
    Next Index
    DDuration = DDuration / price + TimeFirst - 1
End Function
```

我们自制的公式 Dduration 只需要债券的支付次数、票面利率和第一次支付的时间 α。我们对该公式的使用在上面的电子表格 B19 单元格中进行展示。

计算非均匀间隔付息债券的到期收益率

如前面的讨论所示,计算久期需要我们知道债券的到期收益率;这个到期收益率只是债券支付和初始价格的内部收益率。通常会给出到期收益率,但如果没有给出,我们就不能使用 Excel 的 IRR 函数,而必须使用 XIRR 函数。

考察一只债券,当前价格为 1 123 美元,未来五年每年 1 月 1 日支付 89 美元的息票。2025 年 1 月 1 日,该债券将支付 1 089 美元,即年票息和面值之和。当前日期是 2021 年 3 月 31 日。寻找这种债券的到期收益率的问题是,虽然大多数债券的支付间隔是 1 年,但距离该债券第一次息票支付只有 0.756 2 年。因此,我们希望用 Excel 来求解如下方程:

$$-1\,123 + \sum_{t=0}^{3} \frac{89}{(1+YTM)^{t+0.756\,2}} + \frac{1\,089}{(1+YTM)^{4+0.756\,2}} = 0$$

为了解决这个问题,我们可以使用 Excel 函数 XIRR:

◢	A	B	C
1	**使用XIRR函数计算非均匀间隔付息债券的内部收益率**		
2	当前日期	31/Mar/2021	
3	实际票息	89	未来5年的1月1日支付
4	到期日	1/Jan/2025	
5	面值	1,000	
6	今日债券价格	1,123	
7	第一次付息时间	0.7562	<-=YEARFRAC(B2,A11,1)
8			
9	日期	支付	
10	31/Mar/2021	-1,123	
11	1/Jan/2022	89	
12	1/Jan/2023	89	
13	1/Jan/2024	89	
14	1/Jan/2025	89	
15	1/Jan/2026	1,089	
16	到期收益率	6.350%	<-=XIRR(B10:B15,A10:A15)

在使用 Excel 函数 IRR 的情况下,你也可以为内部收益率提供一个猜测值,尽管这个猜测值可能会被排除。[①]

使用 VBA 程序计算非均匀间隔付息债券的到期收益率

如果你不知道付款日期,你可以使用 VBA 计算一系列非均匀间隔付息债券的到期收益率。下面的程序由两个函数组成。第一个函数 annuityvalue,计算 $\sum_{t=1}^{N} \frac{1}{(1+r)^t}$ 的值。第二个函数 unevenYTM 使用简单的等分技术来计算一系列非均匀间隔付息债券的到期收益率,你可以选择希望得到的结果的精度:

```
Function annuityvalue(interest, numberPeriods)
    annuityvalue = 0
    For Index = 1 To numberPeriods
        annuityvalue = annuityvalue + 1 /
        (1 + interest) ^ Index
    Next Index
End Function

Function unevenYTM(couponRate, faceValue,
bondPrice, _ numberPayments, timeToFirstPayment,
epsilon)
    Dim YTM As Double
    high = 1
    low = 0
    While Abs(annuityvalue(YTM, numberPayments) *
    couponRate * _
        faceValue + faceValue / (1 + YTM) ^
        numberPayments - _
        bondPrice / (1 + YTM) ^ (1 - timeTo-
        FirstPayment)) >= epsilon
    YTM = (high + low) / 2
    If annuityvalue(YTM, numberPayments) *
    couponRate * _
        faceValue + faceValue / (1 + YTM) ^
        numberPayments - _
        bondPrice / (1 + YTM) ^ (1 - timeTo-
        FirstPayment) > 0
        Then
            low = YTM
        Else
            high = YTM
        End If
        Wend
    unevenYTM = (high + low) / 2
End Function
```

[①] 还有一个函数 XNPV,用于计算在不均匀日期支付的一系列付款的现值。这个函数将在第 30 章讨论。

下面是这个函数的使用示例：

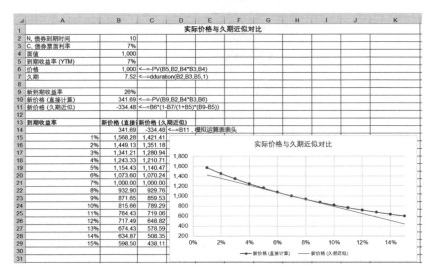

	A	B	C
1	非均匀间隔付息债券的到期收益率计算图示		
2	这个电子表格说明了unevenYTM VBA函数: 这个函数的语法是unevenYTM(CouponRate,FaceValue,BondPrice,NumPayments,TimeFirst,epsilon)		
3	当前日期	31/Mar/2021	
4	到期日	1/Jan/2025	
5	第一次支付时间	0.7562	<--=YEARFRAC(B2,A11,1)
6	票面利率	8.90%	
7	面值	1,000.00	
8	债券价格	1,123.00	
9	支付次数	5	
10	Epsilon	0.00001	<-- 控制到期收益率的精度
11			
12	到期收益率	6.353%	<-- =@unevenYTM(B6,B7,B8,B9,B5,B10)

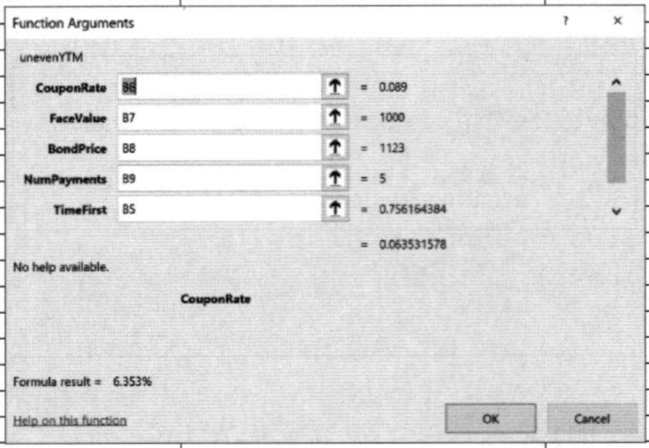

7.6 债券的凸性

如前所述，久期是债券价格变化（百分比）对到期收益率变化的一阶近似，而实际债券价格相对于到期收益率是凸的。如下图所示，在到期收益率变动较小的情况下，久期对债券价格的近似相对较好，但对于到期收益率变动较大的情况，这种近似可能不太好。

	A	B	C	D
1	实际价格与久期近似对比			
2	N, 债券到期时间	10		
3	C, 债券票面利率	7%		
4	面值	1,000		
5	到期收益率 (YTM)	7%		
6	价格	1,000	<--=-PV(B5,B2,B4*B3,B4)	
7	久期	7.52	<--=dduration(B2,B3,B5,1)	
8				
9	新到期收益率	26%		
10	新价格 (直接计算)	341.69	<--=-PV(B9,B2,B4*B3,B6)	
11	新价格 (久期近似)	-334.48	<--=B6*(1-B7/(1+B5)*(B9-B5))	
12				
13	到期收益率	新价格 (直接i	新价格 (久期近似)	
14		341.69	-334.48	<--=B11，模拟运算表表头
15	1%	1,568.28	1,421.41	
16	2%	1,449.13	1,351.18	
17	3%	1,341.21	1,280.94	
18	4%	1,243.33	1,210.71	
19	5%	1,154.43	1,140.47	
20	6%	1,073.60	1,070.24	
21	7%	1,000.00	1,000.00	
22	8%	932.90	929.76	
23	9%	871.65	859.53	
24	10%	815.66	789.29	
25	11%	764.43	719.06	
26	12%	717.49	648.82	
27	13%	674.43	578.59	
28	14%	634.87	508.35	
29	15%	598.50	438.11	

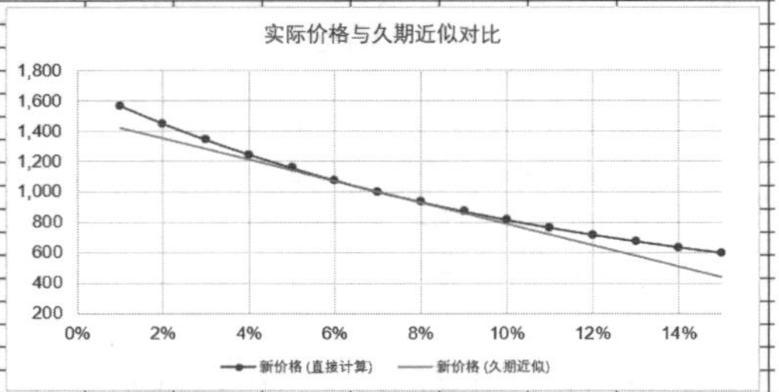

许多情况下会经常使用二阶近似,有时称为凸性修正。凸性公式为:

$$凸性 = \frac{1}{P \cdot (1+YTM)^2} \sum_{t=1}^{N} \left[\frac{C_t}{(1+YTM)^t}(t^2+t) \right]$$

而对价格的凸性调整应为:

$$0.5 \cdot 凸性 \cdot (\Delta YTM)^2$$

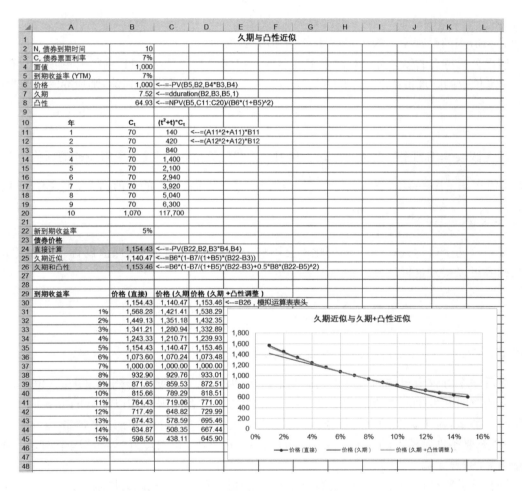

可以看出,凸性调整相对较好地逼近了直接(和实际)价格。

7.7 免疫策略

债券投资组合未来的价值取决于截至及包括投资组合清算日的利率结构。如果一个投资组合在未来某个特定日期有相同的收益,无论利率结构是什么,这个组合都被称为免疫组合。本节讨论与久期概念密切相关的免疫策略。

免疫策略的基本模式

考察以下情况:一家公司有一笔已知的未来债务 Q(一个很好的例子是一家金融公司,它知道它必须在未来付款)。这个债务的贴现价值是:

$$V_0 = \frac{Q}{(1+r)^N}$$

其中 r 为适当的贴现率。很容易证明,这个债务的久期是 N。

假设公司持有的债券可以对冲未来的债务。我们的意思是,公司目前持有的债券价值 V_B 等于未来债务的贴现价值 V_0。如果 C_1,C_2,$\cdots$,C_M 是债券的预期支付流,则债券的现值为:

$$V_B = \sum_{t=1}^{M} \frac{C_t}{(1+r)^t}$$

现在假设基础利率 r 变为 $r+\Delta r$。利用一阶线性近似,我们发现未来债务的新值由 $V_0 + \Delta V_0 \approx V_0 + \frac{dV_0}{dr}\Delta r = V_0 + \Delta r\left[\frac{-N \cdot Q}{(1+r)^{N+1}}\right]$ 给出。另一方面,债券的新值为 $V_B + \Delta V_B \approx V_B + \frac{dV_B}{dr}\Delta r = V_B + \Delta r \sum_{t=1}^{M} \frac{-t \cdot P_t}{(1+r)^{t+1}}$。

如果这两个表达式相等,r 的变化不会影响公司投资组合的套期保值属性。将表达式设置为相等可以得到这样的条件:

$$V_B + \Delta r \sum_{t=1}^{M} \frac{-t \cdot P_t}{(1+r)^{t+1}} = V_0 + \Delta r\left[\frac{-N \cdot Q}{(1+r)^{N+1}}\right]$$

记得 $V_B = V_0 = \frac{Q}{(1+r)^N}$,我们可以化简这个表达式得到 $\frac{1}{V_B}\sum_{t=1}^{M}\frac{t \cdot P_t}{(1+r)^t} = N$。

最后一个方程值得作为一个正式命题来重申:假设利率的期限结构总是平的(也就是说,在未来所有时间发生的现金流的贴现率都是相同的),或者期限结构以平行的方式向上或向下移动。那么,对于资产的市场价值(在贴现率 r 的所有变化下)等于未来债务 Q 的市场价值,一个充要条件是资产的久期等于债务的久期。在这里,我们理解"等于"这个词是一阶近似意义上的"等于"。

持有这类资产所担保的债务被称为免疫。上述陈述有两个关键的局限性:

• 我们讨论的免疫只适用于一阶近似。在下一小节的一个数值例子中,我们将看到一阶"等于"和"真正的等于"之间有很大的区别。[1]

• 我们假设期限结构是平的,或者期限结构以平行的方式向上或向下移动。往好了说,这可能被认为是一个对现实很糟糕的近似。期限结构的其他理论产生了久期和免疫的其他定义(关于其他理论,见 Bierwag et al.,1981;Bierwag,Kaufman and Toevs,1983a,1983b;Cox,Ingersoll and Ross 1979;Vasicek,1977)。在对这些替代理论的实证研究中,Gultekin 和

---

[1] 在《动物庄园》中,乔治·奥威尔对谷仓院子发表了同样的评论:"所有的动物都是平等的,但有些动物比其他动物更平等。"

Rogalski(1984)发现,我们在本章中使用的简单麦考利久期至少与任何替代方法一样有效。

一个数值例子

在本节中,我们考察一个基本的数值免疫示例。假设你试图为第 10 年的债务免疫,其现值为 1 000 美元[这意味着,在当前利率为 6% 的情况下,其未来价值为 $1\,000 \cdot (1.06)^{10} = 1\,790.85$ 美元。]你打算通过购买 1 000 美元的债券或债券组合来为债务免疫。

考虑三种债券:

- 债券 1 还有 10 年到期,票面利率为 6.5%,面值为 1 000 美元。
- 债券 2 的到期期限为 15 年,票面利率为 7%,面值为 1 000 美元。
- 债券 3 的到期期限为 30 年,票面利率为 5.5%,面值为 1 000 美元。

在现行 6% 的到期收益率下,三只债券的价格各不相同。

以债券 1 为例,价值为 $1\,036.80 = \sum_t^{10} \dfrac{65}{(1.06)^t} + \dfrac{1\,000}{(1.06)^{10}}$ 美元;因此,为了购买价值 1 000 美元的该债券,你必须购买 $964.51 = 1\,000/1\,036.80$ 美元面值的债券。

另一方面,债券 3 目前价值为 931.18 美元,所以为了购买 1 000 美元市场价值的该债券,你需要买 1 073.91 美元面值的债券。如果你打算用这只债券在 10 年后偿还 1 790.85 美元的债务,下面是你面临的问题的示意图:

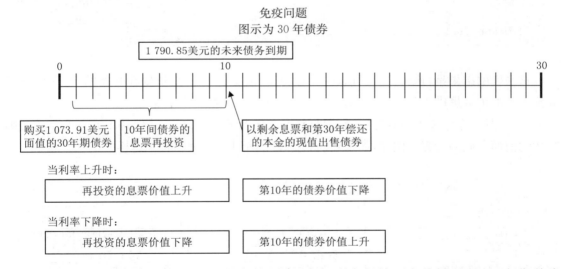

正如我们将在后面看到的,只有在当前 6% 的市场利率保持不变的情况下,30 年期债券才能恰好为未来的 1 790.85 美元的债务提供资金。

以下是这三种债券的价格和久期信息摘要:

	A	B	C	D	E
1	**基本免疫策略的三种债券的例子**				
2	到期收益率	6%			
3		**债券1**	**债券2**	**债券3**	
4	票面利率	6.50%	7.000%	5.50%	
5	到期时间	10	15	30	
6	面值	1,000	1,000	1,000	
7	债券价格	$1,036.80	$1,097.12	$931.18	<-=-PV($B$2,D5,D4*D6, D6)
8	面值面值 等于$1,000 市值	$ 964.51	$ 911.48	$ 1,073.91	<-=D6/D7*D6
9	久期	7.7030	9.9967	14.8308	<-=dduration(D5,D4,$B$2,1)

请注意,为了计算久期,我们使用了前面定义的"自制"函数 Dduration。

如果到期收益率不变,你就能以 6% 的利率对票息支付进行再投资。因此,以债券 3 为例,它将在 10 年结束时给出财富终值,计算如下:

$$\sum_{t=1}^{10} 55 \cdot (1.06)^{t-1} + \left[\sum_{t=1}^{30-10} \frac{55}{(1.06)^t} + \frac{1\,000}{(1.06)^{20}}\right] = 1\,667.59$$

这个表达式的第一项 $\sum_{t=1}^{10} 55 \cdot (1.06)^{t-1} = 724.94$ 是再投资票息的总和。第二项和第三项 $\sum_{t=1}^{30-10} \frac{55}{(1.06)^t} + \frac{1\,000}{(1.06)^{20}} = 942.65$ 代表债券在第 10 年的市场价值,那时债券还有 20 年到期。由于我们将用 1 073.91 美元(107.39%)购买该债券的面值,在 10 年结束时,我们有 1.073 9×1 667.59 = 1 790.8 美元。这正是我们今天想要的数值。如果到期收益率没有变化,这三种债券的计算结果如下表所示:

	A	B	C	D	E
11	在第10年:				
12	新到期收益率	6%			
13		债券1	债券2	债券3	
14	债券价格	$1,000.00	$1,042.12	$942.65	<--=-PV($B$12,D5-10,D4*D6,D6)
15	票息再投资	$856.75	$922.66	$724.94	<--=-FV($B$12,10,D4*D6)
16	合计	$1,856.75	$1,964.78	$1,667.59	<--=SUM(D14:D15)
17	乘以购买面值的百分比	96.45%	91.15%	107.39%	<--=D8/D6
18	乘积	$ 1,790.85	$ 1,790.85	$ 1,790.85	<--=D17*D16

这张表的结果是,购买这三只债券中的任何一只 1 000 美元,从现在开始的 10 年内它将为你未来的债务提供 1 790.85 美元资金,前提是 6% 的市场利率不变。

现在假设,在你买了债券之后,到期收益率变化到某个新的值,并保持不变。这显然会影响我们前面所做的计算。例如,如果到期收益率下降到 5%,表格将是这样的:

	A	B	C	D	E
11	在第10年:				
12	新到期收益率	5%			
13		债券1	债券2	债券3	
14	债券价格	$1,000.00	$1,086.59	$1,062.31	<--=-PV($B$12,D5-10,D4*D6,D6)
15	票息再投资	$817.56	$880.45	$691.78	<--=-FV($B$12,10,D4*D6)
16	合计	$1,817.56	$1,967.04	$1,754.10	<--=SUM(D14:D15)
17	乘以购买面值的百分比	96.45%	91.15%	107.39%	<--=D8/D6
18	乘积	$ 1,753.05	$ 1,792.91	$ 1,883.74	<--=D17*D16

因此,如果到期收益率下降,债券 1 将不再为我们的债务提供足额资金,而债券 3 将过度提供资金。债券 2 具备为债务提供资金的能力——考虑到其持续时间约为 10 年——几乎没有变化。我们可以对任何新的到期收益率重复这个计算。结果如下图所示;这个数字是通过运行"数据|模拟运算表"(见第 28 章)产生的。

显然,如果你想要一个免疫策略,你应该买债券 2!

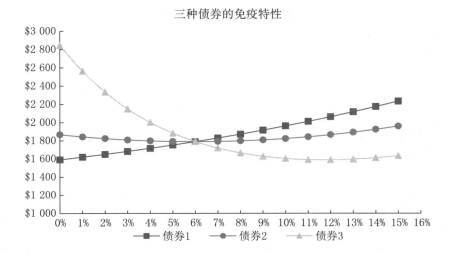

三种债券的免疫特性

久期的线性特征

投资组合的久期是指投资组合中资产久期的加权平均值。这意味着还有另一种方法可以获得久期为 10 年的债券投资：如果我们在债券 1 上投资 678 美元，在债券 3 上投资 322 美元，那么最终的投资组合的久期也是 10 年。这些权重的计算方法如下：

$$\lambda \cdot 久期_{债券1} + (1-\lambda) \cdot 久期_{债券3} = 7.703 \cdot \lambda + 14.83(1-\lambda) = 10$$

假设我们对这个债券组合重复实验。从下面电子表格的第 15 行开始，我们重复前面部分的实验（改变到期收益率），但使用添加了债券 1 和债券 3 的投资组合。结果显示，投资组合在第 10 年（第 22 行）的价值没有变化。

	A	B	C	D	E	F
1			免疫示例——久期线性			
2	到期收益率	6%				
3		债券1	债券2	债券3		
4	票面利率	6.50%	7.000%	5.50%		
5	到期时间	10	15	30		
6	面值	1,000	1,000	1,000		
7	债券价格	$1,036.80	$1,097.12	$931.18	<-=PV($B$2,D5,D4*D6,D6)	
8	面值 等于$1,000 市值	$ 964.51	$ 911.48	$ 1,073.91	<-=D6/D7*D6	
9	久期	7.7030	9.9967	14.8308	<-=@dduration(D5,D4,$B$2,1)	
10						
11	债券1投资 (λ)	0.678	<-=(10-D9)/(B9-D9)			
12	债券3投资 (1-λ)	0.322	<-=1-B11			
13	组合久期	**10.000**	<-=B11*B9+B12*D9			
14						
15	在第10年:					
16	新到期收益率	5%				
17		债券1	债券2	债券3	债券1和3的组合	
18	债券价格	$1,000.00	$1,086.59	$1,062.31		
19	票息再投资	$817.56	$880.45	$691.78		
20	合计	$1,817.56	$1,967.04	$1,754.10		
21	乘以购买面值的百分比	96.45%	91.15%	107.39%		
22	乘积	$ 1,753.05	$ 1,792.91	$ 1,883.74	$ 1,795.17	<-=B11*B22+B12*D22

根据这个实验建立一个模拟运算表，并将结果绘制成图，可以看出该投资组合的表现优于债券 2 本身的表现：

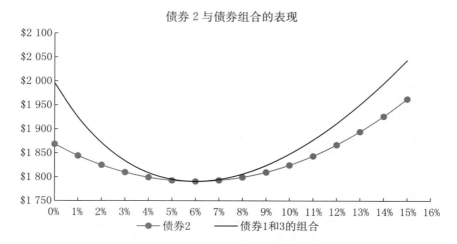

债券 2 与债券组合的表现

再看一下图表：注意，虽然债券 2 和债券投资组合的到期收益率的终值曲线都有些凸，但投资组合的终值曲线比单一债券的终值曲线更凸。期限和免疫概念的影响力传播者之一雷丁顿（Redington，1952）认为这种凸性非常可取，我们可以从前面的例子中看到原因：无论到期收益率的变化如何，债券组合都比单一债券为未来债务提供了更多的超额资金。由于这是免疫投资组合的理想属性，因此我们可以制定以下规则：在两个免疫投资组合之间的比较中，它们都是为一个已知的未来债务提供资金，其终值曲线相对于到期收益率的变化更凸的投资组合是更佳的。[①]

7.8 总结

在本章中，我们总结了久期的基本知识，这是一种常用的债券风险衡量标准。麦考利久期指标最初被用来衡量债券支付的时间加权平均值。它也可以代表债券的价格对于贴现率变化的弹性。

本章还讨论了债券投资组合的免疫问题。免疫债券投资组合的价值对债券到期收益率的微小变化不敏感。免疫包括设定债券投资组合的久期等于该投资组合持有的基础负债的久期。本章展示了如何对债券投资组合实施免疫策略。不用说，Excel 是免疫计算的一个很好的工具。

练习

1. 在下面的电子表格中，创建一个模拟运算表，其中久期以息票利率的函数计算（息票＝0％，1％，…，

———————

①　对于这个例子中的凸性还有另一种解释：它显示了期限结构中并行变化的不可能性！如果这些变化描述了与期限结构相关的不确定性，则可以选择始终受益于期限结构变化的债券头寸。这是一种套利，因此是不可能的。我们感谢泽维·威纳（Zvi Wiener）为我们指出这一点。

11%）。评论票面利率与久期之间的关系。

	A	B	C
1		改变票面利率 对久期的影响	
2	当前日期	31-Dec-20	
3	到期时间，以年为单位	21	
4	到期日期	31-Dec-41	
5	YTM	15%	
6	票面利率	4%	
7	面值	1,000	
8			
9	久期	9.01103	<-=DURATION(B2,B4,B6,B5,1)

2. 延长债券期限对债券久期有什么影响？在前面的例子中，使用一个数值例子并画出答案。请注意，当 $N \to \infty$ 时，债券就变成了永续债（一种没有本金偿还但有无限息票支付流的债券）。永续债的久期由 $(1+YTM)/YTM$ 给出。证明你的数值答案收敛于这个公式。

3. "久期可以被视为债券风险程度的代表性指标。在其他条件相同的情况下，两种债券中风险越大的久期越短。"用一个例子来验证这个说法。它的经济逻辑是什么？

4. 期限为 N 的纯贴现债券是在 $t=1, \cdots, N-1$ 时不付息的债券；在时间 $t=N$，纯贴现债券有一笔本金和利息的单一最终支付。这种债券的久期是多长？

5. 复制第 7.4 节中的两个图。

6. 2020 年 1 月 23 日，西杰斐逊开发债券的市场价格为 1 122 美元。该债券在 2020—2026 年每年的 3 月 1 日和 9 月 1 日支付 59 美元的利息。2026 年 9 月 1 日，该债券被以 1 000 美元的面值赎回。计算债券到期收益率，然后计算其久期。

7. 重写第 7.5 节中的公式 Dduration，如果没有插入 timeToFirstPayment α，那么 α 自动默认为 1。

8. 证明投资组合的久期是投资组合资产的加权平均久期。

9. 以第 7.7 节为例：

a. 找到久期为 8 年的债券 1 和 3 的组合。

b. 找到久期为 8 年的债券 1 和 2 的组合。

c. 你希望哪一个投资组合（a 或 b）为久期为 8 年的债务免疫？

10. 以第 7.7 节为例：

a. 找到久期为 12 年的债券 1 和 3 的组合。

b. 找到久期为 12 年的债券 1 和 2 的组合。

c. 你希望哪一个投资组合（a 或 b）为久期为 12 年的债务免疫？

8

期限结构建模 *

8.1 概述

本章讨论利率的期限结构以及对利率期限结构进行方程拟合的问题。主要问题是：我们有一组债券价格。我们能不能用到期时间或者用收益率与久期的关系，对这些债券的收益率给出一些合理的解释？

这个问题出奇地复杂。很明显，我们需要考虑债券的风险（这一组债券的风险应该是相等的）和它们支付利息的时间模式。还有一个额外的复杂因素：我们最常用的债券利率指标是到期收益率，其本质上是债券价格和债券未来承诺支付的内部收益率。然而，出于分析目的，在每个时间段的支付上附加一个贴现因子 d_t 更有意义。这些贴现因子定义了所谓的债券的纯贴现收益率（pure discount yields）。[①]

本章从最简单的期限结构问题开始，每个时期只有一个债券。然后我们继续讨论更复杂的情况。我们拟合期限结构的函数形式是 Nelson-Siegel（NS）模型（见 Nelson and Siegel，1987）。我们还将展示 Svensson(1994,1995)关于这个模型的一个变体。

8.2 利率期限结构

利率的期限结构，也被称为收益率曲线，是一个显示不同期限的收益率或利率的表或图表。

---

 * 本章与特拉维夫大学的亚历山大·苏霍夫博士（Alexander Suhov, a.y.suhov@gmailcom）合著。

 ① 熟悉国债本息分离债券市场的人会认识到，因子 d_t 是与国债本息分离债券相关的贴现因子。参见 http://www.treasurydirect.gov/instit/marketables/strips/strips.htm。

一个简单的例子

假设有四只债券在市场上交易。每一只的面值为 1 000，期限不同（$T=1, 2, 3, 4$），年息为 5%。在下表中，我们给出了每只债券的市场价格和到期收益率［使用 Excel 函数 Rate()计算］：

	A	B	C	D	E	F
1					利率期限结构	
2	票面利率	5%				
3	面值	1,000				<-=C6-$B$2*$B$3/(1+B7)^B5
4						
5	T	1	2	3	4	
6	市场价格	1,000	995.49	989.08	982.63	
7	到期收益率	5.00%	5.24%	5.40%	5.50%	<-=RATE(E5,$B$3*$B$2,-E6,$B$3)

即期利率

t 年期即期利率是指期限为 t 年的零息债券的到期收益率。它也是从时间 0 到时间 t 的平均年利率。我们把即期利率记为 $r_{0 \to t}^{即期}$。为每个到期收益率我们计算：

T	即期收益率
1	$1\,000 = \dfrac{1\,050}{(1+r_{0 \to 1}^{即期})} \Rightarrow r_{0 \to 1}^{即期} = 5.00\%$
2	$995.49 = \dfrac{50}{(1+5\%)^1} + \dfrac{1\,050}{(1+r_{0 \to 2}^{即期})^2} \Rightarrow r_{0 \to 2}^{即期} = 5.25\%$
3	$989.08 = \dfrac{50}{(1+5\%)^1} + \dfrac{50}{(1+5.25\%)^2} + \dfrac{1\,050}{(1+r_{0 \to 3}^{即期})^3} \Rightarrow r_{0 \to 3}^{即期} = 5.42\%$
4	$982.63 = \dfrac{50}{(1+5\%)^1} + \dfrac{50}{(1+5.25\%)^2} + \dfrac{50}{(1+5.42\%)^3} + \dfrac{1\,050}{(1+r_{0 \to 4}^{即期})^4} \Rightarrow r_{0 \to 4}^{即期} = 5.51\%$

求解即期利率问题的技术途径是息票剥离。息票剥离是一种将付息债券转换为零息债券的技术。这是通过从债券价格中减去息票的现值（从时间 0 到 $t-1$）来实现的。

	A	B	C	D	E	F
1					利率期限结构	
2	票面利率	5%				
3	面值	1,000				<-=C6-$B$2*$B$3/(1+B7)^B5
4						
5	T	1	2	3	4	
6	市场价格	1,000	995.49	989.08	982.63	
7	到期收益率	5.00%	5.24%	5.40%	5.50%	<-=RATE(E5,$B$3*$B$2,-E6,$B$3)
8	价格-PV(息票$_{t-1}$)	1,000	947.87	896.32	847.17	<-=E6-$B$2*$B$3/(1+B7)^B5-$B$2*$B$3/(1+C7)^C5-$B$2*$B$3/(1+D7)^D5
9	r(即期,0→t)	5.00%	5.25%	5.42%	5.51%	<-=(($B$3+$B$3*$B$2)/E8)^(1/E5)-1

为了从附息债券中推断出纯粹的收益率曲线，将每次息票支付视为单独的零息债券（FV＝息票）。附息债券就变成了许多零息债券的"投资组合"。通过确定每一个"零息债券"的价格，我们可以将即期利率计算为单次支付证券的到期收益率，从而构建纯收益率曲线。这个过程通常被称为息票剥离或自举（bootstrapping）。从上表中，我们了解到市场三年的平

均年利率为 5.42%(单元格 D9)。

远期利率

远期利率是你今天可以保证的第 t 年的利率。这是具体的年利率。我们从前面的定义知道,即期利率基本上是远期利率的平均值。

求远期利率的方法是构造 t 期投资;投资可以有两种选择,第一种是以即期利率直接投资 t 期,第二种是以即期利率投资 $t-1$ 期,再以远期利率投资一期的间接投资:

$$(1+r_{0 \to t-1}^{即期})^{t-1}(1+r_t^{远期})^1 = (1+r_{0 \to t}^{即期})^t$$

因此第 t 年的远期利率为:

$$r_t^{远期} = \frac{(1+r_{0 \to t}^{即期})^t}{(1+r_{0 \to t-1}^{即期})^{t-1}} - 1$$

在我们的例子中:

▲	A	B	C	D	E	F
1				利率期限结构		
2	票面利率	5%				
3	面值	1,000				<--=C6-$B$2*$B$3/(1+B7)^B5
4						
5	T	1	2	3	4	
6	市场价格	1,000	995.49	989.08	982.63	
7	到期收益率	5.00%	5.24%	5.40%	5.50%	<--=RATE(E5,$B$3*$B$2,-E6,$B$3)
8	价格-PV(息票t-1)	1,000	947.87	896.32	847.17	<--=E6-$B$2*$B$3/(1+B7)^B5-$B$2*$B$3/(1+C7)^C5-$B$2*$B$3/(1+D7)^D5
9	r(即期, 0→t)	5.00%	5.25%	5.42%	5.51%	<--=(($B$3+$B$3*$B$2)/E8)^(1/E5)-1
10	r(远期, t)	5.00%	5.50%	5.75%	5.80%	<--=(1+E9)^E5/(1+D9)^D5-1
11						
12	=(1+C9)^C5/(1+B9)^B5-1					
13						

确定债券的远期价格

远期利率是指可以在今天锁定的用于将来的贷款的利率。在下面的例子中,当前的 7 年期利率是 6%,4 年期利率是 5%。通过同时在一个期限内创建存款和在另一个期限内创建贷款,我们创建了一种除第 4 年和第 7 年之外其他时候都是零现金流的证券:

▲	A	B	C	D	E	F	G	H	I	J
1		确定 T1=4 到T2=7 的远期利率								
2	债券到期时间, T2	7								
3	过渡时期, T1	4								
4	第T2年纯贴现率	6%								
5	第T1年纯贴现率	5%								
6										
7	离散复利利率									
8		0	1	2	3	4	5	6	7	
9	7年期存款利率为 6.00%	100.00							-150.36	<--=-B9*(1+$B$4)^I8
10	4年期贷款利率为 5.00%	-100.00				121.55				<--=-B10*(1+$B$5)^F8
11	上述合计: 第4年的一笔3年期存款	0.00	0.00	0.00	0.00	121.55	0.00	0.00	-150.36	<--=SUM(I9:I10)
12	4-7年远期利率(离散)	7.35%	<--=(-I11/F11)^(1/(B2-B3))-1							
13										
14	连续复利									
15		0	1	2	3	4	5	6	7	
16	7年期存款利率为 6.00%	100.00							-152.20	<--=-$B$16*EXP($B$4*I15)
17	4年期贷款利率为 5.00%	-100.00				122.14				<--=-$B$17*EXP($B$5*F15)
18	上述合计: 第4年的一笔3年期存款	0.00	0.00	0.00	0.00	122.14	0.00	0.00	-152.20	<--=SUM(I16:I17)
19	4-7年远期利率(连续)	7.33%	<--=LN(-I18/F18)/(B2-B3)							

上面的电子表格显示了两个远期利率的计算。如果是离散复利的利率,那么从第 4 年到第 7 年的远期利率为:

$$第 4 年到第 7 年的离散复利远期利率=\left[\frac{(1+r_7)^7}{(1+r_4)^4}\right]^{(1/3)}-1$$

$$=\left[\frac{(1+6\%)^7}{(1+5\%)^4}\right]^{(1/3)}-1=\left(\frac{1.503\ 6}{1.215\ 5}\right)^{(1/3)}-1=7.35\%$$

如果按连续复利计算的利率(如 Black 模型和许多金融应用所假设的那样):

$$第 4 年到第 7 年连续复利远期利率=\left(\frac{1}{3}\right)\ln\left[\frac{e^{r7\times 7}}{e^{r4\times 4}}\right]$$

$$=\left(\frac{1}{3}\right)\ln\left[\frac{e^{6\%\times 7}}{e^{5\%\times 4}}\right]=\left(\frac{1}{3}\right)\ln\left(\frac{1.522\ 0}{1.221\ 4}\right)=7.33\%$$

我们将远期利率应用于上一节中的示例,以确定 7 年后到期的 1 000 美元面值零息债券在第 4 年的远期价格。

	A	B	C
1		**确定债券的远期价格**	
2	债券到期时间,T2	7	
3	期权到期时间,T1	4	
4	债券到期价值	1,000	
5	至T2的利率	6%	
6	至T1的利率	5%	
7			
8	第T1=4年至第T2=7年的远期利率		
9	离散方法	7.35%	<-=((1+B5)^B2/(1+B6)^B3)^(1/(B2-B3))-1
10	连续方法	7.33%	<-=1/(B2-B3)*LN(EXP(B2*B5)/EXP(B3*B6))
11	至T1的债券远期价格		
12	离散方法	808.38	<-=B4/(1+B9)^(B2-B3)
13	连续方法	802.52	<-=B4*EXP(-B10*(B2-B3))

8.3 使用等效单一债券法进行债券定价

在本节中,我们将介绍两种债券定价方法,其中每只债券的期限与单一债券相关。[①]这两种方法是:

● 计算每只债券的到期收益率。每个债券的到期收益率是债券价格和其未来支付的内部收益率。

● 计算一组唯一的、随时间变化的债券贴现因子。用 d_t 标记时间 t 的贴现因子,债券的价格由价格 $=\sum_{t=1}^{N}C_t d_t$ 计算,其中 C_t 是时间 t 的承诺债券支付。

为了说明这两种方法,考察 15 只债券,每只债券在到期前每年支付息票,每只债券的面值为100。这些债券的到期时间分别为1,2,…,15。在下面的电子表格中,我们展示了债券以及它们的票面利率和年利率:

---

① 在下一节中,我们将讨论同一期限的多个债券定价可能不一致的情况。

	A	B	C	D	E	F
1			最初的例子			
2	债券	价格	到期时间	票面利率		到期收益率
3	A	96.60	1	2.0%		5.59%
4	B	93.71	2	2.5%		5.93%
5	C	91.56	3	3.0%		6.17%
6	D	90.24	4	3.5%		6.34%
7	E	89.74	5	4.0%		6.47%
8	F	90.04	6	4.5%		6.56%
9	G	91.09	7	5.0%		6.63%
10	H	92.82	8	5.5%		6.69%
11	I	95.19	9	6.0%		6.73%
12	J	98.14	10	6.5%		6.76%
13	K	101.60	11	7.0%		6.79%
14	L	105.54	12	7.5%		6.81%
15	M	109.90	13	8.0%		6.83%
16	N	114.64	14	8.5%		6.84%
17	O	119.73	15	9.0%		6.85%

到期收益率是通过将债券支付放入三角形矩阵来计算的,部分矩阵如下所示。

	F	G	H	I	J	K	L	M	N	O	P	Q	R	S	T	U	V	W
2	到期收益率	利率y_t	0	1	2	3	4	5	6	7	8	9	10	11	12	13	14	15
3	5.59%	1	-96.60	102.0	<--=IF(I\$2<\$C3,\$D3*100,IF(I\$2=\$C3,(1+\$D3)*100,""))													
4	5.93%	2	-93.71	2.5	102.5													
5	6.17%	3	-91.56	3.0	3.0	103.0												
6	6.34%	4	-90.24	3.5	3.5	3.5	103.5											
7	6.47%	5	-89.74	4.0	4.0	4.0	4.0	104.0										
8	6.56%	6	-90.04	4.5	4.5	4.5	4.5	4.5	104.5									
9	6.63%	7	-91.09	5.0	5.0	5.0	5.0	5.0	5.0	105.0								
10	6.69%	8	-92.82	5.5	5.5	5.5	5.5	5.5	5.5	5.5	105.5							
11	6.73%	9	-95.19	6.0	6.0	6.0	6.0	6.0	6.0	6.0	6.0	106.0						
12	6.76%	10	-98.14	6.5	6.5	6.5	6.5	6.5	6.5	6.5	6.5	6.5	106.5					
13	6.79%	11	-101.60	7.0	7.0	7.0	7.0	7.0	7.0	7.0	7.0	7.0	7.0	107.0				
14	6.81%	12	-105.54	7.5	7.5	7.5	7.5	7.5	7.5	7.5	7.5	7.5	7.5	7.5	107.5			
15	6.83%	13	-109.90	8.0	8.0	8.0	8.0	8.0	8.0	8.0	8.0	8.0	8.0	8.0	8.0	108.0		
16	6.84%	14	-114.64	8.5	<--=IRR(H17:W17)		8.5	8.5	8.5	8.5	8.5	8.5	8.5	8.5	8.5	8.5	108.5	
17	6.85%	15	-119.73	9.0	9.0	9.0	9.0	9.0	9.0	9.0	9.0	9.0	9.0	9.0	9.0	9.0	9.0	109.0
19		<--=IRR(H17:W17)																

在我们的基本示例中,还有另一种解释数据的方法。假设每个时期 t 都有自己的贴现因子 d_t。那么债券的价格可以写成债券支付的贴现价格:

债券 1:$96.6=102d_1$

债券 2:$93.71=2.5d_1+102.5d_2$

债券 3:$91.56=3d_1+3d_2+103d_3$

……

总的来说:价格 $=\sum_{t=1}^{N}C_td_t$

利用矩阵,我们可以求出贴现因子 d_t:

$$\begin{bmatrix} C_{11} & 0 & 0 & 0 & 0 & \cdots & 0 \\ C_{21} & C_{22} & 0 & 0 & 0 & \cdots & 0 \\ \cdots & & & & & \cdots & \cdots \\ C_{N1} & C_{N2} & & & & & C_{NN} \end{bmatrix} \begin{bmatrix} d_1 \\ d_2 \\ d_3 \\ d_4 \end{bmatrix} = \begin{bmatrix} 价格_1 \\ 价格_2 \\ \cdots \\ 价格_N \end{bmatrix}$$

解这个方程组得到：

$$
\begin{bmatrix} d_1 \\ d_2 \\ \cdots \\ d_4 \end{bmatrix} = \begin{bmatrix} C_{11} & 0 & 0 & 0 & 0 & \cdots & 0 \\ C_{21} & C_{22} & 0 & 0 & 0 & \cdots & 0 \\ \cdots & & & & & \cdots & \cdots \\ C_{N1} & C_{N2} & & & & & C_{NN} \end{bmatrix}^{-1} \cdot \begin{bmatrix} 价格_1 \\ 价格_2 \\ \cdots \\ 价格_N \end{bmatrix}
$$

这个计算在 Excel 中很容易完成：

	F	G	H	I	J	K	L	M	N	O	P	Q	R	S	T	U	V	W
1																		
2	贴现因子	利率y_t	0	1	2	3	4	5	6	7	8	9	10	11	12	13	14	15
3	0.9471	1	-96.60	102.0	0.0	0.0	0.0	0.0	0.0	0.0	0.0	0.0	0.0	0.0	0.0	0.0	0.0	0.0
4	0.8911	2	-93.71	2.5	102.5	0.0	0.0	0.0	0.0	0.0	0.0	0.0	0.0	0.0	0.0	0.0	0.0	0.0
5	0.8354	3	-91.56	3.0	3.0	103.0	0.0	0.0	0.0	0.0	0.0	0.0	0.0	0.0	0.0	0.0	0.0	0.0
6	0.7815	4	-90.24	3.5	3.5	3.5	103.5	0.0	0.0	0.0	0.0	0.0	0.0	0.0	0.0	0.0	0.0	0.0
7	0.7300	5	-89.74	4.0	4.0	4.0	4.0	104.0	0.0	0.0	0.0	0.0	0.0	0.0	0.0	0.0	0.0	0.0
8	0.6814	6	-90.04	4.5	4.5	4.5	4.5	4.5	104.5	0.0	0.0	0.0	0.0	0.0	0.0	0.0	0.0	0.0
9	0.6358								5.0	105.0	0.0	0.0	0.0	0.0	0.0	0.0	0.0	0.0
10	0.5930	<--{=MMULT(MINVERSE(I3:W17),-H3:H17)}							5.5	5.5	105.5	0.0	0.0	0.0	0.0	0.0	0.0	0.0
11	0.5530								6.0	6.0	6.0	106.0	0.0	0.0	0.0	0.0	0.0	0.0
12	0.5157	10	-98.14	6.5	6.5	6.5	6.5	6.5	6.5	6.5	6.5	6.5	106.5	0.0	0.0	0.0	0.0	0.0
13	0.4809	11	-101.60	7.0	7.0	7.0	7.0	7.0	7.0	7.0	7.0	7.0	7.0	107.0	0.0	0.0	0.0	0.0
14	0.4484	12	-105.54	7.5	7.5	7.5	7.5	7.5	7.5	7.5	7.5	7.5	7.5	7.5	107.5	0.0	0.0	0.0
15	0.4181	13	-109.90	8.0	8.0	8.0	8.0	8.0	8.0	8.0	8.0	8.0	8.0	8.0	8.0	108.0	0.0	0.0
16	0.3898	14	-114.64	8.5	8.5	8.5	8.5	8.5	8.5	8.5	8.5	8.5	8.5	8.5	8.5	8.5	108.5	0.0
17	0.3635	15	-119.73	9.0	9.0	9.0	9.0	9.0	9.0	9.0	9.0	9.0	9.0	9.0	9.0	9.0	9.0	109.0

贴现因子的定价优势

贴现因子的优势在于，它们允许对具有相同时间支付模式的任何其他债券进行准确定价。以票面利率为 3% 的 5 年期债券为例。该债券按当前期限结构计算，价格为 85.55 美元。

	G	H	I	J	K	L	M
19	时间 -->	0	1	2	3	4	5
20	新债券	85.55	3	3	3	3	103
21			=MMULT(I20:M20,F3:F7)				
22							

从贴现因子到期限结构

贴现因子决定了一个零息期限结构：$d_t = e^{-y_t \times t}$，其中 y_t 是时间 t 的连续复利纯贴现率。求解零息利率的贴现因子得到：

$$
y_t = \ln(d_t)/t
$$

这意味着我们可以用贴现率而不是贴现因子来表示我们的债券定价公式：

$$
价格 = \sum_{t=1}^{N} C_t d_t = \sum_{t=1}^{N} C_t e^{-y_t t}
$$

把这个公式应用到我们的例子中：

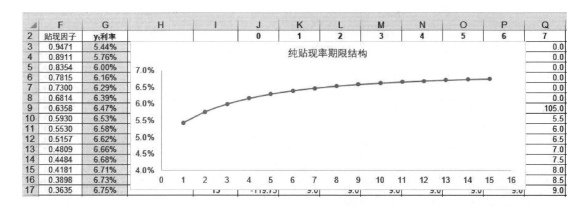

8.4　同一期限若干债券的定价

在上一节中,每个到期日只有一只债券。在真实数据情况下,经常有许多期限相似但定价可能不一致的债券。这种情况在以交易清淡和价格经常被误报为特征的债券市场很常见。假设,在下一个例子中,我们有几个期限相似的债券。在下面的例子中,3年、6年和9年到期的债券都有两只,每一只的到期收益率都略有不同。

	A	B	C	D	E	F
1			**多只债券，相同到期时间**			
2	债券 #	价格	到期时间（年）	票面利率		到期收益率
3	A	91.897	1	2.0%		10.99%
4	B	83.256	2	2.5%		12.47%
5	C	76.000	3	3.0%		13.20%
6	D	76.235	3	3.2%		13.32%
7	E	71.211	4	3.5%		13.22%
8	F	67.967	5	4.0%		13.14%
9	G	66.000	6	4.5%		13.01%
10	H	66.163	6	4.2%		12.56%
11	I	65.488	7	5.0%		12.74%
12	J	65.700	8	5.5%		12.53%
13	K	64.000	9	5.8%		12.75%
14	L	66.616	9	6.0%		12.35%
15	M	68.099	10	6.5%		12.19%
16	N	70.048	11	7.0%		12.06%
17	O	72.386	12	7.5%		11.95%
18						
19					=IRR(H17:T17)	

这里现金流矩阵不再是方形的了,因为现在有15种债券、12种期限。在第8.3节中,我

们通过对支付矩阵求逆矩阵得到贴现因子 d_t，但在这种情况下，这个矩阵不是可逆的，因为它不是方阵：

	F	G	H	I	J	K	L	M	N	O	P	Q	R	S	T
1								债券现金流							
2	到期收益率	时间 →债券↓	0	1	2	3	4	5	6	7	8	9	10	11	12
3	10.99%	1	-91.90	102	0	0	0	0	0	0	0	0	0	0	0
4	12.47%	2	-83.26	2.5	102.5	0	0	0	0	0	0	0	0	0	0
5	13.20%	3	-76.00	3	3	103	0	0	0	0	0	0	0	0	0
6	13.32%	4	-76.23	3.2	3.2	103.2	0	0	0	0	0	0	0	0	0
7	13.22%	5	-71.21	3.5	3.5	3.5	103.5	0	0	0	0	0	0	0	0
8	13.14%	6	-67.97	4	4	4	4	104	0	0	0	0	0	0	0
9	13.01%	7	-66.00	4.5	4.5	4.5	4.5	4.5	104.5	0	0	0	0	0	0
10	12.56%	8	-66.16	4.2	4.2	4.2	4.2	4.2	104.2	0	0	0	0	0	0
11	12.74%	9	-65.49	5	5	5	5	5	5	105	0	0	0	0	0
12	12.53%	10	-65.70	5.5	5.5	5.5	5.5	5.5	5.5	5.5	105.5	0	0	0	0
13	12.75%	11	-64.00	5.8	5.8	5.8	5.8	5.8	5.8	5.8	5.8	105.8	0	0	0
14	12.35%	12	-66.62	6	6	6	6	6	6	6	6	106	0	0	0
15	12.19%	13	-68.10	6.5	6.5	6.5	6.5	6.5	6.5	6.5	6.5	6.5	106.5	0	0
16	12.06%	14	-70.05	7	7	7	7	7	7	7	7	7	7	107	0
17	11.95%	15	-72.39	7.5	7.5	7.5	7.5	7.5	7.5	7.5	7.5	7.5	7.5	7.5	107.5

我们可以通过使用最小二乘(LS)近似来找到贴现因子：对于每个期限 t，我们找出一个因子 d_t，使得这组债券的定价误差的平方是最小的。最小二乘近似通常用于确定超定方程组（即，其中方程数量多于未知数数量的方程组）的近似解。"最小二乘"是指在整体上，所得到的解使每个方程结果中误差的平方和最小。

我们想求出最接近债券定价的贴现因子向量 d：

$$\begin{bmatrix} 现金流 \\ 矩阵 \end{bmatrix} \cdot \begin{bmatrix} 贴现因子 \\ 列 \end{bmatrix} = \begin{bmatrix} 债券价格 \\ 列 \end{bmatrix}$$

$$\begin{bmatrix} 102 & 0 & 0 & 0 & 0 & 0 & 0 & 0 & 0 & 0 & 0 & 0 \\ 2.5 & 102.5 & 0 & 0 & 0 & 0 & 0 & 0 & 0 & 0 & 0 & 0 \\ 3 & 3 & 103 & 0 & 0 & 0 & 0 & 0 & 0 & 0 & 0 & 0 \\ \vdots & \vdots & \vdots & \vdots & \vdots & \vdots & \vdots & \vdots & \vdots & \vdots & \vdots & \vdots \\ 5.8 & 5.8 & & \cdots & & 5.8 & 105.8 & 0 & 0 & 0 \\ 6 & 6 & & \cdots & & 6 & 106 & 0 & 0 & 0 \\ 6.5 & 6.5 & 6.5 & & \cdots & & 6.6 & 106.5 & 0 & 0 \\ 7 & 7 & 7 & 7 & & \cdots & & 7 & 107 & 0 \\ 7.5 & 7.5 & 7.5 & 7.5 & & \cdots & & 7.5 & 7.5 & 107.5 \end{bmatrix} \begin{bmatrix} d_1 \\ d_2 \\ d_3 \\ \vdots \\ d_8 \\ d_9 \\ d_{10} \\ d_{11} \\ d_{12} \end{bmatrix} = \begin{bmatrix} 91.897 \\ 83.256 \\ 76.000 \\ \vdots \\ 64.000 \\ 66.616 \\ 68.099 \\ 70.048 \\ 72.386 \end{bmatrix}$$

最小二乘近似的公式是 $d = (现金流^T \times 现金流)^{-1} \times (现金流^T \times 价格)$。在 Excel 中这个公式变成：

$$\begin{bmatrix} d_1 \\ \vdots \\ d_N \end{bmatrix} = \text{MMult}\begin{pmatrix} \text{Minverse}(\text{MMult}(\text{Transpose}(现金流), 现金流)), \\ \text{MMult}(\text{Transpose}(现金流), 价格) \end{pmatrix}$$

在我们的例子中实现这个公式：

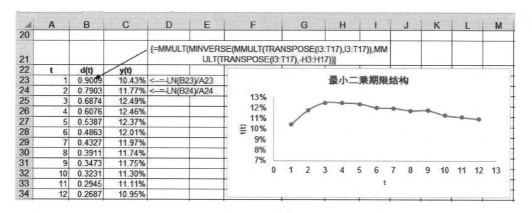

贴现因子与债券价格的拟合将不再精确（如前一节所述）。下面我们将实际债券价格与拟合价格进行比较：

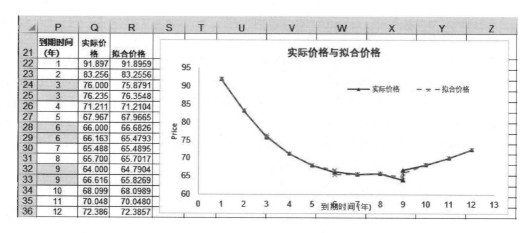

8.5 将期限结构拟合为函数形式的 Nelson-Siegel 方法

在许多情况下，我们可能想将期限结构拟合为一个函数形式。函数形式的优点是，它允许我们对不在数据集内的时间段和息票利率进行插值。它还允许我们确定期限结构对结构性因素的敏感性。

期限结构的一种流行的拟合形式是 NS 期限结构，它假设：

$$y_t = \alpha_1 + \alpha_2 \left(\beta \left(\frac{1-\mathrm{e}^{-t/\beta}}{t} \right) \right) + \alpha_3 \left(\beta \left(\frac{1-\mathrm{e}^{-t/\beta}}{t} \right) - \mathrm{e}^{-t/\beta} \right)$$

该模型也可记为：

$$y_t = \alpha_1 + (\alpha_2 + \alpha_3) \beta \left(\frac{1-\mathrm{e}^{-t/\beta}}{t} \right) - \alpha_3 \mathrm{e}^{-t/\beta}$$

在第 8.6 节中，我们将分析 NS 期限结构模型，并讨论其参数（α_1，α_2，α_3，β）的含义及其

合理值。在本节中,我们跳过这些关于模型的分析,展示如何将 NS 期限结构拟合到前一节示例的贴现因子。[①]我们的最终结果如下所示(解释如下)。

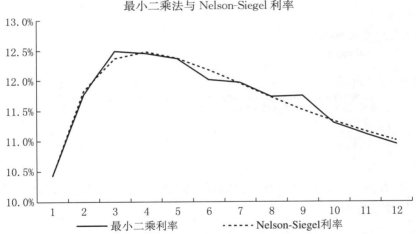

下图显示了贴现因子和拟合的 NS 期限结构:

最小二乘法与 Nelson-Siegel 利率

计算过程

下面是我们如何计算前述 NS 期限结构的步骤:

步骤 1:我们开始计算贴现因子 d_t 和对应的收益率 $y(t)$ 的数据,方法类似于第 8.3—8.4 节中的讨论。在前面的例子中,我们将它们标记为 $d^{LS}(t)$、$u^{LS}(t)$。

步骤 2:我们现在假设任意但合理的 α_1、α_2、α_3 和 β 值。在下一节中,我们将讨论这些值的可能性。

步骤 3:给定 α_1、α_2、α_3 和 β 的任意初始值,我们得到 NS 的零息贴现收益率为:

---

① 对一组债券数据拟合 NS 期限结构是一门艺术!本章的后续章节将讨论本节所述方法的替代方法。

$$y^{NS}(t) = \alpha_1 + (\alpha_2 + \alpha_3)\beta\left(\frac{1 - \mathrm{e}^{-t/\beta}}{t}\right) - \alpha_3 \mathrm{e}^{-t/\beta}$$

步骤 4：我们现在优化 α_1、α_2、α_3 和 β，以最小化 NS 利率和最小二乘利率之差的平方和——$\sum_{t=1}^{N}[y^{LS}(t) - y^{NS}(t)]^2$，其中 N 是我们样本中的债券数。通过使用 Excel 的"规划求解"来查找 $(\alpha_1, \alpha_2, \alpha_3, \beta)$，使这个差的平方和最小化。下面是对话框：

正如我们将在下一节看到的，β 控制着期限结构中的"驼峰"，并且必须是正的。下面是由"规划求解"得到的解：

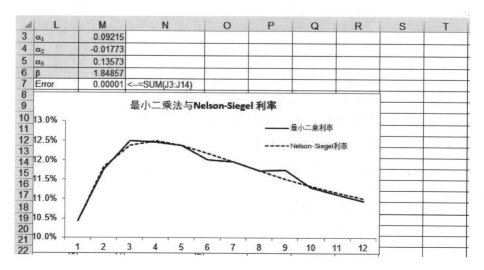

8.6　Nelson-Siegel 期限结构的性质

根据数据拟合 NS 期限结构要求我们确定参数(α_1，α_2，α_3，β)的合理初始值。在本节中，我们将研究 NS 来解释这些值可能是什么。

NS 零息收益率为：

$$y_t = \alpha_1 + \alpha_2 \left(\beta \left(\frac{1 - \mathrm{e}^{-t/\beta}}{t} \right) \right) + \alpha_3 \left(\beta \left(\frac{1 - \mathrm{e}^{-t/\beta}}{t} \right) - \mathrm{e}^{-t/\beta} \right)$$

$$= \alpha_1 + (\alpha_2 + \alpha_3) \beta \left(\frac{1 - \mathrm{e}^{-t/\beta}}{t} \right) - \alpha_3 \mathrm{e}^{-t/\beta}$$

NS 性质 1：最短期限利率 $y(0)$

设 $t = 0$，则 $y(0) = \alpha_1 + \alpha_2$。这是 NS 短期利率。对于大多数期限结构，$\alpha_1 + \alpha_2 > 0$。

NS 性质 2：最长期限收益率 $y(\infty)$

设 $t \to \infty$，得到 $y(\infty) = \alpha_1$。这是 NS 模型中的渐近长期利率。

NS 属性 3：β 控制期限结构"驼峰"的位置

只有在 $\beta > 0$ 时，NS 期限结构才有定义。如果期限结构有"驼峰"，可以通过 β 进行控制。在下面的图表中，我们说明了大 β（例如 $\beta = 12$）将产生向上倾斜的期限结构，而较小的 β 产生驼峰状的期限结构。增加 β 会将"驼峰"外推。粗略地说，β 就是"驼峰"的位置。

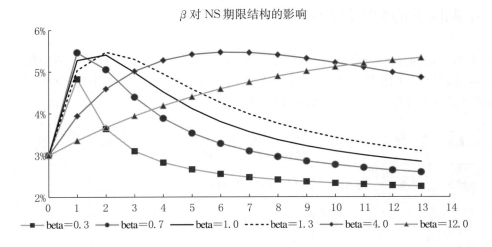

β 对 NS 期限结构的影响

NS 属性 4：α_3 影响"驼峰"

因子 α_3 仅对中期收益率的期限结构有影响，而对极短期或极长期收益率均无影响。非常粗略地说，$\alpha_3 > 0$ 产生凹的期限结构，$\alpha_3 < 0$ 产生凸的期限结构，$\alpha_3 = 0$ 产生平坦的期限结构。

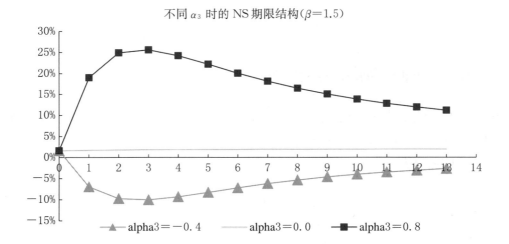

不同 α_3 时的 NS 期限结构($\beta=1.5$)

NS：总结

拟合 NS 模型的期限结构涉及为$(\alpha_1, \alpha_2, \alpha_3, \beta)$设置初始值。合理的初始值可以通过"目测"经验期限结构和进行以下设定来设置：

- $\alpha_1 + \alpha_2 = $近似零期限利率；
- $\alpha_1 = $近似长期利率；
- $\beta = $"驼峰"的大致位置；
- α_3 影响期限结构的凹凸度。

8.7　中期国债的期限结构

在本节中，我们将 NS 模型与中期国债价格进行拟合。这是一个比前一节中的讨论大得多的数据集，可让我们说明一种不同的优化技术。我们从中期国债（即期限小于 10 年的债券）的价格数据集开始。数据的日期是 1989 年 3 月 31 日。

	A	B	C	D	E	F	G	H	I	J	K
1			**2019年9月30日，309只国债**								
2	当前日期	30-Sep-19									
3	到期日	票面利率	除息价	收益率	应计利息	成交价格					
4	15-Oct-19	1.000	99.31	1.817	0.459	99.769	<-=E4+C4				
5	31-Oct-19	1.250	99.31	1.631	0.520	99.830	<-=E5+C5				
6	31-Oct-19	1.500	99.31	1.880	0.624	99.934					
7	15-Nov-19	1.000	99.29	1.768	0.375	99.665					
8	15-Nov-19	3.375	100.06	1.758	1.266	101.328	=COUPDAYBS($B$2,A4,2,1)/CO				
9	30-Nov-19	1.000	99.27	1.860	0.333	99.607	UPDAYS($B$2,A4,2,1)*(B4/2)				
310	15-Feb-49	3.000	119.07	2.118	0.375	119.447					
311	15-May-49	2.875	116.21	2.116	1.078	117.284					
312	15-Aug-49	2.250	102.27	2.121	0.281	102.547					

上面 C 列的"除息价"是该债券的报价。在美国市场上，债券购买者支付的实际价格，即所谓的成交价格（invoice price），是除息价与当期息票支付的相对份额的总和。[①]后一项"应计利息"的计算方法如下：

$$应计利息 = \frac{当前日期 - 上一付息日}{下一付息日 - 上一付息日} \times 其间利息$$

Excel 文件使用公式 Coupdaybs() 和 Coupdays() 计算应计利息。

计算 NS 期限结构

为了计算这个数据的 NS 期限结构，我们定义了一个 VBA 函数 NSprice，它接受 $(\alpha_1, \alpha_2, \alpha_3, \beta)$ 作为输入，并计算债券的 NS 价格。现在我们使用规划求解功能进行优化，以最小化 NSprice 计算所得价格和债券成交价格之间的差值的绝对值之和。下面是我们要求规划求解功能最小化单元格 L8 中的误差的优化结果。结果是：

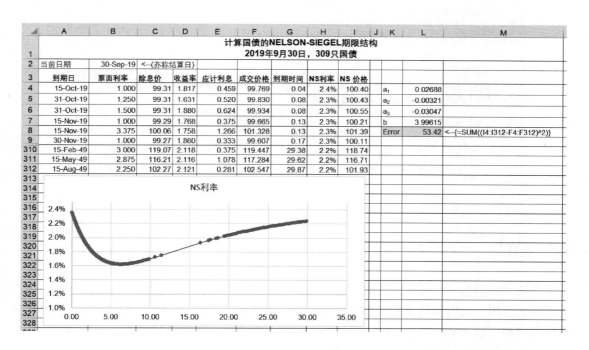

这是规划求解功能的对话框：

8.8 总结

在本章中,我们介绍了几个简单而强大的期限结构计算的数学技巧,并且详细介绍了 NS 近似及其应用。我们从最简单的情况开始,其中每个期限只有一只债券,这样可以找到唯一的期限结构。接下来,我们将该方法扩展到若干具有相同期限的债券集合。最后,我们讨论了可以有任何到期时间的国债的现实情况。

附录 8.1 本章使用的 VBA 函数

NSrate 函数根据四个 NS 参数 α_1、α_2、α_3、β 的具体值计算时间 t 的 NS 收益率:

```
Function NSrate(alpha1, alpha2, alpha3, beta, t)
   If t = 0 Then
      NSrate = alpha1 + alpha2
   Else
      NSrate = alpha1 + (alpha2 + alpha3) *
      (beta / t) * _
      (1 - Exp(-t / beta)) - alpha3 *
      Exp(-t / beta)
   End If
End Function
```

函数 NSdiscount 计算 NS 贴现因子:

```
Function NSdiscount(alpha1, alpha2, alpha3,
beta, t)
   If t = 0 Then
      NSdiscount = 1
   Else
      NSdiscount = Exp(-t * (alpha1 + (alpha2 +
      alpha3) * (beta / t) * _
      (1 - Exp(-t / beta)) - alpha3 *
      Exp(-t / beta)))
   End If
End Function
```

函数 NSprice 使用 NS 期限结构计算标准息票债券的价格:

```
Function NSprice(alpha1, alpha2, alpha3, beta,
j, no_payments, rate, _ frequency)
   temp = 0
   rrate = rate / frequency
   For i = 0 To no_payments - 1
   temp = temp + rrate * 100 * _
      NSdiscount(alpha1, alpha2, alpha3, beta,
      j + i / frequency)
   Next i
   NSprice = temp + 100 * _
      NSdiscount(alpha1, alpha2, alpha3, beta,
      j + _ no_payments - 1) / frequency)
End Function
```

函数 NSImpliedRate 使用 Excel 函数来计算隐含收益率：

```
Function NSImpliedRate (Maturity, Settlement,
couponRate, faceValue, bondPrice, frequency,
alpha1, alpha2, alpha3, beta, Basis)
Dim termStruct, NSalpha(), numberPayments,
timeToMaturity, discountSum, n As Variant
numberPayments = WorksheetFunction
.CoupNum(Settlement, Maturity,_ frequency,
Basis)
timeToFirstPayment = WorksheetFunction
.CoupDaysNc(Settlement,_ Maturity, frequency,
Basis) / WorksheetFunction.CoupDays(Settlement,_
Maturity, frequency, Basis) / frequency
timeToMaturity = timeToFirstPayment +
(numberPayments - 1) / frequency
discountSum = 0
   For i = 1 To numberPayments
      discountSum = discountSum + NSdiscount
      (alpha1, alpha2,_ alpha3, beta, timeTo-
      FirstPayment + (i - 1) / frequency)
   Next i
   termStruct = -WorksheetFunction.Ln((bondPrice
   - couponRate *_ discountSum / frequency) /
   faceValue) / timeToMaturity
NSImpliedRate = termStruct
End Function
```

9

计算违约调整后的债券期望收益率

9.1 概述

在本章,我们将讨论违约风险对债券持有至到期的收益率的影响。可能违约的债券的期望收益率与债券的承诺收益率不同。后者被定义为债券的到期收益率,即根据债券当前市场价格和承诺的息票支付以及未来最终本金偿还计算出的内部收益率。债券的期望收益率不容易计算:我们需要考虑债券未来违约的概率和回收率(recovery rate,即债券持有人在违约情况下预期可以收回的本金百分比)。更复杂的是,违约可能通过发行公司的信用等级的逐渐降低而分阶段发生。[①]

在这里,我们使用马尔可夫模型来求解风险债券的期望收益率。我们的调整程序考虑了上述所有三个因素:(1)违约概率;(2)发行人从一种信用状态转变为另一种信用状态;(3)债券违约时面值的回收百分比。在第 9.2—9.4 节中,我们首先使用 Excel 来解决一个相对较小的问题。然后,我们使用一些公开的统计数据来编写一个更完整的电子表格模型。最后,我们证明该模型可以用于推导债券的贝塔值,即 CAPM 的证券风险度量指标(在第 10—13 章中讨论)。

预备知识

在讨论之前,我们需要定义一些术语:

- 债券是以一定金额的本金或面值发行的。当债券到期时,债券持有人得到偿还本金的承诺。如果债券是平价发行的,那么它将以本金的金额被出售。
- 债券的利率被称为票面利率。债券发行人承诺给债券持有人的定期支付额是票面利率与债券面值的乘积。

---

① 除了违约风险外,债券还面临期限结构风险:由于期限结构的变化,价格可能会随着时间的推移而出现显著变化。长期债券尤其如此。在本章中,我们将期限结构风险抽象出来,只讨论违约风险对债券预期收益的影响。

- 在任何给定的时刻,债券都将在市场上以市场价格出售。这个价格*可能与债券的票面利率不同。①
- 债券的到期收益率是假设债券持有至到期且没有违约情况下的内部收益率。

美国的公司债券由不同的评级机构根据债券发行人偿还债券的能力对其进行评级。标准普尔和穆迪这两家主要评级机构的评级方案如下:

长期优先债务评级

投资级评价			投机级评价		
标准普尔	穆迪	解释	标准普尔	穆迪	解释
AAA	Aaa	最高质量	BB+	Ba1	可能履行债务;未来具不确定性
			BB	Ba2	
			BB	Ba3	
AA+	Aa1	高质量	B+	B1	高风险债务
AA	Aa2		B	B2	
AA−	AA3		B−	B3	
A+	A1	强支付能力	CCC+	Caa	当前已易于违约
A	A2		CCC		
A−	A3		CCC−		
BBB+	Baa1	足够支付能力	C	Ca	处于破产、违约或有其他显著缺陷
BBB	Baa2		D	D	
BBB−	Baa3				

当债券违约时,其持有人通常会获得一些支付,但清偿额会低于承诺的债券票面利率和本金返还。我们将违约时收回的金额与面值的百分比称为回收率。②

9.2 计算单期框架下的期望收益率

债券的到期收益率并非其期望收益率。很明显,在债券违约的情况下,债券的评级和债券持有人预期的收益都会影响其期望收益率。在其他条件相同的情况下,我们可以预期,如果两只新发行的债券到期日相同,那么评级较低的债券(违约概率较高)的票面利率应较高或价格较低(或两者兼有)。类似地,我们可以预期,评级被降低的已发行和交易的债券的价格将下降。我们还可以预期,违约情况下的预期收益越低,债券的期望收益率就越低。

举一个简单的例子,我们计算一只到期可能违约的 1 年期债券的期望收益率。我们使用以下符号:F=债券面值;P=债券价格;Q=债券的票面利率;π=年底债券不会违约的概率;

---

* 此处的价格可理解为债券的收益率。——译者注

① 更复杂的是,在美国,债券价格被称为"除息价",也就是说,不包括从最后一次支付息票到报价日期之间的累计息票。因此,惯例是在债券的上市价格上加上最后一次支付息票时间和购买日期之间的按比例计算的息票(应计利息)。这两者的总和被称为债券的成交价格(或"含息价");成交价格是购买者在任何时刻购买债券的实际成本。在本章的讨论中,我们使用"市场价格"一词来表示成交价格。应计利息的计算见第 9.5 节。

② 正如你可能会认为的,债券的回收率不是在破产的最终解决方案中支付给债券持有人的补偿。相反,它通常被计算为紧接金融危机事件之后期间的债券价格。

$\lambda=$ 债券持有人在违约时所收回的债券价值的百分比（也被称为回收率）。

该债券的期望年底现金流为 $\pi\cdot(1+Q)\cdot F+(1-\pi)\cdot\lambda\cdot F$，其期望收益率为：

$$1\text{ 年期债券的期望收益率}=\frac{\text{期望年底现金流}}{\text{初始债券价格}}-1$$

$$E(r)=\frac{\pi\cdot(1+Q)\cdot F+(1-\pi)\cdot\lambda\cdot F}{P}-1$$

计算结果如下表所示：

	A	B	C
1	经违约概率调整后的1年期债券的期望收益率		
2	面值, F	100	
3	债券价格, P	90	
4	年票面利率, Q	8%	
5	违约概率, (1-π)	20%	
6	回收率, λ	40%	
7			
8	第一期望现金流	94.4	<-=B2*(1+B4)*(1-B5)+B2*B6*B5
9	期望收益率	4.89%	<-=B8/B3-1

9.3 计算多期框架下的债券期望收益率

现在我们在上面的问题中引入多个时期。在本节中，我们定义了一个基本的马尔可夫模型，该模型使用评级转移矩阵来计算债券的期望收益率。该模型使用一组非常简单的评级，比第 9.1 节中描述的复杂评级系统要简单得多。稍后，在第 9.6 节中，我们将展示更实际的数据。

我们假设在任何时间都有四种可能的债券"评级"：

A、B、C：对有偿付能力的债券按信用价值递减顺序进行评级。

D：该债券首次违约，并支付面值乘以回收率 λ。

E：该债券在上一时期违约；因此，它在当前时期和未来时期的收益都是零。

转移概率矩阵 Π 为：

$$\Pi=\begin{bmatrix}\pi_{AA} & \pi_{AB} & \pi_{AC} & \pi_{AD} & 0 \\ \pi_{BA} & \pi_{BB} & \pi_{BC} & \pi_{BD} & 0 \\ \pi_{CA} & \pi_{CB} & \pi_{CC} & \pi_{CD} & 0 \\ 0 & 0 & 0 & 0 & 1 \\ 0 & 0 & 0 & 0 & 1\end{bmatrix}$$

矩阵 Π 的每一行 (π_{ij}) 中的概率表示在一个时期内债券将从评级 i 变到评级 j 的概率。在本节和以下两节的数值示例中，我们使用以下矩阵 Π：

	A	B	C	D	E	F
2	单期转移矩阵					
3		A	B	C	D	E
4	A	0.97	0.02	0.01	0.00	0.00
5	B	0.05	0.80	0.15	0.00	0.00
6	C	0.01	0.02	0.75	0.22	0.00
7	D	0.00	0.00	0.00	0.00	1.00
8	E	0.00	0.00	0.00	0.00	1.00

这个矩阵 Π 是什么意思？

- 如果债券在当期被评为 A 级，那么在下一时期仍被评为 A 级的概率为 0.97。它在下一个时期被评为 B 级的概率为 0.02,被评为 C 级的概率为 0.01。债券当前被评为 A 级,在随后的时期被评为 D 级或 E 级是不可能的。

● 初始评级为 B 的债券在随后的一个时期内可能被评级为 A(概率为 0.05)、B(概率为 0.8)或 C(概率为 0.15)。当期评级为 B 的债券在下一时期不会违约(评级为 D)。从状态 C 到状态 A、B、C 和 D 的转移概率分别为 0.01、0.02、0.75 和 0.22。

● 虽然有可能从评级 A、B 或 C 到 A、B、C 或 D 等任何评级,但不可能从 A、B 或 C 到 E,这是因为 E 表示违约发生在前一时期。

● 当前处于 D 级(即首次违约)的债券在下一时期必然会处于 E 级。因此,矩阵 Π 的第四行始终是[0 0 0 0 1]。

● 一旦评级为 E 级,它将永久保持在 E 级。这意味着矩阵 Π 的第五行也将始终是[0 0 0 0 1]。

多期转移矩阵

矩阵 Π 定义了单期转移概率。两期转移概率由矩阵乘积 Π×Π 给出。下面的电子表格使用数组函数 MMult。[①] Π×Π 的乘积为:

$$两期转移概率＝Π×Π$$

结果是:

	A	B	C	D	E
A	0.942 0	0.035 6	0.020 2	0.002 2	0.000 0
B	0.090 0	0.644 0	0.233 0	0.033 0	0.000 0
C	0.018 2	0.031 2	0.565 6	0.165 0	0.220 0
D	0.000 0	0.000 0	0.000 0	0.000 0	1.000 0
E	0.000 0	0.000 0	0.000 0	0.000 0	1.000 0

因此,如果一个债券今天被评级为 B,那么它在两个时期内被评级为 A 的概率为 9%,在两个时期内被评级为 B 的概率为 64.4%,在两个时期内被评级为 C 的概率为 23.3%,在两个时期内违约(因此被评级为 D)的概率为 3.3%。

以下是电子表格:

	A	B	C	D	E	F
2	单期转移矩阵					
3		A	B	C	D	E
4	A	0.97	0.02	0.01	0.00	0.00
5	B	0.05	0.80	0.15	0.22	0.00
6	C	0.01	0.02	0.75	0.22	0.00
7	D	0.00	0.00	0.00	0.00	1.00
8	E	0.00	0.00	0.00	0.00	1.00
9						
10	两期转移矩阵					
11		A	B	C	D	E
12	A	0.9420	0.0356	0.0202	0.0022	0.0000
13	B	0.0900	0.6440	0.2330	0.0330	0.0000
14	C	0.0182	0.0312	0.5656	0.1650	0.2200
15	D	0.0000	0.0000	0.0000	0.0000	1.0000
16	E	0.0000	0.0000	0.0000	0.0000	1.0000
17	单元格 B12:F16包含数组函数{=MMULT(B4:F8,B4:F8)}					

---

① 参见第 29 章关于矩阵乘积和数组函数的讨论。

一般情况下，第 t 年的转移矩阵由矩阵幂 Π^t 给出。通过前面所示的程序计算这些矩阵的幂比较麻烦，因此我们定义了一个 VBA 函数 Matrixpower 来计算矩阵的幂：

```
Function Matrixpower(matrix, n)
    If n = 1 Then
        Matrixpower = matrix
        Else: Matrixpower = Application.
        MMult(Matrixpower(matrix, n - 1), matrix)
    End If
End Function
```

下图说明了该函数的应用。函数 Matrixpower 只用一步就可以计算任何转移矩阵的幂：

	A	B	C	D	E	F
1		利用函数 **MATRIXPOWER** 计算多期转移矩阵				
2	单期转移矩阵					
3		A	B	C	D	E
4	A	0.97	0.02	0.01	0.00	0.00
5	B	0.05	0.80	0.15	0.00	0.00
6	C	0.01	0.02	0.75	0.22	0.00
7	D	0.00	0.00	0.00	0.00	1.00
8	E	0.00	0.00	0.00	0.00	1.00
9						
10	t	10				
11						
12	t期转移矩阵					
13		A	B	C	D	E
14	A	0.7648	0.0799	0.0699	0.0148	0.0706
15	B	0.2123	0.1429	0.1747	0.0432	0.4269
16	C	0.0450	0.0250	0.0755	0.0208	0.8338
17	D	0.0000	0.0000	0.0000	0.0000	1.0000
18	E	0.0000	0.0000	0.0000	0.0000	1.0000
19	单元格 B14:F18 包含数组函数 {=matrixpower(B4:F8,B10)}					

从上面的例子可以看出，如果债券一开始的评级是 A，那么经过 10 个时期后，债券最终违约的概率为 1.48%，会以 7.06% 的概率在前一时期违约（评级为 E）。

债券收益向量

回想一下，Q 表示债券的票面利率，而 λ 表示债券违约后债券面值的回收率。债券的收益向量取决于债券当前处于最后周期 N 还是 $t < N$：

$$\text{收益}(t,\ t<N) = \begin{cases} F \cdot Q \\ F \cdot Q \\ F \cdot Q \\ F \cdot (Q+\lambda) \\ 0 \end{cases} \qquad \text{收益}(t,\ t=N) = \begin{cases} F \cdot (1+Q) \\ F \cdot (1+Q) \\ F \cdot (1+Q) \\ F \cdot (Q+\lambda) \\ 0 \end{cases}$$

每个向量的前三个元素表示非违约状态下的收益；第四个元素 $F \cdot (Q+\lambda)$，是评级为 D 时的收益（从本金中收回 λ 加上 $F \cdot Q$ 的票息）；第五个元素 0 是债券评级为 E 时的收益，回想一下，E 是债券违约后一段时间的评级，在我们的模型中，评级为 E 时的收益总是零。当然，这两个向量之间的区别取决于终末时期的本金偿还。

在我们定义期望收益之前,我们需要定义另一个表示债券初始状态的向量。在这个当前状态向量中 1 表示债券的当前评级,其他地方为 0。因此,例如,如果债券在日期 0 时的评级为 A,则初始向量＝[1 0 0 0 0];如果它在日期 0 的评级为 B,则初始向量＝[0 1 0 0 0]。

我们现在可以定义 t 时期的期望债券收益:

$$E[收益(t)]=初始值·\Pi^t·收益(t)$$

9.4　数值示例

我们继续使用前一节中的数值 Π 来为具有以下特征的债券定价:该债券当前评级为 B 级;面值是 1 000;票面利率 $Q=7\%$;该债券还有 5 年到期;债券的当前市场价格按面值交易(价格＝面值);债券回收率 $\lambda=40\%$。

如下电子表格显示了上面列出的情况,以及债券到期前(在单元格 E3:E7 中)和到期日(在单元格 F3:F7 中)的收益向量。转移矩阵在单元格 B11:F15 中给出,初始向量在单元格 B17:F17 中给出。

债券期望收益在第 20 行给出。在解释如何计算它们之前,我们注意到一个重要的经济事实,即如果使用期望收益,那么债券的期望收益率由 Excel 的 IRR 函数计算。如单元格 B21 所示,期望收益率为 4.48%。单元格 B21 中的实际公式是 IRR(20:20)。

	A	B	C	D	E	F	G	H	I
1			计算债券期望收益率						
2	面值, F	1,000		评级	收益 (t<N)	收益 (N)			
3	债券价格, P	1,000		A	70	1,070	<--=$B$2*(1+$B$4)		
4	票面利率, Q	7%		B	70	1,070			
5	回收率, λ	40%		C	70	1,070			
6	债券到期时间, N	5		D	470	470	<--=$B$2*($B$5+$B$4)		
7	最初评级	B		E	0	0			
8			=$B$2*($B$5+$B$4)				=$B$4*$B$2		
9	转移矩阵								
10		A	B	C	D	E			
11	A	0.9700	0.0200	0.0100	0.0000	0.0000			
12	B	0.0500	0.8000	0.1500	0.0000	0.0000			
13	C	0.0100	0.0200	0.7500	0.2200	0.0000			
14	D	0.0000	0.0000	0.0000	0.0000	1.0000			
15	E	0.0000	0.0000	0.0000	0.0000	1.0000			
16									
17	初始向量	0	1	0	0	0	<--=IF(UPPER($B$7)=F10,1,0)		
18									
19	年	0	1	2	3	4	5	6	7
20	期望收益	-1,000	70.00	83.20	88.19	88.06	878.31	0.00	0.00
21	期望收益率(期望收益的内部收益率)	4.48%	<--=IRR(20:20)						
22									
23			=IF(E19>$B$6,0,MMULT($B$17:$F$17,MMULT(matrixpower($B$11:$F$15,E19)						
24			,IF(E19=$B$6,$F$3:$F$7,$E$3:$E$7))))						

注意,在将债券的初始评级(单元格 B7)转换为第 17 行中给出的初始向量时使用了 IF 语句。为避免混淆,我们将其写成 IF(Upper(B7)＝"A",1,0)。这保证了即使债券的评级输入为小写字母,初始向量也会有正确的输出结果。

如何计算债券期望收益

如前文第 9.3 节所述,t 期债券期望收益由以下公式给出:$E[收益(t)]=初始值·\Pi^t·收$

益(t)。第 20 行公式使用两个 IF 语句来实现该公式：

$$=IF[Current\ Year>Bond\ term, 0, MMULT(Initial, MMULT(Matrix power$$
$$(transition, year), IF(Current\ year=Bond\ term, Payoff(N), Payoff(t<N))))]=$$

这句话的意思是：

● 第一个 IF：如果当前年份大于债券期限 N（在我们的例子中，$N=5$），那么债券的收益是 0。

● 在每个时期：我们使用方程 $E[收益(t)]=初始值·Π^t·收益(t)$。

● 第二个 IF：如果当前年份等于债券期限 N，那么债券的预期收益使用 $t=N$ 的收益向量，否则使用 $t<N$ 的收益向量。

复制这个公式得到整个债券期望收益的向量。

9.5 实例实验

通过构建一些模拟运算表，我们可以深入了解债券的期望收益率、票面利率和到期收益率之间的关系。在下面的模拟运算表中，我们计算了作为债券回收率 λ 的函数的债券期望收益率：

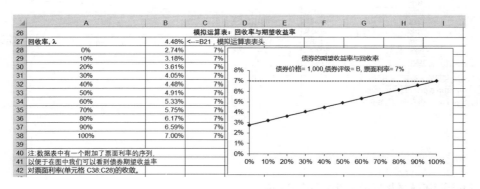

我们得出的结论是，以票面价格出售的债券（每一个回收率 $\lambda<100\%$），期望收益率低于票面利率。如果债券的初始评级较低，则 $\lambda<66\%$ 时期望收益率甚至可以为负值：

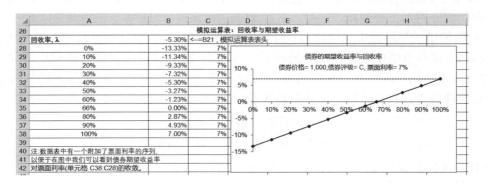

当债券价格低于票面价值(意味着债券以低于其面值的 100% 的价格出售)时,如下面的例子所示,其中 $P=850$,债券的期望收益率可以低于或高于其票面利率。

9.6 计算真实债券的期望收益率

在本节中,我们将说明一个真实债券的期望收益率计算。虽然使用的原理与前面讨论的相同,但我们介绍了三个创新:

- 我们使用债券的报价和应计利息计算债券的实际价格。应计利息是用于指代从上次利息支付开始,债券息票中未支付部分的行话。在美国债券市场,通常将应计利息与债券报价相加以计算债券的实际支付金额。在大多数欧洲债券市场,债券报价是债券的实际支付价格,没有单独的应计利息计算。应计利息被定义为:

$$应计利息 = \frac{当期日期-最后计息日期}{下次计息日期-最后计息日期} \cdot 其间利息$$

- 我们使用债券的实际兑付日期,并使用 XIRR 函数来计算债券的期望收益率。

- 我们使用实际的转移矩阵进行债券评级。

我们分析的债券是赫兹公司发行的 CCC 级债券,该债券最初于 2019 年 8 月 1 日发行,于 2026 年 8 月 1 日到期。其票面利率为 7.125%,每半年付息一次,付息日分别为 5 月 15 日和 11 月 15 日。

当我们在 2019 年 10 月 15 日查询该债券时,其价格为 103.66 美元。在 103.66 美元的报价中,我们必须加上债券的应计利息:

	M	N	O
1			
2	应计利息与实际价格计算		
3	面值, F	100	
4	票面利率, Q	7.125%	
5	最后付款日期	2019年8月1日	
6	下一个付款日期	2020年2月1日	
7	当前日期	2019年10月15日	
8	其间百分比	0.41	<--=(N7-N5)/(N6-N5)
9	应计利息	1.452	<--=N3*N4*N8/2
10	报价	103.66	
11	债券实际价格, P	105.112	<--=N10+N9

由此可见,该债券实际支付的价格为 103.66+1.452=105.112。

在下面的电子表格中,我们计算 AMR 债券的期望收益率。假设回收率为 50%,该债券的期望收益率为 2.49%。由此可见,该债券的实际支付价格为 76.75%+3.64%=80.39%。

	A	B	C	D	E	F	G	H	I	J	K	L	M	N
1					计算债券期望收益率 该版本计算赫兹公司债券的期望收益率时采用实际日期 使用年度转移矩阵									
2	债券价格	76.75%					收益(t<N)		收益(N)				应计利息的计算	
3	票面利率, Q	10.55%		右边的	AAA	5.28%		右边的	105.28%				最后付款日期	15-Mar-05
4	实际价格(含应计利息)	80.39%	<-- =B2+N8	向量	AA	5.28%		向量	105.28%				下一个付款日期	15-Sep-05
5	回收率, λ	50.00%		称为	A	5.28%		称为	105.28%				当前日期	20-Jul-05
6	到期日	12-Mar-21		"payoff1"	BBB	5.28%		"payoff2"	105.28%				其间百分比	0.69
7	当前日期	20-Jul-05			BB	5.28%			105.28%				应计利息	3.64%
8	最初评级	CCC			B	5.28%			105.28%					
9	债券到期收益率	14.81%	每半年付息一次		CCC	5.28%			105.28%					
10					Default	50.00%			50.00%					
11					E	0%			0%					
12														
13					年底迁移到各评级的概率									
14	转移矩阵 →	最初评级	AAA	AA	A	BBB	BB	B	CCC	违约	E			
15		AAA	0.9366	0.0583	0.0040	0.0008	0.0003	0.0000	0.0000	0.0000	0.0000			
16		AA	0.0066	0.9172	0.0694	0.0049	0.0006	0.0009	0.0002	0.0001	0.0000			
17		A	0.0007	0.0225	0.9176	0.0519	0.0049	0.0020	0.0001	0.0004	0.0000			
18		BBB	0.0003	0.0025	0.0483	0.8926	0.0444	0.0081	0.0016	0.0022	0.0000			
19		BB	0.0003	0.0007	0.0044	0.0747	0.8331	0.0747	0.0105	0.0098	0.0000			
20		B	0.0000	0.0010	0.0033	0.0046	0.0577	0.8419	0.0387	0.0530	0.0000			
21		CCC	0.0016	0.0000	0.0031	0.0093	0.0200	0.1074	0.6396	0.2194	0.0000			
22		违约	0.0000	0.0000	0.0000	0.0000	0.0000	0.0000	0.0000	1.0000	0.0000			
23		E	0.0000	0.0000	0.0000	0.0000	0.0000	0.0000	0.0000	0.0000	1.0000			
24														
25														
26			AAA	AA	A	BBB	BB	B	CCC	违约	E			
27	初始向量		0	0	0	0	0	0	1	0	0			
28														
29	计算赫兹公司债券的期望收益率													
30		0	1	2	3	4	5	6	7	8	9	10	11	12
31	日期	20-Jul-05	15-Sep-05	15-Mar-06	15-Sep-06	15-Mar-07	15-Sep-07	15-Mar-08	15-Sep-08	15-Mar-09	15-Sep-09	15-Mar-10	15-Sep-10	15-Mar-11
32	期望收益	-0.8039	0.1509	0.1066	0.0781	0.0594	0.0471	0.0387	0.0329	0.0287	0.0257	0.0234	0.0215	0.0201
33	债券期望收益率	2.49%	<-- =XIRR(B32:AP32,B31:AP31)											
34														
35	使用实际日期与XIRR函数计算的期望收益率的				{=IF(E31>$B$6,0,IF(E31=$B$6,MMULT(initial,MMULT(matrixpower(transition,									
36	年化内部收益率。				E30),payoff2)),MMULT(initial,MMULT(matrixpower(transition,E30),payoff1))))}									

什么是回收率?

在计算债券的期望收益率时,回收率显然是一个关键因素。我们使用不同行业破产回收率的历史数据,下表显示 1971 年至 1995 年间不同行业的平均回收率为 41%。

按行业划分的回收率：按三位数 SIC 代码划分的违约债券（1971—1995 年）

行　　业	SIC 代码	观察数据	回收率			
			平均数	加权观察值	中位数平均	标准差的加权值
公共设施	490	56	70.47	65.48	79.07	19.46
化学、石油、橡胶及塑料制品	280, 290, 300	35	62.72	80.39	71.88	27.10
机械、仪器及相关产品	350, 360, 380	36	48.74	44.75	47.50	20.13
服务业——商业和私人	470, 632, 720, 730	14	46.23	50.01	41.50	25.03
食品及相关产品	200	18	45.28	37.40	41.50	21.67
批发与零售交易	500, 510, 520	12	44.00	48.90	37.32	22.14
产品多样化的制造业	390, 998	20	42.29	29.49	33.88	24.98
游乐场、宾馆及娱乐业	770, 790	21	40.15	39.74	28.00	25.66
建筑材料、金属及半成品	320, 330, 340	68	38.76	29.64	37.75	22.86
运输及运输装备	370, 410, 420, 450	52	38.42	41.12	37.13	27.98
通信、广播、电影、印刷及出版业	270, 480, 780	65	37.08	39.34	34.50	20.79
金融机构	600, 610, 620, 630, 670	66	35.69	35.44	32.15	25.72
建筑及房地产业	150, 650	35	35.27	28.58	24.00	28.69
综合商品店	530, 540, 560, 570, 580, 000	89	33.16	29.35	30.00	20.47
采矿采油业	100, 103	45	33.02	31.83	32.00	18.01
纺织与服装产品	220, 230	31	31.66	33.72	31.13	15.24
木材、纸张和皮革产品	240, 250, 260, 310	11	29.77	24.30	18.25	24.38
住房、医院和护理设施	700 through 890	22	26.49	19.61	16.00	22.65
总计		**696**	**41.00**	**39.11**	**36.25**	**25.56**

资料来源：E. Altman and V. M. Kishore，1996，"Almost Everything You Wanted to Know about Recoveries on Defalted Bonds"，Table 3，*Financial Analysts Journal*，November/December：57—64。

使用 Altman 和 Kishore 的数据得到，运输公司的平均回收率为 38.42%，标准差为 27.98%。在平均值的两边各取一个标准差，我们可以得出结论，即运输公司的回收率介于（38.42% − 27.98%，38.42% + 27.98%）=（~10%，~66%）之间。

在下面的电子表格中，我们为 AMR 债券"逆向设计"了一组合理的、从 55% 到 65% 的回收率。这些关于 AMR 债券的回收率的"估计"基于两个假设：

- AMR 债券的期望收益率不应显著高于我们计算时的无风险收益率（约 4%）。
- AMR 债券的期望收益率应显著低于其到期收益率（约 15%）。到期收益率是以承诺支付为基础的，我们发现这与期望收益率相对应是不合理的。

这使得 AMR 债券的期望收益率（下图突出显示的区域）在 3.89% 至 6.95% 之间：

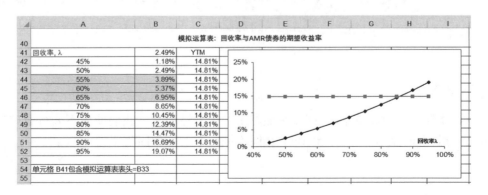

9.7 半年转移矩阵

前一节中对 AMR 债券的分析假设年度转移概率也适用于每半年支付息票的债券。我们可以通过标普数据计算半年转移矩阵来完善这一假设。这样的矩阵将是 Π 矩阵的平方根。这不是一个可以在 Excel 中轻松完成的计算。在下面的电子表格中，我们使用了 R 计算来得到半年转移矩阵。[①]

	A	B	C	D	E	F	G	H	I	J
1	计算转移矩阵的平方根									
2										
3	1年转移矩阵									
4	年底迁移到各评级的概率 (%)									
5	原评级	AAA	AA	A	BBB	BB	B	CCC	违约	E
6	AAA	0.9366	0.0583	0.0040	0.0008	0.0003	0.0000	0.0000	0.0000	0.0000
7	AA	0.0066	0.9172	0.0694	0.0049	0.0006	0.0009	0.0002	0.0001	0.0000
8	A	0.0007	0.0225	0.9176	0.0519	0.0049	0.0020	0.0001	0.0004	0.0000
9	BBB	0.0003	0.0025	0.0483	0.8926	0.0444	0.0081	0.0016	0.0022	0.0000
10	BB	0.0003	0.0007	0.0044	0.0667	0.8331	0.0747	0.0105	0.0098	0.0000
11	B	0.0000	0.0010	0.0033	0.0046	0.0577	0.8419	0.0387	0.0530	0.0000
12	CCC	0.0016	0.0000	0.0031	0.0093	0.0200	0.1074	0.6396	0.2194	0.0000
13	违约	0.0000	0.0000	0.0000	0.0000	0.0000	0.0000	0.0000	0.0000	1.0000
14	E	0.0000	0.0000	0.0000	0.0000	0.0000	0.0000	0.0000	0.0000	1.0000
15										
16	用R计算的为期一年的转移矩阵的平方根 注意负的条目									
17	年底迁移到各评级的概率 (%)									
18	原评级	AAA	AA	A	BBB	BB	B	CCC	违约	E
19	AAA	0.9677	0.0303	0.0015	0.0004	0.0001	0.0000	0.0000	0.0000	0.0000
20	AA	0.0034	0.9574	0.0362	0.0021	0.0002	0.0004	0.0001	0.0000	0.0000
21	A	0.0003	0.0117	0.9573	0.0272	0.0023	0.0010	0.0000	0.0003	-0.0001
22	BBB	0.0001	0.0012	0.0254	0.9439	0.0238	0.0038	0.0008	0.0017	-0.0007
23	BB	0.0002	0.0003	0.0018	0.0359	0.9115	0.0406	0.0056	0.0068	-0.0026
24	B	0.0000	0.0005	0.0017	0.0018	0.0314	0.9161	0.0225	0.0510	-0.0248
25	CCC	0.0009	-0.0001	0.0016	0.0050	0.0105	0.0624	0.7988	0.2706	-0.1495
26	违约	0.0000	0.0000	0.0000	0.0000	0.0000	0.0000	0.0000	0.0000	1.0000
27	E	0.0000	0.0000	0.0000	0.0000	0.0000	0.0000	0.0000	0.0000	1.0000
28										
29	半年转移矩阵。为了消除上面用R计算的矩阵中的负数项: **a.** 我们假设从AAA, …, CCC --> E 的转移是不可能的(亦即: 除了最后两个条目外，最后一列是0)。 **b.** 我们把所有的负数项设置为0。 **c.** 我们设置违约概率使得每行之和为1。									
30	年底迁移到各评级的概率 (%)									
31	原评级	AAA	AA	A	BBB	BB	B	CCC	违约	E
32	AAA	0.9677	0.0303	0.0015	0.0004	0.0001	0.0000	0.0000	0.0000	0.0000
33	AA	0.0034	0.9574	0.0362	0.0021	0.0002	0.0004	0.0001	0.0001	0.0000
34	A	0.0003	0.0117	0.9573	0.0272	0.0023	0.0010	0.0000	0.0001	0.0000
35	BBB	0.0001	0.0012	0.0254	0.9439	0.0238	0.0038	0.0008	0.0010	0.0000
36	BB	0.0002	0.0003	0.0018	0.0359	0.9115	0.0406	0.0056	0.0041	0.0000
37	B	0.0000	0.0005	0.0017	0.0018	0.0314	0.9161	0.0225	0.0261	0.0000
38	CCC	0.0009	0.0000	0.0016	0.0050	0.0105	0.0624	0.7988	0.1208	0.0000
39	违约	0.0000	0.0000	0.0000	0.0000	0.0000	0.0000	0.0000	0.0000	1.0000
40	E	0.0000	0.0000	0.0000	0.0000	0.0000	0.0000	0.0000	0.0000	1.0000

---

① R 是一个开源的高性能计算程序。参见 R 项目的统计计算(https://www.r-project.org/)。

如果使用半年转移矩阵来计算债券期望收益率,我们得到:

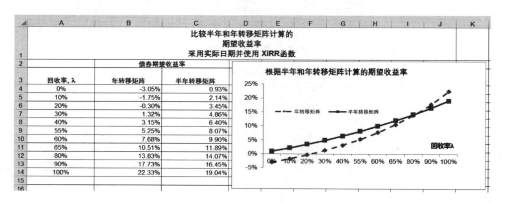

半年转移矩阵给出的债券期望收益率通常高于年转移矩阵给出的期望收益率:

9.8 计算债券的贝塔值

公司金融中一个令人头疼的问题是债券贝塔值的计算。本章提出的模型可以很容易地用于计算债券的贝塔值。CAPM 的 SML 为:

$$E(r_d) = r_f + \beta_d \left[E(r_m) - r_f \right]$$

其中,$E(r_d)$=债券期望收益率;r_f=无风险债券收益率;$E(r_m)$=股票市场组合收益率。

如果知道债券的期望收益率,我们可以计算债券的贝塔值,前提是我们知道无风险利率 r_f 和市场的期望收益率 $E(r_m)$。假设,例如,市场风险溢价 $E(r_m) - r_f = 5\%$,而 $r_f = 1\%$。那么期望收益率为 2% 的债券的贝塔值为 0.2:

	A	B	C
1		计算债券的贝塔值	
2	市场风险溢价, E(r$_m$) - r$_f$	5.00%	
3	r$_f$	1%	
4	债券期望收益率	2.00%	
5	债券隐含贝塔	0.200	<--=(B4-B3)/B2

使用 AMR 数据，我们得到 SML 模型：

	A	B	C
7		计算AMR债券的贝塔值	
8	市场风险溢价, E(r$_m$) - r$_f$	5.00%	
9	r$_f$	1%	
10	债券期望收益率	2.49%	采用年转移矩阵
11	债券隐含贝塔	0.299	<--=(B10-B9)/B8

9.9 总结

在本章中，我们展示了如何使用涉及评级转换的简单技术来计算风险债券的期望收益率。计算债券的期望收益率使债券分析与股票分析有了相同的立足点。在股票分析中计算期望收益率很常见，但很少计算债券期望收益率，通常的债券分析是基于到期收益率。但债券的到期收益率（本质上是该债券基于承诺的未来支付的内部收益率）包含了对债券违约的一个定义不明确的溢价。

在计算了债券的期望收益率之后，我们可以使用 SML 计算它的贝塔。与计算和校准股票贝塔值的大量工作相比，我们在债券贝塔值上花费的研究精力相对较少。本章介绍的基于债券评级转移矩阵的技术相对较新。这项技术仍然需要经过学术研究的完善和彻底检验。对基于评级的计算债券期望收益率的技术，我们有几个改进仍需要探索，包括：

● 更好的转移矩阵。转移矩阵需要细化，也许要对行业进行细化。（特定行业数据的问题在于观察数据的数量急剧下降。不过，也有这样的数据例子——标准普尔的 2020 年的数据。）

● 随时间变化的转移矩阵。我们的技术假设转移矩阵在时间上是固定不变的。也许可以开发出更好的技术，允许矩阵随时间变化。例如，我们预计在困难的经济条件下，评级转移矩阵将"向右移动"——给定评级在任何时期内变得更糟的概率将增加。

● 更多关于回收率的数据。我们的技术假设一个恒定的回收率。现实生活中的情况可能更加动态多变，回收率随时间和行业的不同而不同，而且同行业中公司之间各不相同。

改进模型可以更好地理解风险，更好地估计债务的预期成本。

练习

1. 新发行的 1 年期债券的价格是 100，等于它的面值。债券的票面利率是 15%；一年内违约的概率是 35%；违约债券的偿付将是其面值的 65%。

a. 计算债券的期望收益率。

b. 创建一个模拟运算表,证明期望收益率是回收率和债券价格的函数。

2. 考虑五种可能的评级状态:A、B、C、D 和 E。A、B 和 C 是初始债券评级,D 表示首次违约,E 表示前一时期违约。假设转移矩阵 Π 为:

$$\Pi = \begin{bmatrix} 1 & 0 & 0 & 0 & 0 \\ 0.06 & 0.90 & 0.03 & 0.01 & 0 \\ 0.02 & 0.05 & 0.88 & 0.05 & 0 \\ 0 & 0 & 0 & 0 & 1 \\ 0 & 0 & 0 & 0 & 1 \end{bmatrix}$$

现在发行的 A 级 10 年期债券的票面利率被假定为 7%。

● 如果现在以 B 评级的票面利率发行债券,回收率为 50%,那么它的票面利率应该是多少,才能使期望收益率也达到 7%?

● 如果现在以 C 评级的票面利率发行债券,回收率为 50%,那么它的票面利率应该是多少,才能使期望收益率达到 7%?

3. 使用上一个问题的转移矩阵,假设 C 级债券在 2007 年 7 月 18 日以票面价格出售。债券到期日为 2017 年 7 月 17 日;票面利率为 11%(每年 7 月 17 日支付);回收率 λ 为 67%。债券的期望收益率是多少?

4. 一家承销商发行了一种新的 7 年期 B 级债券,票面利率为 9%。如果该债券的期望收益率为 8%,该债券的隐含回收率为多少? 假设采用第 9.3 节给出的转移矩阵。

5. 一家承销商以票面价值发行新的 7 年期 C 级债券。该债券违约后的预期回收率预计为 55%。债券的票面利率应该是多少才能使期望收益率达到 9%? 假设采用练习 2 的转移矩阵。

第三部分　投资组合理论

10

投资组合模型——引言

10.1 概述

在本章中,我们将回顾投资组合计算的基本机制。我们从包括两种资产的简单示例开始,说明如何从历史价格数据得出收益率分布。然后讨论 N 种资产的一般情况;在这种情况下,使用矩阵表示法和利用 Excel 的矩阵处理功能很方便。

在继续讨论之前有必要回顾一些基本符号,即每种资产 i(资产可以是股票、债券、房地产或其他资产,尽管我们的数值示例将主要局限于股票)都由几个统计量作为表征:$E(r_i)$,资产 i 的期望收益率;$var(r_i)$ 是资产 i 的收益率方差;$cov(r_i, r_j)$ 是资产 i 和资产 j 的收益率的协方差。偶尔我们将使用 μ_i 来表示资产 i 的期望收益率。此外,把 $cov(r_i, r_j)$ 记为 σ_{ij} 以及把 $var(r_i)$ 记为 σ_{ii}(而不是 σ_i^2)通常比较方便处理。由于资产收益率与其自身的协方差 $\sigma_{ii} = cov(r_i, r_i)$ 实际上是资产收益率的方差,这个符号不仅简洁而且合乎逻辑。

在本章,示例将展示在 Excel 和 R 中的应用。我们从在 R 中设置工作目录开始:

```
1  # We thank Sagi Haim for developing this script
2
3▼ ##################################
4  # Chapter 10 - Portfolio Introduction
5▼ ##################################
6
7  # Set working directory
8  workdir <-readline(prompt="working directory?")
9  setwd(workdir)
```

10.2 计算股票的描述性统计量

在本节,我们计算两只股票——苹果公司(APPLE 或简记为 AAPL)和家乐氏(Kellogg

或简记为 K) 的收益率统计量。以下是价格和收益率数据。收益率包括股息;详见附录 10.2。注意,表中有些行是隐藏的。

	A	B	C	D	E	F	G
1			APPLE 和KELLOGG的价格和收益率 2009年1月 - 2019年1月				
2	日期	AAPL	Kellogg		AAPL	Kellogg	
3	2018/12/1	157.07	56.45		-12.06%	-10.13%	<-=LN(C3/C4)
4	2018/11/1	177.20	62.46		-20.34%	-2.83%	<-=LN(C4/C5)
5	2018/10/1	217.17	64.26		-3.10%	-6.70%	
6	2018/9/1	223.96	68.72		-0.48%	-1.71%	
119	2009/4/1	11.99	30.97		17.98%	13.94%	
120	2009/3/1	10.01	26.94		16.30%	-5.18%	
121	2009/2/1	8.51	28.37		-0.91%	-11.56%	
122	2009/1/1	8.59	31.85				

这些数据给出了每个月末每只股票的收盘价。我们将收益率定义为:

$$r_t = \ln\left(\frac{P_t}{P_{t-1}}\right)$$

在 Excel 表格的顶部,我们计算每只股票的收益率。月收益率是投资者在特定月末 $t-1$ 买入股票并在次月月末卖出股票所获得的百分比收益率。

请注意,我们使用的是股票的连续复利收益率,$r_t^{连续} = \ln\left(\frac{P_t}{P_{t-1}}\right)$。另一种选择是使用离散收益率,$r_t^{离散} = \frac{P_t}{P_{t-1}} - 1$。附录 10.1 讨论了我们选择连续复利收益率的原因。

下面是 R 代码:

```
11  # Read the csv with AAPL and K stocks
12  monthly_prices <- read.csv("Chapt_10_data.csv", row.names = 1,
13                      stringsAsFactors = FALSE,
14                      colClasses=c("character", "double", "double"))
15  # Sort the data by date
16  monthly_prices <- monthly_prices[order(
17    as.Date(row.names(monthly_prices), format="%d-%b-%y")),]
18
19  # Compute Continuous Returns
20  monthly_returns <- data.frame(apply(monthly_prices
21                      ,2,function(x) diff(log(x)) ))
22  # Note: the "apply" function utilizes a function over the rows (1) or columns (2)
23
24  # Sneak peak to the first five lines in our returns table
25  head(monthly_returns)
26
```

苹果公司和家乐氏的收益率和波动率

现在我们做一个大胆的假设:我们假设这 120 个月的收益率数据代表了下一个月的收益率分布。因此,假设过去给了我们一些关于未来收益率的表现方式的信息。这个假设允许我们假定历史数据的平均值代表每只股票的期望月收益率。它还允许我们假设,可以从历史数据中了解未来收益率的方差。在 Excel 中使用 Average、Var.s 和 Stdev.s 函数,我们计算了收益率分布的统计量:

◢	A	B	C	D	E	F	G
124		AAPL	Kellogg				
125	月均值	2.44%	0.48%	<--	=AVERAGE(F3:F121)		
126	月方差	0.0054	0.0021	<--	=VAR.S(F3:F121)		
127	月标准差	7.33%	4.54%	<--	=STDEV.S(F3:F121)		
128							
129	年均值	29.31%	5.77%	<--	=12*C125		
130	年方差	0.0645	0.0247	<--	=12*C126		
131	年标准差	25.39%	15.72%	<--	=SQRT(12)*C127		

注：样本与总体统计量和 Excel

我们用一个关于统计计算的简短注释来打断一下对投资组合计算的讨论。在统计学中，对样本统计量和总体统计量做出区分是很常见的。如果我们研究一个给定随机变量的整个可能性范围，那么我们处理的是总体。如果我们处理的是随机变量的一组结果，那么我们处理的是一个样本。就投资组合收益率统计量而言，我们几乎总是在处理一个样本，而不是总体。

下表给出了总体和样本统计量的定义及计算它们的 Excel 函数。

	总　体	样　本
均值(μ)	$\text{Average} = \dfrac{1}{N}\sum_{i=1}^{N} r_i$	$\text{Average} = \dfrac{1}{N}\sum_{i=1}^{N} r_i$
方差	$\text{Var.p} = \dfrac{1}{N}\sum_{i=1}^{N}(r_i - \bar{r})^2$	$\text{Var.s} = \dfrac{1}{N-1}\sum_{i=1}^{N}(r_i - \bar{r})^2$
标准差	$\text{Stdev.p} = \sqrt{\dfrac{1}{N}\sum_{i=1}^{N}(r_i - \bar{r})^2}$	$\text{Stdev.s} = \sqrt{\dfrac{1}{N-1}\sum_{i=1}^{N}(r_i - \bar{r})^2}$
协方差	$\text{Covariance.p} = \dfrac{1}{N}\sum_{i=1}^{N}(r_{it} - \bar{r}_i)(r_{jt} - \bar{r}_j)$	$\text{Covariance.s} = \dfrac{1}{N-1}\sum_{i=1}^{N}(r_{it} - \bar{r}_i)(r_{jt} - \bar{r}_j)$
相关系数	$\text{Correl}(i,j) = \dfrac{\text{Covar.p}(i,j)}{\text{Stdev.p}(i)\cdot\text{Stdev.p}(j)} = \dfrac{\text{Covar.s}(i,j)}{\text{Stdev.s}(i)\cdot\text{Stdev.s}(j)}$	
回归斜率	Excel 中的 Slope，等于 $\text{slope}(i\_data, M\_data) = \dfrac{\text{Covar.p}(i,M)}{\text{Var.p}(i,M)} = \dfrac{\text{Covar.S}(i,M)}{\text{Var.S}(i,M)}$	

样本还是总体？这重要吗？

所有这些关于总体与样本统计量的讨论可能并不重要。我们欣赏威廉·普雷斯（William Press）及其同事在他们的精彩著作《数值分析方法库》（*Numerical Recipes*）中所陈述的观点："关于为什么分母是 $N-1$ 而不是 N，有一个很长的故事。如果你从未听过这个故事，你可以参考任何一本优秀的统计教程。我们还可以评论说，如果 N 和 $N-1$ 之间的差异对你来说很重要，那未必会给你带来什么好处——例如，试图用边际数据来证实一个有问题的假设。"[1]

接下来是用 R 代码来做同样的事情：

---

① Press et al.（2007，722）。

```
30  # Mean Returns
31  mean_returns <- apply(monthly_returns, 2,mean) # here we can also use the colMeans function
32  mean_returns
33
34  # Variance (Sample)
35  monthly_var <- apply(monthly_returns, 2,var)
36  monthly_var
37
38  # Standard Deviation (Sample)
39  monthly_sigma <- apply(monthly_returns, 2,sd)
40  monthly_sigma
41
42  # Annual Statistics
43  mean_returns * 12
44  monthly_var * 12
45  monthly_sigma * sqrt(12)
```

计算协方差和相关系数

接下来,我们要计算两个股票的协同运动。这种联动性是通过收益率的协方差和相关系数来衡量的。

"乘积"列包含每个月均值离差的乘积,即 $[r_{AAPL,t} - E(r_{AAPL})][r_{K,t} - E(r_K)]$, $t = 1,\cdots,120$。总体协方差为 Average(乘积),样本协方差为 Average(乘积) $\cdot \dfrac{n}{n-1}$。至少用一次这种方法计算协方差是值得的,上图也说明了一个更便捷的方法:用 Excel 函数 Covariance.s(AAPL,K)直接计算样本协方差。[①]没有必要去求收益率和均值之间的差值。简单地直接在列上使用 Covariance.p 或 Covariance.s,如图所示。

	A	B	C	D	E	F	G	H
1				计算协方差与相关性				
2		股票收益率			收益率减去均值			
3	日期	AAPL	Kellogg		AAPL	Kellogg	乘积	
4	1-Dec-18	-12.06%	-10.13%	=B4-$B$124-->	-14.50%	-10.61%	1.54%	<--=E4*F4
5	1-Nov-18	-20.34%	-2.83%	=B5-$B$124-->	-22.78%	-3.32%	0.76%	<--=E5*F5
6	1-Oct-18	-3.10%	-6.70%		-5.54%	-7.18%	0.40%	
7	1-Sep-18	-0.48%	-1.71%		-2.93%	-2.19%	0.06%	
120	1-Apr-09	17.98%	13.94%		15.54%	13.46%	2.09%	
121	1-Mar-09	16.30%	-5.18%		13.86%	-5.66%	-0.78%	
122	1-Feb-09	-0.91%	-11.56%		-3.36%	-12.04%	0.40%	
123								
124	平均值	2.44%	0.48%	<--=AVERAGE(C4:C122)				
125	方差	0.0054	0.0021	<-- =VAR.S(C4:C122)				
126	标准差	7.33%	4.54%	<-- =STDEV.S(C4:C122)				
127	标准差	7.33%	4.54%	<-- =SQRT(C125)				
128								
129	协方差计算							
130	方法1	0.000852	<--=AVERAGE(G4:G122)*COUNT(G4:G122)/(COUNT(G4:G122)-1)					
131	方法2	0.000852	<--=COVARIANCE.S(B4:B122,C4:C122)					
132								
133	相关系数计算							
134	方法1	0.2562	<-- =B131/(B126*C126)					
135	方法2	0.2562	<-- =CORREL(B4:B122,C4:C122)					

这是我们例子中计算协方差和相关性的 R 代码:

```
47  # Calculating Covariance and Correlation
48  cov_mat<-cov(monthly_returns) # Covariance Matrix
49  cov_ab <- cov_mat["AAPL","K"]
50  cov_ab # Covariance of Apple and K
51
52  # Correlation Coefficient Method 1 (Correlation Matrix)
53  cor(monthly_returns) # Correlation Matrix
54  corr_ab <- cor(monthly_returns)["AAPL","K"]
55  corr_ab # Correlation between Apple and K
```

---

① 在 Excel 2013 之前的版本中使用 Covar 函数计算总体协方差;它在当前版本中仍然有效。以前的 Excel 版本有函数 VarP、StdevP、VarS 和 StdevS(虽然仍然有效,但现在被 Var.P、Stdev.P、Var.S 和 Stdev.S 函数取代)。

协方差是一个很难解释的数字,因为它的大小取决于我们衡量收益率的单位。(如果我们用百分比来表示收益率——例如,用 4 来代替 0.04——那么协方差将是 8.52,这是我们刚刚计算的数字的 10 000 倍。)我们还可以计算相关系数 ρ_{AB},其定义为:

$$\rho_{AAPL,\,K} = \frac{\text{cov}(r_{AAPL},\,r_K)}{\sigma_{AAPL}\sigma_K}$$

相关系数是无量纲的;为我们的例子计算得到 $\rho_{AAPL,\,K} = 0.256\,2$。如前所示,相关系数可以在 Excel 中使用函数 Correl(AAPL,K)直接计算。

相关系数衡量的是股票 A 和股票 B 的收益率之间的线性关系的程度。可以证明关于相关系数的以下事实:

- 相关系数总是在 +1 和 −1 之间:$-1 \leqslant \rho_{AB} \leqslant 1$。
- 如果相关系数为 +1,则两种资产的收益率呈线性正相关,即如果 $\rho_{AB} = 1$,则 $r_{At} = c + dr_{Bt}$,其中 $d > 0$。换句话说,股票 B 每移动 1%,我们就会看到股票 A 移动 $d\%$(其中 d 为正)。
- 如果相关系数为 −1,则两种资产的收益率呈线性负相关,即如果 $\rho_{AB} = -1$,则 $r_{At} = c + dr_{Bt}$,其中 $d < 0$。换句话说,股票 B 每移动 1%,我们就会看到股票 A 移动 $d\%$(其中 d 为负)。
- 如果收益率分布是独立的,那么相关系数将为零。(相反情况则是不正确的:如果相关系数为零,这并不一定意味着收益率是独立的。有关示例,请参见本章末尾的练习。)

从另一角度看相关系数

另一种观察相关系数的方法是绘制苹果公司和家乐氏的收益率曲线图,然后使用 Excel 的趋势线(Trendline)工具将家乐氏的收益率与苹果公司的收益率进行回归(第 30 章将解释如何将 Excel 的 Trendline 函数用于计算回归方程)。你可以从前面的计算中确认回归的 R^2 是相关系数的平方($\underbrace{0.256\,2^2}_{\rho} = \underbrace{0.065\,7}_{R^2}$)。

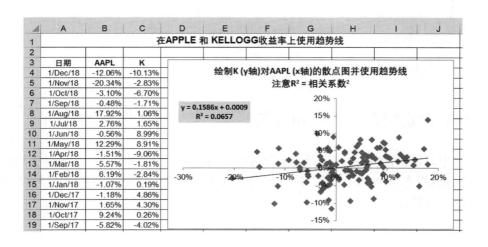

下面是解决这一问题的 R 代码：

```
57  ## A Different View of the Correlation Coefficient
58  linear_model <- lm(monthly_returns[,"AAPL"] ~ monthly_returns[,"K"],
59                     data = monthly_returns)
60
61  # Scatter Plot
62  plot.ts(monthly_returns[,"AAPL"],monthly_returns[,"K"], xy.labels = FALSE,
63          main = "Monthly Returns",
64          ylab = "AAPL",
65          xlab = "K")
66
67  # Add Trendline
68  abline(linear_model)
69
70  # Add Equation
71  equation <- paste(as.character(colnames(monthly_returns)[1]),
72                     "=", round(linear_model$coefficients[1], digits = 3),
73                     "+", round(linear_model$coefficients[2], digits = 3),
74                     "x", as.character(colnames(monthly_returns)[2]),
75                     sep = " ", collapse = NULL)
76  text(-0.1,0.1, equation)
77
```

散点图如下所示：

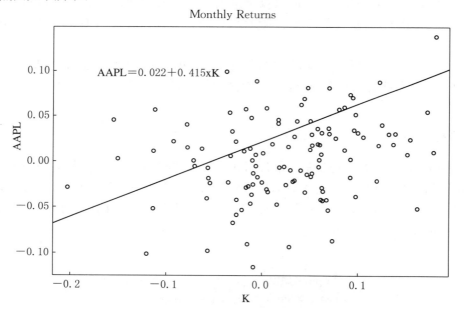

10.3　计算投资组合的均值和方差

在本节中，我们将展示如何对投资组合的均值和方差进行基本计算。假设我们构建一个投资组合，分别投资于 AAPL 和 K，这个投资组合的均值和方差是多少？在 Excel 中至少完成一次"暴力"计算是值得的：

	A	B	C	D	E
1			计算组合收益率的均值与标准差		
2	AAPL的比例	50%			
3	K的比例	50%	<-=1-B2		
4					
5		**AAPL** 收益率	**K** 收益率	组合收益率	
6	2018/12/1	-12.06%	-10.13%	-11.09%	<-=$B$2*B6+$B$3*C6
7	2018/11/1	-20.34%	-2.83%	-11.59%	<-=$B$2*B7+$B$3*C7
8	2018/10/1	-3.10%	-6.70%	-4.90%	
122	2009/4/1	17.98%	13.94%	15.96%	
123	2009/3/1	16.30%	-5.18%	5.56%	
124	2009/2/1	-0.91%	-11.56%	-6.24%	

计算这个例子的统计量的过程如下所示：

	A	B	C	D	E
1			计算组合收益率的均值与标准差		
2	AAPL的比例	50%			
3	K的比例	50%	<-=1-B2		
4					
5		**AAPL** 收益率	**K** 收益率	组合收益率	
6	2018/12/1	-12.06%	-10.13%	-11.09%	<-=$B$2*B6+$B$3*C6
7	2018/11/1	-20.34%	-2.83%	-11.59%	<-=$B$2*B7+$B$3*C7
8	2018/10/1	-3.10%	-6.70%	-4.90%	
122	2009/4/1	17.98%	13.94%	15.96%	
123	2009/3/1	16.30%	-5.18%	5.56%	
124	2009/2/1	-0.91%	-11.56%	-6.24%	
125					
126	资产收益率	**AAPL**	**Kellogg**		
127	收益率均值	2.44%	0.48%	<-=AVERAGE(C6:C124)	
128	方差	0.0054	0.0021	<-=VAR.S(C6:C124)	
129	标准差	7.33%	4.54%	<-=STDEV.S(C6:C124)	
130	协方差	0.000852	<-=COVARIANCE.S(B6:B124,C6:C124)		
131					
132	投资组合平均收益率				
133	方法1:	1.46%	<-=AVERAGE(D6:D124)		
134	方法2:	1.46%	<-=B2*B127+B3*C127		
135					
136	投资组合收益率方差				
137	方法1:	0.0023	<-=VAR.S(D6:D124)		
138	方法2:	0.0023	<-=B2^2*B128+B3^2*C128+2*B2*B3*B130		
139					
140	投资组合收益率的标准差				
141	方法1:	0.0478	<-=STDEV.S(D6:D124)		
142	方法2:	0.0478	<-=SQRT(B138)		

投资组合的平均收益率正好是这两种资产的平均收益率的平均值：

$$投资组合期望收益率 = 0.5 \cdot E(r_{AAPL}) + 0.5 \cdot E(r_K)$$

一般来说，投资组合的平均收益率是成分股票的加权平均收益率。如果用 x 表示投资于 AAPL 的比例，以 $(1-x)$ 表示对股票 K 的投资比例，则投资组合期望收益率为：

$$E(r_p) = x \cdot E(r_{AAPL}) + (1-x) \cdot E(r_K)$$

然而，投资组合的方差并不是两个股票的方差的平均值！方差的公式为：

$$\mathrm{var}(r_p) = x^2 \mathrm{var}(r_{AAPL}) + (1-x)^2 \mathrm{var}(r_K) + 2x(1-x)\mathrm{cov}(r_{AAPL}, r_K)$$

另一种记法是：

$$\sigma_p^2 = x^2 \sigma_{AAPL}^2 + (1-x)^2 \sigma_K^2 + 2x(1-x)\rho_{AAPL, K}\sigma_{AAPL}\sigma_K$$

绘制各种比例 x 的投资组合的均值和标准差是经常要做的练习。为此，我们使用 Excel 的"数据|模拟分析|模拟运算表"命令构建一个模拟运算表（参见第 28 章）；单元格 B16 和 C16 包含模拟运算表的标题，分别指向单元格 B12 和 B10。

	A	B	C	D	E	F	G	H	I	J
1			计算组合收益率的均值与标准差							
2	资产收益率	AAPL	Kellogg							
3	收益率均值	2.44%	0.48%							
4	方差	0.00537	0.00206							
5	标准差	7.33%	4.54%							
6	协方差	0.000852								
7										
8	AAPL的比例	50%								
9										
10	组合收益率均值	1.46%	<-=B8*B3+(1-B8)*C3							
11	组合收益率方差	0.0023	<-=B8^2*B4+(1-B8)^2*C4+2*B8*(1-B8)*B6							
12	组合收益率标准差	4.78%	<-=SQRT(B11)							
13										
14	模拟运算表, 改变AAPL的比例									
15		组合标准差	组合收益率均值							
16	AAPL的比例	4.78%	1.46%	<- =B10,模拟运算表表头						
17	-50%	6.85%	-0.50%							
18	-40%	6.28%	-0.30%							
19	-30%	5.74%	-0.11%							
20	-20%	5.26%	0.09%							
21	-10%	4.85%	0.28%							
22	0%	4.54%	0.48%							
23	10%	4.33%	0.68%							
24	20%	4.25%	0.87%							
25	30%	4.30%	1.07%							
26	40%	4.48%	1.27%							
27	50%	4.78%	1.46%							
28	60%	5.17%	1.66%							
29	70%	5.63%	1.85%							
30	80%	6.16%	2.05%							
31	90%	6.73%	2.25%							
32	100%	7.33%	2.44%							
33	110%	7.96%	2.64%							
34	120%	8.61%	2.83%							
35	130%	9.27%	3.03%							
36	140%	9.95%	3.23%							
37	150%	10.64%	3.42%							

下面是解决这一问题的 R 代码：

```
86  Xa <- 0.5 # change if you want a different portfolio
87  proportions <- c(Xa, 1 - Xa)
88
89  # Portfolio mean returns
90  port_returns <- sum(mean_returns * proportions)
91  port_returns
92
93  # Portfolio Return Variance
94  port_var <- sum(proportions * proportions * monthly_var,2 * prod(proportions) * cov_ab)
95
96  # alternative and more elegant approach to calculate portfolio variance
97  port_var <- proportions %*% cov_mat %*% proportions
98
99  # Portfolio standard deviation
100 port_sigma <- sqrt(port_var)
```

计算最小方差投资组合

全局最小方差投资组合(GMVP)是具有最低可能风险的投资组合。这可以通过"暴力"方法(规划求解)或求解数学方程来轻松计算得出：

$$\min_{x} \sigma_p^2 = x^2 \sigma_{AAPL}^2 + (1-x)^2 \sigma_K^2 + 2x(1-x)\rho_{AAPL, K}\sigma_{AAPL}\sigma_K$$

$$\Rightarrow x_{AAPL}^{GMVP} = \frac{\sigma_K^2 - \rho_{AAPL, K}\sigma_{AAPL}\sigma_K}{\sigma_K^2 + \sigma_{AAPL}^2 - 2\rho_{AAPL, K}\sigma_{AAPL}\sigma_K} = \frac{\text{var}(r_K) - \text{cov}(r_{AAPL}, r_K)}{\text{var}(r_{AAPL}) + \text{var}(r_K) - 2\text{cov}(r_{AAPL}, r_K)}$$

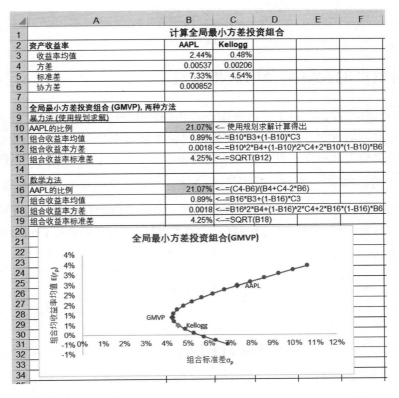

在 R 中实现前述任务的代码如下所示：

```
102  ## Calculating the  Minimum-Variance Portfolio
103  # Analytical Approach
104  # This returns the weight of the 1st asset in the minimum variance portfolio
105  GMVP_AAPL <- as.numeric((monthly_var["K"] - cov_ab)/
106    (monthly_var["AAPL"] + monthly_var["K"] - 2 * cov_ab))
107  GMVP_AAPL # AAPL's weight in the GMVP
108
109
110  # Calculating GMVP variance:
111  GMVP_prop <- c(XGMVP_AAPL = GMVP_AAPL, XGMVP_K = 1 - GMVP_AAPL)
112  GMVP_var <- GMVP_prop %*% cov_mat %*% GMVP_prop
113  GMVP_sigma<-sqrt(GMVP_var)
114  GMVP_var
115  GMVP_sigma
```

在 R 中使用"规划求解"的等效函数是这样的：

```
118  ## Solver Approach
119  # This formula calculates the variance of a 2 asset portfolio
120  port_var_2Stocks <- function(X1, cov_mat) {
121    prop<-c(X1,1-X1)
122    prop %*% cov_mat %*% prop
123  }
124
125  # Minimizing the portfolio's variance:
126  GMVP.Result <- optimize(port_var_2Stocks, # the function to be optimized
127                    interval = c(0,10), # the end-points of the interval to be searched
128                    tol = 0.00001, # the desired accuracy
129                    maximum = FALSE, # FALSE FOR maximum, TRUE for minimum
130                    cov_mat = cov_mat) # Constant Variables
131
132  GMVP.Result # We get the same variance result as the analytic approach
133  X1 <- GMVP.Result$minimum
134  X1
```

10.4　N 种资产的投资组合均值和方差

在前面的章节中,我们讨论了在投资组合仅由两种资产组成的情况下,计算投资组合的均值、方差和标准差的方法。在本节中,我们将讨论扩展到两种以上资产的投资组合。在这种情况下,矩阵符号大大简化了投资组合问题的表示。[1]在 N 种资产的一般情况下,假设资产 i 在投资组合中的比例用 x_i 表示。我们要求 $\sum_i x_i = 1$,但我们对 x_i 的符号没有限制;如果 $x_i > 0$,这表示购买资产 i,如果 $x < 0$,这表示卖空。[2]我们通常把投资组合的比例 x 和均值向量 $E(r)$ 记为列向量(我们不假装保持一致——如果方便的话,我们会将它们写成行向量):

$$x = \begin{bmatrix} x_1 \\ x_2 \\ \vdots \\ x_N \end{bmatrix}, \quad E(r) = \begin{bmatrix} E(r_1) \\ E(r_2) \\ \vdots \\ E(r_N) \end{bmatrix}$$

我们可以把 x^T 和 $E(r)^T$ 记为这两个向量的转置:

$$x^T = [x_1, x_2, \cdots, x_N], \quad E(r)^T = [E(r_1), E(r_2), \cdots, E(r_N)]$$

由比例 x 决定的投资组合的期望收益率是单项资产的期望收益率的加权平均:

$$E(r_p) = \sum_{i=1}^{N} x_i E(r_i)$$

用矩阵表示法可以写成:

$$E(r_p) = \sum_{i=1}^{N} x_i E(r_i) = x^T E(r) = E(r)^T x$$

投资组合的方差写作:

$$\text{var}(r_p) = \sum_{i=1}^{N} \sum_{j=1}^{N} x_i x_j \text{cov}(r_i, r_j) = \sum_{i=1}^{N} (x_i)^2 \text{var}(r_i) + 2 \sum_{i=1}^{N} \sum_{j=i+1}^{N} x_i x_j \text{cov}(r_i, r_j)$$

这个式子看起来很糟糕,但它实际上是对两种资产的投资组合方差表达式的直接扩展,我们之前学过:每种资产的方差出现一次,乘以该资产在投资组合中所占比例的平方;每对资产的协方差出现一次,乘以单项资产比例的乘积的两倍。方差的另一种写法是使用下面的符号:

$$\text{var}(r_i) = \sigma_{ii}, \quad \text{cov}(r_i, r_j) = \sigma_{ij}$$

---

① 第 29 章将介绍足以处理本书中遇到的所有问题的矩阵。用于投资组合问题的 Excel 矩阵函数 MMult 和 MInverse 将在本章中讨论。

② 在第 11 章中,我们将讨论存在卖空限制时的投资组合优化。此时,我们假设卖空是不受限制的。

在这种情况下,投资组合 X 的方差为:

$$\text{var}(r_X) = \sum_i \sum_j x_i x_j \sigma_{ij}$$

投资组合方差的最简洁的表示方法是使用矩阵表示法。它也是在 Excel 中实现大型投资组合的最简单的表示。在这种表示中,我们称第 i 行第 j 列为 σ_{ij} 的矩阵为方差-协方差矩阵:

$$S = \begin{bmatrix} \sigma_1 & \sigma_{12} & \sigma_{13} & \cdots & \sigma_{1N} \\ \sigma_{21} & \sigma_{22} & \sigma_{23} & \cdots & \sigma_{2N} \\ \sigma_{31} & \sigma_{32} & \sigma_{33} & \cdots & \sigma_{3N} \\ \vdots & & \vdots & \ddots & \vdots \\ \sigma_{N1} & \sigma_{N2} & \sigma_{N3} & \cdots & \sigma_{NN} \end{bmatrix}$$

那么投资组合方差由 $\text{var}(r_p) = x^T S x$ 给出。在 Excel 公式中,这被写成数组函数 MMult(MMult(Transpose(x), S), x)。[①]

计算两个投资组合之间的协方差

如果我们有两个投资组合,表示为行向量 $x = [x_1, x_2, \cdots, x_N]$ 和 $y = [y_1, y_2, \cdots, y_N]$,那么两个投资组合的协方差由 $\text{cov}(x, y) = x S y^T = y S x^T$ 给出。在 Excel 公式中,这是数组函数 MMult(MMult(x, S), Transpose(y))。

使用矩阵计算投资组合:一个例子

我们将在一个数值例子中使用前述公式。我们假设有四种风险资产,它们的期望收益率和方差-协方差矩阵如下:

	A	B	C	D	E	F	G	H
1				四资产组合问题				
2			方差-协方差矩阵, S					
3		资产1	资产2	资产3	资产4		收益率均值E(r)	
4	资产1	0.10	0.01	0.03	0.05		6%	
5	资产2	0.01	0.30	0.06	-0.04		8%	
6	资产3	0.03	0.06	0.40	0.02		10%	
7	资产4	0.05	-0.04	0.02	0.50		15%	

我们考察两种风险资产组合:

	A	B	C	D	E	F	G
9		资产1	资产2	资产3	资产4		
10	组合 x	0.20	0.30	0.40	0.1	<-=1-SUM(B10:D10)	
11	组合 y	0.20	0.10	0.10	0.6	<-=1-SUM(B11:D11)	

我们计算这两个投资组合的均值、方差和协方差。我们使用 Excel 的数组函数 MMult 进行矩阵乘法,使用数组函数 Transpose 将行向量转换为列向量。[②]

[①] 数组函数将在第 31 章讨论。后面的许多例子将说明它们在投资组合优化中的应用。

[②] 我们将在第 34 章中解释 MMult 和 Transpose 是数组函数,必须通过同时按[Ctrl]、[Shift]、[Enter]键来输入。

	A	B	C	D	E	F	G	H
1				四资产组合问题				
2			方差-协方差矩阵, S				收益率均值	
3		资产1	资产2	资产3	资产4		E(r)	
4	资产1	0.10	0.01	0.03	0.05		6%	
5	资产2	0.01	0.30	0.06	-0.04		8%	
6	资产3	0.03	0.06	0.40	0.02		10%	
7	资产4	0.05	-0.04	0.02	0.50		15%	
8								
9		资产1	资产2	资产3	资产4			
10	组合 x	0.20	0.30	0.40	0.1	<—=1-SUM(B10:D10)		
11	组合 y	0.20	0.10	0.10	0.6	<—=1-SUM(B11:D11)		
12								
13	投资组合x和y的统计量:均值，方差，协方差，相关性							
14		组合 x	组合 y					
15	均值,E(r$_p$)	9.10%	12.00%	<—{=MMULT(B11:E11,G4:G7)}				
16	方差,σ$_p^2$	0.1216	0.2034	<—{=MMULT(MMULT(B11:E11,B4:E7),TRANSPOSE(B11:E11))}				
17	标准差,σ$_p$	34.87%	45.10%	<—=SQRT(C16)				
18	协方差,cov(x,y)	0.0714	<—{=MMULT(MMULT(B10:E10,B4:E7),TRANSPOSE(B11:E11))}					
19	相关系数,ρ$_{xy}$	0.4540	<—=B18/(B17*C17)					

用 R 实现前面的例子：

```
139  # Input: Variance Covariance Matrix
140  var_cov_mat <- matrix(c(0.10, 0.01, 0.03, 0.05,
141                          0.01, 0.30, 0.06, -0.04,
142                          0.03, 0.06, 0.40, 0.02,
143                          0.05, -0.04, 0.02, 0.50),
144                          ncol = 4)
145
146  # Adding column names to a matrix:
147  row.names(var_cov_mat) <- c("Asset 1",  "Asset 2", "Asset 3", "Asset 4")
148  colnames(var_cov_mat) <-  row.names(var_cov_mat)
149
150  # Insert mean returns
151  mean_returns <- c(0.06, 0.08, 0.1, 0.15)
152
153  #Insert Portfolio weights
154  port_x_wei <- c(0.2, 0.3, 0.4, 0.1)
155  port_y_wei <- c(0.2, 0.1, 0.1, 0.6)
156
157  # Portfolios Mean Returns
158  port_x_ret <- mean_returns %*% port_x_wei
159  port_y_ret <- mean_returns %*% port_y_wei
160
161  # Portfolios variance calculation of n-assets
162  port_x_var <- port_x_wei %*% var_cov_mat %*% port_x_wei
163  port_y_var <- port_y_wei %*% var_cov_mat %*% port_y_wei
164
165  # Portfolios Standard deviation
166  port_x_sigma <- sqrt(port_x_var)
167  port_y_sigma <- sqrt(port_y_var)
168
169  # Covariance(X,Y)
170  cov_xy <- port_x_wei %*% var_cov_mat %*% port_y_wei
171
172  # Correlation Coefficient (X,Y)
173  correl_xy <- cov_xy / (port_x_sigma * port_y_sigma)
```

现在我们可以计算投资组合 x 和 y 的标准差和收益率。注意，一旦我们计算了两个投资组合收益率的均值、方差和协方差，任何投资组合的均值和方差的计算都与两种资产的情况相同。[①]

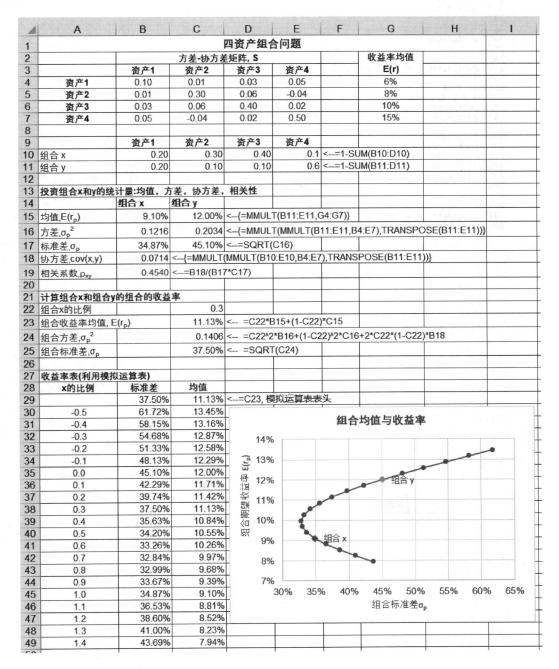

在 R 中实现上述任务的代码如下所示：

---

① 这句话很重要。我们将在下一章看到，所有 N 种资产的投资组合问题最终被归结为两种资产的情况。

```
177  # Calculating returns of combinations of Portfolio X and Portfolio Y
178  # Z is a portfolio constructed of portfolio X and portfolio Y.
179  X <- 0.3 #Proportion of X
180  port_z_weights <- c(X, 1-X) #Proportions of X and Y
181
182  # Portfolio Returns
183  port_z_ret <- port_z_weights %*% c(port_x_ret, port_y_ret)
184
185  # Portfolio Variance and sigma
186  port_z_var <- port_z_weights[1] ^ 2 * port_x_var +
187                port_z_weights[2] ^ 2 * port_y_var + 2 * prod(port_z_weights) * cov_xy
188
189  port_z_sigma <- sqrt(port_z_var)
190
191  ## Plot
192  # Set an Array of Portfolio Weights
193  port_x_weight <- c( 1:20 / 10 - 0.6)
194  port_y_weight <- 1 - port_x_weight
195
196  # Portfolios Mean Returns
197  port_z_ret <- port_x_weight %*% port_x_ret + port_y_weight %*% port_y_ret
198
199  # Portfolios Sigma
200  port_z_sigma <- sqrt(port_x_weight ^ 2 %*% port_x_var + port_y_weight ^ 2 %*%
201                  port_y_var + (port_x_weight * port_y_weight) %*% cov_xy %*% 2)
202
203  # Plot
204  plot(data.frame(port_z_sigma, port_z_ret), type="l", xlab = "Standard Deviations",
205       ylab = "Mean Returns", main = "Portfolio Means and Returns")
```

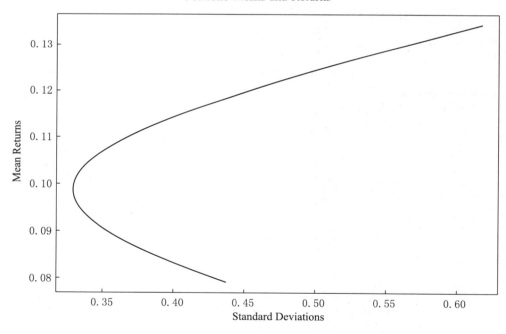

10.5　包络线投资组合

包络线投资组合（envelope portfolio）是具有相同期望收益率的所有投资组合中给出最低

方差的风险资产投资组合。一个有效投资组合是具有相同方差的所有投资组合中期望收益率最高的投资组合。我们可以用数学方法定义包络线投资组合。对于给定的收益率 $\mu = E(r_p)$，有效投资组合 $p=[x_1, x_2, \cdots, x_N]$ 是如下方程的一个解：

$$\min_{x_i} \mathrm{var}(r_p) = \min_{x_i} \sum_{i=1}^{N} \sum_{j=1}^{N} x_i x_j \sigma_{ij} \quad \text{s.t.} \sum_{j=1}^{N} x_i r_i = \mu = E(r_p)$$

$$\sum_i x_i = 1$$

包络线是所有包络线投资组合的集合，有效边界是所有有效投资组合的集合。[①] 如 Black (1972) 所示，包络线是任意两个包络线投资组合的所有凸组合的集合。[②] 这意味着如果 $x=[x_1, x_2, \cdots, x_N]$ 和 $y=[y_1, y_2, \cdots, y_N]$ 是包络线投资组合，并且 a 是常数，则投资组合 z 定义为：

$$z = ax + (1-a)y = \begin{bmatrix} ax_1 + (1-a)y_1 \\ ax_2 + (1-a)y_2 \\ \vdots \\ ax_N + (1-a)y_N \end{bmatrix}$$

这也是一个包络线投资组合。因此，如果能找到任意两个包络线投资组合，我们就可以计算出整个包络线边界。

根据这个定理，一旦找到了两个有效投资组合 x 和 y，我们就知道任何其他有效投资组合都是 x 和 y 的凸组合，我们用 $[E(r_x), \sigma_x^2]$ 和 $[E(r_y), \sigma_y^2]$ 表示 x 和 y 的均值和方差，以及如果 $z=ax+(1-a)y$，则：

$$E(r_z) = aE(r_x) + (1-a)E(r_y)$$
$$\sigma_z^2 = a^2 \sigma_x^2 + (1-a)^2 \sigma_y^2 + 2a(1-a)\mathrm{cov}(x, y)$$
$$= a^2 \sigma_x^2 + (1-a)^2 \sigma_y^2 + 2a(1-a)(xSy^{\mathrm{T}})$$

关于有效投资组合计算的进一步细节将在第 11 章中讨论。

投资组合 x 和 y 不在包络线上

为了展示包络线和有效投资组合的概念的重要性，我们证明前面例子中所示的两个组合既不是包络线投资组合，也不是有效投资组合。这很容易看出，前提是我们扩展数据表以包括单项资产的数据：

[①] 第 13 章将讨论包络线投资组合和有效投资组合之间的区别。概括来说，有效边界是只包含最优投资组合的包络线的子集。

[②] 我们将在第 11 章更广泛地讨论费希尔·布莱克(Fischer Black)的定理。

	A	B	C	D	E	F	G	H	I
1	四资产组合问题								
2		方差-协方差矩阵,S					收益率均值		
3		资产1	资产2	资产3	资产4		E(r)		
4	资产1	0.10	0.01	0.03	0.05		6%		
5	资产2	0.01	0.30	0.06	-0.04		8%		
6	资产3	0.03	0.06	0.40	0.02		10%		
7	资产4	0.05	-0.04	0.02	0.50		15%		
8									
9		资产1	资产2	资产3	资产4				
10	组合x	0.20	0.30	0.40	0.1	<--=1-SUM(B10:D10)			
11	组合y	0.20	0.10	0.10	0.6	<--=1-SUM(B11:D11)			
12									
13	投资组合x和y的统计量:均值,方差,协方差,相关系数								
14		组合x	组合y						
15	均值,$E(r_p)$	9.10%	12.00%	<--{=MMULT(B11:E11,G4:G7)}					
16	方差.σ_p^2	0.1216	0.2034	<--{=MMULT(MMULT(B11:E11,B4:E7),TRANSPOSE(B11:E11))}					
17	标准差.σ_p	34.87%	45.10%	<--=SQRT(C16)					
18	协方差.cov(x,y)	0.0714	<--{=MMULT(MMULT(B10:E10,B4:E7),TRANSPOSE(B11:E11))}						
19	相关系数.ρ_{xy}	0.4540	<--=B18/(B17*C17)						
20									
21	计算组合x和组合y的组合的收益率								
22	组合x的比例		0.3						
23	组合收益率均值,$E(r_p)$		11.13%	<-- =C22*B15+(1-C22)*C15					
24	组合方差,σ_p^2		0.1406	<-- =C22^2*B16+(1-C22)^2*C16+2*C22*(1-C22)*B18					
25	组合标准差,σ_p		37.50%	<-- =SQRT(C24)					
26									
27	收益率表(利用模拟运算表)								
28	x的比例	标准差	均值						
29		37.50%	11.13%	<--=C23,模拟运算表表头					
30	-1.00	80.60%	14.90%						
31	-0.85	74.80%	14.47%						
32	-0.70	69.10%	14.03%						
33	-0.55	63.54%	13.60%						
34	-0.40	58.15%	13.16%						
35	-0.25	52.99%	12.73%						
36	-0.10	48.13%	12.29%						
37	0.05	43.66%	11.86%						
38	0.20	39.74%	11.42%						
39	0.35	36.51%	10.99%						
40	0.50	34.20%	10.55%						
41	0.65	32.98%	10.12%						
42	0.80	32.99%	9.68%						
43	0.95	34.21%	9.25%						
44	1.10	36.53%	8.81%						
45	1.25	39.76%	8.38%						
46	1.40	43.69%	7.94%						
47	1.55	48.16%	7.51%						
48	1.70	53.02%	7.07%						
49	1.85	58.19%	6.64%						

如果这两个投资组合在包络线上,那么所有的单项资产将落在图中的曲线上或曲线内。在我们的例子中,两个股票收益率(股票 1 和股票 4)在组合 x 和 y 所生成的边界之外。因此,x 和 y 不是有效投资组合。在第 11 章中,你将学习计算有效投资组合和包络线投资组合,正如你将在那里看到的,这需要相当多的计算。

10.6　总结

在本章中,我们回顾了投资组合的基本概念和数学问题。在接下来的章节中,我们将描述如何从资产收益率中计算方差-协方差矩阵,以及如何计算有效投资组合。

练习

1. 本章的练习文件（见配套网站）包含了家乐氏和 IBM 的股票价格的每月数据。计算收益率统计数据，并绘制出两个股票组合的边界线。

2. 看看下面这两只股票。画出这两只股票组合的边界。显示相关性从 −1 到 +1 改变对边界的影响。

	A	B	C	D	E	F
1		两只股票 改变相关系数				
2		股票A	股票B			
3	均值	3.00%	8.00%			
4	标准差	15.00%	22.00%			
5	相关系数	0.3				

3. 这些练习的 Excel 文件（可以在本书配套网站上找到）给出了两只先锋基金——先锋指数 500 基金和先锋高收益率公司债券基金（VWEHX）的五年月度价格。其中，第一只基金跟踪 SP500，VWEHX 是一只垃圾债券基金。计算这两个基金组合的月收益率和边界。

4. 考察两个随机变量 X 和 Y，其值如下所示。注意，X 和 Y 是完全相关的（尽管可能不是线性相关的），计算它们的相关系数。

	A	B
1	X	Y
2	-5	25
3	-4	16
4	-3	9
5	-2	4
6	-1	1
7	0	0
8	1	1
9	2	4
10	3	9
11	4	16
12	5	25

5. 资产 A 和 B 的均值和方差见练习文件。在一组坐标轴上绘制 $\rho_{AB} = -1, 0, +1$ 三种情况，产生以下图表：

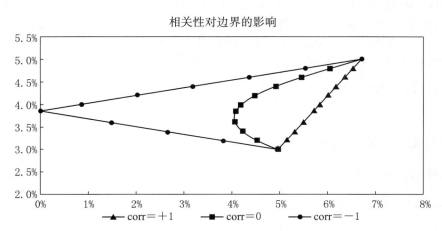

相关性对边界的影响

6. 三种资产具有以下均值和方差-协方差矩阵。

	A	B	C	D	E	F
1			方差-协方差矩阵			均值
2		0.3	0.02	-0.05		10%
3		0.02	0.4	0.06		12%
4		-0.05	0.06	0.6		14%
5						
6		组合1	组合2			
7	资产1	30%	50%			
8	资产2	20%	40%			
9	资产3	50%	10%			

a. 计算投资组合的统计量——均值、方差、标准差、协方差、相关系数。

b. 绘制一个投资组合的均值和标准差图表。

c. 将单项资产收益率添加到图表中。这两个投资组合在有效边界上吗？

7. 考察下面的数据，找出投资组合的权重，使投资组合的期望收益率为 14%。对应的投资组合标准差是多少？

	A	B	C
1		收益率均值	收益率标准差
2	股票1	12%	35%
3	股票2	18%	50%
4	协方差,cov(r_1,r_2)	0.0835	

8. 在前面的问题中，找到两个标准差为 45% 的投资组合。（这个问题有一个解析解，但也可以用"规划求解"解决。）

附录 10.1　连续复利收益率与几何收益率

使用连续复利假设 $P_t = P_{t-1} e^{r_t}$，其中 r_t 是期间$(t-1, t)$的收益率。假设 r_1, r_2, $\cdots$, r_{12} 是 12 个时期（一个时期可以是一个月，也可以是一年）的收益率，那么 12 个时期结束时的股票价格将是 $P_{12} = P_0 e^{r_1+r_2+\cdots+r_{12}}$。这种价格和收益率的表示允许我们假设平均期间收益率是 $r = (r_1 + r_2 + \cdots + r_{12})/12$。由于我们希望假设 12 个时期的收益率数据代表未来时期的收益率分布，因此，连续复利收益率是适当的收益率衡量标准，而非离散复利收益率 $r_t = \dfrac{P_t - P_{t-1}}{P_{t-1}}$。

连续复利与离散复利有何不同？

连续复利收益率总是小于离散复利收益率，但通常差异不大。下表显示了第 10.2 节示例的区别：

	A	B	C	D	E	F	G	H	I	J
1				APPLE 和KELLOGG 的连续和离散收益率 2009年1月 - 2019年1月						
2		调整后收盘价			连续收益率			离散收益率		
3	日期	AAPL	Kellogg		AAPL	Kellogg		AAPL	Kellogg	
4	2018/12/1	157.07	56.45		-12.06%	-10.13%	<-=LN(C4/C5)	-11.36%	-9.63%	<-=C4/C5-1
5	2018/11/1	177.20	62.46		-20.34%	-2.83%	<-=LN(C5/C6)	-18.40%	-2.79%	<-=C5/C6-1
6	2018/10/1	217.17	64.26		-3.10%	-6.70%		-3.05%	-6.48%	
7	2018/9/1	223.99	68.72		-0.48%	-1.71%		-0.48%	-1.70%	
120	2009/4/1	11.99	30.97		17.98%	13.94%		19.70%	14.96%	
121	2009/3/1	10.01	26.94		16.30%	-5.18%		17.70%	-5.05%	
122	2009/2/1	8.51	28.37		-0.91%	-11.56%		-0.91%	-10.92%	
123	2009/1/1	8.59	31.85							
124										
125	月均值	=AVERAGE(E4:E122)-->			2.44%	0.48%		2.74%	0.58%	<-- =AVERAGE(I4:I122)
126	月方差	=VAR.S(E4:E122)-->			0.0054	0.0021		0.0056	0.0021	<-- =VAR.S(I4:I122)
127	月标准差	=STDEV.S(E4:E122)-->			7.33%	4.54%		7.46%	4.56%	<-- =STDEV.S(I4:I122)
128										
129	年均值	=12*E125-->			29.31%	5.77%		38.38%	7.25%	<-- =(1+I125)^12-1
130	年方差	=12*E126-->			0.0645	0.0247		0.0667	0.0249	<-- =12*I126
131	年标准差	=SQRT(12)*E127-->			25.39%	15.72%		25.83%	15.79%	<-- =SQRT(12)*I127

根据期间收益率计算年收益率和方差

假设我们计算一系列连续复利月收益率 r_1，r_2，$\cdots$，r_n，然后希望计算年收益率的均值和方差。显然，平均年收益率为：[1]

$$\text{平均年收益率} = 12\left[\frac{1}{n}\sum_{t=1}^{n}r_t\right]$$

为了计算年收益率的方差，我们假设月收益率是独立的同分布随机变量。如果我们使用连续复利收益率，那么结果就会是 $\text{var}(r) = 12\left[\frac{1}{n}\sum_{t=1}^{n}\text{var}(r_t)\right] = 12\sigma_{月}^2$，年收益率的标准差 σ 为 $\sqrt{12}\sigma_{月}$。

附录 10.2　股息调整

当从雅虎或其他来源下载数据时，"调整后的价格"包括股息调整。在本附录中，我们将讨论进行这种调整的两种方法。[2]第一种（也是最简单的）调整股息的方法是将股息加到年度价格变化中。在下面的例子中，如果你以 2007 年底每股 52.43 美元的价格购买了家乐氏的股票，并持有了一年，到年底，你将获得 13.9% 的收益率。

$$2008 \text{ 年的离散复利收益率} = \frac{43.85 + 1.30}{52.43} - 1 = -13.9\%$$

连续复利计算公式为：

$$2008 \text{ 年的连续复利收益率} = \ln\left(\frac{43.85 + 1.30}{52.43}\right) = -14.9\%$$

---

① 请注意，对于离散计算的复利收益率，这是不正确的。因此，当使用连续复利时，方差和标准差的计算更简单。

② 有人可能会说，由于网络上的免费资源可以自动进行这些调整，所以本附录中的细节是多余的。尽管如此，我们认为它们提供了一些有趣的见解。（如果你不同意，请往后看！）

	A	B	C	D	E	F	G
1			**KELLOGG (K) 股票调整股息**				
2	年	年底股价	每股股息	离散复利收益率	连续复利收益率		
3	2007	52.43				=(B4+C4)/B3-1	
4	2008	43.85	1.30	-13.9%	-14.9%	<--=LN(SUM(B4:C4)/B3)	
5	2009	53.20	1.43	24.6%	22.0%		
6	2010	51.08	1.56	-1.1%	-1.1%		
7	2011	50.57	1.67	2.3%	2.2%		
8	2012	55.85	1.74	13.9%	13.0%		
9	2013	61.07	1.80	12.6%	11.8%		
10	2014	65.44	1.90	10.3%	9.8%		
11	2015	72.27	1.98	13.5%	12.6%		
12	2016	73.71	2.04	4.8%	4.7%		
13	2017	67.98	2.12	-4.9%	-5.0%		
14	2018	57.01	2.20	-12.9%	-13.8%		
15			平均收益率	4.5%	3.8%	<--=AVERAGE(E4:E14)	
16			收益率标准差	11.98%	11.66%	<--=STDEV.S(E4:E14)	

（离散复利和连续复利之间的选择将在本附录的后续部分中进一步讨论。）

红利再投资

另一种计算收益率的方法是假设股息被再投资于股票：

	A	B	C	D	E	F	G	H
19				**KELLOGG (K) 将股息再投资于股票**				
20	年	年底股价	每股股息	年底有效持股数	年底股票价值	离散复利收益率	连续复利收益率	
21	2007	52.43		1.00	52.43			=E22/E21-1
22	2008	43.85	1.30	1.03	45.15	-13.9%	-14.9%	<--=LN(E22/E21)
23	2009	53.20	1.43	1.06	56.25	24.6%	22.0%	
24	2010	51.08	1.56	1.09	55.66	-1.1%	-1.1%	
25	2011	50.57	1.67	1.13	56.92	2.3%	2.2%	
26	2012	55.85	1.74	1.16	64.82	13.9%	13.0%	
27	2013	61.07	1.80	1.19	72.97	12.6%	11.8%	
28	2014	65.44	1.90	1.23	80.46	10.3%	9.8%	
29	2015	72.27	1.98	1.26	91.30	13.5%	12.6%	
30	2016	73.71	2.04	1.29	95.69	4.8%	4.7%	
31	2017	67.98	2.12	1.34	91.00	-4.9%	-5.0%	
32	2018	57.01	2.20	1.39	79.26	-12.9%	-13.8%	
33				平均收益率		4.5%	3.8%	<--=AVERAGE(G22:G32)
34				收益率标准差		11.98%	11.66%	<--=STDEV.S(G22:G32)
35								
36		=D21+C22*D21/B22			=D22*B22			
37								

首先考察 2008 年的情况：由于我们在 2007 年年底购买了该股，所以我们在 2007 年年底拥有一股。如果 2008 年股息按 2008 年年终价格转换为股票，我们可以用它额外购买 0.03 股：

$$2008 \text{ 年年底新购买股票} = \frac{1.30}{43.85} = 0.03$$

因此，2009 年伊始，我们的股票为 1.03 股。2009 年以来的每股分红为 1.43 美元，股票获得的总股息为 1.03×1.43＝1.47 美元。将这些股息再投资于股票会带来：

$$2009 \text{ 年新购买股票} = \frac{1.47}{53.20} = 0.03$$

因此，在 2009 年年底，家乐氏股票的持有者将累计 1+0.03+0.03＝1.06 股（上面电子表格中的单元格 D23）。

如上面的电子表格所示，这些股息的再投资将在 2010 年年底产生 1.09 股股票，价值 55.66 美元。

我们可以用以下两种方法之一来计算投资收益率：

$$\text{Avg(连续复利收益率)} = \frac{1}{11} \sum_{t=1}^{11} \ln\left(\frac{t\ \text{年末股票价值}}{t-1\ \text{年末股票价值}}\right)$$

请注意，这种连续复利收益率（本书中首选的方法）与本附录中第一个电子表格年度收益率（E15＝G33 和 E16＝G34）中计算的结果相同。

另一种方法是计算几何收益率：

$$\text{Avg(离散复利收益率)} = \frac{1}{11} \sum_{t=1}^{11} \left(\frac{t\ \text{年末股票价值}}{t-1\ \text{年末股票价值}} - 1\right)$$

11

有效投资组合和有效边界

11.1 概述

本章涵盖了经典 CAPM 的两个版本所必需的理论和计算，其中经典 CAPM 基于无风险资产（也被称为 Sharpe-Lintner-Mossin 模型），而 Black(1972) 的零贝塔 CAPM 不需要无风险资产的假设。你会发现使用电子表格可以使你轻松地进行必要的计算。

本章的结构如下：我们从一些初步的定义和符号开始。然后，我们介绍一些主要的结果（证明在本章的附录中给出）。在接下来的部分中，我们将应用这些结果，向你展示：

- 如何计算有效投资组合。
- 如何计算有效边界。

本章包含了比本书大多数章节更多的理论材料：第 11.2 节包含了关于投资组合的一些命题，这些命题是第 13 章有效投资组合和 SML 计算的基础。如果你发现第 11.2 节中的理论材料很难，先跳过它，并尝试跟着第 11.3 节中的说明性计算进行学习。本章我们假设已经给出了方差-协方差矩阵；我们把对计算方差-协方差矩阵的各种方法的讨论推迟到第 12 章进行。

11.2 一些初步定义和表示法

在本章中，我们使用以下符号：存在 N 种风险资产，每一种资产的期望收益率为 $E(r_i)$。矩阵 $E(r)$ 是这些资产的期望收益率的列向量：

$$E(r) = \begin{bmatrix} E(r_1) \\ E(r_2) \\ \vdots \\ E(r_N) \end{bmatrix}$$

S 为 $N \times N$ 的方差-协方差矩阵：

$$S = \begin{bmatrix} \sigma_{11} & \sigma_{12} & \sigma_{13} & \cdots & \sigma_{1N} \\ \sigma_{21} & \sigma_{22} & \sigma_{23} & \cdots & \sigma_{2N} \\ \sigma_{31} & \sigma_{32} & \sigma_{33} & \cdots & \sigma_{3N} \\ \vdots & \vdots & & \ddots & \vdots \\ \sigma_{N1} & \sigma_{N2} & \sigma_{N3} & \cdots & \sigma_{NN} \end{bmatrix}$$

一个风险资产投资组合（当我们的意图明确时，我们只使用"投资组合"这个词）是一个列向量 x，列向量所有元素之和为 1：

$$x = \begin{bmatrix} x_1 \\ x_2 \\ \vdots \\ x_N \end{bmatrix}, \quad \sum_i x_i = 1$$

向量中每个 x_i 表示投资组合投资于风险资产 i 的比例。

投资组合 x 的期望收益率 $E(r_p)$ 由 x 与 R 的乘积给出：$E(r_x) = x^T \cdot R \equiv \sum_{i=1}^N x_i E(r_i)$。

投资组合 x 收益率的方差 $\sigma_x^2 \equiv \sigma_{xx}$，由乘积 $x^T S x = \sum_{i=1}^N \sum_{j=1}^N x_i x_j \sigma_{ij}$ 给出。两个投资组合 x 和 y 的收益率的协方差 $\text{cov}(r_x, r_y)$ 由乘积 $\sigma_{xy} = x^T S y = \sum_{i=1}^N \sum_{j=1}^N x_i y_j \sigma_{ij}$ 确定。注意，$\sigma_{xy} = \sigma_{yx}$。

下图说明了四个概念。一个可行投资组合是比例之和为 1 的任何投资组合。可行集是可行投资组合产生的投资组合收益率的均值和标准差的集合；这个可行集是曲线内部右边的区域。如果在给定的期望收益率下，它有最小的方差，该可行投资组合是在可行集的包络线上。最后，如果一个投资组合 x 在给定投资组合方差（或标准差）的情况下能使收益率最大化，那么它就是一个有效投资组合。也就是说，如果不存在满足 $E(r_y) > E(r_x)$ 和 $\sigma_y < \sigma_x$ 的其他投资组合 y，则 x 是有效的。所有有效投资组合的集合被称为有效边界；这条边界线是图中加粗的曲线。

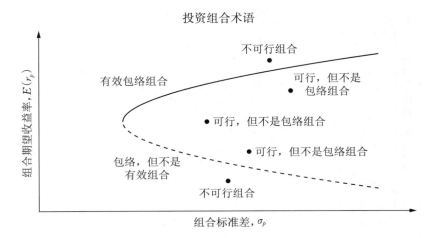

投资组合术语

11.3 关于有效投资组合和 CAPM 的五个命题

在本章的附录中,我们将证明以下结果,这些结果是 CAPM 计算的基础。所有这些命题都被用于推导有效边界和 SML;其数值说明将在下一节和后面的章节给出。

命题 1:如何找出包络线上的投资组合

设 c 为常数。我们用 $E(r)-c$ 表示以下列向量:

$$E(r)-c = \begin{bmatrix} E(r_1)-c \\ E(r_2)-c \\ \vdots \\ E(r_N)-c \end{bmatrix}$$

设向量 z 是线性方程组 $E(r)-c=Sz$ 的解。那么,这个解将以如下方式在可行集的包络线上生成一个投资组合 x:

$$z = \{x_1, x_2, \cdots, x_N\} = S^{-1}\{E(r)-c\}$$

$$x = \{x_1, x_2, \cdots, x_N\}, \quad x_i = \frac{z_j}{\sum_{j=1}^{N} z_j}$$

此外,所有包络线投资组合都是这种形式。

直觉:这个命题的正式证明在本章的数学附录中给出,但直觉意义上是简单的和几何的。假设我们选择一个常数 c,并试图找到一个有效投资组合 x,该组合为过 c 点与可行集相切直线的切点:

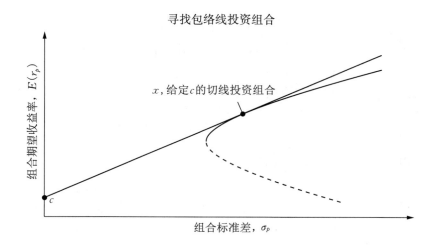

寻找包络线投资组合

命题 1 给出了求 x 的过程;此外,该命题指出,所有包络线投资组合(特别是所有有效投资组合)都是该命题所概述的程序的结果。即,如果 x 是任意的包络线投资组合,则存在常数 c 和向量 z 使得 $S \cdot z = E(r) - c$ 和 $x_i = \dfrac{z_i}{\sum_i z_i}$。

命题 2:利用两个包络线投资组合建立整个包络线

根据 Black(1972)首先证明的一个定理,任意两个包络线投资组合都足以构建整个包络线。给定任意两个包络线投资组合 $x = \{x_1, x_2, \cdots, x_N\}$ 和 $y = \{y_1, y_2, \cdots, y_N\}$,所有包络线投资组合都是 x 和 y 的凸组合。这意味着给定任意常数 a,投资组合 $ax + (1-a)y =$

$$\begin{bmatrix} ax_1 + (1-a)y_1 \\ ax_2 + (1-a)y_2 \\ \vdots \\ ax_N + (1-a)y_N \end{bmatrix}$$ 是一个包络线投资组合。

命题 3:布莱克的零贝塔模型

如果 y 是任意包络线投资组合,那么对于任意其他(包络线或非包络线)投资组合 x,我们有:

$$E(r_x) = c + \beta_x [E(r_y) - c]$$

其中 $\beta_x = \dfrac{\mathrm{cov}(x, y)}{\sigma_y^2}$。

进一步,c 为所有投资组合 z 的期望收益率,其与 y 的协方差为零:

$$c = E(r_z),\text{其中 } \mathrm{cov}(y, z) = 0$$

注:如果 y 在包络线上,任意所有投资组合 x 对 y 的回归都是线性关系。在这个版本的 CAPM(费希尔·布莱克在 1972 年的论文中证明了这一结果,为了纪念他,通常称其为"布莱克的零贝塔 CAPM")中,SML 中的无风险资产由一个相对于特定包络线投资组合 y 的零贝塔投资组合替代,这条 SML 取代了 Sharpe-Linner-Mossin 的 SML。注意,这个结果对任何包络线投资组合 y 都是正确的。

命题 3 的反命题也是成立的。

命题 4:证券市场线的第一步

假设存在一个投资组合 y,对任意一个投资组合 x,存在如下关系:

$$E(r_x) = c + \beta_x [E(r_y) - c],\text{其中 } \beta_x = \dfrac{\mathrm{cov}(x, y)}{\sigma_y^2}$$

那么投资组合 y 是一个包络线投资组合。

命题 3 和命题 4 表明，当且仅当我们的所有投资组合收益率对一个包络线投资组合进行回归的 $R^2=100\%$ 时，SML 关系成立。正如 Roll(1977，1978)强力指出的那样，这些命题表明，仅通过证明 SML 成立来检验 CAPM 是不够的。[1]对 CAPM 的唯一真正的检验是，真实的市场投资组合是否具有均值-方差效率。我们将在第 13 章再次讨论这个问题。

市场投资组合

市场投资组合 M 是一个由经济中所有风险资产组成的投资组合，每一项资产的持有比例与其价值成正比。为了使这一概念更加具体化，我们假设有 N 种风险资产，资产 i 的市值为 V_i，则市场组合的权重如下：

$$资产\ i\ 在\ M\ 中的比例 = \frac{V_i}{\sum_{h=1}^{N} V_h}$$

如果市场投资组合 M 是有效的（我们将在第 13 章看到，这是一个很大的"如果"），命题 3 对市场投资组合也是成立的。也就是说，用 $E(r_z)$ 代替 c，SML 保持不变：

$$E(r_x)=E(r_z)+\beta_x\big[E(r_y)-E(r_z)\big]$$

其中 $\beta_x=\dfrac{\text{cov}(x,\ M)}{\sigma_M^2}$，$\text{cov}(z,\ M)=0$

在所有 CAPM 结果中，这个版本的 SML 得到的实证研究关注最多。在第 13 章，我们将介绍如何计算 β_x 和 SML；我们接着将考察罗尔(Roll)对这些实证检验的批评。从下图不难看出怎样在可行集的包络线上找到零贝塔投资组合：

寻找零贝塔投资组合

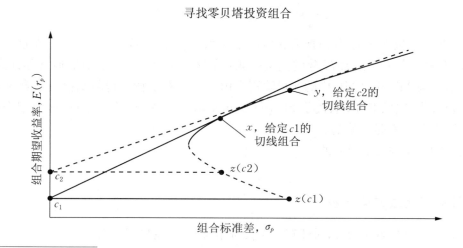

---

① Roll(1977)被引用得更多，也更全面，但他 1978 年的论文更容易阅读，也更直观。如果你对这些文献感兴趣，请从那里开始。

当存在无风险资产时,命题 3 就是经典 CAPM 的 SML。

命题 5:SML

如果存在收益率为 r_f 的无风险资产,则存在包络线投资组合 M 使得对于任何资产 i(有效和非有效),我们可以得到:

$$E(r_i)=r_f+\beta_i\left[E(r_M)-r_f\right]$$

其中 $\beta_i=\dfrac{\text{cov}(r_i,r_M)}{\sigma_M^2}$。

如 Sharpe(1964)、Lintner(1965)、Mossin(1966)的经典论文所示,如果所有投资者只根据投资组合的均值和标准差来选择投资组合,则命题 5 的投资组合 x 为市场投资组合 M。

在本章的剩余部分,我们将使用 Excel 中的数值例子来探讨这些命题的含义。

11.4　计算有效边界:示例

在本节中,我们使用 Excel 计算有效边界。我们考察一个有四种风险资产的世界,其期望收益率和方差-协方差矩阵如下:

	A	B	C	D	E	F	G
1	计算有效投资组合和边界						
2	方差-协方差矩阵, S						
3		资产1	资产2	资产3	资产4		收益率均值E(r)
4	资产1	0.10	0.01	0.03	0.05		6%
5	资产2	0.01	0.30	0.06	-0.04		8%
6	资产3	0.03	0.06	0.40	0.02		10%
7	资产4	0.05	-0.04	0.02	0.50		15%

我们把计算分为两部分。在接下来的小节中,我们依次介绍如何在可行集的包络线上计算两个投资组合,以及如何计算有效边界。

R 中的等效代码如下所示:

```
8   ## Inputs
9   # Variance-covariance matrix
10  var_cov_mat <- matrix(c(0.10, 0.01, 0.03, 0.05,
11                          0.01, 0.30, 0.06, -0.04,
12                          0.03, 0.06, 0.40, 0.02,
13                          0.05, -0.04,0.02, 0.50),
14                          nrow=4)
15
16  # Mean Returns
17  assets_mean_ret <- c(0.06,0.08,0.1,0.15)
```

计算两个包络线投资组合

通过命题 2，我们必须找到两个有效投资组合以识别整个有效边界。通过命题 1，每个包络线投资组合是关于 z 的方程组 $R-c=S\cdot z$ 的解。为了识别两个有效投资组合，我们使用两个不同的 c 值。对于每个不同的 c 值，我们解出 z，然后设置 $x_i=\dfrac{z_i}{\sum_i z_i}$ 以找到一个有效投资组合。

我们所求解的 c 值是任意的（参见第 11.6 节），但是为了简单起见，我们首先为 $c=0$ 这个方程组求解。这将得到以下结果：

	A	B	C	D	E	F	G	H
9	计算常数为0的包络线投资组合							
10		z					包络线投资组合, x	
11	资产1	0.3861	<--{=MMULT(MINVERSE(B4:E7),G4:G7-0)}				0.3553	<--=B11/$B$15
12	资产2	0.2567					0.2362	
13	资产3	0.1688					0.1553	
14	资产4	0.2752					0.2532	
15	总和	1.0868	<--=SUM(B11:B14)			总和	1.0000	<--=SUM(G11:G14)

单元格中的公式如下所示：

• 对于 z，我们使用数组函数 MMult(MInverse(B4:E7)，G4:G7-0)（见上面的电子表格）。区间 B4:E7 包含方差-协方差矩阵，单元格 G4:G7 包含资产的期望收益率。

• 对于 x，每个单元格包含 z 的相关值除以 z 的总和。因此，例如，单元格 G12 包含公式 =B12/$B$15，这与=B12/SUM($B$11:$B$14)是一样的。

为了找到第二个包络线投资组合，我们现在为 $c=0.04$（单元格 B18）的方程组求解。

	A	B	C	D	E	F	G	H
17	计算常数=4%的包络线投资组合							
18	常数, c	4.00%						
19		z					包络线投资组合, y	
20	资产1	0.0404	←	{=MMULT(MINVERSE(B4:E7),G4:G7-B18)}			0.0782	<--=B20/$B$24
21	资产2	0.1386					0.2684	
22	资产3	0.1151					0.2227	
23	资产4	0.2224					0.4307	
24	总和	0.5165	<--=SUM(B20:B23)			总和	1.0000	<--=SUM(G20:G23)

根据命题 1 的结果，单元 G20:G23 中的投资组合 y 为包络线投资组合。与 y 相关的这个向量 z 的计算方式与计算第一个向量的方式类似，只是单元格中的数组函数为 MMult(MInverse(B4:E7)，G4:G7-B18)，其中 G4:G7-B18 包含期望收益率向量减去常数 0.04。

在 R 中的实现如下所示：

```
23   # Function: Calculate Envelope Portfolio proportions in one step
24 ▾ envelope_portfolio <- function(var_cov_mat, assets_mean_ret, constant){
25     Z <- solve(var_cov_mat) %*% (assets_mean_ret - constant) # Z
26     Z_Sum <- sum(Z) # Sum of Z's
27     return( as.vector(Z/Z_Sum) ) # Efficient Portfolio proportions
28   }
29
30   # Computing Portfolios X and Y Asset Allocation
31   port_x_prop <- envelope_portfolio(var_cov_mat, assets_mean_ret, 0)
32   port_y_prop <- envelope_portfolio(var_cov_mat, assets_mean_ret, 0.04)
```

请注意，我们首先用 R 定义一个函数，然后代入不同的常数，以得到每个有效投资组合的比例。

为了完成基本计算，我们计算了投资组合 x 和 y 的收益率均值、标准差和协方差：

	A	B	C	D	E	F	G	H
26		组合x	组合y					
27	常数, c	0%	4.00%	<--=B18				
28	E(r$_p$)	9.37%	11.30%	<--{=MMULT(TRANSPOSE(G20:G23),G4:G7)}				
29	Var(r$_p$)	0.0862	0.1414	<--{=MMULT(MMULT(TRANSPOSE(G20:G23),B4:E7),G20:G23)}				
30	Sigma	29.37%	37.60%	<--=SQRT(C29)				
31								
32	Cov(x,y)	0.1040	<--{=MMULT(MMULT(TRANSPOSE(G11:G14),B4:E7),G20:G23)}					
33	Corr(x,y)	0.9419	<--=B32/(B30*C30)					

使用数组函数 Transpose（参见第 31 章关于数组函数的讨论）来插入 x 和 y 的转置向量。这使我们能够计算均值、方差和协方差如下：

$E(r_p)$ 使用数组公式 MMult(Transpose(x), means)。注意，我们也可以使用函数 Sumproduct(x, means)。

var(r_p) 使用数组公式 MMult(MMult(Transpose(x), var_cov), x)。

Sigma 使用公式 SQRT(Var(r$_p$))。

cov(x, y) 使用数组公式 MMult(MMult(Transpose(x), var_cov),y)。

corr(x, y) 使用公式 Cov(x, y)/(Sigma(x) * Sigma(y))。

在 R 中实现上述目的的代码如下：

```
34   # Mean Returns
35   port_x_ret <- assets_mean_ret %*% port_x_prop
36   port_y_ret <- assets_mean_ret %*% port_y_prop
37
38   # Portfolios Variance and Covariance
39   port_x_var <- port_x_prop %*% var_cov_mat %*% port_x_prop
40   port_y_var <- port_y_prop %*% var_cov_mat %*% port_y_prop
41   cov_xy <- port_x_prop %*% var_cov_mat %*% port_y_prop
42
43   # Portfolios Standard Deviations
44   port_x_sigma <- sqrt(port_x_var)
45   port_y_sigma <- sqrt(port_y_var)
46
47   # Correlation Coefficient (Rho)
48   port_correl<-cov_xy / (port_x_sigma * port_y_sigma)
```

下面的电子表格说明了本小节中的内容：

	A	B	C	D	E	F	G	H
1				计算有效投资组合和边界				
2	方差-协方差矩阵, S							
3		资产1	资产2	资产3	资产4		收益率均值E(r)	
4	资产1	0.10	0.01	0.03	0.05		6%	
5	资产2	0.01	0.30	0.06	-0.04		8%	
6	资产3	0.03	0.06	0.40	0.02		10%	
7	资产4	0.05	-0.04	0.02	0.50		15%	
8								
9	计算常数为0的包络线投资组合							
10		z					包络线投资组合, x	
11	资产1	0.3861	<--{=MMULT(MINVERSE(B4:E7),G4:G7-0)}				0.3553	<--=B11/$B$15
12	资产2	0.2567					0.2362	
13	资产3	0.1688					0.1553	
14	资产4	0.2752					0.2532	
15	总和	1.0868	<--=SUM(B11:B14)			总和	1.0000	<--=SUM(G11:G14)
16								
17	计算常数=4%的包络线投资组合							
18	常数, c	4.00%						
19		z					包络线投资组合, y	
20	资产1	0.0404	←	{=MMULT(MINVERSE(B4:E7),G4:G7-B18)}			0.0782	<--=B20/$B$24
21	资产2	0.1386					0.2684	
22	资产3	0.1151					0.2227	
23	资产4	0.2224					0.4307	
24	总和	0.5165	<--=SUM(B20:B23)			总和	1.0000	<--=SUM(G20:G23)
25								
26		组合x	组合y					
27	常数, c	0%	4.00%	<--=B18				
28	E(r_p)	9.37%	11.30%	<--{=MMULT(TRANSPOSE(G20:G23),G4:G7)}				
29	Var(r_p)	0.0862	0.1414	<--{=MMULT(MMULT(TRANSPOSE(G20:G23),B4:E7),G20:G23)}				
30	Sigma	29.37%	37.60%	<--=SQRT(C29)				
31								
32	Cov(x,y)	0.1040	<--{=MMULT(MMULT(TRANSPOSE(G11:G14),B4:E7),G20:G23)}					
33	Corr(x,y)	0.9419	<--=B32/(B30*C30)					

计算包络线

根据第 11.3 节的命题 2，上一节计算的两个投资组合的凸组合使我们可以计算可行集的整个包络线（当然，其中包括有效边界）。假设 p 为一个投资组合，其中投资组合 x 的比例为 a，投资组合 y 的比例为 $(1-a)$。那么，如第 10 章所述，p 的收益率均值和标准差为：

$$E(r_p) = aE(r_x) + (1-a) \cdot E(r_y)$$

$$\sigma_p = \sqrt{a^2\sigma_x^2 + (1-a)^2\sigma_y^2 + 2a(1-a)\text{cov}(x, y)}$$

以下是两个投资组合的计算示例：

	A	B	C	D	E	F	G
35	单一投资组合计算						
36	x的比例	30%					
37	E(r_p)	10.72%	<--=B36*B28+(1-B36)*C28				
38	Var(r_p) =σ_p^2	0.1207	<--=B36^2*B29+(1-B36)^2*C29+2*B36*(1-B36)*B32				
39	σ_p	34.75%	<--=SQRT(B38)				

我们可以把这个计算转换成一个模拟运算表（参见第 28 章），得到下面这个表：

	A	B	C	D	E	F	G	H
35	单一投资组合计算							
36	x的比例	30%						
37	E(r_p)	10.72%	<—=B36*B28+(1-B36)*C28					
38	Var(r_p) =σ_p²	0.1207	<—=B36^2*B29+(1-B36)^2*C29+2*B36*(1-B36)*B32					
39	σ_p	34.75%	<—=SQRT(B38)					
40								
41	模拟运算表: 我们改变 x的比例来生成边界的图形							
42	组合 x的比例	波动率	收益率					
43		34.75%	10.72%	<—=B37, 模拟运算表表头				
44	-250%	67.15%	16.13%					
45	-200%	60.78%	15.17%					
46	-150%	54.56%	14.20%					
47	-100%	48.56%	13.23%					
48	-50%	42.86%	12.27%					
49	0%	37.60%	11.30%					
50	50%	33.00%	10.34%					
51	100%	29.37%	9.37%					
52	150%	27.09%	8.41%					
53	200%	26.52%	7.44%					
54	250%	27.76%	6.48%					
55	300%	30.60%	5.51%					
56	350%	34.64%	4.54%					
57	400%	39.52%	3.58%					
58	450%	44.96%	2.61%					
59	**500%**	**50.79%**	**1.65%**	<— 位于包络线上但不是有效投资组合				
60	550%	56.88%	0.68%					

我们例子中的包络线投资组合

标记出构成包络线的 x 和 y 这两个投资组合的凸组合。注意,凸组合都位于包络线上,但这些组合不一定是有效的。例如,在模拟运算表的(几乎是)最后一点(第 59 行),它投资了 500% 的投资组合 x 和 400% 的投资组合 y。因此,虽然每个有效投资组合都是任意两个有效投资组合的凸组合,但并不是任意两个有效投资组合的每个凸组合都是有效投资组合。

在 R 中实现上述目的的代码应该是这样的:

```
52  # Setting Different Proportions of X
53  port_x_props <- c(c(1:25)/2 - 5)
54  port_y_props <- 1 - port_x_props
55
56  # Calculating Mean Returns
57  port_z_ret <- port_x_props * as.numeric(port_x_ret) +
58                port_y_props * as.numeric(port_y_ret)
59  port_z_sigma <- sqrt(port_x_props^2 * as.numeric(port_x_var) +
60                  port_y_props^2 * as.numeric(port_y_var) +
61                  (port_x_props * port_y_props) * as.numeric(cov_xy) * 2)
62
63  # Plot Envelope
64  plot(port_z_sigma, port_z_ret, main="The Envelope in Our Example",
65       type="l", xlim=c(0, 0.9), ylim=c(0, 0.2))
66
67  # Plot X and Y
68  lines(port_x_sigma, port_x_ret, type = "b", col = "red")
69  text(port_x_ret ~ port_x_sigma, labels = c("X"),cex = 0.9, font = 2, pos = 4)
70  lines(port_y_sigma, port_y_ret, type = "b", col = "blue")
71  text(port_y_ret ~ port_y_sigma, labels = c("Y"),cex = 0.9, font = 2, pos = 4)
72
73  #Assets Sigma
74  assets_sd <- sqrt(diag(var_cov_mat))
75
76  # Plot Assets
77  points(assets_sd, assets_mean_ret, col = "Green")
78  text(assets_mean_ret ~ assets_sd,
79       labels = c("Asset 1", "Asset 2", "Asset 3", "Asset 4"),
80       cex=0.9, font=2, pos=4)
```

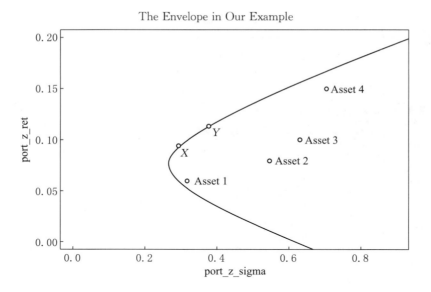

The Envelope in Our Example

一步找到有效投资组合

在本节的示例中,我们通过在电子表格上分别给出投资组合的大部分组成部分来寻找有效投资组合。然而,对于某些用途,我们希望一步计算就得到有效投资组合。例如:

	A	B	C	D	E	F	G	H
1			**一步找出包络线投资组合**					
2	**方差-协方差矩阵, S**						收益率均	
3		资产1	资产2	资产3	资产4		值E(r)	
4	资产1	0.10	0.01	0.03	0.05		6%	
5	资产2	0.01	0.30	0.06	-0.04		8%	
6	资产3	0.03	0.06	0.40	0.02		10%	
7	资产4	0.05	-0.04	0.02	0.50		15%	
8								
9	常数	4%						
10		包络线投资组合						
11	资产1	7.82%	←	{=MMULT(MINVERSE(B4:E7),G4:G7-				
12	资产2	26.84%		B9)/SUM(MMULT(MINVERSE(B4:E7),G4:G7-				
13	资产3	22.27%		B9))}				
14	资产4	43.07%						
15	总和	**100.00%**	<-=SUM(B11:B14)					
16								
17	投资组合均值	11.30%	<- =SUMPRODUCT(B11:B14,G4:G7)					
18	投资组合Sigma	37.60%	<- {=SQRT(MMULT(MMULT(TRANSPOSE(B11:B14),B4:E7),B11:B14))}					

这种方法需要许多 Excel 技巧,其中大部分与正确使用数组函数有关。最终的结果是,我们可以在一个单元格中给出一个包络线投资组合的命题 1 表达式,$x = \dfrac{S^{-1}\{E(r)-c\}}{\text{Sum}[S^{-1}\{E(r)-c\}]}$:

- 在单元格 B11:B14 中,我们使用数组公式 G4:G7-B9 来表示期望收益率减去单元格 B9 中的常数。

- 在这些相同的单元格中,我们使用 Sum(MMult(Minverse(B4:E7), G4:G7-B9)) 给出表达式的分母 $x = \dfrac{S^{-1}\{E(r)-c\}}{\text{Sum}[S^{-1}\{E(r)-c\}]}$。

为了清晰起见，使用单元格名称

通过使用单元格名称，我们可以使整个过程更加清晰。要定义单元格名称，只需标记单元格或单元格范围，然后进入"名称框"，如下图所示：

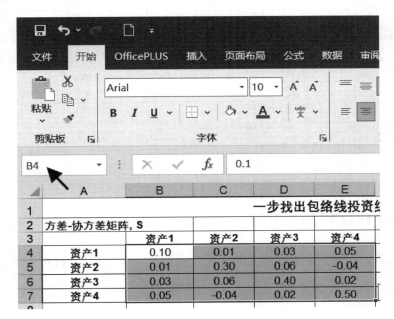

你现在可以进入这个框并输入一个名字：

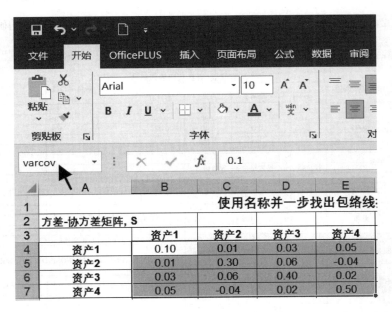

该名称现在就可以使用，如下图所示：

	A	B	C	D	E	F	G	H
1			**使用名称并一步找出包络线投资组合**					
2	方差-协方差矩阵, S						收益率均	
3		资产1	资产2	资产3	资产4		值E(r)	
4	资产1	0.10	0.01	0.03	0.05		6%	
5	资产2	0.01	0.30	0.06	-0.04		8%	
6	资产3	0.03	0.06	0.40	0.02		10%	
7	资产4	0.05	-0.04	0.02	0.50		15%	
8								
9	常数	4%						
10		包络线投资组合						
11	资产1	7.82% ◄—		{=MMULT(MINVERSE(varcov),G4:G7-				
12	资产2	26.84%		B9)/SUM(MMULT(MINVERSE(varcov),G4:G7-				
13	资产3	22.27%		B9))}				
14	资产4	43.07%						
15	总和	**100.00%**	<--=SUM(B11:B14)					
16								
17	投资组合均值	11.30%	<--=SUMPRODUCT(B11:B14,G4:G7)					
18	投资组合Sigma	37.60%	<--{=SQRT(MMULT(MMULT(TRANSPOSE(B11:B14),varcov),B11:B14))}					

11.5　关于优化过程的三个注意事项

在本节中，我们注意到关于命题 1 的优化过程的三个额外事实，这带来了包络线投资组合的计算问题。

注 1:"条条大路通罗马"，包络线由任意两个 c 决定

根据命题 2，包络线由其任意两个投资组合决定。这意味着，对于包络线的确定，我们使用

	A	B	C	D	E	F	G	H
1				计算包络线投资组合 所有常数c导致相同的包络线				
2	方差-协方差矩阵, S						收益率均值	
3		资产1	资产2	资产3	资产4		E(r)	
4	资产1	0.10	0.01	0.03	0.05		6%	
5	资产2	0.01	0.30	0.06	-0.04		8%	
6	资产3	0.03	0.06	0.40	0.02		10%	
7	资产4	0.05	-0.04	0.02	0.50		15%	
8								
9	常数	0%	4%	6%				
10		投资组合x	投资组合y	投资组合z				
11	资产1	36%	8%	-57%	<--{=MMULT(MINVERSE(B4:E7),G4:G7-			
12	资产2	24%	27%	34%	D9)/SUM(MMULT(MINVERSE(B4:E7),G4:G7-D9))}			
13	资产3	16%	22%	38%				
14	资产4	25%	43%	85%				
15	总和	**100%**	**100%**	**100%**	<--=SUM(D11:D14)			
16								
17	投资组合均值	9.37%	11.30%	15.84%	<-- =SUMPRODUCT(D11:D14,$G$4:$G$7)			
18	投资组合Sigma	29.37%	37.60%	65.20%	<--			
19					{=SQRT(MMULT(MMULT(TRANSPOSE(D11:D14),$B$4:$			
20					E$7),D11:D14))}			
21	证明:投资组合z是投资组合x和投资组合y的线性组合							
22	比例	-2.3482247	<--=(D11-C11)/(B11-C11)					
23	检查							
24	资产1	-57%	<--=$B$22*B11+(1-$B$22)*C11					
25	资产2	34%	<--=$B$22*B12+(1-$B$22)*C12					
26	资产3	38%	<--=$B$22*B13+(1-$B$22)*C13					
27	资产4	85%	<--=$B$22*B14+(1-$B$22)*C14					

哪两个投资组合是无关紧要的。为了说明这一点，下面的电子表格计算了三个包络线投资组合：

- 包络线投资组合 x 是用常数 $c=0$ 计算的。
- 包络线投资组合 y 是用常数 $c=4\%$ 计算的。
- 第三个包络线投资组合 z 是用常数 $c=6\%$（单元格 D11:D14）计算的。如第 21—27 行所示，投资组合 z 由 x 和 y 的凸组合构成。这对任何 x、y 和 z 都成立。

这个小练习表明，决定包络线的常数 c 是完全任意的。任意两个常数将决定相同的包络线。

注 2：c 的一些取值确定了非有效的包络线投资组合

命题 1 的优化过程确定了一个投资组合 x，其比例如下：

$$x=\frac{S^{-1}\{E(r)-c\}}{\mathrm{Sum}[S^{-1}\{E(r)-c\}]}$$

尽管总是在包络线上，但这个投资组合不一定是有效的，如下面的例子所示，在这个例子中，常数 $c=11\%$ 会导致非有效的投资组合。

	A	B	C	D	E	F	G	H
1			计算包络线投资组合 一些常数c可能导致无效的投资组合					
2	方差-协方差矩阵, S						收益率均值	
3		资产1	资产2	资产3	资产4		E(r)	波动率
4	资产1	0.10	0.01	0.03	0.05		6%	32%
5	资产2	0.01	0.30	0.06	-0.04		8%	55%
6	资产3	0.03	0.06	0.40	0.02		10%	63%
7	资产4	0.05	-0.04	0.02	0.50		15%	71%
8								
9	常数	11%	4%					
10		投资组合 x (无效)	投资组合y (有效)					
11	资产1	117%	8%	<--{=MMULT(MINVERSE(B4:E7),G4:G7-				
12	资产2	14%	27%	C9)/SUM(MMULT(MINVERSE(B4:E7),G4:G7-C9))}				
13	资产3	-4%	22%					
14	资产4	-27%	43%					
15	总和	100%	100%	<--=SUM(C11:C14)				
16								
17	投资组合均值	3.67%	11.30%	<--=SUMPRODUCT(C11:C14,$G$4:$G$7)				
18	投资组合Sigma	39.01%	37.60%	{=SQRT(MMULT(MMULT(TRANSPOSE(C11:C14),$B				
19	Covariance(r_x,r_y)	-0.00631	<--{=MMULT(MMULT(TRANSPOSE(B11:B14),B4:E7),C11:C14)}					

注3：与 $c=r_f$ 相关的投资组合是最优的

所有这些在讨论命题1之前我们就已经说过，但还是值得重复一下。[1]如果设 c 等于无风险利率，并且如果由此得到的优化组合 $x=\dfrac{S^{-1}\{E(r)-c\}}{\mathrm{Sum}[S^{-1}\{E(r)-c\}]}$ 是有效的，那么对于其偏好仅用投资组合收益率的均值和标准差来定义的投资者而言，这个投资组合是投资者的最优投资组合。在下面的例子中，我们假设 $r_f=4\%$。优化组合 $x=\dfrac{S^{-1}\{E(r)-c\}}{\mathrm{Sum}[S^{-1}\{E(r)-c\}]}$ 在包络线上且显示它是有效的。因此，这种情况下的最优投资组合由前例中的 y 给出。

11.6　寻找市场投资组合：资本市场线

假设存在一种无风险资产，并假设该资产具有期望收益率 r_f。设有效投资组合 M 为如下方程组的解：

$$E(r)-r_f=S\cdot z$$
$$M_i=\frac{z_i}{\sum_{i=1}^N z_i}$$

现在考察一个投资组合 M 和无风险资产 r_f 的凸组合；例如，假设无风险资产在该投资组合中的权重为 a，由投资组合收益率和标准差的标准方程可知：

$$E(r_p)=ar_f+(1-a)\cdot E(r_M)$$
$$\sigma_p=\sqrt{a^2\underbrace{\sigma_{r_f}^2}_{=0}+(1-a)^2\sigma_M^2+2a(1-a)\underbrace{\mathrm{cov}(r_f,r_y)}_{=0}}=(1-a)\sigma_M$$

所有这些 $a\geqslant0$ 的投资组合的轨迹被称为资本市场线（CML）。下图显示了有效边界：

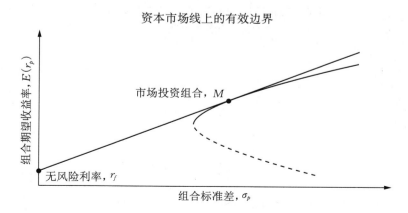

资本市场线上的有效边界

---

[1]　这是我们在第15章讨论 Black-Litterman 模型的基础。

投资组合 M 被称为市场投资组合有几个原因：

• 假设投资者对投资组合的统计信息[即期望收益率向量 $E(r)$ 和方差-协方差矩阵 S]达成一致。此外，假设投资者只对给定投资组合标准差 σ 的投资组合期望收益率最大化感兴趣。那么，所有最优投资组合都将取决于 CML。

• 在上述情况下，进一步可以得出，投资组合 M 是最优投资组合中唯一包含风险资产的投资组合。因此，M 必须包括所有的风险资产，每个资产按其市场价值的比例加权。那就是：

$$资产 i 在 M 中的比例 = \frac{V_i}{\sum_{h=1}^{N} V_h}$$

其中 V_i 是资产 i 的市场价值。

当我们知道 r_f 时，不难找到 M：我们只需要在给定常数 $c = r_f$ 的情况下求解有效投资组合。当 r_f 变化时，我们得到了一个不同的"市场"投资组合——这只是一个给定 r_f 常数的有效投资组合。

11.7 计算全局最小方差投资组合

现在我们要讨论全局最小方差投资组合。假设有 N 个资产具有方差-协方差矩阵 S，全局最小方差投资组合为在所有可行投资组合中方差最小的投资组合 $x = \{x_1, x_2, \cdots, x_N\}$。其定义为：

$$x_{GMVP} = \{x_{GMVP,1}, x_{GMVP,2}, \cdots, x_{GMVP,N}\} = \frac{1_{行} \cdot S^{-1}}{1_{行} \cdot S^{-1} \cdot 1_{行}^T}$$

其中 $1_{行} = \underbrace{\{1, 1, \cdots, 1\}}_{1 的 N 维行向量}$。或：

$$x_{GMVP} = \begin{Bmatrix} x_{GMVP,1} \\ x_{GMVP,2} \\ \vdots \\ x_{GMVP,N} \end{Bmatrix} = \frac{S^{-1} \cdot 1_{列}}{1_{列}^T \cdot S^{-1} \cdot 1_{列}}$$

其中列 $= \underbrace{\begin{Bmatrix} 1 \\ 1 \\ \vdots \\ 1 \end{Bmatrix}}_{1 的 N 维列向量}$。

这个公式来自 Merton(1972)。

全局最小方差投资组合的特别之处在于，它是有效边界上的唯一一个在其计算中不需要资产期望收益率的投资组合。其均值 μ_{GMVP} 和方差 σ_{GMVP}^2 由 $\mu_{GMVP} = x_{GMVP} \cdot E(r)$ 和 $\sigma_{GMVP}^2 = x_{GMVP} \cdot S \cdot x_{GMVP}^T$ 给出。

以下是这些公式应用于我们的四资产示例时的实现：

	A	B	C	D	E	F	G	H
1			寻找全局最小方差投资组合					
2	方差-协方差矩阵, S						收益率均值	
3		资产1	资产2	资产3	资产4		E(r)	
4	资产1	0.10	0.01	0.03	0.05		6%	
5	资产2	0.01	0.30	0.06	-0.04		8%	
6	资产3	0.03	0.06	0.40	0.02		10%	
7	资产4	0.05	-0.04	0.02	0.50		15%	
8								
9	行向量	1	1	1	1			
10	GMVP行	60.6%	20.7%	9.4%	9.2%	<--		
11						{=MMULT(B9:E9,MINVERSE(B4:E7))/MMULT(MMULT(B9:		
12	列向量	GMVP列				E9,MINVERSE(B4:E7)),TRANSPOSE(B9:E9))}		
13	1	60.6%						
14	1	20.7%	<--					
15	1	9.4%	{=MMULT(MINVERSE(B4:E7),A13:A16)/MMULT(MMULT(TRANSPOSE(A13:A16),MINVERSE					
16	1	9.2%	(B4:E7)),A13:A16)}					
17								
18	收益率均值	7.62%	<--=SUMPRODUCT(B13:B16,G4:G7)					
19	方差	0.070144079	<--{=MMULT(MMULT(TRANSPOSE(B13:B16),B4:E7),B13:B16)}					
20	Sigma	26.48%	<--=SQRT(B19)					

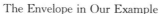

前述任务用 R 来实现的代码是：

```r
86  GMVP_as_row <- function(var_cov_mat){
87    colSums( solve(var_cov_mat) ) /
88      sum( solve(var_cov_mat) )
89  }
90
91  GMVP_prop <- GMVP_as_row(var_cov_mat)
92
93  # GMVP Mean Return
94  GMVP_mean_ret <- GMVP_prop %*% assets_mean_ret
95
96  # GMVP Sigma
97  GMVP_Sigma <- sqrt(GMVP_prop %*% var_cov_mat %*% GMVP_prop)
98
99  # Add GMVP to the envelope
100 lines(GMVP_Sigma, GMVP_mean_ret, type = "b", col = "Orange")
101 text(GMVP_mean_ret ~ GMVP_Sigma, labels = c("GMVP"),cex = 0.9, font = 2, pos = 2)
```

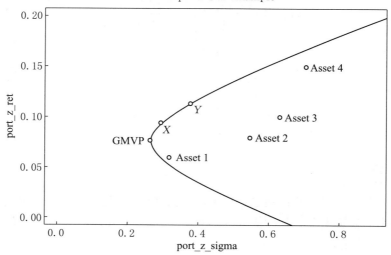

The Envelope in Our Example

11.8 检验 SML——应用命题 3—5

为了说明命题 3—5，我们考察以下四种风险资产的数据，其中第 3—9 行给出了 7 个日期的资产收益率，第 10 行给出了收益率均值：

	A	B	C	D	E	F	G
1				命题3—5说明			
2	日期	资产1	资产2	资产3	资产4	有效投资组合 w	
3	1	-6.63%	-2.49%	-4.27%	11.72%	-0.71%	<--{=MMULT(B3:E9,B22:B25)}
4	2	8.53%	2.44%	-3.15%	-8.33%	-1.62%	
5	3	1.79%	4.46%	1.92%	19.18%	5.78%	
6	4	7.25%	17.90%	-6.53%	-7.41%	9.60%	
7	5	0.75%	-8.22%	-1.76%	-1.44%	-7.18%	
8	6	-1.57%	0.83%	12.88%	-5.92%	4.28%	
9	7	-2.10%	5.14%	13.41%	-0.46%	8.46%	
10	收益率均值	1.15%	2.87%	1.79%	1.05%	2.66%	<--=AVERAGE(F3:F9)

我们使用一些复杂的数组函数来计算方差-协方差矩阵：

	A	B	C	D	E	F	G
13		资产1	资产2	资产3	资产4		
14	资产1	0.0028	0.0022	-0.0018	-0.0028	<--单元格 B14:E17包含公式	
15	资产2	0.0022	0.0065	-0.0008	-0.0019	{=MMULT(TRANSPOSE(B3:E9-B10:E10),B3:E9-	
16	资产3	-0.0018	-0.0008	0.0067	-0.0005	B10:E10)/6)	
17	资产4	-0.0028	-0.0019	-0.0005	0.0110		
18							
19	求有效投资组合 w						
20	常数	1.00%					
21							
22	资产1	-0.1894	<-- 单元格 B14:E17 包含公式 {=MMULT(MINVERSE(B14:E17),TRANSPOSE(B10:E10)-				
23	资产2	0.7711	B20)/SUM(MMULT(MINVERSE(B14:E17),TRANSPOSE(B10:E10)-B20)))}				
24	资产3	0.3095					
25	资产4	0.1088					

单元 B22:B25 中给出了给定常数 $c=0.5\%$ 的有效投资组合；我们使用命题 1 的方法计算这个投资组合，称其为 w。[①] 投资组合 w 在第 1—7 个日期的收益率如下表中列 F 所示：

	A	B	C	D	E	F	G
1				命题3—5说明			
2	日期	资产1	资产2	资产3	资产4	有效投资组合 w	
3	1	-6.63%	-2.49%	-4.27%	11.72%	-1.82%	<--{=MMULT(B3:E9,B22:B25)}
4	2	8.53%	2.44%	-3.15%	-8.33%	0.99%	
5	3	1.79%	4.46%	1.92%	19.18%	5.47%	
6	4	7.25%	17.90%	-6.53%	-7.41%	3.65%	
7	5	0.75%	-8.22%	-1.76%	-1.44%	-2.51%	
8	6	-1.57%	0.83%	12.88%	-5.92%	2.16%	
9	7	-2.10%	5.14%	13.41%	-0.46%	4.14%	
10	收益率均值	1.15%	2.87%	1.79%	1.05%	1.73%	<--=AVERAGE(F3:F9)
11							
12	方差-协方差矩阵						
13		资产1	资产2	资产3	资产4		
14	资产1	0.0028	0.0022	-0.0018	-0.0028	<--单元格 B14:E17包含公式	
15	资产2	0.0022	0.0065	-0.0008	-0.0019	{=MMULT(TRANSPOSE(B3:E9-	
16	资产3	-0.0018	-0.0008	0.0067	-0.0005	B10:E10),B3:E9-	
17	资产4	-0.0028	-0.0019	-0.0005	0.0110	B10:E10)/6)	
18							
19	求有效投资组合 w						
20	常数	0.50%					
21							
22	资产1	0.3129	<-- 单元格 B14:E17 包含公式 {=MMULT(MINVERSE(B14:E17),TRANSPOSE(B10:E10)-				
23	资产2	0.2464	B20)/SUM(MMULT(MINVERSE(B14:E17),TRANSPOSE(B10:E10)-B20)))}				
24	资产3	0.2690					
25	资产4	0.1717					

---

① 在第 11.6 节的讨论之后，细心的读者会记得命题 1 只保证这个组合在包络线上。但事实上，它是有效投资组合。

我们用两个步骤来说明命题 3—5:

● 步骤 1:我们将各资产的收益率与有效投资组合的收益率进行回归。对于资产 $i = 1, \cdots, 4$,我们运行回归 $r_{it} = \alpha_i + \beta_i r_{ut} + \varepsilon_{it}$。这种回归通常被称为第一遍回归(first-pass regression)。结果如下:

	A	B	C	D	E	F	G
28	应用命题3—5求SML						
29	步骤1:将各资产的收益率与有效投资组合w的收益率进行回归。						
30		资产1	资产2	资产3	资产4		
31	阿尔法	0.0024	-0.0047	-0.0002	0.0028	<-- =INTERCEPT(E3:E9,$F$3:$F$9)	
32	贝塔	0.5284	1.9301	1.0490	0.4478	<-- =SLOPE(E3:E9,$F$3:$F$9)	
33	R方	0.0897	0.5241	0.1505	0.0167	<-- =RSQ(E3:E9,$F$3:$F$9)	

● 步骤 2:我们将资产的贝塔值与其收益率均值进行回归。这种回归通常被称为第二遍回归(second-pass regression)。运行此回归,$\bar{r}_i = \gamma_0 + \gamma_1 \beta_i + \varepsilon_i$,得到:

	A	B	C	D	E	F	G
35	步骤2: 将资产的收益率均值与它们的贝塔进行回归。						
36	截距	0.50%	<-- =INTERCEPT(B10:E10,B32:E32)				
37	斜率	0.0123	<-- =SLOPE(B10:E10,B32:E32)				
38	R方	1.0000	<-- =RSQ(B10:E10,B32:E32)				

为了检查命题 3—5 的结果,我们运行一个检验:

	A	B	C	D	E	F
40	检查命题 3 & 4					
41	步骤2中的系数应为:截距= c，斜率= E(r$_w$) - c					
42	截距= c ?	是	<--=IF(ROUND(B36-B20,10)=0,"是","否")			
43	斜率 = E(r$_w$) - c ?	是	<--=IF(B37=F10-B20,"是","否")			

"完美的"回归结果(注意单元格 B38 中的 $R^2 = 1$)是命题 3—5 向我们保证的结果:

● 第二遍回归的截距为 c,斜率为 $E(r_w) - c$。

● 如果存在收益率为 $c = r_f$ 的无风险资产,则命题 5 在第二遍回归中承诺 $\bar{r}_i = \gamma_0 + \gamma_1 \beta_i + \varepsilon_i$、$\gamma_0 = r_f$ 和 $\gamma_1 = E(r_w) - r_f$。

● 如果不存在无风险资产,则命题 3 表示在第二遍回归中 $\gamma_0 = E(r_z)$ 和 $\gamma_1 = E(r_w) - E(r_z)$,其中 z 是与 w 的协方差为零的投资组合。

● 最后,如果我们对任意投资组合 w 进行所描述的两阶段回归,并得到一个"完美回归",那么命题 4 保证 w 实际上是有效的。

为了说明这种技术总有效,我们向你展示了使用 c 的不同值(单元格 B20,下面突出显示)的所有计算。正如命题 3—5 所证明的,结果仍然是对贝塔值的均值的完美回归:

	A	B	C	D	E	F	G
1				命题3—5说明			
2	日期	资产1	资产2	资产3	资产4	有效投资组合 w	<--{=MMULT(B3:E9,B22:B25)}
3	1	-6.63%	-2.49%	-4.27%	11.72%	-0.71%	
4	2	8.53%	2.44%	-3.15%	-8.33%	-1.62%	
5	3	1.79%	4.46%	1.92%	19.18%	5.78%	
6	4	7.25%	17.90%	-6.53%	-7.41%	9.60%	
7	5	0.75%	-8.22%	-1.76%	-1.44%	-7.18%	
8	6	-1.57%	0.83%	12.88%	-5.92%	4.28%	
9	7	-2.10%	5.14%	13.41%	-0.46%	8.46%	
10	收益率均值	1.15%	2.87%	1.79%	1.05%	2.66%	<--=AVERAGE(F3:F9)
11							
12	方差-协方差矩阵						
13		资产1	资产2	资产3	资产4		
14	资产1	0.0028	0.0022	-0.0018	-0.0028		<--单元格 B14:E17包含公式
15	资产2	0.0022	0.0065	-0.0008	-0.0019		{=MMULT(TRANSPOSE(B3:E9-B10:E10),B3:E9-
16	资产3	-0.0018	-0.0008	0.0067	-0.0005		B10:E10)/6}
17	资产4	-0.0028	-0.0019	-0.0005	0.0110		
18							
19	求有效投资组合 w						
20	常数	1.00%					
21							
22	资产1	-0.1894		<-- 单元格 B14:E17 包含公式 {=MMULT(MINVERSE(B14:E17),TRANSPOSE(B10:E10)-			
23	资产2	0.7711		B20)/SUM(MMULT(MINVERSE(B14:E17),TRANSPOSE(B10:E10)-B20))}			
24	资产3	0.3095					
25	资产4	0.1088					
26							
27							
28	应用命题3-5求SML						
29	步骤1:将各资产的收益率与有效投资组合w的收益率进行回归。						
30		资产1	资产2	资产3	资产4		
31	阿尔法	0.0091	-0.0012	0.0053	0.0097	<-- =INTERCEPT(E3:E9,$F$3:$F$9)	
32	贝塔	0.0889	1.1244	0.4735	0.0294	<-- =SLOPE(E3:E9,$F$3:$F$9)	
33	R方	0.0102	0.7166	0.1235	0.0003	<-- =RSQ(E3:E9,$F$3:$F$9)	
34							
35	步骤2: 将资产的收益率均值与它们的贝塔进行回归。						
36	截距	1.00%	<-- =INTERCEPT(B10:E10,B32:E32)				
37	斜率	0.0166	<-- =SLOPE(B10:E10,B32:E32)				
38	R方	1.0000	<-- =RSQ(B10:E10,B32:E32)				
39							
40	检查命题 3 & 4						
41	步骤2系数应为:截距= c, 斜率= E(r_w)- c						
42	截距= c ?	是	<--=IF(ROUND(B36-B20,10)=0,"是","否")				
43	斜率 = E(r_w) - c ?	是	<--=IF(B37=F10-B20,"是","否")				

11.9 不能卖空的有效投资组合

求有效投资组合最大化问题的解时允许负的投资组合权重。当 $x_i < 0$ 时,这是假设第 i 个证券被投资者卖空,并且从卖空中获得的收益立即可被投资者使用。

现实要比这种卖空的学术模型复杂得多。特别是,所有的卖空收益很少可以在投资者投资时被使用,因为经纪公司通常会托管部分甚至全部收益。投资者也可能被完全禁止做任何卖空交易(事实上,大多数小投资者似乎都认为卖空是不可能的)。[1]

在本节中,我们将研究这些问题。我们将展示在限制卖空时,如何使用 Excel 的"规划求解"求解有效资产组合。[2]

---

[1] 实施卖空的实际过程并不简单。相关优秀学术调查,请参阅 D'Avolio(2002)。另见 Surowiecki(2003)。

[2] 在限制卖空资产的情况下,我们不进行有效集的数学研究。这涉及库恩-塔克条件,可以在 Elton 等(2009)中找到相关讨论。

一个数值例子

我们从限制卖空的情况下寻找最优投资组合的问题开始。我们求解的问题类似于我们前面使用的最大化问题,只不过为资产权重增加了卖空约束 $x_i > 0$。

$$\max \Theta = \frac{E(r_x) - c}{\sigma_p}$$

$$\text{s.t.} \sum_{i=1}^{N} x_i = 1 \quad x_i \geqslant 0, \ i = 1, \cdots, N$$

其中

$$E(r_x) = x^{\mathrm{T}} \cdot R = \sum_{i=1}^{N} x_i E(r_i)$$

$$\sigma_p = \sqrt{x^{\mathrm{T}} S x} = \sqrt{\sum_{i=1}^{N} \sum_{j=1}^{N} x_i x_j \sigma_{ij}}$$

对一个无约束投资组合问题求解

为了设置场景,我们考察下面的优化问题,我们在没有任何卖空约束的情况下对该问题求解。电子表格显示了一个四资产的方差-协方差矩阵和相关的期望收益率。给定一个常数 $c = 2\%$,最优投资组合在单元格 B11:B14 中给出。注意单元格 B19 中的 θ——这是投资组合的夏普比率,即其对常数 c 的超额收益率除以标准差得到的比率:$\theta = \frac{E(r_x) - c}{\sigma_x}$。最优投资组合使夏普比率 θ 最大化。

	A	B	C	D	E	F	G
1			允许卖空情况下的投资组合最优化				
2	方差-协方差矩阵, S						
3		资产1	资产2	资产3	资产4		收益率均值E(r)
4	资产1	0.10	0.01	0.03	0.05		2%
5	资产2	0.01	0.30	0.06	-0.04		2%
6	资产3	0.03	0.06	0.40	0.02		8%
7	资产4	0.05	-0.04	0.02	0.50		10%
8							
9	常数	2%					
10		包络线投资组合					
11	资产1	-69.02% ◄			{=MMULT(MINVERSE(B4:E7),G4:G7-		
12	资产2	-2.10%			B9)/SUM(MMULT(MINVERSE(B4:E7),G4:G7-B9))}		
13	资产3	81.65%					
14	资产4	89.47%					
15	总和	**100.00%**	<--=SUM(B11:B14)				
16							
17	投资组合均值	14.06%	<-- {=MMULT(TRANSPOSE(B11:B14),G4:G7)}				
18	投资组合Sigma	80.50%	<-- {=SQRT(MMULT(TRANSPOSE(B11:B14),MMULT(B4:E7,B11:B14)))}				
19	θ = Theta = (均值-常数)/Sigma	14.98%	<-- =(B17-B9)/B18				

还有另一种方法来求解这个无约束问题。从一个任意的投资组合开始(下面的电子表格使用 $x_1 = x_2 = x_3 = x_4 = 0.25$),我们使用"规划求解"来找到一个解:

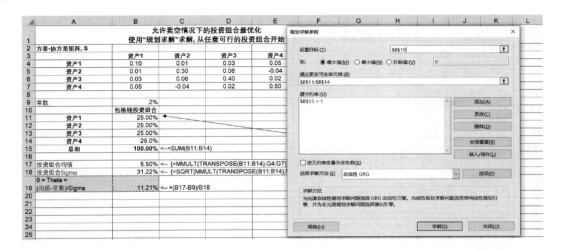

使用"规划求解"最大化 θ（单元格 B19）有一个约束条件，即包含投资组合头寸之和的单元格 B15＝1。[1]按下"求解"键，得到之前得到的解：

对一个有约束投资组合问题求解

上述最优解包含资产1和资产2的空头头寸。为了限制卖空行为，我们在"规划求解"中加入了不允许卖空的约束条件。从一个任意的解开始，我们调出如下图所示的"规划求解"：

---

① 如果无法在"数据|规划求解"下找到"规划求解"，则可能没有加载规划求解外接程序。为此，请转到"文件|选项|加载项|管理加载项"，并勾选"规划求解加载项"。

不允许卖空情况下的投资组合最优化
使用"规划求解"求解，从任意可行的投资组合开始

	A	B	C	D	E
2	方差-协方差矩阵, S				
3		资产1	资产2	资产3	资产4
4	资产1	0.10	0.01	0.03	0.05
5	资产2	0.01	0.30	0.06	-0.04
6	资产3	0.03	0.06	0.40	0.02
7	资产4	0.05	-0.04	0.02	0.50
9	常数	2%			
10		包络线投资组合			
11	资产1	25.0%			
12	资产2	25.0%			
13	资产3	25.0%			
14	资产4	25.0%			
15	总和	100.00%	<--=SUM(B11:B14)		
17	投资组合均值	5.50%	<-- {=MMULT(TRANSPOSE(B11:B14),G4:G7)}		
18	投资组合Sigma	31.22%	<-- {=SQRT(MMULT(TRANSPOSE(B11:B14),MMULT(B4:E7,...		
19	θ = Theta = (均值-常数)/Sigma	11.21%	<-- =(B17-B9)/B18		

规划求解参数 ×

设置目标(T): $B$19
到: ● 最大值(M) ○ 最小值(N) ○ 目标值(V) 0
通过更改可变单元格(B): $B$11:$B$14
遵守约束(U):
$B$11:$B$14 >= 0
$B$15 = 1
[添加(A)] [更改(C)] [删除(D)] [全部重置(R)] [装入/保存(L)]
☐ 使无约束变量为非负数(K)
选择求解方法(E): 非线性 GRG [选项(P)]
求解方法：为光滑非线性规划问题求解选择 GRG 非线性引擎。为线性规划求解问题选择单纯线性规划引擎，并为非光滑规划求解问题选择演化引擎。
[帮助(H)] [求解(S)] [关闭(O)]

按下"求解"键可以得到以下解：

不允许卖空情况下的投资组合最优化
使用"规划求解"求解，从任意可行的投资组合开始

	A	B	C	D	E	F	G
2	方差-协方差矩阵, S						
3		资产1	资产2	资产3	资产4		收益率均值E(r)
4	资产1	0.10	0.01	0.03	0.05		2%
5	资产2	0.01	0.30	0.06	-0.04		2%
6	资产3	0.03	0.06	0.40	0.02		8%
7	资产4	0.05	-0.04	0.02	0.50		10%
9	常数	2%					
10		包络线投资组合					
11	资产1	0.0%					
12	资产2	0.0%					
13	资产3	48.0%					
14	资产4	52.0%					
15	总和	100.00%	<--=SUM(B11:B14)				
17	投资组合均值	9.04%	<-- {=MMULT(TRANSPOSE(B11:B14),G4:G7)}				
18	投资组合Sigma	48.72%	<-- {=SQRT(MMULT(TRANSPOSE(B11:B14),MMULT(B4:E7,B11:B14)))}				
19	θ = Theta = (均值-常数)/Sigma	14.45%	<-- =(B17-B9)/B18				

在"规划求解"的对话框中，点击"添加"按钮添加非负约束。这将弹出以下窗口（填写后如图所示）：[1]

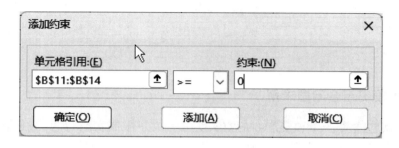

添加约束 ×

单元格引用(E): $B$11:$B$14 >= 0 约束(N): 0
[确定(O)] [添加(A)] [取消(C)]

第二个约束（约束投资组合权重之和为1）以类似的方式添加。
在 R 中实现相同方法的代码是：

---

① 还有另一种方法。"规划求解"有一个选项是"使无约束变量为非负数"。

```
104  # Input: Assets Mean Returns
105  assets_mean_ret <- c(0.02, 0.02, 0.08, 0.1)
106
107  # In this part, we set the constraints for the matrix as Ax => b (linear constraints)
108  # the constraints are: X1 => 0; X2 => 0; X3 => 0; X4 => 0
109
110  # Setting Coefficients Matrix
111  A_matrix <- diag(1,nrow = 4) # identity matrix to enforce all asset proportions are > 0
112  A_matrix <- rbind(A_matrix, rep(1, 4)) # sum of proportions => 1
113  A_matrix <- rbind(A_matrix, rep(-1, 4)) # sum of proportions <= 1
114
115  # Setting Result vector
116  B_vector <- rep(0, 4)
117  B_vector <- c(B_vector, 1, -1)
118
119  # Setting Target Function: Sharpe
120  sharpe <- function(proportions, var_cov_mat, assets_mean_ret, constant){
121    ex_return = proportions %*% (assets_mean_ret - constant)
122    sigma = sqrt(proportions %*% var_cov_mat %*% proportions)
123    return(ex_return / sigma)}
124
125  # Run (Note: Initial values must be in interior of the feasible region)
126  result <- constrOptim(theta = c(0.25, 0.25, 0.25, 0.25), #  initial value
127                        f = sharpe, # function to maximize
128                        grad = NULL, # gradient of f
129                        ui = A_matrix, # constraint matrix
130                        ci = B_vector- 1e-05, # constraint vector minus infitisimal
131                        mu = 1e-05, # result accuracy
132                        control = list(fnscale = -1), # maximization
133                        outer.iterations = 100000,
134                        method = "Nelder-Mead", # use this whithout gradient function
135                        # target function variables:
136                        var_cov_mat = var_cov_mat,
137                        assets_mean_ret = assets_mean_ret,
138                        constant = 0.02)
139  # Result
140  round(result$par, 4)
141  sharpe(result$par, var_cov_mat, assets_mean_ret, 0.02)
```

在不允许卖空的情况下计算有效投资组合的另一种方法

有另一种稍微不同的方法来求解一个有效投资组合的约束问题,即求解一个具有一定平均收益率但风险最低的投资组合。这确保了我们处于有效边界。下面是我们给出的例子的"规划求解"对话框:

在这个例子中,我们找到了最低风险的投资组合,其收益率均值为 9%,同时满足以下限制:

● 所有投资组合权重均为正。

- 所有权重之和为 1。
- 投资组合的收益率均值为 9%。

结果如下：

	A	B	C	D	E	F	G
1			不允许卖空情况下的投资组合最优化 使用"规划求解"求解，从任意可行的投资组合开始，第2种方法				
2	方差-协方差矩阵, S						
3			资产1	资产2	资产3	资产4	收益率均值E(r)
4	资产1	0.10	0.01	0.03	0.05		2%
5	资产2	0.01	0.30	0.06	-0.04		2%
6	资产3	0.03	0.06	0.40	0.02		8%
7	资产4	0.05	-0.04	0.02	0.50		10%
8							
9	目标收益率均值	9%					
10		包络线投资组合					
11	资产1	0.0%					
12	资产2	0.5%					
13	资产3	48.0%					
14	资产4	51.5%					
15	总和	100.00%	<--=SUM(B11:B14)				
16							
17	投资组合均值	9.00%	<-- {=MMULT(TRANSPOSE(B11:B14),G4:G7)}				
18	投资组合Sigma	48.45%	<-- {=SQRT(MMULT(TRANSPOSE(B11:B14),MMULT(B4:E7,B11:B14)))}				

在 R 中的实现如下：

```
145  ## No short (solver 2nd approach)
146  # Adding a rP = 9% Constraint
147  A_matrix <- rbind(A_matrix, assets_mean_ret) # Add a return = 9% costraint
148  B_vector <- c(B_vector, 0.09)
149
150  # Setting Target Function: Variance
151  port_var <- function(proportions, var_cov_mat){
152    return(proportions %*% var_cov_mat %*% proportions)
153  }
154
155  # Run
156  result <- constrOptim(theta = c(0, 0, 0.25, 0.75), #  starting value
157                        f = port_var, # function to maximize
158                        grad = NULL, # gradient of f
159                        ui = A_matrix, # constraint matrix
160                        ci = B_vector - 1e-05, # constraint vector
161                        mu = 1e-03, # result accuracy
162                        outer.iterations = 1000000,
163                        method = "Nelder-Mead", # use this whithout gradient function
164                        # target function variables:
165                        var_cov_mat = var_cov_mat)
166
167  # Result
168  round(result$par, 4) # Proportions
169  assets_mean_ret %*% result$par # Mean Return
170  sqrt(port_var(result$par, var_cov_mat)) # Sigma
171  # To get more accurate results, see solve.QR function on the website
```

本章的 R 文件（见本章的配套网站）展示了其他几个实现相同目的（可能更好）的优化程序。

限制卖空交易情况下的有效边界

我们想画出限制卖空交易下的有效边界。回想一下，在没有卖空限制的情况下，为了确定整个有效边界，找到两个有效投资组合就足够了（这在本章的命题 2 中得到了证明）。当我们实施卖空限制时，这种说法就不再成立了。在这种情况下，有效边界的确定需要绘制大量的点。唯一有效（请原谅使用双关语!）的方法是使用 VBA 程序，它自动找到我们扔给它的任何 c 的解。然后，我们可以使用一个模拟运算表来找到每个常数的最优投资组合集。

在下一部分中，我们将描述一个这样的程序。一旦我们有了该程序和限制卖空交易下的有效边界图，我们可以将这个有效边界与允许卖空的有效边界进行比较：

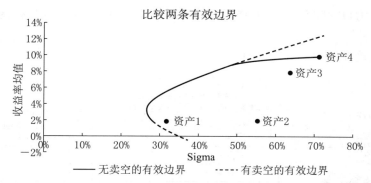

将这两幅图放在一组坐标轴上表明,卖空限制的影响主要针对具有较高收益率和波动率的投资组合。这两幅图之间的关系并不那么令人惊讶:

- 总体而言,有卖空的有效边界控制了无卖空的有效边界。这显然是正确的,因为卖空限制对最大化问题施加了额外的约束。

- 在某些情况下,这两个有效边界是重合的。这主要是在图中的低标准差区域。

绘制限制卖空交易情况下的有效边界的 VBA 程序

前文第 11.9 节所示的限制卖空案例的输出是通过以下 VBA 程序产生的:

```
Sub plot_eff_frontier()
Range("a24:f100").ClearContents
Lowest = WorksheetFunction.
RoundUp(WorksheetFunction.Min(Range("g4:g7")) *
100, 0)
Highest = WorksheetFunction.
RoundDown(WorksheetFunction.Max(Range("g4:g7"))
* 100, 0)
m = 0
For i = Lowest To Highest Step (Highest -
Lowest) / 40
    Range("b9") = (i) / 100
    solverreset
    SolverOk SetCell:="$B$18", MaxMinVal:=2,
    ValueOf:=0, ByChange:="$B$11:$B$14", _
        Engine:=1, EngineDesc:="GRG Nonlinear"
    SolverAdd CellRef:="$B$11:$B$14",
    Relation:=3, FormulaText:="0"
    SolverAdd CellRef:="$B$17", Relation:=2,
    FormulaText:="$B$9"
    SolverAdd CellRef:="B15", Relation:=2,
    FormulaText:="100%"
    SolverOk SetCell:="$B$18", MaxMinVal:=2,
    ValueOf:=0, ByChange:="$B$11:$B$14", _
        Engine:=1, EngineDesc:="GRG Nonlinear"
    SolverSolve True
    m = m + 1
    Cells(23 + m, 1) = Range("b17")
    Cells(23 + m, 2) = Range("b18")
    Cells(23 + m, 3) = Range("b11")
    Cells(23 + m, 4) = Range("b12")
    Cells(23 + m, 5) = Range("b13")
    Cells(23 + m, 6) = Range("b14")
Next i
End Sub
```

该程序反复为目标收益率（单元格 B9）的不同值调用"规划求解"，并将输出放入单元格 B24：F64。

最终输出是这样的：

	A	B	C	D	E	F	G
1			**不允许卖空情况下的投资组合最优化**				
			使用"规划求解"求解，从任意可行的投资组合开始，**第2种方法**				
2	方差-协方差矩阵, S						收益率均值E(r)
3		资产1	资产2	资产3	资产4		
	资产1	0.10	0.01	0.03	0.05		2%
4	资产1	0.10	0.01	0.03	0.05		2%
5	资产2	0.01	0.30	0.06	-0.04		2%
6	资产3	0.03	0.06	0.40	0.02		8%
7	资产4	0.05	-0.04	0.02	0.50		10%
8							
9	目标收益率均值	10%		0%	2%		
10	受限投资组合	**包络线投资组合**		包络线投资组合A	包络线投资组合B		
11	资产1	0.0%		9.43%	-69.02%	{=MMULT(MINVERSE($B$4:$E$7),$G$4:	
12	资产2	0.0%		11.70%	-2.10%	$G$7-	
13	资产3	0.0%		37.94%	81.65%	E9)/SUM(MMULT(MINVERSE($B$4:$E$7	
14	资产4	100.0%		40.92%	89.47%	),$G$4:$G$7-E9))}	
15	总和	**100.00%**		100.00%	100.00%	<-=SUM(E11:E14)	
16							
17	投资组合均值	10.00%		7.55%	14.06%		
18	投资组合Sigma	70.71%		40.03%	80.50%		
19			协方差	0.2983			
20			Rho	0.93			
21							Calculate efficient frontier
22	无卖空的有效边界						
23	收益率均值	波动率	X(资产1)	X(资产2)	X(资产3)	X(资产4)	
24	2.0%	28.1%	76.3%	23.7%	0.0%	0.0%	
25	2.2%	27.6%	73.9%	23.1%	2.0%	1.0%	
26	2.4%	27.2%	71.5%	22.6%	3.3%	2.5%	
62	9.6%	58.5%	0.0%	0.0%	20.0%	80.0%	
63	9.8%	64.2%	0.0%	0.0%	10.0%	90.0%	
64	10.0%	70.7%	0.0%	0.0%	0.0%	100.0%	

在 VBA 中添加对"规划求解"的引用

如果上述程序不起作用，你可能需要在 VBA 编辑器中添加对"规划求解"的引用。按"［Alt］＋F11"键进入编辑器，然后进入"工具|引用"：

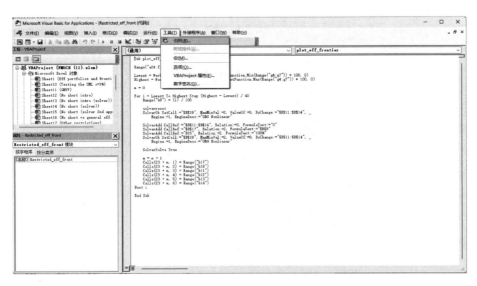

如果这个引用是缺失的，回到 VBA 菜单上点击"工具|引用"，并确保"规划求解"被选中：

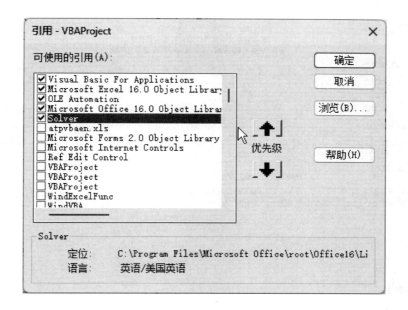

其他持仓限制

不用说，Excel 和"规划求解"可以适应其他持仓限制。例如，假设投资者想要获得 9％的平均收益率，和之前一样，同时将至少 10％的投资组合分别投资于每个资产，不超过 60％的投资组合投资于任何单一资产。这很容易在"规划求解"中设置：

	A	B	C	D	E	F	G
1			更多复杂约束条件下的投资组合最优化 使用"规划求解"求解，从任意可行的投资组合开始				
2	方差-协方差矩阵, S						
3		资产1	资产2	资产3	资产4		收益率均值E(r)
4	资产1	0.10	0.01	0.03	0.05		2%
5	资产2	0.01	0.30	0.06	-0.04		2%
6	资产3	0.03	0.06	0.40	0.02		8%
7	资产4	0.05	-0.04	0.02	0.50		10%
8							
9	目标收益率均值	7%					
10		包络线投资组合		持仓限制			
11	资产1	16.1%		下限		10%	
12	资产2	12.9%		上限		60%	
13	资产3	34.2%					
14	资产4	36.8%					
15	总和	100.00%	<--=SUM(B11:B14)				
16							
17	投资组合均值	7.00%	<--{=MMULT(TRANSPOSE(B11:B14),G4:G7)}				
18	投资组合Sigma	37.20%	<--{=SQRT(MMULT(TRANSPOSE(B11:B14),MMULT(B4:E7,B11:B14)))}				

11.10　总结

在这一章中，我们介绍了与有效投资组合有关的定理，然后展示了如何实现这些定理来找到有效边界。有两个基本命题允许我们根据可行投资组合集的包络线和包络线本身推导投资组合。还有三个命题将任何资产或投资组合的期望收益率与任何有效投资组合的期望收益率联系起来。在某些情况下，这使得我们可以推导出经典 CAPM 模型的 SML 和资本市场线（CML）。

在对投资组合持仓量有一定限制的情况下，如何找到有效投资组合的想法很容易理解。然而无论是否有卖空限制，都没有人会声称 Excel 提供了一个快速解决投资组合最大化的方法。不过，它可以用来说明所涉及的原则，Excel 的"规划求解"提供了一个易于使用和直观的界面来设置这些问题。

在接下来的章节中，我们将讨论 CAPM 的实施。我们将展示如何计算方差-协方差矩阵（第 12 章）、如何检验 SML（第 13 章），以及如何从我们的有效集数学知识中得出有用的投资组合优化程序（第 15 章将讨论 Black-Litterman 模型）。

练习

1. 考察以下六家家具公司的数据。

	A	B	C	D	E	F	G	H	I
1	方差-协方差矩阵	La-Z-Boy	Kimball	Flexsteel	Leggett	Miller	Shaw		均值
2	La-Z-Boy	0.1152	0.0398	0.1792	0.0492	0.0568	0.0989		29.24%
3	Kimball	0.0398	0.0649	0.0447	0.0062	0.0349	0.0269		20.68%
4	Flexsteel	0.1792	0.0447	0.3334	0.0775	0.0886	0.1487		25.02%
5	Leggett	0.0492	0.0062	0.0775	0.1033	0.0191	0.0597		31.64%
6	Miller	0.0568	0.0349	0.0886	0.0191	0.0594	0.0243		15.34%
7	Shaw	0.0989	0.0269	0.1487	0.0597	0.0243	0.1653		43.87%

a. 给定这个矩阵，假设无风险利率为零，计算这六家公司的有效投资组合。

b. 假设无风险利率为 5%，重复 a 中的计算。

c. 利用这两个组合为这六家家具公司创造一个有效边界。绘制这条边界。

d. 是否存在一个所有资产只有正权重的有效投资组合?

2. 产生正权重有效投资组合的一个充分条件是方差-协方差矩阵是对角的。即对于 $i \neq j$，$\sigma_{ij} = 0$。通过连续性，如果方差-协方差矩阵的非对角线元素与对角线相比足够小，则会产生正权重的投资组合。考察上述矩阵的一个变换，其中:

$$\sigma_{ij} = \begin{cases} \varepsilon \sigma_{ij}^{original} \\ \sigma_{ii}^{original} \end{cases}, \text{如果 } i \neq j$$

当 $\varepsilon = 1$ 时，这个变换将给出原始的方差-协方差矩阵，当 $\varepsilon = 0$ 时，这个变换将给出一个全对角矩阵。

对于 $r = 10\%$，找到所有投资组合权重为正的最大 ε。

3. 在下面的例子中，使用 Excel 找到一个包络线投资组合，其贝塔值相对于有效投资组合 y 为零。提示:注意，因为协方差是线性的，所以 β 也是线性的;假设 $z = \lambda x + (1-\lambda)y$ 是 x 和 y 的凸组合，我们试图找到 β_z。然后:

$$\beta_z = \frac{\text{cov}(z, y)}{\sigma_y^2} = \frac{\text{cov}(\lambda x + (1-\lambda)y, y)}{\sigma_y^2}$$

$$= \frac{\lambda \text{cov}(x, y)}{\sigma_y^2} + \frac{(1-\lambda)\text{cov}(y, y)}{\sigma_y^2} = \lambda \beta_x + (1-\lambda)$$

	A	B	C	D	E	F
1		方差-协方差矩阵				收益率均值
2	0.4	0.03	0.02	0		0.06
3	0.03	0.2	0.001	-0.06		0.05
4	0.02	0.001	0.3	0.03		0.07
5	0	-0.06	0.03	0.1		0.08

4. 计算下面四个资产的包络集，并证明单个资产都位于这个包络集内。

	A	B	C	D	E	F
1			一个四资产投资组合问题			
2		方差-协方差矩阵				收益率均值
3	0.1	0.01	0.03	0.05		6%
4	0.01	0.3	0.06	-0.04		8%
5	0.03	0.06	0.4	0.02		10%
6	0.05	-0.04	0.02	0.5		15%

你应该得到一个像下面这样的图像:

显示个股的有效边界

5. 给定以下数据：

a. 假设不允许卖空，计算有效边界。

b. 假设允许卖空，计算有效边界。

c. 在同一组轴线上绘制两个边界。

	A	B	C	D	E	F	G	H	I
1		A	B	C	D	E	F		收益率均值
2	A	0.0100	0.0000	0.0000	0.0000	0.0000	0.0000		0.0100
3	B	0.0000	0.0400	0.0000	0.0000	0.0000	0.0000		0.0200
4	C	0.0000	0.0000	0.0900	0.0000	0.0000	0.0000		0.0300
5	D	0.0000	0.0000	0.0000	0.1500	0.0000	0.0000		0.0400
6	E	0.0000	0.0000	0.0000	0.0000	0.2000	0.0000		0.0500
7	F	0.0000	0.0000	0.0000	0.0000	0.0000	0.3000		0.0550

数学附录

在本附录中，我们收集了本章所表述的各种证明。在本章中，我们假设我们正在考察 N 种风险资产的数据。值得注意的是，所有"可行性"和"最优性"的定义都是相对于这个集合而制定的。因此，"有效"这个短语实际上意味着"相对于被考察的 N 种资产的集合有效"。

命题 0 风险资产的所有可行的投资组合的集合是凸的。

命题 0 的证明 当且仅当投资组合的权重加起来为 1 时，投资组合 x 是可行的。即 $\sum_{i=1}^{N} x_i = 1$，其中 N 为风险资产数量。假设 x 和 y 是可行的投资组合，并假设 λ 是 0 到 1 之间的某个数字。那么很明显，$z = \lambda x + (1-\lambda)y$ 也是可行的。

命题 1 设 c 为常数，用 R 表示平均收益率向量。当且仅当投资组合 x 是方程组的标准化解时，x 相对于 N 个资产的样本集在包络线上：

$$R - c = Sz，其中 \ x_i = \frac{z_i}{\sum_h z_h}$$

命题 1 的证明 当且仅当投资组合 x 位于连接 y 轴上某个点 c 和可行集的切线上时，它在投资组合的可行集的包络线上。

这样的投资组合必须最大化或最小化比率 $\frac{x(R-c)}{\sigma^2(x)}$，其中 $x(R-c)$ 是给出了投资组合对 c 的期望超额收益率的向量积，$\sigma^2(x)$ 为组合方差。令这个比率在最大化（或最小化）时的值为 λ。那么我们的投资组合必须满足以下条件：

$$\frac{x(R-c)}{\sigma^2(x)} = \lambda \Rightarrow x(R-c) = \sigma^2(x)\lambda = xSx^{\mathrm{T}}\lambda$$

令 h 是一个特定的资产，将最后一个表达式对 x_h 求导。这给出了 $\bar{R}_h - c = Sx^{\mathrm{T}}\lambda$。通过记 $z_h = \lambda x_h$，我们看到当且仅当它是方程组 $R - c = Sz$ 的解时，一个投资组合是有效的。对 z 进行标准化，使其权重加到 1 会得到所需的结果。

命题 2 任意两个包络线投资组合的凸组合在可行集的包络线上。

命题 2 的证明 设 x 和 y 是包络线上的投资组合。由上面的定理可知，存在两个向量 z_x 和 z_y、两个常数 c_x 和 c_y，使得：

- x 是 z_x 的标准化单位向量。即 $x_i = \dfrac{z_{xi}}{\sum_h z_{xh}}$，$y$ 是 z_y 的标准化单位向量，即 $y_i = \dfrac{z_{yi}}{\sum_h z_{yh}}$。

- $R - c_x = S z_x$ 和 $R - c_y = S z_y$。

此外，由于 z 最大化比例 $\dfrac{z(R-c)}{\sigma^2(z)}$，因此 z 的任何标准化变换也令该比率最大化。在不失一般性的前提下，我们可以假设 z 的和为 1。

由此可知，对于任意实数 a，投资组合 $a \cdot z_x + (1-a) \cdot z_y$ 是方程组 $R - (a c_x + (1-a) c_y) = S z$ 的解。证毕。

命题 3 设 y 是 N 个资产集合的任意包络线投资组合。那么，对于任何其他投资组合 x（可能包括由单一资产组成的投资组合），存在一个常数 c，使得 x 的期望收益率与投资组合 y 的期望收益率之间存在如下关系：

$$E(r_x) = c + \beta_x [E(r_y) - c]$$

其中 $\beta_x = \dfrac{\mathrm{cov}(x, y)}{\sigma_y^2}$。

进一步，$c = E(r_z)$，其中 z 为使得 $\mathrm{cov}(z, y) = 0$ 的任意投资组合。

命题 3 的证明 设 y 是一个特定的包络线投资组合，设 x 是任意另一个投资组合。我们假设投资组合 x 和 y 都是列向量。注意以下事项：

$$\beta_x = \frac{\mathrm{cov}(x, y)}{\sigma_y^2} = \frac{x^\mathrm{T} S y}{y^\mathrm{T} S y}$$

现在，因为 y 在包络线上，我们知道存在一个向量 w 和一个常数 c 是方程组 $S_w = R - c$ 的解，以及 $y = \dfrac{w}{\sum_i w_i}$。将此代入 β_x 的表达式，我们得到：

$$\beta_x = \frac{\mathrm{cov}(x, y)}{\sigma_y^2} = \frac{x^\mathrm{T} S y}{y^\mathrm{T} S y} = \frac{x^\mathrm{T} S \dfrac{w}{\sum_i w_i}}{\dfrac{y^\mathrm{T} S w}{\sum_i w_i}} = \frac{x^\mathrm{T} S w}{y^\mathrm{T} S w} = \frac{x^\mathrm{T}(R-c)}{y^\mathrm{T}(R-c)}$$

接下来，请注意，由于 $\sum_i x_i = 1$，随之有 $x^\mathrm{T}(R-c) = E(r_x) - c$ 以及 $y^\mathrm{T}(R-c) = E(r_y) - c$。这证明：

$$\beta_x = \frac{E(r_x) - c}{E(r_y) - c}$$

该式可以改写为：

$$E(r_x) = c + \beta_x [E(r_y) - c]$$

为完成证明，设 z 是一个与 y 的协方差为零的投资组合，则由上述逻辑可知 $c = E(rz)$。命题证毕。

命题 4 如果在 N 种风险资产之外，存在一种无风险资产，其收益率为 r_f，则标准 SML 成立：

$$E(r_i) = r_f + \beta_i [E(r_M) - r_f]$$

其中，$\beta_i = \dfrac{\mathrm{cov}(r_i, r_M)}{\sigma_M^2}$。

命题 4 的证明 如果存在一种无风险证券，那么从该证券到有效边界的切线将优于所有其他可行的投资组合。当常数为 r_f 时，将有效边界上的切点称为 M。由此得到结果。

注：需要再次重复的是，这里的"市场投资组合"指的是"相对于 N 个资产样本集的市场投资组合"。

命题 5 假设存在一个投资组合 y，对任意一个投资组合 x，如下关系成立：

$$E(r_x) = c + \beta_x [E(r_y) - c]$$

其中，$\beta_x = \dfrac{\mathrm{cov}(x, y)}{\sigma_y^2}$。 因此投资组合 y 在包络线上。

命题 5 的证明 将 β_x 的定义代入，可以得到：对于任意一个投资组合 x，以下关系成立：

$$\frac{\mathrm{cov}(x, y)}{\sigma_y^2} = \frac{x^\mathrm{T} S y}{y^\mathrm{T} S y} = \frac{x^\mathrm{T}(R - c)}{y^\mathrm{T}(R - c)}$$

设 x 仅由第一种风险资产组成：$x = \{1, 0, \cdots, 0\}$。则上式变为：

$$S_1 y \frac{y^\mathrm{T}(R - c)}{\sigma_y^2} = E(r_1) - c$$

这里我们记 $S_1 a y = E(r_1) - c$，其中 S_1 为方差-协方差矩阵 S 的第一行，$a = \dfrac{y^\mathrm{T}(R - c)}{\sigma_y^2}$ 是一个常数，其值与向量 x 无关。如果我们令 x 是一个由第 i 个风险资产单独组成的向量，就将得到 $S_1 a y = E(r_1) - c$。这证明了矢量 $z = a y$ 是方程组 $S z = R - c$ 的解；由命题 1，这意味着 z 经标准化后处在包络线上，但这个标准化的结果就是向量 y。

12

计算方差-协方差矩阵

12.1 概述

为了计算有效投资组合,我们必须能够从股票的收益率数据中计算出方差-协方差矩阵。在本章中,我们将讨论如何在 Excel 中进行计算。最显而易见的是样本方差-协方差矩阵的计算,它可以直接从历史收益率中计算得到。我们将举例说明几种计算样本方差-协方差矩阵的方法,包括在电子表格中使用超额收益率矩阵的直接计算和该方法在 VBA 中的实现。

虽然样本方差-协方差矩阵似乎是一个明显的选择,但大量文献认识到,它也许不是方差和协方差的最佳估计。样本方差-协方差矩阵不尽如人意,原因一是其参数不现实,二是其预测能力有限。这些问题将在第 12.5 节和第 12.6 节中简要讨论。作为样本矩阵的替代选择,第 12.7—12.10 节将讨论改进方差-协方差矩阵估计的所谓"收缩"方法。[①]

在开始本章之前,你可能想仔细阅读第 31 章,该章讨论了数组函数。这些 Excel 函数的参数是向量和矩阵;它们的实现与标准 Excel 函数略有不同。本章将大量使用数组函数 Transpose() 和 MMult() 以及其他一些"自建"的数组函数。

在本章中,这些例子将展示 Excel 中的一个实现。然而,在本书的配套网站上,你可以找到一个等效的 R 文件,它展示了对本章概念的完整实现。

12.2 计算样本方差-协方差矩阵

假设我们有 N 个资产在 T 个时期内的收益率数据。将 t 期资产 i 的收益率记为 r_{it},将资产 i 的平均收益率记为:

[①] 我们将在第 15 章中回到预测问题,这一章讨论了投资组合最优化的 Black-Litterman 模型。

$$\bar{r}_i = \frac{1}{T} \sum_{t=1}^{T} r_{it}, \ i = 1, \cdots, N$$

则资产 i 和资产 j 的收益率的协方差的计算为：

$$\sigma_{ij} = \mathrm{cov}(i, j) = \frac{1}{T-1} \sum_{t=1}^{T} (r_{it} - \bar{r}_i) \cdot (r_{jt} - \bar{r}_j)，其中 \ i, j = 1, \cdots, N$$

这些协方差的矩阵（当然包括 $i = j$ 时的方差）是样本方差-协方差矩阵。我们的问题是如何有效地计算这些协方差。定义超额收益率矩阵为：

$$A = 超额收益率矩阵 = \begin{bmatrix} r_{11} - \bar{r}_1 & r_{21} - \bar{r}_2 & \cdots & r_{N1} - \bar{r}_N \\ r_{12} - \bar{r}_1 & r_{22} - \bar{r}_2 & \cdots & r_{N2} - \bar{r}_N \\ \vdots & \vdots & \ddots & \vdots \\ r_{1T} - \bar{r}_1 & r_{2T} - \bar{r}_2 & \cdots & r_{NT} - \bar{r}_N \end{bmatrix}$$

矩阵 A 的每一列从单个资产收益率中减去其平均收益率。

用 A^{T}（矩阵 A 的转置）乘以 A，然后除以 $T-1$ 得到样本方差-协方差矩阵：

$$S = [\sigma_{ij}] = \frac{A^{\mathrm{T}} \cdot A}{T-1}$$

为了考察相关计算，我们使用 $N = 10$ 只股票的 $T = 60$ 个月的收益率数据。以下电子表格显示了这些价格数据（经股息调整）和计算得到的收益率：

	A	B	C	D	E	F	G	H	I	J	K	L
1	10只股票和SP500指数五年的价格											
2		Microsoft	Apple	Amazon	Disney	Cisco	J.P. Morgan	Google	ExxonMobil	Procter & Gamble	Bank of America	SP500
3	日期	MSFT	AAPL	AMZN	DIS	CSCO	JPM	GOOG	XOM	PG	BAC	^GSPC
4	2019/1/1	103.60	165.09	1,718.73	111.52	46.63	101.89	1,116.37	71.65	95.04	28.33	2,704.10
5	2018/12/1	100.77	156.46	1,501.97	108.81	42.73	96.10	1,035.61	66.68	90.56	24.38	2,506.85
6	2018/11/1	109.54	176.52	1,690.17	114.60	47.20	109.46	1,094.43	76.96	93.11	28.10	2,760.17
7	2018/10/1	105.51	216.33	1,598.01	113.95	44.81	106.57	1,076.77	77.13	86.60	27.21	2,711.74
61	2014/4/1	35.81	74.26	304.13	73.91	19.55	48.55	523.78	84.71	69.76	14.07	1,883.95
62	2014/3/1	36.33	67.54	336.37	74.59	18.97	52.65	555.45	80.80	68.11	15.97	1,872.34
63	2014/2/1	33.70	63.46	362.10	75.28	18.44	49.28	603.90	79.07	66.47	15.35	1,859.45
64	2014/1/1	33.29	60.37	358.69	67.64	18.40	47.70	586.67	75.70	64.26	15.56	1,782.59

利用 Excel 函数 $\ln(P_t / P_{t-1})$，我们计算得到月收益率：

	A	B	C	D	E	F	G	H	I	J	K	L
1	10只股票和SP500的五年月收益率											
2	日期	MSFT	AAPL	AMZN	DIS	CSCO	JPM	GOOG	XOM	PG	BAC	
3	2019/1/1	2.78%	5.37%	13.48%	2.46%	8.75%	5.85%	7.51%	7.20%	4.83%	15.01%	
4	2018/12/1	-8.35%	-12.06%	-11.81%	-5.19%	-9.96%	-13.02%	-5.52%	-14.34%	-2.78%	-14.20%	
5	2018/11/1	3.75%	-20.34%	5.61%	0.57%	2.67%	2.67%	-0.23%	7.25%	3.22%		
6	2018/10/1	-6.84%	-3.10%	-22.59%	-1.82%	-6.15%	-3.44%	-10.29%	-6.49%	6.34%	-6.40%	
7	2018/9/1	2.18%	-0.48%	-0.48%	4.30%	1.83%	-1.53%	-2.05%	6.90%	0.34%	-4.87%	
58	2014/6/1	2.54%	6.69%	3.84%	2.04%	0.93%	3.62%	2.71%	0.83%	-2.76%	1.51%	
59	2014/5/1	1.33%	7.02%	2.73%	5.72%	7.18%	-0.11%	6.12%	-1.85%	-1.36%	0.00%	
60	2014/4/1	-1.45%	9.48%	-10.08%	-0.92%	3.03%	-8.11%	-5.87%	4.73%	2.39%	-12.70%	
61	2014/3/1	7.51%	6.23%	-7.37%	-0.92%	2.80%	6.62%	-8.36%	2.16%	2.44%	3.97%	
62	2014/2/1	1.23%	5.00%	0.95%	10.70%	0.26%	3.26%	2.89%	4.36%	3.38%	-1.32%	
63												
64	均值	1.89%	1.68%	2.61%	0.83%	1.55%	1.26%	1.07%	-0.09%	0.65%	1.00%	<-=AVERAGE(K3:K62)

下面我们计算超额收益率和方差-协方差矩阵：

	A	B	C	D	E	F	G	H	I	J	K	L
66						超额收益: $r_{it}-r_t$						
67	日期	MSFT	AAPL	AMZN	DIS	CSCO	JPM	GOOG	XOM	PG	BAC	<-=K3-K$64
68	2019/1/1	0.88%	3.69%	10.87%	1.63%	7.20%	4.58%	6.44%	7.29%	4.18%	14.01%	<-=K3-K$64
69	2018/12/1	-10.24%	-13.74%	-14.42%	-6.02%	-11.51%	-14.28%	-6.60%	-14.25%	-3.43%	-15.20%	<-=K4-K$64
70	2018/11/1	1.86%	-22.02%	3.00%	-0.26%	3.65%	1.40%	0.55%	-0.13%	6.59%	2.22%	<-=K5-K$64
71	2018/10/1	-8.73%	-4.77%	-25.20%	-2.65%	-7.70%	-4.71%	-11.36%	-6.40%	5.69%	-7.40%	<-=K6-K$64
124	2014/5/1	-0.56%	5.34%	0.12%	4.89%	5.63%	-1.37%	5.05%	-1.76%	-2.01%	-1.00%	
125	2014/4/1	-3.34%	7.80%	-12.69%	-1.75%	1.48%	-9.38%	-6.94%	4.82%	1.74%	-13.70%	
126	2014/3/1	5.62%	4.55%	-9.98%	-1.75%	1.25%	5.36%	-9.44%	2.25%	1.78%	2.97%	
127	2014/2/1	-0.66%	3.32%	-1.67%	9.87%	-1.29%	1.99%	1.82%	4.45%	2.73%	-2.32%	
128												
129						方差-协方差矩阵						
130		MSFT	AAPL	AMZN	DIS	CSCO	JPM	GOOG	XOM	PG	BAC	
131	MSFT	0.0034	0.0017	0.0024	0.0010	0.0016	0.0016	0.0019	0.0009	0.0005	0.0021	
132	AAPL	0.0017	0.0052	0.0018	0.0008	0.0020	0.0006	0.0012	0.0002	0.0004	0.0007	
133	AMZN	0.0024	0.0018	0.0069	0.0014	0.0023	0.0014	0.0032	0.0008	-0.0003	0.0022	
134	DIS	0.0010	0.0008	0.0014	0.0024	0.0011	0.0014	0.0007	0.0010	0.0005	0.0016	
135	CSCO	0.0016	0.0020	0.0023	0.0011	0.0033	0.0014	0.0009	0.0005	0.0004	0.0017	
136	JPM	0.0016	0.0006	0.0014	0.0014	0.0014	0.0032	0.0008	0.0009	0.0002	0.0039	
137	GOOG	0.0019	0.0012	0.0032	0.0007	0.0009	0.0008	0.0032	0.0003	0.0001	0.0015	
138	XOM	0.0009	0.0002	0.0008	0.0010	0.0005	0.0009	0.0003	0.0023	0.0004	0.0010	
139	PG	0.0005	0.0004	-0.0003	0.0005	0.0004	0.0002	0.0001	0.0004	0.0016	0.0001	
140	BAC	0.0021	0.0007	0.0022	0.0016	0.0017	0.0039	0.0015	0.0010	0.0001	0.0058	
141												
142				{=MMULT(TRANSPOSE(B68:K127),B68:K127)/59}								

一个计算方差-协方差矩阵的 VBA 函数

为了使这个过程自动化,我们编写了一个 VBA 函数,使用 Excel 函数 Covariance.S 来计算方差-协方差矩阵。当 Excel 函数带有点号时,如 Covariance.S,我们在 VBA 中使用这些函数时要将点号变为下划线:Covariance_S。[①]

```
Function VarCovar(rng As Range) As Variant
    Dim i As Integer
    Dim j As Integer
    Dim numcols As Integer
    numcols=rng.Columns.Count
    numrows=rng.Rows.Count
    Dim matrix() As Double
    ReDim matrix(numcols - 1, numcols - 1)
    For i = 1 To numcols
        For j = i To numcols
            matrix(i - 1, j - 1) = Application
            .WorksheetFunction.Covariance_S(rng
            .Columns(i), rng.Columns(j))
            matrix(j - 1, i - 1) = matrix(i - 1,
            j - 1)
        Next j
    Next i
    VarCovar = matrix
End Function
```

---

① 感谢阿米尔·基尔希(Amir Kirsh)。该函数于 2012 年由本杰明·恰克奇斯和西蒙·本尼卡修订,并于 2019 年由塔尔·莫夫卡迪修订。

VBA 函数为方差-协方差矩阵的所有元素计算 COVARIANCE.S。结果如下：

	A	B	C	D	E	F	G	H	I	J	K	L
1						用VBA估计方差-协方差矩阵						
2						方差-协方差矩阵 (用户定义 'VarCovar'函数)						
3		MSFT	AAPL	AMZN	DIS	CSCO	JPM	GOOG	XOM	PG	BAC	
4	MSFT	0.0034	0.0017	0.0024	0.0010	0.0016	0.0016	0.0019	0.0009	0.0005	0.0021	<--{=varcovar('5y 10
5	AAPL	0.0017	0.0052	0.0018	0.0008	0.0020	0.0006	0.0012	0.0002	0.0004	0.0007	stocks Returns'!B3:K62)}
6	AMZN	0.0024	0.0018	0.0069	0.0014	0.0023	0.0014	0.0032	0.0008	-0.0003	0.0022	
7	DIS	0.0010	0.0008	0.0014	0.0024	0.0011	0.0014	0.0007	0.0007	0.0005	0.0016	
8	CSCO	0.0016	0.0020	0.0023	0.0011	0.0033	0.0014	0.0009	0.0005	0.0004	0.0017	
9	JPM	0.0016	0.0006	0.0014	0.0014	0.0014	0.0032	0.0008	0.0009	0.0002	0.0039	
10	GOOG	0.0019	0.0012	0.0032	0.0007	0.0009	0.0008	0.0032	0.0003	0.0001	0.0015	
11	XOM	0.0009	0.0002	0.0008	0.0010	0.0005	0.0009	0.0003	0.0023	0.0004	0.0010	
12	PG	0.0005	0.0004	-0.0003	0.0005	0.0004	0.0002	0.0001	0.0004	0.0016	0.0001	
13	BAC	0.0021	0.0007	0.0022	0.0016	0.0017	0.0039	0.0015	0.0010	0.0001	0.0058	

用 R 计算方差-协方差矩阵

R 是计算方差-协方差矩阵的一个很好的工具。它比 Excel 更有效率，如下面的代码所示：

```
1   # We thank Sagi Haim for developing this script
2
3   ########################################
4   # CHAPTER 12 - VRIANCE-COVARIANCE MATRIX
5   ########################################
6
7   ### 12.2  Computing the Sample Variance-Covariance Matrix
8   # Save a csv file with historical prices of Stockes in a working directory
9   workdir <- readline( prompt = "working directory?") # insert working directory path
10  setwd(workdir)
11
12  # read the csv with adjusted prices of stocks
13  day_ret <- na.omit(read.csv("Chapt_12_data.csv", row.names = 1))
14  index_ret <- day_ret[,"X.GSPC"]
15  assets_ret <- day_ret[,colnames(day_ret) != "X.GSPC"]
16  # COMMENT : The input CSV should present return data as text.
17
18  # Sample Variance Covariance Matrix
19  var_cov_mat <- cov(assets_ret)
```

请注意，代码的核心是包含"cov(assets_ret)"的一行代码。

我们应该除以 $M-1$ 还是 M

在前述计算中，我们使用样本协方差（在 Excel 中使用函数 Covariance.S，在 VBA 中使用函数 Covariance_S）除以 $M-1$ 而不是 M，从而得到方差和协方差的无偏估计。我们不认为这很重要，但为了参考更权威的建议，我们建议参考第 10.2 节中对 M 与 $M-1$ 的讨论。

12.3 相关系数矩阵

利用 Excel 函数 Correl，我们可以计算收益率的相关系数矩阵：

```vba
Function CorrMatrix(rng As Range) As Variant
    Dim i As Integer
    Dim j As Integer
    Dim numcols As Integer
    numcols = rng.Columns.Count
    numrows = rng.Rows.Count
    Dim matrix() As Double
    ReDim matrix(numcols - 1, numcols - 1)

    For i = 1 To numcols
      For j = i To numcols
          matrix(i - 1, j - 1) = Application
          .WorksheetFunction.Correl(rng
          .Columns(i), rng.Columns(j))
        matrix(j - 1, i - 1) = matrix(i - 1,
        j - 1)
        Next j
    Next i
    CorrMatrix = matrix
End Function
```

	A	MSFT	AAPL	AMZN	DIS	CSCO	JPM	GOOG	XOM	PG	BAC	L
1					使用VBA估计相关系数矩阵							
2					相关系数矩阵 (用户定义 'CorrMatrix' 函数)							
3		MSFT	AAPL	AMZN	DIS	CSCO	JPM	GOOG	XOM	PG	BAC	
4	MSFT	1.0000	0.3974	0.4888	0.3565	0.4689	0.4770	0.5682	0.3061	0.2084	0.4642	<--{=CorrMatrix('5y 10
5	AAPL	0.3974	1.0000	0.3084	0.2189	0.4747	0.1367	0.2891	0.0545	0.1316	0.1240	stocks Returns'!B3:K62)}
6	AMZN	0.4888	0.3084	1.0000	0.3425	0.4822	0.2913	0.6773	0.1956	-0.0959	0.3486	
7	DIS	0.3565	0.2189	0.3425	1.0000	0.3786	0.5170	0.2682	0.4046	0.2423	0.4387	
8	CSCO	0.4689	0.4747	0.4822	0.3786	1.0000	0.4297	0.2767	0.1961	0.1875	0.3834	
9	JPM	0.4770	0.1367	0.2913	0.5170	0.4297	1.0000	0.2494	0.3445	0.0774	0.9181	
10	GOOG	0.5682	0.2891	0.6773	0.2682	0.2767	0.2494	1.0000	0.1284	0.0315	0.3415	
11	XOM	0.3061	0.0545	0.1956	0.4046	0.1961	0.3445	0.1284	1.0000	0.1856	0.2762	
12	PG	0.2084	0.1316	-0.0959	0.2423	0.1875	0.0774	0.0315	0.1856	1.0000	0.0312	
13	BAC	0.4642	0.1240	0.3486	0.4387	0.3834	0.9181	0.3415	0.2762	0.0312	1.0000	

这是另一个版本的相关系数矩阵，这次求出的只有矩阵的上半部分：

```vba
'Triangular correlation matrix
Function CorrMatrixTriangular(rng As Range) As
Variant
Function CorrMatrixTriangular(rng As Range) As
Variant
    Dim i As Integer
    Dim j As Integer
    Dim numcols As Integer
    numcols = rng.Columns.Count
    numrows = rng.Rows.Count
    Dim matrix() As Variant
    ReDim matrix(numcols - 1, numcols - 1)

    For i = 1 To numcols
        For j = 1 To numcols
        If i <= j Then
        matrix(i - 1, j - 1) = _
        Application.WorksheetFunction.Correl
        (rng.Columns(i), rng.Columns(j))
        Else
        matrix(i - 1, j - 1) = ""
        End If

        Next j
    Next i
    CorrMatrixTriangular = matrix
End Function
```

	A	B	C	D	E	F	G	H	I	J	K	L
15				相关系数矩阵, 上半部分(用户定义 'CorrMatrixTriangular' 函数)								
16		MSFT	AAPL	AMZN	DIS	CSCO	JPM	GOOG	XOM	PG	BAC	
17	MSFT	1.0000	0.3974	0.4888	0.3565	0.4689	0.4770	0.5682	0.3061	0.2084	0.4642	{=CorrMatrixTriangular('5
18	AAPL		1.0000	0.3084	0.2189	0.4747	0.1367	0.2891	0.0545	0.1316	0.1240	y 10 stocks
19	AMZN			1.0000	0.3425	0.4822	0.2913	0.6773	0.1956	-0.0959	0.3486	Returns'!B3:K62)}
20	DIS				1.0000	0.3786	0.5170	0.2682	0.4046	0.2423	0.4387	
21	CSCO					1.0000	0.4297	0.2767	0.1961	0.1875	0.3834	
22	JPM						1.0000	0.2494	0.3445	0.0774	0.9181	
23	GOOG							1.0000	0.1284	0.0315	0.3415	
24	XOM								1.0000	0.1856	0.2762	
25	PG									1.0000	0.0312	
26	BAC										1.0000	

与方差-协方差矩阵一样,在 R 中计算相关系数矩阵非常容易;它只需一行代码:

```r
21  ### 12.3 The Correlation Matrix
22  cor_mat <- cor(assets_ret, method = "pearson")
```

以下是一些相关系数数据。我们的样本的平均相关系数(0.311 6)还算符合规范(通常股票样本的平均相关系数为 0.2 到 0.3)。最大的相关系数($\rho_{BAC, JPM} = 0.918 1$,$\rho_{GOOG, AMZN} = 0.677 3$)看起来相当高,尽管其中可能有经济学上的解释。[1]

---

[1] 摩根大通(J.P. Morgan,JPM)和美国银行(Bank of America,BAC)是美国的两家金融机构。谷歌(GOOG)和亚马逊(Amazon)都是科技公司,不过所处的市场有所不同,业务重点也有所不同。

	A	B	C	D	E	F	G	H	I	J	K
28						一些相关系数统计量					
29	平均值	0.3116	<--=AVERAGEIF(B17:K26,"<1")								
30	中位数	0.3061	<--{=MEDIAN(IF(B17:K26=1,"",B17:K26))}								
31											
32	最大值	0.918	<--=LARGE(B17:K26,11)			最小值		-0.096	<--=SMALL(B17:K26,1)		
33	次大值	0.677	<--=LARGE(B17:K26,12)			次小值		0.031	<--=SMALL(B17:K26,2)		
34	etc.	0.568	<--=LARGE(B17:K26,13)			etc.		0.032	<--=SMALL(B17:K26,3)		
35	etc.	0.517	<--=LARGE(B17:K26,14)			etc.		0.055	<--=SMALL(B17:K26,4)		
36	etc.	0.489	<--=LARGE(B17:K26,15)			etc.		0.077	<--=SMALL(B17:K26,5)		

12.4 样本方差-协方差矩阵的四种计算方法

接下来,我们将介绍样本方差-协方差矩阵的四种可选方法:

● 单指数模型(single-index model,SIM)假设方差风险的唯一来源是市场方差和资产的贝塔,因此 $\sigma_{ij} = \beta_i \beta_j \sigma_M$。

● 常数相关系数模型(constant correlation model)假设所有资产收益率之间的相关系数是常数,因此 $\sigma_{ij} = \rho \sigma_i \sigma_j$。

● 收缩法(shrinkage methods)假设方差-协方差矩阵是样本方差-协方差矩阵和一个在对角线上为方差、其他元素为零的矩阵的凸组合。

● 期权法(option methods)使用期权来推导资产收益率的标准差。在第 12.8 节中,我们将这种方法与常数相关系数方法结合起来计算方差-协方差矩阵。

前三个模型产生于对收益率数据生成未来数据的协方差的不信任。第四种方法——使用期权数据——更进一步,假设即使样本方差对未来方差的预测也不准确。

12.5 样本方差-协方差的替代方法:单指数模型

SIM 的初衷是为了简化复杂的方差-协方差矩阵计算。[1]SIM 的基本假设是,每个资产的收益率都是一个市场指数 x 上的线性回归:

$$\tilde{r}_i = \alpha_i + \beta_i \tilde{r}_x + \tilde{\varepsilon}_i$$

其中 ε_i 和 ε_j 之间的相关系数为零。根据这一假设,很容易得出以下两个事实:

● $E(\tilde{r}_i) = \alpha_i + \beta_i E(\tilde{r}_x)$

● $\sigma_{ij} = \begin{cases} \sigma_i^2 & \text{当 } i = j \\ \beta_i \beta_j \sigma_x^2 & \text{当 } i \neq j \end{cases}$

本质上,SIM 涉及协方差估计的变化,而非样本方差。我们可以通过编写 VBA 代码来使

---

① Sharpe(1963)。

得计算 SIM 的过程自动化：

```
Function SIM_VarCov(assetdata As Range,
marketdata As Range) _As Variant
    Dim i As Integer
    Dim j As Integer
    Dim numcols As Integer
    numcols=assetdata.Columns.Count
    Dim matrix() As Double
    ReDim matrix(numcols - 1, numcols - 1)
    For i = 1 To numcols
    For j = i To numcols
        If i = j Then
        matrix(i - 1, j - 1) = _
        Application.WorksheetFunction.
        Var_S(assetdata.Columns(i))

        Else
        matrix(i - 1, j - 1) = _
        Application.WorksheetFunction.Slope _
        (assetdata.Columns(i), marketdata) * _
        Application.WorksheetFunction.Slope _
        (assetdata.Columns(j), marketdata) * _
        Application.WorksheetFunction.
        Var_S(marketdata)
        matrix(j - 1, i - 1) = matrix(i - 1,
        j - 1)
        End If
        Next j
        Next i
        SIM_VarCov = matrix
End Function
```

该函数的两个参数是资产收益率和市场收益率。在我们的例子中应用这段代码得到：

	A	B	C	D	E	F	G	H	I	J	K	L
1						计算单指数方差-协方差矩阵						
2	使用用户定义 'SIM_VarCov' 函数											
3		MSFT	AAPL	AMZN	DIS	CSCO	JPM	GOOG	XOM	PG	BAC	
4	MSFT	0.0034	0.0013	0.0019	0.0011	0.0013	0.0013	0.0012	0.0010	0.0004	0.0017	<--{=SIM_VarCov(B16:K75,L16:L75)}
5	AAPL	0.0013	0.0052	0.0018	0.0011	0.0013	0.0013	0.0011	0.0010	0.0004	0.0017	
6	AMZN	0.0019	0.0018	0.0069	0.0016	0.0019	0.0018	0.0017	0.0015	0.0006	0.0024	
7	DIS	0.0011	0.0011	0.0016	0.0024	0.0011	0.0011	0.0010	0.0009	0.0004	0.0015	
8	CSCO	0.0013	0.0013	0.0019	0.0011	0.0033	0.0013	0.0012	0.0010	0.0004	0.0018	
9	JPM	0.0013	0.0013	0.0018	0.0011	0.0013	0.0032	0.0012	0.0010	0.0004	0.0017	
10	GOOG	0.0012	0.0011	0.0017	0.0010	0.0012	0.0012	0.0032	0.0009	0.0004	0.0016	
11	XOM	0.0010	0.0010	0.0015	0.0009	0.0010	0.0010	0.0009	0.0023	0.0003	0.0014	
12	PG	0.0004	0.0004	0.0006	0.0004	0.0004	0.0004	0.0004	0.0003	0.0016	0.0006	
13	BAC	0.0017	0.0017	0.0024	0.0015	0.0018	0.0017	0.0016	0.0014	0.0006	0.0058	
14												
15	日期	MSFT	AAPL	AMZN	DIS	CSCO	JPM	GOOG	XOM	PG	BAC	^GSPC
16	2019/1/1	2.8%	5.4%	13.5%	2.5%	8.7%	5.8%	7.5%	7.2%	4.8%	15.0%	7.6%
17	2018/12/1	-8.3%	-12.1%	-11.8%	-5.2%	-10.0%	-13.0%	-5.5%	-14.3%	-2.8%	-14.2%	-9.6%
18	2018/11/1	3.7%	-20.3%	5.6%	0.6%	5.2%	2.7%	1.6%	-0.2%	7.2%	3.2%	1.8%
73	2014/4/1	-1.4%	9.5%	-10.1%	-0.9%	3.0%	-8.1%	-5.9%	4.7%	2.4%	-12.7%	0.6%
74	2014/3/1	7.5%	6.2%	-7.4%	-0.9%	2.8%	6.6%	-8.4%	2.2%	2.4%	4.0%	0.7%
75	2014/2/1	1.2%	5.0%	0.9%	10.7%	0.3%	3.3%	2.9%	4.4%	3.4%	-1.3%	4.2%

在 R 中实现我们的例子的方法是这样的:

```
25  # Calculating beta
26  var_index <- var(index_ret)
27▾ assets_beta <- sapply(as.list(assets_ret) , function(x){
28                  lm(formula = x ~ index_ret)$coefficients[2]})
29  names(assets_beta) <- names(assets_ret)
30
31  # Calculating covariance(ri,rj) where i<>j
32  single_indx_cov_mat <- assets_beta %*% t(assets_beta) * var_index
33
34  # Calculating variance(ri) in the diagonal
35  diag(single_indx_cov_mat) <- diag(var_cov_mat)
36
37  # Adding names to the SIM var-cov matrix
38  rownames(single_indx_cov_mat) <- colnames(single_indx_cov_mat)
```

12.6 样本方差-协方差的替代方法:常数相关系数模型

Elton 和 Gruber(1973)提出的常数相关系数模型在计算方差-协方差矩阵时,假设资产收益率的方差为样本收益率,但协方差都用相同的相关系数进行关联,一般取相关资产的平均相关系数。由于 $\mathrm{cov}(r_i , r_j)=\sigma_{ij}=\rho_{ij}\sigma_i\sigma_j$,这意味着在常数相关系数模型中:

$$\sigma_{ij}=\begin{cases}\sigma_{ii}=\sigma_i^2,\text{当 } i=j\\ \sigma_{ij}=\rho\sigma_i\sigma_j,\text{当 } i\neq j\end{cases}$$

使用我们的 10 只股票的数据,我们可以实现常数相关系数模型。我们首先计算所有股票的相关系数:

	A	B	C	D	E	F	G	H	I	J	K	L
1						计算常数相关系数方差-协方差矩阵						
2	使用用户定义的 'ConstantCorVarCov' 函数											
3	相关系数	0.25										
4		MSFT	AAPL	AMZN	DIS	CSCO	JPM	GOOG	XOM	PG	BAC	
5	MSFT	0.0034	0.0010	0.0012	0.0007	0.0008	0.0008	0.0008	0.0007	0.0006	0.0011	<--{=ConstantCorVarCov(B17:K76,B3)}
6	AAPL	0.0010	0.0052	0.0015	0.0009	0.0010	0.0010	0.0010	0.0009	0.0007	0.0014	
7	AMZN	0.0012	0.0015	0.0069	0.0010	0.0012	0.0012	0.0012	0.0010	0.0008	0.0016	
8	DIS	0.0007	0.0009	0.0010	0.0024	0.0007	0.0007	0.0007	0.0006	0.0005	0.0009	
9	CSCO	0.0008	0.0010	0.0012	0.0007	0.0033	0.0008	0.0008	0.0007	0.0006	0.0011	
10	JPM	0.0008	0.0010	0.0012	0.0007	0.0008	0.0032	0.0008	0.0007	0.0006	0.0011	
11	GOOG	0.0008	0.0010	0.0012	0.0007	0.0008	0.0008	0.0032	0.0007	0.0006	0.0011	
12	XOM	0.0007	0.0009	0.0010	0.0006	0.0007	0.0007	0.0007	0.0023	0.0005	0.0009	
13	PG	0.0006	0.0007	0.0008	0.0005	0.0006	0.0006	0.0006	0.0005	0.0016	0.0008	
14	BAC	0.0011	0.0014	0.0016	0.0009	0.0011	0.0011	0.0011	0.0009	0.0008	0.0058	
15												
16	日期	MSFT	AAPL	AMZN	DIS	CSCO	JPM	GOOG	XOM	PG	BAC	
17	2019/1/1	2.8%	5.4%	13.5%	2.5%	8.7%	5.8%	7.5%	7.2%	4.8%	15.0%	
18	2018/12/1	-8.3%	-12.1%	-11.8%	-5.2%	-10.0%	-13.0%	-5.5%	-14.3%	-2.8%	-14.2%	
19	2018/11/1	3.7%	-20.3%	5.6%	0.6%	5.2%	2.7%	1.6%	-0.2%	7.2%	3.2%	
74	2014/4/1	-1.4%	9.5%	-10.1%	-0.9%	3.0%	-8.1%	-5.9%	4.7%	2.4%	-12.7%	
75	2014/3/1	7.5%	6.2%	-7.4%	-0.9%	2.8%	6.6%	-8.4%	2.2%	2.4%	4.0%	
76	2014/2/1	1.2%	5.0%	0.9%	10.7%	0.3%	3.3%	2.9%	4.4%	3.4%	-1.3%	

我们编写了一个 VBA 函数来使用收益率数据计算这个矩阵:

```
Function ConstantCorVarCov(data As Range,
corr As Double) As Variant
    Dim i As Integer
    Dim j As Integer
    Dim numcols As Integer
    numcols = data.Columns.Count
    numrows = data.Rows.Count
    Dim matrix() As Double
    ReDim matrix(numcols - 1, numcols - 1)
    If Abs(corr) >= 1 Then GoTo Out
    For i = 1 To numcols
    For j = i To numcols
        If i = j Then
        matrix(i - 1, j - 1) = _
        Application.WorksheetFunction.Var_S
        (data.Columns(i))
        Else
        Sigma_i = _
        Application.WorksheetFunction.StDev_S
        (data.Columns(i))
        Sigma_j = _

        Application.WorksheetFunction.StDev_S
        (data.Columns(j))
        matrix(i - 1, j - 1) = corr * Sigma_i *
        Sigma_j
        matrix(j - 1, i - 1) = matrix(i - 1,
        j - 1)
        End If
    Next j
    Next i
Out:
    If Abs(corr) >= 1 Then ConstantCorVarCov =
    "Error" _
    Else: ConstantCorVarCov = matrix
End Function
```

我们的例子在 R 中的实现如下所示：

```
41  # Input: fixed correlation cefficient of 0.25
42  const_corr <- 0.25
43
44  # Creating a vector of assets sigma
45  assets_sigma <- matrix(sqrt(diag(var_cov_mat)))
46
47  # Calculating covariance(ri,rj) where i<>j
48  const_corr_var_cov_mat <- assets_sigma %*% t(assets_sigma) * const_corr
49
50  # Calculating variance(ri) in the diagonal
51  diag(const_corr_var_cov_mat) <- diag(var_cov_mat)
52
53  # Name the matrix
54  colnames(const_corr_var_cov_mat) <- names(assets_ret)
55  rownames(const_corr_var_cov_mat) <- names(assets_ret)
```

12.7 样本方差-协方差的替代方法：收缩法

第三种估计方差-协方差矩阵的方法最近很流行。所谓的收缩法假设方差-协方差矩阵是样本协方差矩阵和其他矩阵的凸组合：

收缩方差－协方差矩阵＝λ·样本方差－协方差矩阵＋（1－λ）·其他矩阵

在下面的例子中，"其他"矩阵是一个只有方差的对角矩阵，其余元素为零。收缩算子 λ＝0.3（单元 B28）。

	A	B	C	D	E	F	G	H	I	J	K	L
1						使用收缩法估计方差-协方差矩阵						
			赋予样本方差-协方差矩阵权重 0.30（收缩算子）以及赋予只有方差的对角矩阵权重 0.70									
2						样本方差-协方差矩阵（用户定义 'VarCovar' 函数）						
3		MSFT	AAPL	AMZN	DIS	CSCO	JPM	GOOG	XOM	PG	BAC	
4	MSFT	0.0034	0.0017	0.0024	0.0010	0.0016	0.0016	0.0019	0.0009	0.0005	0.0021	Returns'!B3:K62}}
5	AAPL	0.0017	0.0052	0.0018	0.0008	0.0020	0.0006	0.0012	0.0002	0.0004	0.0007	
6	AMZN	0.0024	0.0018	0.0069	0.0014	0.0023	0.0014	0.0032	0.0008	-0.0003	0.0022	
7	DIS	0.0010	0.0008	0.0014	0.0024	0.0011	0.0014	0.0007	0.0010	0.0005	0.0016	
8	CSCO	0.0016	0.0020	0.0023	0.0011	0.0033	0.0014	0.0009	0.0005	0.0004	0.0017	
9	JPM	0.0016	0.0006	0.0014	0.0014	0.0014	0.0032	0.0008	0.0009	0.0002	0.0039	
10	GOOG	0.0019	0.0012	0.0032	0.0007	0.0009	0.0008	0.0032	0.0003	0.0001	0.0015	
11	XOM	0.0009	0.0002	0.0008	0.0010	0.0005	0.0009	0.0003	0.0023	0.0004	0.0010	
12	PG	0.0005	0.0004	-0.0003	0.0005	0.0004	0.0002	0.0001	0.0004	0.0016	0.0001	
13	BAC	0.0021	0.0007	0.0022	0.0016	0.0017	0.0039	0.0015	0.0010	0.0001	0.0058	
14												
15						其他矩阵 =只有对角线上的方差，其他处为0的矩阵						
16		MSFT	AAPL	AMZN	DIS	CSCO	JPM	GOOG	XOM	PG	BAC	
17	MSFT	0.0034	0.0000	0.0000	0.0000	0.0000	0.0000	0.0000	0.0000	0.0000	0.0000	<--=IF($A17=K$16,K4,0)
18	AAPL	0.0000	0.0052	0.0000	0.0000	0.0000	0.0000	0.0000	0.0000	0.0000	0.0000	
19	AMZN	0.0000	0.0000	0.0069	0.0000	0.0000	0.0000	0.0000	0.0000	0.0000	0.0000	
20	DIS	0.0000	0.0000	0.0000	0.0024	0.0000	0.0000	0.0000	0.0000	0.0000	0.0000	
21	CSCO	0.0000	0.0000	0.0000	0.0000	0.0033	0.0000	0.0000	0.0000	0.0000	0.0000	
22	JPM	0.0000	0.0000	0.0000	0.0000	0.0000	0.0032	0.0000	0.0000	0.0000	0.0000	
23	GOOG	0.0000	0.0000	0.0000	0.0000	0.0000	0.0000	0.0032	0.0000	0.0000	0.0000	
24	XOM	0.0000	0.0000	0.0000	0.0000	0.0000	0.0000	0.0000	0.0023	0.0000	0.0000	
25	PG	0.0000	0.0000	0.0000	0.0000	0.0000	0.0000	0.0000	0.0000	0.0016	0.0000	
26	BAC	0.0000	0.0000	0.0000	0.0000	0.0000	0.0000	0.0000	0.0000	0.0000	0.0058	
28	收缩算子		0.30	<--这是样本方差-协方差矩阵的权重								
29		MSFT	AAPL	AMZN	DIS	CSCO	JPM	GOOG	XOM	PG	BAC	
30	MSFT	0.0034	0.0005	0.0007	0.0003	0.0005	0.0005	0.0006	0.0003	0.0001	0.0006	<--=$C$28*K4+(1-$C$28)*K17
31	AAPL	0.0005	0.0052	0.0006	0.0002	0.0006	0.0002	0.0004	0.0001	0.0001	0.0002	
32	AMZN	0.0007	0.0006	0.0069	0.0004	0.0007	0.0004	0.0010	0.0002	-0.0001	0.0007	
33	DIS	0.0003	0.0002	0.0004	0.0024	0.0003	0.0004	0.0002	0.0003	0.0001	0.0005	
34	CSCO	0.0005	0.0006	0.0007	0.0003	0.0033	0.0004	0.0003	0.0002	0.0001	0.0005	
35	JPM	0.0005	0.0002	0.0004	0.0004	0.0004	0.0032	0.0002	0.0003	0.0001	0.0012	
36	GOOG	0.0006	0.0004	0.0010	0.0002	0.0003	0.0002	0.0032	0.0001	0.0000	0.0004	
37	XOM	0.0003	0.0001	0.0002	0.0003	0.0002	0.0003	0.0001	0.0023	0.0001	0.0003	
38	PG	0.0001	0.0001	-0.0001	0.0001	0.0001	0.0001	0.0000	0.0001	0.0016	0.0000	
39	BAC	0.0006	0.0002	0.0007	0.0005	0.0005	0.0012	0.0004	0.0003	0.0000	0.0058	

关于如何选择合适的收缩估计量，目前还缺乏相关理论。[①]我们的建议是选择一个使得所计算的全局最小方差投资组合完全为正（详见下一节）的收缩算子 λ。

它在 R 中的实现看起来像这样：

```
58  # Input: lambda
59  lambda <- 0.3
60
61  ## Creating a matrix of only variances on the diagonal
62  other_mat <- diag(nrow = ncol(var_cov_mat)) * diag(var_cov_mat)
63
64  # Shrinkage Method Variance Covariance Matrix
65  shrnk_var_cov_mat <- lambda * var_cov_mat + (1 - lambda) * other_mat
```

① Olivier Ledoit 和 Michael Wolf(2003，2004a，2004b)可能会提供一些指导。

12.8 利用期权信息计算方差矩阵

另一种计算方差矩阵的方法是使用期权市场的信息。我们使用每只股票对应的平值看涨期权的隐含波动率，然后使用常数相关系数计算方差矩阵：

$$\sigma_{ij} = \begin{cases} \sigma^2_{i,隐含}, & 如果 \ i=j \\ \rho\sigma_{i,隐含}\sigma_{j,隐含}, & 如果 \ i\neq j \end{cases}$$

这里有一个关于 10 只股票的例子。我们使用这 10 只股票的期权市场隐含波动率数据和常数相关系数方差-协方差矩阵（其中 $\rho=0.25$）：

	A	B	C	D	E	F	G	H	I	J	K	L
1					使用隐含波动率的常数相关系数矩阵							
2		MSFT	AAPL	AMZN	DIS	CSCO	JPM	GOOG	XOM	PG	BAC	
3	隐含波动率	33.99%	31.79%	23.54%	23.98%	21.19%	54.98%	22.76%	21.68%	17.12%	21.78%	由期权价格获得
4												
5	相关系数	0.25										
6		MSFT	AAPL	AMZN	DIS	CSCO	JPM	GOOG	XOM	PG	BAC	
7	MSFT	0.1155	0.0270	0.0200	0.0204	0.0180	0.0467	0.0193	0.0184	0.0145	0.0185	<--{=ImpliedVolVarcov(B3:K3,B5)}
8	AAPL	0.0270	0.1011	0.0187	0.0191	0.0168	0.0437	0.0181	0.0172	0.0136	0.0173	
9	AMZN	0.0200	0.0187	0.0554	0.0141	0.0125	0.0324	0.0134	0.0128	0.0101	0.0128	
10	DIS	0.0204	0.0191	0.0141	0.0575	0.0127	0.0330	0.0136	0.0130	0.0103	0.0131	
11	CSCO	0.0180	0.0168	0.0125	0.0127	0.0449	0.0291	0.0121	0.0115	0.0091	0.0115	
12	JPM	0.0467	0.0437	0.0324	0.0330	0.0291	0.3023	0.0313	0.0298	0.0235	0.0299	
13	GOOG	0.0193	0.0181	0.0134	0.0136	0.0121	0.0313	0.0518	0.0123	0.0097	0.0124	
14	XOM	0.0184	0.0172	0.0128	0.0130	0.0115	0.0298	0.0123	0.0470	0.0093	0.0118	
15	PG	0.0145	0.0136	0.0101	0.0103	0.0091	0.0235	0.0097	0.0093	0.0293	0.0093	
16	BAC	0.0185	0.0173	0.0128	0.0131	0.0115	0.0299	0.0124	0.0118	0.0093	0.0474	

ImpliedVolVarCov 的编程类似于本章之前的 VBA 函数：

```
Function ImpliedVolVarCov(volatilities As Range,
corr As Double) As Variant
    Dim i As Integer
    Dim j As Integer
    Dim numcols As Integer
    numcols = volatilities.Columns.Count
    numrows = numcols
    Dim matrix() As Double
    ReDim matrix(numcols - 1, numcols - 1)
    If Abs(corr) >= 1 Then GoTo Out

    For i = 1 To numcols
    For j = i To numcols
      If i = j Then
      matrix(i - 1, j  -1) = volatilities(i) ∧ 2
      Else
      matrix(i - 1, j - 1) = corr *
      volatilities(i) * volatilities(j)
      matrix(j - 1, i - 1) = matrix(i - 1, j - 1)
      End If
    Next j
    Next i
Out:
    If Abs(corr) >= 1 Then ImpliedVolVarCov =
    "ERROR" _
Else ImpliedVolVarCov = matrix
End Function
```

它在 R 中的实现是这样的：

```
68  # Input: Implied volatility
69  impl_vol <- matrix(c(0.3399, 0.3179, 0.2354, 0.2398, 0.2119, 0.5498, 0.2276,
70                       0.2168, 0.1712, 0.2178))
71
72  # Using constant correlation
73  const_corr <- 0.25
74
75  # Calculating covariance(ri,rj) where i<>j
76  impl_var_cov_mat <- impl_vol %*% t(impl_vol) * const_corr
77
78  # Calculating variance(ri) in the diagonal
79  diag(impl_var_cov_mat) <- impl_vol^2
80
81  # Name the matrix column and row headers
82  colnames(impl_var_cov_mat) <- names(assets_ret)
83  rownames(impl_var_cov_mat) <- names(assets_ret)
```

12.9   用哪种方法计算方差-协方差矩阵?

本章给出了计算方差-协方差矩阵的五种方法：样本方差-协方差；单指数模型；常数相关系数法；收缩法；基于隐含波动率的方差-协方差矩阵。

我们如何比较这些备选方法？我们应该选择哪一个？我们可以比较使用每一种方法的技术结果——例如，使用不同的方法显示全局最小方差投资组合的可选值——但这在很大程度上忽略了重点。

如何计算方差-协方差矩阵很大程度上取决于你如何看待资本市场。如果你坚信过去可以预测未来，那么也许你的选择是使用样本方差-协方差矩阵。我们更倾向于远离历史，因此我们更倾向于使用一个相关系数在不断变化的基于期权的波动率模型：在"正常"时期，我们将使用 0.2 至 0.3 之间的"正常"相关系数；在危机时期，我们会使用高得多的相关系数，比如 0.5 到 0.6 之间的相关系数。

12.10   总结

在本章中，我们讨论了如何计算方差-协方差矩阵，这是所有投资组合优化问题的核心。从标准样本方差-协方差矩阵开始，我们还介绍了如何计算文献中出现的几种可能改善投资组合计算的备选方案。

练习

1. 以下是六家家具公司 2010—2020 年的年度收益率数据。使用这些数据来计算收益率的方差-协方差

	A	B	C	D	E	F	G	H
1				6家家具公司数据				
2		A	B	C	D	E	F	
3	2010	37%	0%	42%	22%	26%	23%	
4	2011	123%	61%	195%	62%	73%	118%	
5	2012	14%	64%	-38%	-1%	45%	8%	
6	2013	21%	28%	1%	81%	24%	38%	
7	2014	45%	-7%	22%	20%	11%	54%	
8	2015	20%	48%	9%	-10%	-12%	27%	
9	2016	-9%	-11%	13%	14%	7%	-6%	
10	2017	27%	13%	12%	33%	-8%	123%	
11	2018	-12%	2%	-17%	-6%	1%	15%	
12	2019	20%	7%	4%	50%	-6%	20%	
13	2020	34%	22%	33%	84%	6%	63%	
14								
15	贝塔	0.80	0.95	0.65	0.85	0.85	1.40	
16	收益率均值	29.24%	20.68%	25.02%	31.64%	15.34%	43.87%	<--=AVERAGE(G3:G13)

矩阵。

本书附带的配套网站中可以找到练习用的电子表格，其中的价格数据标签可以为剩下的练习提供参考。该标签提供了六只股票的三年价格数据，SP500 作为市场的替代。

2. 计算数据的收益率和每个资产的统计量（平均收益率、收益率的方差和标准差、贝塔值）。

3. 计算六只股票的样本方差-协方差矩阵和相关系数矩阵。

4. 使用本章定义的 SIM 函数计算单指数方差-协方差矩阵。

5. 使用样本方差-协方差矩阵计算全局最小方差投资组合。

6. 使用常数相关系数协方差矩阵计算全局最小方差投资组合。

13

估计贝塔值和证券市场线

13.1 概述

CAPM 是 20 世纪后半叶金融理论中最具影响的两大创新之一。[①]通过将投资组合决策与效用理论和资产价格的统计行为相结合，CAPM 的构造者定义了现在被普遍用于股票价格和公司估值分析的范式。

CAPM 到底有什么含义？它的现实意义是什么？粗略地说，我们可以区分 CAPM 的两种含义。首先，CML 定义了对其最优投资组合的均值和方差感兴趣的投资者的个体最优投资组合。其次，考虑到投资者对资产收益率的统计性质和均值-方差优化的重要性具有一致意见，SML 定义了每个个体资产的风险-收益关系。

区分存在无风险资产的情况和不存在无风险资产的情况是有用的。[②]

情形 1：存在无风险资产

假设存在一种无风险资产，且其收益率为 r_f。我们可以区分投资者的个体优化和 CAPM 的一般均衡含义。

- **个体优化**：假设投资者根据其投资组合收益率的期望收益率和标准差（在金融术语中，他们有"均值-方差"偏好）进行优化，CAPM 指出，每个个体投资者的最优投资组合落在 CML 上：

---

① 另一个重要的创新是将在第 16—20 章进行讨论的期权定价理论。这两项创新共同造就了许多诺贝尔经济学奖获得者：哈里·马科维茨（Harry Markowitz, 1990）、威廉·夏普（William Sharpe, 1990）、迈伦·斯科尔斯（Myron Scholes, 1997）和罗伯特·默顿（Robert Merton, 1997）。如果不是因为英年早逝，与这些理论相关的其他人——扬·莫辛（Jan Mossin, 1936—1987）、费希尔·布莱克（1938—1995）——无疑也会获得诺贝尔经济学奖。

② 无风险资产的存在（或不存在）与投资期限密切相关。短期内无风险的资产在长期内可能不是无风险的。

$$E(r_p) = r_f + \sigma_p \frac{[E(r_x) - r_f]}{\sigma_x}$$

其中，投资组合 x 是所有可行投资组合中使得 $\frac{E(r_y) - r_f}{\sigma_y}$ 最大化的投资组合。第 11 章中的命题 1 表明，权重 x 可以通过 $x = \{x_1, x_2, \cdots, x_N\} = \frac{S^{-1}[E(r) - r_f]}{\sum S^{-1}[E(r) - r_f]}$ 计算得到；其中，S 是风险资产收益率的方差-协方差矩阵，$E(r) = [E(r_1), E(r_2), \cdots, E(r_N)]$ 是资产期望收益率的向量。

- 一般均衡：如果所有投资者都同意模型的统计假设——方差-协方差矩阵 S 和资产期望收益率向量 $E(r)$——如果无风险资产存在，那么个体资产收益率由 SML 确定：

$$E(r_i) = r_f + \frac{\mathrm{cov}(r_i, r_M)}{\mathrm{var}(r_m)} [E(r_M) - r_f]$$

其中，M 表示市场组合，即所有风险资产的市值加权组合。表达式 $\frac{\mathrm{cov}(r_i, r_M)}{\mathrm{var}(r_M)}$ 通常被称为资产的贝塔：

$$\beta_i = \frac{\mathrm{cov}(r_i, r_M)}{\mathrm{var}(r_m)} = \frac{\sigma_i}{\sigma_m} \cdot \rho_{i, m}$$

情形 2：不存在无风险资产

如果不存在无风险资产，那么 CAPM 关于个体优化和一般均衡的含义由 Black(1972) 的零贝塔模型（第 11 章命题 3）给出：

- 个体优化：在不存在无风险资产的情况下，个体最优投资组合将落在有效边界上。如第 9 章的命题 2 所示，该边界是任意两个优化投资组合 $x = \frac{S^{-1}[E(r) - c_1]}{\sum S^{-1}[E(r) - c_1]}$ 和 $y = \frac{S^{-1}[E(r) - c_2]}{\sum S^{-1}[E(r) - c_2]}$ 的凸组合所产生的均值-标准差组合中向上倾斜的部分，其中 c_1 和 c_2 为任意常数。

- 一般均衡：在不存在无风险资产的情况下，如果所有投资者都同意模型的统计假设——方差-协方差矩阵 S 和资产期望收益率向量 $E(r)$——那么个体资产收益率由 SML 确定：

$$E(r_i) = E(r_z) + \frac{\mathrm{cov}(r_i, r_x)}{\sigma_x^2} [E(r_x) - E(r_z)]$$

其中，x 为任意有效投资组合，z 为与 x 的协方差为零的投资组合（即所谓的零贝塔投资组合）。

不存在无风险资产的情况明显弱于存在无风险资产的情况。如果存在无风险资产，一般均衡下的 CAPM 认为，所有投资组合都位于一条商定的线上。如果不存在无风险资产，那么所有最优投资组合都在同一有效边界上；但在这种情况下，资产的贝塔值可以不同，因为存在

许多有效投资组合 x，使得等式 $E(r_i) = E(r_z) + \dfrac{\text{cov}(r_i, r_x)}{\sigma_x^2}[E(r_x) - E(r_z)]$ 成立。

CAPM 作为一种规范性和描述性工具

正如你从前面的讨论中所看到的，CAPM 既是规范性的，也是描述性的。

作为一种规范性工具，CAPM 告诉均值-方差投资者如何选择最优投资组合。通过找到形如 $\dfrac{S^{-1}[E(r) - c_1]}{\sum S^{-1}[E(r) - c_1]}$ 的组合，投资者可以确定数据集中的最优投资组合。

CAPM 作为一种描述性工具，给出了我们可以用来概括市场期望收益率结构的条件。无论无风险资产是否存在，这些条件都假设投资者对资产收益率的统计结构——方差-协方差矩阵和期望收益率看法一致。在这种情况下，所有的收益率都被期望处于形如 $E(r_i) = E(r_f) + \dfrac{\text{cov}(r_i, r_M)}{\sigma_M^2}[E(r_M) - E(r_f)]$（如果存在一个无风险资产）或形如 $E(r_i) = E(r_z) + \dfrac{\text{cov}(r_i, r_x)}{\sigma_x^2}[E(r_x) - E(r_z)]$（如果不存在无风险资产）的 SML 上。

关于本章

在本章中，我们将察看一些典型的资本市场数据，并对 CAPM 的描述性部分进行一个简单检验。这意味着我们必须计算一组资产的贝塔值，然后必须确定 SML 的方程。本章的检验可能是对 CAPM 最简单的检验。有非常多的文献对 CAPM 检验中可能存在的统计和方法陷阱进行了讨论。[①]

13.2　检验 SML

对 SML 的典型检验从一组风险资产的收益率数据开始。检验步骤如下：

● 确定市场组合 M 的候选对象。在我们的例子中，我们将使用 SP500 作为 M 的候选。这是关键的一步：正如第 11 章所指出的，原则上，"真正的"市场投资组合应按其价值权重包含所有市场风险资产。要计算这个理论上的市场投资组合显然是不可能的，因此我们必须用一个"替身"。正如你将在接下来的两小节中看到的，第 11 章的命题可以很好地说明市场组合"替身"的选择如何影响我们 CAPM 回归检验的 R^2。

● 对于每一项资产，确定资产的贝塔值，$\beta_i = \dfrac{\text{cov}(r_i, r_M)}{\text{var}(r_M)}$。这通常被称为第一遍回归。

---

① Elton 等（2009）及 Bodie、Kane 和 Marcus（2011）是一个很好的开始。如需进一步的参考资料，请参阅本书末尾的参考资料一节。我们个人最喜欢的解释见 Roll（1978）。

● 将资产的平均收益率分别与其贝塔进行回归。这通常被称为第二遍回归：

$$\bar{r}_i = \gamma_0 + \gamma_1 \beta_i$$

如果 CAPM 的描述性形式成立，那么第二遍回归应该为 SML。[1]

我们用一个简单的数值例子来说明 CAPM 的检验，该例子使用了道琼斯工业指数（DJ30）中的 30 只股票的数据。我们从 SP500（符号＾GSPC）和 DJ30 的价格开始（一些行和列没有显示）：

	A	B	C	D	E	F	AA	AB	AC	AD	AE
1					DJ30 和 SP500 的价格数据 2014年6月—2019年5月						
2	公司	SP500	Microsoft	Apple	Visa	Johnson & Johnson	3M	Caterpillar	Goldman Sachs	Walgreens Boots Alliance	Travelers
3	日期	GSPC	MSFT	AAPL	V	JNJ	MMM	CAT	GS	WBA	TRV
4	2019/5/31	2,752.06	123.68	175.07	161.33	131.15	159.75	119.81	182.49	49.34	145.57
5	2019/5/1	2,788.86	125.27	177.62	162.51	131.21	159.22	121.84	186.53	50.13	145.73
6	2019/4/1	2,945.83	130.12	199.90	164.18	140.24	187.90	138.58	205.00	53.12	143.75
7	2019/3/1	2,834.40	117.51	189.22	155.95	138.84	206.02	134.67	191.13	62.74	136.36
8	2019/2/1	2,784.49	111.14	171.75	147.63	134.82	204.22	136.51	195.03	70.16	132.13
60	2014/10/1	2,018.05	42.17	99.48	57.60	94.70	136.03	86.24	177.78	58.24	90.95
61	2014/9/1	1,972.29	41.64	92.80	50.90	93.65	125.33	84.22	171.77	53.75	84.26
62	2014/8/1	2,003.37	40.55	93.94	50.32	90.53	126.63	92.75	167.08	54.59	84.95
63	2014/7/1	1,930.67	38.52	87.62	49.96	87.35	123.90	85.14	161.26	62.03	80.33
64	2014/6/1	1,960.23	37.22	85.17	49.89	91.30	125.96	91.83	156.19	66.86	83.89
65											
66	市值(B)		947.74	805.51	352.57	348.21	92.08	68.52	66.76	45.11	38.13

我们首先将这些价格数据转换为收益率：

	A	B	C	D	E	F	AB	AC	AD	AE	AF
1						DJ30 和 SP500 的收益率数据 2014年6月—2019年5月					
2	公司	SP500	Microsoft	Apple	Visa	Johnson & Johnson	Caterpillar	Goldman Sachs	Walgreens Boots Alliance	Travelers	
3	代码	GSPC	MSFT	AAPL	V	JNJ	CAT	GS	WBA	TRV	
4	收益率均值	0.57%	2.00%	1.20%	1.96%	0.60%	0.44%	0.26%	-0.51%	0.92%	<-=AVERAGE(AE10:AE70)
5	阿尔法	0.00%	1.33%	0.56%	1.42%	0.22%	-0.43%	-0.43%	-0.92%	0.35%	<-=INTERCEPT(AE10:AE69,$B$10:$B$69)
6	贝塔	1.00	1.19	1.14	0.95	0.68	1.54	1.22	0.72	1.00	<-=SLOPE(AE10:AE69,$B$10:$B$69)
7	R方	1.00	0.44	0.27	0.51	0.34	0.45	0.34	0.11	0.49	<-=RSQ(AE10:AE69,$B$10:$B$69)
8											
9	日期										
10	2019/5/31	-1.33%	-1.27%	-1.44%	-0.73%	-0.05%	-1.68%	-2.19%	-1.58%	-0.11%	
11	2019/5/1	-5.48%	-3.80%	-11.82%	-1.02%	-6.65%	-12.87%	-9.44%	-5.80%	1.37%	
12	2019/4/1	3.86%	10.20%	5.49%	5.14%	1.00%	2.86%	7.00%	-16.64%	5.28%	
13	2019/3/1	1.78%	5.57%	9.69%	5.48%	2.94%	-1.36%	-2.02%	-11.18%	3.15%	
14	2019/2/1	2.93%	7.02%	3.95%	9.27%	2.64%	3.73%	-0.66%	-1.49%	5.70%	
66	2014/10/1	2.29%	1.26%	6.95%	12.36%	1.11%	2.37%	3.44%	8.02%	7.63%	
67	2014/9/1	-1.56%	2.65%	-1.23%	1.16%	3.39%	-9.66%	2.77%	-1.54%	-0.82%	
68	2014/8/1	3.70%	5.13%	6.97%	0.71%	3.57%	8.57%	3.55%	-12.78%	5.59%	
69	2014/7/1	-1.52%	3.44%	2.83%	0.14%	-4.43%	-7.57%	3.19%	-7.51%	-4.33%	
70	2014/6/1										

第一遍回归

第 4 行给出了每项资产在 60 个月期间的平均月收益率。（为了将这些收益率年化，我们将乘以 12。）第 5—7 行报告了第一遍回归的结果。对于每个资产 i，我们报告回归方程 $r_{it} = \alpha_i + \beta_i r_{SP500,t}$。我们使用 Excel 函数 Slope 来计算每个资产的 β，以及使用函数 Intercept 和 Rsq 来计算每次回归的 α 和 R^2。

作为检验，我们同时计算 SP500 指数（列 B）的 α、β 和 R^2。毫不奇怪，$\alpha_{SP500} = 0$，$\beta_{SP500} = 1$，$R^2 = 1$。

---

[1] 这是第 11 章的命题 3 和命题 4 的直接结果。

使用R进行第一遍回归

现在你可能已经知道，R 是一个非常强大的统计分析工具。我们主要使用线性模型（R命令："lm"）来计算 α、β 和 R^2。这是它的代码：

```
8  workdir <- readline( prompt = "working directory?") # insert working directory path
9  setwd(workdir)
10
11 # Compute Daily Returns
12 day_ret <- read.csv("Chapt13_ret_data.csv", row.names = 1)
13 index_ret <- day_ret[,"GSPC"]
14 assets_ret <- day_ret[,colnames(day_ret) != "GSPC"]
15
16 ### 11.2  Testing the SML
17 ## The First-Pass Regression
18 mean_ret <- colMeans(assets_ret)
19
20 # First-pass regression: calculating Alpha, Beta and R-sqr vs. GSPC
21 alpha <- sapply(as.list(assets_ret) , function(x){
22               lm(formula = x ~ index_ret)$coefficients[1]})
23
24 beta <- sapply(as.list(assets_ret) , function(x){
25              lm(formula = x ~ index_ret)$coefficients[2]})
26
27 r_squared <- sapply(as.list(assets_ret) , function(x){
28                 summary(lm(formula = x ~ index_ret))$r.squared})
```

第二遍回归

SML 假设每种证券的平均收益率应该与其贝塔线性相关。假设历史数据提供了未来收益率分布的准确描述，我们假设 $E(R_i)=\alpha+\beta_i\Pi+\varepsilon_i$，其中 α 和 Π 的定义取决于我们是处于第11.1节的情形 1 还是情形 2：

$$\alpha=\begin{cases}r_f,\text{情形 1：存在无风险资产}\\E(r_z),\text{情形 2：不存在无风险资产；}z\text{ 与有效投资组合 }y\text{ 的相关系数为零}\end{cases}$$

$$\Pi=\begin{cases}E(r_M)-r_f,\text{情形 1}\\E(r_y)-E(r_z),\text{情形 2}\end{cases}$$

在 CAPM 检验的第二步中，我们通过收益率均值对 β 进行回归来检验这一假设。

	A	B	C	D	E	F	AB	AC	AD	AE
1					第二遍回归 2014年6月 — 2019年5月					
2	公司	SP500	Microsoft	Apple	Visa	Johnson & Johnson	Caterpillar	Goldman Sachs	Walgreens Boots Alliance	Travelers
3	代码	GSPC	MSFT	AAPL	V	JNJ	CAT	GS	WBA	TRV
4	收益率均值	0.57%	2.00%	1.20%	1.96%	0.60%	0.44%	0.26%	-0.51%	0.92%
5	阿尔法	0.00%	1.33%	0.56%	1.42%	0.22%	-0.43%	-0.43%	-0.92%	0.35%
6	贝塔	1.00	1.19	1.14	0.95	0.68	1.54	1.22	0.72	1.00
7	R方	1.00	0.44	0.27	0.51	0.34	0.45	0.34	0.11	0.49
8										
9	第二遍回归，月收益率对贝塔进行回归						零假设			
10	截距	0.768%	<-=INTERCEPT(C4:AE4,C6:AE6)					0.064%	期间的Avg(r_f)	
11	斜率	0.08%	<-=SLOPE(C4:AE4,C6:AE6)					0.501%	<-=B4-AC10	
12	R方	0.0013	<-=RSQ(C4:AE4,C6:AE6)					1		
13										
14	t-统计量，截距	1.96537	<-=tintercept(C4:AE4,C6:AE6)							
15	t-统计量，斜率	0.18568	<-=tslope(C4:AE4,C6:AE6)							

结果（单元格 B10:B12）非常令人失望。我们的检验产生了以下 SML：

$$\text{Average}(r_i) = \underbrace{0.007\ 7}_{\gamma_0} + \underbrace{0.000\ 8}_{\gamma_1}\beta_i, \quad R^2 = 0.001\ 3$$

在 R 中实现这个应该是这样的：

```
30  ## Second-Pass Regression
31  scnd_ps_reg <- lm(formula = mean_ret ~ beta)
32  summary(scnd_ps_reg)
33
34  # Plot - Returns vs. Beta
35  plot(beta, mean_ret)
36  text(beta, mean_ret, labels = names(mean_ret), cex= 0.7, pos=4)
37  abline(scnd_ps_reg, col="blue", lwd=2)
38  scnd_ps_reg_coef <- round(coef(scnd_ps_reg), 4)
39  rsquared <- round(summary(scnd_ps_reg)$r.squared, 4)
40  legend('topright', legend = sprintf("return = %3.2f x beta %+ 3.2f, R\UB2 = %3.2f",
41                              scnd_ps_reg_coef[2], scnd_ps_reg_coef[1], rsquared),
42                              bty = 'n', cex = 0.9)
```

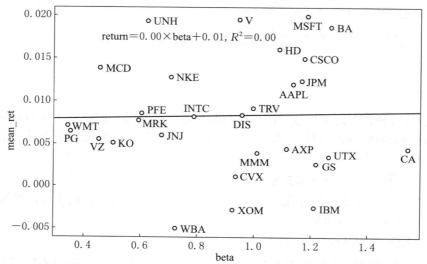

这些数字并不能激发人们的信心：

- γ_0 应对应于该期间的无风险利率。在所调查的 60 个月里，无风险利率变化很大，而平均每月无风险利率为 0.064%（几乎是 γ_0 值的 1/12）。

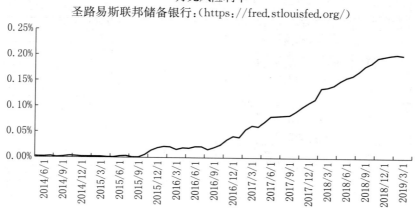

月无风险利率
圣路易斯联邦储备银行：(https://fred.stlouisfed.org/)

- γ_1 对应 $E(r_M)-r_f$。SP500 在此期间的月平均收益率为 0.57%，月平均无风险利率为 0.064%，因此 γ_1 应该近似为 0.501%。

- 截距（单元格 B14）的 t 统计量是临界值，但斜率（单元格 B15）的 t 统计量表明它在统计上与零没有差异。[①]

我们对 SML 的检验失败了。CAPM 可能具有规范上的有效性，但它不能描述我们的数据。

为什么结果如此糟糕?

我们所做的实验——通过绘制 SML 图来检查 CAPM——似乎效果不太好。似乎没有太多证据支持 SML：回归的 R^2 和 t 统计量都没有提供太多证据表明期望收益率和投资组合之间存在某种关系。

可能存在一些原因导致了这些令人失望的结果：

（1）一个原因是，或许 CAPM 本身并不成立。这可能是真的，原因有很多：

- 或许在市场上卖空资产受到限制。我们对 CAPM 的推导（见第 11 章关于有效投资组合的内容）假设不存在卖空限制。显然，这是一个不切实际的假设。第 11 章讨论了限制卖空时有效投资组合的计算。然而，在这种情况下，资产收益率与其贝塔之间不存在简单的关系（如第 11 章证明的关系）。特别是，如果限制卖空，就没有理由期待 SML 继续成立。

- 个体可能没有同质的概率评估，或者他们对资产收益率、方差和协方差的期望不相同。

（2）或许 CAPM 只适用于投资组合，而不适用于单个资产。

（3）也许我们的资产组合不够大。毕竟，CAPM 讨论的是所有的风险资产，而为了说明问题，我们选择对这些资产中的一个很小的子集进行检验。关于 CAPM 检验的文献记录了将风险资产集合扩展到其他风险资产如债券、房地产，甚至不可分散化资产如人力资本的检验。

（4）或许"市场投资组合"并不有效。这种可能性在第 11 章关于有效投资组合的数学方法中得到了说明，我们将在下一节中进一步探讨这一可能性。

（5）或许只有在市场收益率为正（在调查期间，它们平均为负）的情况下，CAPM 才成立。

13.3 我们学到了什么吗?

我们在第 13.2 节的练习结果相当令人失望。我们从这个练习中学到了什么正面的东西吗？绝对是的。例如，回归模型在描述单个资产收益率与 SP500 的关系方面做得很好：

---

① 函数 tintercept 和 tslope 由作者创建。它们附在本章的电子表格中，并在第 3 章中讨论。

对 SP500 回归的每只股票的贝塔和 R^2（2014 年 6 月—2019 年 5 月）

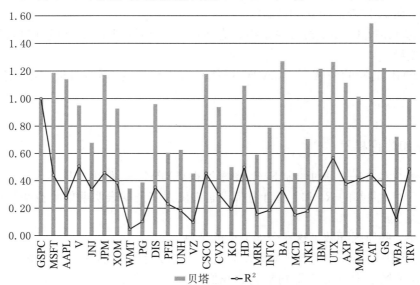

平均而言，SP500 描述了 DJ30 的 31％ 的可变性，这些股票的平均贝塔值为 0.9：

	A	B	C	D	E	F	G	AC	AD
1				**我们的SML练习:我们学到了什么?**					
2	阿尔法平均值	0.33%	<--=AVERAGE('Second Pass regression'!C5:AE5)						
3	贝塔平均值	0.90	<--=AVERAGE('Second Pass regression'!C6:AE6)						
4	R方平均值	0.3112	<--=AVERAGE('Second Pass regression'!C7:AE7)						
5									
6	截距和斜率的t统计量								
7		MSFT	AAPL	V	JNJ	JPM	XOM	WBA	TRV
8	截距的t-统计量	2.2512	0.6750	3.4182	0.5226	1.0307	-1.5514	-1.0294	0.7799
9	斜率的t-统计量	6.7770	4.6709	7.7367	5.4106	7.0114	6.0193	2.7437	7.4487
10									
11	平均t-统计量								
12	截距（绝对）	1.1288	<--{=AVERAGE(ABS(B8:AD8))}						
13	斜率	5.1721	<--=AVERAGE(B9:AD9)						

上面的单元 B4 计算平均 R^2。平均而言，第一遍回归是显著的。我们从基本 SML 的第一遍回归中得到的平均 R^2 为 31％，在金融领域这实际上是一个相当值得重视的数字。学生们受过于热情的统计学教师和过于线性的世界观的影响，经常认为任何有说服力的回归的 R^2 至少应该是 90％。金融似乎不是一个高度线性的职业：一个好的经验法则是，任何金融回归给出的大于 80％ 的 R^2 都可能是错误地指定了模型且具有误导性。[①]

查看我们的结果的显著性的另一种方法是计算第一遍回归的截距和斜率的 t 统计量（上面第 8 行和第 9 行）。虽然截距与零没有显著差异（因为它们的 t 统计量小于 $|2|$），但斜率非常显著。

Excel 注释：计算数字数组的绝对值

在前面的计算中，我们使用了一个与数组函数（参见第 31 章）相关的 Excel 技巧。通过使

---

① 这条有用规则的一个例外与分散化投资组合有关——这里 R^2 急剧增加。

用 Abs 作为一个数组函数（即，通过按[Ctrl]+[Shift]+[Enter]键输入函数），我们可以计算一个数字向量的绝对值的平均值。一个简单的例子如下：

	A	B	C	D	E	F
1			在数组中使用ABS函数 Excel的"ABS"函数计算绝对值			
2						
3	数字	1	−1	2	−2	0
4						
5	平均值	0.0000	<--=AVERAGE(B3:F3)			
6	绝对值平均值	1.2000	<--{=AVERAGE(ABS(B3:F3))}			
7	以上，但不作为数组函数	1.0000	<--=AVERAGE(ABS(B3:F3))			

注意单元格 B7：使用与常规函数相同的函数不会产生正确的答案（它只考虑数组单元格中的第一个单元格 B3）。

13.4 "市场投资组合"的无效性

在第 13.2 节计算 SML 时，我们将各资产的平均收益率与以 SP500 为代表的市场投资组合收益率进行回归。第 11 章关于有效投资组合的主张表明，我们未能找到令人满意的结果可能源于一个事实，即 SP500 投资组合相对于我们选择的资产集并不有效。第 11 章的命题 3 指出，如果我们选择将我们的资产收益率与一个相对于资产集本身有效的投资组合进行回归，我们将得到 100% 的 R^2。第 11 章的命题 4 表明，如果我们得到的 R^2 为 100%，那么我们的与资产收益率进行回归的投资组合相对于资产集必然是有效的。在本节中，我们给出这些命题的数值说明。

在下面的电子表格中，我们在 B 列中创建了一个"有效投资组合"。这个投资组合（其结构将在下一节中描述）相对于 DJ30 来说是有效的。正如你在单元格 A10：B12 中所看到的

	A	B	C	D	E	AC	AD	AE
1			对有效投资组合的第二遍回归 2014年6月—2019年5月					
2	日期	有效组合	MSFT	AAPL	V	GS	WBA	TRV
3								
4	平均收益率	9.09%	2.00%	1.20%	1.96%	0.26%	−0.51%	0.92%
5	贝塔	1.00	0.21	0.13	0.21	0.02	−0.06	0.09
6	阿尔法	0.00%	0.05%	0.06%	0.05%	0.06%	0.07%	0.06%
7	R方	1.0000	0.0902	0.0208	0.1539	0.0007	0.0055	0.0273
8								
9	SML--将贝塔对平均收益率回归							
10	截距	0.064%	<-- =INTERCEPT(C4:AE4,C5:AE5)					
11	斜率	9.023%	<-- =SLOPE(C4:AE4,C5:AE5)					
12	R方	1.0000	<-- =RSQ(C4:AE4,C5:AE5)					
13								
14	2019/5/31	−2.19%	−1.27%	−1.44%	−0.73%	−2.19%	−1.58%	−0.11%
15	2019/5/1	8.86%	−3.80%	−11.82%	−1.02%	−9.44%	−5.80%	1.37%
16	2019/4/1	19.45%	10.20%	5.49%	5.14%	7.00%	−16.64%	5.28%
17	2019/3/1	8.37%	5.57%	9.69%	5.48%	−2.02%	−11.18%	3.15%
69	2014/11/1	8.55%	1.82%	9.64%	6.71%	−0.84%	6.61%	3.56%
70	2014/10/1	10.03%	1.26%	6.95%	12.36%	3.44%	8.02%	7.63%
71	2014/9/1	9.88%	2.65%	−1.23%	1.16%	2.77%	−1.54%	−0.82%
72	2014/8/1	26.51%	5.13%	6.97%	0.71%	3.55%	−12.78%	5.59%
73	2014/7/1	15.62%	3.44%	2.83%	0.14%	3.19%	−7.51%	−4.33%

那样,当我们执行第二遍回归时——将单个资产的平均收益率与有效投资组合计算的贝塔值进行回归——结果是完美的。由此得到的回归截距为 0.064%,斜率为 9.023%。最重要的是,它的 R^2 是 100%。

该神秘的投资组合是有效的

第 11 章的建议只留给我们一个结论:"有效投资组合"相对于 DJ30 必须是有效的。事实也是如此。在下面的电子表格中,我们展示了这个有效投资组合的构建,它遵循了第 11 章的建议。

- 我们首先使用第 12 章中定义的 Varcovar 函数构造方差-协方差矩阵 S。

- 然后我们通过求解 $\dfrac{S^{-1}[E(r)-c]}{\sum S^{-1}[E(r)-c]}$ 来计算有效投资组合。在下面的电子表格我们

使用 $c=0.064\%$,这是第二遍回归的截距。

	A	B	C	D	E	F	G	AC	AD	AE
1				琼斯股票的事后有效投资组合 2001年7月—2006年7月						
2	日期	GSPC	MSFT	AAPL	V	JNJ	JPM	GS	WBA	TRV
3										
4	平均收益率	0.57%	2.00%	1.20%	1.96%	0.60%	1.24%	0.26%	-0.51%	0.92%
5	贝塔	1.00	1.19	1.14	0.95	0.68	1.17	1.22	0.72	1.00
6	阿尔法	0	1.33%	0.58%	1.42%	0.22%	0.58%	-0.43%	-0.92%	0.35%
7	R方	1	0.4419	0.2733	0.5079	0.3354	0.4587	0.3439	0.1149	0.4889
8										
9	2019/5/31	-1.3%	-1.3%	-1.4%	-0.7%	0.0%	-1.0%	-2.2%	-1.6%	-0.1%
10	2019/5/1	-5.5%	-3.8%	-11.8%	-6.7%	-1.0%	-7.3%	-9.4%	-5.8%	1.4%
11	2019/4/1	3.9%	10.2%	5.5%	5.1%	1.9%	13.7%	7.0%	-16.6%	5.3%
12	2019/3/1	1.8%	5.6%	9.7%	5.5%	2.9%	-3.0%	-2.0%	-11.2%	3.1%
13	2019/2/1	2.9%	7.0%	4.0%	9.3%	2.6%	1.6%	-0.7%	-1.5%	5.7%
14	2019/1/1	7.6%	2.8%	5.4%	2.3%	3.1%	5.8%	17.0%	5.6%	5.3%
15	2018/12/1	-9.6%	-8.3%	-12.1%	-7.0%	-12.3%	-13.0%	-12.8%	-20.9%	-8.5%
67	2014/8/1	3.7%	5.1%	7.0%	0.7%	3.6%	3.7%	3.5%	-12.9%	5.6%
68	2014/7/1	-1.5%	3.4%	2.8%	0.1%	-4.4%	0.1%	3.2%	-7.5%	-4.3%
69										
71	下面的单元核秘用公式 {=varcovar(C9:AE68)}计算DJ30的方差-协方差矩阵									
72		MSFT	AAPL	V	JNJ	JPM	XOM	WBA	TRV	
73	MSFT	0.0036	0.0019	0.0017	0.0009	0.0017	0.0011	0.0003	0.0013	
74	AAPL	0.0019	0.0054	0.0017	0.0007	0.0008	0.0004	0.0002	0.0010	
75	V	0.0017	0.0017	0.0020	0.0006	0.0010	0.0006	0.0009	0.0012	
76	JNJ	0.0009	0.0007	0.0006	0.0015	0.0008	0.0010	0.0010	0.0010	
99	GS	0.0015	0.0017	0.0008	0.0006	0.0033	0.0011	0.0013	0.0013	
100	WBA	0.0003	0.0002	0.0009	0.0010	0.0012	0.0008	0.0051	0.0012	
101	TRV	0.0013	0.0010	0.0012	0.0010	0.0013	0.0011	0.0012	0.0023	
102										
103	求有效组合									
104	常数	0.064%								
105										
106		MSFT	AAPL	V	JNJ	JPM	XOM	WBA	TRV	
107	权重	14.1%	-30.3%	70.2%	73.0%	188.2%	-18.9%	-73.2%	-32.7%	
108										
109			{=TRANSPOSE(MMULT(MINVERSE(B73:AD101),TRANSPOSE(C4:AE4)-B104))/SUM(MMULT(MINVERSE(B73:AD101),TRANSPOSE(C4:AE4)-B104))}								
110										
111	总和	100%	<—=SUM(B107:AD107)							
112	最大空头头寸	-112.4%	<—=MIN(B107:AD107)							
113	最大多头头寸	188.2%	<—=MAX(B107:AD107)							

"有效投资组合"对于常数 c 来说是唯一的。不同的 c 将给我们一个不同的有效投资组合和一个全新的第二遍回归。

还需要注意的是,尽管第二遍回归的 R^2 为 100%(因为投资组合是有效的),但单个资产第一遍回归的 R^2 远不显著。

使用 R 对有效投资组合进行第一遍回归和第二遍回归

寻找有效投资组合然后执行第一遍和第二遍回归的 R 代码,应该是这样的:

```
58  ## 11.4  The Non-Efficiency of the "Market Portfolio"
59  # Function: Calculate Envelope Portfolio proportions in one step (FROM CHAPTER 8)
60  envelope_portfolio <- function(var_cov_mat, assets_mean_ret, constant){
61    Z <- solve(var_cov_mat) %*% (assets_mean_ret - constant) # Z
62    Z_Sum <- sum(Z) # Sum of Z's
63    return( as.vector(Z/Z_Sum) ) # Efficient Portfolio proportions
64    }
65
66  # Inputs:
67  var_cov_mat <- cov(assets_ret)
68  mean_ret <- colMeans(assets_ret)
69  constant <- 0.0006432
70
71  # Solve
72  eff_port_prop <- envelope_portfolio(var_cov_mat, mean_ret, constant)
73  eff_port_ret <- as.matrix(assets_ret) %*% eff_port_prop
74
75  # The First-Pass Regression based on the Efficient Portfolio
76  alpha <- sapply(as.list(assets_ret) , function(x){
77    lm(formula = x ~ eff_port_ret)$coefficients[1]})
78
79  beta <- sapply(as.list(assets_ret) , function(x){
80    lm(formula = x ~ eff_port_ret)$coefficients[2]})
81
82  r_squared <- sapply(as.list(assets_ret) , function(x){
83    summary(lm(formula = x ~ eff_port_ret))$r.squared})
84
85  # T-statistic for intercept and slope
86  t_stat <- sapply(as.list(assets_ret) , function(x){
87    summary(lm(formula = x ~ eff_port_ret))$coefficients[5:6]})
88  row.names(t_stat) <- c("t_Intercept", "t_Slope")
89
90  # The Second-Pass Regression on the Efficient Portfolio
91  scnd_ps_reg <- lm(formula = mean_ret ~ beta)
92  summary(scnd_ps_reg)
93
94  # Plot - Returns vs. Beta
95  plot(beta, mean_ret)
96  text(beta, mean_ret, labels = names(mean_ret), cex= 0.7, pos=4)
97  abline(scnd_ps_reg, col="blue", lwd=2)
98  scnd_ps_reg_coef <-round(coef(scnd_ps_reg), 4)
99  rsquared <- round(summary(scnd_ps_reg)$r.squared, 4)
100 legend('topright', legend = sprintf("return = %3.2f x beta %+ 3.2f, R\UB2 = %3.2f",
101                    scnd_ps_reg_coef[2], scnd_ps_reg_coef[1], rsquared),
102                    bty = 'n', cex = 0.9)
```

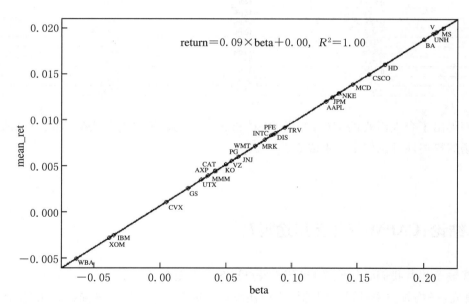

13.5 那么,真正的市场组合是什么? 我们如何检验 CAPM?

稍微反思一下就会发现,尽管上一节的"有效"投资组合相对于 DJ30 的 30 只股票来说可能是有效的,但它不可能是真正的市场投资组合,即使 DJ30 中的股票代表了全部风险证券。这是因为许多股票以负权重出现在"有效投资组合"中。当然,均衡市场投资组合的一个最低要求是所有股票必须都以正权重出现。

Roll(1977,1978)认为,CAPM 的唯一检验是回答这样一个问题:真正的市场投资组合的均值-方差有效吗? 如果这个问题的答案是"是",那么根据第 11 章的命题 3,每个投资组合的均值都与其贝塔之间存在线性关系。在我们的例子中,我们可以通过构建一个有效边界上投资组合的资产权重表来阐明这个问题。

在下表中,我们给出了一些证据,表明所有 DJ30 的有效投资组合都包含大量的空头头寸。使用 Excel 神奇的模拟运算表,我们计算了一系列有效投资组合的最大空头和多头头寸,每个投资组合都由自己的常数 c 定义。所有这些投资组合都包含大量空头头寸(正如你所看到的,也有大量多头头寸):

	A	B	C	D
115	模拟运算表:给定常数c 计算最大空头和多头头寸			
116	常数c	最大空头头寸	最大多头头寸	
117		-112%	188%	<—模拟运算表表头: =B113
118	0.00%	-101%	169%	
119	0.03%	-106%	178%	
120	0.06%	-112%	187%	
121	0.09%	-118%	197%	
122	0.12%	-124%	208%	
123	0.15%	-132%	221%	
124	0.18%	-140%	236%	
125	0.21%	-149%	252%	
126	0.24%	-161%	271%	
127	0.27%	-173%	293%	
128	0.30%	-189%	320%	
129	0.33%	-207%	351%	
130	0.36%	-232%	389%	
131	0.39%	-265%	437%	
132	0.42%	-307%	498%	
133	0.45%	-363%	580%	
134	0.48%	-441%	693%	

我们得出了令人沮丧的结论:如果 DJ30 和 SP500 的数据具有代表性,那么 CAPM 作为资本市场的描述性理论似乎并不成立。[1]

13.6　结论:CAPM 有什么用途吗?

游戏输了吗? 我们必须放弃 CAPM 吗? 答案是不完全是:

● 首先,平均收益率可以近似地用它们在市场投资组合上的回归来描述。在 CAPM 的另一种描述中,我们声称(有一些理由),资产的贝塔(衡量资产收益率对市场收益率的依赖程度)是资产风险的重要衡量标准。

● 其次,CAPM 可能是如何选择投资组合的一个很好的规范性描述。正如我们在第 3 章的附录中所展示的,较大的分散化投资组合的贝塔值可以很好地描述它们,因此分散化投资

---

[1]　并不是一切都完了! 在第 15 章,我们研究了 Black-Litterman 模型,这是一种更积极的投资组合选择方法。

组合的平均贝塔值可以合理地描述投资组合的风险。

练习

1. 在一篇著名的论文中，Roll(1978)讨论了在四种资产环境下对 SML 的检验：

	A	B	C	D	E	F
1		方差-协方差矩阵				收益率
2	0.1	0.02	0.04	0.05		0.06
3	0.02	0.2	0.04	0.01		0.07
4	0.04	0.04	0.4	0.1		0.08
5	0.05	0.01	0.1	0.6		0.09

a. 在这个四资产模型中推导出两个有效投资组合，并画出有效边界。

b. 通过证明以下四个投资组合都是你在 a 部分导出的两个投资组合的凸组合，来说明以下四个投资组合是有效的：

	A	B	C	D	E
1	证券1	0.596	0.407	-0.044	-0.496
2	证券2	0.27621	0.31909	0.4214	0.52395
3	证券3	0.07695	0.13992	0.29017	0.44076
4	证券4	0.05083	0.13399	0.33242	0.53129

c. 假设市场投资组合由相等权重的各个资产组成，即市场投资组合有权重(0.25，0.25，0.25，0.25)。计算 SML。投资组合(0.25，0.25，0.25，0.25)有效吗？

d. 将 b 部分的四个投资组合中的一个作为市场投资组合的候选组合，重复这个练习。

剩下的问题与 10 只股票的数据集有关。数据在本章的练习文件中。

	A	B	C	D	E	F	G	H	I	J	K	L
1					价格数据: 10 只股票和SP500, 2015—2020年 以先锋指数500基金为代表的SP500(包括股息)							
2												
3		1	2	3	4	5	6	7	8	9	10	11
4		Apple	Google	Amazon	Seagate	Comcast	Merck	Johnson-Johnson	General Electric	Hewlett Packard	Goldman Sachs	SP500
5												
6	日期	AAPL	GOOG	AMZN	STX	CMCSA	MRK	JNJ	GE	HPQ	GS	GSPC
7	2020/1/1	308.78	1,434.23	2,008.72	56.08	42.99	84.74	147.93	12.44	21.12	236.31	3,225.52
8	2019/12/1	292.95	1,337.02	1,847.84	57.92	44.76	89.59	144.95	11.14	20.18	228.53	3,230.78
9	2019/11/1	265.82	1,304.96	1,800.80	58.1	43.94	85.88	135.68	11.25	19.72	218.77	3,140.98
10	2019/10/1	247.43	1,260.11	1,776.66	56.49	44.4	85.36	130.3	9.96	17.06	210.89	3,037.56
11	2019/9/1	222.77	1,219.00	1,735.91	51.74	44.66	82.37	127.68	8.91	18.43	204.82	2,976.74
12	2019/8/1	206.84	1,188.10	1,776.29	48.29	43.85	84.62	125.73	8.23	17.81	200.28	2,926.46
13	2019/7/1	211.1	1,216.68	1,866.78	44.54	42.56	81.21	127.55	10.42	20.49	216.21	2,980.38
14	2019/6/1	196.12	1,080.91	1,893.63	44.68	41.68	81.51	136.42	10.46	20.08	193.5	2,941.76
15	2019/5/1	172.81	1,103.63	1,775.07	39.68	40.42	77	127.59	9.4	18.05	178.43	2,752.06

2. 填写下面的模板文件。

	A	B	C	D	E	F	G	H	I	J	K	L
1						价格数据: 10 只股票和SP500, 2015—2020年						
2		1	2	3	4	5	6	7	8	9	10	11
3		Apple	Google	Amazon	Seagate	Comcast	Merck	Johnson-Johnson	General Electric	Hewlett Packard	Goldman Sachs	SP500
4	月统计量											
5	均值											
6	方差											
7	波动率											
8												
9	年统计量											
10	均值											
11	方差											
12	波动率											
13												
14	单个资产对 SP500进行回归											
15	阿尔法											
16	贝塔											
17	R方											
18	t-检验, 截距											
19	t-检验, 斜率											
20												
21												
22	收益率数据											
23	日期	AAPL	GOOG	AMZN	STX	CMCSA	MRK	JNJ	GE	HPQ	GS	SP500
24	2020/1/1											
25	2019/12/1											
26	2019/11/1											
27	2019/10/1											
28	2019/9/1											
29	2019/8/1											
30	2019/7/1											
31	2019/6/1											
32	2015/4/1											
33	2015/3/1											
34	2015/2/1											

3. 进行第二遍回归:将资产贝塔对月平均收益率进行回归。这是否证实了 SP500 是有效的?

4. 计算 10 只股票的方差-协方差矩阵。使用每月平均收益率和每月 0.20% 的无风险利率,计算一个有效投资组合。下面是模板:

	A	B	C	D	E	F	G	H	I	J	K	L	M
1					计算十只股票的有效组合								
2													
3					方差-协方差矩阵								
4		AAPL	GOOG	WFM	STX	CMCSA	MRK	JNJ	GE	HPQ	GS		平均收益率
5	AAPL												
6	GOOG												
7	WFM												
8	STX												
9	CMCSA												
10	MRK												
11	JNJ												
12	GE												
13	HPQ												
14	GS												
15													
16													
17	无风险利率	0.20%											
18													
19		有效组合											
20	AAPL												
21	GOOG												
22	WFM												
23	STX												
24	CMCSA												
25	MRK												
26	JNJ												
27	GE												
28	HPQ												
29	GS												

5. 使用有效投资组合而不是 SP500:

a. 计算有效投资组合的月收益率。

b. 将股票的月平均收益率与有效投资组合的贝塔进行回归。

c. 根据第 11 章中的命题 3 和命题 4 解释你的结果。

14

事件研究 *

14.1 概述

事件研究是本书第10—15章中讨论的CAPM的最强大和最普遍应用之一。它试图确定资本市场或公司生命周期中的特定事件是否影响了公司的股票市场表现。事件研究方法旨在将公司特定事件与市场特定事件和行业特定事件分开。事件研究方法经常被用于诉讼过程和作为支持或反对市场有效性的证据。

事件研究的目的是确定一个事件或公告是否导致了公司股价的异常波动。异常收益率（abnormal return，AR）计算的是股票实际收益率与其期望收益率之间的差异，其中股票的期望收益率通常使用市场模型来衡量，该模型仅依赖于股票的市场指数来估计其期望收益率。[①]利用市场模型，我们可以衡量个股的收益率与其相应的市场收益率之间的相关性。在某些情况下，我们将异常收益率相加，得到累计异常收益率（cumulative abnormal return，CAR），它衡量了某一事件在特定时间段内（也称为事件窗口）的总体影响。

14.2 事件研究的框架

在本节中，我们提供了一个事件研究方法的框架。在后面几节，我们将该方法应用于一些不同的案例。

事件研究由三个时间框架组成：估计窗口（有时称为控制期）、事件窗口和事件后窗口。下图说明了这些时间框架之间的关系。

---

   * 本章与托本·沃特曼（Torben Voetmann）博士合作撰写，他是 Brattle Group（Torben.Voetmann@brattle.com）的负责人、旧金山大学的兼职教授。

   ① 异常收益率也被称为残差收益率（residual return），这两个术语在本章中交叉使用。

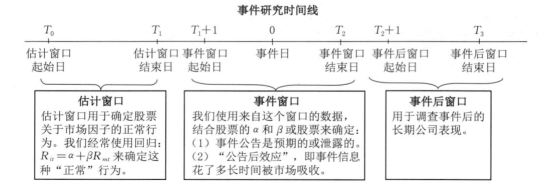

时间线说明了事件的时间顺序。估计窗口长度表示为 T_0 至 T_1。事件发生在时间 0,事件窗口表示为 T_1+1 到 T_2。事件后窗口的长度表示为 T_2+1 到 T_3。

事件被定义为公司发布公告或重大市场事件发生时的时间点。例如,如果我们正在研究并购对股票市场的影响,公告日期通常是关注点。如果我们正在研究市场对盈余调整的反应,事件窗口从公司宣布其调整的日期开始。在实践中,通常会将事件窗口延长到两个交易日——事件发生的日期和接下来的交易日。如果事件是在临近收市或收市后马上宣布的,这样做将可以把握市场动态。

事件窗口通常在事件确切发生日的前几个交易日开始。这使我们能够调查事件发生前的信息泄露。事件窗口的长度以公告为中心,通常是 3 到 10 天,尽管例外情况并不罕见。

估计窗口还用于确定股票收益率相对于市场或行业指数的正常反应。在估计窗口中对股票收益率的估计需要我们定义一个"正常"反应的模型:大多数情况下我们使用回归模型来实现这一目的。[1]

估计窗口的长度通常为股票三年的周观察收益率,而一些人使用 252 个交易日(或一个日历年)。如果你的样本中没有这么多的观测数据,你需要确定你所拥有的观测数量是否足以产生可靠的结果。作为指导原则,你应该至少有 126 个观测点;如果你在估计窗口的观测次数少于 126 次,市场模型的参数可能不会反映真实的股票价格变动,从而不能揭示股票收益率与市场收益率之间的关系。你选择的估计窗口应该是一个没有任何问题的时期(即,一个反映股票正常价格运动的时期)。[2]

事件后窗口通常用于调查公司在重大收购或首次公开发行(IPO)等公告发布后的业绩情况。事件后窗口允许我们度量事件的长期影响。它可能短至几天,长至几年,这取决于事件本身。

在估计窗口和事件窗口中测量股票的行为

顾名思义,估计窗口是用来在"正常"情况下估计股票收益率的模型。用于这一目的最常

---

[1] 回归模型类似于第 10 章和第 13 章讨论的第一遍回归。参见后面的进一步讨论。

[2] 当然,在这么长的窗口期,总会有一些事情发生——季度盈利公告、股息公告、关于被考虑公司的消息等。我们的假设是,这些其他事件最多被视为"噪音",对正在研究的事件来说并不重要。

见的模型是市场模型,它本质上是公司股票收益率和市场指数收益率的回归模型。[①]股票 i 的市场模型可以表示为:

$$r_{it} = \alpha_i + \beta_i r_{Mt}$$

这里,r_{it} 和 r_{Mt} 分别表示股票和市场在 t 日的收益率。系数 α_i 和 β_i 是通过在估计窗口上运行普通最小二乘回归估计的。

注意,市场模型与 CAPM 模型 $r_{it} = r_f + \beta_i (E(r_M) - r_f)$ 类似,只有微小的变化:$r_{it} = \underbrace{r_f(1 - \beta_i)}_{\alpha_i \alpha_i} + \beta_i r_{Mt}$。[②]

选择市场或行业指数的最常见标准是,公司是否在纽约证券交易所/美国证券交易所或纳斯达克上市,以及数据可用性是否受限。一般而言,市场指数应该是一个具有广泛代表性的价值加权指数或自由流通市值加权指数。行业指数应该针对被分析的公司进行选择。出于诉讼目的,通常会构建行业指数,而不是使用 SP500 或摩根士丹利资本国际(MSCI)指数。大多数行业指数可以从雅虎财经获得。[③]

给定估计窗口中的方程 $r_{it} = \alpha_i + \beta_i r_{Mt}$,我们现在可以在事件窗口中衡量事件对股票收益率的影响。对于事件窗口中的某一天 t,我们定义股票的异常收益率为其实际收益率与预测收益率之差:

$$AR_{it} = \underbrace{r_{it}}_{\substack{\text{股票在事件窗口日 } t \\ \text{的实际收益率}}} - \underbrace{(\alpha_i + \beta_i r_{Mt})}_{\substack{\text{根据股票的} \\ \alpha \text{、} \beta \text{以及市场收益率} \\ \text{预测的收益率}}}$$

我们将事件窗口期的异常收益率解释为事件对证券市值影响的度量。这是假设该事件相对于证券市场价值的变化是外生的。

累计异常收益率是对事件窗口期总异常收益率的衡量。CAR_t 是事件窗口的开始日 $T_1 + 1$ 到某个特定的 t 日的所有异常收益率的总和:

$$CAR_t = \sum_{j=1}^{t} AR_{T_1+j}$$

经市场调整的模型和双因子模型

如前所述,你可以使用几个替代模型来计算证券的期望收益率。经市场调整的模型在设计上是最简单的,经常被用来获得对股票价格变动的第一印象。在使用经市场调整的模型时,你通过证券实际收益率与市场指数实际收益率之差计算异常收益率。因此,没有必要进

---

① 金融经济学家最经常使用市场模型来估计证券的期望收益率,尽管他们有时使用经市场调整的模型或双因子市场模型。参见第 14.5 节中的一个双因子模型示例。

② 当贝塔接近 1 或无风险利率不波动时,两种模型将产生相同的结果。

③ 雅虎可能不是最好的指数数据来源(它是免费的)。彭博(Bloomberg)是一个广泛使用的行业数据的来源。Fama/French 论坛(http://mba.tuck.dartmouth.edu/pages/faculty/ken.french/data_library.html)是一个很棒的可以获得免费行业组合数据的来源。

行普通最小二乘回归来估计参数。事实上,你只需要事件时间的收益率。但是,在检验异常收益率的统计显著性时,你仍然需要收集估计期间的收益率。

双因子模型使用市场和行业的收益率数据。实际收益率与估计期间的市场及行业收益率的回归所得的参数用于计算股票的期望收益率。将行业收益率包括进来主要旨在说明除特定的市场信息外的特定行业信息。为了计算异常收益率,你从实际收益率中减去可以用截距、市场和行业解释的部分。双因子模型在第14.5节中有详细讨论。

在大样本事件中,结果对你选择的估计模型不是特别敏感。[1]然而,如果你正在处理一个小样本,你应该探索其他模型。

14.3　一个初步的事件研究:宝洁公司收购吉列公司

2005年1月28日,宝洁公司(P&G)宣布收购吉列公司(Gillette)。在其新闻稿中(见后文),宝洁表示,其出价比吉列的市场价格高出18%。

正如预期的那样,这次收购对吉列的股价产生了巨大影响。从图中可以看出,宝洁的股价可能也因此而下跌。

---

① Brown and Warner(1985)。

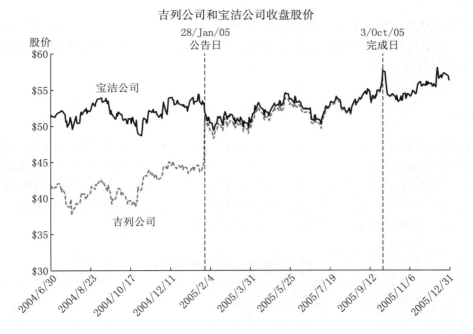

吉列公司和宝洁公司收盘股价

估计窗口

我们将尝试进行一个事件研究来判断收购公告对吉列公司和宝洁公司的收益率的影响。为此，我们首先确定估计窗口为 2005 年 1 月 28 日公告前两天的 252 个交易日：

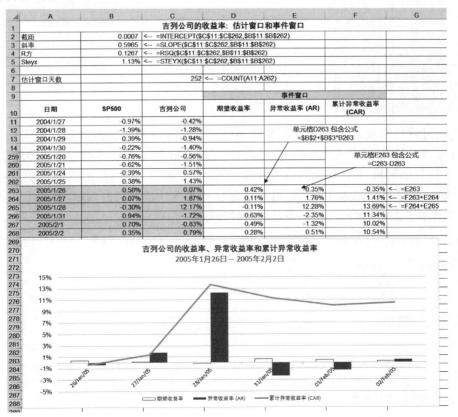

	A	B	C	D	E	F	G
1	吉列公司的收益率：估计窗口和事件窗口						
2	截距	0.0007	<-- =INTERCEPT($C$11:$C$262,$B$11:$B$262)				
3	斜率	0.5965	<-- =SLOPE($C$11:$C$262,$B$11:$B$262)				
4	R方	0.1267	<-- =RSQ($C$11:$C$262,$B$11:$B$262)				
5	Steyx	1.13%	<-- =STEYX($C$11:$C$262,$B$11:$B$262)				
6							
7	估计窗口天数		252	<-- =COUNT(A11:A262)			
8							
9				事件窗口			
10	日期	SP500	吉列公司	期望收益率	异常收益率 (AR)	累计异常收益率 (CAR)	
11	2004/1/27	-0.97%	-0.42%				
12	2004/1/28	-1.39%	-1.28%				
13	2004/1/29	0.39%	-0.94%		单元格D263 包含公式		
14	2004/1/30	-0.22%	-1.40%		=$B$2+$B$3*B263		
259	2005/1/20	-0.76%	-0.56%				
260	2005/1/21	-0.62%	-1.51%		单元格E263 包含公式		
261	2005/1/24	-0.39%	0.57%		=C263-D263		
262	2005/1/25	0.38%	1.43%				
263	2005/1/26	0.58%	0.07%	0.42%	-0.35%	-0.35%	<-- =E263
264	2005/1/27	0.07%	1.87%	0.11%	1.76%	1.41%	<-- =F263+E264
265	2005/1/28	-0.30%	12.17%	-0.11%	12.28%	13.69%	<-- =F264+E265
266	2005/1/31	0.94%	-1.72%	0.63%	-2.35%	11.34%	
267	2005/2/1	0.70%	-0.83%	0.49%	-1.32%	10.02%	
268	2005/2/2	0.35%	0.79%	0.28%	0.51%	10.54%	

吉列公司的收益率、异常收益率和累计异常收益率
2005年1月26日 — 2005年2月2日

回归结果表明,吉列在估计窗口内的正常反应为:$r_{Gillette,t}=0.007+0.5965 \cdot r_{SP500,t}$。Steyx 函数度量回归模型预测的 y 值的标准误。下面我们将展示如何使用该值来衡量事件异常收益率的显著性。

事件窗口

我们将事件窗口定义为公告前两天和公告后三天。为了度量事件窗口内公告效应的影响,我们使用市场模型 $r_{Gillette,t}=0.007+0.5965 \cdot r_{SP500,t}$。事件窗口中的公式在前面的电子表格中。可以看到,宝洁收购吉列的公告使吉列在事件窗口出现了几次大额异常收益率。

我们可以使用回归预测的标准误 Steyx 来衡量异常收益率的显著性。只有两个异常收益率——1 月 28 日和次日——确实在 5% 的水平上显著:

	A	B	C	D	E	F	G
1				吉列公司的收益率:异常收益率显著性水平			
2	截距	0.0007	<-- =INTERCEPT($C$13:$C$264,$B$13:$B$264)				
3	斜率	0.5965	<-- =SLOPE($C$13:$C$264,$B$13:$B$264)				
4	R方	0.1267	<-- =RSQ($C$13:$C$264,$B$13:$B$264)				
5	Steyx	1.13%	<-- =STEYX($C$13:$C$264,$B$13:$B$264)				
6							
7	估计窗口天数		252	<-- =COUNT(A13:A264)			
8	显著性水平	5.00%					
9	标准差	1.96	<--=NORM.S.INV(B8/2)				
10							
11				事件窗口			
12	日期	SP500	吉列公司	异常收益率 (AR)	异常收益率 t检验	异常收益率是否显著?	
13	27-Jan-04	-0.97%	-0.42%				
14	28-Jan-04	-1.39%	-1.28%			单元格D265 包含公式	
15	29-Jan-04	0.39%	-0.94%			=C265-($B$2+$B$3*B265)	
16	30-Jan-04	-0.22%	-1.40%				
261	20-Jan-05	-0.76%	-0.56%			单元格E265 包含公式	
262	21-Jan-05	-0.62%	-1.51%			=D265/$B$5	
263	24-Jan-05	-0.39%	0.57%				
264	25-Jan-05	0.38%	1.43%				
265	26-Jan-05	0.58%	0.07%	-0.35%	-0.31	否	<--=IF(ABS(E265)>$B$9,"是","否")
266	27-Jan-05	0.07%	1.87%	1.76%	1.56	否	
267	28-Jan-05	-0.30%	12.17%	12.28%	10.88	是	
268	31-Jan-05	0.94%	-1.72%	-2.35%	-2.08	是	
269	1-Feb-05	0.70%	-0.83%	-1.32%	-1.17	否	
270	2-Feb-05	0.35%	0.79%	0.51%	0.46	否	

我们通过将异常收益率除以单元格 B5 中的 Steyx 来计算检验统计量。假设回归残差服从正态分布,如果检验统计量的绝对值大于 1.96(单元格 B9),则异常收益率在 95% 水平上显著(即异常收益率随机且不显著的概率小于 5%,或者在单元格 B8 的正侧或负侧中均小于 2.5%)。如果检验统计量大于 2.58,则其显著性水平为 1%。从上面第 265—270 行可以看出,在 1% 的水平上,只有公告日存在显著的异常收益率。[①]

	A	B	C	D	E	F
1			多少个标准差使其显著?			
2	显著性水平	标准差				
3	20%	1.282	<--=NORM.S.INV(A3/2)			
4	15%	1.440	<--=NORM.S.INV(A4/2)			
5	10%	1.645				
6	5%	1.960				
7	2%	2.326				
8	1%	2.576				

---

① Steyx 的一个限制是方差被略微低估了。市场模型的真实方差是 Steyx 的估计方差以及 α_i 和 β_i 中由于抽样误差而产生的额外方差。然而,随着估计窗口长度的增加,抽样误差趋于零。由于我们在估计窗口中使用了 252 个交易日,因此抽样误差的影响很小,在计算异常收益率方差时经常忽略它。

宝洁的表现如何?

到目前为止,我们主要关注事件对收购目标吉列的影响。将同样的方法应用于宝洁的股票收益率表明,该公告对其股票收益率产生了负面影响。在 2005 年 1 月 28 日的公告之前,可能也有一些信息泄露。

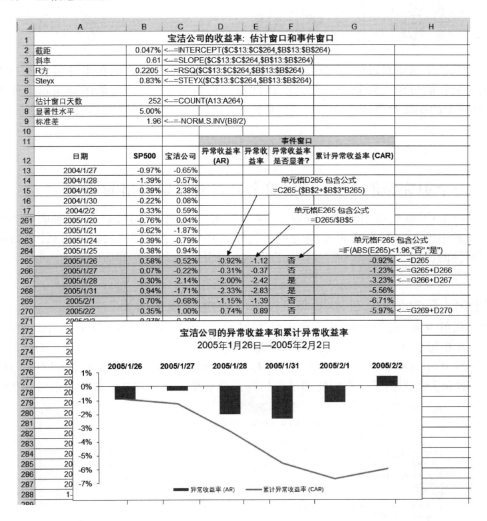

总结:公告日发生了什么?

2005 年 1 月 28 日,宝洁宣布收购吉列。每股吉列股份以 0.975 股宝洁股份的价格被收购。在 5% 的显著性水平下,收购公告仅在公告日和次日对吉列和宝洁的股价有显著影响。在对吉列形成初始积极影响(1 月 28 日比正常预期的股票收益率增长 12.28%,1 月 31 日进一步为-2.35%)和对宝洁公司形成初始负面影响(28 日为-2.02%,31 日为-2.23%)之后,在公告前后均没有对股价产生额外的显著影响。累计效应概述如下:

	已发行股票(千股)	股价,2005年1月25日,(美元)	市值,2005年1月25日,(10亿美元)					
宝洁收购吉列 衡量事件窗口中的协同效应								
吉列公司	1,000,000	44.53	44.53	<-=B3*C3/1000				
宝洁公司	2,741,000	53.49	146.62	<-=B4*C4/1000				

单元格F11包含公式 =$D$3*SUM($B$11:B11)/1000

单元格G11包含公式 =$D$4*SUM($C$11:C11)/1000

日期	异常收益率 (AR)				累计异常估值 (10亿美元)			
	吉列公司	宝洁公司	总和		吉列公司	宝洁公司	总和	
2005/1/26	-0.35%	-0.92%	-1.27%		-0.16	-1.35	-1.51	<-=F11+G11
2005/1/27	1.76%	-0.31%	1.45%		0.63	-1.80	-1.17	
2005/1/28	12.28%	-2.00%	10.28%		6.10	-4.73	1.36	
2005/1/31	-2.35%	-2.33%	-4.68%		5.05	-8.16	-3.11	
2005/2/1	-1.32%	-1.15%	-2.47%		4.46	-9.84	-5.38	
2005/2/2	0.51%	0.74%	1.25%		4.69	-8.76	-4.07	

上面的表格试图通过将吉列和宝洁的累计异常收益率乘以它们在事件窗口前一天的市值来衡量公告的短期协同效应。在这一事件窗口衡量的短时间内,累计协同效应似乎是负的,吉列股东的积极价值创造被对宝洁的负面影响所抵消。[1]

14.4 一个更完整的事件研究:盈余公告对股票价格的影响

在前一节中,我们使用事件研究方法来探索并购公告对收购目标(吉列)和收购方(宝洁)的收益率的影响。在本节中,我们将介绍如何综合评估一个事件的收益率,以评估市场对特定类型事件的反应。我们将考察盈余公告对食品杂货行业的一些商店的影响。

一个初步例子:Safeway 在 2006 年 7 月 20 日的意外盈余增长

为了做好准备,我们考察 Safeway 在 2006 年 7 月 20 日发布的盈余公告。于该日期,Safeway 宣布每股盈余为 0.42 美元,这个数字超过了市场预期 0.36 美元 6 美分。[2] 同日,SP500 下跌 0.85%,Safeway 股票上涨 8.39%。下面的电子表格显示了 2006 年 7 月 20 日 Safeway 盈余公告的例子。我们使用事件研究方法来衡量市场对这一意外盈余增长的反应:

	A	B	C
1	**市场对SAFEWAY的正意外盈余的反应,2006年7月20日**		
2	宣布日	2006/7/20	
3	每股收益	$0.42	
4	一致预期收益	$0.36	
5	意外盈余(预测误差)	$0.06	<-=B3-B4
6			
7	市场是如何解读这一盈余的?		
8	Safeway	8.39%	
9	SP500	-0.85%	
10			
11	市场模型:将Safeway收益率与SP500收益率进行回归(2005年1月2日—2006年7月19日) $r_{Safeway}=0.061\%+0.94*r_{SP500}$		
12	截距	0.061%	
13	斜率	0.94	
14	Steyx	1.29%	
15			
16	收益率残差:期望股票收益率与实际收益率(2006年7月6日)		
17	期望收益率	-0.74%	<-- =B13*B9+B12
18	收益率残差	9.13%	<-- =B8-B17
19	t 统计量	7.07	<-- =B18/B14

① 并购要约发出后,马萨诸塞州联邦秘书威廉·F·加尔文(William F. Galvin)委托进行的一项研究表明,220 亿至 280 亿美元的并购协同效应主要由宝洁公司获得。请点击以下链接查看《商业周刊》(即现在的彭博社)的报道和文章:https://www.bloomberg.com/news/articles/2005-06-15/in-a-lather-over-the-gillette-deal。

② 雅虎财经是该盈利增长数据的来源(见后文)。

在单元格 B12:B14 中,我们将在公告公布前 388 个交易日(2005 年 1 月 2 日至 2006 年 7 月 19 日)的 Safeway 日收益率对 SP500 指数的收益率数据进行了回归。回归结果显示,$r_{safeway} = 0.061\% + 0.94 \cdot r_{SP500}$,估计的标准误为 1.29%。

该数据显示,在公告发布当天,考虑到 SP500 的 -0.85% 的收益率,且不考虑意外盈余增长,Safeway 的期望收益率应该是 -0.74%。这意味着,衡量盈余公告影响的异常收益率为 9.13%(上图单元格 B18)。异常收益率的 t 统计量为 7.07,说明它是高度显著的。

意外盈余数据

我们的意外盈余数据来自雅虎,如下图所示。虽然雅虎是一个不错的数据来源,但它没有提供历史分析师估计数据和实际盈余数字的数据库;这些数据可从彭博的最佳一致盈余预期数据库及其他商业来源获得。

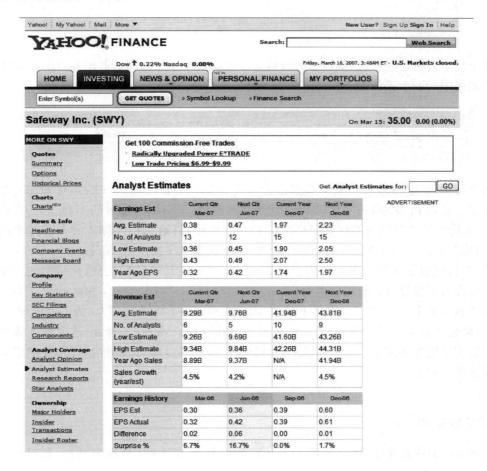

一个事件研究:食品杂货行业

我们扩展了对 Safeway 的研究,接着考察四家食品杂货公司在 2006 财年发布的 16 个季度盈余公告。[1]

日期	股票代码	一致预期 EPS ($)	实际 EPS ($)	意外:=D3-C3	开始点	截距	斜率	STEXY	实际收益率	SP500 收益率	期望收益率:=H3+I3*M3	AR:=L3-N3	t统计量	
						KROGER (KR), SUPERVALU (SVU),SAFEWAY (SWY)和WHOLE FOODS (WFMI)2006—2007年盈余公告								
2006/3/7	KR	0.36	0.39	0.03	44	0.031%	0.6662	1.23%	1.36%	-0.19%	-0.09%	1.46%	1.18	<=O3/J3
2006/6/20	KR	0.42	0.42	0.00	117	0.041%	0.6063	1.13%	5.05%	0.04%	0.04%	5.01%	4.44	
2006/9/12	KR	0.29	0.29	0.00	175	0.065%	0.5628	1.08%	-5.67%	1.03%	0.64%	-6.31%	-5.82	
2006/12/5	KR	0.28	0.30	0.02	234	0.029%	0.4483	1.18%	5.08%	0.40%	0.21%	4.87%	4.13	
2006/4/18	SVU	0.56	0.55	-0.01	73	-0.080%	0.7049	1.23%	-0.28%	1.69%	1.11%	-1.39%	-1.13	<=O7/J7
2006/7/26	SVU	0.57	0.53	-0.04	142	-0.033%	0.5416	1.22%	-7.09%	-0.04%	-0.05%	-7.03%	-5.76	
2006/10/10	SVU	0.53	0.61	0.08	195	-0.020%	0.6014	1.28%	4.36%	0.20%	0.10%	4.26%	3.32	
2007/1/9	SVU	0.56	0.54	-0.02	256	0.029%	0.5238	1.30%	-1.70%	-0.05%	0.00%	-1.70%	-1.31	
2006/4/27	SWY	0.30	0.32	0.02	80	0.010%	1.0139	1.30%	2.88%	0.33%	0.34%	2.54%	1.95	<=O11/J11
2006/7/20	SWY	0.36	0.42	0.06	138	0.012%	0.9289	1.18%	8.39%	-0.85%	-0.78%	9.17%	7.75	
2006/10/12	SWY	0.39	0.39	0.00	197	0.032%	0.7533	1.34%	-1.43%	0.95%	0.75%	-2.18%	-1.63	
2007/2/27	SWY	0.60	0.61	0.01	289	0.116%	0.7505	1.31%	-3.95%	-3.53%	-2.54%	-1.41%	-1.08	
2006/5/4	WFMI	0.35	0.36	0.01	85	0.063%	0.8345	1.75%	12.50%	0.32%	0.50%	12.17%	6.94	<=O15/J15
2006/8/1	WFMI	0.34	0.35	0.01	146	-0.071%	1.2329	1.64%	-12.51%	-0.45%	-0.63%	-11.88%	-7.23	
2006/11/3	WFMI	0.29	0.29	0.00	213	-0.135%	1.3199	1.95%	-26.21%	-0.22%	-0.43%	-25.78%	-13.22	
2007/2/22	WFMI	0.40	0.38	-0.02	286	-0.202%	1.5321	2.43%	13.13%	-0.09%	-0.33%	13.46%	5.55	

正的意外盈余		2.65%	<=SUMIF($E$3:$E$18,">0",$O3:$O$18)/COUNTIF(E3:E18,">0")
非正的意外盈余		-3.24%	<=SUMIF($E$3:$E$18,"<=0",$O3:$O$18)/COUNTIF(E3:E18,"<=0")

单元格 G18 包含公式:
=COUNTIF('Safeway, Market-Data'!$A$3:$A$551,"<="&TEXT(A18,"0"))-252

单元格 H18 包含公式: =INTERCEPT(OFFSET('Safeway, Market-Data'!$A$2,$G18,10,252,1),OFFSET('Safeway, Market-Data'!$A$2,$G18,2,252,1))

单元格 I18 包含公式:
=SLOPE(OFFSET('Safeway, Market-Data'!$A$2,$G18,10,252,1),OFFSET('Safeway, Market-Data'!$A$2,$G18,2,252,1))

单元格 J18 包含公式:
=STEYX(OFFSET('Safeway, Market-Data'!$A$2,$G18,10,252,1),OFFSET('Safeway, Market-Data'!$A$2,$G18,2,252,1))

对于每个公告，我们已经确定了公告前 252 天的市场模型回归的截距和斜率。[2]以下是前述电子表格中的一个具体例子：

日期	股票代码	一致预期 EPS ($)	实际 EPS ($)	意外:=D3-C3	开始点	截距	斜率	STEXY	实际收益率	SP500 收益率	期望收益率:=H3+I3*M3	AR:=L3-N3	t统计量
					KROGER (KR), SUPERVALU (SVU), SAFEWAY (SWY)和WHOLE FOODS (WFMI)2006—2007年盈余公告								
2006/3/7	KR	0.36	0.39	0.03	44	0.031%	0.6662	1.23%	1.36%	-0.19%	-0.09%	1.46%	1.18
2007/2/22	WFMI	0.40	0.38	-0.02	286	-0.202%	1.5321	2.43%	13.13%	-0.09%	-0.33%	13.46%	5.55

第 3 行记录了 2006 年 3 月 7 日财报公布前 252 个交易日 Kroger 股票对 SP500 指数的市场模型。市场模型为 $r_{KR}=0.031\%+0.662 \cdot r_{SP500}$。Kroger 在公告日的实际收益率为 1.36%，比其市场模型预测的收益率高出 1.46%。然而，将这 1.46% 除以异常收益率的标准差（回归残差）（Steyx＝1.23%）的 t 统计量为 1.18，在 5% 的水平上不显著。

第 18 行记录了 Whole Foods 股票在 2007 年 2 月 21 日收盘后、公布业绩前的一年的对 SP500 指数的市场模型。市场模型为 $r_{WFMI}=0.202\%+1.5321 \cdot r_{SP500}$，Steyx＝2.43%。公告日的异常收益率13.46% 在 5% 水平上显著（因此在单元格 P18 中加粗）。为了完全理解，请注意，在盈余公告发布当天，Whole Foods 宣布与 Wild Oats Markets 合并；这使得解读市场对财报的真实反应变得困难。一般来说，当一个被宣布的事件伴有其他信息时，我们必须谨慎地解释异常收益率。

累计异常收益率

在下面的电子表格中，我们使用 Offset 函数以略微不同的形式调整数据，然后在盈余公

---

[1] 我们只在样本中包括 Kroger、Supervalu、Safeway 和 Whole Foods。无论是从覆盖的公司还是从公告的数量来看，这显然是一个不完整的样本。然而，这个扩展的例子是为了提供一个完整的事件研究的概貌。

[2] 事件窗口在 G 列中由"开始点"定义，它使用 Countif 在股票收益率数据库中找到事件日期前 252 个工作日的日期。注意，在列 H、I 和 J 中的 Intercept，Slope，Rsq 公式中使用了"开始点"。

告发布前 10 到后 10 天的事件窗口中计算异常收益率:

	2006/3/7	2006/6/20	2006/9/12	2006/12/5	2006/4/18	2006/7/26	2006/10/10	2007/1/9	2006/4/27	2006/7/20	2006/10/12	2007/2/27	2006/5/4	2006/8/1	2006/11/3	2007/2/22
	\multicolumn{16}{c}{窗口 -10 至 +10 的累计异常收益率 (KR、 SVU、 SWY 和 WFMI 的盈余公告)}
股票代码	KR	KR	KR	KR	SVU	SVU	SVU	SVU	SWY	SWY	SWY	SWY	WFMI	WFMI	WFMI	WFMI
一致预期	0.36	0.42	0.29	0.28	0.56	0.57	0.53	0.56	0.3	0.36	0.39	0.6	0.35	0.34	0.29	0.4
实际	0.39	0.42	0.29	0.3	0.55	0.53	0.61	0.54	0.32	0.42	0.39	0.61	0.36	0.35	0.29	0.38
意外	0.03	0.00	0.00	0.02	-0.01	-0.04	0.08	-0.02	0.02	0.06	0.00	0.01	0.01	0.01	0.00	-0.02
开始点	44	117	175	234	73	142	195	256	80	138	197	289	85	146	213	296
截距	0.031%	0.041%	0.065%	0.029%	-0.080%	-0.033%		0.029%	0.010%	0.012%	0.032%	0.116%	0.063%	-0.071%	-0.135%	-0.202%
斜率	0.6662	0.6063	0.5628	0.4483	0.7049	0.5416	0.6014	0.5238	1.0139	0.9289	0.7533	0.7505	0.8345	1.2329	1.3199	1.5321
STEXY	1.23%	1.13%	1.08%	1.18%	1.23%	1.22%	1.28%	1.30%	1.30%	1.18%	1.34%	1.31%	1.75%	1.64%	1.95%	2.43%

相对事件天数	\multicolumn{16}{c}{异常收益率}
-10	0.59%	-0.07%	0.72%	-0.46%	-0.68%	-1.81%	-1.04%	0.47%	0.32%	-0.01%	0.36%	0.46%	-0.52%	-3.87%	0.05%	0.26%
-9	-1.19%	0.89%	0.38%	-1.20%	-1.06%	0.33%	-0.43%	0.36%	0.65%	-0.96%	-0.94%	0.29%	-1.94%	0.93%	-0.06%	0.94%
-8	1.08%	0.58%	-0.32%	0.00%	0.25%	0.35%	0.29%	-0.92%	-0.65%	0.21%	0.22%	0.60%	-1.20%	-0.33%	-0.98%	1.82%
-7	-0.67%	-1.34%	0.85%	-0.23%	-0.86%	1.30%	0.05%	0.66%	0.90%	-0.78%	-0.16%	-0.96%	-1.27%	-0.18%	0.53%	-0.87%
-6	0.98%	-0.35%	-0.59%	-0.67%	-0.55%	1.24%	-0.06%	-0.48%	-2.40%	0.20%	-3.61%	0.33%	-0.59%	-1.79%	0.10%	-0.11%
-5	-0.34%	1.41%	-0.84%	0.42%	0.29%	0.13%	2.44%	-1.05%	-0.86%	0.19%	-4.99%	0.68%	-1.35%	-0.97%	0.25%	0.35%
-4	-0.23%	0.11%	0.49%	0.62%	-0.71%	0.79%	-0.63%	0.71%	-0.57%	0.93%	0.88%	0.21%	0.09%	-1.88%	0.31%	0.35%
-3	-1.55%	-1.16%	-0.39%	-1.92%	-1.01%	-0.64%	-0.11%	-0.46%	-0.80%	0.92%	1.21%	-3.80%	0.41%	0.85%	-1.52%	1.22%
-2	-0.93%	-0.59%	1.97%	0.98%	0.34%	0.45%	-0.05%	0.68%	0.79%	0.82%	-1.33%	-0.28%	1.38%	0.03%	-1.01%	
-1	-0.23%	-0.26%	0.28%	2.63%	0.19%	-0.60%	2.95%	-0.79%	0.82%	-1.33%	0.30%	0.05%	0.01%	-1.74%	1.76%	
0	1.46%	5.01%	-6.31%	4.87%	-1.39%	-7.03%	4.26%	-1.70%	2.54%	9.17%	-2.18%	-1.41%	12.17%	-11.88%	-25.78%	13.46%
1	1.43%	-0.63%	0.38%	-1.35%	-1.12%	-4.37%	0.58%	-1.57%	-0.12%	0.83%	-2.34%	1.01%	1.42%	-0.14%	-0.94%	-2.45%
2	-1.15%	-0.56%	0.93%	-0.15%	1.43%	-2.64%	0.99%	1.59%	1.33%	-1.44%	0.34%	0.37%	0.37%	-0.19%	2.02%	0.06%
3	1.08%	1.15%	-2.90%	-0.24%	-0.82%	0.87%	0.20%	-0.91%	-3.28%	-0.24%	0.35%	-1.44%	-1.78%	0.67%	3.11%	0.94%
4	0.03%	1.37%	0.27%	2.61%	0.36%	0.20%	-0.71%	-0.56%	-1.34%	-0.23%	1.26%	-0.06%	-0.40%	0.24%	0.14%	-1.13%
5	0.11%	-0.31%	-0.31%	1.19%	-0.99%	0.62%	-0.47%	-0.53%	0.58%	0.76%	-1.94%	-0.59%	0.04%	-4.00%	0.44%	-1.13%
6	-0.12%	2.70%	0.50%	-0.42%	-0.23%	-0.76%	0.83%	0.04%	1.02%	-1.13%	0.93%	-0.40%	-0.76%	-1.24%	0.84%	0.41%
7	-0.20%	0.35%	-0.96%	0.75%	0.63%	0.11%	0.27%	1.26%	-0.45%	-0.09%	0.13%	1.20%	1.25%	-0.02%	0.25%	1.97%
8	-0.18%	0.73%	1.90%	0.33%	0.14%	-0.41%	-0.02%	1.75%	-1.43%	0.26%	-2.28%	-0.12%	-0.46%	-1.25%	-0.34%	-0.63%
9	-1.34%	-0.52%	0.14%	-2.86%	-1.15%	-0.23%	0.04%	-0.82%	1.04%	0.13%	0.12%	-1.59%	7.14%	-0.99%	-1.50%	
10	0.86%	0.08%	-0.14%	-1.19%	-0.88%	-1.27%	0.00%	0.48%	0.46%	-0.33%	0.92%	-0.12%	-0.85%	2.10%	-0.12%	-0.63%

我们可以在事件窗口中计算每一天的平均异常收益率(average abnormal return,AAR)和累计异常收益率。在下表中,我们对正盈余公告与非正盈余公告分别进行此计算:

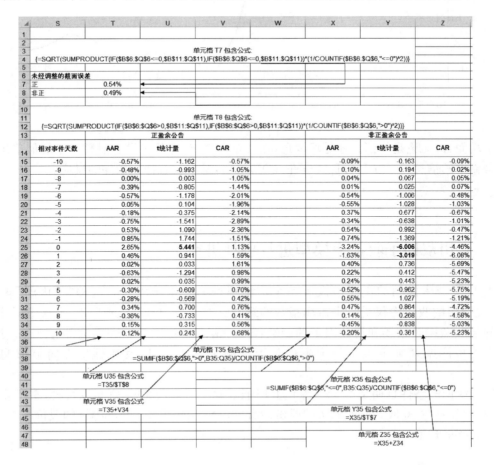

单元格 T7 包含公式:
{=SQRT(SUMPRODUCT(IF($B$6:$Q$6<=0,$B$11:$Q$11),IF($B$6:$Q$6<=0,$B$11:$Q$11))*(1/COUNTIF($B$6:$Q$6,"<=0")*2))}

未经调整的截面误差

正	0.54%
非正	0.49%

单元格 T8 包含公式:
{=SQRT(SUMPRODUCT(IF($B$6:$Q$6>0,$B$11:$Q$11),IF($B$6:$Q$6>0,$B$11:$Q$11))*(1/COUNTIF($B$6:$Q$6,">0")*2))}

相对事件天数	\multicolumn{3}{c}{正盈余公告}	\multicolumn{3}{c}{非正盈余公告}
	AAR	t统计量	CAR	AAR	t统计量	CAR
-10	-0.57%	-1.162	-0.57%	-0.09%	-0.163	-0.09%
-9	-0.48%	-0.993	-1.05%	0.10%	0.194	0.02%
-8	0.00%	0.003	-1.05%	0.04%	0.067	0.05%
-7	-0.39%	-0.805	-1.44%	0.01%	0.025	0.07%
-6	-0.57%	-1.178	-2.01%	-0.54%	-1.006	-0.48%
-5	0.05%	0.104	-1.96%	-0.55%	-1.028	-1.03%
-4	-0.18%	-0.375	-2.14%	0.37%	0.677	-0.67%
-3	-0.75%	-1.541	-2.89%	-0.34%	-0.638	-1.01%
-2	0.53%	1.090	-2.36%	0.54%	0.992	-0.47%
-1	0.85%	1.744	-1.51%	-0.74%	-1.369	-1.21%
0	2.65%	5.441	1.13%	-3.24%	-6.006	-4.46%
1	0.46%	0.941	1.59%	-1.63%	-3.019	-6.08%
2	0.02%	0.033	1.61%	0.40%	0.736	-5.69%
3	-0.63%	-1.294	0.98%	0.22%	0.412	-5.47%
4	0.02%	0.035	0.99%	0.24%	0.443	-5.23%
5	-0.30%	-0.609	0.70%	-0.52%	-0.962	-5.75%
6	-0.28%	-0.569	0.42%	0.55%	1.027	-5.19%
7	0.34%	0.700	0.76%	0.47%	0.864	-4.72%
8	-0.36%	-0.733	0.41%	0.14%	0.268	-4.58%
9	0.15%	0.315	0.56%	-0.45%	-0.838	-5.03%
10	0.12%	0.243	0.68%	-0.20%	-0.361	-5.23%

单元格 T35 包含公式:
=SUMIF($B$6:$Q$6,">0",B35:Q35)/COUNTIF($B$6:$Q$6,">0")

单元格 U35 包含公式:
=T35/$T$8

单元格 V35 包含公式:
=T35+V34

单元格 X35 包含公式:
=SUMIF($B$6:$Q$6,"<=0",B35:Q35)/COUNTIF($B$6:$Q$6,"<=0")

单元格 Y35 包含公式:
=X35/$T$7

单元格 Z35 包含公式:
=X35+Z34

通过将每天的平均异常收益率除以特定收益率类型的适当横截面误差（单元格 T7 和 T8）计算正盈余公告和非正盈余公告的检验统计量：

$$单元格\ T7:\sqrt{\dfrac{正盈余公告的\ Steyx\ 平方和}{(正盈余公告数)^2}}$$

$$单元格\ T8:\sqrt{\dfrac{负盈余公告的\ Steyx\ 平方和}{(负盈余公告数)^2}}$$

画出累计异常收益率得到下图：

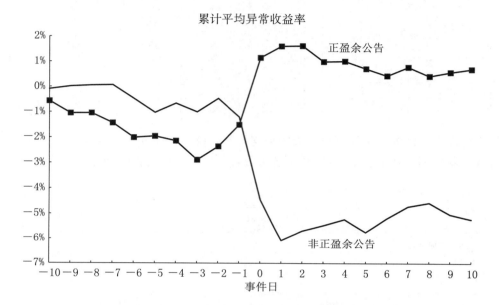

累计平均异常收益率

平均而言，无论是好消息还是坏消息，在公布日之前，都几乎没有泄露。市场似乎迅速吸收了公告中的信息——在公告日（"事件日 0"）之后，基本没有什么额外的反应。

14.5 运用双因子收益率模型进行事件研究

第 14.2 节中使用的模型假设了一个均衡模型 $r_{it}=\alpha_i+\beta_i r_{Mt}$。这种"单因子"模型假设，相关股票的收益率仅受一个市场指数的影响。在本节，我们举例说明一个双因子模型。我们假设收益率是市场和行业因子的函数：$r_{i,t}=\alpha_i+\beta_{i,Market}r_{M,t}+\beta_{i,Industry}r_{Industry,t}$。然后，我们使用该模型来确定某个特定事件是否影响了收益率，以及在哪个方向上影响了收益率。

这次我们的事件日期是 2006 年 11 月 16 日。这一天，Wendy's 宣布以每股 35.75 美元的价格回购 22 418 000 股。此次购买的股份约占公司股本的 19%。Wendy's 的股价在 11 月 16 日收于 35.66 美元。

Wendy's 宣布其修改后的"荷兰式拍卖"收购要约的最终结果

俄亥俄州都柏林，2006 年 11 月 22 日

Wendy's 国际公司（纽约证券交易所代码：WEN）今天宣布了其修改后的"荷兰式拍卖"收购要约的最终结果，该收购要约将于美国东部时间 2006 年 11 月 16 日下午 5 点到期。

公司已同意以每股 35.75 美元的价格收购 22 413 278 股普通股，总成本为 8.013 亿美元。

股东在收购要约中以等于或低于购买价每股价格提交的所有普通股都将获得收购，但受某些有限例外情况限制。

美国股票托管与信托公司（American Stock Transfer & Trust Company）作为征求股收购的保管人，将迅速发放有效呈递并被接受收购的股份的款项。

公司接受收购的股份相当于其目前流通在外的普通股的约 19%。

Wendy's、SP500 和 SP 餐饮指数之间的对比
2003 年 1 月 3 日—2007 年 3 月 16 日

注：SP500 和 SP500 餐饮指数以 2003 年 1 月 3 日 Wendy's 的收盘价 12.04 美元为基点编制。

回购是否影响了 Wendy's 的收益率？

首先，我们将 2006 年 11 月 16 日回购日之前 252 天间 Wendy's 的日收益率与 SP500 和 SP500 餐饮指数的日收益率进行回归。我们使用数组函数 Linest 来完成这个计算。[①] Linest 函数的结果看起来像这样：

	A	B	C	D	E	F	G	H	I	J
1										
2		行业	市场	截距						
3	斜率 →	0.4157	0.5095	0.0012						
4	标准误 →	0.0851	0.1410	0.0007						
5	R^2 →	0.3140	0.0103	#N/A			单元格 B3:D7 包含数组公式			
6	F统计量 →	56.9738	249	#N/A			{=LINEST(B15:B266,C15:D266,,TRUE)}			
7	SS_{xy} →	0.0122	0.0266	#N/A						

① 使用 Linest 函数来执行多重回归将在第 30 章中讨论。它不是最方便用户使用的 Excel 函数。

（请注意，上面的♯N/A是由Excel生成的，只是意味着该列没有条目。）

从这个结果我们可以得出结论，Wendy's的收益率对市场和行业都很敏感：

$$r_{Wendys,\,t} = 0.001\,2 + \underbrace{0.509\,5}_{\substack{\text{市场反应系数标准误：}\\0.141\,0}} \cdot r_{M,\,t} + \underbrace{0.415\,7}_{\substack{\text{行业反应系数标准误：}\\0.085\,1}} \cdot r_{Industry,\,t}$$

这个Linest函数的结果将在后面再次出现。将系数除以各自的标准误（第9行），表明两者都在1％的水平上显著。注意，单元格C4给出了y估计的标准误；我们在分析中利用这一点来确定异常收益率的显著性。进一步的分析见后面的电子表格。

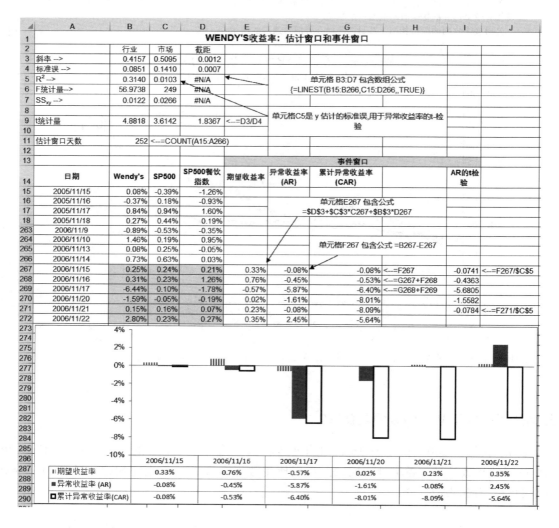

在表格的第267—272行，我们使用双因子模型分析了Wendy's公司公告的异常收益率和累计异常收益率。虽然公告前几天异常收益率或累计异常收益率很少，但很明显，11月16日的公告对Wendy's第一天（11月17日－5.87％异常收益率）和第二天（11月20日－1.61％异常收益率）的收益率产生了相当大的影响。将异常收益率除以C5中的标准误，结果表明只有事件当日的异常收益率在5％的水平上显著。

进一步将公告分解为市场和行业因子进行分析发现,在 11 月 16 日公告日之后的两天,市场指数对 Wendy's 收益的影响很小。但在 11 月 17 日,它对 SP500 餐饮指数和 Wendy's 存在较大的影响,而在 11 月 20 日则没有,如下图所示:

	A	B	C	D	E	F	G	H
1	**WENDY'S收益率:估计窗口和事件窗口**							
13					**事件窗口**			
14	日期	Wendy's	SP500	SP500餐饮指数	期望收益率	异常收益率(AR)	累计异常收益率(CAR)	
266	2006/11/14	0.73%	0.63%	0.03%			-0.08%	<--=F267
267	2006/11/15	0.25%	0.24%	0.21%	0.33%	-0.08%	-0.53%	<--=G267+F268
268	2006/11/16	0.31%	0.23%	1.26%	0.76%	-0.45%	-6.40%	<--=G268+F269
269	2006/11/17	-6.44%	0.10%	-1.78%	-0.57%	-5.87%	-8.01%	
270	2006/11/20	-1.59%	-0.05%	-0.19%	0.02%	-1.61%	-8.09%	
271	2006/11/21	0.15%	0.16%	0.07%	0.23%	-0.08%	-5.64%	
272	2006/11/22	2.80%	0.23%	0.27%	0.35%	2.45%		

我们想先讨论一下事件发生后的第二天:2006 年 11 月 17 日,SP500 上涨 0.10%,SP500 餐饮指数下跌 1.78%。根据回归模型 $r_{Wendys,t}=0.0012+0.5095 \cdot r_{M,t}+0.4157 \cdot r_{Industry,t}$,SP500 的变化将影响 Wendy's 的收益率约 +0.05%（$=0.5095 \times 0.10\%$），行业指数的变化将影响 Wendy's 的收益率约 -0.74%[$=0.4157 \times (-1.78\%)$]。但 Wendy's 在同一天下跌了 6.44%,远远超过了这两个因子中的任何一个的影响。

接下来我们讨论 11 月 20 日那天,SP500 下跌 0.05%, SP500 餐饮指数下跌 0.19%。根据回归模型 $r_{Wendys,t}=0.0012+0.5095 \cdot r_{M,t}+0.4157 \cdot r_{Industry,t}$, SP500 的变化将对 Wendy's 的收益率产生大约 -0.08% 的影响,餐饮指数的变化将影响 Wendy's 的收益率约 -0.03%。但是同一天 Wendy's 的收益率减少了 1.59%,这再次远远超过了两个因子中的任何一个的影响。

该公告的影响甚至持续到事件发生后的第三天,但我们把这个分析留给读者。

14.6 使用 Excel 的 Offset 函数在数据集中定位回归

第 14.2 节的分析要求我们对特定股票的收益率对 SP500 的收益率进行回归,回归的起点是某一特定日期之前的 252 个交易日。第 14.2 节中的技术使用了许多 Excel 函数:

- 函数 Intercept、Slope、Rsq 给出了相应的回归截距、斜率和 R^2。这些函数在第 30 章和之前的投资组合章节中得到了说明。Steyx 函数给出了回归残差的标准误。

- Countif 函数用于计算一个范围内满足特定条件的单元格数。Countif 的语法为 Countif(data,condition)。然而,参数"condition"必须是文本条件(这意味着在本例中,我们将使用 Excel 函数 Text 将日期转换为文本数字——稍后将详细介绍这一点)。

- 函数 Offset(参见第 30 章)允许我们在数组中指定一个单元格或单元格块。

为了说明这个问题,请考察以下苹果公司和 SP500 指数的收益率数据。我们希望将 2019 年 7 月 18 日之前 10 日的苹果公司的日收益率对 SP500 的日收益率进行回归:

	A	B	C	D	E	F	G
1			**使用 OFFSET、COUNTIF和TEXT 函数** **在数据集中定位的回归模型**				
2	日期	苹果公司 (AAPL)	收益率		SP500	收益率	
3	2019/6/21	198.78			2,950.46		
4	2019/6/24	198.58	-0.101%	<-- =LN(B4/B3)	2,945.35	-0.17%	<-- =LN(E4/E3)
5	2019/6/25	195.57	-1.527%		2,917.38	-0.95%	
6	2019/6/26	199.80	2.140%		2,913.78	-0.12%	
7	2019/6/27	199.74	-0.030%		2,924.92	0.38%	
8	2019/6/28	197.92	-0.915%		2,941.76	0.57%	
9	2019/7/1	201.55	1.817%		2,964.33	0.76%	
10	2019/7/2	202.73	0.584%		2,973.01	0.29%	
11	2019/7/3	204.41	0.825%		2,995.82	0.76%	
12	2019/7/5	204.23	-0.088%		2,990.41	-0.18%	
13	2019/7/8	200.02	-2.083%		2,975.95	-0.48%	
14	2019/7/9	201.24	0.608%		2,979.63	0.12%	
15	2019/7/10	203.23	0.984%		2,993.07	0.45%	
16	2019/7/11	201.75	-0.731%		2,999.91	0.23%	
17	2019/7/12	203.30	0.765%		3,013.77	0.46%	
18	2019/7/15	205.21	0.935%		3,014.30	0.02%	
19	2019/7/16	204.50	-0.347%		3,004.04	-0.34%	
20	2019/7/17	203.35	-0.564%		2,984.42	-0.66%	
21	2019/7/18	205.66	1.130%		2,995.11	0.36%	
22	2019/7/19	202.59	-1.504%		2,976.61	-0.62%	
23	2019/7/22	207.22	2.260%		2,985.03	0.28%	
24	2019/7/23	208.84	0.779%		3,005.47	0.68%	
25							
26	开始日期	18-Jul-19					
27	从数据顶部到起始日期的行	19	<--=COUNTIF(A3:A24,"<="&TEXT(B26,"0"))				
28	回归模型						
29	截距	-0.0003	<--=INTERCEPT(OFFSET(A3:F24,B27-11,2,10,1),OFFSET(A3:F24,B27-11,5,10,1))				
30	斜率	1.5292	<--=SLOPE(OFFSET(A3:F24,B27-11,2,10,1),OFFSET(A3:F24,B27-11,5,10,1))				
31	R方	0.4964	<--=RSQ(OFFSET(A3:F24,B27-11,2,10,1),OFFSET(A3:F24,B27-11,5,10,1))				
32							
33	检查						
34	截距	-0.0003	<--=INTERCEPT(C11:C20,F11:F20)				
35	斜率	1.5292	<--=SLOPE(C11:C20,F11:F20)				
36	R方	0.4964	<--=RSQ(C11:C20,F11:F20)				

要运行此回归，我们首先使用 Countif(data, condition) 来计算起始日期所在数据的行数。由于"condition"必须是一个文本条目，我们使用 Text(b26, "0") 将单元格 B26 中的日期转换为文本。[①]Excel 函数＝Countif(A3：A24, "＜＝"&Text(B26, "0")) 现在计算列 A3：A24 中小于或等于单元格 B26 中的日期的单元格数。正如你在单元格 B27 中看到的，答案是 19。

接下来，我们使用 Offset(A3：F24, B27－11, 2, 10, 1) 定位以起始日期标志的第 19 行之前十行苹果公司的收益率。这是一个复杂的函数！

$$\underbrace{\text{Offset}(\underbrace{\text{A3:F24}}_{\text{引用数组}},\ \underbrace{\text{B27}-11}_{\substack{\text{引用数组起始行}}},\ \underbrace{2}_{\substack{\text{引用数组起始}\\\text{单元格起2列}}},\ \underbrace{10}_{\substack{\text{起始单元格}\\\text{以下10行}}},\ \underbrace{1}_{\substack{\text{只有一}\\\text{列数据}}})}$$

在相关的区域中确定所需的起始单元格　　所考察的数据

函数 Intercept、Slope、Rsq 现在可以与 Offset(A3：F24, B27－11, 2, 10, 1) 和 Offset(A3：F24, B27－11, 2, 10, 1) 一起使用：

$$\text{＝Intercept}(\underbrace{\text{Offset(A3:F24, B27}-11,\ 2,\ 10,\ 1)}_{y\text{数据}},\ \underbrace{\text{Offset(A3:F24, B27}-11,\ 5,\ 10,\ 1)}_{x\text{数据}})$$

---

① 另一种方法可以是："＝MATCH(B26, A3：A24)"。

14.7　总结

　　事件研究用于确定特定市场效应对特定股票的影响，或一般市场效应对一组股票的影响，是金融实务中使用最广泛的技术之一。虽然 Excel 可能不是处理事件研究的最佳工具，但我们在本章中使用它来说明了事件研究的两种方法。我们已经证明，Excel 可以很容易地用于执行单因子或双因子事件研究。熟练的用户很容易掌握所使用的 Excel 技术。

15

Black-Litterman 投资组合优化方法

15.1 概述

第 10—14 章阐述了投资组合优化的经典方法,该方法最早由哈里·马科维茨在 20 世纪 50 年代提出,随后得到了 Sharpe(1964)、Lintner(1965)和 Mossin(1966)的发展。大量的学术和实践文献以及几项诺贝尔经济学奖,证明了这一新的观点对资产估值和投资组合选择的巨大影响。毫不夸张地说,今天关于股票风险的讨论如果没有提及它的贝塔就是不完整的,而对投资组合表现的讨论则经常提及阿尔法(这两个主题都在第 10 章和第 13 章中讨论过)。

马科维茨、夏普、林特纳(Lintner)和莫辛改变了投资管理的范式。早在那之前,个人投资者就知道,他们应该"分散化",而不是"把所有鸡蛋放在一个篮子里"。但马科维茨和他的追随者们为这些陈词滥调赋予了统计和应用意义。现代投资组合理论(MPT)改变了聪明的投资者讨论投资的方式。

尽管如此,MPT 还是令人失望。从标准教科书关于投资组合优化的讨论中,我们可能会产生这样的印象:一套固定的机械优化规则,再加上一点关于个人偏好的知识,就足以定义投资者的最优投资组合。任何试图利用市场数据实现投资组合优化的人都知道,梦想往往是一场噩梦。利用历史收益率来实施投资组合理论,会产生极其不切实际的投资组合,包括巨大的空头头寸和相应的不现实的多头头寸。人们可能会认为,限制卖空,正如我们在第 11 章中所阐述的那样,可以解决其中一些问题。然而,卖空约束严重限制了可投资资产领域。在许多情况下,正如我们在第 11.4 节的例子中讨论的那样,卖空的计算涉及使用历史数据作为未来收益率的替代。

机械地实施投资组合优化的主要问题是,历史资产收益率数据对未来资产收益率的预测效果非常糟糕。从历史数据中估计资产收益率和期望收益率之间的协方差(投资组合理论的基础)往往会得到令人难以置信的结果。

在第 9 章中,我们在估计方差-协方差矩阵时提到了其中的一些问题。我们在那里讨论了历史数据可能并不是估计这个矩阵的最佳方法；其他方法，特别是所谓的收缩法，也许可以提供更可靠的协方差估计。在本章，我们将更进一步。我们用一个十资产组合问题来解释标准投资组合优化问题。对我们的数据进行 MPT 优化会得到一个疯狂的"最优"投资组合，该组合有许多巨大的多头和空头头寸。不幸的是，在我们的例子中，投资组合优化的问题并不罕见。机械地使用数据来得出"最优"的投资组合是行不通的。[①]

1991 年，高盛的费希尔·布莱克和罗伯特·利特曼（Robert Litterman）发表了一种解决投资组合优化中诸多问题的方法。[②]布莱克和利特曼首先假设投资者从给定的资产组中选择他们的最优投资组合。这组资产——可能是 SP500、罗素 2000 指数或国际指数的组合——定义了投资者选择投资组合的框架。投资者的资产总体定义了基准投资组合。

Black-Litterman（BL）模型以"在没有额外信息的情况下，基准无法被超越"为起点假设。这一假设建立在大量研究的基础之上。这些研究表明，要超越一个典型的分散化基准是非常困难的。[③]

实际上，BL 模型完全颠覆了现代投资组合理论，BL 方法不是输入数据并推导出最优投资组合，而是假设给定的投资组合是最优的，并从这一假设推导出基准组成部分的期望收益率。期望基准收益率的隐含向量是 BL 模型的出发点。

BL 隐含资产收益率可以解释为市场关于基准组合中各资产未来收益率的信息。如果我们的投资者同意这一市场评估，他们就大功告成：然后他们就可以买入基准，因为知道它是最优的。但如果投资者不同意其中的一个或多个隐含收益率呢？ BL 方法显示了如何将投资者的意见纳入优化问题以得到更适合投资者的投资组合。

在这一章中，我们从 MPT 的问题分析开始。然后，我们继续介绍 BL 方法。在本章中，示例展示了 Excel 和 R 中的完整实现。在本书的配套网站上，读者还可以找到贯穿本章的 R 文件。

15.2　一个简单的问题

我们从一个简单但具有代表性的问题开始：Super-Duper 基金将其基准投资组合设定为由 10 只龙头股票组成的投资组合。乔安娜·罗（Joanna Roe）是该基金的新任投资组合分析师，她决定利用投资组合理论，在这个基准的基础上推荐最优的投资组合持仓。下面的截图给出了截至 2019 年 12 月的 10 年间，这些股票的月度价格数据（请注意，其中一些行已经隐藏）。第 3 行给出每只基准股票的当前总市值，第 4 行计算基准比例——单个股票价值除以

---

①　DeMiguel、Garlappi 和 Uppal(2009)阐述了机械优化的效果有多糟糕。作者研究了 10 个行业投资组合中的最优配置。他们发现，一个朴素的投资组合分配规则，即在每个投资组合中按相同比例投资——无论市值如何——的表现优于更复杂的基于数据的优化。

②　Black 和 Litterman(1991)。他们显然不知道夏普早前发表的一篇论文(Sharpe, 1974)，其中包括了他们的大部分研究。夏普的论文讨论了从投资组合中获得投资组合收益率的逆向工程。

③　"根据理柏分析服务公司(Lipper Analysis Services)的数据，在截至 2000 年 6 月的 10 年里，超过 80%的'普通股票'共同基金……表现逊于股票共同基金的主要基准 SP500。"或者，引用一位知名学者的话："无论是在美国还是其他国家，专业投资经理的表现都不会超过他们的指数基准。"(Malkiel, 2005)

10家公司的价格和市值数据

	A	B	C	D	E	F	G	H	I	J	K	L
1							**10家公司的价格和市值数据**					
2		苹果公司 (AAPL)	微软 (MSFT)	亚马逊 (AMZN)	谷歌 (GOOG)	可口可乐 (KO)	强生 (JNJ)	宝洁公司 (PG)	华特·迪士尼 (DIS)	沃尔玛 (WMT)	埃克森美孚 (XOM)	
3	市值 (10亿美元)	1,370.00	1,358.00	1,043.00	1,020.00	257.36	395.02	312.88	250.90	336.43	250.36	<-=K3/SUM($B$3:$K$3)
4	基准比例	20.78%	20.59%	15.82%	15.47%	3.90%	5.99%	4.74%	3.81%	5.10%	3.80%	
5												
6	月度调整价格											
7	日期	AAPL	MSFT	AMZN	GOOG	KO	JNJ	PG	DIS	WMT	XOM	
8	2019/12/1	292.95	157.27	1,847.84	1,337.02	55.35	145.87	124.16	143.77	118.31	68.79	
9	2019/11/1	265.82	150.46	1,800.80	1,304.96	53.00	136.54	121.34	150.68	118.56	66.37	
10	2019/10/1	247.43	142.49	1,776.66	1,260.11	54.03	131.13	122.99	129.15	116.74	65.82	
11	2019/9/1	222.77	138.18	1,735.91	1,219.00	53.64	128.49	122.86	129.54	118.15	68.78	
12	2019/8/1	206.84	136.56	1,776.29	1,188.10	54.24	126.53	118.76	136.44	113.19	65.89	
13	2019/7/1	211.10	134.99	1,866.78	1,216.68	51.86	128.33	115.85	141.28	109.35	71.54	
14	2019/6/1	196.12	132.70	1,893.63	1,080.91	49.79	137.29	107.61	137.95	109.46	73.73	
15	2019/5/1	172.81	122.07	1,775.07	1,103.63	48.04	128.40	101.00	130.45	99.96	67.32	
16	2019/4/1	198.08	128.89	1,926.52	1,188.48	47.97	138.24	103.77	135.32	101.34	76.36	
17	2019/3/1	187.50	116.40	1,780.75	1,173.31	45.42	136.86	101.40	109.69	95.59	76.86	
18	2019/2/1	170.18	110.10	1,639.83	1,119.92	43.95	132.89	96.04	111.48	97.02	74.35	
19	2019/1/1	163.59	102.63	1,718.73	1,116.37	46.65	129.43	93.28	110.17	93.93	68.94	
122	2010/6/1	31.19	18.23	109.26	221.64	17.38	44.43	44.18	27.44	37.94	41.27	
123	2010/5/1	31.85	20.35	125.46	241.91	17.83	43.46	44.99	29.11	39.67	43.42	
124	2010/4/1	32.38	24.08	137.10	261.87	18.54	47.94	45.43	32.09	42.09	48.67	
125	2010/3/1	29.14	23.10	135.77	282.50	18.77	48.61	46.24	30.41	43.38	48.11	
126	2010/2/1	25.37	22.50	118.40	262.42	17.99	46.61	46.25	27.21	42.19	46.38	
127	2010/1/1	23.82	22.12	125.41	263.98	18.51	46.51	44.66	25.74	41.69	45.97	

基准总市值。

按照第 10 章和第 11 章所述的步骤,乔安娜首先将价格数据转换为收益率,然后计算这些收益率的方差-协方差矩阵:

SUPER-DUPER基金基准投资组合的收益率数据

	A	B	C	D	E	F	G	H	I	J	K	L
1							**SUPER-DUPER基金基准投资组合的收益率数据**					
2		苹果公司 (AAPL)	微软 (MSFT)	亚马逊 (AMZN)	谷歌 (GOOG)	可口可乐 (KO)	强生 (JNJ)	宝洁公司 (PG)	华特·迪士尼 (DIS)	沃尔玛 (WMT)	埃克森美孚 (XOM)	
3	基准比例	20.78%	20.59%	15.82%	15.47%	3.90%	5.99%	4.74%	3.81%	5.10%	3.80%	
4												
5	收益率均值	2.11%	1.65%	2.26%	1.36%	0.92%	0.96%	0.86%	1.45%	0.88%	0.34%	<-=AVERAGE(K9:K127)
6	收益率波动率	7.27%	5.98%	7.87%	6.40%	3.85%	4.04%	3.83%	5.72%	4.79%	4.98%	<-=STDEVP(K9:K127)
7												
8	日期	AAPL	MSFT	AMZN	GOOG	KO	JNJ	PG	DIS	WMT	XOM	
9	2019/12/1	9.72%	4.43%	2.58%	2.43%	4.33%	6.61%	2.30%	-4.69%	-0.21%	3.59%	
10	2019/11/1	7.17%	5.44%	1.35%	3.50%	-1.91%	4.04%	-1.35%	15.42%	1.55%	0.83%	
11	2019/10/1	10.50%	3.07%	2.32%	3.32%	0.71%	2.04%	0.10%	-0.31%	-1.20%	-4.40%	
12	2019/9/1	7.42%	1.18%	-2.30%	2.57%	-1.10%	1.54%	0.11%	-5.19%	4.29%	4.30%	
13	2019/8/1	-2.04%	1.16%	-4.97%	-2.38%	4.48%	-1.44%	2.48%	-3.49%	3.45%	-8.24%	
14	2019/7/1	7.36%	1.71%	-1.43%	11.83%	4.08%	-6.73%	7.37%	2.38%	-0.10%	-3.01%	
15	2019/6/1	12.65%	8.35%	6.47%	-2.08%	3.58%	6.70%	6.34%	5.60%	9.08%	9.16%	
16	2019/5/1	-13.65%	-5.44%	-8.19%	-7.41%	0.14%	-7.38%	-2.71%	-3.67%	-1.37%	-12.61%	
17	2019/4/1	5.49%	10.20%	7.87%	1.28%	5.46%	1.00%	2.31%	21.00%	5.84%	-0.65%	
18	2019/3/1	9.69%	5.57%	8.24%	4.66%	3.30%	2.94%	5.43%	-1.62%	-1.49%	3.32%	
19	2019/2/1	3.95%	7.02%	-4.70%	0.32%	-5.97%	2.64%	2.92%	1.18%	3.24%	7.55%	
20	2019/1/1	5.37%	2.78%	13.48%	7.51%	1.63%	3.08%	4.83%	2.46%	3.38%	7.20%	
123	2010/6/1	-2.10%	-10.99%	-13.83%	-8.75%	-2.52%	2.20%	-1.83%	-5.92%	-4.47%	-5.09%	
124	2010/5/1	-1.63%	-16.87%	-8.87%	-7.93%	-3.91%	-9.80%	-0.97%	-9.74%	-5.91%	-11.41%	
125	2010/4/1	10.53%	4.18%	0.97%	-7.58%	-0.97%	-1.39%	-1.77%	5.38%	-3.03%	1.17%	
126	2010/3/1	13.84%	2.61%	13.69%	7.37%	4.23%	4.19%	-0.02%	11.11%	2.79%	3.65%	
127	2010/2/1	6.33%	1.72%	-5.75%	-0.59%	-2.86%	0.22%	3.49%	5.56%	1.19%	0.88%	
128	2010/1/1											

简单优化

利用收益率数据,乔安娜计算了超额收益率的样本方差-协方差矩阵,如第 12 章所示。为了实现投资组合优化,她需要关于国债利率的数据:2019 年 12 月 1 日,1 个月期国债年化利率为 1.6%,月利率为 1.6%/12=0.133%。利用方差-协方差矩阵、国债利率和历史平均收益率,乔安娜通过求解以下方程计算出一个"最优"投资组合:

$$
\text{最优投资组合}\begin{bmatrix} x_1 \\ x_2 \\ \vdots \\ x_{10} \end{bmatrix} = \frac{S^{-1}\begin{bmatrix} \bar{r}_{AAPL} - r_f \\ \bar{r}_{MSFT} - r_f \\ \vdots \\ \bar{r}_{XOM} - r_f \end{bmatrix}}{\text{Sum}\left[S^{-1} \cdot \begin{bmatrix} \bar{r}_{AAPL} - r_f \\ \bar{r}_{MSFT} - r_f \\ \vdots \\ \bar{r}_{XOM} - r_f \end{bmatrix}\right]} = \frac{S^{-1}\begin{bmatrix} \bar{r}_{AAPL} - r_f \\ \bar{r}_{MSFT} - r_f \\ \vdots \\ \bar{r}_{XOM} - r_f \end{bmatrix}}{[1, 1, \cdots, 1] \cdot S^{-1} \cdot \begin{bmatrix} \bar{r}_{AAPL} - r_f \\ \bar{r}_{MSFT} - r_f \\ \vdots \\ \bar{r}_{XOM} - r_f \end{bmatrix}}
$$

该投资组合如下所示（高亮显示）：

	A	B	C	D	E	F	G	H	I	J	K
1					SUPER-DUPER 基准投资组合—简单优化						
2		苹果公司 (AAPL)	微软 (MSFT)	亚马逊 (AMZN)	谷歌 (GOOG)	可口可乐 (KO)	强生(JNJ)	宝洁公司 (PG)	华特·迪士尼 (DIS)	沃尔玛 (WMT)	埃克森美孚 (XOM)
3	基准比例	20.78%	20.59%	15.82%	15.47%	3.90%	5.99%	4.74%	3.81%	5.10%	3.80%
4	收益率均值	2.11%	1.65%	2.26%	1.36%	0.92%	0.96%	0.86%	1.45%	0.88%	0.34%
5											
6	超额收益率的方差-协方差矩阵										
7		AAPL	MSFT	AMZN	GOOG	KO	JNJ	PG	DIS	WMT	XOM
8	AAPL	0.00533	0.00174	0.00197	0.00160	0.00054	0.00056	0.00051	0.00113	0.00057	0.00084
9	MSFT	0.00174	0.00360	0.00194	0.00186	0.00082	0.00083	0.00047	0.00144	0.00052	0.00108
10	AMZN	0.00197	0.00194	0.00625	0.00239	0.00097	0.00101	-0.00009	0.00131	0.00047	0.00109
11	GOOG	0.00160	0.00186	0.00239	0.00413	0.00082	0.00055	0.00055	0.00143	0.00037	0.00094
12	KO	0.00054	0.00082	0.00097	0.00082	0.00149	0.00078	0.00058	0.00075	0.00073	0.00065
13	JNJ	0.00056	0.00083	0.00101	0.00055	0.00078	0.00165	0.00066	0.00071	0.00082	0.00102
14	PG	0.00051	0.00047	-0.00009	0.00055	0.00058	0.00066	0.00148	0.00047	0.00060	0.00050
15	DIS	0.00113	0.00144	0.00131	0.00143	0.00075	0.00071	0.00047	0.00330	0.00060	0.00133
16	WMT	0.00057	0.00052	0.00047	0.00037	0.00073	0.00082	0.00060	0.00060	0.00231	0.00056
17	XOM	0.00084	0.00108	0.00109	0.00094	0.00065	0.00102	0.00050	0.00133	0.00056	0.00251
18											
19	当前国债利率	0.133%	<--=1.6%/12								
20											
21	"最优"投资组合										
22	AAPL	20.3%	<--{=MMULT(MINVERSE(B8:K17),TRANSPOSE(B4:K4)-								
23	MSFT	14.3%	B19)/SUM(MMULT(MINVERSE(B8:K17),TRANSPOSE(B4:K4)-B19))}								
24	AMZN	23.9%									
25	GOOG	-6.1%									
26	KO	4.0%									
27	JNJ	20.9%									
28	PG	34.6%									
29	DIS	26.4%									
30	WMT	6.5%									
31	XOM	-44.8%									
32	比例总和	100%	<--=SUM(B22:B31)								

在 R 中实现这一简单优化的代码如下所示：

```
1   # We thank Sagi Haim for developing this script
2
3 ▾ ###############################
4   # Chapter 15 - Black Litterman
5 ▾ ###############################
6
7   # Set working directory
8   workdir <-readline(prompt="working directory?")
9   setwd(workdir)
10
11  # Read the csv with adjusted prices
12  monthly_prices <- read.csv("chapt_15_data.csv", row.names = 1,
13                             stringsAsFactors = FALSE)
14
15  # Sort the data by date
16  monthly_prices <- monthly_prices[order(as.Date(row.names(monthly_prices),
17                             format="%d-%m-%y")),]
18
19  # Compute Continuous Returns
20  monthly_returns <- data.frame(apply(monthly_prices, 2, function(x) diff(log(x)) ))
21
22  # Retruns
23  head(monthly_returns)
24
25  # Market Capitalization ($B)
26  market_cap <- c(1370, 1358, 1043, 1020, 257.356,
27                  395.024, 312.879, 250.902, 336.433, 250.356)
```

```
30  # Input: Current T-Bill rate
31  t_bill_r <- 0.016/12
32
33  # Comupte Benchmark Proportion
34  bench_prop <- market_cap / sum(market_cap)
35
36  # Copute Returns Statistics
37  mean_ret <- colMeans(monthly_returns)
38  sd_ret <- apply(monthly_returns, 2, sd)
39  cov_mat <- cov(monthly_returns)
40
41  # Naive Optimization
42  optimal_port <- (solve(cov_mat) %*% (mean_ret - t_bill_r))
43                   / sum( solve(cov_mat) %*% (mean_ret - t_bill_r))
```

简单优化为什么会失败?

在某种意义上,这个怪异的投资组合"优化"头寸是可以预测的。下面的电子表格标记了数据的一些令人困扰的特征,这些特征可以部分解释这个怪异的"最优"投资组合。

● 一些历史平均收益率为负值。如果我们忽略相关性的影响,负的期望收益率应该意味着该股票应当被卖空。[1]然而,用过去的收益率来代表未来的期望收益率,还存在一个更深层次的哲学问题:即使过去的收益率为负,也没有理由认为这意味着该股票的未来期望收益率也应为负。当我们使用历史数据来提取对未来的预测时,这是一个问题。

● 在某些情况下,资产收益率之间的相关性非常大。某只股票的相关性较大,会导致我们偏好其他收益率较低但相关性较适度的股票。

下一个电子表格标记了历史收益率非常低,以及相关系数大于0.5或负的股票。

	A	B	C	D	E	F	G	H	I	J	K	L
1						非常低的收益率和高/低相关性						
2		苹果公司 (AAPL)	微软 (MSFT)	亚马逊 (AMZN)	谷歌 (GOOG)	可口可乐 (KO)	强生(JNJ)	宝洁公司 (PG)	华特·迪士尼 (DIS)	沃尔玛 (WMT)	埃克森美孚(XOM)	
3	基准比例	20.78%	20.59%	15.82%	15.47%	3.90%	5.99%	4.74%	3.81%	5.10%	3.80%	
4	收益率均值	2.11%	1.65%	2.26%	1.36%	0.92%	0.96%	0.86%	1.45%	0.88%	0.34%	
6	超额收益率的方差-协方差矩阵											
7		AAPL	MSFT	AMZN	GOOG	KO	JNJ	PG	DIS	WMT	XOM	
8	AAPL	1.00000	0.39661	0.34121	0.34164	0.19139	0.19041	0.18242	0.27036	0.16150	0.23093	
9	MSFT	0.39661	1.00000	0.40835	0.48212	0.35257	0.34117	0.20243	0.41777	0.17862	0.35834	
10	AMZN	0.34121	0.40835	1.00000	0.47127	0.31664	0.31647	-0.03063	0.28736	0.12403	0.27597	
11	GOOG	0.34164	0.48212	0.47127	1.00000	0.33222	0.21265	0.22153	0.38793	0.11877	0.29192	<-{=Correlation(returns!B9:K127)}
12	KO	0.19139	0.35257	0.31664	0.33222	1.00000	0.49471	0.39273	0.33794	0.39223	0.33342	<-{=Correlation(returns!B9:K127)}
13	JNJ	0.19041	0.34117	0.31647	0.21265	0.49471	1.00000	0.42243	0.30569	0.42021	0.50308	<-{=Correlation(returns!B9:K127)}
14	PG	0.18242	0.20243	-0.03063	0.22153	0.39273	0.42243	1.00000	0.21138	0.32428	0.25944	
15	DIS	0.27036	0.41777	0.28736	0.38793	0.33794	0.30569	0.21138	1.00000	0.21598	0.46344	
16	WMT	0.16150	0.17862	0.12403	0.11877	0.39223	0.42021	0.32428	0.21598	1.00000	0.23274	
17	XOM	0.23093	0.35834	0.27597	0.29192	0.33342	0.50308	0.25944	0.46344	0.23274	1.00000	

改变方差-协方差矩阵会如何?

在第12章中,我们讨论了计算方差-协方差矩阵的各种方法。如果你对历史方差-协方差矩阵不满意,你可以使用常数相关系数法或单指数法。另一种选择是使用收缩法。"收

---

[1] 原则上,如果负收益率的股票与足够多的其他股票负相关,你可能希望在你的投资组合中包括负收益率的股票以降低总投资组合方差。然而,这种情况很少发生。

缩"，你会记得，是一个术语，指的是将样本方差-协方差矩阵与方差的对角矩阵进行凸组合。在提高全局最小方差投资组合的表现方面，收缩方法已被证明是有效的。

15.3 Black-Litterman 对优化问题的解

BL 方法为上述优化问题提供了一个初步解决方案。它由两个步骤组成：

步骤 1：市场怎么想？大量的金融研究表明很难获得超过基准投资组合的收益率。BL 方法的第一步是以此研究为出发点。它假设基准是事前最优的，并在此假设下推导出各资产的期望收益率。对此的另一种说法是，在第一步中我们计算资产的期望收益率，投资者使用第 11 章中的优化技术选择基准。

步骤 2：吸纳投资者意见。在第一步中，BL 方法展示了如何基于最优化假设计算基准资产收益率。假设投资者对这些基于市场的期望收益率有不同的看法。步骤 2 介绍了如何将这些意见纳入优化的过程。请注意，由于资产收益率之间存在相关性，投资者对任何特定资产收益率的看法都会影响所有其他期望收益率。第二步的关键是根据投资者对任何资产的收益率的看法调整所有资产收益率。

遵循 BL 程序的投资者首先要看看市场权重隐含的期望收益率。然后，他们可以通过添加自己对任何资产的期望收益率的意见来调整这些权重。在接下来的两节中，我们将详细讨论这两个步骤。

15.4 BL 方法步骤 1：市场怎么想？

如第 11 章所示，一个最优投资组合必须是以下方程的解：

$$\begin{bmatrix} 有效 \\ 投资 \\ 组合 \\ 权重 \end{bmatrix} = \underbrace{\begin{bmatrix} 方差- \\ 协方差 \\ 矩阵 \end{bmatrix}^{-1} \cdot \left\{ \begin{bmatrix} 期望 \\ 投资 \\ 组合 \\ 收益率 \end{bmatrix} - 无风险利率 \right\}}_{标准化后总和为1}$$

求解投资组合期望收益率向量的方程，这意味着一个有效投资组合必须是以下方程的解：

$$\begin{bmatrix} 期望 \\ 投资 \\ 组合 \\ 收益率 \end{bmatrix} = \begin{bmatrix} 方差- \\ 协方差 \\ 矩阵 \end{bmatrix} \begin{bmatrix} 有效 \\ 投资 \\ 组合 \\ 权重 \end{bmatrix} \times 标准化因子 + 无风险利率$$

Super-Duper 基金的乔安娜假设，在没有任何关于市场的额外知识或意见的情况下，投资组合的当前市场权重就是有效权重。她估计,下个月的期望基准收益率将为1%,并使用这一估计来设定标准化因子。[1]我们在后面举例说明。

解后一个方程的第一部分(不带标准化因子)得到如下结果:

	A	B	C	D	E	F	G	H	I	J	K	L	M
1				SUPER-DUPER 基准投资组合—市场怎么想? 无标准化因子									
2	期望基准收益率	1.00%	<-=12%/12										
3	当前国债利率	0.13%											
4													
5		苹果公司 (AAPL)	微软 (MSFT)	亚马逊 (AMZN)	谷歌 (GOOG)	可口可乐 (KO)	强生(JNJ)	宝洁公司 (PG)	华特·迪 士尼 (DIS)	沃尔玛 (WMT)	埃克森美 孚(XOM)		
6	市值(10亿美元)	1,370.00	1,358.00	1,043.00	1,020.00	257.36	395.02	312.88	250.90	336.43	250.36		
7	基准比例	20.78%	20.59%	15.82%	15.47%	3.90%	5.99%	4.74%	3.81%	5.10%	3.80%	<-=K6/SUM($B$6:$K$6)	
8													
9	方差-协方差矩阵												
10		AAPL	MSFT	AMZN	GOOG	KO	JNJ	PG	DIS	WMT	XOM		无标准化因 子
11	AAPL	0.0053	0.0017	0.0020	0.0016	0.0005	0.0006	0.0005	0.0011	0.0006	0.0008		0.22%
12	MSFT	0.0017	0.0036	0.0019	0.0019	0.0008	0.0008	0.0005	0.0014	0.0005	0.0011		0.19%
13	AMZN	0.0020	0.0019	0.0063	0.0024	0.0010	0.0010	-0.0001	0.0013	0.0005	0.0011		0.24%
14	GOOG	0.0016	0.0019	0.0024	0.0041	0.0008	0.0006	0.0005	0.0004	0.0004	0.0009		0.20%
15	KO	0.0005	0.0008	0.0010	0.0008	0.0015	0.0008	0.0006	0.0008	0.0007	0.0006		0.08%
16	JNJ	0.0006	0.0008	0.0010	0.0006	0.0008	0.0016	0.0007	0.0007	0.0008	0.0010		0.08%
17	PG	0.0005	0.0005	-0.0001	0.0005	0.0006	0.0007	0.0015	0.0005	0.0006	0.0005		0.05%
18	DIS	0.0011	0.0014	0.0013	0.0014	0.0008	0.0007	0.0005	0.0033	0.0006	0.0013		0.13%
19	WMT	0.0006	0.0005	0.0005	0.0004	0.0007	0.0008	0.0006	0.0006	0.0023	0.0006		0.06%
20	XOM	0.0008	0.0011	0.0011	0.0009	0.0006	0.0010	0.0005	0.0013	0.0006	0.0025		0.10%
21													
22	检查: 基准投资组合的期望收益率?	0.18%	<-{=MMULT(B7:K7,M11:M20)}					单元格 M11:M20包含数组公式 {=MMULT(B11:K20,TRANSPOSE(B7:K7)+B3)}					
23													
24													
25													
26	附加检查: 最优投资组合												
27	GM	-27.22%	<-{=MMULT(MINVERSE(B11:K20),M11:M20-B3)/SUM(MMULT(MINVERSE(B11:K20),M11:M20-B3))}										
28	HD	-32.88%											
29	IP	-18.80%											
30	HPQ	-22.20%											
31	MO	52.57%											
32	AXP	17.84%											
33	AA	83.56%											
34	DD	4.71%											
35	MRK	25.52%											
36	MMM	16.89%											
37	比例之和	100.0%	<-=SUM(B27:B36)										

请注意,考虑到第7行中的权重,期望基准收益率为每月0.18%,而不是乔安娜(单元格B2)假设的每月1%。为了实现这一期望基准收益率,我们将第7行乘以一个标准化因子:

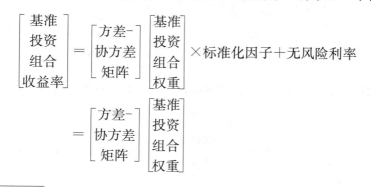

$$\begin{bmatrix} 基准 \\ 投资 \\ 组合 \\ 收益率 \end{bmatrix} = \begin{bmatrix} 方差- \\ 协方差 \\ 矩阵 \end{bmatrix} \begin{bmatrix} 基准 \\ 投资 \\ 组合 \\ 权重 \end{bmatrix} \times 标准化因子 + 无风险利率$$

$$= \begin{bmatrix} 方差- \\ 协方差 \\ 矩阵 \end{bmatrix} \begin{bmatrix} 基准 \\ 投资 \\ 组合 \\ 权重 \end{bmatrix}$$

---

[1] 每月1%相当于估计年度期望基准收益率为12%。

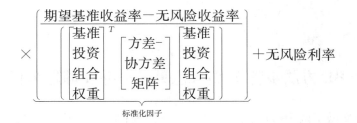

$$\frac{期望基准收益率-无风险收益率}{\underbrace{\begin{bmatrix}基\\准\\投\\资\\组\\合\\权\\重\end{bmatrix}^T \begin{bmatrix}方差-\\协方差\\矩阵\end{bmatrix} \begin{bmatrix}基\\准\\投\\资\\组\\合\\权\\重\end{bmatrix}}_{标准化因子}} \times \quad +无风险利率$$

这个过程如下图所示：

	A	B	C	D	E	F	G	H	I	J	K	L	M
1	**SUPER-DUPER 基准投资组合—市场怎么想？**												
		标准化因子在单元格B4中计算，基于期望基准收益率。											
2	期望基准收益率	1.00%	<--=12%/12										
3	当前国债利率	0.13%											
4	标准化因子	4.96	<--{=(B2-B3)/MMULT(MMULT(B7:K7,B11:K20),TRANSPOSE(B7:K7))}										
5		苹果公司 (AAPL)	微软 (MSFT)	亚马逊 (AMZN)	谷歌 (GOOG)	可口可乐 (KO)	强生 (JNJ)	宝洁公司 (PG)	华特·迪士尼 (DIS)	沃尔玛 (WMT)	埃克森美孚 (XOM)		
6	市值(10亿美元)	1,370.00	1,358.00	1,043.00	1,020.00	257.36	395.02	312.88	250.90	336.43	250.36		
7	基准比例	20.78%	20.59%	15.82%	15.47%	3.90%	5.99%	4.74%	3.81%	5.10%	3.80%	<--=K6/SUM($B$6:$K$6)	
8													
9	方差-协方差矩阵												
10		AAPL	MSFT	AMZN	GOOG	KO	JNJ	PG	DIS	WMT	XOM		标准化因子
11	AAPL	0.0053	0.0017	0.0020	0.0016	0.0005	0.0006	0.0005	0.0011	0.0006	0.0008		1.23%
12	MSFT	0.0017	0.0036	0.0019	0.0019	0.0008	0.0008	0.0005	0.0014	0.0005	0.0011		1.09%
13	AMZN	0.0020	0.0019	0.0063	0.0024	0.0010	0.0010	-0.0001	0.0013	0.0005	0.0011		1.31%
14	GOOG	0.0016	0.0019	0.0024	0.0041	0.0006	0.0006	0.0005	0.0014	0.0004	0.0009		1.09%
15	KO	0.0005	0.0008	0.0010	0.0006	0.0015	0.0008	0.0006	0.0008	0.0007	0.0006		0.52%
16	JNJ	0.0006	0.0008	0.0010	0.0006	0.0008	0.0016	0.0007	0.0007	0.0008	0.0010		0.53%
17	PG	0.0005	0.0005	-0.0001	0.0005	0.0006	0.0007	0.0015	0.0005	0.0006	0.0005		0.37%
18	DIS	0.0011	0.0014	0.0013	0.0014	0.0008	0.0007	0.0005	0.0033	0.0006	0.0013		0.76%
19	WMT	0.0006	0.0005	0.0005	0.0004	0.0007	0.0008	0.0006	0.0006	0.0023	0.0006		0.44%
20	XOM	0.0008	0.0011	0.0011	0.0009	0.0006	0.0010	0.0005	0.0013	0.0006	0.0025		0.63%
21													
22	检查：基准投资组合的期望收益率?	1.00%	<--{=MMULT(B7:K7,M11:M20)}				单元格 M11:M20 包含数组公式						
23							{=(MMULT(B11:K20,TRANSPOSE(B7:K7))*B4+B3)}						
24													
25													
26	附加检查：最优投资组合												
27	AAPL	20.78%	<--{=MMULT(MINVERSE(B11:K20),M11:M20-B3)/SUM(MMULT(MINVERSE(B11:K20),M11:M20-B3))}										
28	MSFT	20.59%											
29	AMZN	15.82%	注意，在单元格M11:M20中对期望收益率的优化以及方差-协方差矩阵										
30	GOOG	15.47%	产生了最优投资组合的市场权重。										
31	KO	3.90%	参见第11章。										
32	JNJ	5.99%											
33	PG	4.74%											
34	DIS	3.81%											
35	WMT	5.10%											
36	XOM	3.80%											
37	比例之和	100.0%	<--=SUM(B27:B36)										

在给定当前国债利率 0.13％ 和单元格 M11:M20 的期望收益率的情况下，我们推导出了最优投资组合，并进行了额外的检查。这应该使我们在第 7 行返回基准权重——事实也是如此！

在 R 中实现前述分析如下：

```
46   ## Optimization With Normalizing
47   # Input
48   bench_ret <- 0.12/12 # anticipated benchmark return
49   t_bill_r <- 0.016/12 # Current T-Bill rate
50
51   # Normalizing Factor
52   norm_fact <- (bench_ret - t_bill_r) / (bench_prop %*% cov_mat %*% bench_prop)
53
54   # Market Expected Returns
55   exp_ret <- cov_mat %*% bench_prop * as.double(norm_fact) + t_bill_r
56   bench_prop %*% exp_ret # check
```

15.5　BL 方法步骤 2：引入意见——乔安娜怎么想？

前文做了两个假设：第一，基准是有效的；第二，期望基准收益率是每月 1%。基于此，乔安娜已经推导出每个基准成分证券的期望收益率（前面的单元格 M11：M20）。现在我们准备介绍乔安娜对资产收益率的看法。粗略的想法是，如果她不同意市场收益率，她可以使用第 11 章中的优化程序，得出一个与基准投资组合权重不同的投资组合。

我们必须谨慎行事。因为资产收益率是相关的，乔安娜对某种资产收益率的任何看法都会转化为对所有其他资产收益率的看法。为了说明这一点，假设乔安娜认为下个月谷歌（GOOG）的收益率将是 0.7%，而不是市场认为的 1.09%。那么这就转化为：

	A	B	C	D	E	F	G	H	I	J	K	L	M
1				根据分析师意见调整基准 在这个例子中唯一的意见是关于谷歌的									
2	期望基准收益率	1.00%	<-=12%/12										
3	当前国债利率	0.13%											
4	标准化因子	4.96	<-={=(B2-B3)/MMULT(MMULT(B7:K7,B11:K20),TRANSPOSE(B7:K7))}										
5		苹果公司(AAPL)	微软(MSFT)	亚马逊(AMZN)	谷歌(GOOG)	可口可乐(KO)	强生(JNJ)	宝洁公司(PG)	华特·迪士尼(DIS)	沃尔玛(WMT)	埃克森美孚(XOM)		
6	市值(10亿美元)	1,370.00	1,358.00	1,043.00	1,020.00	257.36	395.02	312.88	250.90	336.43	250.36		
7	基准比例	20.78%	20.59%	15.82%	15.47%	3.90%	5.99%	4.74%	3.81%	5.10%	3.80%	<-=K6/SUM($B$6:$K$6)	
8													
9	方差-协方差矩阵												
10		AAPL	MSFT	AMZN	GOOG	KO	JNJ	PG	DIS	WMT	XOM		
11	AAPL	0.0053	0.0017	0.0020	0.0016	0.0005	0.0006	0.0005	0.0011	0.0006	0.0008		
12	MSFT	0.0017	0.0036	0.0019	0.0019	0.0008	0.0008	0.0005	0.0014	0.0005	0.0011		
13	AMZN	0.0020	0.0019	0.0063	0.0024	0.0010	0.0010	-0.0001	0.0013	0.0005	0.0011		
14	GOOG	0.0016	0.0019	0.0024	0.0041	0.0008	0.0006	0.0005	0.0014	0.0004	0.0009		
15	KO	0.0005	0.0008	0.0010	0.0008	0.0015	0.0006	0.0006	0.0008	0.0007	0.0006		
16	JNJ	0.0006	0.0008	0.0010	0.0006	0.0006	0.0016	0.0007	0.0007	0.0008	0.0010		
17	PG	0.0005	0.0005	-0.0001	0.0005	0.0006	0.0007	0.0015	0.0005	0.0006	0.0005		
18	DIS	0.0011	0.0014	0.0013	0.0014	0.0008	0.0007	0.0005	0.0036	0.0006	0.0013		
19	WMT	0.0006	0.0005	0.0005	0.0004	0.0007	0.0008	0.0006	0.0006	0.0023	0.0006		
20	XOM	0.0008	0.0011	0.0011	0.0009	0.0006	0.0010	0.0005	0.0013	0.0006	0.0025		
21													
22		期望基准收益率，无分析师意见	分析师意见，delta, δ	根据分析师意见调整的收益率						根据分析师意见调整的优化投资组合	基准投资组合，无分析师意见		
23	AAPL	1.23%	0.00%	1.50%	<-=B23+$C$26*E11/$E$14					15.48%	20.78%		
24	MSFT	1.09%	0.00%	1.40%	<-=B24+$C$26*E12/$E$14					15.34%	20.59%		
25	AMZN	1.31%	0.00%	1.72%	<-=B25+$C$26*E13/$E$14					11.79%	15.82%		
26	GOOG	1.09%	0.70%	1.79%						37.02%	15.47%		
27	KO	0.52%	0.00%	0.66%	单元格 J23:J32 包含数组公式 {=MMULT(MINVERSE(B11:K20),D23:D32-B3)/SUM(MMULT(MINVERSE(B11:K20),D23:D32-B3))}					2.91%	3.90%		
28	JNJ	0.53%	0.00%	0.62%						4.46%	5.99%		
29	PG	0.37%	0.00%	0.46%						3.54%	4.74%		
30	DIS	0.76%	0.00%	1.00%						2.84%	3.81%		
31	WMT	0.44%	0.00%	0.50%						3.80%	5.10%		
32	XOM	0.63%	0.00%	0.79%						2.83%	3.80%		

上面单元格 C26 中引入的 δ 表明乔安娜偏离了 BL 的基本情况。在上面的例子中，乔安娜认为谷歌的收益率 δ_{GOOG} 为 0.7%，与 1.09% 的市场收益率（单元格 B26）不同。这个例子说明，由于资产收益率是通过方差-协方差矩阵相互关联的，对一种资产收益率的看法（在这里是谷歌）也会影响乔安娜对所有其他资产的期望收益率的看法。例如，由于资产收益率之间的协方差，这意味着她对苹果公司的期望收益率为 1.5%，等等：

$$r_{AAPL,\ opinion\ adjusted} = r_{AAPL,\ market} + \frac{\mathrm{cov}(r_{AAPL},\ r_{GOOG})}{\mathrm{var}(r_{GOOG})}\delta_{GOOG} = 1.50\%$$

$$r_{MSFT,\ opinion\ adjusted} = r_{MSFT,\ market} + \frac{\mathrm{cov}(r_{MSFT},\ r_{GOOG})}{\mathrm{var}(r_{GOOG})}\delta_{GOOG} = 1.40\%$$

新的优化投资组合在单元格 J23：J32 中给出。可以预见，乔安娜对谷歌收益率的积极看法提高了其投资组合中谷歌的权重。但她对谷歌的看法也影响了其他所有投资组合的权重：

	I	J 根据分析师 意见调整的 优化投资组 合	K 基准投资 组合，无 分析师意 见
23	AAPL	15.48%	20.78%
24	MSFT	15.34%	20.59%
25	AMZN	11.79%	15.82%
26	GOOG	37.02%	15.47%
27	KO	2.91%	3.90%
28	JNJ	4.46%	5.99%
29	PG	3.54%	4.74%
30	DIS	2.84%	3.81%
31	WMT	3.80%	5.10%
32	XOM	2.83%	3.80%

在 R 中实现前述内容的代码是这样的：

```
65  # Input: Analyst opinion - Delta
66  delta_GOOG <- 0.007
67
68  # Returns adjusted for opinions
69  opn_adj_ret <- exp_ret + delta_GOOG * cov_mat[,"GOOG"] / cov_mat["GOOG", "GOOG"]
70
71  # Opinion-adjusted optimized portfolio
72  opn_adj_prop <- solve(cov_mat) %*% (opn_adj_ret - t_bill_r) /
73                    sum(solve(cov_mat) %*% (opn_adj_ret - t_bill_r))
```

BL 跟踪矩阵

当乔安娜对多只股票有意见时，这些意见对其他股票的影响看起来像一个多元回归：

$$r_{AAPL,\,adjusted} = r_{AAPL,\,market} + \frac{\text{cov}(r_{AAPL},\,r_{AAPL})}{\text{var}(r_{AAPL})}\delta_{AAPL}$$

$$+ \frac{\text{cov}(r_{AAPL},\,r_{MSFT})}{\text{var}(r_{MSFT})}\delta_{MSFT} + \cdots + \frac{\text{cov}(r_{AAPL},\,r_{XOM})}{\text{var}(r_{XOM})}\delta_{XOM}$$

$$r_{MSFT,\,adjusted} = r_{MSFT,\,market} + \frac{\text{cov}(r_{MSFT},\,r_{AAPL})}{\text{var}(r_{AAPL})}\delta_{AAPL}$$

$$+ \frac{\text{cov}(r_{MSFT},\,r_{MSFT})}{\text{var}(r_{MSFT})}\delta_{MSFT} + \cdots + \frac{\text{cov}(r_{MSFT},\,r_{XOM})}{\text{var}(r_{XOM})}\delta_{XOM}$$

$$\cdots$$

$$r_{XOM,\,adjusted} = r_{XOM,\,market} + \frac{\text{cov}(r_{XOM},\,r_{AAPL})}{\text{var}(r_{AAPL})}\delta_{AAPL}$$

$$+ \frac{\text{cov}(r_{XOM},\,r_{MSFT})}{\text{var}(r_{MSFT})}\delta_{MSFT} + \cdots + \frac{\text{cov}(r_{XOM},\,r_{XOM})}{\text{var}(r_{XOM})}\delta_{XOM}$$

我们将 BL 跟踪矩阵定义为：

$$
\text{BL 跟踪矩阵} = \begin{bmatrix} \dfrac{\text{cov}(r_{AAPL}, r_{AAPL})}{\text{var}(r_{AAPL})} & \dfrac{\text{cov}(r_{AAPL}, r_{MSFT})}{\text{var}(r_{MSFT})} & \cdots & \dfrac{\text{cov}(r_{AAPL}, r_{XOM})}{\text{var}(r_{XOM})} \\[2ex] \dfrac{\text{cov}(r_{MSFT}, r_{AAPL})}{\text{var}(r_{AAPL})} & \dfrac{\text{cov}(r_{MSFT}, r_{MSFT})}{\text{var}(r_{MSFT})} & \cdots & \dfrac{\text{cov}(r_{MSFT}, r_{XOM})}{\text{var}(r_{XOM})} \\[2ex] \vdots & \vdots & \ddots & \vdots \\[2ex] \dfrac{\text{cov}(r_{XOM}, r_{AAPL})}{\text{var}(r_{AAPL})} & \dfrac{\text{cov}(r_{XOM}, r_{MSFT})}{\text{var}(r_{MSFT})} & \cdots & \dfrac{\text{cov}(r_{XOM}, r_{XOM})}{\text{var}(r_{XOM})} \end{bmatrix}
$$

$$
= \begin{bmatrix} 1 & \dfrac{\sigma_{AAPL, MSFT}}{\sigma_{MSFT}^2} & \cdots & \dfrac{\sigma_{AAPL, XOM}}{\sigma_{XOM}^2} \\[2ex] \dfrac{\sigma_{MSFT, AAPL}}{\sigma_{AAPL}^2} & 1 & \cdots & \dfrac{\sigma_{MSFT, XOM}}{\sigma_{XOM}^2} \\[2ex] \vdots & \vdots & \ddots & \vdots \\[2ex] \dfrac{\sigma_{XOM, AAPL}}{\sigma_{AAPL}^2} & \dfrac{\sigma_{XOM, MSFT}}{\sigma_{MSFT}^2} & \cdots & 1 \end{bmatrix}
$$

经意见调整后的收益率为：

$$
\begin{bmatrix} r_{AAPL, market} \\ r_{MSFT, market} \\ \vdots \\ r_{XOM, market} \end{bmatrix} + \begin{bmatrix} 1 & \dfrac{\sigma_{AAPL, MSFT}}{\sigma_{MSFT}^2} & \cdots & \dfrac{\sigma_{AAPL, XOM}}{\sigma_{XOM}^2} \\[2ex] \dfrac{\sigma_{MSFT, APPL}}{\sigma_{AAPL}^2} & 1 & \cdots & \dfrac{\sigma_{MSFT, XOM}}{\sigma_{XOM}^2} \\[2ex] \vdots & \vdots & \ddots & \vdots \\[2ex] \dfrac{\sigma_{XOM, AAPL}}{\sigma_{AAPL}^2} & \dfrac{\sigma_{XOM, MSFT}}{\sigma_{MSFT}^2} & \cdots & 1 \end{bmatrix} \times \begin{bmatrix} \delta_{AAPL} \\ \delta_{MSFT} \\ \vdots \\ \delta_{XOM} \end{bmatrix} = \begin{bmatrix} r_{AAPL, opinion\text{-}adj.} \\ r_{MSFT, opinion\text{-}adj.} \\ \vdots \\ r_{XOM, opinion\text{-}adj.} \end{bmatrix}
$$

VBA 函数 BLtracking 以方差-协方差矩阵为参数，定义为：

```
'BLtracking's argument is the variance-
covariance matrix
Function BLtracking(rng As Range) As Variant
    Dim i As Integer
    Dim j As Integer
    Dim numcols As Integer
    numcols = rng.Columns.Count
    Dim matrix() As Double
    ReDim matrix(numcols - 1, numcols - 1)
    For i = 1 To numcols
        For j = 1 To numcols
            matrix(i - 1, j - 1) = rng(i, j) /
            rng(j, j)
        Next j
    Next i
    BLtracking = matrix
End Function
```

下面是我们的例子的计算：

BLACK-LITTERMAN跟踪矩阵
跟踪因子 = cov(i,j)/var(i)

方差-协方差矩阵

	AAPL	MSFT	AMZN	GOOG	KO	JNJ	PG	DIS	WMT	XOM	
AAPL	0.0053	0.0017	0.0020	0.0016	0.0005	0.0006	0.0005	0.0011	0.0006	0.0008	
MSFT	0.0017	0.0036	0.0019	0.0019	0.0008	0.0008	0.0005	0.0014	0.0005	0.0011	
AMZN	0.0020	0.0019	0.0063	0.0024	0.0010	0.0010	-0.0001	0.0013	0.0005	0.0011	
GOOG	0.0016	0.0019	0.0024	0.0041	0.0008	0.0006	0.0005	0.0014	0.0004	0.0009	
KO	0.0005	0.0008	0.0010	0.0008	0.0015	0.0008	0.0006	0.0008	0.0007	0.0006	
JNJ	0.0006	0.0008	0.0010	0.0006	0.0008	0.0016	0.0007	0.0007	0.0008	0.0010	
PG	0.0005	0.0005	-0.0001	0.0005	0.0006	0.0007	0.0015	0.0005	0.0006	0.0005	
DIS	0.0011	0.0014	0.0013	0.0014	0.0008	0.0007	0.0005	0.0033	0.0006	0.0013	
WMT	0.0006	0.0005	0.0005	0.0004	0.0007	0.0008	0.0006	0.0006	0.0023	0.0006	
XOM	0.0008	0.0011	0.0011	0.0009	0.0006	0.0010	0.0005	0.0013	0.0006	0.0025	
方差	0.0053	0.0036	0.0063	0.0041	0.0015	0.0016	0.0015	0.0033	0.0023	0.0025	

BL 跟踪矩阵 (直接)

	AAPL	MSFT	AMZN	GOOG	KO	JNJ	PG	DIS	WMT	XOM	
AAPL	1.0000	0.4826	0.3151	0.3883	0.3616	0.3427	0.3464	0.3435	0.2453	0.3368	<--=K4/K$15
MSFT	0.3260	1.0000	0.3099	0.4503	0.5474	0.5047	0.3159	0.4363	0.2230	0.4296	<--=K5/K$15
AMZN	0.3695	0.5380	1.0000	0.5799	0.6478	0.6168	-0.0630	0.3954	0.2040	0.4358	<--=K6/K$15
GOOG	0.3006	0.5162	0.3830	1.0000	0.5523	0.3368	0.3702	0.4337	0.1587	0.3746	
KO	0.1013	0.2271	0.1548	0.1998	1.0000	0.4713	0.3947	0.2273	0.3153	0.2574	
JNJ	0.1058	0.2306	0.1624	0.1343	0.5193	1.0000	0.4456	0.2158	0.3546	0.4076	
PG	0.0961	0.1297	-0.0149	0.1326	0.3907	0.4004	1.0000	0.1414	0.2594	0.1993	
DIS	0.2128	0.4001	0.2089	0.3470	0.5025	0.4330	0.3159	1.0000	0.2582	0.5320	
WMT	0.1063	0.1431	0.0754	0.0889	0.4879	0.4980	0.4054	0.1807	1.0000	0.2235	
XOM	0.1583	0.2989	0.1747	0.2275	0.4319	0.6209	0.3378	0.4037	0.2424	1.0000	<--=K13/K$15

单元格 B20:K29包含公式 =B4/B$15

BL 跟踪矩阵 (vba)

	AAPL	MSFT	AMZN	GOOG	KO	JNJ	PG	DIS	WMT	XOM
AAPL	1.0000	0.4826	0.3151	0.3883	0.3616	0.3427	0.3464	0.3435	0.2453	0.3368
MSFT	0.3260	1.0000	0.3099	0.4503	0.5474	0.5047	0.3159	0.4363	0.2230	0.4296
AMZN	0.3695	0.5380	1.0000	0.5799	0.6478	0.6168	-0.0630	0.3954	0.2040	0.4358
GOOG	0.3006	0.5162	0.3830	1.0000	0.5523	0.3368	0.3702	0.4337	0.1587	0.3746
KO	0.1013	0.2271	0.1548	0.1998	1.0000	0.4713	0.3947	0.2273	0.3153	0.2574
JNJ	0.1058	0.2306	0.1624	0.1343	0.5193	1.0000	0.4456	0.2158	0.3546	0.4076
PG	0.0961	0.1297	-0.0149	0.1326	0.3907	0.4004	1.0000	0.1414	0.2594	0.1993
DIS	0.2128	0.4001	0.2089	0.3470	0.5025	0.4330	0.3159	1.0000	0.2582	0.5320
WMT	0.1063	0.1431	0.0754	0.0889	0.4879	0.4980	0.4054	0.1807	1.0000	0.2235
XOM	0.1583	0.2989	0.1747	0.2275	0.4319	0.6209	0.3378	0.4037	0.2424	1.0000

单元格 B34:K43包含公式 {=bltracking(B4:K13)}

我们现在可以使用跟踪矩阵来讨论有多个意见的情况。

两种或两种以上意见

假设乔安娜认为，谷歌的月收益率将比 1.09％ 的市场收益率高出 0.7％，而华特·迪士尼 (DIS) 的月收益率将比 0.76％ 的市场期望收益率低 0.4％。乔安娜还认为，除谷歌和华特·迪士尼以外的所有其他资产的期望收益率不需要修正。

我们该如何反映乔安娜的意见？我们使用 BL 跟踪矩阵来计算唯一的 delta 集合，该集合能解期望收益率方程组：

$$
\begin{bmatrix} r_{AAPL,\ opinion\text{-}adj.} \\ r_{MSFT,\ market.\ opinion\text{-}adj.} \\ \vdots \\ r_{XOM,\ opinion\text{-}adj.} \end{bmatrix} = \begin{bmatrix} r_{AAPL,\ market} \\ r_{MSFT,\ market} \\ \vdots \\ r_{XOM,\ market} \end{bmatrix} + [\text{BL 跟踪矩阵}] \times \begin{bmatrix} \delta_{AAPL} = 0 \\ \vdots \\ \delta_{GOOG} = 0.7\% \\ \vdots \\ \delta_{DIS} = -0.4\% \\ \vdots \\ \delta_{AAPL} = 0 \end{bmatrix}
$$

以下是在 Excel 中的实现：

根据分析师意见调整基准
多个意见:接受Joanna的deltas,但令其影响所有收益率

期望基准收益率	1.00%	<-=12%/12									
当前国债利率	0.13%										
标准化因子	0.02	<-={=(B2-B3)/MMULT(MMULT(B7:K7,B24:K33),TRANSPOSE(B7:K7))}									

	苹果公司(AAPL)	微软(MSFT)	亚马逊(AMZN)	谷歌(GOOG)	可口可乐(KO)	强生(JNJ)	宝洁公司(PG)	华特迪士尼(DIS)	沃尔玛(WMT)	埃克森美孚(XOM)	
市值(10亿美元)	1,370.00	1,358.00	1,043.00	1,020.00	257.36	395.02	312.88	250.90	336.43	250.36	<-=K6/SUM($B$6:$K$6)
基准比例	20.78%	20.59%	15.82%	15.47%	3.90%	5.99%	4.74%	3.81%	5.10%	3.80%	

方差-协方差矩阵

	AAPL	MSFT	AMZN	GOOG	KO	JNJ	PG	DIS	WMT	XOM
AAPL	0.0053	0.0017	0.0020	0.0016	0.0005	0.0006	0.0005	0.0011	0.0006	0.0008
MSFT	0.0017	0.0036	0.0019	0.0019	0.0008	0.0008	0.0005	0.0014	0.0005	0.0011
AMZN	0.0020	0.0019	0.0063	0.0024	0.0010	0.0010	-0.0001	0.0013	0.0005	0.0011
GOOG	0.0016	0.0019	0.0024	0.0041	0.0008	0.0006	0.0005	0.0014	0.0004	0.0009
KO	0.0005	0.0008	0.0010	0.0008	0.0015	0.0008	0.0006	0.0008	0.0007	0.0006
JNJ	0.0006	0.0008	0.0010	0.0006	0.0008	0.0016	0.0007	0.0007	0.0008	0.0010
PG	0.0005	0.0005	-0.0001	0.0005	0.0006	0.0007	0.0015	0.0005	0.0006	0.0005
DIS	0.0011	0.0014	0.0013	0.0014	0.0008	0.0007	0.0005	0.0033	0.0006	0.0013
WMT	0.0006	0.0005	0.0005	0.0004	0.0007	0.0008	0.0006	0.0006	0.0023	0.0006
XOM	0.0008	0.0011	0.0011	0.0009	0.0006	0.0010	0.0005	0.0013	0.0006	0.0025

Black-Litterman跟踪矩阵

	AAPL	MSFT	AMZN	GOOG	KO	JNJ	PG	DIS	WMT	XOM
AAPL	1.0000	0.4826	0.3151	0.3883	0.3616	0.3427	0.3464	0.3435	0.2453	0.3368
MSFT	0.3260	1.0000	0.3099	0.4503	0.5474	0.5047	0.3159	0.4363	0.2230	0.4296
AMZN	0.3695	0.5380	1.0000	0.5799	0.6478	0.6168	-0.0630	0.3954	0.2040	0.4358
GOOG	0.3006	0.5162	0.3830	1.0000	0.5523	0.3368	0.3702	0.4337	0.1587	0.3746
KO	0.1013	0.2271	0.1548	0.1998	1.0000	0.4713	0.3947	0.2273	0.3153	0.2574
JNJ	0.1058	0.2306	0.1624	0.1343	0.5193	1.0000	0.4456	0.2158	0.3546	0.4076
PG	0.0961	0.1297	-0.0149	0.1326	0.3907	0.4004	1.0000	0.1414	0.2594	0.1993
DIS	0.2128	0.4001	0.2089	0.3470	0.5025	0.4330	0.3159	1.0000	0.2582	0.5320
WMT	0.1063	0.1431	0.0754	0.0889	0.4879	0.4980	0.4054	0.1807	1.0000	0.2235
XOM	0.1583	0.2989	0.1747	0.2275	0.4319	0.6209	0.3378	0.4037	0.2424	1.0000

	期望基准收益率,无分析师意见	分析师意见,delta, δ	根据分析师意见调整的收益率			根据分析师意见调整的优化投资组合,无分析师意见	基准投资组合,无分析师意见
AAPL	1.23%	0.00%	1.36%	<-={=B36:B45+MMULT(B24:K33,C36:C45)}	AAPL	18.93%	20.78%
MSFT	1.09%	0.00%	1.23%	<-={=B36:B45+MMULT(B24:K33,C36:C45)}	MSFT	18.76%	20.59%
AMZN	1.31%	0.00%	1.56%	<-={=B36:B45+MMULT(B24:K33,C36:C45)}	AMZN	14.41%	15.82%
GOOG	1.09%	0.70%	1.62%		GOOG	45.26%	15.47%
KO	0.52%	0.00%	0.57%		KO	3.56%	3.90%
JNJ	0.53%	0.00%	0.54%	Cells J36:J45包含公式	JNJ	5.46%	5.99%
PG	0.37%	0.00%	0.40%	{=MMULT(MINVERSE(B11:K20), D36:D45-	PG	4.32%	4.74%
DIS	0.76%	-0.40%	0.60%	B3)/SUM(MMULT(MINVERSE(B1	DIS	-18.80%	3.81%
WMT	0.44%	0.00%	0.43%	1:K20),D36:D45-B3))}	WMT	4.65%	5.10%
XOM	0.63%	0.00%	0.63%		XOM	3.46%	3.80%

这里有三点评论:

● 计算 C36:C45 中的 δ,使谷歌和华特·迪士尼的期望收益率反映乔安娜的意见,并根据 BL 的跟踪矩阵改变所有其他资产的期望收益率。

● 修正后的最优投资组合(考虑到关于谷歌和华特·迪士尼的两种观点)在 J36:J45 中计算。

这里是在 R 中的实现:

```
75   # The Black-Litterman Tracking Matrix
76   track_mat <- t( cov_mat / diag(cov_mat) )
77
78   ## Two or More Opinions
79   # Input: Analyst opinion - Delta ARRAY
80   delta_port <- c(0.000, 0.000, 0.000, 0.007, 0.000, 0.000, 0.000, -0.004, 0.000, 0.000)
81
82   # Returns adjusted for opinions
83   opn_adj_ret <- exp_ret + track_mat %*% delta_port
84
85   # Opinion-adjusted optimized portfolio
86   opn_adj_prop <- solve(cov_mat) %*% (opn_adj_ret - t_bill_r) /
87                        sum(solve(cov_mat) %*% (opn_adj_ret - t_bill_r))
```

你相信自己的观点吗?

我们真的相信自己的观点吗?我们真的对我们所相信的东西有信心吗?这里有一整套

贝叶斯理论来调整我们的信念，Theil（1971）对此有其解释。投资组合建模的应用可以在 Black 和 Litterman（1991）及其他相关论文（如 Idzorek，2007）中找到。作者发现这些论文非常复杂，很难实施。对于置信度问题，一个更简单的方法是基于市场权重和意见调整权重的凸组合形成一个投资组合：

$$组合权重＝(1-\gamma)\times市场权重＋\gamma\times意见调整权重$$

在这里，γ 是我们对自己观点的信心程度。下面给出了最后一个例子的应用：

	A	B	C	D	E	F	G	H	I
35					γ,意见信心程度	0.6	<-- 对分析师意见的权重		
36		期望基准收益率，无分析师意见	分析师意见，delta, δ	根据分析师意见调整的收益率	根据对分析师意见的信心程度调整的收益率				
37	AAPL	1.23%	0.00%	1.36%	1.31%	<--=$E$35*D37+(1-$E$35)*B37			
38	MSFT	1.09%	0.00%	1.23%	1.17%	<--=$E$35*D38+(1-$E$35)*B38			
39	AMZN	1.31%	0.00%	1.56%	1.46%				
40	GOOG	1.09%	0.70%	1.62%	1.41%				
41	KO	0.52%	0.00%	0.57%	0.55%				
42	JNJ	0.53%	0.00%	0.54%	0.54%				
43	PG	0.37%	0.00%	0.40%	0.39%				
44	DIS	0.76%	-0.40%	0.60%	0.66%				
45	WMT	0.44%	0.00%	0.43%	0.44%				
46	XOM	0.63%	0.00%	0.63%	0.63%				
47									
48		最优投资组合							
49		基准,无分析师意见		根据意见调整	根据对意见的信心程度调整				
50	AAPL	20.78%		18.93%	19.63%	单元格E50:E59 包含数组公式:			
51	MSFT	20.59%		18.76%	19.45%	{=MMULT(MINVERSE(B11:K20),E37:E46-			
52	AMZN	15.82%		14.41%	14.94%	B3)/SUM(MMULT(MINVERSE(B11:K20),E			
53	GOOG	15.47%		45.26%	34.00%	37:E46-B3))}			
54	KO	3.90%		3.56%	3.69%				
55	JNJ	5.99%		5.46%	5.66%				
56	PG	4.74%		4.32%	4.48%				
57	DIS	3.81%		-18.80%	-10.26%				
58	WMT	5.10%		4.65%	4.82%				
59	XOM	3.80%		3.46%	3.59%				

下面是上面例子的 R 实现：

```
90   # Input: Opinion Confidence
91   conf <- 0.6
92
93   # Returns adjusted for opinions and confidence
94   conf_adj_ret <- conf * opn_adj_ret + ( 1 - conf ) * exp_ret
95
96   # Opinion and confidence adjusted
97   conf_adj_prop <- solve(cov_mat) %*% (conf_adj_ret - t_bill_r) /
98                       sum(solve(cov_mat) %*% (conf_adj_ret - t_bill_r))
```

15.6 使用 BL 模型进行国际资产配置[①]

在本章的最后，我们在五个国际指数的数据上应用 BL 模型。后面的电子表格提供了世界五大股市指数的数据：

● SP500，美国 500 大股票的价值加权指数。

---

① 感谢北方信托的史蒂文·舍恩菲尔德（Steven Schoenfeld）为我们提供了初始数据和一些建议。

- MSCI 除美国外的世界指数，该指数以人均国内生产总值（GDP）为基础，由 21 个发达国家组成。
- 罗素 2000 指数，由罗素 3000 指数（市值加权，约占美国可投资市场的 98%）中的 2 000 家最小的公司组成。
- MSCI 新兴市场指数，包括 26 个新兴经济体的指数。
- 全债指数。先锋领航（Vanguard）交易所交易基金（ETF）由整个投资级债券市场组成，持有美国国债、公司债、抵押贷款支持证券（MBS）和机构债券。它持有所有到期期限的证券，并在曲线的短端占很大权重。

	指数数据, 2015—2020年							
到2020年12月结束的5年								
相关性	SP500	MSCI世界指数（美国除外）	罗素2000指数	MSCI新兴市场指数	全债指数		权重	标准差
SP500	1.0000	0.9461	0.7834	0.7103	-0.1118		30%	11.90%
MSCI世界指数（美国除外）	0.9461	1.0000	0.6977	0.8328	-0.0461		20%	12.18%
罗素2000指数	0.7834	0.6977	1.0000	0.4878	-0.2807		4%	14.42%
MSCI新兴市场指数	0.7103	0.8328	0.4878	1.0000	0.0949		4%	16.48%
全债指数	-0.1118	-0.0461	-0.2807	0.0949	1.0000		42%	3.35%
							100%	

H 列给出了截至 2020 年 12 月底，综合投资组合中各指数的价值权重，I 列给出了各指数的标准差。

方差-协方差矩阵

我们使用 Excel 的数组函数（参见第 31 章）计算前述相关矩阵中五个指数的方差-协方差矩阵：

	指数数据, 2015—2020年							
到2020年12月结束的5年								
相关性	SP500	MSCI世界指数（美国除外）	罗素2000指数	MSCI新兴市场指数	全债指数		权重	标准差
SP500	1.0000	0.9461	0.7834	0.7103	-0.1118		30%	11.90%
MSCI世界指数（美国除外）	0.9461	1.0000	0.6977	0.8328	-0.0461		20%	12.18%
罗素2000指数	0.7834	0.6977	1.0000	0.4878	-0.2807		4%	14.42%
MSCI新兴市场指数	0.7103	0.8328	0.4878	1.0000	0.0949		4%	16.48%
全债指数	-0.1118	-0.0461	-0.2807	0.0949	1.0000		42%	3.35%
							100%	
方差-协方差矩阵								
	SP500	MSCI世界指数（美国除外）	罗素2000指数	MSCI新兴市场指数	全债指数			
SP500	0.0141	0.0137	0.0134	0.0139	-0.0004	<--{=I4:I8*TRANSPOSE(I4:I8)*B4:F8}		
MSCI世界指数（美国除外）	0.0137	0.0148	0.0122	0.0167	-0.0002			
罗素2000指数	0.0134	0.0122	0.0208	0.0116	-0.0014			
MSCI新兴市场指数	0.0139	0.0167	0.0116	0.0271	0.0005			
全债指数	-0.0004	-0.0002	-0.0014	0.0005	0.0011			
综合标准差		6.91%	<--{=SQRT(MMULT(MMULT(TRANSPOSE(H4:H8),B13:F17),H4:H8))}					
检查: 第一行 (var-cov)	0.0141	0.0137	0.0134	0.0139	-0.0004	<--=I4:I8*F4		

在单元格 B13:F17 中，I4:I8 * Transpose(I4:I8) * B4:F8 这个奇怪的公式由两部分组成：

- I4:I8 * Transpose(I4:I8) 将列向量 I4:I8 乘以其转置。这等价于乘以：

$$\begin{bmatrix} \sigma_{SP500} \\ \sigma_{MSCI\ World} \\ \sigma_{Russell\ 2000} \\ \sigma_{MSCI\ Emerging} \\ \sigma_{Total\ bond} \end{bmatrix} \cdot \begin{bmatrix} \sigma_{SP500} & \sigma_{MSCI\ World} & \sigma_{Russell\ 2000} & \sigma_{MSCI\ Emerging} & \sigma_{Total\ bond} \end{bmatrix}$$

在数组函数的奇妙世界中,它给出了协方差矩阵:

$$\begin{bmatrix} \sigma_{SP500}^2 & \sigma_{SP500}\sigma_{MSCI\ World} & \sigma_{SP500}\sigma_{Russell\ 2000} & \cdots & \sigma_{SP500}\sigma_{Total\ bond} \\ \sigma_{MSCI\ World}\sigma_{SP500} & \sigma_{MSCI\ World}^2 & & \cdots & \\ \vdots & & & & \vdots \\ \sigma_{Total\ bond}\sigma_{SP500} & \sigma_{Total\ bond}\sigma_{MSCI\ World} & \cdots & \cdots & \sigma_{Total\ bond}^2 \end{bmatrix}$$

- 将上述结果乘以相关系数矩阵 B4:F8 得到方差-协方差矩阵。
- 当然,整个数组公式 I4:I8 * Transpose(I4:I8) * B4:F8 是通过按下[Ctrl]+[Shift]+[Enter]键来输入的。

在第 21 行,对我们的计算进行检查。第 21 行包含方差-协方差矩阵第一行的"暴力"计算,这只是为了确保我们的数组公式像宣称的那样工作。

在单元格 B19 中,我们使用五个指数的组合的相对权重计算其标准差。

	A	B	C	D	E	F
23	无风险利率	1.00%				
24	SP500期望收益率	10.00%				
25						
26	**Black-Litterman隐含收益率**					
27	SP500	10.0%	<--{=MMULT(B13:F17,H4:H8)*(B24-			
28	MSCI世界指数（美国除外）	10.30%	B23)/INDEX((MMULT(B13:F17,H4:H8)),1,1)+B23}			
29	罗素2000指数	9.22%				
30	MSCI新兴市场指数	11.59%				
31	全债指数	1.30%				

BL 隐含期望收益率基于三个假设:
- 五个指数的加权组合是均值-方差最优的。
- 预期无风险利率为 1%。
- SP500 的期望收益率为 10%。

在这些假设下,五个指数的投资组合的期望收益率在单元格 B27:B31 中给出。注意这些单元格中给出的数组公式:

$$=MMULT(B13:F17,\ H4:H8) * (B24-B23)/$$
$$INDEX((MMULT(B13:F17,\ H4:H8)),\ 1,\ 1)+B23$$

该公式使用 SP500 的期望收益率对收益率进行标准化。它等价于一般公式:

$$\begin{bmatrix} 基准 \\ 投资 \\ 组合 \\ 收益率 \end{bmatrix} = \begin{bmatrix} 方差- \\ 协方差 \\ 矩阵 \end{bmatrix} \begin{bmatrix} 基准 \\ 投资 \\ 组合 \\ 权重 \end{bmatrix} \times 标准化因子 + 无风险利率$$

这里的约束条件是 SP500 收益率等于我们假设的 10%。因此,标准化因子必须为:

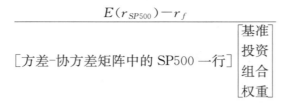

$$\frac{E(r_{SP500})-r_f}{\left[方差\text{-}协方差矩阵中的 SP500 一行\right]}\left[\begin{array}{l}基准\\投资\\组合\\权重\end{array}\right]$$

在 R 中实现分析

在 R 中实现前面的例子相对容易，如下所示：

```
101  # Read the csv with World indices
102  monthly_prices <- read.csv("Chapt_15_data_2.csv", row.names = 1,stringsAsFactors = FALSE)
103
104  # Sort the data by date
105  monthly_prices <- monthly_prices[order(
106      as.Date(row.names(monthly_prices), format="%d-%m-%y")),]
107
108  # Compute Continuous Returns
109  monthly_returns <- data.frame(apply(monthly_prices
110                              , 2, function(x) diff(log(x)) ))
111
112  # Input: Weights
113  weights <- c("GSPC" = 0.30, "ACWI" = 0.20, "RUT" = 0.04, "EEM" = 0.04, "BND"  = 0.42)
114
115  # Compute statistics
116  cor_mat <- cor(monthly_returns) # Correlation matrix
117  monthly_returns <- data.frame(apply(monthly_prices
118                              , 2, function(x) diff(log(x))))
119  sd_ret <- apply(monthly_returns, 2,sd)*sqrt(12)
120  cov_mat <-  (sd_ret %*% t(sd_ret))*cor_mat # Covarianve matrix (population)
121  row.names(cov_mat) <- colnames(cov_mat)
122  # Of course we can use alternatively: cov_mat <- cov(monthly_returns)*12
123
124  # Standard deviation of composite
125  sd_composite <- sqrt(weights %*% cov_mat %*% weights)
126
127  # Input:
128  rF <- 0.01 # risk free rate
129  r_SP <- 0.10 # Expected return on S&P 500
130
131  # Black-Litterman implied returns
132  implied_ret <- cov_mat %*% weights * ( r_SP - rF ) / (cov_mat %*% weights)["GSPC",] + rF
133  barplot (c(implied_ret),names.arg=row.names(implied_ret),legend.text= , col="blue",
134          main="Expected Returns for Asset Classes",ylab="Expected return")
```

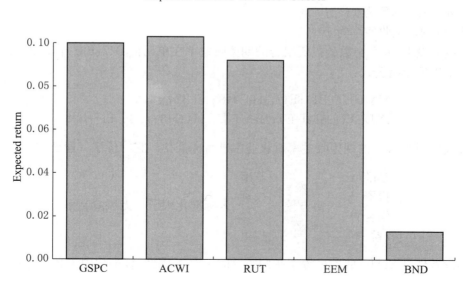

Expected Returns for Asset Classes

结果如何?

如果我们相信世界投资组合是有效的(在缺乏进一步信息的情况下,几乎没有理由不这样认为),那么其每个组成部分的期望收益率由 BL 模型、无风险利率和对期望收益率的额外假设(在我们的例子中,是 SP500 的期望收益率)给出。本章的练习探讨了后一种假设的一些其他变化。

15.7　总结

应用投资组合理论不仅仅是利用历史市场数据来推导协方差和期望收益率的问题。盲目地应用样本数据来推导最优投资组合(如第 11.4 节)通常会导致荒谬的结果。BL 方法首先假设——在缺乏分析师意见和其他信息的情况下——基准市场权重和当前无风险利率能够正确地预测未来资产收益率,从而绕开这些荒谬之处。由此产生的资产收益率可以根据意见和对意见的信心进行调整,并最终得出最优投资组合。

练习

1. 你已经决定自己创建由 DJ30 工业股中的高贝塔成分股组成的指数。使用雅虎的股票筛选器,你会得到以下数据:

	A	B	C	D	E	F	G	H	I	J	K	L	M
1						12只成分股的高贝塔指数							
2		Alibaba Group	Bank of America	NVIDIA	Citigroup Inc.	Boeing	Advanced Micro Devices	Micron Technology	Petroleo Brasileiro	Las Vegas Sands	Suncor Energy	Schlumberger	Marriott International
3	代码	BABA	BAC	NVDA	C	BA	AMD	MU	PBR	LVS	SU	SLB	MAR
4	市值 (10亿美元)	466,696	330,733	143,986	179,689	184,185	50,033	50,119	103,965	53,230	51,135	55,677	50,381
5	贝塔值	1.88	1.66	1.55	1.86	1.61	2.43	1.7	1.89	1.6	1.65	2	1.54
6													
7	股票价格												
8	日期	BABA	BAC	NVDA	C	BA	AMD	MU	PBR	LVS	SU	SLB	MAR
9	2020/1/1	206.59	32.62	236.29	73.92	316.39	47	53.09	14.11	64.03	30.2	33.02	139.5
10	2019/12/1	212.1	34.81	235.16	79.36	323.83	45.86	53.78	15.94	66.93	31.95	39.07	150.83
11	2019/11/1	200	32.93	216.45	74.1	361.9	39.15	47.51	14.64	60.84	30.59	35.18	139.3
12	2015/5/1	89.32	15.12	21.4	49.78	122.71	2.28	27.93	8.13	39.3	23.28	75.6	72.78
13	2015/4/1	81.29	14.6	21.47	49.08	125.18	2.26	28.13	9.25	40.89	25.97	78.8	74.7
14	2015/3/1	83.24	14.06	20.24	47.42	131.06	2.68	27.13	5.85	42.05	23.08	69.5	74.95
15	2015/2/1	85.12	14.44	21.25	48.25	130.93	3.11	30.67	6.46	43.47	23.75	69.69	77.36
16	2015/1/1	89.08	13.84	18.5	43.21	126.17	2.57	29.27	5.85	41.54	23.52	68.22	69.35

a. 计算收益率的方差-协方差矩阵。

b. 假设无风险利率为每年 1.2%(每月 =1.2%/12=0.1%),预期高贝塔指数的年收益率为 12%(月收益率 =1%),计算每只股票的 BL 月期望收益率。

2. 你是一个分析师,投资于上一个问题中的高贝塔投资组合。你认为 Schlumberger(SLB)的月收益率将比市场期望收益率高 0.5%。你建议的最佳投资组合比例是多少?

3. 另一位分析师认为,SLB 的收益率将比明年每月的市场期望收益率高出 0.5%,NVIDIA(NVDA)的收益率将比市场期望收益率低 0.2%。这位分析师建议的投资组合比例是什么?

第四部分　期权

16

期权简介

16.1 概述

在本章,我们将对期权做一个简要介绍。如果读者对期权有些了解,本章最多是介绍性的材料;如果对期权一无所知,请先行阅读那些基础金融教材中对该主题的介绍。[①]我们从基本的定义和期权术语开始,接着讨论期权收益图和"利润图",最后讨论一些更重要的期权套利命题(有时称为线性定价限制)。在随后的章节中,我们将讨论期权定价的两种方法:二叉树期权定价模型(第 17 章)和 Black-Scholes 期权定价模型(第 18 章)。

16.2 期权的基本定义和术语

股票期权是一种证券,赋予持有人在某一特定日期或之前以预定价格购买或出售一股该股票的权利。以下是期权领域使用的术语和符号的简单汇总:

- 认购期权(call),记为 C:赋予期权持有人权利以预定价格在给定日期或之前购买一股股票的期权。
- 认沽期权(put),记为 P:赋予期权持有人权利以预定价格在给定日期或之前出售一股股票的期权。
- 行权价格(exercise price),记为 X:期权持有人买卖标的股票的价格;有时也称为执行价格(strike price)。
- 到期日(expiration date),记为 T:期权持有人在此日期或之前可以行使权利购买或出售标的股票的日期。

---

① Hull(2015)中有一些好章节;也可见 Bodie、Kane 和 Marcus(2019)。

- 股价，记为 S_t：标的股票在 t 日的卖出价格，当前股价记为 S_0。
- 期权价格：卖出或买入期权的价格；有时也被称为权利金。

美式期权与欧式期权：在期权市场的行话中，美式期权是一种可以在到期日 T 或之前行使的期权，而欧式期权是一种只能在到期日 T 行使的期权。这个术语令人困惑的原因有两个：

- 在欧洲和美国期权交易所出售的期权几乎都是美式期权。
- 最简单的期权定价公式（包括第 18 章讨论的著名的 Black-Scholes 期权定价公式）适用于欧式期权。正如我们在第 16.6 节中所示，在许多情况下，我们可以将美式期权当欧式期权定价。

我们用 C_t 表示 t 日的欧式认购期权价格，用 P_t 表示欧式认沽期权价格。如果很明显期权价格是指今天的价格，我们通常会去掉下标，写成 C 或 P 而非 C_0 或 P_0。如果我们需要更完整的符号，当标的股票价格为 S_t、行权价格为 X、到期日为 T 时，我们用 $C_t(S_t，X，T)$ 表示认购期权在 t 日的价格，当我们希望特指与美式期权相关的期权定价公式时，我们使用上标 A 标识：$C_t^A(S_t，X，T)$ 或 $P_t^A(S_t，X，T)$。当没有上标时，指的是欧式期权定价。

平值、实值、虚值：如果认购期权或认沽期权的行权价格 X 等于该股票的当前价格 S_0，则该期权处于平值状态。如果通过立即行使美式期权可以获得正现金流（即，认购期权为 $S_0-X>0$，认沽期权为 $X-S_0>0$），那么该期权处于实值状态。[1]

卖出期权与购买期权：现金流

认购期权的购买者获得在到期日 T 或之前以预定价格购买股票的权利，并在购买时为这项权利付款。该认购期权的卖出方就是该权利的卖方：如果认购方有要求，卖出方同意在未来以行权价格交付一股股票作为回报，从而在今天收取期权价格。就现金流量而言，期权购买者的初始现金流（即期权的价格）始终为负，而未来现金流在最坏情况下为零（倘若不值得行使期权），在其他情况下为正（倘若行使期权）。期权出售方的现金流状况相反：初始现金流为正，紧随其后的最终现金流可能为负，最多为零。

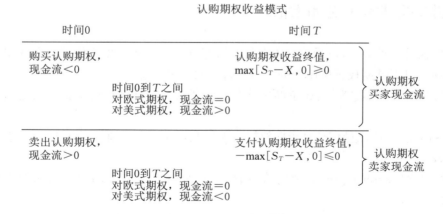

认购期权收益模式

时间0	时间 T	
购买认购期权，现金流<0	认购期权收益终值，$\max[S_T-X,0]\geqslant 0$	认购期权买家现金流
	时间0到 T 之间 对欧式期权，现金流$=0$ 对美式期权，现金流>0	
卖出认购期权，现金流>0	支付认购期权收益终值，$-\max[S_T-X,0]\leqslant 0$	认购期权卖家现金流
	时间0到 T 之间 对欧式期权，现金流$=0$ 对美式期权，现金流<0	

股票认沽期权的买方和卖方的现金流也有类似的收益模式：

---

[1]　你可以通过购买美式期权并立即行使它来即时获利，这当然是不合逻辑的。因此，对于美式认购期权有 $C_0>S_0-X$，对于美式认沽期权有 $P_0>X-S_0$，实值和虚值仅指 S_0 和 X 之间的关系，而不考虑期权价格。

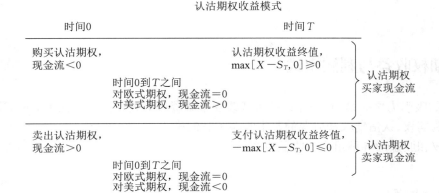

认沽期权收益模式

时间0	时间T	
购买认沽期权，现金流<0	认沽期权收益终值，$\max[X-S_T,0]\geq 0$	} 认沽期权买家现金流
	时间0到T之间 对欧式期权，现金流=0 对美式期权，现金流>0	
卖出认沽期权，现金流>0	支付认沽期权收益终值，$-\max[X-S_T,0]\leq 0$	} 认沽期权卖家现金流
	时间0到T之间 对欧式期权，现金流=0 对美式期权，现金流<0	

16.3 一些例子

下面我们列出了 2019 年 7 月 31 日交易最活跃的期权(按未平仓权益计算)，使用的数据来自雅虎财经(https://finance.yahoo.com/options/highest-open)。每个期权代表 100 单位标的股票的交易，因此单元格 K4 中的 1.021 91 亿份通用电气(GE)期权代表 102.19 亿股通用电气股份的认购期权，行权价格为 20 美元。"未平仓合约"是指当日结束时未平仓合约的数量。对通用电气来说，2019 年 7 月 31 日有 1.02 亿笔认购期权交易，当天结束时有 280 691 个认购期权未平仓。

	A	B	C	D	E	F	G	H	I	J	K	L
1				最活跃期权，2019年7月31日								
2	名次	标的股票代码	名称	行权价格	到期日	价格	涨跌	涨跌%	买价	卖价	成交量	持仓量
3	1	^VIX	I:VIX Aug 2019 20.000 call	20	2019/8/20	13.7	-0.24	-1.72%	0.4	0.45	5,246	360,577
4	2	GE	GE Jan 2020 20.000 call(CONTRACT)	20	2020/1/16	10.43	-0.09	-0.85%	0	0.01	102.191M	280,691
5	3	CHK	CHK Jan 2020 7.000 call	7	2020/1/16	1.81	0.01	0.56%	0.02	0.03	29.615M	273,541
6	4	^VIX	I:VIX Aug 2019 19.000 call	19	2019/8/20	13.7	-0.24	-1.72%	0.45	0.5	2,441	262,279
7	5	^VIX	I:VIX Sep 2019 23.000 call	23	2019/9/17	13.7	-0.24	-1.72%	0.6	0.75	16	249,145
8	6	CLDR	CLDR Jun 2021 5.000 put	5	2021/6/17	5.99	-0.01	-0.08%	1.05	1.15	1.638M	249,092
9	7	EEM	EEM Sep 2019 36.000 put	36	2019/9/19	42.13	-0.16	-0.38%	0.06	0.07	19.406M	230,398
10	8	HYG	HYG Sep 2019 84.000 call	84	2019/9/19	87.24	0.15	0.18%	0.19	0.24	4.798M	223,963
11	9	^VIX	I:VIX Sep 2019 25.000 call	25	2019/9/17	13.7	-0.24	-1.72%	0.5	0.55	6,589	218,543
12	10	IEF	IEF Aug 2019 98.000 put	98	2019/8/15	109.81	0.22	0.21%	0	0.01	1.967M	215,006
13	11	^VIX	I:VIX Aug 2019 25.000 call	25	2019/8/20	13.7	-0.24	-1.72%	0.2	0.25	6,723	213,737
14	12	XOP	XOP Sep 2019 25.000 put	25	2019/9/19	25.38	0.41	1.62%	0.86	0.87	14.391M	212,292
15	13	EEM	EEM Dec 2019 39.000 put	39	2019/12/19	42.13	-0.16	-0.38%	0.84	0.87	19.406M	211,524
16	14	GE	GE Jan 2020 15.000 call(CONTRACT)	15	2020/1/16	10.43	-0.09	-0.85%	0.06	0.08	102.191M	210,620
17	15	EEM	EEM Dec 2019 37.000 put	37	2019/12/19	42.13	-0.16	-0.38%	0.5	0.53	19.406M	208,954
18	16	CVS	CVS Jan 2021 90.000 call	90	2021/1/14	56.32	-0.21	-0.37%	0.65	0.78	2.407M	206,732
19	17	^VIX	I:VIX Sep 2019 24.000 call	24	2019/9/17	13.7	-0.24	-1.72%	0.55	0.6	56	206,256
20	18	EEM	EEM Sep 2019 44.000 call	44	2019/9/19	42.13	-0.16	-0.38%	0.06	0.07	19.406M	191,942
21	19	HYG	HYG Sep 2019 82.000 put	82	2019/9/19	87.24	0.15	0.18%	0.09	0.14	4.798M	178,863
22	20	EEM	EEM Sep 2019 40.000 put	40	2019/9/19	42.13	-0.16	-0.38%	0.35	0.36	19.406M	178,795
24	https://finance.yahoo.com/options/highest-open-interest											

关于这份表格，有几个很突出的事实：

- 许多期权是基于指数的。这些期权允许投资者/投机者对宽基市场波动进行押注。
- 该列表在认沽期权(20 个中的 9 个)和认购期权之间大致平均分配。但情况并非总是如此——当投资者对未来市场走势持乐观态度时，认购期权往往占主导地位，反之亦然。
- 最活跃列表中的期权往往是短期期权。尽管存在较长期期权，但这些期权的交易量低于短期期权的交易量。

16.4 期权收益与利润模式

期权的吸引力之一是，它们允许持有者改变基础资产的收益模式。在本节中，我们考察：
- 认购期权、认沽期权和股票的基本收益和利润模式；
- 期权和股票的各种组合的收益模式。

股票的利润模式

我们从购买股票的收益模式开始。假设你在 7 月份以当时 40 美元的市场价格购买了 General Pills 公司（GP）的股票。如果 9 月份股票价格是 70 美元，你将获得 30 美元的利润；如果它的价格是 30 美元，你将有 10 美元的损失（或负利润）。[①]将 9 月份的股票价格记为 S_T，7 月份的价格记为 S_0。那么我们可以将该股票的利润函数记为：

$$股票利润＝S_T－S_0$$

卖空股票的收益：假设我们在 7 月份卖空了一股 GP 股票，当时它的市场价格是 40 美元。如果在 9 月份一股 GP 的市场价格是 70 美元，如果在那个时候我们撤销了卖空操作（即，我们以市场价格购买了一股股票，以便将股票返还给原来做空交易的出借人），那么我们的损失将是 30 美元（利润为－30 美元）：

$$卖空股票利润＝S_0－S_T＝－1×（买入股票获得的利润）$$

注意，卖空获利是买入获利的相反数；这总是如此（期权也是如此，我们将在后面考察）。

绘制股票利润模式：下面的 Excel 图表绘制了上述 GP 股票的购买和卖空的利润模式。

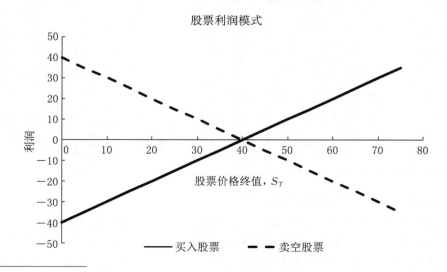

股票利润模式

___

① 我们在本节中使用"利润"这个词构成了对语言和这个词的标准金融概念的轻微滥用，因为我们忽略了与购买资产相关的利息成本。就目前的情况而言，这种语言滥用既符合传统也并无害处。

认购期权的利润模式

与股票情况一样，我们从买入认购期权的收益模式开始。我们回到上一节的 GP 公司的期权。假设在 7 月，你以 4 美元的价格购买了一个 $X=40$ 的 GP 公司 9 月到期认购期权。[①]在 9 月，你将只在 GP 的市场价格高于 40 美元时行使该认购期权。如果将初始（7 月）买入价格写成 C_0，我们可以写出 9 月买入的利润函数如下：

$$9 \text{ 月认购期权的利润} = -C_0 + \max(0, S_T - X)$$
$$= \max(0, S_T - 40) - 4$$
$$= \begin{cases} S_T - 40 - 4, \text{如果 } S_T \geqslant 40 \\ -4, \text{如果 } S_T < 40 \end{cases}$$

卖出认购期权的收益模式：在期权市场中，认购期权的购买者从发行认购期权的交易对手那里买入认购期权。用期权行话来说，认购期权的发行者被称为认购期权的沽出方（call writer），也称卖方。花几分钟时间考察一下认购期权买方和认购期权卖方所购买的证券之间的区别是值得的：

认购期权买方购买了一种证券，该证券赋予了期权持有人在到期日 T 或之前以 X 的价格购买股票的权利。这项特权的成本是认购期权价格 C_0，在购买认购期权时支付。因此，认购期权买方的初始现金流量为负（购买价格 C_0）；另一方面，购买者在到期日 T 的现金流量总是非负的：$\max(S_T - X, 0)$。

认购期权卖方在认购期权被购买的日期获得 C_0。作为回报，认购期权卖方同意在到期日 T 或之前以 X 的价格出售股票。请注意，认购期权买方有一个选择权，但卖方已承担一项义务。需要注意的是，认购期权卖方的现金流模式与认购期权买方的现金流模式相反：认购期权卖方的初始现金流为正（$+C_0$），且在到期日 T 的现金流始终为非正的：$-\max(S_T - X, 0)$。

认购期权卖方的利润与认购期权买方的利润相反。就 GP 公司的期权而言：

$$9 \text{ 月认购期权卖方的利润} = +C_0 - \max(0, S_T - X)$$
$$= 4 - \max(0, S_T - 40)$$
$$= \begin{cases} 4 - (S_T - 40), \text{如果 } S_T \geqslant 40 \\ +4, \text{如果 } S_T < 40 \end{cases}$$

用图形表示买入和卖出认购期权的利润模式为：

[①] 因为这种认购期权的行权价格等于股票的当前市场价格，所以它被称为平值认购期权。当认购期权的行权价格高于当前市价时，被称为虚值认购期权；当认购期权的行权价格低于当前市价时，则被称为实值认购期权。

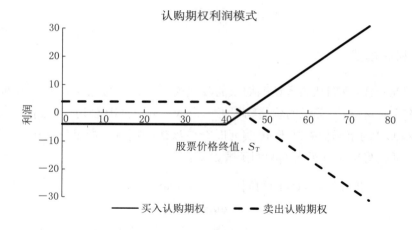

认沽期权的利润模式

购买认沽期权的收益模式:如果你在7月以2美元的价格购买了一个GP的$X=40$的9月到期认沽期权,[1]那么在9月,如果GP的市场价格低于40美元,你将行使认沽期权。如果将初始(7月)认沽期权价格写成P_0,则可以得到9月认沽期权的利润函数如下:

$$9月认沽期权的利润 = \max(0, X - S_T) - P_0$$
$$= \max(0, 40 - S_T) - 2$$
$$= \begin{cases} 38 - S_T, & \text{如果 } S_T \leqslant 40 \\ -2, & \text{如果 } S_T > 40 \end{cases}$$

卖出认沽期权的收益模式:认沽期权的卖方有义务在到期日T或之前以认沽期权的行权价X购买一股GP股票。由于将自己置于这种令人反感的位置,认沽期权的卖方在卖出认沽期权时收到认沽期权的价格P_0。因此,以行权价40美元卖出9月的认沽期权的收益模式是:

$$9月认沽期权卖方的利润 = P_0 - \max(0, X - S_T)$$
$$= 2 - \max(0, 40 - S_T)$$
$$= \begin{cases} -38 + S_T, & \text{如果 } S_T \leqslant 40 \\ 2, & \text{如果 } S_T > 40 \end{cases}$$

买入认沽期权和卖出认沽期权的利润模式如下图所示:

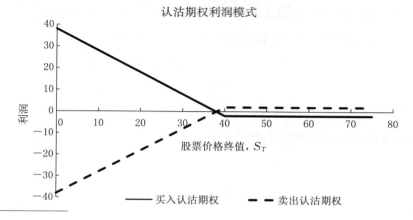

① 因为这个认沽期权的行权价格等于股票的当前市场价格,它被称为平值认沽期权。当认沽期权的行权价格高于当前市价时,被称为实值认沽期权;当行权价格低于当前市价时,则被称为虚值认沽期权。

16.5 期权策略:期权和股票组合的收益

将期权和股票的组合的综合利润模式绘制在一张图上会很有意思。这些模式说明了如何使用期权来改变股票和债券等"标准"证券的收益模式。以下是一些常见的例子。

保护性认沽期权

考察以下组合:
- 一股股票,以 S_0 购买;
- 一个认沽期权,以 P 买入,行权价格为 X。

这种期权策略通常被称为"保护性认沽期权"策略或"投资组合保险"(portfolio insurance)。在第 26 章,我们将回到这个话题,并对它进行更详细的探讨。保护性认沽期权的收益模式如下:

$$股票利润 + 认沽期权利润 = (S_T - S_0) + [\max(X - S_T, 0) - P_0]$$

$$= \begin{cases} S_T - S_0 + X - S_T - P_0, 如果 S_T \leqslant X \\ S_T - S_0 - P_0, 如果 S_T > X \end{cases}$$

$$= \begin{cases} X - S_0 - P_0, 如果 S_T \leqslant X \\ S_T - S_0 - P_0, 如果 S_T > X \end{cases}$$

将这种模式应用于 GP 股票的示例(即以 40 美元购买股票,以 2 美元购买 $X = 40$ 美元的认沽期权)时,我们得到下图:

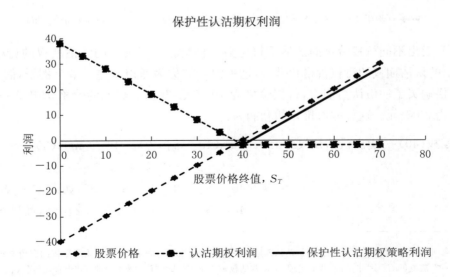

保护性认沽期权利润

这个模式与购买认购期权的收益模式非常相似。[1]

价差策略

另一种组合涉及买入和卖出不同行权价格的认购期权。当买入的认购期权的行权价格较低,而卖出的认购期权的行权价格较高时,这种组合被称为牛市价差。举个例子,假设你以40美元的行权价格购买了一个认购期权(4美元),并以50美元的行权价格卖出一个认购期权(2美元)。这种牛市价差的利润为:

$$持有认购期权(40)+卖出认购期权(50)=[\max(S_T-40,0)-4]-[\max(S_T-50,0)-2]$$

$$=\begin{cases} -4+2=-2, & 如果\ S_T\leqslant 40 \\ S_T-40-4+2=S_T-42, & 如果\ 40<S_T\leqslant 50 \\ S_T-40-4-(S_T-50-2)=8, & 如果\ S_T>50 \end{cases}$$

下面给出的 Excel 图表显示了两个认购期权以及由此产生的价差利润:

牛市价差利润图

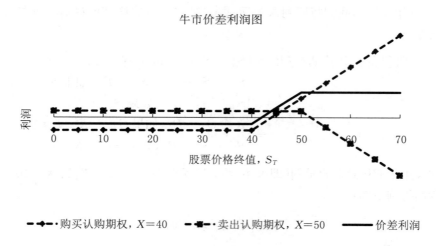

— ◆ — 购买认购期权,$X=40$　— ■ — 卖出认购期权,$X=50$　—— 价差利润

买入和卖出不同行权价格的认沽期权是另一种组合。当买入的认沽期权的行权价格很高,而卖出的认沽期权的行权价格较低时,这种组合被称为熊市价差。举个例子,假设你以4美元的价格购买了一份认沽期权,行权价格为40美元,并以2美元的价格卖出了一份期权,行权价格为30美元。这种熊市价差的利润为:

$$持有认沽期权(40)+卖出认沽期权(30)=[\max(40-S_T,0)-4]-[\max(30-S_T,0)-2]$$

$$=\begin{cases} -4+2=-2, & 如果\ S_T\geqslant 40 \\ 40-S_T-4+2=S_T-38, & 如果\ 30\leqslant S_T<40 \\ 40-S_T-4-(30-S_T-2)=8, & 如果\ S_T<30 \end{cases}$$

[1]　在第 16.6 节中,我们将证明和说明认沽认购期权平价定理。根据这个定理,一个认购期权的定价必须为使 $C=P+S_0-Xe^{-rT}$ 成立的 C。因此,根据这个定理,当认沽购期权被正确定价时,"认沽期权+股票"组合与"买入认购期权+债券"组合的收益是相同的。在下一节,我们将证明这个定理并给出一个说明。

下面给出的 Excel 图表显示了两个认沽期权以及由此产生的价差利润：

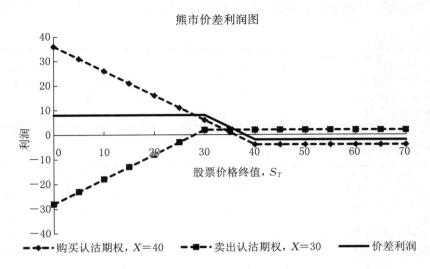

熊市价差利润图

- ◆-- 购买认沽期权，$X=40$　- ■- 卖出认沽期权，$X=30$　—— 价差利润

16.6　关于期权套利的几个命题

在接下来的章节中，我们将对期权的定价给出关于标的资产（通常是股票）概率分布的具体假设。然而，在不做这些具体概率假设的情况下，我们可以学到很多关于期权定价的知识。在本节中，我们考察期权定价中的一些套利限制。我们的讨论绝不是详尽的，我们将集中讨论那些提供期权定价的见解或将在后面部分使用的命题。

我们通篇假设存在一个为债券定价的无风险利率；我们还假设该无风险利率是连续复利的，所以在到期日 T 支付 X 的无风险证券的现值为 $X e^{-rT}$。

命题1　考察一个股票认购期权，在到期日 T 之前不支付股息，那么认购期权价格的下限为：

$$C_0 \geqslant \max(S_0 - X e^{-rT}, 0)$$

评论　在证明这一命题之前，考察一下它的含义将是有帮助的。假设无风险利率为 5%，并且假设我们有一个到期日为 $T=1/2$（即期权的到期日为今天起半年）的美式股票认购期权，行权价 $X=80$，其当前股价 $S_0=83$。确定该期权价格下限的一个简单方法是，它至少值 3 美元，因为它可以立即行权获得利润 3 美元。命题 1 表明，期权的价值至少为 $83-80 \times e^{-0.05 \times 0.5}=4.975$。此外，仔细检查下面的证明将表明，这一事实并不取决于期权是否为美式

	A	B	C
1	**命题1 — 认购期权价格的上限与下限**		
2	当前股票价格，S_0	83	
3	期权到期日，T	0.5	
4	期权行权价格，X	80	
5	利率，r	5%	
6			
7	简单期权最低价格，max(S_0-X,0)	3	<—=MAX(B2-B4,0)
8	命题1关于期权价格的下限，max(S_0 - X*exp(-rT),0)	4.975	<—=MAX(B2-B4*EXP(-B5*B3),0)

期权——它对欧式期权也适用。

命题 1 的证明 标准套利证明建立在考察特定策略的现金流的基础上。在这种情况下，策略如下：

在时间 0(今天)	在时间 T
● 购买一股股票 ● 借入期权行权价格 X 的现值 ● 卖出认购期权	● 在有利可图的情况下行使期权 ● 偿还拆入资金

该策略产生了以下现金流量表：

今天		时间 T	
行动	现金流	$S_T < X$	$S_T \geqslant X$
买入股票	$-S_0$	$+S_T$	$+S_T$
借入 X 的现值	$+Xe^{-rT}$	$-X$	$-X$
卖出认购期权	$+C_0$	0	$-(S_T - X)$
总计	$-S_0 + Xe^{-rT} + C$	$S_T - X \leqslant 0$	0

请注意，在时间 T，该期权产生的现金流要么是负的(如果没有行使认购期权)，要么是零(当 S_T 大于等于 X)。现在，一项在未来只有非正收益的金融资产(在本例中，购买股票、借款 X 和卖出认购期权的组合)必须有正的初始现金流，这表明：

$$C_0 - S_0 + Xe^{-rT} > 0 \text{ 或 } C_0 > S_0 - Xe^{-rT}$$

为了完成证明，我们注意到认购期权的价值在任何情况下都不能小于零。因此，我们有 $C_0 \geqslant \max(S_0 - Xe^{-rT}, 0)$，这证明了该命题。

命题 1 有一个直接且非常有趣的结果：在许多情况下，美式认购期权的提前行权特征是毫无价值的；这意味着，美式认购期权可以像欧式认购期权一样估值。下一个命题解释了具体的条件。

命题 2 考察一个美式股票认购期权，在到期日 T 之前，股票不会支付任何股息，那么在到期日 T 之前行使期权从来不是最优的。

命题 2 的证明 假设期权持有人考虑在某一日期 $t < T$ 提前行权。考虑提前行权的唯一理由是 $S_t - X > 0$，其中 S_t 是标的股票在 t 时刻的价格。然而，根据命题 1，期权在 t 时刻的市值至少为 $S_t - Xe^{-r(T-t)}$，其中 r 为无风险利率。由于 $S_t - Xe^{-r(T-t)} > S_t - X$，因此，期权持有人在市场上出售期权比行使期权更好。

命题 2 意味着许多美式认购期权可以按照欧式认购期权的方式定价。请注意，美式认沽期权并非如此，即使相关股票不支付股息。在第 17 章中，我们将给出一些关于二叉树模型的例子。

命题 3(认沽期权的价格界限) 认沽期权的价值下限为：

$$P_0 \geqslant \max(0, Xe^{-rT} - S_0)$$

命题 3 的证明 该命题的证明与前一个命题的证明具有相同的形式。我们制定了一个策略表：

	今天		时间 T	
行动	现金流		$S_T < X$	$S_T \geqslant X$
卖空股票	$+S_0$		$-S_T$	$-S_T$
出借 X 的现值	$-Xe^{-rT}$		$+X$	$+X$
卖出认沽期权	$+P_0$		$-(X-S_T)$	0
总计	$P_0 + S_0 - Xe^{-rT}$		0	$X - S_T \leqslant 0$

由于该策略未来只有负或零收益,因此它在今天必须有正的现金流,因此我们可以得出以下结论:

$$P_0 - Xe^{-rT} + S_0 \geqslant 0$$

再加上在任何情况下,认沽期权价值都不可能是负的,这就证明了这个命题。

命题 4(认沽-认购期权平价) 设 C_0 为行权价格是 X 的欧式股票认购期权的价格,该股票当前价格为 S_0。设 P_0 为同一只股票在相同行权价格 X 下的欧式认沽期权的价格,假设认沽期权和认购期权的行权日都为 T,连续复利利率为 r,则:

$$C_0 + Xe^{-rT} = P_0 + S_0$$

命题 4 的证明 本命题证明与前两个命题的证明风格相似。我们考察四种资产(认沽期权、认购期权、股票和债券)的组合,并表明定价关系必须保持不变:

	今天		时间 T	
行动	现金流		$S_T < X$	$S_T \geqslant X$
买入认购期权	$-C_0$		0	$+S_T - X$
买入在 T 时刻收益为 X 的债券	$-Xe^{-rT}$		X	X
卖出认沽期权	$+P_0$		$-(X-S_T)$	0
卖空一股股票	$+S_0$		$-S_T$	$-S_T$
总计	$-C_0 - Xe^{-rT} + P_0 + S_0$		0	0

由于无论股票价格如何变化,该策略的未来收益都为零,因此该策略的初始现金流也必须为零。[①]这意味着:

$$C_0 + Xe^{-rT} - P_0 - S_0 = 0$$

这就证明了该命题。

认沽-认购期权平价是指股票价格为 S_0、行权价格为 X 的认购期权价格 C_0 和行权价格为 X 的认沽期权价格 P_0 同时由利率 r 确定。下面的例子使用认购期权价格 C_0、期权行权价格 X、当前股票价格 S_0 和利率 r 来计算行权价格为 X 和到期日为 T 的认沽期权价格:

	A	B	C
1		认沽-认购期权平价关系	
2	当前股票价格, S_0	55	
3	期权到期日, T	0.5	
4	期权行权价格, X	60	
5	利率, r	5%	
6	认购期权价格, C_0	3	
7	认沽期权价格, P_0	6.519	<-- =B6+B4*EXP(-B5*B3)-B2
8			
9	这一电子表格利用认沽-认购期权平价关系根据认购期权价格 C_0 推导出认沽期权价格 P_0,利率为 r,到期时间为T,行权价格为 X。		

---

① 这是金融的一个基本事实:如果一种金融策略的未来收益等于零,那么它的当前成本也一定是零。同样地,如果一种金融策略的未来收益是非负的,那么它在时间 0 的收益一定是负的(也就是说,它必须付出一些代价)。

命题 5(认购期权价格凸性) 考察三种欧式认购期权,它们的基础资产都是同一只不支付股息的股票,到期日为 T。我们假设认购期权的行权价格分别为 X_1、X_2 和 X_3,并用 C_1、C_2 和 C_3 表示相关的认购期权价格。我们进一步假设 $X_2 = \dfrac{X_1 + X_3}{2}$。那么 $C_2 < \dfrac{C_1 + C_3}{2}$。

由此可知,认购期权价格是行权价格的凸函数。

命题 5 的证明 为了证明命题,我们考察以下策略:

	时间 0	时间 T			
行动	现金流	$S_T < X_1$	$X_1 \leqslant S_T < X_2$	$X_2 \leqslant S_T < X_3$	$X_3 \leqslant S_T$
购买行权价格为 X_1 的认购期权	$-C_1$	0	$S_T - X_1$	$S_T - X_1$	$S_T - X_1$
购买行权价格为 X_3 的认购期权	$-C_3$	0	0	0	$S_T - X_3$
卖出两个行权价格为 X_2 的认购期权	$+2C_2$	0	0	$-2(S_T - X_2)$	$-2(S_T - X_2)$
总计	$2C_2 - C_1 - C_3$	0	$S_T - X_1 \geqslant 0$	$2X_2 - X_1 - S_T$ $= X_3 - S_T > 0$	0

由于未来的收益都是非负的(有正的概率为正),因此,该头寸的初始现金流一定为负:

$$2C_2 - C_1 - C_3 < 0 \Rightarrow C_2 < \frac{C_1 + C_2}{2}$$

这就证明了这个命题。(注意,假设 $X_2 = \dfrac{X_1 + X_3}{2}$ 是为了方便,不影响论证的一般性。)

在没有证明的情况下,我们对认沽期权提出了类似的命题。

命题 6(认沽期权价格凸性) 考察三个欧式认沽期权,它们的基础资产都是同一只不支付股息的股票,到期日为 T。我们假设认沽期权的行权价格为 X_1、X_2 和 X_3,并用 P_1、P_2 和 P_3 表示相关的认沽期权价格。我们进一步假设 $X_2 = \dfrac{X_1 + X_3}{2}$。那么认沽期权价格是行权价格的凸函数,得到 $P_2 < \dfrac{P_1 + P_3}{2}$。

最后,我们陈述如下命题,其证明仅涉及对命题 1 的证明做微小的修改。

命题 7(已知未来股息的认购期权的价格界限) 考察一个行权价格为 X、到期日为 T 的认购期权。假设在某一时刻 $t < T$,股票肯定会支付股息 D,则认购期权价格的下限为:

$$C_0 \geqslant \max(S_0 - De^{-rT} - Xe^{-rT}, 0)$$

命题 7 的证明 该证明只涉及对命题 1 的证明做一个微小修改。

	今天	时间 t	时间 T	
行动	现金流		$S_T < X$	$S_T \geqslant X$
买入股票	$-S_0$	$+D$	$+S_T$	$+S_T$
借入股息 D 的现值	$+De^{-rT}$	$-D$		
借入 X 的现值	$+Xe^{-rT}$		$-X$	$-X$
卖出认购期权	$+C_0$		0	$-(S_T - X)$
总计	$-S_0 + De^{-rT} + Xe^{-rT} + C_0$	0	$S_T - X \leqslant 0$	0

这证明了这个命题。

16.7 总结

本章概述了期权的基本定义和特征。然而，对于那些没有预备知识的人来说，这绝不是对这些复杂证券的充分介绍。为了破解期权的奥秘，我们推荐读者阅读那些优秀期权教材中的介绍性章节。

练习

1. 当你在报纸上看到 ABC 股票期权的报价时，你发现 $X = 37.5$ 美元的 2 月份认购期权定价为 6.375 美元，而行权价格相同的 4 月份认购期权定价为 6 美元。你能从这些价格中设计出套利吗？你对报纸上的报价有什么解释吗？

2. 今天价格是 50 美元的股票的美式认购期权的行权价格为 $X = 45$ 美元。

a. 如果认购期权的价格是 2 美元，解释你将如何利用套利来立即获利。

b. 如果期权在时间 $T = 1$ 年可行权，如果利率为 10%，期权的最低价格是多少？使用命题 1。

3. 今天价格为 80 美元的股票的欧式认购期权的行权价格 $X = 80$ 美元，利率 $r = 8\%$，行权时间 $T = 1$。假设该股票在 $t = 1/2$ 时支付股息 3 美元。利用命题 7 确定认购期权的最低价格。

4. 行权价格为 50 欧元的认沽期权的价格为 6 欧元，行权价格为 60 欧元的同一股票的认购期权的价格为 10 欧元。认沽期权和认购期权都有相同的到期日。在同一组坐标轴上，绘制以下利润图：

a. 买入一个认沽期权，买入一个认购期权。

b. 买入两个认沽期权，买入一个认购期权。

c. 买入三个认沽期权，买入一个认购期权。

d. 三条线交叉在相同的 S_T 值处。推导这个值。

5. 考察以下两个认购期权：

● 两个 ABC 公司股票的认购期权，该公司目前的股价是 100 美元。ABC 不支付任何股息。

● 两个认购期权均有一年到期。

● 一个认购期权 $X_1 = 90$，价格为 30 美元；第二个认购期权 $X_2 = 100$，价格为 20 美元。

● 无风险连续复利利率为 10%。

通过设计一个价差（即买入一个认购期权，卖出另一个认购期权）头寸，证明两个认购期权价格之间的差异太大，存在无风险套利。

6. ABC 公司的每股售价为 95 美元。行权价格为 90 美元的股票认购期权的售价为 8 美元。

a. 画出买入一股股票和买入一个该股票的认购期权的利润模式。

b. 画出买入一股股票和两个认购期权的利润模式。

c. 考察购买一股股票和若干认购期权的利润模式。所有的利润线在哪个股价上交叉？

7. 一个 6 个月到期、行权价格 $X = 80$ 的欧式认购期权的售价为 12 美元。该期权以当前价格为 85 美元的股票为基础证券；相同的股票、相同的到期日和相同的行权价格的欧式认沽期权价格为 5 美元。如果年利率(连续复利)为 10%,针对这种情况构建套利策略。

8. 证明命题 6。然后解决以下问题:三个到期日相同的 XYZ 股票的认沽期权以以下价格出售:

- 行权价格 40∶6;
- 行权价格 50∶4;
- 行使价 60∶1。

找到一个让你从这些价格中获利的套利策略,并证明它是有效的。

9. ABC 公司目前的股价是 50。ABC 公司 6 个月的认购期权价格见下表。绘制一个如下的利润图:买一个行权价格为 40 的认购期权,卖出两个行权价格为 50 的认购期权,买一个行权价格为 60 的认购期权,卖出两个行权价格为 70 的认购期权。

认购期权	价格
40	16.5
50	9.5
60	4.5
70	2

10. 考察下面的期权策略,它只包括认购期权:

行权价格	买入/卖出? 数量	每个认购期权的价格
20	卖出 1	45
30	买入 2	33
40	卖出 1	22
50	买入 1	18
60	卖出 2	17
70	买入 1	16

a. 绘制该策略的利润图。

b. 所给出的价格包含了一次违反套利条件的情况。识别之,并进行解释。

11. Formila 公司的股票目前的交易价格为 38.50 美元,Formila 的 $X=40$ 美元的 1 年期认购期权的交易价格为 3 美元。无风险利率为 4.5%。

a. $X=40$ 美元的股票 1 年期认沽期权的价格应该是多少? 为什么?

b. 如果认沽期权价格为 2 美元,构建套利策略。

c. 如果认沽期权价格为 4 美元,构建套利策略。

17

二叉树期权定价模型

17.1 概述

二叉树期权定价模型与第 18 章讨论的 Black-Scholes 模型都是应用最广泛的期权定价模型。二叉树模型有许多优点：模型简单，除了对期权定价提供许多见解外，它也很容易编程，并且能解决许多相当复杂的期权定价问题。当将其扩展到多期时，二叉树模型成为对期权等收益取决于其他资产的市场价格的证券进行估值的最强大的方法之一。

二叉树模型根据状态价格来计算风险资产的价值。当理解了该模型背后的状态定价原则后，我们会对或有资产定价的经济学意义有更深入的了解。本章将说明二叉树模型的简单用法，我们将用相当多的篇幅来推导并使用状态价格。在第 26 章和第 27 章中，我们将回到二叉树模型，并在或有证券的蒙特卡罗定价方法中使用它。

17.2 两日期二叉树定价

为了说明二叉树模型的应用，我们从以下非常简单的例子开始：
- 有一个时期和两个日期，日期 0 = 今天，日期 1 = 从现在起的一年后。
- 有两种"基本"资产：股票和债券。还有一种衍生资产：股票认购期权。
- 今天的股价是 50 美元，在日期 1 将上涨 10% 或下跌 3%。
- 一个时期的利率为 6%。
- 认购期权于日期 1 到期，行权价格为 $X = 50$ 美元。

下面是一个包含该模型的电子表格。注意，在单元格 B2、B3 和 B6 中，我们使用了 1 加上 10% 的上涨，1 加上 $-3%$ 的下跌，1 加上 6% 的利息。我们用大写字母 U、D 和 R 来表示

	A	B	C	D	E	F	G	H	I	J
1					单一时期模型的二叉树认购期权定价					
2	上涨, U	1.10								
3	下跌, D	0.97								
4										
5	股票最初价格	50.00								
6	利率, R	1.06								
7	行权价格	50.00								
8										
9		股票价格					债券价格			
10				55.00	<-- =$B$11*B2				1.06	<-- =$G$11*$B$6
11		50.00					1.00			
12				48.50	<-- =$B$11*B3				1.06	<-- =$G$11*$B$6
13										
14		认购期权								
15				5.00	<-- =MAX(D10-$B$7,0)					
16		???								
17				0.00	<-- =MAX(D12-$B$7,0)					

这些值。[1]

我们想为该认购期权定价。我们的处理方法是通过证明债券和股票的组合完全复制了认购期权的收益来完成的。为了说明这个方法,我们使用了一些基本的代数计算;假设我们发现 A 股的股票和 B 份的债券使得:

$$55A+1.06B=5$$
$$48.5A+1.06B=0$$

这个方程组可以解出:

$$A=\frac{5-0}{55-48.5}=0.769\,2$$
$$B=\frac{0-48.5A}{1.06}=-35.195\,9$$

因此,购买 0.77 股股票,并以 6% 的利率借入 35.20 美元,在这一时期内,如果股价上涨,将获得 5 美元的收益,如果股价下跌,将获得 0 美元的收益——这是认购期权的收益。由此可见,期权的价格必须等于复制其收益的成本。那就是:

$$认购期权价格=0.769\,2\times50+35.195\,9\times1=3.265\,6\ 美元$$

这种逻辑被称为"套利定价"或"一价定律":如果两种资产或一组资产(在我们的例子中,认购期权与 0.77 股股票加上 −35.20 美元的债券组合)有相同的收益,它们必须有相同的市场价格。

	A	B	C	D	E
19	求解组合问题: A 股股票 + B 份债券得出期权收益				
20	A	0.7692	<-- =D15/(D10-D12)		
21	B	-35.1959	<-- =-D12*B20/B6		
22					
23	认购期权价格	3.2656	<-- =B20*B5+B21		

将相同的逻辑应用于认沽期权,则认沽期权价格为 0.435 4:

---

[1]　如果有必要区分 1.10(1 加上股票上涨的 10%)和 10%(上涨本身),我们将使用 U 表示前者,小写 u 表示后者。

	A	B	C	D	E	F
1			单一时期模型的二叉树认沽期权定价			
2	上涨, U	1.10				求解认沽期权价格
3	下跌, D	0.97				55*A+1.06*B=0
4						48.5*A+1.06*B=1.5
5	股票最初价格	50.00				A=-1.5/(55-48.5)
6	利率, R	1.06				B=-55*A/1.06
7	行权价格	50.00				
8		认沽期权				
9				0.00	<-- =MAX($B$7-B5*B2,0)	
10		???				
11				1.50	<-- =MAX($B$7-B5*B3,0)	
12						
13	求解组合问题: A 股股票 + B 份债券得出期权收益					
14	A	-0.2308	<-- =-D11/(B5*(B2-B3))			
15	B	11.9739	<-- =-B5*B2*B14/B6			
16						
17	认沽期权价格	0.4354	<-- =B14*B5+B15			

在下一节,我们展示的这个简单的套利方法可以扩展到多个时期。我们将在下一节中先对其逻辑进行归纳。

17.3　状态价格

事实上有一个更简单(和更一般)的方法来解决这个问题。从今天来看,下一时期的股价只有两种可能:要么上涨,要么下跌。想象一下,当世界处于"向上"状态时,市场确定 1 美元的价格为 q_U,当世界处于"向下"状态时,市场确定 1 美元的价格为 q_D。那么债券和股票(以及任何其他资产)都必须使用这些状态价格来定价:

股票:$q_U \cdot S \cdot U + q_D \cdot S \cdot D = S \Rightarrow q_U U + q_D D = 1$　　债券:$q_U \cdot R + q_D \cdot R = 1$

因此,状态价格是线性定价原则的一个例证。如果股票价格在一个时期内上升了 U,下降了 D,如果 1 加上一个时期的利率是 R,那么任何其他资产的定价方式都是:对其"上涨"状态的收益用 q_U 贴现,对其"下跌"状态的收益用 q_D 贴现。

解以上两个方程得到:

$$q_U = \frac{R-D}{R(U-D)}, \quad q_D = \frac{U-R}{R(U-D)}$$

在我们的例子中,这些状态价格由下表给出:

	A	B	C
1		推导状态价格	
2	上涨, U	1.10	
3	下跌, D	0.97	
4	利率, R	1.06	
5			
6	状态价格		
7	q_U	0.6531	<--=(B4-B3)/(B4*(B2-B3))
8	q_D	0.2903	<--=(B2-B4)/(B4*(B2-B3))
9			
10	检查: 证明 状态价格实际上是为股票和债券定价		
11	股票定价: 1 = q_U*U+q_D*D?	1	<--=B7*B2+B8*B3
12	债券定价: (q_U+q_D)*R=1?	1	<--=SUM(B7:B8)*B4

在第 11 行和第 12 行中,我们检查了状态价格确实可以还原利率和股票价格。

我们现在可以使用状态价格来为认购期权和认沽期权定价,并建立认沽-认购期权平价。认购期权和认沽期权的定价应由下式给出:

$$C = q_U \max(S \cdot U - X, 0) + q_D \max(S \cdot D - X, 0)$$
$$P = q_U \max(X - S \cdot U, 0) + q_D \max(X - S \cdot D, 0)$$

或,如果使用认沽-认购期权平价定价,则:

$$P = C + PV(X) - S$$

在电子表格中为:

	A	B	C
1	单一时期模型中带有状态价格的二叉树定价		
2	上涨, U	1.10	
3	下跌, D	0.97	
4	利率, R	1.06	
5	股票最初价格, S	50.00	
6	期权行权价格, X	50.00	
7			
8	状态价格		
9	q_U	0.6531	<--=(B4-B3)/(B4*(B2-B3))
10	q_D	0.2903	<--=(B2-B4)/(B4*(B2-B3))
11			
12	认购期权和认沽期权定价		
13	认购期权价格	3.2656	<--=B9*MAX(B5*B2-B6,0)+B10*MAX(B5*B3-B6,0)
14	认沽期权价格	0.4354	<--=B9*MAX(B6-B5*B2,0)+B10*MAX(B6-B5*B3,0)
15			
16	认沽-认购期权平价		
17	股票+认沽期权	50.4354	<--=B5+B14
18	认购期权 + PV(X)	50.4354	<--=B13+B6/B4
19			
20	请注意认沽-认购期权平价关系中的PV(X): 在连续时间框架(标准Black-Scholes框架)中, PV(X) = X*Exp(-r*T)。因为这里的框架是离散时间,PV (X)也是离散时间:PV(X) = X / (1 + r) = X / R。		

我们使用的公式($S=50$, $X=50$, $U=1.10$, $D=0.97$, $R=1.06$)对于认购期权为:

$$C = q_U \max(S \cdot U - X, 0) + q_D \max(S \cdot D - X, 0)$$
$$= 0.6531 \cdot \max(55 - 50, 0) + 0.2903 \cdot \max(45.5 - 50, 0) = 3.2656$$

对于认沽期权为:

$$P = q_U \max(X - S \cdot U, 0) + q_D \max(X - S \cdot D, 0)$$
$$= 0.6531 \cdot \max(50 - 55, 0) + 0.2903 \cdot \max(50 - 48.5, 0) = 0.4354$$

正如期望的那样,认沽-认购期权平价定理适用于这个特定的认沽期权和认购期权(单元格 B17:B18):

$$P + S = C + \frac{X}{R}$$

$$0.4354 + 50 = 3.27 + \frac{50}{1.06}$$

状态价格和风险中性概率

将状态价格乘以 1 加上利率(用 R 表示),得到风险中性概率: $\pi_U = q_U R$; $\pi_D = q_D R$。 风险中性概率看起来像状态的概率分布,因为它们的和是1:

$$\pi_U + \pi_D = q_U R + q_D R = \frac{R - D}{R(U - D)} R + \frac{U - R}{R(U - D)} R = 1$$

此外,风险中性概率和实际状态概率(通常是不可观察的)的定价存在基本等价性。假设在单期模型中,一项资产的状态依赖收益在"上涨"的状态下为 X_U,在"下跌"的状态下为 X_D。那么,资产在日期 1 的实际期望价值是 $Pr_U X_U + Pr_D X_D$,其中 Pr_i 是状态"i"的概率,资产在日期 0 的价格是其期望价值的现值,通过其期望收益率 $E(r)$ 贴现。通常情况下,提取实际概率和期望收益率是不切实际的。幸运的是,使用风险中性概率时,资产在日期 0 的价格是期望资产收益的贴现值,其中使用风险中性概率计算期望值,就像它们是实际的状态概率一样,并使用无风险利率进行贴现:

$$\overset{=q_U X_U + q_D X_D}{\overbrace{\frac{\pi_U X_U + \pi_D X_D}{R}}} = \frac{\text{使用状态概率计算的期望资产收益}}{1+E(r)}$$

我们更倾向于使用状态价格,但许多研究者更倾向于使用风险中性价格的伪概率,然后贴现"期望"收益。

17.4 多期二叉树模型

二叉树模型可以很容易地推广到多期的情况。例如,考察一个具有以下特征的两期(三日期)二叉树模型:

- 在每个时期,股价较上一时期上涨 10% 或下跌 3%。这意味着 $U=1.10$,$D=0.97$。
- 每个时期的利率为 6%,因此 $R=1.06$。

因为 U、D 和 R 在每个时期都是相同的,

$$q_U = \frac{R-D}{R(U-D)} = 0.653\,1, \quad q_D = \frac{U-R}{R(U-D)} = 0.290\,3$$

我们现在可以使用这些状态价格来为两个时期后的股票认购期权定价。与之前一样,我们假设股票价格最初为 50 美元,两个时期后的认购期权的行权价格为 $X=50$ 美元。这就给出了下图:

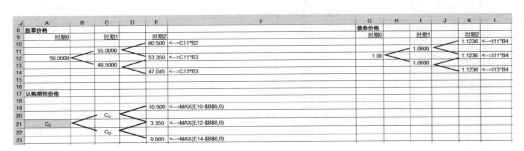

我们如何确定今天的认购期权价格(C_0)? 为了得到其价格,我们从第二期(上面的 E19:E23 单元格)开始回溯:

日期 2:在两个时期结束时,股价要么是 60.50 美元(对应价格的两次"上涨"),要么是53.35美元(一次"上涨"和一次"下跌"),要么是 47.05 美元(两次"下跌")。给定 $X=50$ 美元

的行权价格,这意味着第 2 期的最终期权收益要么是 10.50 美元、3.35 美元,要么是 0 美元。

日期 1:有两种可能。一种可能是我们已经达到了"上涨"状态,在这种情况下,当前的股价是 55 美元,期权将在下一时期获得 10.50 美元或 3.35 美元收益:

	C	D	E	F
19			10.500	<-=MAX(E10-$B$6,0)
20	C_U			
21			3.350	<-=MAX(E12-$B$6,0)

我们使用 $q_U = 0.653\,1$、$q_D = 0.290\,3$ 的状态价格在这个状态下对期权定价:在日期 1 处于"上涨"状态的期权价格,$(C_U) = 0.653\,1 \times 10.50 + 0.290\,3 \times 3.35 = 7.830\,2$。

另一种可能是我们处于时期 1 的"下跌"状态:

	C	D	E	F
21			3.350	<-=MAX(E12-$B$6,0)
22	C_D			
23			0.000	<-=MAX(E14-$B$6,0)

使用相同的状态价格(毕竟,状态价格只取决于股价"上涨""下跌"和利率),我们得到:在日期 1 处于"下跌"状态的期权价格,$(C_D) = 0.653\,1 \times 3.35 + 0.290\,3 \times 0 = 2.188$。

日期 0:按照这种方式回溯,我们现在已经填充得到下表:

	A	B	C	D	E	F
19					10.500	<-=MAX(E10-$B$6,0)
20			7.8302			
21	C_0				3.350	<-=MAX(E12-$B$6,0)
22			2.1880			
23					0.000	<-=MAX(E14-$B$6,0)

因此,在第 0 期,期权的买家拥有一种如果标的股票"上涨"则价值为 7.83 美元,如果标的股票价格"下跌"则价值为 2.19 美元的证券。我们可以再次使用状态价格来定价这个期权:

在日期 0 的期权价格,$(C_0) = 0.653\,1 \times 7.830 + 0.290\,3 \times 2.188 = 5.75$

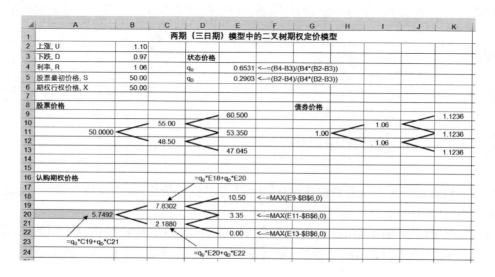

将二叉树定价模型扩展到多个时期

　　显然，上述例子的逻辑可以扩展到多个时期。下面是另一个 Excel 图表，显示了一个使用与之前相同的"上涨"和"下跌"参数的四期（五日期）模型：

	A	B	C	D	E	F	G	H	I
1	四期 (五日期) 欧式二叉树期权定价模型								
2	上涨	10%							
3	下跌	-3%			状态价格				
4					qu	0.6531	<-=(B6-B3)/((1+B6)*(B2-B3))		
5	股票最初价格	50			qp	0.2903	<-=(B2-B6)/((1+B6)*(B2-B3))		
6	利率	6%							
7	行权价	50							
8									73.2050
9		股票价格					66.5500		
10					60.5000				64.5535
11			55.0000				58.6850		
12	50.0000				53.3500				56.9245
13			48.5000				51.7495		
14					47.0450				50.1970
15							45.6337		
16									44.2646
17									
18									1.2625
19		Bond price					1.1910		
20					1.1236				1.2625
21			1.0600				1.1910		
22	1.0000				1.1236				1.2625
23			1.0600				1.1910		
24					1.1236				1.2625
25							1.1910		
26									1.2625
27									
28									23.2050
29		认购期权价格					19.3802		
30					16.0002				14.5535
31			13.0190				11.5152		
32	10.4360				8.8502				6.9245
33			6.6593				4.5797		
34					3.0284				0.1970
35							0.1287		
36									0.0000
37									
38	日期 0		日期 1		日期 2		日期 3		日期 4

利用 R 实现多期二叉树模型

　　R 对于运行多期的二叉树模型是非常有效的。当 n 相对较大时，它比 Excel 更有效。下面是前述例子在 R 中的实现：

```
 8  ## Pricing European Call options with binomial tree
 9  # Input:
10  S0 <- 50
11  X <- 50
12  U <- 1.1
13  D <- 0.97
14  R <- 1.06
15  m <- 4 # number of periods
16
17  # State prices
18  qU <- (R - D) / (R * (U - D))
19  qD <- (U - R) / (R * (U - D))
20
21  # Risk neutral probabilities
22  pi_U <- qU * R
23  pi_D <- qD * R
24
25  # A matrix of all binomial tree paths
26  paths <- sapply(1:m, function(x){rep(c(rep(U, (2^x) / 2), rep(D, (2^x) / 2)), 2^(m-x))})
27
28  # Stock price paths
29  stock_paths <- cbind(S0, t(S0 * apply(paths, 1, cumprod)))
30
31  # Stock price at time T
32  ST <- stock_paths[,m+1]
33
34  # Call Option payoff
35  payoff <- sapply(ST - X, max, 0)
36
37  # Path risk-neutral probability
38  prob_mat <- ifelse(paths == U, pi_U, pi_D)
39  prob_vec <- apply(prob_mat, 1, prod)
40
41  # Price today = weighted average discounted payoff
42  Call_price <- payoff %*% prob_vec / R^m
```

你真的要把所有东西都逆向定价吗?

答案是否定的。只要认购期权是欧式的,就没有必要从终止日期倒推为每个节点的认购期权收益定价。[①] 根据状态价格为每个状态下的最终收益定价就足够了,前提是你正确地计算到每个终端节点的路径数量。下面用相同例子说明:

	A	B	C	D	E	F	G	H
1	四期(五日期)模型中带有状态价格的二叉树期权定价模型							
2	上涨, U	1.10						
3	下跌, D	0.97		状态价格				
4	利率, R	1.06		q_U	0.6531	<--=(B4-B3)/(B4*(B2-B3))		
5	股票最初价格, S	50.00		q_D	0.2903	<--=(B2-B4)/(B4*(B2-B3))		
6	期权行权价格, X	50.00						
7					=E4^A12*E5^B12			
8	=$B$5*$B$2^A12*$B$3^B12							
9				=MAX(C12-$B$6,0)		=COMBIN(4,B12)		
10	至终止日期的"上涨"步数	至终止日期的"下跌"步数	股票价格终值	终止状态的期权收益	终止日期的状态价格	到达终止状态的路径数	价值	
11	4	0	73.2050	23.2050	0.1820	1	4.2224	
12	3	1	64.5535	14.5535	0.0809	4	4.7078	<--=D12*E12*F12
13	2	2	56.9245	6.9245	0.0359	6	1.4933	
14	1	3	50.1970	0.1970	0.0160	4	0.0126	
15	0	4	44.2646	0.0000	0.0071	1	0.0000	
16						认购期权价格	10.4360	<--=SUM(G11:G15)
17						认沽期权价格	0.0407	<--=G16+B6/B4^4-B5
18	注释							
19	这一模型中有5个日期 (0, 1, …, 5) ,但只有4个时期,因此"上涨"或"下跌"的步数只有4种可能。							
20	单元格G17中的认沽期权价格由认沽—认购期权平价关系得到: 认沽期权 = 认购期权+ PV(X) - 股票							

欧式认沽期权的定价既可以使用上述逻辑,也可以使用认沽-认购期权平价(如上图中的

---

① 当我们在第 17.5 节讨论美式期权时,我们将看到逆向定价是至关重要的。

G17 单元格）。

总结一下：在 n 期的二叉树模型中，欧式期权的价格为：

$$\text{认购期权的价格} = \sum_{i=0}^{n} \binom{n}{i} q_U^i q_D^{n-i} \max(S \cdot U^i D^{n-i} - X, 0)$$

$$\text{认沽期权的价格} = \begin{cases} \sum_{i=0}^{n} \binom{n}{i} q_U^i q_D^{n-i} \max(X - S \cdot U^i D^{n-i}, 0) & \text{直接定价} \\ \text{认购期权的价格} + \dfrac{X}{R^n} - S & \text{使用认沽-认购期权平价关系} \end{cases}$$

在第 17.6 节中，我们将在 VBA 和 R 中实现这些公式。

17.5 使用二叉树定价模型为美式期权定价

我们可以用二叉树定价模型来计算美式期权和欧式期权的价格。我们重新考察前面的基本模型，其中"上涨"＝1.10，"下跌"＝0.97，$R=1.06$，$S=50$，$X=50$。我们检查了该模型的三日期版本。回顾第 16 章，非派息股票的美式认购期权与欧式认购期权具有相同的价值。因此，从美式认沽期权的定价开始会更有趣。股票和债券的收益模式已经在上面给出，现在只考察 $X=50$ 的认沽期权的收益模式。我们使用以下标签来参考其状态：

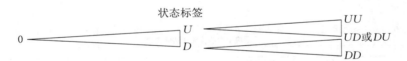

认沽期权在日期 3 的收益

下面是股票价值、债券价值和日期 3 认沽期权的收益：

在日期 2，美式认沽期权的持有者可以选择持有该认沽期权还是行使该认沽期权。我们现在有了以下日期 1 的价值函数：

认沽期权价值，日期 1，状态 $U(P_U)$

$= \max \begin{cases} \text{如果行权，认沽期权的价值} = \max(X - S_U, 0) \\ q_U \cdot \text{状态 } UU \text{ 中的认沽期权收益} + q_D \cdot \text{状态 } UD \text{ 中的认沽期权收益} \end{cases}$

在日期 1,状态 D 中的认沽期权价值也有一个类似的函数。结果树现在看起来像这样:

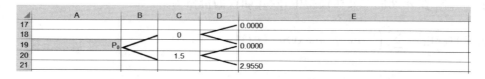

	A	B	C	D	E
17					0.0000
18			0		
19		P_0			0.0000
20			1.5		
21					2.9550

解释如下:

* 在状态 U 中,认沽期权是没有价值的。当股价为 55 美元时,不值得提前行使认沽期权,因为 $\max(X-S_U, 0)=\max(50-55, 0)=0$。另一方面,由于状态 U 的未来认沽期权收益为零,这些未来收益的状态依赖现值(前文公式第二行)也为零。

* 在状态 D 中,认沽期权持有者如果行权,则获得 $\max(50-48.5, 0)=1.5$;然而,如果持有认沽期权而不行权,其市场价值是未来收益的状态依赖价值:

$$q_U \times 0+q_D \times 2.9550=0.6531 \times 0+0.2903 \times 2.9550=0.8578$$

显然,在这种状态下行使认沽期权比持有它更可取。

在日期 0,类似的价值函数递归:

日期 0 认沽期权的价值＝

$$\max \begin{cases} \text{如果行权,认沽期权的价值}=\max(X-S_0, 0) \\ q_U \cdot \text{状态 } U \text{ 中的认沽期权收益}+q_D \cdot \text{状态 } D \text{ 中的认沽期权收益} \end{cases}$$

电子表格如下:

	A	B	C	D	E	F	G	H	I	J	K
1				**两期模型中的美式认沽期权定价**							
2	上涨, U	1.10									
3	下跌, D	0.97		状态价格							
4	利率, R	1.06		q_U	0.6531	<--=(B4-B3)/(B4*(B2-B3))					
5	股票最初价格, S	50.00		q_D	0.2903	<--=(B2-B4)/(B4*(B2-B3))					
6	期权行权价格, X	50.00									
7											
8	股票价格						债券价格				
9					60.5000						1.1236
10			55.00						1.0600		
11		50.0000			53.3500		1.0000				1.1236
12			48.50						1.0600		
13					47.0450						1.1236
14											
15	美式认沽期权										
16				=MAX(MAX($B$6-C10,0),$E$4*E17+$E$5*E19)							
17					0.0000	<--=MAX($B$6-E9,0)					
18			0								
19		0.4354			0.0000	<--=MAX($B$6-E11,0)					
20			1.5								
21					2.9550	<--=MAX($B$6-E13,0)					
22				=MAX(MAX($B$6-C12,0),$E$4*E19+$E$5*E21)							
23											
24		=MAX(MAX($B$6-A11,0),$E$4*C18+$E$5*C20)									
25											
26	欧式认沽期权										
27					0.000						
28			0								
29		0.2490			0.000						
30			0.8578								
31					2.955						

我们可以用同样的逻辑为美式认购期权定价——根据第 16 章的命题 2——我们知道美式认购期权和欧式认购期权的价值应该是一致的。所以,它们确实如此:

两期模型中的美式认购期权定价

	A	B	C	D	E	F	G	H	I	J	K
2	上涨, U	1.10		状态价格							
3	下跌, D	0.97									
4	利率, R	1.06		q_U	0.6531	<-=(B4-B3)/(B4*(B2-B3))					
5	股票最初价格, S	50.00		q_D	0.2903	<-=(B2-B4)/(B4*(B2-B3))					
6	期权行权价格, X	50.00									
8	股票价格						债券价格				
9					60.5000						1.1236
10			55.00						1.0600		
11	50.0000				53.3500		1.0000				1.1236
12			48.50						1.0600		
13					47.0450						1.1236
15	美式认购期权										
16				=MAX(MAX(C10-$B$6,0),$E$4*E17+$E$5*E19)							
17					10.5000	<-=MAX(E9-$B$6,0)					
18			7.8301887								
19	5.7492				3.3500	<-=MAX(E11-$B$6,0)					
20			2.1879536								
21					0.0000	<-=MAX(E13-$B$6,0)					
22				=MAX(MAX(C12-$B$6,0),$E$4*E19+$E$5*E21)							
24	=MAX(MAX($B$6-A11,0),$E$4*C18+$E$5*C20)										
26	欧式认购期权										
27					10.50						
28			7.8301887								
29	5.7492				3.35						
30			2.1880								
31					0.00						

17.6 二叉树期权定价模型编程

前述例子中使用的定价过程可以很容易地使用 Excel 的 VBA 编程语言和 R 语言进行编程。在二叉树模型中，价格可以在任何时间段内上涨或下跌。如果 q_U 是与上涨相关的状态价格，q_D 是与下跌相关的状态价格，那么二叉树欧式期权价格如下：

$$二叉树欧式认购期权价格 = \sum_{i=0}^{n} \binom{n}{i} q_U^i q_D^{n-i} \max(S \cdot U^i D^{n-i} - X, 0)$$

$$二叉树欧式认沽期权价格 = \begin{cases} \sum_{i=0}^{n} \binom{n}{i} q_U^i q_D^{n-i} \max(X - S \cdot U^i D^{n-i}, 0) \\ 或者使用认沽-认购期权平价关系求解 \end{cases}$$

这里，U 表示股价上涨，D 表示股价下跌，$\binom{n}{i}$ 是二叉树系数（n 次变化中上涨的次数）：

$$\binom{n}{i} = \frac{n!}{i!(n-i)!}$$

我们使用 Excel 的 Combin(n, i) 函数来给出二叉树系数的值。

二叉树期权定价模型的编程：欧式期权

这里有两个 VBA 函数计算二叉树欧式认购和认沽期权的价值。函数 Binomial_eur_put 使用认沽-认购期权平价关系来为认沽期权定价：

```
Function Binomial_eur_call(Up, Down, Interest,
Stock, Exercise, Periods)
    q_up = (Interest - Down) / (Interest *
    (Up - Down))
    q_down = 1 / Interest - q_up
    Binomial_eur_call = 0
    For Index = 0 To Periods
        Binomial_eur_call = Binomial_eur_call _
            + Application.Combin(Periods, Index) * _
            q_up ^ Index * _
            q_down ^ (Periods - Index) * _
            Application.Max(Stock * Up ^ Index *
            Down ^ _(Periods - Index) - Exercise, 0)
    Next Index
End Function

Function Binomial_eur_put(Up, Down, Interest,
Stock, _
    Exercise, Periods)
    Binomial_eur_put = Binomial_eur_call(Up,
    Down, _
    Interest, Stock, Exercise, Periods) _
    + Exercise / Interest ^ Periods - Stock
End Function
```

当我们在第 17.4 节的四期示例的电子表格中实现这一点时，我们得到以下结果：

	A	B	C
1	**认购期权和认沽期权的VBA函数**		
2	上涨, U	1.10	
3	下跌, D	0.97	
4	利率, R	1.06	
5	股票最初价格, S	50.00	
6	期权行权价格, X	50.00	
7	时期数, n	4	
8			
9	欧式认购期权	10.4360	<-=binomial_eur_call(B2,B3,B4,B5,B6,B7)
10	欧式认沽期权	0.0407	<-=binomial_eur_put(B2,B3,B4,B5,B6,B7)
11			
12	检查认沽-认购期权平价关系		
13	股票 + 认沽期权	50.0407	<-=B5+B10
14	认购期权 + PV(X)	50.0407	<-=B9+B6/B4^B7

在 R 中等效的程序应该是这样的：

```
45  ## European options
46  # Number of Up and Down steps
47  ups <- c(m:0)
48  downs <- m - ups
49
50  # Terminal stock price
51  St <- S0 * U^ups * D^downs
52
53  # Option payoff at terminal state
54  payoffs <- pmax(St - X, 0)
55
56  # State price for terminal date
57  state_prices <- qU^ups * qD^downs
58
59  # Number of paths to terminal state
60  paths <- choose(m, 0:m)
61
62  # Value
63  value <- payoffs * state_prices * paths
64
65  # European Call Price
66  Eur_Call_price <- sum(value)
67
68  # European Put Price (using Put-Call-Parity)
69  Eur_Put_price <- Call_price + X / R^m - S0
```

二叉树期权定价模型的编程：美式期权

第 16.6 节的命题 2 指出，非派息股票的美式认购期权的价格与欧式期权的价格相同。然而，美式认沽期权的定价可能不同。下面的 VBA 函数使用了一个类似于第 17.5 节的二叉树期权定价模型来为美式认沽期权定价：

```
Function Binomial_amer_put(Up, Down, Interest,
Stock, Exercise, Periods)
   q_up = (Interest - Down) / (Interest *
   (Up - Down))
   q_down = 1 / Interest - q_up
   Dim OptionReturnEnd() As Double
   Dim OptionReturnMiddle() As Double
   ReDim OptionReturnEnd(Periods + 1)
   For State = 0 To Periods
      OptionReturnEnd(State) = _
      Application.Max(Exercise - Stock * Up ^
      State * Down ^ _
      (Periods - State), 0)
   Next State
   For Index = Periods - 1 To 0 Step -1
      ReDim OptionReturnMiddle(Index)
      For State = 0 To Index
         OptionReturnMiddle(State) = _
         Application.Max(Exercise - Stock * Up ^
         State * Down ^ _
         (Index - State), q_down *
         OptionReturnEnd(State) + _
         q_up * OptionReturnEnd(State + 1))
      Next State
      ReDim OptionReturnEnd(Index)
      For State = 0 To Index
         OptionReturnEnd(State) =
         OptionReturnMiddle(State)
      Next State
   Next Index
   Binomial_amer_put = OptionReturnMiddle(0)
End Function
```

在这个函数中，我们使用了两个数组，分别是 OptionReturnEnd 和 OptionReturnMiddle。在每个日期 t，这些数组存储日期当天和下一个日期（$t+1$）的期权价值。

下面是一个电子表格的实现，使用的是第 17.5 节中的两期、三日期的例子：

	A	B	C
1	**认购期权和认沽期权的VBA函数**		
2	上涨, U	1.10	
3	下跌, D	0.97	
4	利率, R	1.06	
5	股票最初价格, S	50.00	
6	期权行权价格, X	50.00	
7	时期数, n	2	
8			
9	美式认沽期权	0.4354	<--=binomial_amer_put(B2,B3,B4,B5,B6,B7)
10	欧式认沽期权	0.2490	<--=binomial_eur_put(B2,B3,B4,B5,B6,B7)
11	美式认购期权	5.7492	<--=binomial_amer_call(B2,B3,B4,B5,B6,B7)
12	欧式认购期权	5.7492	<--=binomial_eur_call(B2,B3,B4,B5,B6,B7)

单元格 B9 和 B10 的值是美式和欧式的认沽期权；这些值对应于第 17.5 节中给出的值。在单元格 B11 中，我们使用一个类似于美式认沽期权函数的函数来为美式认购期权定价。毫无疑问，根据第 16 章的命题 2，这个函数给出了与二叉树欧式认购期权定价函数相同的值。

VBA 函数在更多期的情况下也工作良好。[①]在下面的例子中，我们计算了一个美式认沽期权和认购期权的价值，该期权在 $T = 0.75$ 年到期。定义股票收益率的随机过程具有均值 $\mu = 10\%$ 和标准差 $\sigma = 35\%$。年连续复利利率为 $r = 5\%$，每年被分为 40 个子时期，使 $\Delta t = 1/40 = 0.025$。根据这些数字，上涨、下跌和 R 被定义为：上涨 $= e^{(\mu - 0.5\sigma^2)\Delta t + \sigma\sqrt{\Delta t}}$，下跌 $= e^{(\mu - 0.5\sigma^2)\Delta t - \sigma\sqrt{\Delta t}}$，$R = e^{r\Delta t}$。

以下是美式和欧式认购和认沽期权的定价：

	A	B	C
1	**认购期权和认沽期权的VBA函数** **每年被分成n个部分, Δt = 1/n** 上涨=exp((μ-0.5*σ²)*Δt + σ*sqrt(Δt)), 下跌 = exp((μ-0.5*σ²)*Δt - σ*sqrt(Δt))		
2	每年收益率均值, μ	10%	
3	年收益率标准差, σ	35%	
4	年利率, r	5%	
5			
6	股票最初价格, S	50.00	
7	期权行权价格, X	50.00	
8	期权行权日期 (年)	0.75	
9	距到期期数	30	
10	1年被分割的子时期数, n	40	<--=B9/B8
11	Δt, 子时期长度	0.025	<--=1/B10
12	上涨, 子时期上涨幅度	1.057924	<--=EXP((B2-0.5*B3^2)*B11+B3*SQRT(B11))
13	下跌, 子时期下跌幅度	0.947081	<--=EXP((B2-0.5*B3^2)*B11-B3*SQRT(B11))
14	子时期利率	1.001251	<--=EXP(B4*B11)
15			
16			
17	美式认沽期权	5.2420	<--{=binomial_amer_put(B12,B13,B14,B6,B7,B9)}
18	欧式认沽期权	5.0626	<--{=binomial_eur_put(B12,B13,B14,B6,B7,B9)}
19	美式认购期权	6.9029	<--{=binomial_amer_call(B12,B13,B14,B6,B7,B9)}
20	欧式认购期权	6.9029	<--{=binomial_eur_call(B12,B13,B14,B6,B7,B9)}

注意，在我们的模型中有 30 个子时期，因为一年被分成 40 个子时期，而期权的到期时间是 $T = 0.75$ 年。

即使在非常多的周期内，这个程序也能很好地工作。在下面的例子中，该期权的到期时间为 $T = 0.5$，一年被分为 400 个子时期。Excel 很容易计算美式认沽期权和认购期权的价值，尽管涉及大量的计算：

---

① 接下来的讨论最好在学习第 23 章和第 27 章之后阅读。

	A	B	C
1	认购期权和认沽期权的VBA函数 每年被分成n个部分, Δt = 1/n 上涨=exp((μ-0.5*σ²)*Δt + σ*sqrt(Δt)), 下跌 = exp((μ-0.5*σ²)*Δt - σ*sqrt(Δt))		
2	每年收益率均值, μ	10%	
3	年收益率标准差, σ	35%	
4	年利率, r	5%	
5			
6	股票最初价格, S	50.00	
7	期权行权价格, X	50.00	
8	期权行权日期 (年)	0.50	
9	距到期期数	200	
10	1年被分割的子时期数, n	400	<—=B9/B8
11	Δt, 子时期长度	0.0025	<—=1/B10
12	上涨, 子时期上涨幅度	1.017753	<—=EXP((B2-0.5*B3^2)*B11+B3*SQRT(B11))
13	下跌, 子时期下跌幅度	0.982747	<—=EXP((B2-0.5*B3^2)*B11-B3*SQRT(B11))
14	子时期利率	1.000125	<—=EXP(B4*B11)
15			
16			
17	美式认沽期权	4.3899	<—{=binomial_amer_put(B12,B13,B14,B6,B7,B9)}
18	欧式认沽期权	4.2766	<—{=binomial_eur_put(B12,B13,B14,B6,B7,B9)}
19	美式认购期权	5.5111	<—{=binomial_amer_call(B12,B13,B14,B6,B7,B9)}
20	欧式认购期权	5.5111	<—{=binomial_eur_call(B12,B13,B14,B6,B7,B9)}

使用 R 来为美式认沽期权定价应该是这样的：

```
72   # Input:
73   S0 <- 50
74   X <- 50
75   U <- 1.1
76   D <- 0.97
77   r <- 1.06
78   m <- 2 # number of periods
79
80   # State prices
81   qU <- (r - D) / (r * (U - D))
82   qD <- (U - r) / (r * (U - D))
83
84   # A matrix of all binomial tree paths
85   paths <- sapply(1:m, function(x){rep(c(rep(U, (2^x) / 2), rep(D, (2^x) / 2)), 2^(m-x))})
86
87   # Stock price paths
88   stock_paths <- cbind(S0, t(S0 * apply(paths, 1, cumprod)))
89
90   # Exercise values
91   Put_ex_value <- matrix(pmax(0, X - stock_paths), ncol = m + 1)
92   Call_ex_value <- matrix(pmax(0, stock_paths - X), ncol = m + 1)
93   # Exercise value at maturity
94   Put_maturity_values <- Put_ex_value[, m + 1]
95   Call_maturity_values <- Call_ex_value[, m + 1]
96
97   # calculating backwards the binomial tree
98   put_value <- Put_maturity_values
99   for (i in m:1) {
100      head_res <- head(put_value, length(put_value)/2) # UPs
101      tail_res <-tail(put_value, length(put_value)/2) # Downs
102      eur_value <- head_res * qU + tail_res * qD # Calculating one period backwards
103      Put_ex_values <- Put_ex_value[1:(length(put_value)/2), i] # Exercise value
104      put_value <- ifelse(Put_ex_values > eur_value, Put_ex_values, eur_value) # American Put
105   }
106  names(put_value) <- c("P0")
107  put_value
```

美式认购期权的等价方程如下：

```
109  Call_value <- Call_maturity_values
110  for (i in m:1) {
111      head_res <- head(Call_value, length(Call_value)/2) # UPs
112      tail_res <-tail(Call_value, length(Call_value)/2) # Downs
113      eur_value <- head_res * qU + tail_res * qD # Calculating one period backwards
114      Call_ex_values <- Call_ex_value[1:(length(Call_value)/2), i] # Exercise value
115      Call_value <- ifelse(Call_ex_values > eur_value, Call_ex_values, eur_value) # American Call
116   }
117  names(Call_value) <- c("C0")
118  Call_value
```

17.7 二叉树定价向 Black-Scholes 价格的收敛性

在本节中,我们将讨论二叉树模型对 Black-Scholes 定价公式的收敛性。讨论假设读者对对数正态性(在第 23 章讨论)和 Black-Scholes 定价公式(在第 18 章讨论)有一定的理解。因此,你可跳过这一节,稍后再回来。

当我们考察一个有限逼近的期权定价公式时,我们必须使用一个近似的上涨和下跌值。一个广泛使用的将利率 r 和股票波动率 σ 转化为二叉树模型中的"上涨"或"下跌"的公式为:[1]

$$\Delta t = T/n \quad R = e^{r\Delta t}$$

$$U = 1 + 上涨 = e^{(\mu-0.5\sigma^2)\Delta t + \sigma\sqrt{\Delta t}} \quad D = 1 + 下跌 = e^{(\mu-0.5\sigma^2)\Delta t - \sigma\sqrt{\Delta t}}$$

这个近似保证了当 $\Delta t \to 0$(即 $n \to \infty$)时,股票收益率的分布接近对数正态分布。[2]

下面是这种方法在电子表格中的实现。函数 Binomial_Eur_call 与上面定义的函数相同;函数 BSCall 是在第 18 章中定义和讨论的 Black-Scholes 公式:

	A	B	C	D
1	BLACK-SCHOLES和二叉树定价			
2	S	60	当前股票价格	
3	X	50	期权行权价格	
4	T	0.50	距行权时间 (年)	
5	r	8%	年利率	
6	Sigma	30%	股票的风险	
7	n	1000	T的子时期数	
8				
9	Δt = T/n	0.0005	<--=B4/B7	
10	上涨, U	1.0067	<--=EXP((B5-0.5*B6^2)*B9+B6*SQRT(B9))	
11	下跌, D	0.9933	<--=EXP((B5-0.5*B6^2)*B9-B6*SQRT(B9))	
12	利率, R	1.0000	<--=EXP(B5*B9)	
13				
14	二叉树欧式认购期权	12.8223	<--=binomial_eur_call(B10,B11,B12,B2,B3,B7)	
15	Black-Scholes认购期权	12.8226	<--=BSCall(B2,B3,B4,B5,B6)	

二叉树模型给出了一个很好的 Black-Scholes 近似(单元格 B14:B15)。随着 n 的增大,这种近似会变得更好,尽管收敛到 Black-Scholes 价格的过程并不平滑:

---

[1] 许多从业者使用 $U = 1 + 上涨 = e^{\sigma\sqrt{\Delta t}}$ 和 $D = 1 + 下跌 = e^{-\sigma\sqrt{\Delta t}}$ 作为近似。

[2] 收敛于对数正态价格过程的另一种近似将在下一小节中给出。参见 Benninga、Steinmetz 和 Stroughair(1993),Hull(2006),以及 Omberg(1987)。

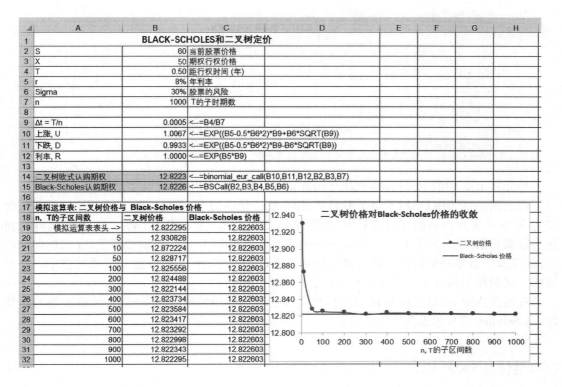

请注意，收敛发生得非常快——在几十步内，二叉树价格与 Black-Scholes 价格的差异就在 0.01 以内了。

17.8 运用二叉树模型对员工股票期权进行定价[①]

员工股票期权（ESO）是公司作为员工薪酬方案的一部分而给予员工的认购期权。与所有认购期权一样，员工股票期权的价值取决于股票的当前价格、期权的行权价格以及行权前的时间。然而，员工股票期权通常有几个特殊条件：

● 该期权有一个归属期。在此期间，员工不得行使权力。雇员于归属期前离职，则放弃其期权。在本节的模型中，我们假设公司的一般员工每年以退出率 e（员工每年离开公司的比率）离职。

● 在归属期后离职的员工被迫立即行使其期权。

● 由于税收原因，许多员工股票期权的行权价格等于发行日的股价。

根据 Hull 和 White（2004）的一篇论文，在以下模型中，我们假设当股票价格大于员工股票期权行权价格 X 的 m 倍时，员工会选择行权。我们首先给出了模型的实现和结果，然后讨论 VBA 程序，得到了以下结果：

---

① 本节受益于与 Cornerrtone Reasearch 的托本·沃特曼和耶路撒冷希伯来大学的泽维·威纳的讨论。

	A	B	C
1		一个二叉树员工股票期权定价模型 基于 Hull-White (2004)的模型	
2	S	50	当前股票价格
3	X	50	期权行权价格
4	T	10.0000	到期行权时间(年)
5	归属期 (年)	3.00	
6	利率	5.00%	年利率
7	波动率	35%	股票风险
8	股息率	2.50%	股票的年度股息率
9	退出率, e	10.00%	
10	期权行权倍数, m	3.00	
11	n	25	一年分割的子时期数
12			
13	员工股票期权价值	13.2758	<—=ESO(B2,B3,B4,B5,B6,B7,B8,B9,B10,B11)
14	Black-Scholes认购期权价值	19.1842	<—{=BSCall(B2*EXP(-B8*B4),B3,B4,B6,B7)}

单元格 B13 中的 ESO 函数取决于单元格 B2:B11 中列出的 10 个变量。

在上面的例子中,当授予员工股票期权时,股票价格为 50 美元。员工股票期权的行权价格为 $X=50$ 美元。该期权的期限为 10 年,行权归属期为 3 年。年利率为 5%,股票每年支付约为股票价值 2.5% 的股息。员工离开公司的比率是每年 10%。该模型假设,在归属期结束后,如果股票价格是期权行权价格的三倍或以上,员工会选择行权。[1]在 B13 单元格中进行计算的二叉树模型将每年分为 50 个子时期。

在这些假设下,员工股票期权的价值为 13.292 1 美元(单元格 B13)。派息股票的可比 Black-Scholes 期权价值为 19.18 美元。[2]

ESO 估值及 FASB 123

美国财务会计准则委员会和国际会计准则委员会(IASB)一致认为,员工股票期权应使用前述类型的模型定价,授予的期权的价值应在公司的净收入中体现。例如,如果一家公司发行了 100 万份在之前的电子表格中出现的类型的期权,我们将这些期权的价值记为 1 329.21 万美元。

员工股票期权模型的 VBA 代码

下面我们给出这个模型的 VBA 代码。接着是对代码的简短讨论。

```
Function ESO(Stock As Double, X As Double,
T As Double, Vest As Double, _
    Interest As Double, Sigma As Double,
    Divrate As Double, _
    Exitrate As Double, Multiple As Double,
    n As Single)
Dim Up As Double, Down As Double, R As Double, Div As
Double, _
piUp As Double, piDown As Double, Delta As Double, _
i As Integer, j As Integer
ReDim Opt(T * n, T * n)
ReDim S(T * n, T * n)
Up = Exp((Interest - 0.5 * (Sigma) ^ 2) *
(1 / n) + Sigma * Sqr(1 / n))
Down = Exp((Interest - 0.5 * (Sigma) ^ 2) * (1 / n) -
Sigma * Sqr(1 / n))
R = Exp(Interest / n)
```

---

① Hull 和 White(2004)的研究表明,股票价格与行权价格的平均比率在 2.2—2.8 之间。

② 我们说得超前了! Black-Scholes 对派息股票的适用性见第 18.6 节。

```
            Div = Exp(-Divrate / n)
            piUp = (R * Div - Down) / (Up - Down)
            'Risk-neutral up probability
            piDown = (Up - R * Div) / (Up - Down)
            'Risk-neutral down probability
            'Defining the stock price
            For i = 0 To T * n
              For j = 0 To i ' j is the number of Up
              steps
              S(i, j) = Stock * Up ^ j * Down
              ^ (i - j)
              Next j
            Next i
            'Defining the option value on the last nodes
            of tree
            For i = 0 To T * n
              Opt(T * n, i)=Application.Max(S(T * n, i)
              - X, 0)
            Next i
            'Early exercise when stock price > multiple
            * exercise after vesting
            For i = T * n - 1 To 0 Step -1
              For j = 0 To i
              If i > Vest * n And S(i, j) >=
              Multiple * X _
              Then Opt(i, j)=Application.
              Max(S(i, j) - X, 0)
              If i > Vest * n And S(i, j) <
              Multiple * X _
              Then Opt(i, j) = ((1 - Exitrate) ^
              (1 / n) * _
              (piUp * Opt(i + 1, j + 1) + piDown * _
              Opt(i + 1, j)) / R + (1 - (1 - Exitrate)
              ^ (1 / n)) * _
              Application.Max(S(i, j) - X, 0))
              If i <= Vest * n Then Opt(i, j) = _
              (1 - Exitrate) ^ (1 / n) * (piUp * _
              Opt(i + 1, j + 1) + piDown *
              Opt(i + 1, j)) / R
              Next j
            Next i
            ESO = Opt(0, 0)
        End Function
```

解释 VBA 代码

VBA 代码有几个部分。第一部分定义了变量,根据将每年分成 n 个部分而调整了上涨、下跌和"1+利率 R"的值。进行了这种调整后,代码定义了上涨和下跌的风险中性概率 π_{Up}、π_{Down}:

```
Up = Exp((Interest - 0.5 * (Sigma) ^ 2) *
(1 / n) + Sigma * Sqr(1 / n))
Down = Exp((Interest - 0.5 * (Sigma) ^ 2) *
(1 / n) - Sigma * Sqr(1 / n))
R = Exp(Interest / n)
Div = Exp(-Divrate / n)
piUp = (R * Div - Down) / (Up - Down)
'Risk-neutral up probability
piDown = (Up - R * Div) / (Up - Down)
'Risk-neutral down probability
```

股票价格被定义为一个数组 $S(i, j)$，其中，i 定义了时期，$i=0, 1, \cdots, T \cdot n$，$j$ 定义了每个时期的上涨步数，$j=0, 1, \cdots, i$。代码的下一部分将定义股票价格。

```
'Defining the stock price
For i = 0 To T * n
   For j = 0 To i ' j is the number of Up steps
   S(i, j) = Stock * Up ^ j * Down ^ (i - j)
   Next j
Next i
```

期权价值将在下一段代码中被定义，这是我们员工股票期权函数的核心。期权价值被定义为数组函数 $Opt(i, j)$：

```
'Defining the option value on the last nodes
of tree
For i = 0 To T * n
   Opt(T * n, i) = Application.Max(S(T * n, i)
   - X, 0)
Next i
'Early exercise when stock price > multiple
* exercise after vesting
For i = T * n - 1 To 0 Step -1
   For j = 0 To i
   If i > Vest * n And S(i, j) >= Multiple * X _
   Then Opt(i, j)=Application.Max(S(i, j) - X, 0)
   If i > Vest * n And S(i, j) < Multiple * X _
   Then Opt(i, j) = ((1 - Exitrate) ^ (1 / n) * _
   (piUp * Opt(i + 1, j + 1) + piDown *
   Opt(i + 1, j)) / R + (1 - (1 - Exitrate) ^
   (1 / n)) * _
   Application.Max(S(i, j) - X, 0))
   If i <= Vest * n Then Opt(i, j) = _
   (1 - Exitrate) ^ (1 / n) * (piUp * _
   Opt(i + 1, j + 1) + piDown *
   Opt(i + 1, j)) / R
   Next j
Next i
```

这段代码的意思是：

$$
Opt(i, j) = \begin{cases} \max(S(T \cdot n, j) - X, 0) & \text{最终节点} \\ \max(S(i, j) - X, 0) & \begin{array}{l} \text{行权之后,} \\ S(i, j) \geqslant m \cdot X \end{array} \\ \begin{array}{l} (1 - Exitrate)^{(1/n)} \cdot \\ \dfrac{\pi_{Up} Opt(i+1, j+1) + \pi_{Down} Opt(i+1, j)}{R} \\ + (1 - (1 - Exitrate)^{(1/n)}) \cdot \max(S(i, j) - X, 0) \end{array} & \begin{array}{l} \text{行权之后,} \\ S(i, j) < m \cdot X \end{array} \\ (1 - Exitrate)^{(1/n)} \cdot \dfrac{\pi_{Up} Opt(i+1, j+1) + \pi_{Down} Opt(i+1, j)}{R} & \text{行权之前} \end{cases}
$$

在最终节点，我们只需行使期权。在最终节点之前和行权之后，我们检验股票价格是否比期望的行权价格的 m 倍大。如果是，我们行使期权。如果 $S(i, j) < m \cdot X$，则员工持股收益取决于员工是否退出公司。在概率 $(1 - Exitrate)^{(1/n)}$ 下，员工不退出公司，[①]此时期权收益

---

① 注意 $(1 - Exitrate^{1/n \text{期}})^{(1/n)} = (1 - Exitrate^{1 \text{年期}})$。

为下一时期的期望收益的贴现：

$$(1-Exitrate)^{(1/n)} \cdot \frac{\pi_{Up}Opt(i+1, j+1) + \pi_{Down}Opt(i+1, j)}{R}$$

另一方面，如果员工退出公司，且归属期已过，员工会尝试行使期权，则期望收益为：

$$(1-(1-Exitrate)^{(1/n)}) \cdot \max(S(i, j) - X, 0)$$

最后，在归属期之前，员工股票期权只值下一时期的期望收益值的贴现（按风险中性概率计算）：

$$(1-Exitrate)^{(1/n)} \cdot \frac{\pi_{Up}Opt(i+1, j+1) + \pi_{Down}Opt(i+1, j)}{R}$$

代码中的最后一步是定义函数 ESO 的值：

$$ESO = Opt(0, 0)$$

员工股票期权模型的 R 代码

下面我们给出了前述员工股票期权模型的 R 代码：

```
121  # Input
122  S0 <- 50 # Current stock price
123  X <- 50 # Option exercise price
124  t <- 10 #   Time to option exercise (in years)
125  vesting <- 3 # Vesting period (years)
126  interest <- 0.05 # Annual interest rate
127  sigma <- 0.35 # Riskiness of stock
128  div_rate <- 0.025 # Annual dividend rate on stock
129  exit_rate <- 0.1 # Annual Exit rate
130  ex_multiple <- 3 # Option exercise multiple
131  n <- 50 # Number of subdivisions of one year
132
133  fm5_ESO <- function(S0, X, t, vesting, interest, sigma, div_rate, exit_rate, ex_multiple, n){
134
135      delta_t <- 1/n # Delta t
136
137      # Risk neutral probabilities
138      U <- exp((interest - 0.5 * sigma^2) * delta_t + sqrt(delta_t) * sigma)
139      D <- exp((interest - 0.5 * sigma^2) * delta_t - sqrt(delta_t) * sigma)
140      R <- exp(interest * delta_t)
141      div <- exp(-div_rate / n)
142      pi_U <- (R * div - D) / (U - D)
143      pi_D <- (U - R * div) / (U - D)
144
145      # Defining the stock price
146      St <- matrix(nrow = n * t + 1, ncol = n * t + 1)
147      for(c in 1:(n * t + 1)){
148          for(r in 1:c){
149              St[r,c] <- S0 * U^(r - 1) * D^(c - r)
150          }
151      }
152
153      # Defining the option value on the last nodes of tree
154      opt_value <- matrix(nrow = (n * t + 1), ncol = (n * t + 1))
155      opt_value[, n * t + 1] <- pmax(St[, n * t + 1] - X, 0)
156
157      # Early exercise when stock price > multiple * exercise after vesting
158      for(c in (n*t):1){ # columns
159          for(r in 1:c){ # rows
160              if(c > (vesting * n + 1)){
161                  if(St[r,c] >= ex_multiple * X){opt_value[r, c] <- max(St[r, c] - X, 0)}
162                  if(St[r,c] < ex_multiple * X){opt_value[r, c] <-
163                      (((1 - exit_rate) ^ (1 / n))* (pi_U * opt_value[r + 1, c + 1] + pi_D *
164                      opt_value[r, c + 1]) / R + (1 - (1 - exit_rate) ^ (1 / n)) *
165                      max(St[r,c] - X, 0))}
166                  }
167              if(c <= vesting * n + 1) { opt_value[r, c] <- (1 - exit_rate)^(1 / n) *
168                  (pi_U * opt_value[r + 1, c + 1] + pi_D * opt_value[r, c + 1]) / R }
169                  }}
170
171  # Result
172  return(opt_value[1,1])
173  }
174
175  fm5_ESO(S0, X, t, vesting, interest, sigma, div_rate, exit_rate, ex_multiple, n)
```

一些敏感性分析

我们可以使用模拟运算表对 ESO 函数进行敏感性分析。

	A	B	C	D	E
1	ESO对一年的子时期数n的敏感性				
2	S		50	当前股票价格	
3	X		50	期权行权价格	
4	T		10.0000	到期行权时间(年)	
5	归属期 (年)		3.00		
6	利率		5.00%	年利率	
7	波动率		35%	股票风险	
8	股息率		2.50%	股票的年度股息率	
9	退出率, e		10.00%		
10	期权行权倍数, m		3.00		
11	n		50	一年分割的子时期数	
13	员工股票期权价值		13.2921	<--=ESO(B2,B3,B4,B5,B6,B7,B8,B9,B10,B11)	
14	Black-Scholes认购期权价值		19.1842	<--=BSCall(B2*EXP(-B8*B4),B3,B4,B6,B7)	
16	ESO价值对一年的子时期数n的敏感性				
17	n		13.2921	<--=B13, 模拟运算表表头	
18	2		12.7605		
19	5		13.1114		
20	10		13.2198		
21	25		13.2758		
22	50		13.2921		
23	75		13.3038		
24	100		13.3037		
25	200		13.3077		

上图提供了充分的证据表明，$n=50$ 或 75，在为员工股票期权估值方面做得足够好。由于较大的 n 值会耗费时间，所以我们推荐较小的值。

在下面的图表中，我们展示了员工股票期权价值对员工退出率 e 的敏感性：

	A	B	C	D	E
1	ESO对年退出率e的敏感性				
2	S	50	当前股票价格		
3	X	50	期权行权价格		
4	T	10.0000	到期行权时间(年)		
5	归属期 (年)	3.00			
6	利率	5.00%	年利率		
7	波动率	35%	股票风险		
8	股息率	2.50%	股票的年度股息率		
9	退出率, e	10.00%			
10	期权行权倍数, m	3.00			
11	n	50	一年分割的子时期数		
13	员工股票期权价值	13.2921	<--=ESO(B2,B3,B4,B5,B6,B7,B8,B9,B10,B11)		
14	Black-Scholes认购期权价值	19.1842	<--=BSCall(B2*EXP(-B8*B4),B3,B4,B6,B7)		
16	ESO价值对年退出率e的敏感性				
17	e	13.2921	<--=B13, 模拟运算表表头		
18	0%	20.1646			
19	1%	19.3504			
20	3%	17.8151			
21	5%	16.3952			
22	7%	15.0817			
23	9%	13.8658			
24	11%	12.7400			
25	13%	11.6972			
26	15%	10.7310			
27	17%	9.8355			
28	19%	9.0054			
29	20%	8.6133			

退出率对员工持股价值有重要影响：员工退出率越高，员工股票期权价值越低。从 FASB123 估值来看，退出率 e 是一个重要的估值因素。

最后,我们做一个员工股票期权价值对于退出倍数 m 的敏感性分析。记得 Hull-White 模型假定持有一个员工股票期权的雇员选择在股票价格为行权价格的 m 倍时行权。基本上这将雇员锁定在一个次优的策略,因为在一般情况下,认购期权应持有至到期(虽然我们注意到,在这种情况下,股票支付红利的股票期权可能提前行权是最佳的)。在下面的例子中,我们清楚地看到了员工股票期权提前行权的次优性:倍数 m 越高,员工股票期权的价值就越高。

	A	B	C
1		ESO函数对行权倍数m的敏感性	
2	S	50	当前股票价格
3	X	50	期权行权价格
4	T	10.0000	到期行权时间(年)
5	归属期 (年)	3.00	
6	利率	5.00%	年利率
7	波动率	35%	股票风险
8	股息率	2.50%	股票的年度股息率
9	退出率, e	10.00%	
10	期权行权倍数, m	3.00	
11	n	50	一年分割的子时期数
12			
13	员工股票期权价值	13.2921	<—=ESO(B2,B3,B4,B5,B6,B7,B8,B9,B10,B11)
14	Black-Scholes认购期权价值	19.1842	<—=BSCall(B2*EXP(-B8*B4),B3,B4,B6,B7)
15			
16	ESO价值对行权倍数m的敏感性		
17	m	13.2921	<—=B13, 模拟运算表表头
18	1.0	9.1698	
19	1.5	11.7668	
20	2.0	12.7879	
21	2.5	13.1817	
22	3.0	13.2921	
23	3.5	13.3057	
24	4.0	13.2785	
25	4.5	13.2359	
26	5.0	13.1934	
27	5.5	13.1517	
28	6.0	13.1145	
29	6.5	13.0825	
30			
31			

最后但同样重要的

Hull-White 模型是员工股票期权价值的一个数值近似,但它不是一个封闭形式的公式。Cvitanić、Wiener 和 Zapatero(2006)的一篇论文给出了一个员工股票期权价值的解析推导。这个公式的内容有 16 页之多,在这里就没有给出了。该公式的 Excel 实现可以在 http://pluto.mscc.huji.ac.il/~mswiener/research/ESO.htm 上下载。

17.9 使用二叉树模型对非标准期权进行定价:一个例子

二叉树模型也可用于非标准期权的定价。考察下面的例子:你持有购买一家公司股票的期权。期权允许提前行权,但行权价格随你选择行权的时间而变化。对于我们考察的情况,该期权具备以下条件:

- 仅存在 n 个可能的行权日期(即期权仅在这些日期行权)。

- 在日期 t 行权意味着在所有 $s>t$ 的日期都不能行权。但是，如果你在日期 s 没有行权，你仍然可以在日期 $t>s$ 行权。

- t 日的行权价格为 X_t，即行权价格可以随时间而变化。

我们希望使用二叉树框架来评估这个期权。为了做到这一点，我们认识到这基本上只是一个美式期权，有三个单独的行权价格。

使用第 17.5 节中描述的美式期权估值的逻辑，下面是我们如何在电子表格中设置这个问题：

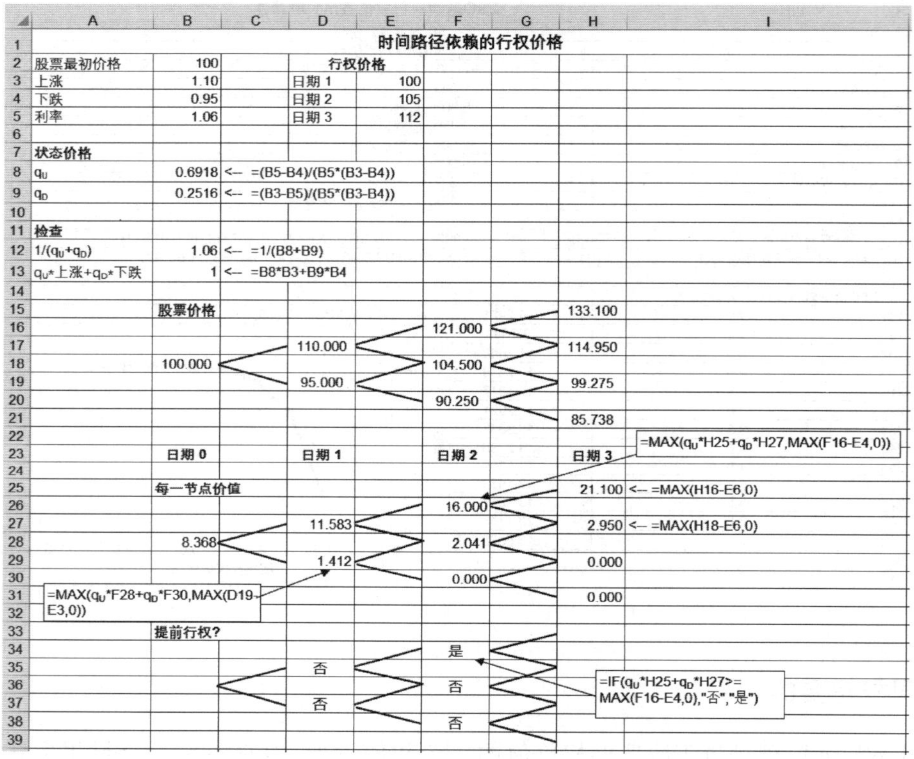

该电子表格的大部分内容与第 17.5 节的一样。单元格 B15：H21 描述股票价格随时间的变化，它遵循二叉树过程，上涨=1.10，下跌＝0.95（单元格 B3 和 B4）。有趣的事情是在期权估值（行 23：31）。与美式期权的通常情况一样，在树的每个节点，我们考察期权是行权还是继续持有更有价值。但请注意，在上图中，行权价格随日期而变化，因此日期 3 的行权价格为 E5，日期 2 的行权价格为 E4，日期 1 的行权价格为 E3。

如你在单元格 B28 中所见，美式认购期权的价值为 8.368。

17.10　总结

二叉树模型比较直观，易于实现。作为 Black-Scholes 定价的广泛替代方案，该模型可以很容易地在电子表格中实现,并在 VBA 中编程。本章探讨了二叉树模型的基本用法及其在美式期权和其他期权定价中的实现。关于员工股票期权的一节显示了如何实施 Hull 和 White(2004)的模型来评估这些期权。自始至终,我们都强调状态价格在实施该模式中的作用。

练习

1. 今天以 25 美元出售的股票,一年后将价值 35 美元或 20 美元。如果利率是 8%,行权价格为 30 美元的 1 年期股票认购期权今天的价值是多少? 使用第 17.2 节的联立方程方法对期权进行定价。

2. 在练习 1 中,计算状态价格 q_U 和 q_D,并使用这些价格计算行权价格为 30 美元的 1 年期股票认沽期权的今天价值。证明认沽-认购期权平价成立。也就是说,用你从这个问题和上一个问题中得到的答案,证明:

$$认购期权价格 + \frac{X}{1+r} = 今日股票价格 + 认沽期权价格$$

3. 考察二叉树模型中同一只股票的认购期权和认沽期权。认购期权的行权价格为 30,认沽期权的行权价格为 40。认购期权的收益分别为 0 和 5,认沽期权的收益分别为 20 和 5。认购期权的价格为 2.25,认沽期权的价格为 12.25。

a. 无风险利率是多少? 假设基本期间为一年。

b. 今天的股价是多少?

4. 所有可靠的分析师都认为,今天每股 50 美元的 ABC 公司股票,在一年后将被定价为 65 美元或 45 美元。他们进一步同意这些事件的概率分别为 0.6 和 0.4。市场无风险利率为 6%。ABC 的一个行权价格是 50 美元、并且在一年内到期的认购期权的价值是多少?

5. 一只股票目前的价格为 60 美元。今年年底,股票价格预计将上涨 25% 或下降 20%。无风险利率为 5%。用行权价 55 计算其欧式期权的价格。使用二叉树期权定价模型。

6. 在下面的电子表格中填写所有标有"??"的单元格。为什么美式认购期权没有额外的定价树?

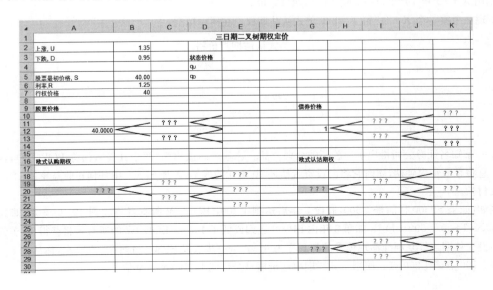

7. 考察以下两期二叉树模型,其中年利率为 9%,股票价格每期上涨 15% 或下跌 10%:

a. 计算行权价格为 60 的股票欧式认购期权价格。
b. 计算行权价格为 60 的股票欧式认沽期权价格。
c. 计算行权价格为 60 的股票美式认购期权价格。
d. 计算行权价格为 60 的股票美式认沽期权价格。

8. 考察以下三日期二叉树模型:

● 在每个时期,股价要么上涨 30%,要么下跌 10%。
● 单期利率为 25%。

a. 考察一个 $X = 30$ 和 $T = 2$ 的欧式认购期权。在树中填空:

认购期权价格

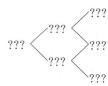

b. 用 $X = 30$ 和 $T = 2$ 为一个欧式认沽期权定价。

c. 现在考察一个 $X = 30$ 和 $T = 2$ 的美式认沽期权。在树中填空:

美式认沽期权价格

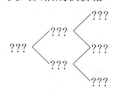

9. 一家知名证券公司推出了一款新的金融产品。这款产品被称为"两全其美"(简称 BOBOW),售价 10 美元。它将在 5 年内到期,届时它将向投资者偿还 10 美元的成本,外加 SP500 中任何正收益率的 120%。到期前无付款。

例如:如果 SP500 目前是 1 500,假设 5 年后达到 1 800,BOBOW 所有者将收到 12.40 美元,即为 10×[1+1.2×(1 800/1 500−1)]。如果 5 年内 SP500 达到或低于 1 500,BOBOW 的所有者将获得 10 美元。

假设 5 年期连续复利纯贴现债券的年利率为 6%。进一步假设 SP500 目前在 1 500 点,你认为 5 年后它将达到 2 500 点或 1 200 点。使用二叉树期权定价模型来证明 BOBOW 被低估了。

10. 这个问题是第 17.6 节讨论的延续。证明当 $n \to \infty$ 时,二叉树欧式认沽期权定价收敛于 Black-Scholes 定价。(请注意,作为本章电子表格的一部分,我们已经包含了一个名为 BSPut 的函数,用于计算 Black-Scholes 定价。)

11. 下面是练习 10 的一个简化版本。考察二叉树的另一种参数化:

$$\Delta t = T/n \quad R = e^{r\Delta t}$$

$$上涨 = e^{(r)\Delta t + \sigma\sqrt{\Delta t}} \quad q_U = \frac{R - 下跌}{R \cdot (上涨 - 下跌)}$$

$$下跌 = e^{(r)\Delta t - \sigma\sqrt{\Delta t}} \quad q_D = \frac{1}{R} - q_U$$

为此,在 VBA 中构造二叉树欧式认购和认沽期权定价函数,并证明它们也收敛于 Black-Scholes 公式。(这里的信息是,二叉树上涨和下跌的参数化不是唯一的。)

12. 考察当前价格为 50 美元的股票的一个认购期权。该期权的期限为 3 年,在此期间,预计每年的股价将上涨 25% 或下跌 10%。年利率保持在 6% 不变。该期权在日期 1 以 55 美元的价格行权,在日期 2 以 60 美元的价格行权,在日期 3 以 65 美元的价格行权。它今天的价值是多少?你会提前行使期权吗?

13. 重新考察上述问题。证明,如果日期 1 的行权价格为 X,日期 2 的行权价格为 $X \cdot (1+r)$,日期 3 的行权价格为 $X \cdot (1+r)^2$,则你将不会提前行权。[①]

14. 一家投资银行正在为 Bisco 股票提供一种与两年后的价格挂钩的证券,目前的价格为每股 3 美元。用 S_2 表示 Bisco 两个时期后的股价。证券提供的收益为 $\max(S_2^3 - 40, 0)$。你估计在每未来两个时期,Bisco 股票将增长 50% 或下降 20%。年利率是 8%。为证券定价。

---

① 它还可以表明,如果行权价格增长比利率慢,这种属性仍然成立。因此,对于第 17.5 节所考察的问题,只有当行权价格的增长速度高于利率时,才会出现提前行权的情况。

18

Black-Scholes 模型

18.1 概述

在 1973 年发表的一篇开创性论文中,费希尔·布莱克和迈伦·斯科尔斯(Myron Scholes)证明了一个为欧式非派息股票的认购和认沽期权定价的公式。他们的模型可能是现代金融学中最著名的模型。Black-Scholes 公式相对容易使用,它通常为比较复杂的期权定价给出一个比较适当的近似值。在本章,我们不对模型进行全面的讨论,因为这需要随机过程的知识,这是一项相当可观的数学投资。相反,我们将描述模型的机制,并介绍如何在 Excel 中实现它。我们还将举例说明 Black-Scholes 公式在评估结构性资产中的几种用途。

18.2 Black-Scholes 模型

假设一只股票的价格服从对数正态分布。[①]Black-Scholes 模型使用以下公式为非派息股票的欧式认购期权定价:

$$C = S \cdot N(d_1) - X \cdot e^{-rT} \cdot N(d_2)$$

其中

$$d_1 = \frac{\ln(S/X) + \left(r + \frac{\sigma^2}{2}\right)T}{\sigma\sqrt{T}}$$

$$d_2 = d_1 - \sigma\sqrt{T}$$

---

① 对数正态分布将在第 23 章讨论,但为了应用 Black-Scholes 模型,第 18.3 节就足够了。

这里，C 表示认购期权的价格，S 是标的股票的价格，X 是认购期权的行权价格，T 是认购期权的行权时间，r 是利率，σ 是股票对数收益率的标准差。$N(d)$ 表示 d 左侧的累积标准正态分布函数的值。假设股票在 T 日之前不支付股息。

根据认沽-认购期权平价定理（见第 16 章），同一只股票的具有相同行权日期 T 和相同行权价格 X 的认沽期权的价格为 $P=C-S+Xe^{-rT}$。将 C 代入该方程，进行代数运算，得到 Black-Scholes 欧式认沽期权定价公式：

$$P=Xe^{-rT}N(-d_2)-SN(-d_1)$$

在第 17 章，我们提及一种证明 Black-Scholes 公式的方法。结果表明，当(1)一个典型时期的长度趋于 0，(2)二叉树模型中的"上涨"和"下跌"运动收敛于一个对数正态价格过程，(3)利率的期限结构是平坦的时，Black-Scholes 公式与二叉树期权定价模型公式是一致的。

在电子表格中实现 Black-Scholes 公式

认购和认沽期权的 Black-Scholes 公式在电子表格中很容易实现。下面的例子说明了当前价格为 $S=50$、行权价格 $X=45$、年化利率 $r=4\%$、$\sigma=30\%$ 时，如何计算股票认购期权的价格。该期权在 $T=0.75$ 年后可行权。所有三个参数 T、r 和 σ 都假定为以年为单位。[①]

	A	B	C
1			**BLACK-SCHOLES期权定价公式**
2	S	50	当前股票价格
3	X	45	行权价格
4	r	4.00%	无风险利率
5	T	0.75	期权到期日（年）
6	Sigma	30%	股票波动率, σ
7			
8	d_1	0.6509	<--=(LN(B2/B3)+(B4+0.5*B6^2)*B5)/(B6*SQRT(B5))
9	d_2	0.3911	<--=B8-SQRT(B5)*B6
10			
11	$N(d_1)$	0.7424	<--=NORM.S.DIST(B8,1)
12	$N(d_2)$	0.6521	<--=NORM.S.DIST(B9,1)
13			
14	认购期权价格	8.64	<--=B2*B11-B3*EXP(-B4*B5)*B12
15	认沽期权价格	2.31	<--=B3*EXP(-B4*B5)*NORMSDIST(-B9)-B2*NORMSDIST(-B8)
16	认沽期权价格 (PCP)	2.31	<--=B14-B2+B3*EXP(-B4*B5)

电子表格计算了两次认沽期权价格。在单元格 B15 中，认沽期权的价格是使用 Black-Scholes 公式计算的，在单元格 B16 中，认沽期权的价格是使用认沽-认购期权平价计算的。

我们可以用这个电子表格来做通常的敏感性分析。例如，下面的数据|模拟运算表（见第 28 章）给出了当股价变化时，认购期权的 Black-Scholes 价值与其内在价值[即，$\max(S-X, 0)$]的比较。

---

① 第 23.7 节将讨论在给定非年化数据的情况下如何计算对数正态过程的年化 σ。

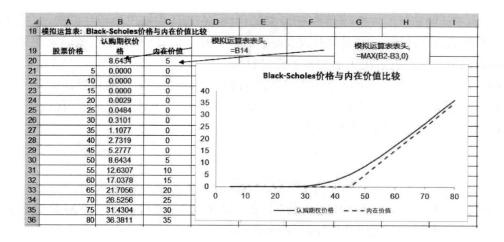

18.3 Black-Scholes 期权定价模型编程

使用 VBA 将 Black-Scholes 模型定义成函数

　　虽然上一节中演示的使用电子表格实现 Black-Scholes 公式的方法对于某些目的来说已经足够了，但有时我们对有一个可以直接在 Excel 中使用的封闭形式函数感兴趣。我们可以使用 VBA 来实现这一点。下面我们定义函数 dOne、dTwo 和 BSCall：

```
Function dOne(Stock, Exercise, Time, Interest,
sigma)
    dOne=(Log(Stock/Exercise) + (Interest + 0.5
    * (sigma)^2) * Time) _
    / (sigma * Sqr(Time))
End Function

Function dTwo(Stock, Exercise, Time, Interest,
sigma)
    dTwo = dOne(Stock, Exercise, Time, Interest,
    sigma) - _
    sigma * Sqr(Time)
End Function

Function BSCall(Stock, Exercise, Time, Interest,
sigma)
    BSCall = Stock * Application.
    NormSDist(dOne(Stock, Exercise, _
        Time, Interest, sigma)) - Exercise *
        Exp(-Time * Interest) * _
    Application.NormSDist(dTwo(Stock, Exercise,
    Time, _
    Interest, sigma))
End Function
```

注意，我们使用了 Excel 函数 NormSDist，它给出了标准正态分布。[1]

认沽期权定价

我们在另一个 VBA 函数 BSPut 中应用了相同的方法来为认沽期权定价：

```
Function BSPut(Stock, Exercise, Time, _
Interest, sigma)
   BSPut = Exercise * Exp(-Time * Interest) * _
   Application.Norm_S_Dist(-dTwo(Stock,
   Exercise, _
   Time, Interest, sigma), 1) - Stock *
   Application.Norm_S_Dist _
   (-dOne(Stock, Exercise, Time, Interest, _
   sigma), 1)
End Function
```

在 Excel 电子表格中使用这些函数

下面是在 Excel 中使用这些函数的一个例子。下面的图表是由一个模拟运算表创建的（在演示中，我们通常隐藏此类表格的第一行；我们在这里对其进行了展示）。

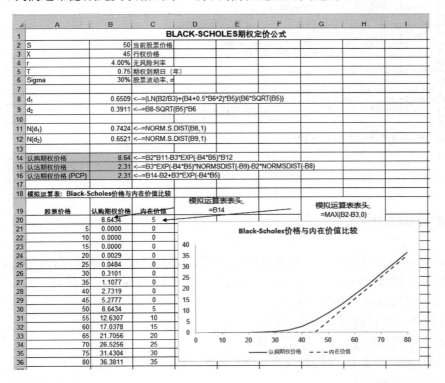

---

[1] 在电子表格中，我们使用了该函数的新版本 Norm.S.Dist(x, TRUE or FALSE)。TRUE 表示累积分布，FALSE 表示概率密度。

用 R 实现 Black-Scholes 模型

下面我们展示使用前面例子中的数据实现 Black-Scholes 公式的 R 代码：

```
8   # Input:
9   s <- 50
10  x <- 45
11  r <- 0.04
12  t <- 0.75
13  sigma_S <- 0.3
14
15  # Function: d1
16  fm5_bs_d1 <- function(s, x, t, r, sigma_S){
17      return( ( log(S/X) + (r + 0.5 * sigma_S ^ 2) * t ) / ( sigma_S * sqrt(t)) )
18      }
19  fm5_bs_d1(S, X, t, r, sigma_S)
20
21  # Function: d2
22  fm5_bs_d2 <- function(s, x, t, r, sigma_S){
23      return(fm5_bs_d1(S, X, t, r, sigma_S) - sigma_S * sqrt(t))
24      }
25  fm5_bs_d2(S, X, t, r, sigma_S)
26
27  # Function: N(d1)
28  fm5_bs_Nd1 <- function(s, x, t, r, sigma_S){
29      return(pnorm(fm5_bs_d1(S, X, t, r, sigma_S), mean = 0, sd = 1))
30      }
31  fm5_bs_Nd1(S, X, t, r, sigma_S)
32
33  # Function: N(d2)
34  fm5_bs_Nd2 <- function(s, x, t, r, sigma_S){
35      return(pnorm(fm5_bs_d2(S, X, t, r, sigma_S), mean = 0, sd = 1))
36      }
37  fm5_bs_Nd2(S, X, t, r, sigma_S)
38
39  # Function: B&S Call option
40  fm5_bs_call <- function(s, x, t, r, sigma_S){
41      return(S * fm5_bs_Nd1(S, X, t, r, sigma_S)
42          - X * exp(-r*t) * fm5_bs_Nd2(S, X, t, r, sigma_S))
43          }
44  fm5_bs_call(S, X, t, r, sigma_S)
45
46  # Function: B&S Put option
47  fm5_bs_put <- function(s, x, t, r, sigma_S){
48      return(X * exp(-r*t) * (1 - fm5_bs_Nd2(S, X, t, r, sigma_S)) -
49          S *(1 - fm5_bs_Nd1(S, X, t, r, sigma_S)))
50          }
51  fm5_bs_put(S, X, t, r, sigma_S)
```

18.4 计算波动率

Black-Scholes 公式取决于五个参数：股票价格 S、期权行权价格 X、期权到期日 T、利率 r 以及期权标的股票收益率的标准差 σ。这五个参数中的前四个很简单，但是第五个参数 σ 就有问题了。计算 σ 有两种常用方法。

- σ 可以基于股票的历史收益率计算。
- σ 可以基于股票的隐含波动率计算。

在下面的两个小节中，我们将说明这两种计算 σ 的方法，并将它们应用于 SP500 期权（简称 SPY，被称为"蜘蛛"）的定价。

历史收益率的波动率

我们可以使用历史股票收益率来计算波动率。方法如下：

● 对于给定的时间框架和收益率频率，我们可以计算期间波动率。通常使用的时间框架差异很大。一些从业者使用短期框架，比如 30 天，而另一些人使用更长的时间框架（长达 1 年）。同样，收益率的频率可以是按日、周或月计算的。由于大多数期权是短期期权，更短的时间框架更普遍。

● 我们通过乘以每年划分的子时期数的平方根来将期间波动率年化。因此：

$$\sigma_{年} = \begin{cases} \sqrt{12} \cdot \sigma_{月} \\ \sqrt{52} \cdot \sigma_{周} \\ \sqrt{250} \cdot \sigma_{日} \end{cases}$$

每年的天数选择是一个悬而未决的问题。大多数从业者使用 250 或 252 作为每年交易日的数量。然而，我们也可以找到使用 365 的实例。

在下面的电子表格中，我们展示了 SPY 一年内的每日价格，SPY 是一个跟踪 SP500 的 ETF。SPY 的历史价格和由此产生的历史波动率计算如下：

	A	B	C	D	E	F	G	H
1				SPY 历史价格, 日数据 (2018-08-01至 2019-07-31)				
2	日期	调整后收盘价	收益率			收益率统计量, 1年		
3	2019/7/31	297.43				计数	250	<--=COUNT(C:C)
4	2019/7/30	300.72	1.10%	<--=LN(B4/B3)		平均日收益率	-0.03%	<--=AVERAGE(C:C)
5	2019/7/29	301.46	0.25%	<--=LN(B5/B4)		日收益率标准差	0.97%	<--=STDEV.S(C:C)
6	2019/7/26	302.01	0.18%					
7	2019/7/25	300.00	-0.67%			年化收益率均值	-0.37%	<--=12*G4
8	2019/7/24	301.44	0.48%			年化波动率	15.39%	<--=SQRT(252)*G5
9	2019/7/23	300.03	-0.47%					
10	2019/7/22	297.90	-0.71%			收益率统计量, 最后半年		
11	2019/7/19	297.17	-0.25%			计数	124	<--=COUNT(C130:C253)
12	2019/7/18	298.83	0.56%			平均日收益率	0.03%	<--=AVERAGE(C130:C253)
13	2019/7/17	297.74	-0.37%			日收益率标准差	1.20%	<--=STDEV.S(C130:C253)
14	2019/7/16	299.78	0.68%					
15	2019/7/15	300.75	0.32%			年化收益率均值	7.74%	<--=252*G12
16	2019/7/12	300.65	-0.03%			年化波动率	19.00%	<--=SQRT(252)*G13
252	2018/8/2	276.91	-0.43%					
253	2018/8/1	275.41	-0.54%					

基于全年数据的历史波动率为 15.39%，而过去六个月的波动率为 19%。

隐含波动率

隐含波动率不考虑历史数据；相反，它根据实际期权价格确定期权的 σ。历史波动率是一个回溯性的波动率，而隐含波动率是一个前瞻性的估计。[1]

为了估计 2013 年 1 月 19 日到期的 SPY 认购期权的隐含波动率，我们利用 Black-Scholes

---

① "前瞻性"与"回溯性"的名称听起来似乎隐含波动率总是比历史波动率好。当然，这不是我们的本意。

公式求解 σ,该波动率给出了当前的市场价格:

	A	B	C
1		**2018 年8月SPY 期权的隐含波动率**	
2	当前日期	2019/8/26	
3	期权到期日	2020/9/18	
4			
5	当前SPY价格, S	287.5	
6	期权行权价格, X	290	
7	到期时间, T	1.0611	<—=YEARFRAC(B2,B3,)
8	利率	1.73%	1年期国债利率 (来源: https://www.treasury.gov)
9			
10	实际认购期权价格	18.32	
11	实际认沽期权价格	22.15	
12			
13	隐含认购期权波动率	14.38%	<—=CallVolatility(B5,B6,B7,B8,B10)
14	证明: Black-Scholes 认购期权价格	18.32	<—=BSCall(B5,B6,B7,B8,B13)
15			
16	隐含认沽期权波动率	20.03%	<—=PutVolatility(B5,B6,B7,B8,B11)
17	证明: Black-Scholes 认沽期权价格	22.15	<—=BSPut(B5,B6,B7,B8,B16)

认购期权的隐含波动率为 14.38%,认沽期权的隐含波动率为 20.03%。如单元格 B14 和 B17 所示,当将这些波动率代入 Black-Scholes 公式时,会返回当前的市场价格。我们使用了后面描述的 CallVolatility 和 PutVolatility 函数。

我们还计算了平值认沽期权和认购期权的隐含波动率:

比较认购期权和认沽期权的隐含波动率

比较历史波动率与隐含波动率

很难说这两种方法中哪一种对期权定价更好。一方面,我们通常认为历史收益率具有某种预测未来期望收益率的有效性。另一方面,隐含波动率很好地表明了市场目前的想法。我们的建议是:两者都使用,并进行比较。

18.5 编写一个函数来查找隐含波动率

我们首先设计一个计算隐含波动率的 VBA 函数。为了做到这一点，我们首先注意到期权价格是 σ 的单调递增函数。这里给出我们基本的 Black-Scholes 电子表格中的"数据|模拟运算表"：

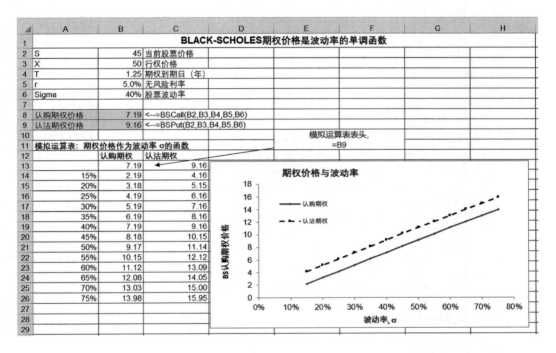

我们使用 VBA 定义一个函数 ImpliedVolatility，它可以为一个认购期权找到 σ。

	A	B	C	D	E	F
			BLACK-SCHOLES隐含波动率			
1	本电子表格带的 VBA 模块定义了一个**ImpliedVolatility(S,X,T,interest,target_price, OptionType)**函数。					
2	填入相关行（粗体）即可使用该函数。带标签"隐含波动率"的单元格包含了该函数 。					
3	**S**	51.00				
4	**X**	50.00				
5	**T**	1.25				
6	**Interest**	5.00%				
7	**Target option price**	6.00				
8	**Option type**	**C**	"C" 代表认购期权和 "P" 代表认沽期权			
9						
10	隐含认购期权波动率	16.67%	<--=ImpliedVolatility(B3,B4,B5,B6,B7,B8)			
11	隐含认沽期权波动率	36.20%	<--=ImpliedVolatility(B3,B4,B5,B6,B7,"P")			

函数定义为 ImpliedVolatility(Stock，Exercise，Time，Interest，Target，OptionType)，其中定义如下：

Stock 是股票价格 S；Exercise 为期权的行权价格 X；Time 为期权到期时间 T；Interest 为利率 r；Target 为期权价格；OptionType 是期权的类型（"C"代表认购期权，"P"代表认沽期权）。

该函数查找使 Black-Scholes 公式计算的期权价格等于输入的期权价格的 σ。

```
Function ImpliedVolatility(Stock, Exercise,
Time, Interest, _
Target, OptionType As String)
    High = 2
    Low = 0
    If UCase(OptionType) = "C" Then
    Do While (High - Low) > 0.0001
        If BSCall(Stock, Exercise, Time,
        Interest, _ (High + Low) / 2) > Target
        Then
            High = (High + Low) / 2
            Else: Low =
            (High + Low) / 2
        End If
    Loop
    ImpliedVolatility = (High + Low) / 2
    ElseIf UCase(OptionType) = "P" Then
        Do While (High - Low) > 0.0001
        If BSPut(Stock, Exercise, Time, Interest, _
        (High + Low) / 2) > Target Then
            High = (High + Low) / 2
            Else: Low = (High + Low) / 2
        End If
    Loop
    ImpliedVolatility = (High + Low) / 2
    Else: ImpliedVolatility = "Error"
    End If
End Function
```

函数所使用的技术与试错中使用的技术非常相似。我们从两个可能的估计开始：σ 有一个较高的估计 200%，一个较低的估计 0。我们现在进行下列操作：

• 将较高估计和较低估计的平均值代入相应函数的 Black-Scholes 公式。这给出了 BSCall(Stock，Exercise，Time，Interest，(High＋Low)/2) 或 BSPut(Stock，Exercise，Time，Interest，(High＋Low)/2)。［注意，函数 ImpliedVolatility 假设函数 BSCall() 和 BSPut() 在电子表格中可以使用。］

• CallOption(Stock，Exercise，Time，Interest，(High＋Low)/2)＞Target，那么当前 σ 估计(High＋Low)/2 太高。我们将较高估计替换为(High＋Low)/2。

• CallOption(Stock，Exercise，Time，Interest，(High＋Low)/2)＜Target，那么当前 σ 估计(High＋Low)/2 太低，我们将较低估计替换为(High＋Low)/2。

我们重复这个过程，直到 High－Low 这个差小于 0.000 1(或其他任意常数)。

用 R 求隐含波动率

在 R 中实现相同的方法应该是这样的：

```
67  ## The Implied Volatility
68  # Input:
69  s <- 51
70  x <- 50
71  t <- 1.25
72  r <- 0.05
73  target <- 6.0
74
75  # Implied Volatility
76  fm5_bs_iv <- function(s, x, t, r, target, option_type){
77
78      high = 2
79      low = 0
80
81      if(option_type == "C"){
82          while((high - low) > 0.0001){
83              ifelse(fm5_bs_call(s, x, t, r, (high + low)/2) - target > 0,
84                  high <- (high + low) / 2,
85                  low <- (high + low) / 2)
86          }
87          return((high + low) / 2)
88      }
89
90      if(option_type == "P"){
91          while((high - low) > 0.0001){
92              ifelse(fm5_bs_put(s, x, t, r, (high + low)/2) - target > 0,
93                  high <- (high + low) / 2,
94                  low <- (high + low) / 2)
95          }
96          return((high + low) / 2)
97      }
98  }
99
100 # Implied Volatility
101 fm5_bs_iv(S, X, t, r, target, option_type = "C")
102 fm5_bs_iv(S, X, t, r, target, option_type = "P")
```

18.6　Black-Scholes 的股息调整

Black-Scholes 公式假设期权的标的证券在行权日 T 之前不支付股息。在某些情况下，我们很容易针对股息对模型进行调整。本节将介绍两种情况下的调整。我们首先研究未来股息确定的期权定价，然后再研究标的证券支付持续股息的期权定价。两种情况的基本原则是相同的：期权按调整后的基础价值定价，该基础价值是扣除期权购买日至期权行权日之间所支付股息的现值之后的净值。

在期权到期前支付的已知股息

在期权交易时，股票的未来股息通常是已知的。这在已经宣布派发股息的情况下最为常见，但也有可能发生在那些有规律地支付相对稳定股息的股票上。在这种情况下，期权的定价不应基于当前股价 S，而应基于股价减去期权到期日 T 前预期股息的现值：

以下是一个例子:可口可乐(股票代码 KO)在每年 3 月、6 月、9 月和 11 月中旬支付季度股息。股息似乎相当稳定;2018 年和 2019 年,股息分别为每股 0.39 美元和 0.4 美元。

	A	B
1	可口可乐2015—2019年的股息	
2	日期	股息
3	2019/6/13	0.4
4	2019/3/14	0.4
5	2018/11/29	0.39
6	2018/9/13	0.39
7	2018/6/14	0.39
8	2018/3/14	0.39
9	2017/11/30	0.37
10	2017/9/14	0.37
11	2017/6/13	0.37
12	2017/3/13	0.37
13	2016/11/29	0.35
14	2016/9/13	0.35
15	2016/6/13	0.35
16	2016/3/11	0.35
17	2015/11/27	0.33
18	2015/9/11	0.33
19	2015/6/11	0.33
20	2015/3/12	0.33

计算可口可乐的 2020 年 2 月认购期权和认沽期权的隐含波动率表明,考虑预期股息会对定价产生重大影响。我们还可以从考虑股息的价格(单元格 B19:B20)与不考虑股息的价格(单元格 B22:B23)之间的差与红利的接近程度推断出前者是正确的。

	A	B	C	D	E
1	为可口可乐2020年2月认购期权和认沽期权定价				
2	当前日期	2019/8/28			
3	期权到期日	2020/2/21			
4	当前股票价格	54.99			
5	利率	1.73%	<—短期国债利率		
6					
7		日期	预期股息	现值	
8	9月中	2019/9/13	0.4	0.3997	<—=C8*EXP(-$B$5*((B8-$B$2)/365))
9	11月末	2019/11/29	0.4	0.3982	<—=C9*EXP(-$B$5*((B9-$B$2)/365))
10					
11	股票价格扣除PV(股息)	54.19	<— =B4-SUM(D8:D9)		
12	行权价格, X	55.00	<— 平值		
13	到期时间, T	0.4849	<— YEARFRAC(B3,B2,3)		
14	利率, r	1.73%	无风险收益率		
15	认购期权价格	2.50	<— 认购期权价格 on 28-Aug-2019		
16	认沽期权价格	3.25	<— 认沽期权价格 on 28-Aug-2019		
17					
18	隐含波动率				
19	认购期权, S 扣除股息	17.69%	<—{=ImpliedVolatility(B11,B12,B13,B14,B15,"C")}		
20	认沽期权, S 扣除股息	20.36%	<—{=ImpliedVolatility(B11,B12,B13,B14,B16,"P")}		
21					
22	认购期权, S 含股息	14.91%	<—{=ImpliedVolatility(B4,B12,B13,B14,B15,"C")}		
23	认沽期权, S 含股息	22.83%	<—{=ImpliedVolatility(B4,B12,B13,B14,B16,"P")}		

当已知日期有股息时,查找隐含波动率的 R 代码如下:

```
105  ## A Known Dividend to Be Paid Before the Option Expiration
106  today <- as.Date("2019-08-28")
107  expiration <- as.Date("2020-02-21")
108  s0 <- 54.99
109  r <- 0.0173
110  div_1 <- c(date = "2019-09-12", payment = 0.4)
111  div_2 <- c(date = "2019-11-29", payment = 0.4)
112
113  # Calculating dividends present value
114  delta_t_1 <- as.double(difftime(div_1["date"], today))/365
115  div_1["PV"] <- as.double(div_1["payment"]) * exp(-r * delta_t_1)
116
117  delta_t_2 <- as.double(difftime(div_2["date"], today))/365
118  div_2["PV"] <- as.double(div_2["payment"]) * exp(-r * delta_t_2)
119
120  net_S0 <- S0 - as.double(div_1["PV"]) - as.double(div_2["PV"])
121
122  # Calculating Black and Scholes Implies Volatility
123  X <- 55
124  ex_date <- as.Date("2020-02-21")
125  t <- as.double(difftime(ex_date, today))/365
126  call_price <- 2.5
127  put_price <- 3.25
128
129  # Implied Volatility, net of dividends
130  fm5_bs_iv(S = net_S0, X = X, t = t, r = r, target = call_price, option_type = "C")
131  fm5_bs_iv(S = net_S0, X = X, t = t, r = r, target = put_price, option_type = "P")
132
133  # Implied Volatility, with dividends
134  fm5_bs_iv(S = S0, X = X, t = t, r = r, target = call_price, option_type = "C")
135  fm5_bs_iv(S = S0, X = X, t = t, r = r, target = put_price, option_type = "P")
```

持续派息的股息调整：Merton 模型

在前一节中，我们研究了已知未来股息的情况。本节将讨论 Merton(1973)提出的一个模型，该模型用于计算连续派息的股票期权定价。连续派息似乎是一个奇怪的假设。但 SP500 或 DJ30 等一篮子股票最适合用持续派息的假设来近似，因为它们有很多股票，而且指数成分股全年或多或少地支付股息。

假设连续股息率为 k，Merton 证明了如下期权定价公式：

$$C = S \cdot e^{-kT} \cdot N(d_1) - X \cdot e^{-rT} \cdot N(d_2)$$
$$P = X \cdot e^{-rT} \cdot N(-d_2) - S \cdot e^{-kT} \cdot N(-d_1)$$

其中

$$d_1 = \frac{\ln(S/X) + \left(r - k + \frac{\sigma^2}{2}\right) \cdot T}{\sigma\sqrt{T}}$$
$$d_2 = d_1 - \sigma\sqrt{T}$$

下面使用该模型为跟踪 SP500 的 ETF 期权定价：

	A	B	C
1		MERTON的股息调整期权定价模型	
		此处用于为SP500 Spiders (代码: SPY)定价	
2	S	292.45	当前标的资产价格 (2019-09-01)
3	X	300.00	行权价格 (也称执行价)
4	T	0.296	<-- 期权于2019-12-18到期, 今天的时期是 2019-09-01
5	r	1.95%	无风险利率 (T-bills rate)
6	k	1.70%	股息收益率
7	Sigma	14%	标的资产波动率
8			
9	d_1	-0.2869	<--=(LN(B2/B3)+(B5-B6+0.5*B7^2)*B4)/(B7*SQRT(B4))
10	d_2	-0.3631	<--=B9-B7*SQRT(B4)
11			
12	$N(d_1)$	0.3871	<--=NORM.S.DIST(B9,1)
13	$N(d_2)$	0.3583	<--=NORM.S.DIST(B10,1)
14			
15	认购期权价格	5.77	<--=B2*EXP(-B6*B4)*B12-B3*EXP(-B5*B4)*B13
16	认沽期权价格	13.06	<--=B3*EXP(-B5*B4)*NORM.S.DIST(-B10,1)-B2*EXP(-B6*B4)*NORM.S.DIST(-B9,1)
17	利用PCP进行检查	13.06	<--=B15-B2*EXP(-B6*B4)+B3*EXP(-B5*B4)

下面，我们展示了在 R 中的一个实现：

```
132    ## Pricing SPY
133    # Input
134    s <- 292.45
135    x <- 300
136    t <- 0.296
137    r <- 0.0195
138    k <- 0.017
139    sigma_S <- 0.14
140
141    # Function: d1
142    fm5_bsm_d1 <- function(s, x, t, r, sigma_s, k){
143           return( ( log(s/x) + (r - k + 0.5 * sigma_s ^ 2) * t ) / ( sigma_s * sqrt(t)) )
144           }
145    fm5_bsm_d1(s, x, t, r, sigma_s, k)
146
147    # Function: d2
148    fm5_bsm_d2 <- function(s, x, t, r, sigma_s, k){
149           return(fm5_bsm_d1(s, x, t, r, sigma_s,k) - sigma_s * sqrt(t))
150           }
151    fm5_bsm_d2(s, x, t, r, sigma_s, k)
152
153    # Function: N(d1)
154    fm5_bsm_Nd1 <- function(s, x, t, r, sigma_s, k){
155           return(pnorm(fm5_bsm_d1(s, x, t, r, sigma_s, k), mean = 0, sd = 1))
156           }
157    fm5_bsm_Nd1(s, x, t, r, sigma_s, k)
158
159    # Function: N(d2)
160    fm5_bsm_Nd2 <- function(s, x, t, r, sigma_s, k){
161           return(pnorm(fm5_bsm_d2(s, x, t, r, sigma_s, k), mean = 0, sd = 1))
162           }
163    fm5_bsm_Nd2(s, x, t, r, sigma_s, k)
164
165    # Function: Black-Scholes-Merton Call option
166    fm5_bsm_call <- function(s, x, t, r, sigma_s, k){
167           return(s * fm5_bsm_Nd1(s, x, t, r, sigma_s, k) * exp(-k * t) -
168           x * exp(-r*t) * fm5_bsm_Nd2(s, x, t, r, sigma_s, k))
169           }
170    fm5_bsm_call(s, x, t, r, sigma_s, k)
171
172    # Function: Black-Scholes-Merton Put option
173    fm5_bsm_put <- function(s, x, t, r, sigma_s, k){
174           return(x * exp(-r*t) * (1-fm5_bsm_Nd2(s, x, t, r, sigma_s, k))-
175           s * (1-fm5_bsm_Nd1(s, x, t, r, sigma_s, k)) * exp(-k * t))
176           }
177    fm5_bsm_put(s, x, t, r, sigma_s, k)
```

Merton 模型经常被用来为货币期权定价。假设我们持有澳元（AUD）的期权。期权为澳元指定了一个美元汇率（在下面的例子中，认购期权允许我们在 0.295 9 年内以 0.7 美元/澳元买入 10 000 澳元）。期权标的资产是利率为 r_{AUD} 的澳元计息证券。

	A	B	C
1		为一个用美元购买澳元的期权定价	
2	S	0.6718	当前汇率：澳元的美元价格
3	X	0.700	行权价格
4	r_{US}	1.95%	美国国债的无风险利率 (T-bills 利率)
5	r_{AUD}	0.93%	澳元利率
6	T	0.2959	<— 于 2019-12-18 到期，今天日期是 2019-09-01
7	Sigma	9.70%	澳元对美元的波动率
8	d_1	-0.6957	<—=(LN(B2/B3)+(B4+0.5*B7^2-B5)*B6)/(B7*SQRT(B6))
9	d_2	-0.7485	<—=B8-SQRT(B6)*B7
10			
11	n	10,000	每张认购期权对应的澳元数
12			
13	$N(d_1)$	0.2433	<—=NORM.S.DIST(B8,1)
14	$N(d_2)$	0.2271	<—=NORM.S.DIST(B9,1)
15			
16	认购期权价格	49.57	<—=(B2*EXP(-B5*B6)*B13-B3*EXP(-B4*B6)*B14)*B11
17	认沽期权价格	309.76	<—=(B3*EXP(-B4*B6)*NORMSDIST(-B9)-B2*EXP(-B5*B6)*NORMSDIST(-B8))*B11

在本例中，货币期权的基础资产是澳元。澳元支付利息，即澳元利率。因此，Merton 模型适用，标的资产价格为 $S \cdot \exp(-r_{AUD} \cdot T)$。我们还要注意 d_1 的变化，其中出现了 r_{US} —

r_{AUD}，而不是常规 Black-Scholes 公式中的 r_{US}。

一旦定义了函数，在 R 中实现它就很简单了：

```
179  ## Pricing an option to buy AUD in USD
180  # Input
181  S <- 0.6718
182  X <- 0.7
183  rUS <- 0.0195
184  rAUD <- 0.0093
185  t <- 0.2959
186  sigma_S <- 0.0970
187  n <- 10000
188
189  Call_price <- n * fm5_bsm_call(S, X, t, r=rUS, sigma_S, k=rAUD)
190  Put_price <- n* fm5_bsm_put(S, X, t, r=rUS, sigma_S, k=rAUD)
```

18.7 "物有所值"的期权

Black-Scholes 公式还有另一个应用。假设你确信某只股票会在很短的时间内上涨。你想购买该股票具有最佳"性价比"的认购期权——也就是，你希望从你的期权投资中获得的利润率最大。使用 Black-Scholes 公式，很容易表明你应该：

- 买入期限尽可能短的认购期权。
- 买入虚值程度最深的认购期权（即尽可能高的行权价格）。

这里有一个电子表格说明：

	A	B	C	D	E	F	G	H
1				"物有所值"期权				
2	S	25	当前股票价格					
3	X	25	行权价格					
4	r	6.00%	无风险利率					
5	T	0.5	期权到期日（年）					
6	Sigma	30%	股票波动率					
7								
8	d_1	0.2475	<-=(LN(B2/B3)+(B4+0.5*B6^2)*B5)/(B6*SQRT(B5))					
9	d_2	0.0354	<-=B8-SQRT(B5)*B6					
10								
11	N(d_1)	0.5977	<-=NORM.S.DIST(B8,1)					
12	N(d_2)	0.5141	<-=NORM.S.DIST(B9,1)					
13								
14	认购期权价格	2.47	<-=B2*B11-B3*EXP(-B4*B5)*B12					
15	认沽期权价格	1.73	<-=B14-B2+B3*EXP(-B4*B5)					
16								
17	"物有所值"认购期权	6.0483	<-=B11*B2/B14					
18	"物有所值"认沽期权	5.8070	<-=NORMSDIST(-B8)*B2/B15					

在单元格 B17 中定义的"物有所值认购期权"只是认购期权价格的百分比变化除以股票价格的百分比变化（在经济学中，这被称为"价格弹性"）：

$$物有所值认购期权 = \frac{\partial C/C}{\partial S/S} = \frac{\partial C}{\partial S}\frac{S}{C} = N(d_1)\frac{S}{C}$$

类似地，对于认沽期权，"物有所值"的定义如下（当然，认沽期权"物有所值"背后的故事是你相信股价会下跌）：

$$物有所值认沽期权 = \frac{\partial P/P}{\partial S/S} = \frac{\partial P}{\partial S}\frac{S}{P} = -N(-d_1)\frac{S}{P}$$

这在前面的电子表格中的单元格 B18 中定义。为了让数字更容易理解，我们去掉了负号使得"物有所值认沽期权" $= N(-d_1)\frac{S}{P}$。

如果你调整电子表格，你会发现到期时间越长，期权的实值程度越深——性价比越低。另一种说法是，风险最大的期权是虚值程度最深和期限最短的期权。

	A	B	C	D	E	F	G	H
20	模拟运算表：S 和 T对"物有所值的认购期权"的影响							
21	↓ 标的资产 (S)，→ 行权时间 (T)							
22	6.0483	0.25	0.5	0.75	1			
23	15	25.86	14.18	10.17	8.11			
24	16	23.32	12.99	9.41	7.56		模拟运算表表头，	
25	17	20.99	11.90	8.72	7.06		=B17	
26	18	18.86	10.91	8.09	6.61			
27	19	16.91	10.01	7.52	6.19			
28	20	15.12	9.18	6.99	5.81			
29	21	13.50	8.43	6.51	5.46			
30	22	12.03	7.74	6.07	5.14			
31	23	10.71	7.12	5.67	4.84			
32	24	9.53	6.56	5.30	4.57			
33	25	8.49	6.05	4.97	4.33			
34	26	7.57	5.59	4.67	4.10			
35	27	6.77	5.18	4.39	3.89			
36	28	6.07	4.81	4.14	3.70			
37	29	5.47	4.48	3.91	3.53			
38	30	4.96	4.18	3.70	3.37			

18.8 债券期权估值的 Black 模型[①]

布莱克（参见 Black and Cox，1976）建议对 Black-Scholes 模型进行调整，该模型通常用于债券或远期期权的简单估值。设 F 为某项资产的远期价格，将第 18.2 节给出的 Black-Scholes 方程替换为：

$$C = e^{-rT}[F \cdot N(d_1) - X \cdot N(d_2)]$$

其中

$$d_1 = \frac{\ln(F/X) + \frac{\sigma^2 \cdot T}{2}}{\sigma\sqrt{T}}$$

$$d_2 = d_1 - \sigma\sqrt{T}$$

相应的认沽期权价格为：

$$P = e^{-rT}[X \cdot N(-d_2) - F \cdot N(-d_1)]$$

为了使用 Black 模型，我们考察一个零息债券期权的情况，其中期权到期时间为 $T = 0.5$。

---

① 这部分属于高阶内容，可以在第一次阅读时跳过。这里对债券期权定价的全面讨论超出了本书当前版本的范围。然而，这个非常有用和常用的 Black 模型的改编很简单，可以附在本章中。

期权持有人有机会在 T 时刻以行权价格 $X=130$ 购买该债券。假设无风险利率为 $r=2\%$。若债券至行权日的远期价格为 $F=133$,远期价格波动率为 $\sigma=6\%$,则采用 Black 模型的债券期权定价如下:

	A	B	C
1			用BLACK (1976) 模型为债券期权定价
2	F	133.0	<-- 债券远期价格
3	X	130.0	<-- 行权价格
4	r	2.00%	<-- 无风险利率
5	T	0.5	
6	Sigma	6%	<-- 债券远期价格波动率, σ
7			
8	d₁	0.5590	<-=(LN(B2/B3)+B6^2*B5/2)/(B6*SQRT(B5))
9	d₂	0.5165	<-=B8-SQRT(B5)*B6
10			
11	认购期权价格	4.00	<-=EXP(-B4*B5)*(B2*NORM.S.DIST(B8,1)-B3*NORM.S.DIST(B9,1))
12	认沽期权价格	1.03	<-=EXP(-B4*B5)*(B3*NORM.S.DIST(-B9,1)-B2*NORM.S.DIST(-B8,1))

在 R 中的实现是:

```
# Inputs
Fwd <- 133 # Bond Forward price
X <- 130 # Exercise price
r <- 0.02
t <- 0.5
sigma_S <- 0.06

d1 <- fm5_bs_d1(Fwd, X, t, r = 0, sigma_S)
d2 <- fm5_bs_d2(Fwd, X, t, r = 0, sigma_S)
Nd1 <- fm5_bs_Nd1(Fwd, X, t, r = 0, sigma_S)
Nd2 <- fm5_bs_Nd2(Fwd, X, t, r = 0, sigma_S)

#Options prices
Call_on_bond <- exp(-r * t)*( Fwd * Nd1 - X * Nd2)
Put_on_bond <- exp(-r * t) * (X * (1-Nd2) - Fwd * (1-Nd1))
```

因此,债券的认购期权价值 4.00,认沽期权价值 1.03。关于如何计算债券远期价格的讨论参见第 8 章(期限结构)。

18.9 利用 Black-Scholes 模型对风险债务进行定价

Merton(1974)模型是计算公司风险债务价值的传统金融理论,同时也是其他模型预测违约风险的基准模型。KMV 模型(以 Kealhofer、McQuown 和 Vasicek 的名字命名)是 Merton 模型的扩展之一,该模型成功提供了对公司违约可能性的评估。Merton 模型背后的基本思想是,公司的有限责任对公司的权益产生了一种类似期权的模式。简单地说,如果公司的资产价值(以 V_T 表示)低于到期时的债务价值(以 FV_T 表示),债务持有人将没收资产,权益持有人将一无所获。另一方面,当公司的资产价值高于到期时的债务价值时,债务持有者将获得 FV_T,而权益持有者将获得资产价值与 FV_T 之间的差额。从数学上讲,债务到期时(T)的权益收益为:

$$E_T=\max(V_T-FV_T,\ 0)$$

这就是认购期权到期时的收益。因此,我们可以将公司的股权像一个认购期权一样定价,其中基础资产是公司的资产,行权价格是到期债务价值(本金+利息),波动率是资产的波动率,到期时间是债务到期时间。债务价值就是资产价值和权益价值之间的差额。我们还可以采用期权不会被行权的风险中性概率来评估到期日的违约概率。在 Black-Scholes(Merton)模型中,这是 $1-N(d_2)$。计算违约概率被称为 KMV 模型。

在下面的例子中,我们计算了一家资产价值为 1 400 的公司现在的债务价值。资产服从对数正态分布,标准差为 20% *。① 该公司还将在两年半后偿还 1 150 的未偿债务,无风险利率为每年 2%。

	A	B	C
1			**利用 MERTON 模型(1974)对风险公司债务进行定价**
2	V	1,400	<—公司今日的资产价值
3	FV$_T$	1,150	<—债务到期时的债务支付
4	r	2.00%	<—无风险利率
5	T	2.5	<—债务到期时间
6	Sigma	20%	<— 资产的波动率
7			
8	d$_1$	0.7802	<—=(LN(B2/B3)+B6^2*B5/2)/(B6*SQRT(B5))
9	d$_2$	0.4639	<—=B8-SQRT(B5)*B6
10			
11	权益价值	352.91	<—=B2*NORM.S.DIST(B8,1)-B3*EXP(-B4*B5)*NORM.S.DIST(B9,1)
12	债务价值	1,047.09	<—=B2-B11
13	到期收益率	3.82%	<—=(B3/B12)^(1/B5)-1
14			
15	KMV 模型		
16	违约概率	32.1%	<—=1-NORM.S.DIST(B9,1)

使用 Merton 模型,我们得到今天的债务价值为 1 047(单元格 B12),相当于 3.82% 的到期收益率。我们还可以使用 KMV 模型来评估从今天起两年半的违约概率为 32%(单元格 B16)。

在 R 中实现模型应该是这样的:

```
210  # Inputs
211  V <- 1400 # firm Asset value today
212  FVt <- 1150 # debt payment at maturity
213  r <- 0.02 # risk free rate
214  t <- 2.5 # time to debt maturity
215  sigma_S <- 0.2 # assets volatility
216
217  # Result
218  d1 <- fm5_bs_d1(V, FVt, t, r = 0, sigma_S)
219  d2 <- fm5_bs_d2(V, FVt, t, r = 0, sigma_S)
220  Nd1 <- fm5_bs_Nd1(V, FVt, t, r = 0, sigma_S)
221  Nd2 <- fm5_bs_Nd2(V, FVt, t, r = 0, sigma_S)
222
223  equity_value <- V * Nd1 - FVt * exp(-r * t) * Nd2
224  debt_value <- V - equity_value
225  YTM <- (FVt / debt_value)^(1 / t) - 1 # Yield to maturity
226
227  default_prob <- 1 - Nd2 # Default probability by the KMV model
```

18.10 使用 Black-Scholes 公式为结构化证券定价

"结构化证券"是华尔街对股票、期权和债券组合等证券的称呼。在本节中,我们给出了

---

* 原书此处为 15%,似有误。——译者注

① 估计资产波动率的方法有很多种,一种很常见的方法是使用公式 $\sigma_V = \dfrac{\sigma_E}{(V/E) \cdot N(d_1)}$。

这类证券的三个例子,并介绍了如何使用 Black-Scholes 模型为它们定价。[①]在这个过程中,我们还将回到第 16 章的讨论,说明期权策略的利润图如何帮助我们理解这类证券。

一个简单的结构化证券:本金保护加上市场上行走势分享

一个简单而受欢迎的结构化证券为投资者的本金提供了有保证的收益率,并在一定程度上分享了市场的上行走势。以下是一个例子:Homeside 银行为其客户提供以下"本金有保护、上行有潜力"(Principal-Protected,Upside Potential,PPUP)的证券:

- 证券的初始投资:1 000 美元。
- 该证券不支付利息。
- 在 5 年后,PPUP 将偿还 1 000 美元,外加 SP500 增长的 50%。将当前的指数价格记为 S_0,将 5 年后的指数价格记为 S_T,则 PPUP 的收益可以表示为:

$$\$ 1\,000\left[1+50\%\times\max\left(\frac{S_T}{S_0}-1,\,0\right)\right]$$

为了分析 PPUP,我们首先将到期支付重写为:

$$\$ 1\,000\left[1+50\%\times\max\left(\frac{S_T}{S_0}-1,\,0\right)\right]$$
$$=\underbrace{\$ 1\,000}_{\text{零息债券的收益}}+\$ 1\,000\times\frac{50\%}{S_0}\times\underbrace{\max(S_T-S_0)}_{\text{平值认购期权的收益}}$$

由此可见,PPUP 的收益由两部分组成:

- 1 000 美元的本金收益率。由于这笔本金不支付利息,它今天的价值是在无风险利率下支付的现值,$1\,000\times e^{-rT}$ 美元,其中 r 为利率,$T=5$ 为 PPUP 的到期时间。
- $1\,000\times50\%/S_0$ 乘以 SP500 的平值认购期权价值。

我们可以使用以下电子表格为该证券定价:

	A	B	C
1	分析一个简单的结构化产品 $1,000 存款,对SP500在5年内的增长有50%的分享率		
2	初始SP500价格, S0	3,000	<-- PPUP发行时 SP500 的价格
3	结构化证券的行权价格, X	3,000	
4	5年期无风险利率, r	5.00%	
5	到期时间, T	5	
6	SP500的波动率,σSP	20%	
7	分享率	50%	<-- PPUP所有者对于SP500增长占有的比例
8			
9	结构化证券的组成部分,今日价值		
10	到期支付$1000的债券	778.80	<--=EXP(-B4*B5)*1000
11	分享率 /S0*SP500平值认购期权	145.69	<--{=1000*B7/B2*BSCall(B2,B3,B5,B4,B6)}
12	结构化证券的今日价值	924.49	<--=SUM(B10:B11)

结构化证券(单元格 B12)的价值为 924.49 美元。本次估值分为两部分:

[①] 并不是所有的结构都可以用 Black-Scholes 定价。更复杂的路径依赖证券通常需要使用第 26 章和第 27 章讨论的蒙特卡罗方法进行定价。

- PPUP 的债券部分的现值为 778.80 美元(单元格 B10)。
- $1\,000 \times 50\% / S_0$ 乘以 SP500 的平值认购期权价值为 145.69 美元(单元格 B11)。

给定单元格 B2:B7 中的参数,PPUP 被高估了——它的售价为 1 000 美元,而它的市场价值应该是 924.49 美元。考察结构化产品的另一种方式是计算其隐含波动率:什么样的 σ_{SP}(单元格 B6)将使得 PPUP 的市场估值(单元格 B12)等于 Homeside 银行要求的 1 000 美元价格?"单变量求解"或"规划求解"都能解决这个问题:

	A	B	C
1	分析一个简单的结构化产品 $1,000 存款, 对SP500在5年内的增长有50%的分享率		
2	初始SP500价格, S_0	3,000	<-- PPUP发行时 SP500 的价格
3	结构化证券的行权价格, X	3,000	
4	5年期无风险利率, r	5.00%	
5	到期时间, T	5	
6	SP500的波动率,σ_{SP}	20%	
7	分享率	50%	<-- PPUP所有者对于SP500增长占有的比例
8			
9	结构化证券的组成部分,今日价值		
10	到期支付$1000 的债券	778.80	<--=EXP(-B4*B5)*1000
11	分享率 /S_0*SP500平值认购期权	145.69	<--{=1000*B7/B2*BSCall(B2,B3,B5,B4,B6)}
12	结构化证券的今日价值	924.49	<--=SUM(B10:B11)

更复杂的结构化产品

假设你想创建一个具有以下收益模式的证券:

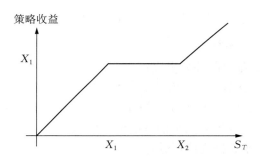

随着标的资产的最终价格从 $0 \leqslant S_T \leqslant X_1$ 上涨,收益模式(等额对应)也随之增加。在 X_1 和 X_2 之间,收益模式是平坦的,对于 $X_2 \leqslant S_T$,随着标的资产的价格上涨(等额对应),收益再次增加。这种收益模式的代数公式为:

$$X_1 - \max(X_1 - S_T, 0) + \max(S_T - X_2, 0)$$

为了证明这个公式创建了图形:

$$X_1 - \underbrace{\max(X_1 - S_T, 0)}_{\text{卖出认沽期权的收益}} + \underbrace{\max(S_T - X_2, 0)}_{\text{买入认购期权的收益}}$$

$$= \begin{cases} X_1 - X_1 + S_T = S_T & S_T < X_1 \\ X_1 & X_1 \leqslant S_T < X_2 \\ X_1 + S_T - X_2 & X_2 \leqslant S_T \end{cases}$$

稍复杂的收益模式如下:

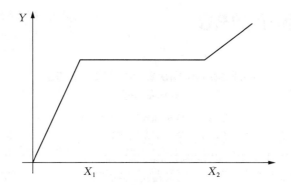

收益的初始部分斜率为 Y/X_1，第二次增长部分斜率为 Y/X_2。这种收益模式是由以下公式创建的：

$$Y-\underbrace{\frac{Y}{X_1}\max(X_1-S_T,0)}_{卖出\frac{Y}{X_1}份认沽期权的收益}+\underbrace{\frac{Y}{X_2}\max(S_T-X_2,0)}_{买入\frac{Y}{X_2}份认购期权的收益}$$

为了证明收益确实如此：

$$Y-\underbrace{\frac{Y}{X_1}\max(X_1-S_T,0)}_{卖出\frac{Y}{X_1}份认沽期权的收益}+\underbrace{\frac{Y}{X_2}\max(S_T-X_2,0)}_{买入\frac{Y}{X_2}份认购期权的收益}$$

$$\begin{cases} Y-\dfrac{Y}{X_1}(X_1-S_T)=\dfrac{Y}{X_1}S_T & S_T<X_1 \\[2mm] Y & X_1\leqslant S_T<X_2 \\[2mm] Y+\dfrac{Y}{X_2}(S_T-X_2)=\dfrac{Y}{X_2}S_T & X_2\leqslant S_T \end{cases}$$

作为这类结构化收益证券的一个例子，图 18.1 给出了荷兰银行（ABN-AMRO）发行的一款结构化产品的投资条款表。这种"安全气囊"（Airbag）证券的支付取决于欧洲股票指数 Stoxx50 的价值。以下是详细情况：

- 发行日期：2003 年 3 月 24 日；
- 终止日期：2008 年 3 月 24 日；
- 费用：1 020 欧元；
- 终止日期支付：

$$到期支付=\begin{cases} 1\,000\times1.33\times\left(\dfrac{Stoxx50_{Maturity}}{Stoxx50_{Initial}}\right) & 如果\ Stoxx50_{Maturity}<1\,618.50 \\[3mm] 1\,000 & 如果\ 1\,618.50<Stoxx50_{Maturity}<2\,158 \\[3mm] 1\,000\times\left(\dfrac{Stoxx50_{Maturity}}{Stoxx50_{Initial}}\right) & 如果\ Stoxx50_{Maturity}>2\,158 \end{cases}$$

AirBag on the Euro STOXX 50

17 March 2003

FINAL TERMS AND CONDITIONS

We are pleased to present for your consideration the transaction described below. We are willing to negotiate a transaction with you because we understand that you have sufficient knowledge, experience and professional advice to make your own evaluation of the merits and risks of a transaction of this type and you are not relying on ABN AMRO Bank N.V. nor any of the companies in the ABN AMRO group for information, advice or recommendations of any sort other than the factual terms of the transaction. This term sheet does not identify all the risks (direct or indirect) or other considerations which might be material to you when entering into the transaction. You should consult your own business, tax, legal and accounting advisors with respect to this proposed transaction and you should refrain from entering into a transaction with us unless you have fully understood the associated risks and have independently determined that the transaction is appropriate for you. Due to the proprietary nature of this proposal please understand that it is confidential.

SUMMARY	Issuer & Lead Manager:	ABN AMRO Bank N.V. (Senior Long Term Debt Rating: Moody's Aa3, S&P AA-)
	Issue:	AirBag on the Euro STOXX 50
	Underlying:	Euro STOXX 50 (Bloomberg: SX5E)
	Spot Reference (SX5E(t)):	2158.00
	Issue Price:	EUR 1,020
	Entitlement:	1
	Issue Size:	5,000 Certificates
	AirBag Start:	100% of the Spot Reference (2158.00)
	AirBag Stop:	75% of the Spot Reference (1618.50)
	Percentage drop without any loss:	25%
	SX5E(t1):	Official closing level of the Underlying on the Valuation Date

Redemption:

1. If SX5E(t1) is less than or equal to the AirBag Stop:

$$EUR\ 1,000 \times 1.33 \times \left(\frac{SX5E(t1)}{SX5E(t)} \right)$$

2. If SX5E(t1) is greater than the AirBag Stop but less than or equal to the AirBag Start: EUR 1,000 x 100%

3. If SX5E(t1) is greater than the AirBag Start:

$$EUR\ 1,000 \times \left(\frac{SX5E(t1)}{SX5E(t)} \right)$$

	Form:	Global bearer (permanent)
	Clearing:	Euroclear Bank SA, Clearstream Banking SA
	ISIN Code:	XS0165647966
	Valoren Code:	1578781
	Common Code:	16564796
	Minimum Trading Size:	1 AirBag Certificate
	Quoted on:	Reuters page: ABNPB15, Bloomberg page: AAPB, Internet: www.abnamro-sp.com
	Listing:	None
	Applicable Law:	English
	Selling Restrictions:	No sales to US persons or into the US, standard Dutch and UK selling restrictions apply.
TIMETABLE	Launch Date:	17/03/03
	Pricing Date:	17/03/03
	Issue & Payment Date:	24/03/03
	Valuation & Expiration Date:	14/03/08
	Final Settlement Date:	21/03/08

This term sheet is for information purposes only and does not constitute an offer to sell or a solicitation to buy any security or other financial instrument. All prices are indicative and dependent upon market conditions and the terms are liable to change and completion in the final documentation.

上图为荷兰银行 Euro Stoxx50 安全气囊证券的条款表。我们认为这种证券的收益与前面已经讨论过的形式相似：

$$\underbrace{Y}_{债券收益} \quad \underbrace{-\frac{Y}{X_1}\max(X_1-S_T,\,0)}_{卖出\frac{Y}{X_1}份行权价格为\ X_1\ 的认沽期权} + \underbrace{\frac{Y}{X_2}\max(S_T-X_2,\,0)}_{买入\frac{Y}{X_2}份行权价格为\ X_2\ 的认购期权}$$

其中 $X_1 = 1\,618.50$；$X_2 = 2\,158$；$Y = 1\,000$。

以下是收益的电子表格。单元格 B7 为"安全气囊"发行者给出的收益定义,单元格 B8 为前述定义的期权的收益。单元格 A13:B29 中的数据表显示,这两种定义是等价的：

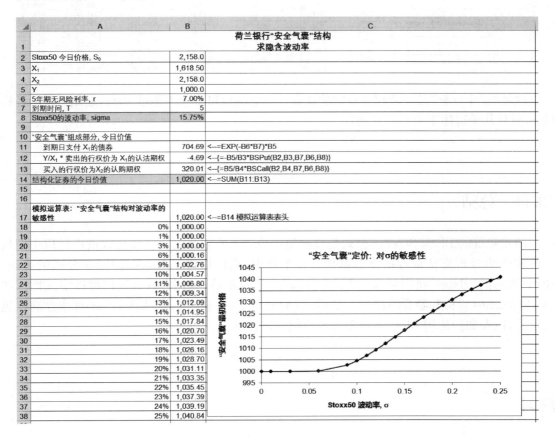

	A	B	C	D
1				荷兰银行"安全气囊"结构
2	Y	1,000.00		
3	X_1	1,618.50		
4	X_2	2,158.00		
5	S_T	2,373.80		
6	"安全气囊"收益			
7	根据"安全气囊"定义	1,100.00	<--=IF(B5<B3,B2*(B4/B3)*B5/B4,IF(B5>B4,B2*B5/B4,1000))	
8	期权公式	1,100.00	<--=B2-B2/B3*MAX(B3-B5,0)+B2/B4*MAX(B5-B4,0)	
9				
10				
11		收益模拟运算表		
12	S_T	"安全气囊"结构定义	期权定价公式	
13				<-- 隐藏的模拟运算表表头
14	0	0.00	0.00	
15	100	61.79	61.79	
16	500	308.93	308.93	
17	750	463.39	463.39	
18	1,000	617.86	617.86	
19	1,250	772.32	772.32	
20	1,618.5	1,000.00	1,000.00	
21	1,750	1,000.00	1,000.00	
22	2,000	1,000.00	1,000.00	
23	2,158	1,000.00	1,000.00	
24	2,500	1,158.48	1,158.48	
25	2,750	1,274.33	1,274.33	
26	3,000	1,390.18	1,390.18	
27	3,250	1,506.02	1,506.02	
28	3,500	1,621.87	1,621.87	
29	3,750	1,737.72	1,737.72	

为了了解"安全气囊"是如何定价的，我们使用 Black-Scholes 模型，并找到"安全气囊"价格隐含的 Stoxx50 波动率：

	A	B	C
1			荷兰银行"安全气囊"结构 求隐含波动率
2	Stoxx50 今日价格, S_0	2,158.0	
3	X_1	1,618.50	
4	X_2	2,158.0	
5	Y	1,000.0	
6	5年期无风险利率, r	7.00%	
7	到期时间, T	5	
8	Stoxx50的波动率, sigma	15.75%	
9			
10	"安全气囊"组成部分，今日价值		
11	到期日支付 X_1 的债券	704.69	<--=EXP(-B6*B7)*B5
12	Y/X_1 * 卖出的行权价为 X_1 的认沽期权	-4.69	<--{=-B5/B3*BSPut(B2,B3,B7,B6,B8)}
13	买入的行权价为 X_2 的认购期权	320.01	<--{=B5/B4*BSCall(B2,B4,B7,B6,B8)}
14	结构化证券的今日价值	1,020.00	<--=SUM(B11:B13)
15			
16			
17	模拟运算表："安全气囊"结构对波动率的敏感性	1,020.00	<--=B14 模拟运算表表头
18	0%	1,000.00	
19	1%	1,000.00	
20	3%	1,000.00	
21	6%	1,000.16	
22	9%	1,002.76	
23	10%	1,004.57	
24	11%	1,006.80	
25	12%	1,009.34	
26	13%	1,012.09	
27	14%	1,014.95	
28	15%	1,017.84	
29	16%	1,020.70	
30	17%	1,023.49	
31	18%	1,026.16	
32	19%	1,028.70	
33	20%	1,031.11	
34	21%	1,033.35	
35	22%	1,035.45	
36	23%	1,037.39	
37	24%	1,039.19	
38	25%	1,040.84	

当 Stoxx50 的 σ 为 15.75%（单元格 B8）时，"安全气囊"的价格为 1 020 欧元（单元格 B14）。下图显示了该价格对 σ 的敏感性。注意，"安全气囊"的值对 σ 不是很敏感：将 σ 从 10% 翻倍到 20%，"安全气囊"的值就会增加大约 17 欧元。这是由于"安全气囊"中的卖出认沽期权和买入认购期权有抵消值。

我们可以再做一次关于"安全气囊"的练习。使用二维模拟运算表，我们检查了"安全气囊"的价格对到期时间 T 和 Stoxx50 波动率 σ 的敏感性：

	A	B	C	D	E	F	G	H
1		荷兰银行"安全气囊"对到期时间和波动率的敏感性						
2	Stoxx50 今日价格, S_0	2,158.0						
3	X_1	1,618.50						
4	X_2	2,158.0						
5	Y	1,000.0						
6	5年期无风险利率, r	7.00%						
7	到期时间, T	5						
8	Stoxx50的波动率, sigma	15.75%						
9								
10	"安全气囊"组成部分, 今日价值							
11	到期日支付 X_1 的债券	704.69	<--=EXP(-B6*B7)*B5					
12	Y/X_1 * 卖出的行权价为 X_1 的认沽期权	-4.69	{=-B5/B3*BSPut(B2,B3,B7,B6,B8)}					
13	买入的行权价为 X_2 的认购期权	320.01	{=B5/B4*BSCall(B2,B4,B7,B6,B8)}					
14	结构化证券的今日价值	1,020.00	<--=SUM(B11:B13)					
15								
16				到期时间, T				
17	模拟运算表表头: =B14	1020.00	5	4	3	2	1	0.0001
18		5%	1000.02	1000.07	1000.20	1000.59	1001.77	1000.20
19		10%	1004.57	1006.22	1008.40	1011.13	1013.78	1000.40
20		15%	1017.84	1021.09	1024.72	1028.28	1029.65	1000.59
21		20%	1031.11	1035.21	1039.61	1043.69	1044.54	1000.79
22	Stoxx50的波动率, sigma -->	25%	1040.84	1045.48	1050.44	1055.14	1056.54	1000.99
23		30%	1047.16	1052.22	1057.69	1063.09	1065.58	1001.19
24		35%	1050.86	1056.29	1062.26	1068.39	1072.19	1001.39
25		40%	1052.66	1058.44	1064.88	1071.75	1076.95	1001.59
26		45%	1053.10	1059.19	1066.10	1073.70	1080.28	1001.79
27		50%	1052.55	1058.94	1066.29	1074.59	1082.53	1001.99

这种"安全气囊"是一种相当稳定的证券——它的价格变化不超过 10%，适用于各种各样的 σ，而且几乎适用于所有的到期日。

18.11　总结

期权定价的 Black-Scholes 公式是金融领域最强大的创新之一。该公式被广泛用于期权定价和作为分析复杂证券的概念框架。在本章中，我们探讨了 Black-Scholes 公式的实现。使用"普通的"Excel，我们可以为 Black-Scholes 期权定价；利用 VBA，我们可以定义期权的 Black-Scholes 价格和隐含波动率。最后，我们展示了如何使用 Black-Scholes 对债券期权进行定价，以及如何使用 Merton 模型对风险债务进行定价。

练习

1. 使用 Black-Scholes 模型对以下情况进行定价：

- 当前价格为 50 的股票的认购期权,行权价格为 $X=50$, $T=0.5$, $r=2\%$, $\sigma=25\%$。
- 具有相同参数的认沽期权。

2. 使用练习 1 中的数据和"数据|模拟运算表"生成图表,说明:

- Black-Scholes 认购期权价格对初始股票价格 S 变化的敏感性。
- Black-Scholes 认沽期权价格对 σ 变化的敏感性。
- Black-Scholes 认购期权价格对到期日 T 变化的敏感性。
- Black-Scholes 认购期权价格对利率 r 变化的敏感性。
- 认沽期权价格对行权价格 X 变化的敏感性。

3. 使用练习 1 中的数据和"数据|模拟运算表"生成一个图表,比较一个认购期权的内在价值[定义为 $\max(S-X, 0)$]和它的 Black-Scholes 价格。从这张图中,你应该能够推断出,提前行使由 Black-Scholes 定价的认购期权从来都不是最优的。

4. 使用练习 1 中的数据和"数据|模拟运算表"制作一个图表,比较一个认沽期权的内在价值[定义为 $\max(X-S, 0)$]和 Black-Scholes 价格。从这张图中,你应该能够推断出,提前行使由 Black-Scholes 公式定价的认沽期权可能是最优的。

5. 下图给出了 2020 年 4 月 10 日苹果公司期权的价格。行权价格为 $X=270$ 美元的期权被假设为平值期权。

	A	B	C	D	E	F	G
1				苹果公司(AAPL)期权			
2	股票价格	268					
3	当前日期	2020/4/10					
4	到期日	2020/9/18					
5	到期时间, T	0.44	<-=YEARFRAC(B3,B4,1)				
6	利率	0.20%					
7							
8	行权价	认购期权价格	隐含波动率		行权价	认沽期权价格	隐含波动率
9	230	49.27			230	12.3	
10	235	45.19			235	13.6	
11	240	42			240	15	
12	250	35.4			250	18.3	
13	260	28.7			260	22	
14	270	23.48			270	26.23	
15	280	18.8			280	33.2	
16	290	13.7			290	38.15	
17	300	10.5			300	44.2	
18	305	8.95			305	47.9	
19	310	7.65			310	51.55	
20	315	6.6			315	54.96	
21	320	5.35			320	59.45	

a. 计算每个期权的隐含波动率(使用本章定义的 CallVolatility 和 PutVolatility 或等效的 R 代码)。

b. 绘制这些波动率的图表。是否存在波动率的"微笑"?

6. 在前面的练习中重新检查苹果公司的 $X=240$ 的认购期权。为了让隐含波动率达到 60%,这个认购期权需要什么价格?

7. 使用 Excel 的规划求解找出 Black-Scholes 认购期权价格与期权的内在价值之间存在最大差异的股票价格。使用这些数据:$S=45$, $X=45$, $T=1$, $\sigma=40\%$, $r=1\%$。

8. 如本章所示,Merton(1973)表明,对于价格为 S 的资产支付连续复利股息收益率 k 的情况,可以得到以下认购期权定价公式:

$$C=Se^{-kT}N(d_1)-Xe^{-rT}N(d_2)$$

其中

$$d_1=\frac{\ln(S/X)+(r-k+\sigma^2/2)T}{\sigma\sqrt{T}}$$

$$d_2=d_1-\sigma\sqrt{T}$$

a. 修改本章定义的 BSCall 和 BSPut 函数，以适应 Merton 模型。

b. 使用该函数对当前价格为 $S=1\,500$ 的指数平值期权定价，期权的到期时间 $T=1$，股息收益率 $k=2.2\%$，标准差 $\sigma=20\%$，利率 $r=1\%$。

9. 于 2020 年 4 月 10 日，以每欧元 1.097 5 美元买卖 10 000 欧元的认购及认沽期权，在芝加哥商品交易所交易。期权的到期日为 2020 年 4 月 30 日。如果美元利率为 0.2%，欧元利率为 −0.6%，欧元的波动率为 10%，那么认购期权和认沽期权的价格应该是多少？

10. 请注意，你可以使用 Black-Scholes 公式计算认购期权溢价占行权价格的百分比，以 S/X 表示：

$$C=SN(d_1)-Xe^{-rT}N(d_2)\Rightarrow \frac{C}{X}=\frac{S}{X}N(d_1)-e^{-rT}N(d_2)$$

其中

$$d_1=\frac{\ln(S/X)+(r+\sigma^2/2)T}{\sigma\sqrt{T}}$$

$$d_2=d_1-\sigma\sqrt{T}$$

请在电子表格或 R 中实现它。

11. 请注意，你还可以计算 Black-Scholes 认沽期权溢价占行权价格的百分比，以 S/X 表示：

$$P=-SN(-d_1)+Xe^{-rT}N(-d_2)\Rightarrow \frac{P}{X}=e^{-rT}N(-d_2)-\frac{S}{X}N(-d_1)$$

其中

$$d_1=\frac{\ln(S/X)+(r+\sigma^2/2)T}{\sigma\sqrt{T}}$$

$$d_2=d_1-\sigma\sqrt{T}$$

a. 在电子表格或 R 中实现它。

b. 求 $T=0.5$，$\sigma=25\%$，$r=1\%$ 时，使得 C/X 与 P/X 交叉的 S/X 之比。（你可以使用图表，也可以使用 Excel 的规划求解。）请注意，这个交叉点受利率和期权到期时间的影响，但不受 σ 的影响。

12. 考察以下类型的结构化证券：购买者投资 1 000 美元，在三年内收回最初的投资，加上当前价格为 100 的市场指数上涨的 95%。利率为每年 6%，连续复利。假设证券的定价是公平的，市场指数的隐含波动率是多少？

19

期权希腊字母

19.1 概述

本章我们讨论 Black-Scholes 公式对其各种参数的敏感性。它们被称为"希腊字母"（因为它们大多数用希腊字母表示），是 Black-Scholes 公式对其参数的偏导数。它们可以被认为是对期权风险的一种衡量。五个最常用的希腊字母如下：

- delta，用"Δ"表示，是期权价格对标的股票价格的偏导数：$\Delta_{call} = \dfrac{\partial Call}{\partial S}$，$\Delta_{put} = \dfrac{\partial Put}{\partial S}$。delta 被认为是当标的资产价格变化时，期权价格可变性的衡量标准。认购期权的 delta 和认沽期权的 delta 的绝对值之和等于 1，$\Delta_{call} + |\Delta_{put}| = 1$。

- gamma，用"Γ"表示，是期权价格对标的股票价格的二阶导数。gamma 给出了期权价格相对标的股票价格的凸性：$\Gamma_{call} = \dfrac{\partial^2 Call}{\partial S^2}$，$\Gamma_{put} = \dfrac{\partial^2 Put}{\partial S^2}$。gamma 可以被认为是期权的 delta 相对于标的股票价格变化时的变化。根据 Black-Scholes 公式定价的期权，认购期权和认沽期权具有相同的 gamma，$\Gamma_{call} = \Gamma_{put}$。

- vega 是期权价格对标的股票收益率标准差 σ 的敏感性：由于没有希腊字母被称为"vega"，希腊字母 Nu(v)，通常被用来表示 vega。vega 可以被认为是当标的资产波动率变化时，期权价格可变性的衡量标准：$\nu_{call} = \dfrac{\partial Call}{\partial \sigma}$，$\nu_{put} = \dfrac{\partial Put}{\partial \sigma}$。根据 Black-Scholes 公式，认购期权和认沽期权具有相同的 vega，$\nu_{call} = \nu_{put}$。

- theta，用"θ"表示，是期权价值随到期时间减少的变化。我们通常认为，随着时间的推移，期权的价值会降低（尽管这并不总是正确）。θ 可以被认为是一天过去时，期权价格被侵蚀程度的衡量标准。T 表示期权的剩余到期时间，设 θ 等于期权价格对 T 的导数的负数：$\theta_{call} = -\dfrac{\partial Call}{\partial T}$，$\theta_{put} = -\dfrac{\partial Put}{\partial T}$。

根据 Black-Scholes 公式，认沽期权的 theta 在绝对值上略高于认购期权的 theta：$\theta_{put} =$

$\theta_{call} - rXe^{-rtT}$。

- rho，记为"ρ"，衡量期权价格对利率的敏感性：$\rho_{call} = -\dfrac{\partial Call}{\partial r}$，$\rho_{Put} = -\dfrac{\partial Put}{\partial r}$。根据

Black-Scholes 公式，认沽期权的 rho 低于认购期权的 rho：$\rho_{call} = \rho_{put} - xTe^{-rT}$。

本章我们将向你介绍如何衡量期权的希腊字母（而不仅仅是五个普通希腊字母），以及如何在对冲中使用它们。为了不失一般性，我们使用 Merton 模型（第 18.6 节）来说明，这是 Black-Scholes 公式的一个扩展版本，适用于连续支付股息的股票或货币。

19.2 定义和计算希腊字母

希腊字母是期权价格相对于某些变量的敏感性。在后面的表格中，我们列出了标的资产支付连续股息的期权的希腊字母定义。如第 18.6 节所讨论，这些期权采用 Merton 模型定价。当然，标准的 Black-Scholes 模型是由 Merton 模型通过设定股息收益率 $k=0$ 得到的。货币期权可以通过设定 $S=$ 当前汇率、$X=$ 期权行权汇率、$r=$ 国内利率、$k=$ 国外利率，采用 Merton 公式进行定价。

Black-Scholes 公式的 Merton 版本如下：

$$C = Se^{-kT}N(d_1) - Xe^{-rT}N(d_2)$$
$$P = Xe^{-rT}N(-d_2) - Se^{-kT}N(-d_1)$$

其中

$$d_1 = \frac{\ln\left(\dfrac{S}{X}\right) + (r - k + 0.5\sigma^2)T}{\sigma\sqrt{T}}$$

$$d_2 = d_1 - \sigma\sqrt{T}$$

下表给出了这个公式的希腊字母。本章的附录给出了这些函数的 VBA 和 R 实现。

	定义	认购期权	认沽期权
一阶希腊字母			
Delta，记为 Δ 或 δ	期权对标的价格的敏感性 $\dfrac{\partial V}{\partial S}$	$\Delta_{call} = e^{-kT}N(d_1)$	$\Delta_{put} = \Delta_{call} - 1 = -e^{-kT}N(-d_1)$
Vega，记为 ν	对波动率的敏感性 $\dfrac{\partial V}{\partial S}$	$Se^{-kT}N'(d_1)\sqrt{T} = \dfrac{S\sqrt{T}e^{-0.5(d_1)^2 - kT}}{\sqrt{2\pi}}$	
Theta，记为 θ	对时间的敏感性 $-\dfrac{\partial V}{\partial T}$	$-\dfrac{Se^{-kT}N'(d_1)\sigma}{2\sqrt{T}} + kSe^{-kT}N(d_1)$ $-rXe^{-rT}N(d_2)$	$-\dfrac{Se^{-kT}N'(d_1)\sigma}{2\sqrt{T}} - kSe^{-kT}N(-d_1)$ $+rXe^{-rT}N(-d_2)$
Rho，记为 ρ	对利率的敏感性 $\dfrac{\partial V}{\partial r}$	$XTe^{-rT}N(d_2)$	$-XTe^{-rT}N(-d_2)$

续表

	定义	认购期权	认沽期权
二阶希腊字母			
Gamma，记为 Γ	期权对标的价格的凸性 $\dfrac{\partial^2 V}{\partial S^2}$	$\dfrac{e^{-kT}N'(d_1)}{S\sigma\sqrt{T}} = \dfrac{e^{0.5(d_1)^2 - kT}}{S\sigma\sqrt{2T\pi}}$	
Vanna	Delta 对波动率的敏感性 $\dfrac{\partial^2 V}{\partial S\partial\sigma} = \dfrac{\partial\Delta}{\partial\sigma}$	$-e^{-kT}N'(d_1)\dfrac{d_2}{\sigma} = \dfrac{V}{S}\left(1 - \dfrac{d_1}{\sigma\sqrt{T}}\right)$	
Charm	Theta 对标的价格的敏感性 $\dfrac{\partial^2 V}{\partial T\partial S} = \dfrac{\partial\theta}{\partial S}$	$ke^{-kT}N(d_1)$ $-e^{-kT}N'(d_1)\dfrac{2(r-k)T - d_2\sigma\sqrt{T}}{2T\sigma\sqrt{T}}$	$-ke^{-kT}N(-d_1)$ $-e^{-kT}N'(d_1)\dfrac{2(r-k)T - d_2\sigma\sqrt{T}}{2T\sigma\sqrt{T}}$
Vomma	Vega 对波动率变化的敏感性 $\dfrac{\partial^2 V}{\partial\sigma^2} = \dfrac{\partial\nu}{\partial\sigma}$	$Se^{-kT}N'(d_1)\dfrac{d_1 d_2}{\sigma}\sqrt{T} = \nu\dfrac{d_1 d_2}{\sigma}$	
Veta	Vega 对时间流逝的敏感性 $\dfrac{\partial^2 V}{\partial\sigma\partial T} = \dfrac{\partial\nu}{\partial T}$	$Se^{-kT}N'(d_1)\sqrt{T}\left[R + \dfrac{(r-k)d_1}{\sigma\sqrt{T}} - \dfrac{1 + d_1 d_2}{2T}\right]$	
三阶希腊字母			
Speed，速度	Gamma 对标的价格的敏感性 $\dfrac{\partial^3 V}{\partial S^3}$	$-e^{-kT}\dfrac{N'(d_1)}{S^2\sigma\sqrt{T}}\left(\dfrac{d_1}{\sigma\sqrt{T}} + 1\right) = \dfrac{-\Gamma}{S}\left(\dfrac{d_1}{\sigma\sqrt{T}} + 1\right)$	
Zomma	Gamma 对波动率的敏感性 $\dfrac{\partial^3 V}{\partial S^2\partial\sigma} = \dfrac{\partial\Gamma}{\partial\sigma}$	$e^{-kT}\dfrac{N'(d_1)(d_1 d_2 - 1)}{S\sigma^2\sqrt{T}} = \Gamma\left(\dfrac{d_1 d_2 - 1}{\sigma}\right)$	
Color	Gamma 对时间的敏感性 $\dfrac{\partial^3 V}{\partial S^2\partial T} = \dfrac{\partial\Gamma}{\partial T}$	$-e^{-kT}\dfrac{N'(d_1)}{2TS\sigma\sqrt{T}}\left[1 + 2kT + \dfrac{2d_1(r-k)T}{\sigma\sqrt{T}} - d_1 d_2\right]$ $= \dfrac{-\Gamma}{2T}\left[1 + 2kT + \dfrac{2d_1(r-k)T}{\sigma\sqrt{T}} - d_1 d_2\right]$	

其中

$$d_1 = \frac{\ln(S/X) + (r - k + 0.5\cdot\sigma^2)\cdot\sqrt{T}}{\sigma\cdot\sqrt{T}}; d_2 = d_1 - \sigma\cdot\sqrt{T} \quad N(x) = \underbrace{\int_{-\infty}^{x}\frac{1}{\sqrt{2\pi}}e^{-(0.5\cdot y^2)}dy}_{Norm.S.Dist(x,\,1)\ in\ Excel}; N'(x) = \underbrace{\frac{1}{\sqrt{2\pi}}e^{-(0.5\cdot x^2)}}_{Norm.S.Dist(x,\,0)\ in\ Excel}$$

　　希腊字母在下面的电子表格中实现，显示了每个希腊字母的直接计算以及 VBA 函数实现和暴力方法。[①]

---

① 记住 $f'(x) = \lim\limits_{h\to 0}\dfrac{f(x+h) - f(x)}{h}$。

	A	B	C
1			**BLACK-SCHOLES希腊字母** 对连续支付股息的股票应用 **Merton** 模型
2	S	100	当前股票价格
3	X	90	行权价格
4	T	0.5	期权到期时间 (年)
5	r	5.0%	无风险利率
6	k	1.5%	股息收益率
7	Sigma	35%	股票波动率
8			
9	d_1	0.6202	<--=(LN(B2/B3)+(B5-B6+0.5*B7^2)*B4)/(B7*SQRT(B4))
10	d_2	0.3727	<--=B9-SQRT(B4)*B7
11	$N(d_1)$	0.7324	<--=NORM.S.DIST(B9,1)
12	$N(d_2)$	0.6453	<--=NORM.S.DIST(B10,1)
13	$N'(d_1)$	0.3291	<--=NORM.S.DIST(B9,0)
14	$N'(d_2)$	0.3722	<--=NORM.S.DIST(B10,0)
15			
16	**认购期权**		
17	价格(直接)	16.0517	<--=B2*EXP(-B6*B4)*B11-B3*EXP(-B5*B4)*B12
18	价格(VBA)	16.0517	<--{=bsmertoncall(B2,B3,B4,B5,B6,B7)}
19			
20			**认购期权希腊字母, 直接**
21	**一阶希腊字母**		
22	Delta	0.7270	<--=EXP(-B6*B4)*B11
23	Vega	23.1004	<--=B2*EXP(-B6*B4)*B13*SQRT(B4)
24	Theta	-9.8269	<--=-B2*EXP(-B6*B4)*B13*B7/(2*SQRT(B4))+B6*B2*EXP(-B6*B4)*B11-B5*B3*EXP(-B5*B4)*B12
25	Rho	28.3220	<--=B3*B4*EXP(-B5*B4)*B12
26			
27	**二阶希腊字母**		
28	Gamma	0.0132	<--=EXP(-B6*B4)*B13/(B2*B7*SQRT(B4))
29	Vanna	-0.3479	<--=B23/B2*(1-B9/(B7*SQRT(B4)))
30	Charm	0.0865	<--=B6*EXP(-B6*B4)*B11-EXP(-B6*B4)*B13*(2*(B5-B6)*B4-B10*B7*SQRT(B4))/(2*B4*B7*SQRT(B4))
31	Vomma	15.2549	<--=B23*B9*B10/B7
32	Veta	26.0671	<--=-B2*EXP(-B6*B4)*B13*(B6+(B5-B6)*B9/(B7*SQRT(B4))-(1+B9*B10)/(2*B4))*SQRT(B4)
33			
34	**三阶希腊字母**		
35	Speed	-0.0005	<--=-B28/B2*(B9/(B7*SQRT(B4))+1)
36	Zomma	-0.0290	<--=B28*(B9*B10-1)/B7
37	Color	-0.0115	<--=-B28/(2*B4)*(1+2*B6*B4+(2*B9*(B5-B6)*B4/(B7*SQRT(B4))-B9*B10))
38			
39			**认购期权希腊字母, VBA公式**
40	**一阶希腊字母**		
41	Delta	0.7270	<--{=deltacall(B2,B3,B4,B5,B6,B7)}
42	Vega	23.1004	<--{=vega(B2,B3,B4,B5,B6,B7)}
43	Theta	-9.8269	<--{=Thetacall(B2,B3,B4,B5,B6,B7)}
44	Rho	28.3220	<--{=rhocall(B2,B3,B4,B5,B6,B7)}
45			
46	**二阶希腊字母**		
47	Gamma	0.0132	<--{=optiongamma(B2,B3,B4,B5,B6,B7)}
48	Vanna	-0.3479	<--{=vanna(B2,B3,B4,B5,B6,B7)}
49	Charm	0.0865	<--{=CharmCall(B2,B3,B4,B5,B6,B7)}
50	Vomma	15.2549	<--{=vomma(B2,B3,B4,B5,B6,B7)}
51	Veta	26.0671	<--{=veta(B2,B3,B4,B5,B6,B7)}
52			
53	**三阶希腊字母**		
54	Speed	-0.0005	<--{=Speed(B2,B3,B4,B5,B6,B7)}
55	Zomma	-0.0290	<--{=Zomma(B2,B3,B4,B5,B6,B7)}
56	Color	-0.0115	<--{=Color(B2,B3,B4,B5,B6,B7)}
57			
58			**认购期权希腊字母, 暴力法**
59	lim h→0	0.00001	
60	**一阶希腊字母**		
61	Delta	0.7270	<--{=(bsmertoncall(B2+B59,B3,B4,B5,B6,B7)-B17)/B59}
62	Vega	23.1005	<--{=(bsmertoncall(B2,B3,B4,B5,B6,B7+B59)-B17)/B59}
63	Theta	-9.8269	<--{=-(bsmertoncall(B2,B3,B4+B59,B5,B6,B7)-B17)/B59}
64	Rho	-28.3221	<--{=-(bsmertoncall(B2,B3,B4,B5+B59,B6,B7)-B17)/B59}
65			
66	**二阶希腊字母**		
67	Gamma	0.0132	<--{=(deltacall(B2+B59,B3,B4,B5,B6,B7)-B41)/B59}
68	Vanna	-0.3479	<--{=(deltacall(B2,B3,B4,B5,B6,B7+B59)-B41)/B59}
69	Charm	0.0865	<--{=(Thetacall(B2+B59,B3,B4,B5,B6,B7)-B43)/B59}
70	Vomma	15.2543	<--{=(vega(B2,B3,B4,B5,B6,B7+B59)-B42)/B59}
71	Veta	26.0669	<--{=(vega(B2,B3,B4+B59,B5,B6,B7)-B42)/B59}
72			
73	**三阶希腊字母**		
74	Speed	-0.0005	<--{=(optiongamma(B2+B59,B3,B4,B5,B6,B7)-B47)/B59}
75	Zomma	-0.0290	<--{=(optiongamma(B2,B3,B4,B5,B6,B7+B59)-B47)/B59}
76	Color	-0.0115	<--{=(optiongamma(B2,B3,B4+B59,B5,B6,B7)-B47)/B59}

认沽期权的希腊字母计算如下：

	E	F	G
16	认沽期权		
17	价格(直接)	4.5768	<--=B3*EXP(-B5*B4)*(1-B12)-B2*EXP(-B6*B4)*(1-B11)
18	价格(VBA)	4.5768	<--{=bsmertonput(B2,B3,B4,B5,B6,B7)}
19			
20			认沽期权希腊字母, 直接
21	一阶希腊字母		
22	Delta	-0.2656	<--=-EXP(-B6*B4)*(1-B11)
23	Vega	23.1004	<--=B2*EXP(-B6*B4)*B13*SQRT(B4)
24	Theta	-6.9268	<--=-B2*EXP(-B6*B4)*B13*B7/(2*SQRT(B4))-B6*B2*EXP(-B6*B4)*(1-B11)+B5*B3*EXP(-B5*B4)*(1-B12)
25	Rho	-15.5670	<--=-B3*B4*EXP(-B5*B4)*(1-B12)
26			
27	二阶希腊字母		
28	Gamma	0.0132	<--=EXP(-B6*B4)*B13/(B2*B7*SQRT(B4))
29	Vanna	-0.3479	<--=B23/B2*(1-B9/(B7*SQRT(B4)))
30	Charm	0.0716	<--=-B6*EXP(-B6*B4)*(1-B11)-EXP(-B6*B4)*B13*(2*(B5-B6)*B4-B10*B7*SQRT(B4))/(2*B4*B7*SQRT(B4))
31	Vomma	15.2549	<--=F23*B9*B10/B7
32	Veta	26.0671	<--=-B2*EXP(-B6*B4)*B13*(B6+(B5-B6)*B9/(B7*SQRT(B4))-(1+B9*B10)/(2*B4))*SQRT(B4)
33			
34	三阶希腊字母		
35	Speed	-0.0005	<--=-F28/B2*(B9/(B7*SQRT(B4))+1)
36	Zomma	-0.0290	<--=F28*(B9*B10-1)/B7
37	Color	-0.0115	<--=-F28/(2*B4)*(1+2*B6*B4+(2*B9*(B5-B6)*B4/(B7*SQRT(B4))-B9*B10)
38			
39			认沽期权希腊字母, VBA公式
40	一阶希腊字母		
41	Delta	-0.2656	<--{=deltaput(B2,B3,B4,B5,B6,B7)}
42	Vega	23.1004	<--{=vega(B2,B3,B4,B5,B6,B7)}
43	Theta	-6.9268	<--{=Thetaput(B2,B3,B4,B5,B6,B7)}
44	Rho	-15.5670	<--{=rhoput(B2,B3,B4,B5,B6,B7)}
45			
46	二阶希腊字母		
47	Gamma	0.0132	<--{=optiongamma(B2,B3,B4,B5,B6,B7)}
48	Vanna	-0.3479	<--{=vanna(B2,B3,B4,B5,B6,B7)}
49	Charm	0.0716	<--{=CharmPut(B2,B3,B4,B5,B6,B7)}
50	Vomma	15.2549	<--{=vomma(B2,B3,B4,B5,B6,B7)}
51	Veta	26.0671	<--{=veta(B2,B3,B4,B5,B6,B7)}
52			
53	三阶希腊字母		
54	Speed	-0.0005	<--{=Speed(B2,B3,B4,B5,B6,B7)}
55	Zomma	-0.0290	<--{=Zomma(B2,B3,B4,B5,B6,B7)}
56	Color	-0.0115	<--{=Color(B2,B3,B4,B5,B6,B7)}
57			
58			认沽期权希腊字母, 暴力法
59			
60	一阶希腊字母		
61	Delta	-0.266	<--{=(bsmertonput(B2+B59,B3,B4,B5,B6,B7)-F17)/B59}
62	Vega	23.1005	<--{=(bsmertonput(B2,B3,B4,B5,B6,B7+B59)-F17)/B59}
63	Theta	-6.927	<--{=-(bsmertonput(B2,B3,B4+B59,B5,B6,B7)-F17)/B59}
64	Rho	15.57	<--{=(bsmertonput(B2,B3,B4,B5+B59,B6,B7)-F17)/B59}
65			
66	二阶希腊字母		
67	Gamma	0.0132	<--{=(deltaput(B2+B59,B3,B4,B5,B6,B7)-F41)/B59}
68	Vanna	-0.3479	<--{=(deltaput(B2,B3,B4,B5,B6,B7+B59)-F41)/B59}
69	Charm	0.0716	<--{=(Thetaput(B2+B59,B3,B4,B5,B6,B7)-F43)/B59}
70	Vomma	15.2543	<--{=(vega(B2,B3,B4,B5,B6,B7+B59)-F42)/B59}
71	Veta	26.0669	<--{=(vega(B2,B3,B4+B59,B5,B6,B7)-F42)/B59}
72			
73	三阶希腊字母		
74	Speed	-0.0005	<--{=(optiongamma(B2+B59,B3,B4,B5,B6,B7)-F47)/B59}
75	Zomma	-0.0290	<--{=(optiongamma(B2,B3,B4,B5,B6,B7+B59)-F47)/B59}
76	Color	-0.0115	<--{=(optiongamma(B2,B3,B4+B59,B5,B6,B7)-F47)/B59}

Excel 可以用来检验希腊字母对各种参数的敏感度。下面我们给出一些例子。下图显示了认购期权和认沽期权的 delta 对股票价格的敏感性。

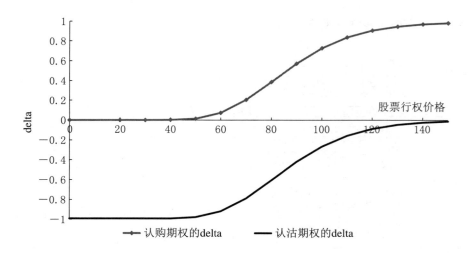

认购期权和认沽期权的 delta 显示为股票价格的函数。当认购期权或认沽期权变得实值程度更深时,认购期权的 delta 值趋向于＋1,认沽期权的 delta 值趋向于－1。基本上,认购或认沽期权的价格与标的股票价格同步变动。一个深度虚值的认沽期权或认购期权的 delta 值＝0。

下面两图显示了认购期权的 θ 与股价和期权到期时间的函数关系。

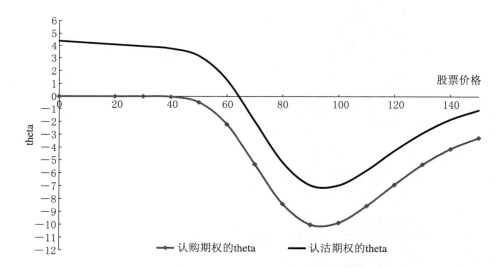

将 theta 作为股票价格的函数(期权行权价格＝90)。深度实值的认沽期权的 theta 可以为正,这意味着随着到期时间的缩短,认沽期权的价值会增加。除了这种情况外,期权的 theta 通常是负的,这意味着随着到期时间的减少,期权的价值会下降。

认购期权 theta、到期时间和虚实值程度的关系如下图所示。认购期权的 theta 总是负的(这意味着随着到期时间的减少,它们会失去价值)。然而,它们失去价值的速度随着认购期权的虚实值程度而变化。

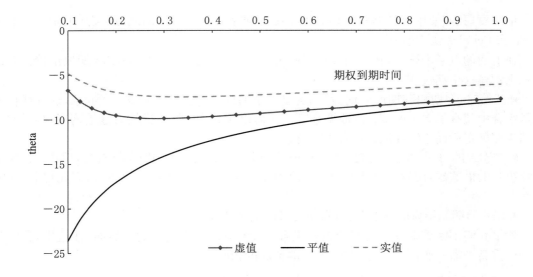

19.3 认购期权的 delta 对冲[①]

delta 对冲是期权定价的一种基本技术。其逻辑是用股票和债券的投资组合来复制一个期权,投资组合的权重由 Black-Scholes 公式决定。

假设我们决定复制一个平值的欧式认购期权,该期权在到期前还有 8 周的存续时间。该股票的当前价格 $S_0 = 40$ 美元,期权行权价格 $X = 35$ 美元,利率 $r = 2\%$,股票的波动率 $\sigma = 35\%$。这个期权的 Black-Scholes 价格是 5.54 美元。

	A	B	C	D	E	F	G	H
1				**认购期权的delta对冲**				
2	S, 当前股票价格	40.00						
3	X, 行权价格	35.00						
4	r,利率	2.00%						
5	k, 股息收益率	0.00%						
6	T, 到期时间	0.1538	<-=8/52		=(D12-D11)*C12			
7	波动率	35%						
8							=F11+G11+E12	
9			=deltacall(C12,$B$3,B12,$B$4,$B$5,$B$7)					
10	到期的周数	到期的时间	股票价格	Delta	购买的股票	贷款金额 (购买股票)	周利率	
11	8	8/52	40.000	0.856	34.25	34.25	0.01	
12	7	7/52	41.181	0.912	2.28	36.55	0.01	<-=F12*$B$4/52
13	6	6/52	42.015	0.947	1.48	38.04	0.01	
14	5	5/52	41.436	0.948	0.05	38.11	0.01	
15	4	4/52	42.138	0.976	1.17	39.29	0.02	
16	3	3/52	40.958	0.973	-0.12	39.18	0.02	
17	2	2/52	40.345	0.983	0.40	39.60	0.02	
18	1	1/52	39.894	0.997	0.56	40.17	0.02	
19	0	0	41.190	1.000	0.13	40.32	0.02	
20								
21	到期值							
22	持有股票价值	41.19	<-=C19*D19					
23	贷款偿还	-40.33	<-=-SUM(F19:G19)					
24	组合总价值	**0.86**	<-=SUM(B22:B23)					
25	卖出认购期权收益	-6.190	<-=-MAX(0,C19-B3)					
26	组合减去认购期权	**-5.33**	<-=SUM(B24:B25)					
27								
28	PV(组合减去认购期权)	-5.32	<-=B26/(1+B4)^(B6)					
29	B&S认购期权价值	5.54	<-=bsmertoncall(B2,B3,B6,B4,B5,B7)					

---

① 这个话题将在第 26 章中再次讨论。

请注意，我们使用公式 BSMertoncall，但股息收益率 $k=0\%$，因此，这实际上是一个普通的 Black-Scholes 认购期权。

在上面的电子表格中，我们通过每周使用 delta 对冲复制 Black-Scholes 期权定价公式的方式来创建这个期权。[①]

- 开始时，在期权到期前 8 周，我们卖出一个期权，并购买了 $N(d_1)$ 股股票，这样我们的投资组合中就有了 $S \cdot N(d_1)$ 的股票金额。我们以年利率 2% 的贷款为这笔购买提供资金。我们现在确定后面连续几周的投资组合持仓。

- 在连续的每周，我们根据公式 $S \cdot N(d_1)$ 设定投资组合中的股票持有量，但我们设定了投资组合的借款额，使投资组合的净现金流为零。注意，$S \cdot N(d_1)=S\Delta_{Call}$，因此得名"delta 对冲"。

- 在 8 周期间结束时，我们对投资组合进行变现清算。

如果我们不断重新平衡我们的投资组合，delta 对冲将是完美的。然而，在这里，我们只是每周重新平衡一次。下面是对 $S_T < X$ 的情况的相同分析：

	A	B	C	D	E	F	G	H
1			认购期权的delta对冲					
2	S, 当前股票价格	40.00						
3	X, 行权价格	35.00						
4	r,利率	2.00%						
5	k, 股息收益率	0.00%						
6	T, 到期时间	0.1538	<--=8/52		=(D12-D11)*C12			
7	波动率	35%						
8							=F11+G11+E12	
9			=deltacall(C12,$B$3,B12,$B$4,$B$5,$B$7)					
10	到期的周数	到期的时间	股票价格	Delta	购买的股票	贷款金额 (购买股票)	周利率	
11	8	8/52	40.000	0.856	34.25	34.25	0.01	
12	7	7/52	37.082	0.704	-5.66	28.61	0.01	<--=F12*$B$4/52
13	6	6/52	38.781	0.827	4.77	33.39	0.01	
14	5	5/52	38.362	0.820	-0.24	33.16	0.01	
15	4	4/52	39.921	0.922	4.06	37.23	0.01	
16	3	3/52	39.148	0.917	-0.18	37.06	0.01	
17	2	2/52	38.434	0.921	0.12	37.20	0.01	
18	1	1/52	36.178	0.762	-5.72	31.49	0.01	
19	0	0	38.408	1.000	9.12	40.63	0.02	
20								
21	到期价值							
22	持有股票价值	38.41	<--=C19*D19					
23	贷款偿还	-40.64	<--=SUM(F19:G19)					
24	组合总价值	-2.24	<--=SUM(B22:B23)					
25	卖出认购期权收益	-3.408	<--=MAX(0,C19-B3)					
26	组合减去认购期权	-5.64	<--=SUM(B24:B25)					
27								
28	PV(组合减去认购期权)	-5.63	<--=B26/(1+B4)^(B6)					
29	B&S认购期权价值	5.54	<--=bsmertoncall(B2,B3,B6,B4,B5,B7)					

19.4　投资组合的希腊字母

由于 $f'(ax+by)=af'(x)+bf'(by)$，很容易证明，一个投资组合的希腊字母只是组合中各项资产的希腊字母之和。那就是：

$$Greek(w_1 Option_1 + w_2 Option_2 + \cdots + w_n Option_n)$$
$$= w_1 Greek_{Option_1} + w_2 Greek_{Option_2} + \cdots + w_n Greek_{Option_n}$$

---

① 请注意，Excel 表格中的"股票价格"是由 Rand()函数随机生成的，与原书数字不一致，读者在练习时也将得到不同的结果。本书其余使用 Rand()函数的地方，将同此情况。——编者注

在下面的电子表格中,我们展示了一个包括三个期权的投资组合——两个认购期权和一个认沽期权。我们使用 delta、vega 和 gamma 来举例说明投资组合的希腊字母是投资组合中每种资产的希腊字母的总和。对于每个希腊字母,我们使用两种方法:直接方法和暴力方法。

	A	B	C	D	E
1			投资组合的希腊字母 组合希腊字母=单个资产希腊字母之和		
2	期权	1	2	3	
3	类型	认购期权	认沽期权	认购期权	
4	股票价格 (S)	40.00	40.00	40.00	
5	行权价格 (X)	35.00	37.00	42.00	
6	利率(r)	2.00%	2.00%	2.00%	
7	股息收益率 (k)	0.00%	0.00%	0.00%	
8	到时间 (T)	0.25	0.50	0.75	
9	波动率	35%	35%	35%	=bsmertonput(C4,C5,C8,C6,C7,C9)
10	数量	3	5	-1	
11	价值	5.97	2.32	4.24	<--=bsmertoncall(D4,D5,D8,D6,D7,D9)
12	组合价值	25.28370976	<--=SUMPRODUCT(B10:D10,B11:D11)		
13					
14	Delta	0.810328628	-0.315911697	0.515983658	<--=deltacall(D4,D5,D8,D6,D7,D9)
15	组合Delta	0.34	<--=SUMPRODUCT(B10:D10,B14:D14)		
16	值 (S+0.01)	5.98	2.32	4.25	<--=bsmertoncall(D4+0.01,D5,D8,D6,D7,D9)
17	组合价值	25.28707734	<--=SUMPRODUCT(B16:D16,B10:D10)		
18	组合Delta	0.34	<--=(B17-B12)/0.01		
19					
20	Vega	5.42	10.06	13.81	<--=vega(D4,D5,D8,D6,D7,D9)
21	组合Vega	52.7560255	<--=SUMPRODUCT(B20:D20,B10:D10)		
22	值 (σ+0.01)	6.02	2.42	4.38	<--=bsmertoncall(D4,D5,D8,D6,D7,D9+0.01)
23	组合价值	25.81346972	<--=SUMPRODUCT(B22:D22,B10:D10)		
24	组合Vega	52.98	<--=(B23-B12)/0.01		
25					
26	Gamma	0.038725225	0.035928645	0.032877792	<--=optiongamma(D4,D5,D8,D6,D7,D9)
27	组合Gamma	0.26294111	<--=SUMPRODUCT(B26:D26,B10:D10)		
28	Delta (S+0.01)	0.810715589	-0.315552543	0.51631239	<--=deltacall(D4+0.01,D5,D8,D6,D7,D9)
29	组合 Delta	0.338071663	<--=SUMPRODUCT(B28:D28,B10:D10)		
30	组合 Gamma	0.262792365	<--=(B29-B15)/0.01		

19.5 希腊字母中性投资组合

在许多情况下,我们对希腊字母中性的投资组合感兴趣。delta 中性投资组合是指不受标的资产价格小幅波动影响的投资组合,vega 中性投资组合是指不受标的资产波动率小幅波动影响的投资组合,等等。请注意,当标的资产价格发生变化时,希腊字母自己也会发生变化。这就是为什么我们有二阶和三阶希腊字母。让我们使用前面给出的三个期权的例子,创建一个 delta 中性的投资组合。同样假设我们对 100 美元的投资组合感兴趣。其中一个可能的投资组合如下:

	A	B	C	D	E
1			希腊字母中性投资组合		
2	期权	1	2	3	
3	类型	认购期权	认沽期权	认购期权	
4	股票价格 (S)	40.00	40.00	40.00	
5	行权价格 (X)	35.00	37.00	42.00	
10	价值	5.97	2.32	4.24	<--=bsmertoncall(D4,D5,D8,D6,D7,D9)
11					
12	数量	4.71	20.98	5.45	
13	组合价值	100	<--=SUMPRODUCT(B12:D12,B10:D10)		
14					
15	Delta	0.810328628	-0.315911697	0.515983658	<--=deltacall(D4,D5,D8,D6,D7,D9)
16	组合Delta	0.00	<--=SUMPRODUCT(B12:D12,B15:D15)		
17					
18	Gamma	0.038725225	0.035928645	0.032877792	<--=optiongamma(D4,D5,D8,D6,D7,D9)
19	组合Gamma	1.115373134	<--=SUMPRODUCT(B18:D18,B12:D12)		

这个投资组合可以很容易地使用"规划求解"找到。这是使用"规划求解"的对话框：

请注意，在这个例子中，我们使用了三个期权和两个约束条件（投资组合价值和投资组合 delta），这意味着有一个自由度，有无限多的其他投资组合将满足我们的条件。另一个可能的条件是，在一个期权中持有 X 股。

在下图中，我们绘制了投资组合价值作为标的资产价格的函数的图像：

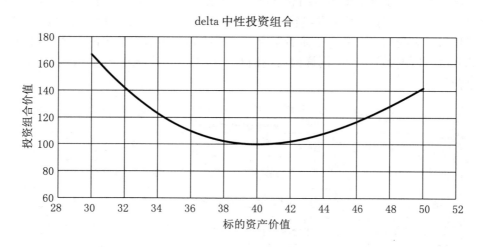

由图可知，delta 中性投资组合对标的资产价格的小幅变动不敏感，但由于 delta 在标的资产变动时也在变化，因此无法免受标的资产价格大幅变动的影响。

delta 和 gamma 均为零的投资组合（delta 和 gamma 中性投资组合）为标的资产变动提供了更好的保护。我们可以利用额外的自由度来实现这一目标。这是符合我们三个标准的投资组合（投资组合价值＝100，delta＝0 和 gamma＝0）：

	A	B	C	D	E
1			delta和gamma中性投资组合		
2	期权	1	2	3	
3	类型	认购期权	认沽期权	认购期权	
4	股票价格 (S)	40.00	40.00	40.00	
5	行权价格 (X)	35.00	37.00	42.00	
10	价值	5.97	2.32	4.24	<--=bsmertoncall(D4,D5,D8,D6,D7,D9)
11					
12	数量	228.41	52.59	-326.50	
13	组合价值	100	<--=SUMPRODUCT(B12:D12,B10:D10)		
14					
15	delta	0.810328628	-0.315911697	0.515983658	<--{=deltacall(D4,D5,D8,D6,D7,D9)}
16	组合delta	0.00	<--=SUMPRODUCT(B12:D12,B15:D15)		
17					
18	gamma	0.038725225	0.035928645	0.032877792	<--{=optiongamma(D4,D5,D8,D6,D7,D9)}
19	组合gamma	0.00	<--=SUMPRODUCT(B18:D18,B12:D12)		

该投资组合通过使用以下"规划求解参数"来实现：

如下图所示，该投资组合更好地免受标的资产价格变动的影响。可见，delta 和 gamma 中性投资组合更好地免受标的资产价格变动的影响（与只有 delta 中性投资组合相比）。与之前一样，gamma 由于在标的资产价格变化时也在变化，因此无法免受标的资产价格非常大的波动的影响。

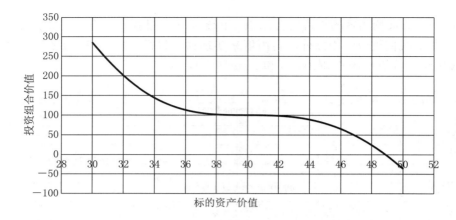

19.6 delta、theta 和 gamma 之间的关系

如前文所述,创建 delta 中性投资组合的一个直接方法是卖出一个期权并持有 delta 股股票。对于较小的标的资产价格冲击,该投资组合是免疫的,因此,在短时间内(Δt),我们预计该投资组合将获得无风险收益率。这种直觉加上稍显高级的数学运算,得出了 Black-Scholes-Merton 微分方程:

$$\Theta+(r-d)\cdot S\cdot\Delta+0.5\cdot\sigma^2 S^2\Gamma=r\cdot \text{Premium}$$
$$\Theta+(r-d)\cdot S\cdot\Delta+0.5\cdot\sigma^2 S^2\Gamma=r\cdot \text{Premium}$$

下面的 Excel 表格显示了任意认购期权和认沽期权的这种关系:

	A	B	C	D
1		delta、 theta 和gamma 的关系		
2	期权	1	2	
3	类型	认购期权	认沽期权	
4	股票价格 (S)	40.00	40.00	
5	行权价格 (X)	35.00	37.00	
6	利率(r)	2.00%	2.00%	
7	股息收益率 (k)	0.00%	0.00%	
8	到期时间 (T)	0.25	0.50	
9	波动率	35%	35%	
10	价值	5.97	2.32	<--=bsmertonput(C4,C5,C8,C6,C7,C9)
11				
12	delta	0.810328628	-0.315911697	<--=deltaput(C4,C5,C8,C6,C7,C9)
13	theta	-4.32394313	-3.221801746	<--=Thetaput(C4,C5,C8,C6,C7,C9)
14	gamma	0.038725225	0.035928645	<--=optiongamma(C4,C5,C8,C6,C7,C9)
15				
16	Θ+(r-d)·S·Δ+0.5·σ²·S²·Γ	0.119391821	0.046476154	<--=C13+(C6-C7)*C4*C12+0.5*C9^2*C4^2*C14
17	r·premium	0.119391821	0.046476154	<--=C6*C10

19.7 总结

在本章中,我们探讨了期权定价公式对其各种参数的敏感性。利用这些希腊字母,我们深入研究了 delta 对冲的复杂性,这是一种用股票和债券组合复制期权头寸的有用技术。感兴趣的读者应该知道,关于这个话题还有许多可以介绍。进一步阅读 Hull(2017)和 Taleb(1997)是一个很好的起点。Haug(2006)中收集了包括计算希腊字母在内的诸多期权定价公式。

练习

1. 为认沽期权生成一个 delta 对股票价格敏感性的图表。
2. 参考认购期权的 θ 作为期权到期时间的函数图像，为认沽期权制作一个类似的图。
3. 虽然 θ 通常是负的，但在某些情况下（通常是高利率），它可以是正的，包括：

● 利率很高时的实值认沽期权；
● 利率很高的货币的实值认购期权（或同等地，股息率非常高的股票的实值认购期权）。

找两个例子。

附录 19.1 希腊字母的 VBA 代码

Black-Scholes 函数

在本章中，我们使用 Merton 版本的 Black-Scholes 公式为具有连续股息收益率的期权定价（详见第 18.6 节）。与该模型相关的 VBA 如下所示。

```
Function dOne(stock, exercise, time, _
interest, divyield, sigma)
   dOne = (Log(stock / exercise) + _
   (interest - divyield) * time) / _
   (sigma * Sqr(time)) + 0.5 * sigma * _
   Sqr(time)
End Function

Function dTwo(stock, exercise, time, _
interest, divyield, sigma)
   dTwo = dOne(stock, exercise, time, _
   interest, divyield, sigma) - sigma * _
   Sqr(time)
End Function

Function BSMertonCall(stock, exercise, time, _
interest, divyield, sigma)
   BSMertonCall = stock * Exp(-divyield * _
   time) * Application.Norm_S_Dist _
   (dOne(stock, exercise, time, _
   interest, divyield, sigma), 1) - exercise * _
   Exp(-time * interest) * Application.Norm_S_Dist _
   (dTwo(stock, exercise, time, interest, _
   divyield, sigma), 1)
        End Function

Function BSMertonPut(stock, exercise, time, _
'Put pricing function uses put-call
'parity theorem
interest, divyield, sigma)
   BSMertonPut = BSMertonCall(stock, exercise, _
   time, interest, divyield, sigma) + _
   exercise * Exp(-interest * time) - _
   stock * Exp(-divyield * time)
End Function
```

定义正态分布

上面的期权定价函数使用的是 Excel 函数 Norm.S.Dist(x, False/True)的旧版本。如果这个函数中的第二个参数设置为 False,它将计算正态密度;当参数设置为 True 时,它将计算正态分布函数。①

这些函数的 VBA 写法是 Application.Norm_S_Dist(x, 0 or 1)。不考虑一致性,我们已经在 VBA 中为希腊字母使用了这个函数的两个版本。

有时,使用自制的函数来定义以下正态概率密度是很方便的:

```
Function normaldf(x)
'The standard normal probability density,
'this is N'(x) and it is equivalent to:
'nromaldf = Application.Norm_S_Dist(_
dOne(stock, exercise, time, interest, divyield,
sigma), 0)
    normaldf = Exp(-x ^ 2 / 2) / _
    (Sqr(2 * Application.Pi()))
```

定义希腊字母

以下给出希腊字母的 VBA 代码:

```
Function DeltaCall(stock, exercise, time, _
interest, divyield, sigma)
    DeltaCall = Exp(-divyield * time) * _
    Application.Norm_S_Dist(dOne(stock, exercise, _
    time, interest, divyield, sigma), 1)
End Function

Function DeltaPut(stock, exercise, time, _
interest, divyield, sigma)
    DeltaPut = -Exp(-divyield * time) * _
    Application.Norm_S_Dist(-dOne(stock, _
    exercise, time, interest, divyield, _
    sigma), 1)
End Function

Function OptionGamma(stock, exercise, time, _
interest, divyield, sigma)
    OptionGamma = Exp(-divyield * time) * _
    Application.Norm_S_Dist(dOne(stock, exercise, _
    time, interest, divyield, sigma), 0) / _
    (stock * sigma * Sqr(time))
End Function
```

---

① 在 Excel 中,我们也可以使用 0 或 1 来代替 False 或 True。当在 VBA 中使用这些函数时,0 或 1 是必须的。

```
Function ThetaCall(stock, exercise, time, _
interest, divyield, sigma)
    ThetaCall = -stock * normaldf _
    (dOne(stock, exercise, time, _
    interest, divyield, sigma)) * _
    sigma * Exp(-divyield * time) / _
    (2 * Sqr(time)) + divyield * stock * _
    Application.Norm_S_Dist(dOne(stock, _
    exercise, time, interest, _
    divyield, sigma), 1) * Exp(-divyield * time) _
    - interest * exercise * Exp(-interest * _
    time) * Application.Norm_S_Dist _
    (dTwo(stock, exercise, time, _
    interest, divyield, sigma), 1)
End Function

Function ThetaPut(stock, exercise, time, _
interest, divyield, sigma)
    ThetaPut = -stock * normaldf _
    (dOne(stock, exercise, _
    time, interest, divyield, sigma)) * _
    sigma * Exp(-divyield * time) / _
    (2 * Sqr(time)) - divyield * stock _
    * Application.Norm_S_Dist(-dOne(stock, _
    exercise, time, interest, divyield, _
    sigma), 1) * Exp(-divyield * time) _
    + interest * exercise * Exp _
    (-interest * time) * Application.Norm_S_Dist _
    (-dTwo(stock, exercise, time, _
    interest, divyield, sigma), 1)
End Function

Function RhoCall(stock, exercise, time, _
interest, divyield, sigma)
    RhoCall = exercise * time * _
    Exp(-interest * time) * _
    Application.Norm_S_Dist(dTwo _
    (stock, exercise, time, interest, _
    divyield, sigma), 1)
End Function

Function RhoPut(stock, exercise, time, _
interest, divyield, sigma)
    RhoPut = -exercise * time * _
    Exp(-interest * time) * _
    Application.Norm_S_Dist(-dTwo _
    (stock, exercise, time, interest, _
    divyield, sigma), 1)
End Function

Function Vanna(stock, exercise, time, _
interest, divyield, sigma)
    Vanna = stock * Sqr(time) * _
    Application.Norm_S_Dist(dOne(stock, _
    exercise, _
    time, interest, divyield, sigma), 0) * _
    Exp(-divyield * time) / stock * (1 - dOne _
    (stock, exercise, time, interest, divyield, _
    sigma) / (sigma * Sqr(time)))
End Function
```

```
Function CharmCall(stock, exercise, time,
interest, _
divyield, sigma)
    CharmCall = divyield * Exp(-divyield *
    time) * _
    Application.Norm_S_Dist(dOne(stock, exercise, _
    time, interest, divyield, sigma), 1) - _
    Exp(-divyield * time) * _
    Application.Norm_S_Dist(dOne(stock,
    exercise, _
    time, interest, divyield, sigma), 0) _
    * (2 * (interest - divyield) * time - dTwo _
    (stock, exercise, time, interest, divyield, _
    sigma) * sigma * Sqr(time)) / (2 * time _
    * sigma * Sqr(time))
End Function

Function CharmPut(stock, exercise, time,
interest, _
divyield, sigma)
    CharmPut = -divyield * Exp(-divyield * time) _
    * Application.Norm_S_Dist(-dOne(stock, _
    exercise, time, interest, divyield,
    sigma), 1) _
    - Exp(-divyield * time) * Application.Norm_S_
    Dist _
    (dOne(stock, exercise, time, interest, divyield, _
    sigma), 0) * (2 * (interest - divyield) * _
    time - dTwo(stock, exercise, time, interest, _
    divyield, sigma) * sigma * Sqr(time)) _
    / (2 * time * sigma * Sqr(time))
End Function

Function Vomma(stock, exercise, time, _
interest, divyield, sigma)
    Vomma = stock * Sqr(time) * _
    Application.Norm_S_Dist(dOne(stock, exercise, _
    time, interest, divyield, sigma), 0) * _
    Exp(-divyield * time) * dOne(stock,
    exercise, _
    time, interest, divyield, sigma) * dTwo(stock, _
    exercise, time, interest, divyield, sigma) _
    / sigma
End Function

Function Veta(stock, exercise, time, _
interest, divyield, sigma)
    Veta = -stock * Exp(-divyield * time) _
    * Application.Norm_S_Dist(dOne(stock, exercise, _
    time, interest, divyield, sigma), 0) *
    Sqr(time) _
    * (divyield + (interest - divyield) * _
    dOne(stock, exercise, time, interest, _
    divyield, sigma) / (sigma * Sqr(time)) _
```

```
        - (1 + dOne(stock, exercise, time, interest, _
        divyield, sigma) * dTwo(stock, exercise, _
        time, interest, divyield, sigma)) /
        (2 * time))
End Function

Function Speed(stock, exercise, time, _
interest, divyield, sigma)
    Speed = -Exp(-divyield * time) * _
    Application.Norm_S_Dist(dOne(stock, exercise, _
    time, interest, divyield, sigma), 0) / _
    (stock * sigma * Sqr(time)) / stock * _
    (dOne(stock, exercise, time, interest, _
    divyield, sigma) / (sigma * Sqr(time)) + 1)
End Function

Function Zomma(stock, exercise, time, _
interest, divyield, sigma)
    Zomma = Exp(-divyield * time) * _
    Application.Norm_S_Dist(dOne(stock, exercise, _
    time, interest, divyield, sigma), 0) / _
    (stock * sigma * Sqr(time)) * (dOne(stock, _
    exercise, time, interest, divyield, sigma) _
    * dTwo(stock, exercise, time, interest, _
    divyield, sigma) - 1) / sigma
End Function

Function Color(stock, exercise, time, _
interest, divyield, sigma)
    Color = -Exp(-divyield * time) * _
    Application.Norm_S_Dist(dOne(stock, exercise, _
    time, interest, divyield, sigma), 0) / _
    (stock * sigma * Sqr(time)) / (2 * time) * _
    (1 + 2 * divyield * time + 2 * dOne(stock, _
    exercise, time, interest, divyield, sigma) _
    * (interest - divyield) * time / (sigma * _
    Sqr(time)) - dOne(stock, exercise, time, _
    interest, divyield, sigma) * _
    dTwo(stock, exercise, _
    time, interest, divyield, sigma))
End Function
```

附录 19.2　计算希腊字母的 R 代码

在 R 中计算希腊字母看起来与 VBA 很像。以下是 R 代码：

```r
1    # We thank Sagi Haim for developing this script
2
3    ###########################
4    # CHAPTER 19 - THE GREEKS
5    ###########################
6
7    S <- 100
8    X <- 90
9    r <- 0.05
10   sigma <- 0.35
11   t <- 0.5
12   k <- 0.015
13
14   # d1
15   fm5_d1 <- function(S, X, r, sigma, t, k = 0){
16       return( (log(S/X) + (r - k + 0.5 * sigma^2) * t) / (sigma * sqrt(t)) )
17       }
18   fm5_d1(S, X, r, sigma, t, k)
19
20   # d2
21   fm5_d2 <- function(S, X, r, sigma, t, k = 0){
22       return ( (log(S/X) + (r - k + 0.5 * sigma^2) * t) /
23                   (sigma * sqrt(t)) - sigma * sqrt(t) )
24       }
25   fm5_d2(S, X, r, sigma, t, k)
26
27   # N(d1)
28   fm5_N_d1 <- function(S, X, r, sigma, t, k = 0){
29       d1 <- fm5_d1(S, X, r, sigma, t, k)
30       return(pnorm(d1, mean = 0, sd = 1))
31       }
32   fm5_N_d1(S, X, r, sigma, t, k)
33
34   # N(d2)
35   fm5_N_d2 <- function(S, X, r, sigma, t, k = 0){
36       d2 <- fm5_d2(S, X, r, sigma, t, k)
37       return(pnorm(d2, mean = 0, sd = 1))
38       }
39   fm5_N_d2(S, X, r, sigma, t, k)
40
41   # N'(d1) and N'(d2)
42   fm5_N_tag_d1 <- function(S, X, r, sigma, t, k = 0){
43       d1 <- fm5_d1(S, X, r, sigma, t, k)
44       return(dnorm(d1, mean = 0, sd = 1))
45       }
46   fm5_N_tag_d1(S, X, r, sigma, t, k)
47
48   fm5_N_tag_d2 <- function(S, X, r, sigma, t, k = 0){
49       d2 <- fm5_d2(S, X, r, sigma, t, k)
50       return(dnorm(d2, mean = 0, sd = 1))
51       }
52   fm5_N_tag_d2(S, X, r, sigma, t, k)
53
54   ## First order Greeks
55   # Delta Call
56   fm5_delta_call <- function(S, X, r, sigma, t, k = 0){
57       N_d1 <- fm5_N_d1(S, X, r, sigma, t, k)
58       return( exp(-k*t) * N_d1)
59       }
60   fm5_delta_call(S, X, r, sigma, t, k)
61
62   # Delta Put
63   fm5_delta_put <- function(S, X, r, sigma, t, k = 0){
64       N_d1 <- fm5_N_d1(S, X, r, sigma, t, k)
65       return( -exp(-k*t) *(1 - N_d1))
66       }
67   fm5_delta_put(S, X, r, sigma, t, k)
68
69   # Vega (same for put and call)
70   fm5_vega <- function(S, X, r, sigma, t, k = 0){
71       N_tag_d1 <- fm5_N_tag_d1(S, X, r, sigma, t, k)
72       return( S * exp(- k * t) * sqrt(t) * N_tag_d1)
73       }
74   fm5_vega(S, X, r, sigma, t, k)
75
```

```r
76   # Theta Call
77 - fm5_theta_call <- function(S, X, r, sigma, t, k = 0){
78       N_d1 = fm5_N_d1(S, X, r, sigma, t, k)
79       N_d2 = fm5_N_d2(S, X, r, sigma, t, k)
80       N_tag_d1 =  fm5_N_tag_d1(S, X, r, sigma, t, k)
81       return( -(S * exp(-k * t) * N_tag_d1 * sigma) / (2 * sqrt(t)) +
82               k * S * exp(-k * t) * N_d1 - r * X * exp(-r * t) * N_d2 )
83       }
84   fm5_theta_call(S, X, r, sigma, t, k)
85
86   # Theta Put
87 - fm5_theta_put <- function(S, X, r, sigma, t, k = 0){
88       d1 = fm5_d1(S, X, r, sigma, t, k)
89       d2 = fm5_d2(S, X, r, sigma, t, k)
90       N_tag_d1 =  fm5_N_tag_d1(S, X, r, sigma, t, k)
91       N_minus_d1 = pnorm(-d1, mean = 0, sd = 1)
92       N_minus_d2 = pnorm(-d2, mean = 0, sd = 1)
93       return(-(S * exp(-k * t) * N_tag_d1 * sigma) / (2 * sqrt(t)) -
94               k * S * exp(-k * t) * N_minus_d1 +
95               r * X * exp(-r * t) * N_minus_d2)
96       }
97   fm5_theta_put(S, X, r, sigma, t, k)
98
99   # Rho call
100 - fm5_rho_call <- function(S, X, r, sigma, t, k = 0){
101       N_d2 = fm5_N_d2(S, X, r, sigma, t, k)
102       return( X * t * exp(-r * t) * N_d2 )
103       }
104   fm5_rho_call(S, X, r, sigma, t, k)
105
106   # Rho Put
107 - fm5_rho_put <- function(S, X, r, sigma, t, k = 0){
108       d2 = fm5_d2(S, X, r, sigma, t, k)
109       N_minus_d2 = pnorm(-d2, mean = 0, sd = 1)
110       return(-X * t * exp(-r * t) * N_minus_d2)
111       }
112   fm5_rho_put(S, X, r, sigma, t, k)
113
114   ## Second order Greeks
115   # Gamma
116 - fm5_opt_gamma <- function(S, X, r, sigma, t, k = 0){
117       N_tag_d1 = fm5_N_tag_d1(S, X, r, sigma, t, k)
118       return( (exp(-k * t) * N_tag_d1) /
119               (S * sigma * sqrt(t) ))
120       }
121   fm5_opt_gamma(S, X, r, sigma, t, k)
122
123   # Vanna
124 - fm5_vanna <- function(S, X, r, sigma, t, k = 0){
125       d2 = fm5_d2(S, X, r, sigma, t, k)
126       N_tag_d1 =  fm5_N_tag_d1(S, X, r, sigma, t, k)
127       return( -exp(-k * t) * N_tag_d1 * d2 / sigma)
128       }
129   fm5_vanna(S, X, r, sigma, t, k)
130
131   # Charm
132 - fm5_charm_call <- function(S, X, r, sigma, t, k = 0){
133       N_d1 = fm5_N_d1(S, X, r, sigma, t, k)
134       d2 = fm5_d2(S, X, r, sigma, t, k)
135       N_tag_d1 = fm5_N_tag_d1(S, X, r, sigma, t, k)
136       return( k * exp(-k * t) * N_d1 - exp(-k * t) * N_tag_d1 *
137               (2 * (r - k) * t - d2 * sigma * sqrt(t)) / (2 * t * sigma * sqrt(t)))
138       }
139   fm5_charm_call(S, X, r, sigma, t, k)
140
141 - fm5_charm_put <- function(S, X, r, sigma, t, k = 0){
142       d1 = fm5_d1(S, X, r, sigma, t, k)
143       N_minus_d1 = pnorm(-d1, mean = 0, sd = 1)
144       N_tag_d1 = fm5_N_tag_d1(S, X, r, sigma, t, k)
145       d2 = fm5_d2(S, X, r, sigma, t, k)
146       return( -k * exp(-k * t) * N_minus_d1 - exp(-k * t) * N_tag_d1 *
147               (2 * (r - k) * t - d2 * sigma * sqrt(t)) / (2 * t * sigma * sqrt(t)))
148       }
149   fm5_charm_put(S, X, r, sigma, t, k)
150
151   # Vomma
152 - fm5_vomma <- function(S, X, r, sigma, t, k = 0){
153       d1 = fm5_d1(S, X, r, sigma, t, k)
154       N_tag_d1 = fm5_N_tag_d1(S, X, r, sigma, t, k)
155       d2 = fm5_d2(S, X, r, sigma, t, k)
156       return( S * exp(-k * t) * N_tag_d1 * d1 * d2 / sigma * sqrt(t))
157       }
158   fm5_vomma(S, X, r, sigma, t, k)
159
```

```
160  # Veta
161  fm5_veta <- function(S, X, r, sigma, t, k = 0){
162      d1 = fm5_d1(S, X, r, sigma, t, k)
163      N_tag_d1 =  fm5_N_tag_d1(S, X, r, sigma, t, k)
164      d2 = fm5_d2(S, X, r, sigma, t, k)
165      return( -S * exp(-k * t) * N_tag_d1 * sqrt(t) *
166              (k + ((r - k) * d1) / (sigma * sqrt(t)) - ((1 + d1 * d2) / (2 * t))))
167      }
168  fm5_veta(S, X, r, sigma, t, k)
170  ## Third Order Greeks
171  # Speed
172  fm5_speed <- function(S, X, r, sigma, t, k = 0){
173      d1 = fm5_d1(S, X, r, sigma, t, k)
174      N_tag_d1 = fm5_N_tag_d1(S, X, r, sigma, t, k)
175      return( -exp(-k * t) * N_tag_d1 / (S^2 * sigma * sqrt(t)) *
176              (d1 / (sigma * sqrt(t)) + 1))
177      }
178  fm5_speed(S, X, r, sigma, t, k)
179
180  # Zomma
181  fm5_zomma <- function(S, X, r, sigma, t, k = 0){
182      d1 = fm5_d1(S, X, r, sigma, t, k)
183      N_tag_d1 = fm5_N_tag_d1(S, X, r, sigma, t, k)
184      d2 = fm5_d2(S, X, r, sigma, t, k)
185      return(exp(-k * t) * (N_tag_d1 * (d1 * d2 - 1)) / (S * sigma^2 * sqrt(t)))
186      }
187  fm5_zomma(S, X, r, sigma, t, k)
188
189  # Color
190  fm5_color <- function(S, X, r, sigma, t, k = 0){
191      d1 = fm5_d1(S, X, r, sigma, t, k)
192      N_tag_d1 = fm5_N_tag_d1(S, X, r, sigma, t, k)
193      d2 = fm5_d2(S, X, r, sigma, t, k)
194      return( -exp(-k * t) * N_tag_d1 / (2 * t * S * sigma * sqrt(t)) *
195              ( 1 + (2 * k * t) + (2 * d1 * (r - k) * t) /
196              (sigma * sqrt(t)) - (d1 * d2)))
197      }
198  fm5_color(S, X, r, sigma, t, k)
```

20

实物期权

20.1 概述

资本预算的标准净现值分析是通过按风险调整资本成本对项目的期望现金流进行贴现来评估项目的价值。这种 DCF 技术是迄今为止在评估资本项目（无论是收购公司还是购买机器）时使用最广泛的实践。然而，标准净现值分析并未考虑资本预算编制过程所固有的灵活性。资本预算编制过程之所以复杂，部分原因在于公司可以根据具体情况动态地改变决策。

这里有两个例子：

（1）一家公司正在考虑用一种新型的机器代替一些机器。它可以先更换一台机器，而不是将所有机器一起更换。根据被更换的第一台机器的性能，公司可以决定是否替换其余的机器。这个"等待的期权"（或者可能是"扩张的期权"）的价值在标准的净现值分析过程中并没有被评估。它本质上是一种认购期权。

（2）一家公司正在考虑投资一个项目，该项目将随着时间的推移产生（不确定的）现金流。一种选择（在标准的净现值框架中没有得到重视）是，如果项目的表现不令人满意，就放弃该项目。正如我们后面将看到的，该"放弃期权"是许多项目中隐含的认沽期权。它有时也被称为"规模压缩期权"。

还有许多其他实物期权。在关于实物期权估值的主要著作中，Trigeorgis（1996）列出了以下常见的实物期权：

- 在开发自然资源或建设工厂时，可以延期或等待的期权。
- 构建时间期权（分阶段投资）——在每个阶段，投资都可以被重新评估，（可能）放弃或扩张。
- 更改业务规模（扩大、收缩、关闭或重新启动）的期权。
- 放弃期权。
- 切换输入或输出的期权。

● 成长期权——对一个项目的早期投资构成了以后"进入市场"的期权。

对实物期权的认识是对净现值技术的一个重要延伸。然而,实物期权的建模和估值比采用 DCF 方法对标准现金流建模和估值要困难得多。我们后面的例子将说明这些困难。通常,DCF 技术因为忽略了项目的实物期权而误判了项目的价值;最好认识到这一点,然后应用实物期权。我们通常的结论是,实物期权增加了项目的价值,因此净现值低估了真正的价值。

20.2 扩张期权的一个简单例子

在本节中,我们给出了一个关于扩张期权的简单示例。以 ABC 公司为例,该公司拥有 6 台小机器。ABC 正在考虑用一种价值 1 000 美元的新机器替换每台旧机器。这些新机器的寿命是 5 年。这台新机器的期望现金流如下。[①]

	A	B	C	D	E	F	G
1			扩张期权				
2	年份	0	1	2	3	4	5
3	单台机器的现金流	-1,000	220	300	400	200	150
4							
5	无风险贴现率	6%					
6	机器现金流的贴现率（风险调整）	12%					
7	机器未来现金流的现值	932.52	<--=NPV(B6,C3:G3)				
8	单台机器的净现金流	-67.48	<--=NPV(B6,C3:G3)+B3				

从事替换项目的财务分析师估计该项目的资本成本为 12％。利用这些期望现金流和 12％ 的资本成本,分析师得出结论,用一台新机器替换一台旧机器是无利可图的,因为净现值是负的:

$$-1\,000 + \underbrace{\frac{220}{1.12} + \frac{300}{(1.12)^2} + \frac{400}{(1.12)^3} + \frac{200}{(1.12)^4} + \frac{150}{(1.12)^5}}_{} = -67.48$$

机器未来现金流的现值是 932.52 美元

现在出现了(实物期权)扭曲。负责产品生产线的部门经理说:"我想试用其中一台新机器一年。在这一年结束时,如果实验成功,我想用新的机器替换生产线上的其他五台类似的机器。"

这是否改变了我们之前关于更换一台机器的否定结论? 答案是肯定的。为了理解这一点,我们现在意识到我们拥有的是一个资产包:

● 现在更换一台机器。该期权的净现值为−67.48。

● 一年后更换其他 5 台机器的期权。假设无风险利率为 6％。然后,我们将每个这样的期权视为资产的认购期权,其当前价值 S 等于机器未来现金流的现值。从上面的单元格 B7

---

① 这些现金流是用一台新机器取代一台旧机器的增量现金流。计算包括税收、增量折旧和旧机器的出售。

可以看出，这个现值是 $S = 932.52$。该期权的行权价格为 $X = 1\,000$。当然，只有当我们现在购买第一台机器时，这些认购期权才能行使。[①]

假设 Black-Scholes 期权定价模型可以对该期权进行定价。在这种情况下，我们有：

	A	B	C	D	E	F	G
1			扩张期权				
2	年份	0	1	2	3	4	5
3	单台机器的现金流	-1,000	220	300	400	200	150
4							
5	无风险贴现率	6%					
6	机器现金流的贴现率（风险调整）	12%					
7	机器未来现金流的现值	932.52	<--=NPV(B6,C3:G3)				
8	单台机器的净现金流	-67.48	<--=NPV(B6,C3:G3)+B3				
9							
10	下一年度购买的机器数量	5					
11	单台机器今天的期权价值	70.12	<--=B24				
12	整个项目的净现值	283.09	<--=B8+B10*B11				
13							
14	**Black-Scholes期权定价公式**						
15	S	932.52	机器现金流的现值				
16	X	1000	行权价 = 机器成本				
17	r	6%	无风险利率				
18	T	1	期权到期时间 (以年为单位)				
19	Sigma	20%	<-- 波动率				
20	d_1	0.0507	<--=(LN(B15/B16)+(B17+0.5*B19^2)*B18)/(B19*SQRT(B18))				
21	d_2	-0.1493	<--=B20-SQRT(B18)*B19				
22	$N(d_1)$	0.5202	<--=NORM.S.DIST(B20,1)				
23	$N(d_2)$	0.4406	<--=NORM.S.DIST(B21,1)				
24	期权价值 = BS 认购期权价格	70.12	<--=B15*B22-B16*EXP(-B17*B18)*B23				

如单元格 B12 所示，整个项目的价值为 283.09。

我们的结论是：今天买一台机器，然后知道我们可以选择在一年内再买五台机器，这是一个值得做的项目。这里的一个关键因素是波动率。波动率越低（即，不确定性越低），这个项目就越不值得。

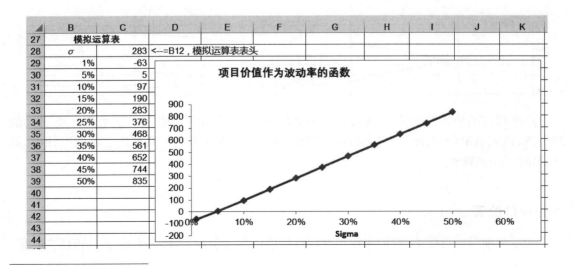

	B	C
27	**模拟运算表**	
28	σ	283 <--=B12，模拟运算表表头
29	1%	-63
30	5%	5
31	10%	97
32	15%	190
33	20%	283
34	25%	376
35	30%	468
36	35%	561
37	40%	652
38	45%	744
39	50%	835

项目价值作为波动率的函数

---

① 我们真正在做的是为学习成本定价！

这并不奇怪。整个项目的价值来自我们对从今天开始的一年的实际现金流的不确定性。这种不确定性越小(由 σ 衡量),项目的价值就越低。

Black-Scholes 公式是实物期权的合适估值工具吗?

答案几乎肯定是"不":Black-Scholes 不是合适的工具。然而,Black-Scholes 模型是迄今为止在计算各种期权价值方面最易于处理(即最简单)的模型。在评估实物期权时,我们经常使用 Black-Scholes 模型,并意识到它充其量只能给出实物期权价值的一个近似值。这就是生活。

说了这么多,你应该意识到 Black-Scholes 期权估值模型的假设——连续交易、恒定利率、交易任意部分证券的能力、在期权最终到期前不行使——并不真正适用于本章考察的实物期权。在许多情况下,实物期权(在证券期权背景下)被视为支付股息的证券和/或提前行权的证券。看两个例子:

- 当我们有机会随着时间的推移扩大或收缩投资时,分阶段投资实物期权本质上是一种可提前行权的期权。
- 当放弃投资期权存在时,只要该投资仍在且未被放弃,它就继续以现金流的形式支付"股息"。

我们只能希望,Black-Scholes 模型给出了实物期权内在价值的一个近似值。

20.3 放弃期权

考察以下资本预算项目:

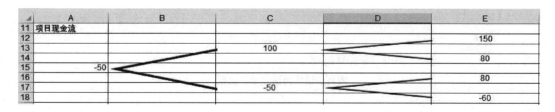

这个项目的初始费用是 50 美元。在一个时期内,该项目将产生 100 美元或 −50 美元的现金流;也就是说,平均而言,它会赔钱。因此,这个项目在一期结束后再次有可能赔钱(在最坏的情况下)或赚钱。

评估项目价值

为了对项目进行估值,我们采用了期权定价中的状态价格。[①]状态价格 q_U 是随后"上涨"

---

① 第 17.3 节提供了详细的讨论。请参阅后面关于如何计算这些状态价格的简短讨论。

状态下为获得 1 美元而在今天要支付的价格,价格 q_D 是随后"下跌"状态下支付的 1 美元在今天要支付的价格。下面的电子表格给出了所有相关的细节,得到项目估值为－29.38 美元(意味着项目被拒绝):

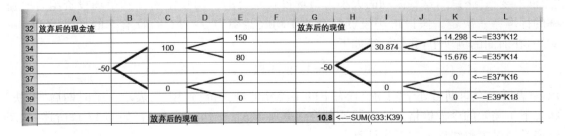

	A	B	C	D	E	F	G	H	I	J	K	L
1						**对放弃期权的定价**						
2	市场数据			状态价格								
3	期望市场收益率	12%		q_u		0.309	<--=(1+B5-B9)/((1+B5)*(B8-B9))					
4	市场收益率的波动率	30%		q_D		0.635	<--=(B8-1-B5)/((1+B5)*(B8-B9))					
5	无风险利率	6%										
7	一个时期市场的"上涨"和"下跌"											
8	上涨	1.522		<--=EXP(B3+B4),注意,一个有效的替代是"上涨" = EXP(B4)								
9	下跌	0.835		<--=EXP(B3-B4),注意,一个有效的替代是"下跌" = EXP(-B4)								
11	项目现金流							状态依赖现值因子				
12					150						0.095	<--=E3^2
13			100						0.309			
14					80						0.196	<--=E3*E4
15		-50						1				
16					80						0.196	<--=E4*E3
17			-50						0.635			
18					-60						0.403	<--=E4^2
19			=C13*I13									
20	各状态的现值											
21					14.298	<--=E12*K12						
22			30.874									
23					15.676	<--=E14*K14						
24		-50										
25					15.676	<--=E16*K16						
26			-31.733									
27					-24.167	<--=E18*K18						
28			=C17*I17									
29	净现值		**-29.38**		<--=SUM(A21:E27)							

方法是计算状态依赖的现值因子(如何实现将在后文中讨论),并将这些因子乘以状态依赖的单个现金流。树的每个节点以该节点的相关状态价格贴现;例如,发生在日期 2 的现金流 80 用 $q_u q_D$ 贴现。项目的净现值是所有贴现现金流与初始成本(单元格 B29)的总和。

放弃期权可以提高价值

现在假设如果它的现金流"威胁"为－50,我们可以在日期 1 放弃该项目。此外,假设这种放弃意味着所有后续现金流也将为零。如下面的电子表格所示,这个项目的放弃期权提高了它的价值:

	A	B	C	D	E	F	G	H	I	J	K	L
32	放弃后的现金流						放弃后的现值					
33					150						14.298	<--=E33*K12
34			100						30.874			
35					80						15.676	<--=E35*K14
36		-50						-50				
37					0						0	<--=E37*K16
38			0						0			
39					0						0	<--=E39*K18
41					放弃后的现值			10.8	<--=SUM(G33:K39)			

出售设备的放弃

当然,另一种可能性是,"放弃"意味着出售设备。在这种情况下,甚至可能会从放弃中获得正的现金流。例如,假设我们可以以 15 美元的价格出售资产:

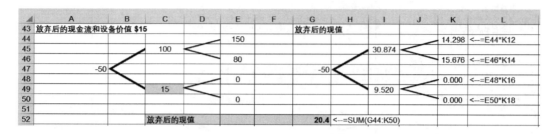

当我们为放弃支付费用时(退出成本)

进一步考虑,很明显,为放弃该项目而支付费用甚至可能也是值得的——这笔费用也被称为退出成本。这是我们在麻烦的状态下,为放弃它而支付 10 美元的情况(这笔钱可以被认为代表关闭一个设施的成本):

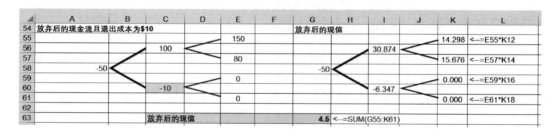

确定状态价格

我们在上面所使用的确定状态价格的方法在第 17 章中有更详细的解释。我们假设在每个时期,市场投资组合(这里指的是一些大型的、分散化的股票市场投资组合,如 SP500)要么"上涨",要么"下跌",这些波动的大小由市场投资组合的平均收益率 μ 和市场投资组合收益率的标准差 σ 决定。假设市场投资组合的平均收益率为 $\mu = 12\%$,收益率的标准差为 $\sigma = 30\%$,在前面的例子中,我们计算如下:

$$上涨 = e^{\mu + \sigma} = 1.52,下跌 = e^{\mu - \sigma} = 0.84$$

用 q_U 表示一个时期后处于"上涨"状态下的 1 美元的今天价格,用 q_D 表示一个时期后"下跌"状态下 1 美元的今天价格。R 表示无风险利率加 $1(R = 1 + r_f)$。然后,如第 17 章所述,状态价格是通过求解线性方程组来计算的:

$$q_U = \frac{R - 下跌}{R \cdot (上涨 - 下跌)}, \quad q_D = \frac{上涨 - R}{R \cdot (上涨 - 下跌)}$$

状态价格的另一种确定方法

另一种计算状态价格的方法是将其与项目的资本成本相匹配。重新考察前面讨论的项目,并假设每个状态发生的实际概率为 50%。进一步,假设无风险利率为 6%。最后,假设项目的贴现率——如果没有其他期权的话——是 22%。然后,我们可以计算出不含实物期权的项目净现值为 12.48:

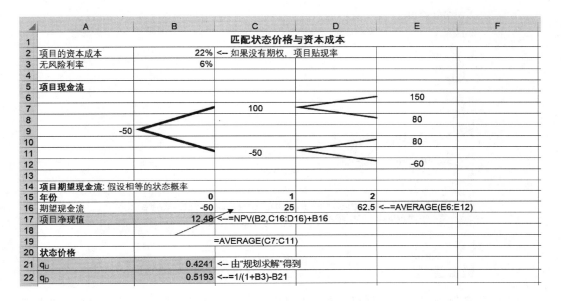

在单元格 B21 和 B22 中,我们寻找状态价格 q_U 和 q_D,它们有两个属性:

(1) 它们与无风险利率一致。这意味着:

$$q_U + q_D = \frac{1}{R} = \frac{1}{1.06}$$

(2) 状态价格给出的项目净现值与按资本成本计算的净现值相同。

第二个要求意味着我们必须使用 Excel 的"规划求解"来确定状态价格。以下是求解过程(关于如何使用"规划求解"的讨论如下面的电子表格所示):

为了确定状态价格，我们使用"规划求解"（数据|规划求解）：

　　另一个注意事项：你还可以使用"单变量求解"（数据|模拟分析|单变量求解）来获得相同的结果。但是，Excel 的"单变量求解"没有设置记忆功能，这意味着每次重复此计算时，都必须重置单元格引用。以下是"单变量求解"对话框：

20.4　将放弃期权作为一系列认沽期权进行估值

　　前面的例子展示了放弃期权如何以及为什么会有价值。它还说明了放弃期权的另一个更麻烦的特点——即,对它的估值可能很难。虽然预测期望现金流已经足够困难,但对复杂项目逐个状态预测现金流和状态价格就更困难了。

在对放弃期权进行估值时,一个可能的折中方案是将一个项目分解为一系列现金流加上一系列 Black-Scholes 认沽期权进行估值。考察下面的例子:你正在评估一个 4 年期项目,期望现金流如下所示,按风险调整的贴现率为 12%。正如你所看到的,这个项目有一个负的净现值:

▲	A	B	C	D	E	F
1		标准贴现现金流项目估值				
2	项目现金流					
3	年份	0	1	2	3	4
4	现金流	-750	100	200	300	400
5						
6	风险调整贴现率	12%	项目的资本成本			
7	无期权净现值	-33.53	<-- =B4+NPV(B6,C4:F4)			

假设我们可以在未来 4 年的任何一年结束时放弃这个项目,并以 300 美元的价格出售设备。虽然这种放弃期权是美式期权而不是 Black-Scholes 期权,但我们将其视为一系列 Black-Scholes 认沽期权。在每种情况下,我们均假设首先得到年末现金流;然后,我们根据剩余的项目价值来评估放弃期权。

- 第 1 年年末:该资产在第 1 年年末的期望价值将是其未来期望现金流的贴现价值:

$$702.44 = \frac{200}{(1.12)^1} + \frac{300}{(1.12)^2} + \frac{400}{(1.12)^3}$$

该放弃期权意味着我们可以在未来三年内获得出售资产的 300 美元。假设该值的波动率为 50%;然后将该期权作为一年到期的 Black-Scholes 认沽期权估值,其价值为 19.53。下面的电子表格使用第 18 章中定义的 VBA 函数 BSPut:

▲	A	B	C	D	E	F
1		放弃期权价值——第1年计算细节				
2	项目现金流					
3	年份	0	1	2	3	4
4	现金流	-750	100	200	300	400
5						
6	风险调整贴现率	12%	项目的资金成本			
7	无期权情况下的净现值	-33.53	<-- =B4+NPV(B6,C4:F4)			
8						
9	评估第1年放弃认沽期权					
10	第1年年末项目价值	702.44	<--=NPV(B6,D4:F4)			
11	放弃后价值	300	就像认沽期权中的行权价			
12	期权到期时间 (年)	3	<--=F3-1			
13	无风险利率	6%				
14	波动率	50%				
15	认沽期权价值	19.53	<--=bsput(B10,B11,B12,B13,B14)			

- 第 2 年年末:我们持有一项资产的认沽期权,行权价格为 300 美元,资产价值为 586.73 $= \frac{300}{1.12} + \frac{400}{(1.12)^2}$。将放弃期权视为 2 年期 Black-Scholes 认沽期权,得到其价值(当 $\sigma = 50\%$)为 17.74。

- 第 3 年年末:我们对价值 $357.14 = \frac{400}{1.12}$ 的资产持有行权价格为 300 美元的认沽期权。该期权的到期时间还有一年,并且价值 32.47。

- 第 4 年年末:该资产在未来期望现金流方面毫无价值,但可以以 300 美元的价格放弃(这是其报废价值或残值)。放弃期权价值 300 美元。

在下面的电子表格中,该资产的估值为以下两者之和:

- 未来期望现金流的现值。如我们下面所示,是－33.53 美元。
- 一系列 Black-Scholes 认沽期权的现值(以无风险利率贴现)。这个值是 299.10 美元。

项目总价值为－33.53＋299.10＝265.57 美元。

	A	B	C	D	E	F	G
1			将放弃期权视为一系列认沽期权进行定价				
2	项目现金流						
3	年份	0	1	2	3	4	
4	现金流	-750	100	200	300	400	
5							
6	风险调整贴现率	12%	项目的资本成本				
7	无期权情况净现值	-33.53	<=NPV(B6,C4:F4)+B4				
8							
9	波动率	50%					
10	无风险利率	6%					
11	放弃后价值	300	任一年年底的放弃价值				
12							
13	经风险调整贴现率贴现后的净现值	-33.53	<=B7				
14	放弃期权的价值	299.10	<=NPV(B10,C19:F19)				
15	调整后现值	265.57	<=B14+B13				
16					单元格 D18中函数: =NPV($B$6,E4:$F$4)		
17	年份	0	1	2	3	4	
18	年末剩余现金流		702.44	586.73	357.14	0.00	
19	认沽期权价值		19.53	17.74	32.47	300.00	
20							
21			单元格 D19中函数: =bsput(D18,$B$11,$F$3-D3,$B$10,$B$9)				

20.5 评估生物技术项目价值[①]

生物技术行业的一个有趣特征是存在一些没有收入的高估值公司。人们普遍认为,这些公司的价值在于其未来的现金流机会。因此,在对这些公司进行估值时,了解如何将定性投资机会转化为定量估值是非常重要的。在本节中,我们使用实物期权方法对生物技术项目进行估值,并说明实物期权方法的应用。

考察下面的故事。[②]一家公司正在考虑启动一种新药的研究。该公司知道药物开发有三个阶段:

- 在发现阶段,公司会对这个想法的可行性进行初步研究。这项研究需要一年的时间,并在年初花费 1 000 美元。有 50% 的可能性获得足以支持进行下一阶段研究的积极结果。

- 如果发现阶段取得成功,那么该药物将进入临床阶段,在这个阶段,该药物将被进行检验。这一阶段持续一年,并在年初花费 2 000 美元。临床阶段产生足够积极结果并进入下一阶段的概率为 30%。

- 如果药物成功通过临床阶段,那么它将进入营销阶段,并在该阶段进行销售。这一阶段的费用为每年 1.5 万美元(每年年初),平均持续 5 年。平均而言,一种成功的药物有望以 2 万美元的收入开始营销阶段。这一收入以年均 10% 和标准差 $\sigma = 100\%$ 的速度增长。

---

① 这个例子的最初版本出现在 Benninga 和 Tolkowsky(2002)中。

② 我们已经使这个故事足够简单,适合被做成一个可以理解的电子表格。具有同样的核心思想但稍微复杂一些的故事,参见 Kellogg 和 Charnes(2000)。

该类项目的期望收益率为 25%。我们假设，在采用 DCF 估值的情况下，这是项目的资本成本。

传统的 DCF 分析下的项目的期望值

如果使用传统的 DCF 分析来估计这个项目的价值，我们会得到一个负的项目净现值：

	A	B	C	D	E	F	G	H
1			生物科技项目期望现金流					
2	贴现率		25%					
3	增长 (营销)		10%					
4								
5	年份	阶段	费用	收入	净值	概率	期望现金流	
6	0	发现	-1,000	0	-1,000	100%	-1,000	<-=F6*E6
7	1	临床	-2,000	0	-2,000	50%	-1,000	<-=F7*E7
8	2	临床	-2,000	0	-2,000	50%	-1,000	
9	3	营销	-15,000	20,000	5,000	15%	750	
10	4	营销	-15,000	22,000	7,000	15%	1,050	
11	5	营销	-15,000	24,200	9,200	15%	1,380	
12	6	营销	-15,000	26,620	11,620	15%	1,743	
13	7	营销	-15,000	29,282	14,282	15%	2,142	
14								
15	项目净现值		-268	<-=G6+NPV(C2,G7:G13)				

由于项目的净现值为负，DCF 方法表明不应该开展这个项目。

使用实物期权方法

估计收益现值的另一种方法是在二叉树上绘制项目的现金流。如下图所示：

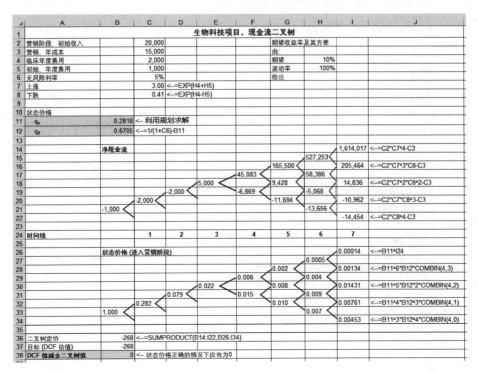

我们使用 Excel 函数 Sumproduct 来做这个计算。

关于状态价格的说明

项目收益的净现值是净现金流和适当的状态价格的乘积：

$$NPV = \sum_{t=0}^{7} \sum_{j=0}^{t} CF_{jt} \cdot (q_U)^j \cdot (q_D)^{t-j} \cdot (\text{到节点的路径数})$$

其中，$CF_{j,t}$ 表示项目在日期 t 和状态 j 的收益，其中 j 为上涨的次数。如第 17 章，在标准二叉树模型，节点的状态价格为 $(q_U)^j \cdot (q_D)^{t-j} \cdot \binom{t}{j}$，其中 n 为节点发生的时间，j 为到达该节点所需的上行步数，$\binom{t}{j}$ 为到达该节点的路径数。后一个表达式在 Excel 中使用函数 Combin(n, j) 计算。然而，对于前面的实物期权模型，每个节点的路径数量略有不同，因为树的起点（初始状态和临床状态）只能通过一条路径访问。

在前面的电子表格中，价格 q_U 和 q_D 已被计算（使用"规划求解"），以便项目在二叉树上的现值等于 DCF 估值，同时均衡条件 $q_U + q_D = \dfrac{1}{1.05}$ 成立。以下是"规划求解"的屏幕截图：

实物期权方法

研究与开发(R&D)的实物期权方法认识到,在项目的每个阶段,管理者都可以选择是否继续项目。他们通过比较继续推进的价值和成本来做到这一点。在期权术语中,在每个阶段,如果行使继续推进期权的价值超过行权价格,则管理人行使其继续推进期权(continuation option)。在下图中,我们已经从营销阶段消除了明显的负现金流,并也注意消除了随后的现金流,还对状态价格进行了调整(后文将详细介绍):

	A	B	C	D	E	F	G	H	I	J
1				生物科技项目,现金流的期权调整二叉树						
2	营销阶段,初始收入		20,000				期望收益率及其方差			
3	营销,年成本		15,000				由:			
4	临床年度费用		2,000				期望		10%	
5	初始,年度费用		1,000				波动率		100%	
6	无风险利率		5%				给出			
7	上涨		3.00	<—=EXP(H4+H5)						
8	下跌		0.41	<—=EXP(H4-H5)						
9										
10	状态价格									
11	q_u		0.2818	<— 利用规划求解						
12	q_d		0.6705	<—=1/(1+C6)-B11						
13										
14			净现金流						1,614,017	<—=C2*C7^4-C3
15								527,253		
16							165,500		205,464	<—=C2*C7^3*C8-C3
17						45,083		58,386		
18					5,000		9,428		14,836	<—=C2*C7^2*C8^2-C3
19				-2,000						
20			-2,000							
21		-1,000								
22										
23										
24	时间线		1	2	3	4	5	6	7	
25										
26			状态价格 (进入营销阶段)						0.00014	<—=B11^24
27								0.0005		
28						0.002			0.00101	<—=B11^6*B12*(COMBIN(4,3)-1)
29					0.006		0.004			
30				0.022		0.008			0.00954	<—=B11^5*B12^2*(COMBIN(4,2)-2)
31			0.079		0.015					
32		0.282								
33		1.000								
34										
35										
36	二叉树定价	98	<—=SUMPRODUCT(B14:I22,B26:I34)							

另一个关于状态价格的说明

当我们在实物期权方法中消除状态时,我们还必须调整每个节点的路径数量,以考虑到一些状态不再可达的事实。这在前面的电子表格中已经完成。例如,单元格 I28(高亮显示)中的状态现在少了一条可以到达的路径。

20.6 总结

认识到资本预算应该包括项目的期权因素是明确和明显的。评估这些期权往往是困难的。在这一章中,我们试图强调直觉,并在可能的情况下,给出估值的一些实现。

练习

1. 贵公司正在考虑购买 10 台机器,每台机器的期望现金流如下(B3 中的－550 美元是机器的成本):

▲	A	B	C	D	E	F
1			机器更换			
2	年份	0	1	2	3	4
3	单台机器现金流	-550	100	200	300	400

你估计机器的适当贴现率为 25%。

a. 如果没有期权效应,你会建议只买一台机器吗?

b. 你们的采购经理建议今天买一台机器,然后在看完这台机器的运行情况后,再考虑在 6 个月内购买其他 9 台机器。假设机器产生的现金流的标准差为 30%,无风险利率为 5%,对该策略进行估值。

2. 贵公司正考虑购买一台新设备。设备的成本是 5 万美元,你们的分析表明该设备的未来现金流的现值是 4.5 万美元。因此,该设备的净现值为－5 000 美元。这个估计的净现值是基于制造商提供的一些初始数字,加上财务分析师的一些创造性思维。

这种新设备的卖家正在提供一门关于它如何工作的课程。课程费用为 1 500 美元。你预估设备的现金流的 σ 为 30%,无风险利率为 6%,课程结束后你还有半年时间以 50 000 美元的价格购买设备。这门课值得上吗?

3. 考虑现金流如下所示的项目:

▲	A	B	C	D	E	F	G	H
1	项目现金流							
2								
3					169		状态价格	
4			130				q_U	0.300
5					91		q_D	0.500
6	-100							
7					91			
8			70					
9					-90			

a. 使用状态价格对项目进行估值。

b. 假设在日期 2 项目可以免费放弃。这如何影响项目的价值?

c. 假设该项目在任何时候都可以以 100 美元的价格出售。给出现金流树和项目价值。

4. 假设市场投资组合的均值为 $\mu=15\%$,标准差为 $\sigma=20\%$。

a. 如果无风险利率为 4%,计算"上涨"和"下跌"状态的 1 期状态价格。

b. (在模拟运算表中)说明无风险利率对状态价格的影响。

c. 说明 σ 对状态价格的影响。

5. 考虑以下现金流:

	A	B	C	D	E
1	项目现金流				
2					180
3			130		
4					90
5	-50				
6					60
7			-50		
8					-100

a. 如果资金成本为 30％,无风险利率为 5％,找到与项目净现值相匹配的状态价格。

b. 如果存在放弃期权,我们可以将所有负现金流改为零,对项目进行估值。

第五部分　蒙特卡罗方法

21

生成和使用随机数

21.1　概述

本章中我们将讨论计算随机数的技术。在第五部分,我们广泛地利用随机数来模拟股票价格、投资策略和期权策略。在本章,我们将介绍如何得到来自均匀分布和正态分布的随机数。

计算机上的随机数发生器是一个函数,它产生一组看似不相关的数字。随机数是什么,这是一个哲学问题。[①]在本章中,我们将不对原理进行展开,而是侧重于一些简单的随机数发生器——主要是 Excel 随机数发生器 Rand() 和 VBA 随机数发生器 Rnd。[②]我们将介绍如何使用这些发生器来生成均匀分布的随机数与正态分布的随机数。在本章末,我们使用 Cholesky 分解来产生相关的随机数。

为了想象一组均匀分布的随机数,设想一个里面装满了 1 000 个编号为 000、001、002、…、999 的小球的陶瓮。假设我们进行以下实验:摇动陶瓮使球混合,我们从陶瓮中抽出一个球,并记录球的号码。接下来,我们把球放回陶瓮,彻底摇晃陶瓮,让球再次混合在一起,然后抽出一个新的球。通过多次重复这个过程产生的一系列数字应该均匀地分布在 000 和 999 之间。

计算机上的随机数发生器是一个模拟上述过程的函数。本章中考察的随机数发生器有时被称为伪随机数发生器,因为它们实际上是确定的函数,只是它们的值与随机数不可区分而已。所有伪随机数发生器都有周期(即,它们最终会开始重复自己)。诀窍是找到一个具有长循环周期的随机数发生器。Excel 的 Rand() 函数的循环周期很长,是一个不错的随机数发生器。

---

①　哲学吗? 也可能是神学。Knuth(1981, 142)给出了以下的引用:"随机序列是一个模糊的概念,它体现了这样一种思想:对外行来说,序列的每个数字都是不可预测的,并且每个数字都通过了一定数量的检验,这是统计学家的传统检验,在某种程度上取决于该序列的用途。"这句话是 Lehmer(1951)说的。

②　在本书中,我们通常写 Excel 函数时没有括号。在本章中,我们通常把 Rand() 和括号一起写,以强调首先括号是必要的,其次它们是空的。

如果你从未使用过随机数发生器,请打开 Excel 电子表格并在任意单元格中输入＝Rand()。你将看到一个介于 0.000 000 000 000 000 和 0.999 999 999 99 之间的 15 位数字。每次你重新计算电子表格(例如,通过按 F9 键),数字都会发生变化。本章练习涉及 Rand()如何工作的技术细节。在该练习中,我们将向你说明怎样设计你自己的随机数发生器。然而,只要说函数产生的一系列数字应该是"对外行来说不可预测的"(使用前一页脚注①中的 Lehmer 的话)就够了。

在本章中,我们将处理几种随机数发生器:我们首先测试 Excel 和 VBA 附带的均匀随机数发生器。然后,我们生成正态分布的随机数。①最后,我们使用 Cholesky 分解生成相关随机数。

21.2 Rand()和 Rnd：Excel 和 VBA 随机数发生器

假设你只想生成一个随机数列表。一种方法是将 Excel 的函数 Rand()复制到一个单元格范围。

	A	B	C	D	E
1			使用 EXCEL的RAND()函数		
2	0.5136	0.1327	0.1673	0.1678	<--=RAND()
3	0.4987	0.6306	0.7884	0.1988	
4	0.1735	0.8480	0.0561	0.8709	
5	0.2468	0.0018	0.5765	0.4561	
6	0.3754	0.6438	0.4327	0.1627	
7	0.0902	0.5015	0.7945	0.4298	
8	0.0111	0.4804	0.3435	0.8373	
9	0.7213	0.0893	0.4334	0.2687	
10	0.8362	0.7967	0.1074	0.9791	
11					
12	每个单元格包含 **Rand()**。每次你更新电子表格或按F9,这些单元格块将产生一组新的随机数。				

在第 21.2 节中,我们将对 Rand()的工作情况进行一个粗略的测试。

使用 VBA 的 Rnd 函数

VBA 包含自己的函数 Rnd,这相当于 Excel 的 Rand()函数。②下面是一个说明 Rnd 函数基本用法的 VBA 小程序:

```
Sub RandomList()
'Produces a simple list of random numbers
   For Index = 1 To 10
      Range("A4").Cells(Index, 1) = Rnd
   Next Index
End Sub
```

在下面的电子表格中,VBA 程序被指定给一个按钮,所以每次我们单击按钮,它就运行

---

① 一种常见的命名法是"随机偏差(random deviates)"。只有在金融工程领域,人们才能找到"正态偏差"!

② 很混乱,不是吗? 在同一个计算机包中有两个做相同的事情的不同的函数。

一个 VBA 程序,产生 10 个随机数:

将宏分配给按钮或控件序列

在前面的电子表格中,我们将宏 RandomList 指定给了标记为"RandomList Marco"的按钮。在 Excel 中可以为任何绘图形状指定一个 VBA 程序。在本例中,我们创建了一个按钮;右键单击这个矩形,我们给它指定了一个宏:

检验随机数发生器

产生随机数的列表是有趣的,尽管它没有具体的信息。由此产生的数字列表真的服从均匀分布吗？一个简单的检验方法是生成每个随机数,并判断它是否落在区间$[0,0.1)$,$[0.1,0.2)$,…,$[0.9,1)$。$[a,b)$表示a和b之间的半开区间;如果$a \leq x < b$,那么数字x就在这个区间内。如果数字列表是均匀分布的,我们就可以基本预期"随机"数均匀落在10个区间。

检验这一点的一种方法是在电子表格上生成一个随机数列表,方法是将 Rand() 复制到大量其他单元格,然后使用 Excel 的数组函数 Frequency(data_array,bins_array)。[1]下面的电子表格说明了这一点:

▲	A	B	C	D	E
1	使用EXCEL的 FREQUENCY 函数检验 RAND()的分布				
2	随机数		间隔	频率	
3	0.7510	<--=RAND()	0.1	0	
4	0.5474		0.2	1	
5	0.1555		0.3	1	
6	0.4122		0.4	0	
7	0.5436		0.5	1	<--{=FREQUENCY(A3:A12,C3:C12)}
8	0.7725		0.6	2	
9	0.8106		0.7	0	
10	0.2205		0.8	4	
11	0.7362		0.9	1	
12	0.7729		1	0	
13					
14	范围A3:A12中的每个单元格都包含公式Rand()。按F9将产生一组新的随机数和频率。				

公式 Frequency(A:A,D3:D12)引用 A 列所有非空单元格:

▲	A	B	C	D	E
1	使用EXCEL的 FREQUENCY 函数检验 RAND()的分布				
2	0.778306641	<-- =RAND()	间隔	频率	
3	0.214278355		0.1	136	
4	0.780065364		0.2	141	
5	0.535918707		0.3	147	
6	0.535906606		0.4	183	
7	0.862532902		0.5	126	<--{=FREQUENCY(A:A,C3:C12)}
8	0.309760992		0.6	158	
9	0.110848704		0.7	139	
10	0.472905442		0.8	165	
11	0.494301		0.9	156	
12	0.026963581		1	144	
13	0.897744445				
14	0.261452005		Total	1495	<--=SUM(D3:D12)
1494	0.092831873				
1495	0.206675552	<--=RAND()			
1496	0.889009798	<--=RAND()			

当我们想要检验大量随机抽取的随机数发生器时,这种方法显然是低效的(甚至是不可行的)。下面的程序使用 VBA 生成许多随机数,并将它们放入 A3:A12 范围内的间隔中:

---

[1] 第31章将解释数组函数。

```
Sub UniformRandom()
'Puts random numbers into bins
    Range("E3") = Time
    N = Range("B2").Value 'the number of random
    draws
    Dim distribution(10) As Long 'bins
    For k = 1 To N
        draw = Rnd
        distribution(Int(draw * 10) + 1) = _
            distribution(Int(draw * 10) + 1) + 1
    Next k
    For Index = 1 To 10
        Range("B5").Cells(Index, 1) =
        distribution(Index)
    Next Index
    Range("E4") = Time
End Sub
```

在下面的电子表格中,我们用 9 秒生成了 1 亿个随机数:

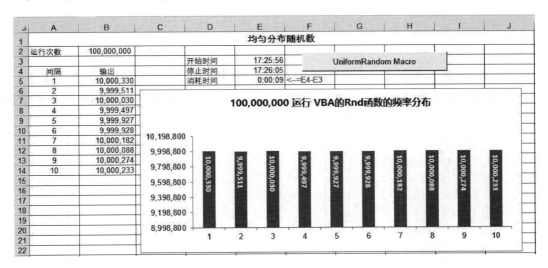

以下是关于 UniformRandom 的一些注意事项:

● 程序有一个"时钟"来测量它运行所需的时间。在程序开始时,我们使用 Range("E3") = Time 将开始时间放入单元格 E3 中。在程序结束时,Range("E4") = Time 输入结束时间。单元格"消耗时间"计算开始时间和结束时间之间的差值。请注意,要正确读取单元格,必须在相关单元格上使用命令"单元格|设定单元格格式|时间"。

● 程序的核心使用函数 Int(draw * 10) + 1。将随机抽取的数字乘以 10 得到一个数字,它的第一位数字是 0,1,⋯,9。VBA 的函数 Int 给出这个整数。distribution 是一个编号为 1 到 10 的 VBA 数组,其中 distribution(1) 是[0,0.1)中的随机数,distribution(2) 是[0.1,0.2)中的随机数,以此类推。因此,Int(draw * 10) + 1 是当前随机抽取的随机数在 distribution 中的合适位置。

使用 Randomize 生成相同(或不相同)的随机数列表

大多数随机数发生器使用最后生成的"随机数"来生成下一个随机数。[①]在特定序列中使用的第一个数字是由"种子(seed)"控制的,这通常是从计算机的时钟中提取的。VBA 的 Rnd 函数也不例外,但它允许你通过使用 Randomize 命令来控制"种子"。下面的两个小程序演示了该命令的两种用法。

● 不带任何数值参数使用 Randomize 会重置"种子"(意思是——它会断开下一个随机数和当前随机数之间的连接)。这在宏 Random_EachDifferent 中得到了说明,尽管效果不是很明显。

```
Sub Random_EachDifferent()
'Produces a list of random numbers
Randomize 'Initializes the VBA random number
generator
    For Index = 1 To 10
        Range("A5").Cells(Index, 1) = Rnd()
    Next Index
End Sub
```

● Randomize(seed)使用一个特定的数字作为"种子"。

● 使用命令序列 Rnd(negative number)和 Randomize(seed)保证了相同的随机数序列。这一点在宏 Random_Same 中说明。

```
Sub Random_Same()
'Produces the same list of random numbers
which is always the same
Rnd (-4)
Randomize (Range("seed")) 'Initializes the
VBA random-number generator
    For Index = 1 To 10
        Range("B5").Cells(Index, 1) = Rnd()
    Next Index
End Sub
```

在下面的电子表格中,按顶面的按钮会产生一组随机的随机数。按底部的按钮会激活宏 Random_Same 并每次产生相同的随机数集——前提是"种子"(单元格 B2)不改变。

---

① 本章末尾的练习提供了更多类似的例子。

	A	B	C
1		产生随机数的列表	
2	种子	314	
3			
4	每次输出:	每次输出:	
5	0.78372	0.28150	Run Random_EachDifferent
6	0.78603	0.55014	
7	0.17284	0.73316	
8	0.01869	0.90474	Run Random_Same
9	0.89979	0.16557	
10	0.68806	0.24386	
11	0.96601	0.86417	
12	0.39139	0.12523	
13	0.77510	0.91353	
14	0.33192	0.02171	
15			
16	注: 为看到 "Run Random_Same" 按钮的效果，请清空单元格 B5:B14。改变单元格 B2 中的种子将改变 B 列的输出结果。		

在 R 中使用 "runif" 来产生均匀分布的偏差

R 命令 "runif(n，min ＝0，max＝1)" 相当于 Excel 中的 Rand()函数。下面就是 1 亿次运行的等效代码：

```
1   # We thank Sagi Haim for developing this script
2   ##############################
3   # CHAPTER 21 - RANDOM NUMBERS
4   ##############################
5
6   ## 21.2  Rand() and Rnd - the Excel and VBA Random-Number Generators
7   # 100M Trials
8   uni_rand_var <- runif(n = 100000000, min = 0, max = 1)
9
10  # Histogram
11  hist(uni_rand_var, breaks = 100,
12       main="Frequency Distribution of 100M runs of 'runif'", xlab="Bins")
```

"runif" 运行 1 亿次的频率分布，如下图所示：

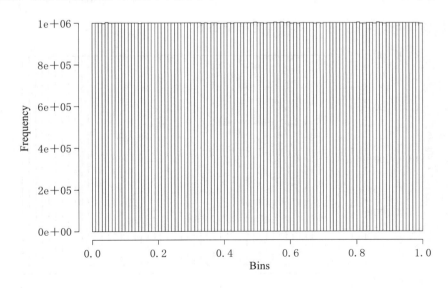

21.3 调整均匀分布随机数

在许多情况下，我们感兴趣的不是 0 和 1 之间的均匀分布随机数。这种调整相对容易。如果我们对范围在 X 和 Y 之间的均匀分布随机数（即 $U \sim U[X, Y]$）感兴趣，我们应该使用以下调整公式：

$$U = X + (Y - X) \cdot \text{Rand}()$$

其中 $\text{Rand}() \sim [0, 1]$。

下面的 Excel 电子表格使用了这个方法：

	A	B	C
1	调整均匀分布随机数		
2	下界 (X)	5	
3	上界 (Y)	10	
4			
5	$U_1 \sim U[0,1]$	0.5484	<-=RAND()
6	$U_2 \sim U[X,Y]$	7.7421	<-=$B$2+($B$3-$B$2)*B5

在 R 中是这样实现这种方法的：

```
15  x <- 5 # Lower bound
16  y <- 10 #Upper bound
17
18  scaled_uni_rand_var <- x + (y-x) * uni_rand_var
19
20  # Histogram
21  hist(scaled_uni_rand_var, breaks = 50,
22      main="Frequency Distribution of 100M scaled 'runifs'", xlab="Bins")
```

得到调整后的"runif"运行 1 亿次的频率分布图如下：

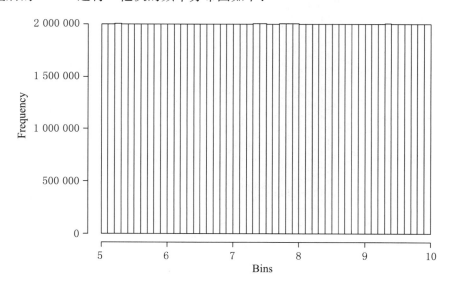

21.4 生成正态分布随机数

在前一节中，我们已经生成了服从均匀分布的数字。在本节，我们将探索使用 Excel 生成正态分布随机数的四种方法。

方法 1：正态分布数字利用"数据｜数据分析｜随机数发生器"

一种方法是使用 Excel 命令"数据｜数据分析｜随机数发生器"。下面是我们如何让 Excel 电子表格的 G 列产生服从正态分布($\mu=0$，$\sigma=1$)的 1 000 个随机数：

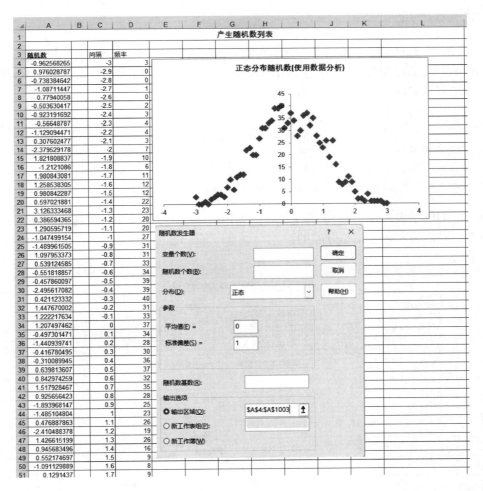

如果我们想检查输出是否服从正态分布，我们可以让 Excel 做一个频率分布(可以使用数组函数 Frequency，也可以使用"数据｜数据分析｜直方图")。如上图所示，输出呈正态分布。

方法 2：使用 Norm.S.Inv(Rand( ))生成正态分布的数字

Excel 的函数 Norm.S.Inv(Rand())可用于生成正态分布随机数。为了理解这个函数的用法，我们从对 Norm.S.Dist 函数的解释开始。Excel 的函数 Norm.S.Dist 计算标准正态分布的值。例如，在下面的电子表格中，我们使用 Norm.S.Dist(0.5，1)来计算正态分布随机数低于或等于 0.5 的概率。这表示为 $N(0.5)$，有时表示为 $\Phi(0.5)$。我们还使用 Norm.S.Dist(1，1)-Norm.S.Dist(-1，1)来计算标准正态分布在±1 之间的百分比：

	A	B	C
1			使用 NORM.S.DIST
2	x	0.500	
3	N(x)	0.6915	<--=NORM.S.DIST(B2,1)
4			
5	x₁	1	
6	x₂	-1	
7	N(x₂)-N(x₁)	0.6827	<--=NORM.S.DIST(B5,1)-NORM.S.DIST(B6,1)

Excel 的 Norm.S.Inv()函数是 Norm.S.Dist 的反函数。给定一个介于 0 和 1 之间的数字 x，Norm.S.Inv(x)产生数字 y，使得 Norm.S.Dist(y，1)$=x$。函数 Norm.S.Dist(Rand())应该产生一组服从标准正态分布的随机数：

	A	B	C
1		使用NORM.S.INV()生成的正态分布随机数	
2	任何0和1之间的数字	0.6000	
3	正态数字	0.2533	<--=NORM.S.INV(B2)
4	检查:	0.6000	<--=NORM.S.DIST(B3,1)
5			
6	随机正态数字	0.9478	<--=NORM.S.INV(RAND())

在下面的电子表格中，我们得到了 Norm.S.Inv(Rand())的 1 000 次迭代，然后绘制结果的频率图。它们看起来是正态分布的：

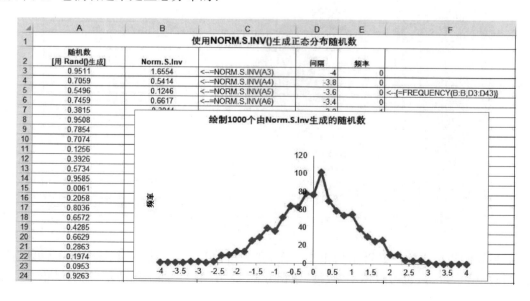

	A	B	C	D	E	F
1			使用NORM.S.INV()生成正态分布随机数			
2	随机数 [用 Rand()生成]	Norm.S.Inv		间隔	频率	
3	0.9511	1.6554	<--=NORM.S.INV(A3)	-4	0	
4	0.7059	0.5414	<--=NORM.S.INV(A4)	-3.8	0	
5	0.5496	0.1246	<--=NORM.S.INV(A5)	-3.6	0	<--{=FREQUENCY(B:B,D3:D43)}
6	0.7459	0.6617	<--=NORM.S.INV(A6)	-3.4	0	
7	0.3815					
8	0.9508					
9	0.7854					
10	0.7074					
11	0.1256					
12	0.3926					
13	0.5734					
14	0.9585					
15	0.0061					
16	0.2058					
17	0.8036					
18	0.6572					
19	0.4285					
20	0.6629					
21	0.2863					
22	0.1974					
23	0.0953					
24	0.9263					

绘制1000个由Norm.S.Inv生成的随机数

方法 3：在 VBA 中采用 Norm.S.Inv( )

VBA 程序 NormStandardRandom 使用 Norm.S.Inv 产生随机偏差。这是程序，下面是它产生的输出。注意，在 VBA 中，我们将函数中的句号替换为下划线，写为 Norm_S_Inv。

```
Sub NormStandardRandom()
'Produces a list of normally distributed
random numbers
Randomize 'Initializes the
VBA random-number generator
Application.ScreenUpdating=False
Range("E2") = Time
    Range("A8").Range(Cells(1, 1),
    Cells(64000, 1)).Clear
    N = Range("B2").Value
    For Index = 1 To N
        Range("A8").Cells(Index, 1)
        = Application.Norm_S_Inv(Rnd)
    Next Index
Range("E3") = Time
End Sub
```

程序 NormStandardRandom 包括用于测量整个模拟运行所需时间的两行代码。该程序运行非常缓慢，主要是因为对电子表格函数的多次调用。正如你下面所看到的，在作者的联想 Yoga920 上运行 10 000 次程序大约需要 29 秒*。下面是示例（使用按钮操作宏）：

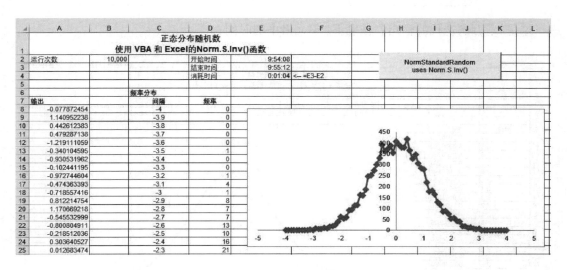

---

*　在译者"强大"的雷蛇灵刃 18 游戏本上居然运行了 64 秒！！！　——译者注

方法 3 的更快版本

我们可以将所有数据存储在 VBA 中并只在屏幕上写下最终的频率分布，这样可让方法 3 变得更快：

```
Sub NormStandardRandom2()
Randomize 'Initializes the VBA
random number generator
Dim distribution(-40 To 40) As Double
Application.ScreenUpdating=False
Range("E2") = Time
   N = Range("B2").Value
   For Index = 1 To N
      X=Application.Norm_S_Inv(Rnd())
   If X < -4 Then
      distribution(-40) = distribution(-40) + 1
   ElseIf X > 4 Then
      distribution(40) = distribution(40) + 1
   Else: distribution(Int(X / 0.1)) =
   distribution(Int(X / 0.1)) + 1
   End If
   Next Index
For Index = -40 To 40
   Range("B7").Cells(Index + 41, 1) =
   distribution(Index) / (2 * N)
Next Index
Range("E3") = Time
End Sub
```

这是 10 万次迭代的输出。注意 E4 单元格中的时间：

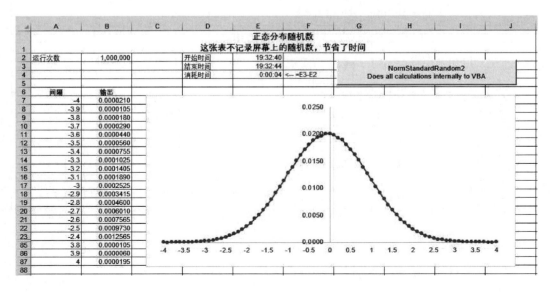

关于这个程序有几点需要注意：

● 大多数正态分布的结果在−4 和+4 之间。当在 NormStandardRandom2 中，我们将输出分类到间隔中，我们希望这些间隔是$(\infty, 3.9]$，$(2.9, 2.8]$，…，$(3.9, \infty)$。为此，我们首先定义一个数组 distribution(− 40 To 40)；这个数组有 81 个下标。为了将一个特定的随机数（比如 X）分类到这个数组的间隔中，我们使用以下函数：

```
If X < -4 Then
    distribution(-40) = distribution(-40) + 1
    ElseIf X > 4 Then
    distribution(40) = distribution(40) + 1
    Else: distribution(Int(X / 0.1)) =
    distribution(Int(X / 0.1)) + 1
End If
```

● NormStandardRandom2 生成的不是一个直方图（它是一个数字进入特定间隔的次数的计数），而是一个频率分布。在将数据输出到电子表格之前，我们将除以运行次数的两倍（2N）（记住，每次成功运行都会产生两个随机数）：

```
For Index = -40 To 40
    Range("output").Cells(Index + 41, 1) = _
    distribution(Index) / (2 * N)
Next Index
```

● 最后，请注意命令 Application.ScreenUpdating = False 将发挥很大作用！此命令防止更新单元格和 Excel 图表中的输出。请尝试使用和不使用此命令运行该程序以查看效果。

方法 4：Box-Muller 法

Box-Muller 法是创建随机分布的正态偏差的四种方法中最快的。[1]在下面的 VBA 程序中，Start 后面的八行定义了一个子程序，在每次成功的迭代中，该子程序创建来自标准正态分布的两个数。该子程序在−1 和+1 之间创建两个随机数，rand_1 和 rand_2。如果这些数的平方和在单位圆内，则两个正态偏差被定义为：

$$\{X_1, X_2\} = \{rand_1 \cdot \sqrt{\frac{-2\ln(S_1)}{S_1}}, \ rand_2 \cdot \sqrt{\frac{-2\ln(S_1)}{S_1}}\}$$

其中

---

[1] 参见 Box 和 Muller(1958)或 Knuth(1981)。

$$S_1 = rand_1^2 + rand_2^2$$

下面是 VBA 程序：

```
Sub NormStandardRandom3()
'Box-Muller for producing
standard normal deviates
Dim distribution(-40 To 40) As Long
Range("E2") = Time
N = Range("B2").Value
Application.ScreenUpdating=False
For Index = 1 To N
start:
    Static rand1, rand2, S1, S2, X1, X2
    rand1 = 2 * Rnd - 1
    rand2 = 2 * Rnd - 1
    S1 = rand1 ^ 2 + rand2 ^ 2
    If S1 > 1 Then GoTo start
    S2 = Sqr(-2 * Log(S1) / S1)
    X1 = rand1 * S2
    X2 = rand2 * S2
    If X1 < -4 Then
        distribution(-40) = distribution(-40) + 1
    ElseIf X1 > 4 Then
        distribution(40) = distribution(40) + 1
    Else: distribution(Int(X1 / 0.1)) =
    distribution(Int(X1 / 0.1)) + 1
    End If
    If X2 < -4 Then
        distribution(-40) = distribution(-40) + 1
    ElseIf X2 > 4 Then
        distribution(40) = distribution(40) + 1
    Else: distribution(Int(X2 / 0.1)) =
    distribution(Int(X2 / 0.1)) + 1
    End If
Next Index
For Index = -40 To 40
    Range("B7").Cells(Index + 41, 1) =
    distribution(Index) / (2 * N)
Next Index
Range("E3") = Time
End Sub
```

这个程序非常快；在下面的电子表格中，我们在一秒钟内产生了 100 万个正态变量：

◢	A	B	C	D	E	F	G	H	I	J
1					BOX-MULLER程序的标准正态偏差					
2	运行次数	1,000,000		开始时间	19:54:47					
3				结束时间	19:54:48			NormStandardRandom3		
4				消耗时间	0:00:01	<-- =E3-E2		Uses Box-Muller routine		
5										
6	间隔	输出								
7	-4	0.0001								
8	-3.9	0.0000								
9	-3.8	0.0000								
10	-3.7	0.0000								
11	-3.6	0.0001								
12	-3.5	0.0001								
13	-3.4	0.0001								
14	-3.3	0.0002								
15	-3.2	0.0003								
16	-3.1	0.0004								
17	-3	0.0005								
18	-2.9	0.0007								
19	-2.8	0.0009								
20	-2.7	0.0012								
21	-2.6	0.0016								
22	-2.5	0.0020								
84	3.7	0.0000								
85	3.8	0.0000								
86	3.9	0.0000								
87	4	0.0000								

使用 R 生成标准正态偏差

R 在生成标准正态偏差时非常有用。函数是"**rnorm**"。这样做的代码如下所示,是非常高效的:

```
24  ### 21.4 Generating a (standard) normally distributed random numbers
25  norm_rand_var <- rnorm(n = 100000000, mean = 0, sd = 1)
26
27  # Histogram
28  hist(norm_rand_var, breaks = 50,
29      main="Frequency of 100M runs of 'rnorm'", xlab="Bins")
```

"rnorm"运行 1 亿次的频率如下图所示:

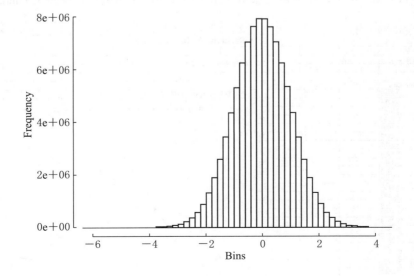

21.5　Norm.Inv：另一种产生正态偏差的方法

Excel 函数 Norm.Inv(Rand()，mean，sigma)也可以得到正态偏差。而 Norm.S.Inv(Rand())只生成标准正态偏差，我们可以使用 Norm.Inv 改变我们的偏差的平均值和标准差。在第 23 章中，我们有时会使用这个函数来生成正态分布的股票收益率。

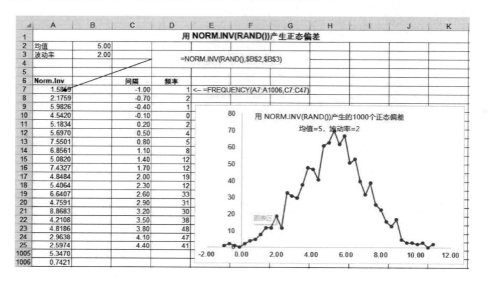

以 Norm.Inv 替代 Norm.S.Inv

Norm.S.Inv(Rand())反转标准正态分布，可用于创建标准正态偏差。Excel 函数 Norm.Inv(Rand()，mean，sigma)可以用来创建服从任意正态分布的正态偏差。说明见下面的例子：

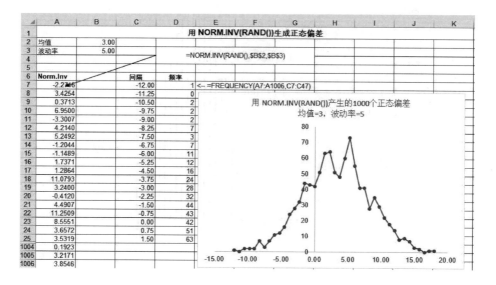

超前思考：我们更喜欢 Norm.S.Inv 还是 Norm.Inv?

最终，我们的目标是模拟股票收益率；这些收益率（如我们在第 23 章中讨论的）通常被假设为正态分布。如果我们用年均值 μ 和标准差 σ 来模拟股票的收益率，那么使用 Norm.S.Inv (Rand(), μ, σ) 显然更方便。正如我们在第 23 章中讨论的，如果 (μ, σ) 是股票收益率的年化统计量，同时我们将一年分成 n 个子时期，那么期间股票收益率可以用 Norm.Inv (Rand(), $\mu \cdot \Delta t$, $\sqrt{t} \cdot \sigma$) 模拟，其中 $\Delta t = 1/n$。

另一方面，许多金融理论是用对数正态价格过程来表述的。它们通常记为 $r = \mu \cdot \Delta t + \sigma \cdot \sqrt{\Delta t} \cdot Z$，其中 Z 为标准正态偏差。为了符合本书的撰写要求，通常更方便（理论上等价）的方法是通过以下方式模拟收益率：

$$r = \mu \cdot \Delta t + \sigma \cdot \sqrt{\Delta t} \cdot \text{Norm.S.Inv}(\text{Rand}())$$

在这本书中，我们交替使用这两种表示法。

21.6　调整正态分布随机数

在许多情况下，我们对非标准正态分布的正态分布随机数感兴趣（均值不等于 0，标准差不等于 1）。这种调整相对容易。如果我们对均值为 μ、标准差为 σ [即 $N \sim N(\mu, \sigma)$] 的正态分布随机数感兴趣，我们应该使用以下调整公式：

$$N = \mu + \sigma \cdot \underbrace{\text{Norm.S.Dist}(\text{Rand}())}_{\sim N(0, 1)}$$

下面的 Excel 截图使用了这个方法：

	A	B	C
1			调整正态偏差
2	均值 (μ)	3	
3	波动率 (σ)	5	
4			
5	N₁~N(0,1)	0.5423	<--=NORM.S.INV(RAND())
6	N₂~N(μ,σ)	5.7113	<--=$B$2+$B$3*B5

21.7　生成相关随机数

在本节中，我们将展示如何生成相关的伪随机数。我们首先展示如何生成两个相关的正态分布和均匀分布随机数，然后继续讨论多变量的情况。

例 1：两个相关的标准正态变量

假设 Z_1 和 Z_2 是标准正态偏差[在下面的电子表格中使用 Norm.S.Inv(Rand())]。定义 $Z_3 = \rho Z_1 + Z_2\sqrt{1-\rho^2}$，我们创建了一组与 Z_1 具有指定相关系数的模拟数 Z_3：

	A	B	C	D	E
1			**1000 个相关的正态偏差**		
2	适意的相关系数 (r)	0.6			
3		Z_1	Z_2	Z_3	
4	均值	-0.0026	0.0345	0.0260	<-=AVERAGE(D12:D1011)
5	波动率	0.9878	0.9906	0.9859	<-=STDEV.S(D12:D1011)
6	偏度	-0.2002	0.0226	0.0090	<-=SKEW(D12:D1011)
7	峰度	0.1505	-0.0600	0.0389	<-=KURT(D12:D1011)
8	计数	1000	1000	1000	<-=COUNT(D12:D1011)
9	相关系数 (z_1,z_3)	0.595	<-=CORREL(B12:B1011,D12:D1011)		
10					
11		Z_1	Z_2	Z_3	
12	=NORM.S.INV(RAND()) -->	1.6803	1.3275	2.0702	<-=$B$2*B12+SQRT(1-$B$2^2)*C12
13	=NORM.S.INV(RAND()) -->	1.2031	-1.0460	-0.1149	<-=$B$2*B13+SQRT(1-$B$2^2)*C13
14	=NORM.S.INV(RAND()) -->	-2.1494	0.1056	-1.2052	<-=$B$2*B14+SQRT(1-$B$2^2)*C14
15		-0.9605	0.7182	-0.0017	
1010		0.1964	1.9501	1.6779	
1011		0.7048	-0.2964	0.1858	

频率和分布显示如下：

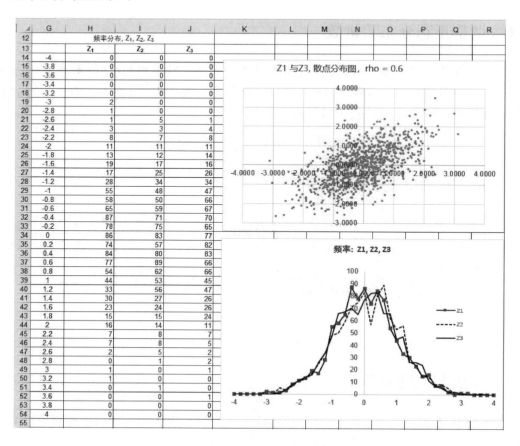

R 中的等效代码如下所示：

```
31  ## Two Correlated Standard Normal Variables
32  # Start by generating two uncorrelated normal deviates:
33  Z1 <- rnorm(n = 1000000, mean = 0, sd = 1)
34  Z2 <- rnorm(n = 1000000, mean = 0, sd = 1)
35
36  # Input:
37  Rho <- 0.6
38
39  # Generate Z3 that is a normal deviate and is correlated with Z1
40  Z3 <- Z1 * Rho + Z2 * sqrt(1 - Rho^2)
41  cor(Z1,Z3) # Checking the correlation of Z1 and Z3
```

该代码在作者的计算机上模拟运行，生成的相关系数为 0.590——非常接近期望的相关系数 0.6。

例 2：两个相关的均匀分布变量

为了创建两个相关的均匀分布变量（U_1 和 U_3），我们首先生成相关的标准正态变量，然后使用 Norm.S.Dist 生成均匀变量。步骤如下：

- 使用 Norm.S.Inv(Rand()) 生成两个正态分布的随机数。记这些数字为 Z_1 和 Z_2。

- 令 $Z_3 = \rho Z_1 + Z_2 \sqrt{1-\rho^2}$。正如我们前面所显示的，$Z_3$ 和 Z_1 之间的相关系数为 ρ。

- 现在定义 $U_1 = $ Norm.S.Dist(Z_1，1) 和 $U_3 = $ Norm.S.Dist(Z_3，1)。于是 U_1 和 U_3 服从均匀分布且相关系数为 ρ。

我们两次展示这个子程序。第一次是在一个巨大的电子表格中（见下文）。注意 U_3 与 U_1 的散点图的"对角线"（这显示了相关性）。

我们可以通过组合函数使这个过程更高效（也更模糊），如下面的电子表格所示。列 A 单元格是用 Rand() 定义的。列 B 包含公式 = NORM.S.DIST(Rho * NORM.S.INV(A7) + SQRT(1−Rho^2) * NORM.S.INV(RAND())，1)。

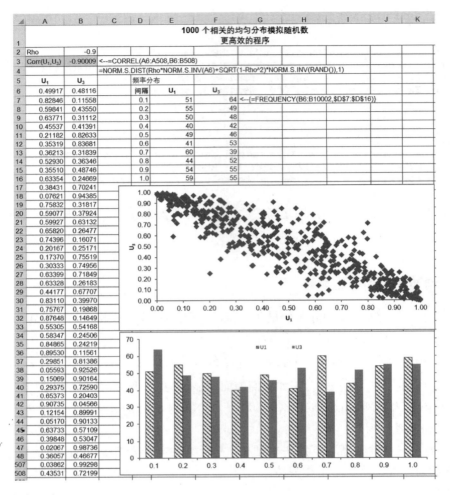

在 R 中实现如下：

```
43  # Convert to two correlated uniform variables
44  U1 <- pnorm(Z1, mean = 0, sd = 1, lower.tail = TRUE)
45  U3 <- pnorm(Z3, mean = 0, sd = 1, lower.tail = TRUE)
46
47  # Checking the correlation of U1 and U3
48  cor(U1,U3)
```

21.8 我们对相关性感兴趣的点是什么？一个小案例[①]

65 岁的雅各布刚刚退休，他有 100 万美元的储蓄。他计划将其中 60% 投资于市场指数基金，其余 40% 投资于无风险资产。他估计无风险资产的年收益率为 $r_f = 3\%$，市场投资组合的平均收益率服从 $\mu = 9\%$ 且 $\sigma = 20\%$ 的正态分布。

---

① 本节使用了第 24 章的一些材料，在第一次阅读时可以跳过。

　　雅各布打算在今年年底从他的账户中提取 5 万美元。他认为,这个数字将以平均每年 2%* 的速度增长,标准差为 6%。此外,他认为他的年度支出增长率与股票市场的相关系数为 $\rho=0.5$。[①]

　　我们的问题是:如果雅各布的预期寿命是 90 岁,他会留给爱子西蒙多少钱? 下面是这个问题的一个模拟回答(有些行是隐藏的):

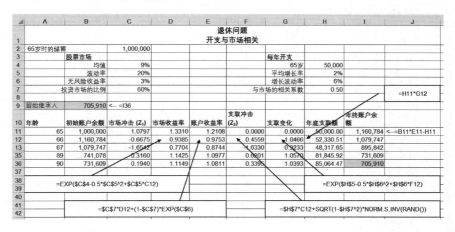

模拟的一些细节如下:

- 在某一年年底剩下的储蓄将构成下一年的初始储蓄。
- Z_1、Z_2 为相关的标准正态变量。注意公式:

$$Z_1 = \text{Norm.S.Inv}(\text{Rand}())$$

$$Z_2 = \rho Z_1 + \text{Sqrt}(1-\rho^2) \cdot \text{Norm.S.Inv}(\text{Rand}())$$

　　在这个特别的模拟中,雅各布为他的继承人留下了 705 910 美元。使用在空白单元格上运行模拟运算表的技术(参见第 28 章),我们可以对这个问题进行许多次模拟:

L		M	N
模拟运算表: 20次遂啮模拟			
模拟			
	1	4,916,757	<-=B$9, 模拟运算表表头
	2	-756,446	
	3	-396,142	
	4	-411,760	
	5	2,640,801	
	6	955,541	
	7	-588,354	
	8	-1,066,902	
	9	1,134,552	
	10	-567,024	
	11	50,991	
	12	281,779	
	13	198,597	
	14	2,060,344	
	15	685,697	
	16	-114,433	
	17	388,892	
	18	-58,749	
	19	9,906,094	
	20	6,683,800	
均值		1,297,202	<-=AVERAGE(M13:M32)
波动率		2,811,694	<-=STDEV.S(M13:M32)
最小值		-1,066,902	<-=MIN(M13:M32)
最大值		9,906,094	<-=MAX(M13:M32)
负值		8	<-=COUNTIF(M13:M32,"<0")

---

* 　原书此处为 3%,似有误。——译者注

① 　雅各布的故事:当市场上涨时,每个人都花得更多!

平均而言,雅各布会给继承人留下遗产。但在 20 次模拟中,有 8 次他的继承人将没有遗产。他们还可能使用模拟运算表来检查相关性是否影响他们的继承。

	P	Q	R	S	T	U	V
10				=$B$9,模拟运算表表头			
11	模拟运算表: 不同相关性下的20次遗赠模拟						
12		-0.80	-0.40	0.00	0.40	0.80	<-- 相关系数
13	1	-681,246	3,109,168	1,212,499	1,856,397	4,674,923	
14	2	484,539	803,963	701,525	360,849	3,592,489	
15	3	2,127,926	1,619,825	-771,221	-562,199	1,849,349	
16	4	329,920	580,958	2,867,389	1,469,145	149,175	
17	5	-148,207	-1,029,860	1,252,905	1,345,598	1,020,337	
18	6	-369,556	-489,450	1,324,971	1,276,760	2,841,041	
19	7	-209,010	794,400	1,697,458	725,016	1,800,886	
20	8	7,890,158	924,924	-515,321	1,409,626	763,798	
21	9	187,424	1,399,123	7,693,559	6,418,295	853,391	
22	10	394,343	465,793	-1,627,292	1,794,251	3,722,610	
23	11	607,033	-160,093	-430,785	3,778,571	1,642,592	
24	12	4,617,360	-541,703	4,390,323	-77,126	1,793,109	
25	13	4,349,060	13,188,914	846,419	-500,045	2,424	
26	14	-392,351	-2,023,305	-356,753	470,502	1,555,293	
27	15	2,754,837	-64,661	3,940,778	1,898,567	2,424,726	
28	16	-977,443	1,257,184	5,131,459	-381,975	1,316,733	
29	17	989,813	723,862	2,656,525	-10,538	4,435,080	
30	18	1,497,897	1,862,720	510,171	2,584,148	3,108,205	
31	19	850,990	-783,316	6,103,748	1,542,794	351,760	
32	20	-1,467,931	-102,608	1,418,343	-187,648	1,787,601	
33							
34	均值	1,141,778	1,076,792	1,902,335	1,260,549	1,984,276	<-=AVERAGE(U13:U32)
35	波动率	2,263,135	3,074,591	2,465,160	1,658,110	1,368,383	<-=STDEV.S(U13:U32)
36	最小值	-1,467,931	-2,023,305	-1,627,292	-562,199	2,424	<-=MIN(U13:U32)
37	最大值	7,890,158	13,188,914	7,693,559	6,418,295	4,674,923	<-=MAX(U13:U32)
38	负值	7	8	5	6	0	<-=COUNTIF(U13:U32,"<0")

正如预期的那样,一般来说,股票市场和雅各布的支出之间的负相关性越高,继承的遗产就越少。这是有道理的:在负相关的情况下,当股市下跌时,生活费用就会上升(反之亦然)。

21.9 多个具有相关性的随机变量:Cholesky 分解

我们还可以使用 Cholesky 分解来创建多个相关的随机偏差。部分背景知识:对于任意行向量 x,其乘积 $x \cdot S \cdot x^T > 0$,该方阵被称为正定矩阵。在第 10—14 章讨论的证券收益率的方差-协方差矩阵 $S = \begin{bmatrix} \sigma_{11} & \sigma_{12} & \cdots & \sigma_{1N} \\ \sigma_{21} & \sigma_{22} & \cdots & \sigma_{2N} \\ \vdots & \vdots & \ddots & \vdots \\ \sigma_{N1} & \sigma_{N2} & \cdots & \sigma_{NN} \end{bmatrix}$ 是正定且对称的(因为 $\sigma_{ij} = \sigma_{ji}$)。如果一个方阵只在对角线上方和对角线上有非零元素,则称为上三角矩阵。那么,如果一个方阵被称为下三角矩阵,前提是?(你可以在此填空。)

法国数学家安德烈-路易·科列斯基（André-Louis Cholesky，1875—1918 年）证明了任意对称正定矩阵 S 都可以写成下三角矩阵 L 及其转置 L^T 的乘积，即 Cholesky 分解。

例子

在下面的例子中，单元格 A3:D6 包含一个 4×4 的方差-协方差矩阵。单元格 A8:D11 包含了该矩阵的 Cholesky 分解——一个下三角矩阵 L。单元格 A15:D18 是 L 乘以它的转置矩阵。如你所见，结果是得到了原来的方差-协方差矩阵。

	A	B	C	D	E
1			对称正定矩阵的**Cholesky**分解		
2	方差—协方差矩阵, S				
3	0.400	0.030	0.020	0.000	
4	0.030	0.200	0.000	-0.060	
5	0.020	0.000	0.300	0.030	
6	0.000	-0.060	0.030	0.100	
7					
8	Cholesky分解, L				
9	0.632	0.000	0.000	0.000	<--{=cholesky(A3:D6)}
10	0.047	0.445	0.000	0.000	
11	0.032	-0.003	0.547	0.000	
12	0.000	-0.135	0.054	0.281	
13					
14	检查：用上面的矩阵乘以它的转置				
15	0.400	0.030	0.020	0.000	<--{=MMULT(A9:D12,TRANSPOSE(A9:D12))}
16	0.030	0.200	0.000	-0.060	
17	0.020	0.000	0.300	0.030	
18	0.000	-0.060	0.030	0.100	

VBA 函数 Cholesky 可以在本书的配套网站上找到。[1]

R 有一个预先构建的函数来完成 Cholesky 分解。下面的代码展示了如何在我们的例子中应用它：

```
50  ## 21.9  Multiple Random Variables with Correlation: The Cholesky Decomposition
51  # Example
52  cov_mat <- matrix(c(0.40, 0.03, 0.02, 0.01,
53                      0.03, 0.30, 0.00, -0.06,
54                      0.02, 0.00, 0.20, 0.03,
55                      0.01, -0.06, 0.03, 0.10),
56                      nrow = 4)
57
58  chol_decompos <- t(chol(cov_mat)) # Cholesky decomposition
59
60  # Check
61  chol_decompos %*% t(chol_decompos)
```

运行这段代码的结果如下：

---

[1] 感谢安托因·雅克奎尔（Antoine Jacquier），他在 Wilmott.com 上发布了这篇文章，并允许我们在本书中使用它。

```
> chol_decompos
            [,1]          [,2]         [,3]        [,4]
[1,] 0.63245553  0.000000000  0.00000000  0.0000000
[2,] 0.04743416  0.545664732  0.00000000  0.0000000
[3,] 0.03162278 -0.002748941  0.44608569  0.0000000
[4,] 0.01581139 -0.111332099  0.06544472  0.2882224
> # check
> chol_decompos %*% t(chol_decompos)
      [,1]  [,2] [,3]  [,4]
[1,]  0.40  0.03 0.02  0.01
[2,]  0.03  0.30 0.00 -0.06
[3,]  0.02  0.00 0.20  0.03
[4,]  0.01 -0.06 0.03  0.10
> |
```

利用 Cholesky 分解生成相关的正态模拟数

我们从方差-协方差矩阵 $S = \begin{bmatrix} \sigma_{11} & \sigma_{12} & \sigma_{13} & \sigma_{14} \\ \sigma_{21} & \sigma_{22} & \sigma_{23} & \sigma_{24} \\ \sigma_{31} & \sigma_{32} & \sigma_{33} & \sigma_{34} \\ \sigma_{41} & \sigma_{42} & \sigma_{43} & \sigma_{44} \end{bmatrix}$ 开始。我们想要运行一个模拟，每次

迭代产生一个由四个随机数构成的向量 $\begin{Bmatrix} z_{1t} \\ z_{2t} \\ z_{3t} \\ z_{4t} \end{Bmatrix}$，这些随机数具有以下属性：

- z_i 为正态分布。

- 每个数的均值为 0：$\frac{1}{n}\sum_{t=1}^{n} z_{it} \approx 0$。（因为随机性，我们永远不能要求精确等于零，只要求近似。）

- 每一组数的方差与方差-协方差矩阵相匹配：

$$\text{var}\{z_{11}, z_{12}, z_{13}, \cdots\} \approx \sigma_{11}$$
$$\text{var}\{z_{21}, z_{22}, z_{23}, \cdots\} \approx \sigma_{22}$$
$$\cdots$$

- 序列中任意两组数的协方差与方差-协方差矩阵中的协方差相匹配：

$$\text{cov}\{(z_{11}, z_{12}, z_{13}, \cdots), (z_{21}, z_{22}, z_{23}, \cdots)\} \approx \sigma_{21} = \sigma_{12} 等$$

方法分为两步：

(1) 生成一组介于 0 和 1 之间的正态分布随机数。

(2) 将这些数字的每个向量左乘 Cholesky 分解矩阵 L。

在下图中，我们展示了这个模拟的一个步骤：

	A	B	C	D	E	F
1			多元正态模拟			
2	方差-协方差矩阵					
3	0.40	0.03	0.02	0.01		
4	0.03	0.30	0.00	-0.06		
5	0.02	0.00	0.20	0.03		
6	0.01	-0.06	0.03	0.10		
7						
8	Cholesky 分解					
9	0.6325	0.0000	0.0000	0.0000	<--{=cholesky(varcov)}	
10	0.0474	0.5457	0.0000	0.0000		
11	0.0316	-0.0027	0.4461	0.0000		
12	0.0158	-0.1113	0.0654	0.2882		
13						
14	生成四个随机正态变量					
15		-1.0261	<--=NORM.S.INV(RAND())			
16		0.4764	<--=NORM.S.INV(RAND())			
17		-0.2013	<--=NORM.S.INV(RAND())			
18		0.7353	<--=NORM.S.INV(RAND())			
19						
20	生成多项正态输出					
21	Z_1	-0.6490	<--{=MMULT($A$9:$D$12,B15:B18)}			
22	Z_2	0.2113				
23	Z_3	-0.1236				
24	Z_4	0.1295				

在单元格 B15:B18 中，我们使用 Norm.S.Inv(Rand()) 生成四个随机数，每个随机数均服从均值为 0、标准差为 1 的正态分布。[①]在单元格 B21:B24 中，我们将该随机向量左乘单元格 A9:D12 中的 Cholesky 矩阵，得到 B21:B24 中的随机数服从均值为 0 的正态分布，其方差-协方差结构由方差-协方差矩阵给出。当然，我们无法从单一的模拟中证明这一结论。在下面的电子表格中，我们将上述过程重复 400 次：

	A	B	C	D	E	F	OJ	OK	OL
26	试验	1	2	3	4	5	399	400	
27	非相关正态偏差 (使用 Norm.S.Inv(rand()))								
28	Z_1	-0.0292	-0.8904	0.2932	0.0915	-0.1492	1.0045	-1.4218	<--=NORM.S.INV(RAND())
29	Z_2	0.5247	1.3196	0.5268	-0.5050	-1.7900	-0.9939	-0.1445	<--=NORM.S.INV(RAND())
30	Z_3	-0.3317	1.2139	-0.3725	-0.1023	-1.1378	-0.0472	-0.7882	
31	Z_4	-0.3183	-0.4420	-1.2373	-2.2598	-0.8891	-0.6629	-0.7707	
32									
33	相关正态偏差 (单元格 $B$34:$B$37 的公式为: {=MMULT($A$9:$D$12,B28:B31)})								
34	Z_1	-0.0185	-0.5631	0.1854	0.0579	-0.0944	0.6353	-0.8992	<--{=MMULT($A$9:$D$12,OK28:OK31)}
35	Z_2	0.2849	0.6778	0.3013	-0.2712	-0.9838	-0.4947	-0.1463	<--{=MMULT($A$9:$D$12,OK28:OK31)}
36	Z_3	-0.1504	0.5097	-0.1583	-0.0414	-0.5073	0.0135	-0.3962	
37	Z_4	-0.1723	-0.2089	-0.4350	-0.6003	-0.1338	-0.0676	-0.2801	
38									
39		检查							
40	模拟次数	400	<--=COUNT(28:28)						
41									
42	均值1	0.00223	<--=AVERAGE(34:34)						
43	均值2	0.02475	<--=AVERAGE(35:35)						
44	均值3	-0.02080	<--=AVERAGE(36:36)						
45	均值4	-0.03693	<--=AVERAGE(37:37)						
46									
47	模拟产生的方差-协方差矩阵								
48		Z_1	Z_2	Z_3	Z_4				
49	Z_1	0.406	0.043	0.033	0.024	<--=COVARIANCE.P($37:$37,34:34)			
50	Z_2	0.043	0.284	0.032	-0.045	<--=COVARIANCE.P($37:$37,35:35)			
51	Z_3	0.033	0.032	0.201	0.025	<--=COVARIANCE.P($37:$37,36:36)			
52	Z_4	0.024	-0.045	0.025	0.085	<--=COVARIANCE.P($37:$37,37:37)			
53									
54	方差-协方差矩阵								
55		1	2	3	4				
56	1	0.400	0.030	0.020	0.010				
57	2	0.030	0.300	0.001	-0.060				
58	3	0.020	0.000	0.200	0.030				
59	4	0.010	-0.060	0.030	0.100				

---

① 具体原因请参见第 21.4 节。

在第 42—59 行中，我们检查了每个变量的均值、方差和协方差，将均值与 0 比较，将方差和协方差与方差-协方差矩阵中的数据进行比较。按下 F9 键，你可以重复模拟并确信我们产生了一组与目标方差-协方差结构相对应的多元正态模拟数。

使用 R 生成多个正态偏差

在 R 中实现 Cholesky 分解方法是非常简单和有效的。上面例子的代码是：

```
63   ## Using the Cholesky Decomposition to Produce Correlated Normal Deviates
64   # Step 1: Non-corelated normal deviates:
65   norm_var <- matrix(rnorm(n = 1000000 * 4, mean = 0, sd = 1), nrow = 4)
66   # Step 2: Corelated normal deviates:
67   corr_norm_var <- t(chol_decompos %*% norm_var)
68
69   # Check
70   colMeans(corr_norm_var)
71   cov(corr_norm_var)
72
73   # Density plot
74   plot(density(corr_norm_var[,1]), col = 1, ylim = c(0,1.5),
75       main = "Four correlated normal deviates")
76       lines(density(corr_norm_var[,2]), col = 2)
77       lines(density(corr_norm_var[,3]), col = 3)
78       lines(density(corr_norm_var[,4]), col = 4)
```

进一步让你信服

另一种说服自己我们已经做了一些明智之举的方法是使用 Excel 的 Frequency 函数绘制每个变量的频率分布：

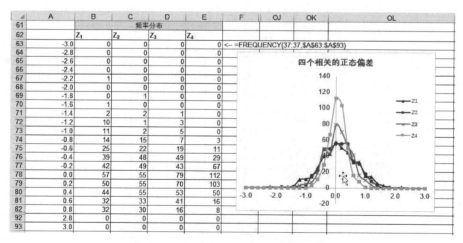

注意：模拟是很棘手的！按 F9 键多次，可以得到不同的频率和统计量。

21.10　多元均匀模拟

一旦模拟了相关的正态分布，我们就可以通过 Norm.S.Dist 轻松地模拟均匀分布。在下面的示例中，我们首先创建四个相关的标准正态偏差序列（在第 34—37 行）。接下来，我们将 Norm.S.Dist 应用于正态变量，生成服从均匀分布的变量，如下所示：

	A	B	C	D	E	F	OJ	OK	OL
1			多元均匀分布的模拟						
2	方差-协方差矩阵								
3	0.40	0.03	0.02	0.01					
4	0.03	0.30	0.00	-0.06					
5	0.02	0.00	0.20	0.03					
6	0.01	-0.06	0.03	0.10					
7									
8	Cholesky 分解								
9	0.6325	0.0000	0.0000	0.0000	<--{=cholesky(varcov)}				
10	0.0474	0.5457	0.0000	0.0000					
11	0.0316	-0.0027	0.4461	0.0000					
12	0.0158	-0.1113	0.0654	0.2882					
13									
14	生成四个随机正态变量								
15		1.5634	<--=NORM.S.INV(RAND())						
16		1.3025	<--=NORM.S.INV(RAND())						
17		0.0852	<--=NORM.S.INV(RAND())						
18		-0.9095	<--=NORM.S.INV(RAND())						
19									
20	生成多项正态输出								
21	Z_1	0.9888	<--{=MMULT($A$9:$D$12,B15:B18)}						
22	Z_2	0.7849							
23	Z_3	0.0838							
24	Z_4	-0.3769							
25									
26	试验	1	2	3	4	5	399	400	
27	非相关正态偏差 (使用 Norm.S.Inv(Rand()))								
28	Z_1	-0.4833	-0.9995	1.1424	-0.5934	-0.2447	-0.8166	0.1435	<--=NORM.S.INV(RAND())
29	Z_2	-1.0181	-0.1900	0.8218	-0.6976	0.8926	-1.0982	-0.2745	<--=NORM.S.INV(RAND())
30	Z_3	-0.0613	1.1018	-0.3798	-0.1460	0.2675	2.0229	0.6663	
31	Z_4	-0.2913	-0.5955	0.4604	0.1423	-0.7756	-0.0497	1.2918	
32									
33	相关正态偏差 (单元格 $B$34:$B$37中的公式为：{=MMULT($A$9:$D$12,B28:B31)}								
34	Z_1	-0.3057	-0.6322	0.7225	-0.3753	-0.1548	-0.5165	0.0908	<--{=MMULT($A$9:$D$12,OK28:OK31)}
35	Z_2	-0.5785	-0.1511	0.5026	-0.4088	0.4754	-0.6380	-0.1430	<--{=MMULT($A$9:$D$12,OK28:OK31)}
36	Z_3	-0.0398	0.4604	-0.1356	-0.0820	0.1092	0.8796	0.3025	
37	Z_4	0.0177	-0.0942	0.0344	0.0997	-0.3093	0.2274	0.4488	
38									
39	相关均匀分布偏差								
40	U_1	0.379926	0.263642	0.765004	0.353723	0.438506	0.30276322	0.536168785	<--=NORM.S.DIST(OK34,1)
41	U_2	0.281473	0.439944	0.692385	0.341336	0.682766	0.2617494	0.443144509	<--=NORM.S.DIST(OK35,1)
42	U_3	0.484123	0.677384	0.446086	0.467327	0.543458	0.81046044	0.618876245	<--=NORM.S.DIST(OK36,1)
43	U_4	0.507074	0.462488	0.513725	0.539723	0.378549	0.58995342	0.67319735	<--=NORM.S.DIST(OK37,1)

模拟的均匀分布变量的统计量如下：

	A	B	C	D	E	F	OJ	OK
45			检查					
46	模拟次数	400	<--=COUNT(40:40)					
47								
48	均值1	0.49939	<--=AVERAGE(40:40)					
49	均值2	0.50021	<--=AVERAGE(41:41)					
50	均值3	0.48136	<--=AVERAGE(42:42)					
51	均值4	0.48955	<--=AVERAGE(43:43)					
52								
53	模拟的相关系数矩阵							
54		U_1	U_2	U_3	U_4			
55	U_1	1.000	0.133	0.139	0.082	<--=CORREL($43:$43,40:40)		
56	U_2	0.133	1.000	0.027	-0.356	<--=CORREL($43:$43,41:41)		
57	U_3	0.139	0.027	1.000	0.251	<--=CORREL($43:$43,42:42)		
58	U_4	0.082	-0.356	0.251	1.000	<--=CORREL($43:$43,43:43)		
59				=B3/($OJ$63*OJ62)				
60	相关系数矩阵							
61		1	2	3	4		波动率	
62	1	1.000	0.087	0.071	0.050		0.63	<--=SQRT(A3)
63	2	0.087	1.000	0.004	-0.346		0.55	<--=SQRT(B4)
64	3	0.071	0.000	1.000	0.212		0.45	<--=SQRT(C5)
65	4	0.050	-0.346	0.212	1.000		0.32	<--=SQRT(D6)

请注意,如果没有非常大的样本,就很难匹配协方差。但是多按 F9 键几次,得到的一些结果可能会让你相信我们确实匹配了所需的相关性结构。

利用R生成多元均匀分布偏差

和前文一样,R 在产生均匀分布偏差方面非常有效。实现这种方法的代码是:

```
80   ## Multivariate Correlated Uniform Simulations
81   corr_uni_var <- pnorm(corr_norm_var, mean = 0, sd = 1, lower.tail = TRUE)
82
83   # Simulation correlation matrix
84   cor(corr_uni_var)
85
86   # Expected correlation matrix from assumption
87   sigma <- matrix(sqrt(diag(cov_mat)))
88   cov_mat / sigma %*% t(sigma)
```

结果与假设的相关性非常接近:

```
> # Simulation correlation matrix
> cor(corr_uni_var)
           [,1]         [,2]         [,3]        [,4]
[1,] 1.00000000  0.084798096  0.069422167  0.04872507
[2,] 0.08479810  1.000000000 -0.002566323 -0.34649706
[3,] 0.06942217 -0.002566323  1.000000000  0.21288522
[4,] 0.04872507 -0.346497056  0.212885221  1.00000000
> # Expected correlation matrix from assumption
> sigma <- matrix(sqrt(diag(cov_mat)))
> cov_mat / sigma %*% t(sigma)
           [,1]         [,2]        [,3]        [,4]
[1,] 1.00000000  0.08660254  0.07071068  0.0500000
[2,] 0.08660254  1.00000000  0.00000000 -0.3464102
[3,] 0.07071068  0.00000000  1.00000000  0.2121320
[4,] 0.05000000 -0.34641016  0.21213203  1.0000000
> |
```

21.11 总结

随机数在金融工程中得到了广泛的应用,尤其是在期权定价中。本章介绍了 Excel 和 VBA 随机数发生器,以及一些生成正态分布随机数的技术。

练习

1. 这是一个你自己可以做的随机数发生器:
- 从某个数字($Seed$)开始。
- 令 $X_1 = Seed + \pi$,$X_2 = e^{5 + \ln(X_1)}$。
- 第一个随机数是 $Random = X_2 - \text{Integer}(X_2)$,其中 $\text{Integer}(X_2)$ 是 X_2 的整数部分。

● 重复这个过程，让 $Seed = Random$。

产生 1 000 个这样的随机数，并使用 Frequency 函数生成 0，0.1，0.2，…，1 区间内的频率分布。

2. 编写一个 VBA Exercise1($Seed$)，根据 $Seed$ 和前一个练习的规则生成一个随机数。

3. 定义 $A \bmod B$ 为 A 除以 B 的余数。例如，$36 \bmod 25 = 11$。Excel 有这个函数；记为 $\mathrm{mod}(A, B)$ 这是另一个随机数发生器：

● 令 $X_0 = Seed$。

● 令 $X_{n+1} = (7 \times X_n) \bmod 10^8$。

● 令 $U_{n+1} = X_{n+1} / 10^8$。

随机数列表 U_1，U_2，…是这个随机数发生器生成的伪随机数。这是 Abramowitz 和 Stegun(1972)给出的众多均匀分布随机数发生器之一。

4. 美国许多州有每日彩票，彩票的玩法如下：在一天中的某个时候，你买一张彩票，卖家在上面写上你选择的一个从 000 到 999 之间的数字。当天晚上电视摇奖会摇出一个三位数的数字。如果你的彩票上的数字与摇出的数字相匹配，你就赢了，并获得 500 美元。如果你输了，你什么也得不到。

a. 写一个 Excel 函数，生成一个 000 到 999 之间的随机数。[提示：使用 Rand() 和 Int()。]

b. 假设你在一年中每天押 1 美元在相同的数字上。得出你全年累积的奖金。

5. 塔里克和贾米拉在用一个骰子赌钱。根据他们的游戏规则，每一轮开始时，在他们掷骰子之前，塔里克会付给贾米拉 0.50 美元。然后他们掷骰子；如果数字是偶数，贾米拉就用美元支付这个数字给塔里克，如果数字是奇数，塔里克就支付这个数字给贾米拉。

● 模拟贾米拉在 25 轮比赛后的累积赢金。

● 模拟 50 轮游戏，并绘制结果图表。

6. 股票价格模拟：股票价格服从对数正态分布，均值为 $\mu = 15\%$。目前的股价是 $S_0 = 35$。按照电子表格上的模板，使用"数据|数据分析|随机数发生器"创建 60 个静态标准正态偏差。使用这些随机数来模拟 60 个月的股票价格路径。创建 $\sigma = 15\%$、30% 和 60% 的价格路径，并在相同的坐标轴上绘制这三条路径。

7. 股票价格模拟：股票价格服从对数正态分布，均值 $\mu=15\%$，且 $\sigma=50\%$。目前的股价是 $S_0=35$。按照电子表格上的模板，使用 Norm.S.Inv(Rand()) 创建 60 个动态标准正态偏差。用这些随机数来模拟 60 个月的股票价格路径和图表。

8. 马库斯 25 岁了。他有了一份新工作，打算在今天和未来 34 年的每年都存 1 万美元（共 35 笔存款）。他决定了一项投资政策，在该政策中，他将 30% 的资产投资于连续复利年利率为 3% 的无风险债券，其余的资产投资于收益率具有对数正态分布（$\mu=12\%$ 且 $\sigma=35\%$）的市场投资组合。做一份电子表格，记录马库斯到 60 岁时积累的财富。下面给出了一个输出的示例：

	A	B	C	D	E
1	MARCUS的投资/储蓄决策				
2	每年存款	10,000			
3	无风险利率	3%			
4	市场组合收益率均值	12%			
5	市场组合波动率	35%			
6	投资市场组合比例	70%			
7	60岁时累积的财富	12,048,869<--=B45			
8					
9	年龄	期初总投资	新增投资	期末总投资	
10	25	0	10,000	13,065.44	<--
11	26	13,065.44	10,000	27,795.31	=(B10+C10)*($B$6*EXP($B$4 +
12	27	27,795.31	10,000	52,906.64	$B$5*NORM.S.INV(RAND())) +(1-
13	28	52,906.64	10,000	58,590.40	$B$6)*EXP($B$3))
14	29	58,590.40	10,000	99,352.45	

9. 马库斯决定，到他 60 岁时，他至少需要 200 万美元。

● 运行 100 个模拟，以确定实现该目标的近似概率。

● 计算最终财富的平均值和标准差。

● 创建一个模拟运算表，确定投资于风险资产的比例与在 60 岁达到最低财富水平的概率之间的关系。将风险资产的比例设置为 0，10%，…，100%。

10. 玛莎在玩抛硬币游戏，她抛两枚硬币。第二枚硬币正面朝上的概率与第一枚硬币正面朝上的概率的相关系数 $\rho=0.6$。在这个特定的游戏中，玛莎每掷一次正面就赢 1 美元。

● 模拟一轮两枚硬币的投掷。

● 如果她玩 10 轮两枚硬币的投掷，她会赢多少？

● 在空白单元格上使用模拟运算表来模拟这个 10 轮的游戏 25 次。

22

蒙特卡罗方法简介

22.1 概述

蒙特卡罗方法是指各种用于确定参数值的随机模拟。在本章介绍蒙特卡罗方法时,我们使用蒙特卡罗来确定 π 的值。在随后的章节中,我们将用蒙特卡罗来深入了解投资和期权策略。蒙特卡罗方法起源于物理学,常用于确定没有解析解的模型值。[①]蒙特卡罗在金融中的一种应用与此类似:它使用模拟来为那些不能用解析方法轻易确定价格的资产定价。简而言之,如果没有计算资产价值的公式,也许我们可以通过模拟来确定其价值。

在第 23—27 章中,我们还将使用蒙特卡罗方法来体会各种投资和期权策略的不确定性。当这样做时,我们不一定对不确定性的定价影响感兴趣——我们想讨论给定的投资策略在收益不确定的资产中会产生什么样的结果。

在本章,我们对蒙特卡罗定价做了一个非专业的介绍。[②]我们假设你已经阅读了第 21 章有关随机数的介绍。

22.2 使用蒙特卡罗计算 π

所有的蒙特卡罗方法都涉及随机模拟。我们举例说明如何使用蒙特卡罗来计算 π 的值,这是一个你可能非常熟悉的数字。

我们的方法是:我们知道单位圆(半径为 1 的圆)的面积是 π。因此,四分之一圆的面积是 $\pi/4$。我们将四分之一圆放进一个单位正方形,如下图所示。然后,我们往单位正方形上"发射"随机点。每个随机点都有一个 x 分量和一个 y 分量。我们使用 Excel 函数 Rand() 生成

---

① 两个介绍蒙特卡罗方法的好网站是 www.ornl.gov/~pk7/thesis/pkthnode19.html 和 http://marcoagd.usuarios. rdc.puc-rio.br/monte-carlo.html。

② Glasserman(2004)是一本优秀的非介绍性教材。

这些点。下图显示了单位正方形中包含的四分之一圆和一个随机的点,它碰巧落在圆内。[1]

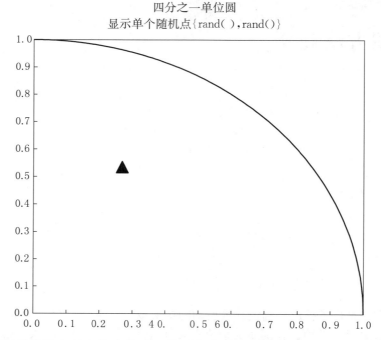

通过在本章附带的电子表格中按 F9,你可以生成不同值的随机点。在某些情况下,点会落在单位圆外:

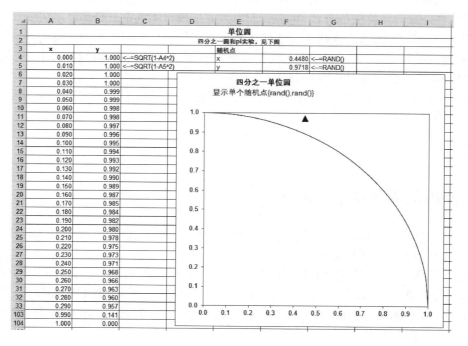

---

[1] 记住,圆心为$(0,0)$的圆可以用 $x^2+y^2=r^2$ 来描述,对于单位正方形,可以用 $x^2+y^2=1$ 或 $y=\sqrt{1-x^2}$ 来描述。

我们可以很容易地计算出这个点位于圆内的概率：

- 整个单位圆的面积为 $\pi r^2 = \pi$。因此，四分之一单位圆的面积为 $\pi/4$。
- 由 $\{Rand(), Rand()\}$ 生成的随机点将始终位于单位正方形内，后者面积为 1。
- 因此，随机点在单位圆内的概率为：

$$\frac{\text{单位圆面积}}{\text{单位正方形面积}} = \frac{\pi/4}{1} = \pi/4$$

π 的蒙特卡罗计算

如果我们计算落在单位圆内的点的相对数量，我们应该接近 $\pi/4$。因此：

$$\pi \text{ 的蒙特卡罗近似} = 4 \cdot \frac{\text{单位圆内的点数}}{\text{总点数}}$$

在下面的电子表格中，我们生成了一个随机数列表（列 B 和 C），然后使用布尔（Boolean）函数来检验这些数字是在单位圆内还是在单位圆外。在第 8 行中，例如，如果 B8 和 C8 的平方和小于或等于 1，则函数（B8^2+C8^2<=1）返回 TRUE，否则返回 0。在单元格 B2 中，我们使用 Count 函数来统计产生的总点数，使用 Countif 函数来确定落在单位圆内的点数。[1]

	A	B	C	D	E
1			用蒙特卡罗方法计算PI		
			最初的实验		
2	数据点数量	4400	<-=COUNT(A:A)		
3	圆内	3407	<-=COUNTIF(D:D,TRUE)		
4	估计的 Pi	3.097272727	<-=B3/B2*4		
5	实际的 Pi	3.141592654	<-=PI()		
6	偏差多大？	-1.411%	<-=B4/B5-1		
7		这些列中的每个单元格都包含Excel函数=Rand()			
8	实验	随机数1	随机数2	是否处于单位圆中？	
9	1	0.06459	0.17660	TRUE	<-=(B9^2+C9^2<=1)
10	2	0.86979	0.28796	TRUE	<-=(B10^2+C10^2<=1)
11	3	0.29240	0.36484	TRUE	
12	4	0.43396	0.92894	FALSE	
4406	4398	0.49177	0.03322	TRUE	
4407	4399	0.77795	0.66671	FALSE	
4408	4400	0.40542	0.38669	TRUE	

每次按 F9 键重新计算电子表格时，我们都会得到 =Rand 的不同值，因此 π 的蒙特卡罗估计值也不同。以下是其他 10 个例子的结果：

	H	I	J
7	试验	估计的 Pi	偏差多大？
8			
9	1	3.1382	-0.11%
10	2	3.1455	0.12%
11	3	3.1682	0.85%
12	4	3.1536	0.38%
13	5	3.1291	-0.40%
14	6	3.1855	1.40%
15	7	3.1545	0.41%
16	8	3.0936	-1.53%
17	9	3.1600	0.59%
18	10	3.1373	-0.14%
19			
20	平均	3.1465	0.158%

---

[1] 这一段中的所有函数（包括布尔函数、Count 和 Countif）将在第 30 章中讨论。

现在很明显,我们的 π 值是实验性的,但是如果我们产生更多的点,我们会更接近 π 的实际值。在下面的例子中,我们进行了 65 000 次实验:

	A	B	C	D	E
1			用蒙特卡罗方法计算PI		
			65000次迭代		
2	数据点数量	65,000	<--=COUNT(A:A)		
3	圆内	51,068	<--=COUNTIF(D:D,TRUE)		
4	估计的 Pi	3.142646154	<--=B3/B2*4		
5	实际的 Pi	3.141592654	<--=PI()		
6	偏差多大?	0.034%	<--=B4/B5-1		
7	实验	随机数1	随机数2	是否处于单位圆中?	
8	1	0.22301	0.87363	TRUE	<--=(B8^2+C8^2<=1)
9	2	0.03814	0.59170	TRUE	
10	3	0.22958	0.76310	TRUE	
11	4	0.76538	0.66546	FALSE	
65005	64998	0.27847	0.64411	TRUE	
65006	64999	0.97531	0.49970	FALSE	
65007	65000	0.21669	0.43017	TRUE	

按 F9 键仍然提供更准确的 π 值。继续按 F9 键为 π 生成了以下蒙特卡罗值:

	H	I	J
7	试验	估计的 Pi	偏差多大?
8			
9	1	3.14258	0.03%
10	2	3.14338	0.06%
11	3	3.14092	-0.02%
12	4	3.13686	-0.15%
13	5	3.14234	0.02%

使用更多的数据点可以使 π 的蒙特卡罗值更准确,尽管这些值都不是 π 的精确值。[①]

22.3　用蒙特卡罗方法估计 π 的程序设计

用 VBA 程序估计 π

(与在 Excel 电子表格中运行相比)这种蒙特卡罗方法的编程工作得更好、更快。我们首先介绍 VBA 的方法,在下一小节,我们将展示在 R 中的类似实现。以下是 VBA 程序:

```
Sub MonteCarlo()
n = Worksheets("MC").Range("Number")
Hits = 0
For Index = 1 To n
    If Rnd ^ 2 + Rnd ^ 2 < 1 Then Hits = Hits + 1
Next Index
Range("Estimate") = 4 * Hits / n
End Sub
```

[①]　"π"的实际值为 3.14159265358979323846264338327950288419716939937511,且精确到 50 位。这一章结尾的练习向你展示了一种快速计算这个值的方法,它使用了印度数学家斯里尼瓦瑟·拉马努金(1887—1920 年)创造的几个了不起的函数。

下面的电子表格显示了该程序和其他两个 VBA 程序。MonteCarloTimer 程序同时计算开始时间和停止时间,这样我们就可以得到计算的运行时间。下面,你可以看到,在作者的联想 Yoga 920 笔记本电脑上,该程序的 1 000 万次迭代只花了三秒钟。

	A	B	C
1		用VBA计算 PI	
2	数据点数量	10,000,000	<-- 这个单元格叫做 "Number"
3	估计的 Pi	3.141448800	<-- 这个单元格叫做 "Estimate"
4	实际的Pi	3.141592654	<--=PI()
5	偏差有多大?	-0.00458%	<--=Estimate/B4-1
6			
7	开始时间	22:42:37	<-- 这个单元格叫做"StartTime"
8	结束时间	22:42:40	<-- 这个单元格叫做"StopTime"
9	消耗时间	0:00:03	<-- =Stoptime-StartTime

MonteCarloTimeRecord 程序在屏幕上记录程序的每次迭代。这个 VBA 程序允许你查看 π 值如何在单元格 B3 中变化。你可以按[Ctrl]+[Break]中途停止这个或任何 VBA 程序。这个宏非常浪费时间。我们花了 64 秒来运行 5 000 次迭代(与运行没有屏幕更新的 1 000 万次迭代比较一下)。

```
Sub MonteCarloTime()
'Includes timer
   n = Range("Number")
   Range("StartTime") = Time
   n = Range("Number")
   Hits = 0
   For Index = 1 To n
   If Rnd ^ 2 + Rnd ^ 2 < 1 Then Hits = Hits + 1
   Next Index
   Range("Estimate") = 4 * Hits / n
   Range("StopTime") = Time
End Sub
```

```
Sub MonteCarloTimeRecord()
'Records everything (takes a long time)
   n = Range("Number")
   Range("StartTime") = Time
   n = Range("Number")
   Hits = 0
   For Index = 1 Ton
      Range("Number") = Index
      If Rnd ^ 2 + Rnd ^ 2 < 1 Then Hits
      = Hits + 1
      Range("Estimate") = 4 * Hits / Index
      Range("StopTime") = Time
   Next Index
End Sub
```

用R估计 π

下面是我们在 R 中运行的估算 π 的代码。

```
8   # Random Points
9   n <- 10000 # number of trials
10  z1 <- runif(n, 0, 1) # random uniform variable #1
11  z2 <- runif(n, 0, 1) # random uniform variable #2
12
13  # Check if the point is inside or outside the circle:
14  unit_cir_est <- z1 ^ 2 + z2 ^ 2 <= 1
15
16  # plot
17  plot(z1, z2, type = "p", col = unit_cir_est+8, xlab="x", ylab="y",
18      main="10,000 Point simulation", )
19
20  # Calculate Pi
21  mc_pi <- length(which(unit_cir_est)) / n * 4 # Simulated Pi
22
23  # Compare the estimated Pi to the actual one
24  mc_pi
25  pi # actual Pi
```

结果非常接近：

```
> # Compare the estimated Pi to the actual one
> mc_pi
[1] 3.14184
> pi # actual Pi
[1] 3.141593
> |
```

图形是这样的：

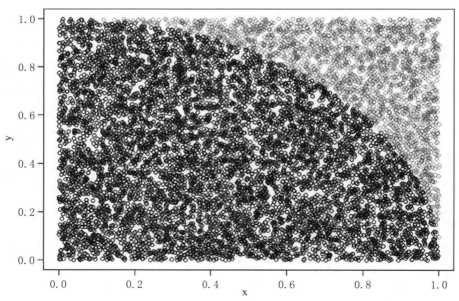

10 000 Point simulation

22.4 蒙特卡罗的另一个问题：投资和退休问题[①]

问题情景：你已经 65 岁了，你有 100 万美元。你正试图决定一个投资组合。一种是年收益率为 4% 的无风险债券，一种是期望对数收益率为 9%、收益率标准差为 20% 的风险股票投资组合。你的约束条件为，你希望每年从账户中提取 15 万美元，并在 75 岁时有一些剩余。

为了更好地处理这种情况，你绘制了一个电子表格：

	A	B	C	D	E	F	G	H	I	J
1				规划你的退休						
2	当前财富			1,000,000						
3	无风险利率			4%						
4	风险投资参数									
5	期望年收益率			9%	=NORM.S.INV(RAND())			=C12*F12+D12*EXP($D$3)		
6	收益率标准差			20%						
7	风险资产比例			70%						
8	年支取金额			150,000	=EXP($D$5-0.5*$D$6^2+$D$6*E12)					
9	=B12*$D$7									
10				=B12-C12						
11	年	年初财富	风险资产投资	债券投资	正态分布随机变量	1+风险资产收益率	年末财富	支取金额	年末财富余额	
12	1	1,000,000	700,000	300,000	1.9329	1.5787	1,417,301	150,000	1,267,301	<=G12-H12
13	2	1,267,301	887,111	380,190	-1.9337	0.7285	1,041,981	150,000	891,981	
14	3	891,981	624,387	267,594	1.5901	1.4740	1,198,892	150,000	1,048,892	
15	4	1,048,892	734,224	314,668	0.7961	1.2576	1,250,891	150,000	1,100,891	
16	5	1,100,891	770,624	330,267	0.2704	1.1321	1,216,177	150,000	1,066,177	
17	6	1,066,177	746,324	319,853	-1.9876	0.7207	870,788	150,000	720,788	
18	7	720,788	504,552	216,237	-0.0344	1.0651	762,483	150,000	612,483	
19	8	612,483	428,738	183,745	-0.6773	0.9366	592,818	150,000	442,818	
20	9	442,818	309,972	132,845	-1.8373	0.7427	368,483	150,000	218,483	
21	10	218,483	152,938	65,545	-0.2644	1.0173	223,800	150,000	73,800	<=G21-H21

在这个电子表格中，B 列显示了每年年初的财富。财富根据单元格 D7 中的比例在风险投资和无风险投资之间进行分配。无风险投资将获得 4% 的连续复利收益率（意味着 100 美元投资于无风险投资，到年底将增长到 $100 \cdot e^{4\%} = 104.08$）。投资的风险部分以因子 $e^{(\mu-0.5\sigma^2)+\sigma \cdot Z} = e^{(9\%-0.5 \cdot 20\%^2)+20\% \cdot Z}$ 在增长，其中 Z 是一个服从均值为 0、标准差为 1 的正态分布的随机数。如第 21 章中所解释的，生成这些数字的一种方法是使用 Excel 函数 Norm.S.Inv(Rand())。每次按 F9 键，该函数都会重新计算并产生另一组正态分布随机数。

在上述模拟中，投资者在 10 年期结束时还有剩余资金。但很明显，并不是每一次模拟都能在第 10 年年末给投资者留下闲钱。按几下 F9 键重新计算电子表格将产生如下结果：

	A	B	C	D	E	F	G	H	I	J
1				规划你的退休						
2	当前财富			1,000,000						
3	无风险利率			4%						
4	风险投资参数									
5	期望年收益率			9%	=NORM.S.INV(RAND())			=C12*F12+D12*EXP($D$3)		
6	收益率标准差			20%						
7	风险资产比例			70%						
8	年支取金额			150,000	=EXP($D$5-0.5*$D$6^2+$D$6*E12)					
9	=B12*$D$7									
10				=B12-C12						
11	年	年初财富	风险资产投资	债券投资	正态分布随机变量	1+风险资产收益率	年末财富	支取金额	年末财富余额	
12	1	1,000,000	700,000	300,000	1.1049	1.3377	1,248,664	150,000	1,098,664	<=G12-H12
13	2	1,098,664	769,065	329,599	0.8700	1.2763	1,324,640	150,000	1,174,640	
14	3	1,174,640	822,248	352,392	-2.1349	0.6998	942,171	150,000	792,171	
15	4	792,171	554,520	237,651	0.4546	1.1746	898,683	150,000	748,683	
16	5	748,683	524,078	224,605	-0.9252	0.8847	697,445	150,000	547,445	
17	6	547,445	383,212	164,234	-0.6881	0.9346	529,095	150,000	379,095	
18	7	379,095	265,367	113,729	-0.4948	0.9715	376,164	150,000	226,164	
19	8	226,164	158,315	67,849	0.8990	1.2838	273,858	150,000	123,858	
20	9	123,858	86,700	37,157	-1.5249	0.7906	107,218	150,000	-42,782	
21	10	-42,782	-29,947	-12,835	1.4517	1.4338	-56,298	150,000	-206,298	<=G21-H21

---

① 本章剩余部分的材料用到了接下来几章的一些结果，可以在第一次阅读时跳过。

让我们感兴趣的是,有多大比例的投资-消费路径会以正余额结束? 我们将使用蒙特卡罗技术来回答这个问题。但在此之前,我们先考虑一个经济问题。

我们应该盲目地提取 15 万美元吗?

在前述模拟中,无论账户余额如何,我们都提取了固定金额(15 万美元)。无论账户中是否有资金,都要这样做。

在下面的电子表格中,我们修正了这一点。我们假设投资者定义了一个"安全垫"。下图的单元格 B8 中的"安全垫"因子是 3,这意味着如果投资者的投资组合在年底至少有 3×15 万美元的价值,投资者才会每年提取 15 万美元。如果不是,那么投资者将提取其投资组合价值的三分之一:

可以设计出许多此类规则。这里的问题被称为退休后的投资和支取问题,基本上与任何基金经理面临的问题相同,他们正在努力解决如何同时确定基金的投资和赎回政策的问题。据我们所知,这个问题没有解析解,但可以看出,模拟这个问题并不困难。

22.5 投资问题的蒙特卡罗模拟

在本节中,我们对投资问题进行了多次模拟。第一组模拟在 Excel 电子表格本身中运行,使用将在第 28.7 节中解释的"空白单元格上的模拟运算表"技术。第二组模拟在 VBA 中运行。

空白单元格上的模拟运算表

我们在投资模拟电子表格上建立了一个模拟运算表。注意,模拟运算表表头指向的是单元格 I21* 中的"遗产",而模拟运算表对话框中的"输入引用列的单元格"指的是一个空单元

---

* 原书此处为 I20,似有误。——译者注

	I	J	K	L	M	N
10						
11	年末财富余额			模拟	年末财富余额	
12	880,369	<--=G12-H12		1	193,528	<--=I21 模拟运算表表头
13	665,696			2	-532,432	
14	661,122			3	-246,671	
15	674,346			4	-778,619	
16	876,975			5	224,720	
17	834,310			6	621,835	
18	536,245			7	619,269	
19	375,153			8	-504,288	
20	298,006			9	-330,532	
21	193,528	<--=G21-H21		10	808,814	
22				11	-295,349	
23				12	-273,184	

（模拟运算表对话框：模拟运算表 ? × 输入引用行的单元格(R): 输入引用列的单元格(C): $L$10 确定 取消）

格。这就是将在第 28.7 节中解释的技术。

上面的模拟运算表有 20 行，但只显示了 12 行。当我们选择"确定"时，我们运行模拟 20 次。这里有一次运行和一些统计数据。按下 F9 键将再次运行模拟（现在显示了所有 20 行）：

	L	M	N
6	均值	-183,384	<--=AVERAGE(M12:M31)
7	标准差	453,263	<--=STDEV.S(M12:M31)
8	负遗产	15	<--=COUNTIF(M12:M31,"<0")
9			
10			
11	模拟	年末财富余额	
12	1	193,528	<--=I21 模拟运算表表头
13	2	-532,432	
14	3	-246,671	
15	4	-778,619	
16	5	224,720	
17	6	621,835	
18	7	619,269	
19	8	-504,288	
20	9	-330,532	
21	10	808,814	
22	11	-295,349	
23	12	-273,184	
24	13	-437,462	
25	14	-404,111	
26	15	-633,540	
27	16	-89,927	
28	17	-181,844	
29	18	-720,345	
30	19	-250,372	
31	20	-457,164	

（模拟运算表对话框：模拟运算表 ? × 输入引用行的单元格(R): 输入引用列的单元格(C): $L$10 确定 取消）

可以看到，许多结果为负（20 个中的 15 个）。我们的退休前景不妙。

使用 VBA 分析风险资产百分比的影响

在前述模拟中，我们机械地将我们的投资分为风险投资和无风险投资。我们编写了一个 VBA 函数 SuccessfulRuns 模拟上述问题。给定一项投资政策，函数 SuccessfulRuns 确定了投资/支取的百分比，该百分比将在退休人员的投资期限结束时为其留下正财富。

下面是这个函数的一些输出：

	A	B	C	D
1			我们做得怎么样？ 正的结果百分比	
2	当前财富	1,000,000		
3	无风险利率	4%		
4	风险投资参数			
5	期望年收益率	9%		
6	收益率标准差	20%		
7	风险资产比例	40%		
8	年支取金额	100,000		
9	投资年数	10		
10				
11	运行次数	1,000		
12				
13	成功次数	91.10%	<--=successfulruns(B2,B8,B3,B5,B6,B7,B9,B11)	

单元格 B13 中的函数结果考虑了一个从 100 万美元开始的退休人员，他在收益率为 4% 的无风险资产和随机收益率为 $\mu=9\%$ 且 $\sigma=20\%$ 的风险资产之间做出投资决策，并希望每年提取 10 万美元。在该分析中，投资者将 40% 资金分配给风险资产，60% 分配给无风险资产。在模拟 1 000 个回报数据的情况下，我们确定，在 91.1% 的情况下，投资者将在 10 年结束时获得正财富。当然，再次运行该函数将产生不同的结果。

SuccessfulRuns 的 VBA 代码

```
Function SuccessfulRuns(Initial, Drawdown,
Interest, Mean, Sigma, PercentRisky, Years,
Runs)
   Dim PortfolioValue() As Double
   ReDim PortfolioValue(Years + 1)
   Dim Success As Integer
   Up = Exp(Mean + Sigma)
   Down = Exp(Mean - Sigma)
   PiUp = (Exp(Interest) - Down) / (Up - Down)
   PiDown = 1 - PiUp
   For Index = 1 To Runs
   For j = 1 To Years
      Randomize
      PortfolioValue(0) = Initial
      If Rnd > PiDown Then
      PortfolioValue(j) = PortfolioValue(j - 1)
      * PercentRisky * Up + _ PortfolioValue
      (j - 1) * (1 - PercentRisky) *
      Exp(Interest) - Drawdown
      Else:
      PortfolioValue(j) = PortfolioValue(j - 1)
      * PercentRisky * Down + _PortfolioValue
      (j - 1) * (1 - PercentRisky) *
      Exp(Interest) - Drawdown
   End If
   Next j
      If PortfolioValue(Years) > 0 Then Success
      = Success + 1
   Next Index
   SuccessfulRuns = Success / Runs
   End Function
```

用 R 来模拟投资问题

像前述投资问题这样的问题通常会在 Excel 中建模。这主要是因为它不是数据密集型的，在 Excel 中建模可能会更直观。然而，我们可以在 R 中实现相同的方法，如下所示。

我们从一个试验开始建模，它应该是这样的：

```
28  # Inputs
29  savings <- 1000000
30  riskless_r <- 0.04
31  risky_r <- 0.09
32  risky_sigma <- 0.2
33  allowance <- 150000
34  n <- 10
35  risky_prop <- 0.4
36
37  # Run
38  balance <- savings
39  table <- c()
40
41  # single trial
42  for (i in 1:n){
43    risky_begin <- balance * risky_prop
44    risky_ret <-  exp((risky_r - 0.5 * risky_sigma^2) +
45                      risky_sigma * rnorm(1, mean = 0, sd = 1)) # risky asset
46    risky_end <- risky_begin * risky_ret # risk free asset
47    bond_begin <- balance * (1 - risky_prop)
48    bond_end <- bond_begin * (1 + riskless_r)
49    balance <- sum(risky_end, bond_end, -allowance) # total wealth
50    table <- rbind(table, c(risky_begin = risky_begin, risky_ret = risky_ret,
51                   risky_end = risky_end, bond_begin = bond_begin,
52                   bond_end = bond_end, balance = balance))
53                   }
54  table # result
```

结果是这样的：

```
> table # result
      risky_begin risky_ret risky_end bond_begin bond_end   balance
[1,]     400000.0 1.5124566  604982.6   600000.0 624000.0 1078982.6
[2,]     431593.0 1.3468234  581279.6   647389.6 673285.2 1104564.8
[3,]     441825.9 1.3324119  588694.1   662738.9 689248.4 1127942.5
[4,]     451177.0 1.0857646  489872.0   676765.5 703836.1 1043708.2
[5,]     417483.3 0.9788526  408654.6   626224.9 651273.9  909928.5
[6,]     363971.4 1.3941241  507421.3   545957.1 567795.4  925216.7
[7,]     370086.7 1.2831153  474863.9   555130.0 577335.2  902199.1
[8,]     360879.6 1.5610043  563334.7   541319.4 562972.2  976306.9
[9,]     390522.8 1.0437134  407593.8   585784.1 609215.5  866809.3
[10,]    346723.7 1.1204343  388481.2   520085.6 540889.0  779370.2
> |
```

在接下来的步骤中，我们使用相同的方法进行 m 次试验。请注意，在单次试验中生成随机正态偏差的函数 rnorm(m, mean＝0，sd＝1)而不是 rnorm(1，mean＝0，sd＝1)的差异。

```
56  ## m trials
57  m <- 1000
58
59  # Run
60  balance <- savings
61  for(i in 1:n){
62    # risky asset
63    risky_invest <- balance * risky_prop
64    risky_ret <-  exp(risky_r - 0.5 * risky_sigma^2 +
65                      risky_sigma * rnorm(m, mean = 0, sd = 1 ))
66    risky_end <- risky_invest * risky_ret
67    bond_invest <- balance - risky_invest
68    bond_end <- bond_invest * exp(riskless_r)
69    balance <- risky_end + bond_end - allowance
70                   }
71
72  mean(balance)
73  sd(balance)
74  length(which(balance>=0))
```

结果是：

```
> mean(balance)
[1] -160850.6
> sd(balance)
[1] 275232.4
> length(which(balance>=0))
[1] 228
>
```

如果我们把每年的提取金额从 15 万换成 10 万，我们得到：

```
> mean(balance)
[1] 503786.1
> sd(balance)
[1] 337964.5
> length(which(balance>=0))
[1] 981
>
```

22.6 总结

蒙特卡罗方法是一种实验技术，用于确定函数或程序的数值。在本章中，我们使用了 π 的例子来说明如何应用蒙特卡罗方法。当存在另一种封闭形式的确定价值的方法时，应避免使用蒙特卡罗方法作为估值工具。正如我们在本章的练习中所说明的那样，蒙特卡罗不是计算 π 值的好方法，因为有许多优秀的公式可以非常准确地近似 π 值。然而，如果不是这种情况，你可以使用蒙特卡罗来近似该值。

蒙特卡罗方法也可以用于模拟投资问题，用来洞察资产收益不确定性的含义。在本章中，我们用一些投资例子来说明了这一点。

练习

1. 在第 22.2 节中，我们设计了一个宏，它使用蒙特卡罗计算 π 值，并在每次迭代中更新屏幕。修改宏，使它每 1 000 次迭代才更新一次屏幕。

提示：

● 使用 VBA 函数 Mod。从 VBA 的帮助菜单中，注意该函数的语法 a Mod b。〔类似的 Excel 函数有语法 Mod(a，b)，但不能在 VBA 中使用。〕

● 使用 VBA 命令 Application.ScreenUpdating＝True 和 Application.ScreenUpdating＝False 以控制屏幕的更新。

2. 在前面的练习中，在电子表格本身上放置一个"开关"，它控制宏的更新（是否更新、是或否，以及更新的频率）。

3. 使用蒙特卡罗计算函数 $\text{Exp}(x)$ 在 $0<x<3$ 的积分。这个函数的图形如下：

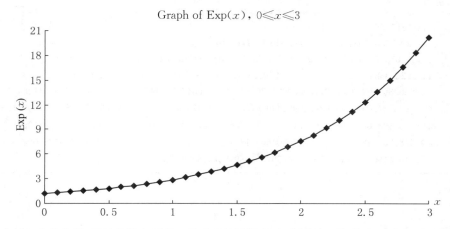

Graph of $\text{Exp}(x)$, $0\leqslant x\leqslant 3$

4. 本章的一个信息是，虽然蒙特卡罗是一种聪明的计算方法，但当有更好的方法存在时，就不应该使用它。例如第 22.2 节中 π 的蒙特卡罗估值收敛速度非常慢。这是一种糟糕的计算 π 的方法，因为还有一些著名的方法来进行这种计算。要理解这一点，请回答以下问题：
- 使用我们的蒙特卡罗模拟大约需要多少次运行才能得到小数点后 4 位的精度？
- 使用我们的蒙特卡罗模拟大约需要多少次运行才能得到小数点后 8 位的精度？
- 使用我们的蒙特卡罗模拟大约需要多少次运行才能得到小数点后 15 位的精度？

5. 在练习 5 中，我们向你展示两种计算 π 值的方法。所有这些都比蒙特卡罗要好得多！

a. 计算 π 的第一种方法是：

$$\frac{\pi^2}{6}=1+\frac{1}{2^2}+\frac{1}{3^2}+\cdots$$

用这个公式来近似 π。

b. 伟大的印度数学天才拉马努金指出：

$$\frac{1}{\pi} = \frac{\sqrt{8}}{9\,801} \sum_{n=0}^{\infty} \frac{(4n)!}{(n!)^4} \frac{(1\,103 + 26\,390n)}{396^{4n}}$$

$n!$ 表示阶乘：

$$n! = n \cdot (n-1) \cdot (n-2) \cdots 2 \cdot 1$$

$$0! = 1$$

Excel 的函数 Fact 计算阶乘。R 的"factorial(x)"计算 x 的阶乘。

使用这个级数构造一个程序（在 R 或 VBA 函数中）来为 π 赋值，其中 n 是级数中的项数。展示两次迭代可以给你超过 15 位的精确度。

附录：关于 π 值的一些注释

练习 5 基于 Borwein、Borwein 和 Bailey(1989)。练习 5 中的拉马努金方法每次迭代大约添加 8 位数字。拉马努金开发了一种更快的方法，只需 13 次迭代就能提供超过 10 亿位数的 π。（Excel 的最大精度只有 15 位，但有一个很好的 Excel 插件可以将精度扩展到 32 767 位；该插件可以在 http://precisioncalc.com/上找到。）

斯里尼瓦瑟·拉马努金是有史以来最伟大的数学天才之一。读者可以阅读这位奇人的传记《知无涯者——拉马努金传》(*The Man Who Knew Infinity：A Life of the Genius Ramanujan*，Kanigel，1991)。

最后：π 值是什么？ mathematica 是一种非常复杂的数学编程语言（https://www.wolframalpha.com/input/?i=pi），它给出了以下值，这些值是用拉马努金的公式计算出来的。

精确位数	π 值
25	3.1415926535897932384626433
50	3.14159265358979323846264338327950288419716939937511
75	3.141592653589793238462643383279502884197169399375105820974944592307816640629
50	3.141592653589793238462643383279502884197169399375105820974944592307816640
	6286208998628034825342117067982148086513282306647093844609550582231725359408128481117450284
	1027019385211055596446229489549303819644288109756659334461284756482337867831652712019091456
0	4856692346034861045432664821339360726024914127372458700660631558817488152092096282925409171
	5364367892590360011330530548820466521384146951941511609433057270365759591953092186117381932
	6117931051185480744623799627495673518857527248912279381830119491

23

模拟股票价格

23.1 概述

在第 17 章中,我们用二叉树期权定价模型讨论了期权的定价问题。二叉树模型除了作为一种有吸引力和直观的方法来为期权和其他衍生品定价之外,还为衍生品资产定价提供了一个更深层次的信息:它向我们表明,在对控制股价的不确定性进行一些假设并给定无风险利率的情况下,我们可以为期权和其他资产定价,这些资产的价格依赖于相关股票的价格。

二叉树期权定价方法的一个问题是,我们无法给出简单的期权定价公式。在第 17 章中提出的定价方法是计算方法,而不是分析性的方法。为了开发一个期权定价公式(如第 18 章讨论的 Black-Scholes 公式),我们需要对标的股票价格的统计属性做出一些假设。

Black-Scholes 定价模型的一个核心假设是股票价格服从对数正态分布。该假设的另一种说法是,股票收益率服从正态分布。在本章,我们试图丰富这个假设的内涵,以便你能愉快地使用它。我们的方法如下:在本书中,我们将不证明 Black-Scholes 期权定价公式。相反,在本章中,我们将试图说服你,Black-Scholes 模型关于股票价格的基本假设——股票价格的对数正态性——是合理的。如果我们能让你相信这一点,那么我们就把 Black-Scholes 证明的技术细节留给其他更高级的教材。

本章的结构如下:
- 我们从讨论对股价的"合理"假设是什么开始。
- 然后我们讨论为什么对数正态分布是股票价格的合理分布。
- 接下来,我们展示如何模拟服从对数正态分布的价格路径。
- 最后,我们将向你展示如何从历史股票价格数据推导出对数正态分布的参数——股票收益率的平均值和标准差。

23.2 股票价格看起来像什么?

关于股票价格随时间变化的合理假设是什么? 显然,股票(或任何其他风险金融资产)的价格是不确定的。它的分布是什么样的? 这是一个令人困惑的问题。回答这个问题的一种方法是问股票价格的合理统计特征是什么。以下是其五个合理的特征:

(1) 股价存在不确定性。给定今天的价格,我们不知道明天的价格。

(2) 股票价格的变动是连续的。在短时间内,股票价格的变化非常小,随着时间跨度趋于零,变化也趋于零。①

(3) 股票价格从不为零或负值。这个属性意味着我们排除了"死亡"公司的股票。

(4) 平均而言,持有股票的收益率往往会随着时间的推移而增加。注意用词"往往会"。我们不知道长期持有股票是否会带来更高的收益率;然而,我们预计长期持有风险资产将带来平均更高的收益率。

(5) 持有股票的时间越长,与股票收益率相关的不确定性也会增加。因此,给定今天的股价,明天股价的方差很小;但是,一个月的价格方差较大,一年的价格方差更大。

合理的股票特征和股票价格路径

有一种审视股票价格这五种"合理特征"的方法是考察价格路径。股票价格路径是一段时间内股票价格的图表。例如,这里是三只股票的价格路径:

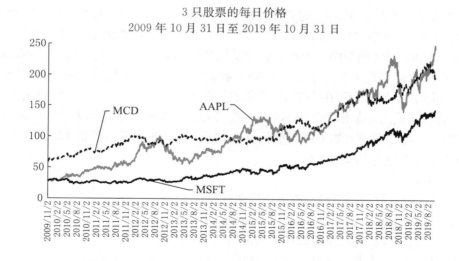

3 只股票的每日价格
2009 年 10 月 31 日至 2019 年 10 月 31 日

---

① 如果你观察过股价,你就会知道连续性通常是一个不错的假设。然而,有时连续性假设可能是灾难性的(看看1987 年 10 月股票市场价格的表现,这是一个价格具有不连续性的戏剧性例子)。我们可以建立一个股票价格模型,假设价格通常是连续的,但偶尔(和随机)跳跃。参见 Cox 和 Ross(1976)、Jarrow 和 Rudd(1983)、Merton(1976)。

如果我们模拟股票价格路径(我们将在本章后面使用对数正态模型),我们会期望它们是什么样子的?我们的五个特征意味着:

(1)起起伏伏的价格线。

(2)价格线是连续的(实心的),没有跳跃。

(3)价格线总是正的,无论它们有多低,永远不穿过零。

(4)在给定的时间点上,所有可能的线的平均价格都大于股票的初始价格。越往外,平均值越大。

(5)我们走得越远,所有可能的线的不确定性就越大。

还有另一种考察股票价格的方式。假设我们取 SP500 的每日收益率。(我们的例子中只显示数据的开始和结束——许多行被隐藏。)

	A	B	C	D
1		**SP500每日价格** **1950年1月—2019年10月**		
2	**日期**	**收盘价**	**收益率**	
3	1950/1/3	16.66		
4	1950/1/4	16.85	1.13%	<--=LN(B4/B3)
5	1950/1/5	16.93	0.47%	<--=LN(B5/B4)
6	1950/1/6	16.98	0.29%	<--=LN(B6/B5)
7	1950/1/9	17.08	0.59%	
17569	2019/10/24	3,010.29	0.19%	
17570	2019/10/25	3,022.55	0.41%	
17571	2019/10/28	3,039.42	0.56%	
17572	2019/10/29	3,036.89	-0.08%	
17573	2019/10/30	3,046.77	0.32%	

如果绘制这些收益率在任何给定时期的图表,我们会得到一堆很难解释的乱七八糟的点:

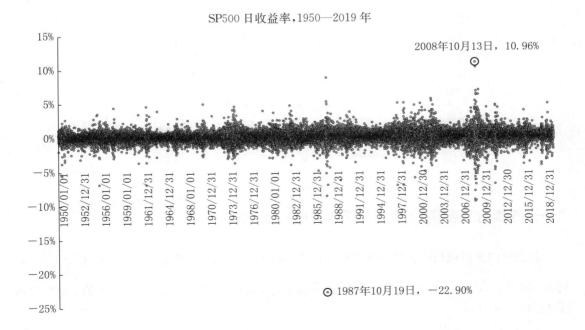

SP500 日收益率,1950—2019 年

我们用圆圈标出了最大的日跌幅和日涨幅：1987 年 10 月 19 日下跌 22.9％，2008 年 10 月 13 日上涨 10.96％。

很难解释图表上的这些模糊的点。Excel 可以帮助我们理解数据：

	F	G	H
3	日收益率数据个数	17,570	<--=COUNT(C:C)
4	期间长度（年）	69.82	<--=YEARFRAC(A3,A17573,1)
5	年内交易日数	252	<--=G3/G4
6			
7	最大值	10.96%	2008/10/13
8	最小值	-22.90%	1987/10/19
9			
10	-1% 和 +1% 之间的收益率数	14,042	<--=COUNTIFS(C:C,"<=1%",C:C,">=-1%")
11	日收益率均值	0.0296%	<--=AVERAGE(C:C)
12	日收益率标准差	0.9648%	<--=STDEV.S(C:C)
13	平均年收益率	7.46%	<--=G5*G11
14	年收益率标准差	15.31%	<--=SQRT(G5)*G12
15			
16	偏度	-1.004489811	<--=SKEW(C:C)
17	偏度标准误 (SE)	0.01847948	<--=SQRT(6/G3)
18	偏度/SE	-54.35703903	<--=G16/G17
19			
20	峰度	26.74500838	<--=KURT(C:C)
21	峰度标准误	0.03695896	<--=SQRT(24/G3)
22	峰度/SE	723.6407219	<--=G20/G21

查看数据的另一种方法是使用 Excel 的 Frequency 函数绘制收益率的频率。详细信息可以在本书的配套网站上找到。频率图尽管可能有一些左偏，但看起来接近正态分布：

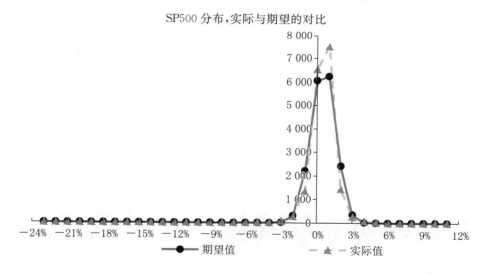

SP500 分布，实际与期望的对比

为一个连续的收益率生成过程计算收益率及其分布

我们可以通过取价格比的自然对数来计算一段时间内的股票收益率，定义为 $\ln\left(\dfrac{价格_t}{价格_{t-1}}\right)$。此外，如果 $\{r_1, r_2, \cdots, r_M\}$ 为一系列定期收益率，我们可以计算收益率的均值、方差和标准差为：

$$\text{定期均值} = \mu_{\text{定期}} = \underbrace{\frac{1}{M} \sum_{t=1}^{M} r_t}_{\substack{\text{使用 Excel} \\ \text{Average 函数}}}$$

$$\text{定期的方差} = \sigma^2_{\text{定期}} = \underbrace{\frac{1}{M} \sum_{t=1}^{M} (r_t - \mu_{\text{定期}})^2}_{\substack{\text{使用 Excel} \\ \text{Stdev. s 函数}}}$$

假设每年有 n 期, 我们可以通过以下方式计算年化收益率:

$$\text{年度均值} = n \cdot \mu_{\text{定期}}$$
$$\text{年度方差} = n \cdot \sigma^2_{\text{定期}}$$
$$\text{年度标准差} = \sigma \sqrt{n}$$

23.3 价格的对数正态分布与几何扩散

现在我们可以更正式地描述价格的对数正态分布了。然后, 我们将对数正态价格过程与几何扩散联系起来。

假设我们用 S_t 表示某股票在 t 时刻的价格。对数正态分布假设在时间 t 和时间 $t + \Delta t$ 之间持有股票 (的收益率) 的自然对数服从均值为 μ、标准差为 σ 的正态分布。用 $\tilde{r}_\Delta$ 表示间隔 Δt 内 (不确定) 的收益率。然后我们可以记 $S_{t+\Delta} \approx S_t \exp(\tilde{r}_\Delta \Delta t)$。在对数正态分布中, 我们假设短期 Δt 内的收益率 $\tilde{r} \Delta t$ 服从均值为 $\mu \Delta t$、方差为 $\sigma^2 \Delta t$ 的正态分布。

更准确的写法是 (应用伊藤引理后) 将 $t + \Delta t$ 时刻的股价 $S_{t+\Delta}$ 记为以下形式:

$$\ln\left(\frac{S_{t+\Delta}}{S_t}\right) = (\mu - 0.5\sigma^2)\Delta t + \sigma \sqrt{\Delta t} Z$$

其中, Z 为标准正态变量 (均值 $=0$, 标准差 $=1$)。[1]要了解这个假设的含义, 首先假设 $\sigma = 0$。在这种情况下, 我们有:

$$S_{t+\Delta} = S_t \exp(\mu \cdot \Delta t)$$

简单来说, 股价肯定会以指数速度增长。在这种情况下, 股票就像一个无风险的债券, 利率为 μ, 且为连续复利。

现在假设 $\sigma > 0$。在这种情况下, 对数正态假设表示, 尽管股票价格有上涨的趋势, 但必须考虑到一个 (正态分布的) 不确定因素。最好的方法是从模拟的角度来考察。假设, 例如, 我

---

① 如果你知道扩散过程, 那么对数正态价格过程是一个几何扩散 $\frac{dS}{S} = \propto dt + \sigma dB$, 其中 dB 是一个维纳过程 ("白噪声"); $dB = Z\sqrt{dt}$, 其中 Z 为标准随机变量。伊藤引理的实施参见附录 23.1。

们试图模拟一个 $\mu=15\%$、$\sigma=30\%$、$\Delta t=0.004$（一个交易日）的对数正态价格过程。[1]假设 0 时刻的价格为 $S_0=35$。为了模拟 Δt 时刻可能的股票价格，我们首先必须（随机地）从标准正态分布中选择一个数字 Z。[2]假设这个数字是 0.116 5，则在 Δt 时刻的股价 S_Δ 为：

$$S_{\Delta t}=S_0 \cdot \exp\left[(\mu-0.5\sigma^2)\Delta t+\sigma Z\sqrt{\Delta t}\right]$$
$$=35 \cdot e^{\left[(0.15-0.5\times 0.3^2)\times 0.004+0.3\times 0.116\,5\times\sqrt{0.004}\right]}=35.092\,2$$

	A	B	C
1			模拟股票价格
2	今日股票价格 (S_0)	35.00	
3	期望年收益率 (μ)	15%	
4	年标准差(σ)	30%	
5	时间间隔 (Δt)	0.004000	<--=1/250
6	正态变量 (Z)	0.1165	"<-- 应该使用 Norm.S.Inv(rand())
7			
8	两日股价 ($S_{t+\Delta t}$)	35.0922	<--=B2*EXP((B3-0.5*B4^2)*B5+B4*SQRT(B5)*B6)

当然，我们可以取一个不同的随机数。下面的电子表格说明了这个过程，我们从标准正态分布（技术术语是"标准正态偏差"）中生成了 1 000 个数的列表。每个都是 Z 的可能性相等的潜在候选者（注意，有许多行是隐藏的）。

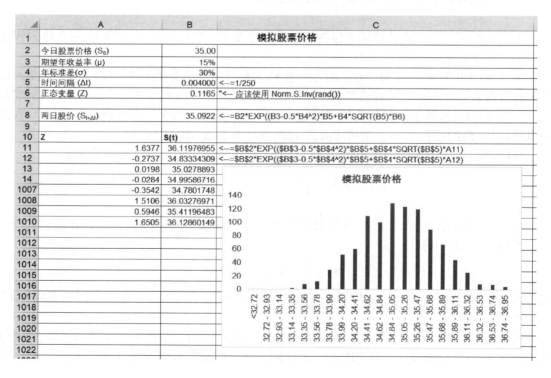

	A	B	C
1			模拟股票价格
2	今日股票价格 (S_0)	35.00	
3	期望年收益率 (μ)	15%	
4	年标准差(σ)	30%	
5	时间间隔 (Δt)	0.004000	<--=1/250
6	正态变量 (Z)	0.1165	"<-- 应该使用 Norm.S.Inv(rand())
7			
8	两日股价 ($S_{t+\Delta t}$)	35.0922	<--=B2*EXP((B3-0.5*B4^2)*B5+B4*SQRT(B5)*B6)
9			
10	Z	S(t)	
11	1.6377	36.11976955	<--=$B$2*EXP(($B$3-0.5*$B$4^2)*$B$5+$B$4*SQRT($B$5)*A11)
12	-0.2737	34.83334309	<--=$B$2*EXP(($B$3-0.5*$B$4^2)*$B$5+$B$4*SQRT($B$5)*A12)
13	0.0198	35.0278893	
14	-0.0284	34.99586716	
1007	-0.3542	34.7801748	
1008	1.5106	36.03276971	
1009	0.5946	35.41196483	
1010	1.6505	36.12860149	
1011			
1012			
1013			
1014			
1015			
1016			
1017			
1018			
1019			
1020			
1021			
1022			

在特定的时间间隔 Δt 中选择 Z，价格 $S_{t+\Delta}$ 如下：

---

[1] 一年的交易天数约为 250 天。因此，当我们定义 $\Delta t=1/250=0.004$，我们实际上是在一年中模拟每日的股票价格。

[2] 参见第 21 章的技术（使用 Excel、VBA 和 R）生成随机数。

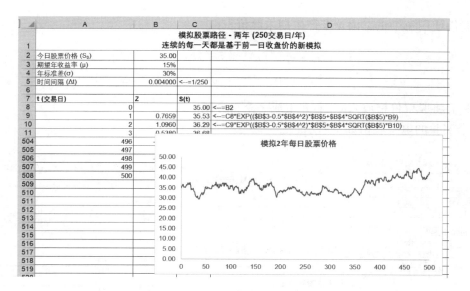

综上所述，为了模拟股价的增长，当股价服从对数正态分布时：

● 用 μ（平均增长率）减去一半的方差后，再乘以 Δt（经过的时间间隔）。这给出了对数正态分布中确定部分的收益率。

● 从一个标准正态分布的随机变量中抽取 Z，然后乘以 $\sigma\sqrt{\Delta t}$。这就带来了收益率的不确定部分。（平方根意味着股票收益率的方差在时间上是线性的。见后文。）

● 将两个结果相加并求幂。日收益率为 $\exp[(\mu-0.5\sigma^2)\Delta t+\sigma Z\sqrt{\Delta t}]$。如果 t 日的价格为 S_t，则 $t+1$ 日的价格为 $S_{t+1}=S_t\cdot\exp[(\mu-0.5\sigma^2)\Delta t+\sigma Z\sqrt{\Delta t}]$。

为什么我们假设股票的平均收益率是 $r-0.5\sigma^2$?

假设股票收益率服从正态分布，均值为 μ，标准差为 σ。如前所述，这意味着期望股票价格为 $S_0\exp[(\mu+0.5\sigma^2)t]$。在风险中性的第一个含义中，我们想要改变收益率分布使得期望价格的平均值为 r。我们将 μ 替换为 $r-0.5\sigma^2$。这保证了股票的期望未来价格以 r 的速度增长，这是风险中性定价的基本条件：

$$S_0\cdot\exp[(\mu+0.5\sigma^2)t]=S_0\cdot\exp[((r-0.5\sigma^2)+0.5\sigma^2)t]=S_0\exp(rt)$$

23.4 对数正态分布是什么样的?

我们知道正态分布会产生一个"钟形曲线"。对数正态分布呢？在接下来的实验中，我们随机模拟 1 000 个年末股票价格。该实验是前一节实验的延续；因为我们模拟的是年末价格，所以我们设定 $\Delta t=1$。为了进行这个实验：

● 我们列出了 1 000 个正态偏差。

- 我们使用每个正态偏差来产生期末股价：

$$S_1 = S_0 \cdot \exp\left[(\mu - 0.5\sigma^2)\Delta t + \sigma Z \sqrt{\Delta t}\,\right]$$
$$= S_0 \cdot \exp\left[(\mu - 0.5\sigma^2) + \sigma Z\right], \text{当 } \Delta t = 1$$

- 我们将股票价格放入间隔，并生成一个直方图。

这个实验的电子表格如下所示：

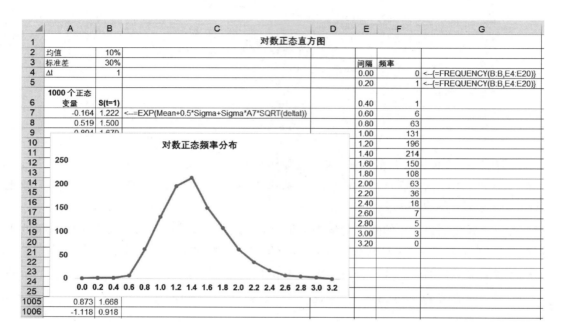

在生成了 1 000 个对数正态价格比 $\exp\left[(\mu - 0.5\sigma^2)\Delta t + \sigma Z \sqrt{\Delta t}\,\right]$ 后，我们可以使用数组函数 Frequency（该函数将在第 31 章中讨论）将它们放入间隔中。

当我们对大量的点进行这种模拟时，得到的密度曲线变得平滑。例如，这里是 100 万次试验的频率分布，$\mu = 12\%$，$\sigma = 30\%$，$\Delta t = 1$：

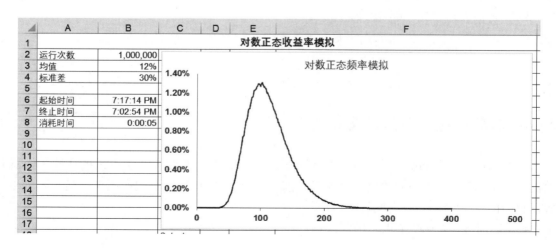

产生这个输出的 VBA 程序如下所示：

```
Sub RandomNumberSimulation()
'Simulating the lognormal distribution
'Note that we take delta = 1!
Application.ScreenUpdating=False
Range("starttime") = Time
N = Range("runs").Value
mean = Range("mean")
sigma = Range("sigma")
ReDim Frequency(0 To 1000) As Integer
For Index = 1 To N

    Return1 = Exp((mean - 0.5 * (sigma) ^ 2) _
    + sigma * WorksheetFunction.Norm_S_Inv(Rnd))
    Frequency(Int(Return1 / 0.01)) = _
    Frequency(Int(Return1 / 0.01)) + 1
Next Index
For Index = 0 To 400
    Range("simuloutput").Cells(Index + 1, 1) = _
    Frequency(Index) / N
Next Index
Range("stoptime") = Time
Range("elapsed") = Range("stoptime") - _
Range("starttime")
Range("elapsed").NumberFormat = "hh:mm:ss"
End Sub
```

产生随机分布的标准正态偏差的程序包含在单词"start"之后的八行中；这个程序在第 24 章将有进一步的解释。

R 中模拟对数正态分布如下：

```
 8   # Inputs:
 9   mean <- 0.1
10   sigma <- 0.3
11   delta_t <- 1
12   Z <- rnorm(1000000, 0,1) # 1M normally distributed variables
13
14   # Calculate returns based on 1M Z's
15   log_norm_var <- exp( (mean - 0.5 * sigma ^ 2) * delta_t +
16                        sigma * sqrt(delta_t) * Z)
17
18   # Lognormal Frequenc Distribution
19   hist(log_norm_var, breaks = 100)
```

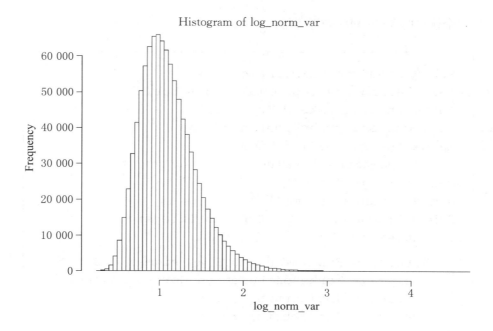

23.5　模拟对数正态价格路径

　　现在我们回到在第 23.3 节开始讨论的模拟对数正态价格路径的问题。我们将尝试通过用 VBA 编写的模拟程序来理解以下句子的含义："今天的股票价格是 25 美元。股票价格呈对数正态分布,年对数平均收益率为 10％,年对数标准差为 20％。"我们想知道股票的价格在未来一年中每天的表现。股票有无限多的潜在价格路径。我们要做的是(随机)模拟其中一条路径。如果我们想要另一条价格路径,我们只需重新运行模拟程序。

　　一年大约有 250 个交易日。因此,可以通过设置 $\Delta t = 1/250 = 0.004$、$\mu = 10\%$ 和 $\sigma = 20\%$ 来模拟股票在 t 日和 $t+1$ 日之间的每日价格波动。如果股票的初始价格为 $S_0 = 25$ 美元,那么一天后的价格将为:

$$S_{\Delta t} = S_0 \cdot \exp\left[(\mu - 0.5\sigma^2)\Delta t + \sigma Z\sqrt{\Delta t}\right]$$
$$= 25 \cdot \exp\left[(0.15 - 0.5 \times 0.20^2) \times 0.004 + 0.20 \times Z\sqrt{0.004}\right]$$

两天后的价格是:

$$S_{0.008} = S_{0.004} \cdot \exp\left[(0.15 - 0.5 \times 0.20^2) \times 0.004 + 0.20 \times Z\sqrt{0.004}\right]$$

依次类推。在每一步中,随机正态偏差 Z 是价格收益率中的不确定因素。由于这种不确定性,产生的所有路径都将是不同的。

　　下面是一个 VBA 程序 PricePathSimulation,它再现了一条典型的价格路径:

```
Sub PricePathSimulation()
Range("starttime") = Time
N = Range("runs").Value
mean = Range("mean")
sigma = Range("sigma")
delta_t = 1 / (2 * N)
ReDim price(0 To 2 * N) As Double
price(0) = Range("initial_price")
For Index = 1 To N
start:
    Static rand1, rand2, S1, S2, X1, X2
    rand1 = 2 * Rnd - 1
    rand2 = 2 * Rnd - 1
    S1 = rand1 ^ 2 + rand2 ^ 2
    If S1 > 1 Then GoTo start
    S2 = Sqr(-2 * Log(S1) / S1)
    X1 = rand1 * S2
    X2 = rand2 * S2
price(2 * Index - 1) = price(2 * Index - 2)
* Exp(mean * delta_t + _
      sigma * Sqr(delta_t) * X1)
    price(2 * Index) = price(2 * Index - 1)
    * Exp(mean * delta_t + _
      sigma * Sqr(delta_t) * X2)
Next Index
For Index = 0 To 2 * N
    Range("output").Cells(Index + 1, 1) = Index
    Range("output").Cells(Index + 1, 2) =
    price(Index)
Next Index
Range("stoptime") = Time
Range("elapsed") = Range("stoptime")-
Range("starttime")
Range("elapsed").NumberFormat = "hh:mm:ss"
End Sub
```

这个程序的输出看起来像以下电子表格中的图表：

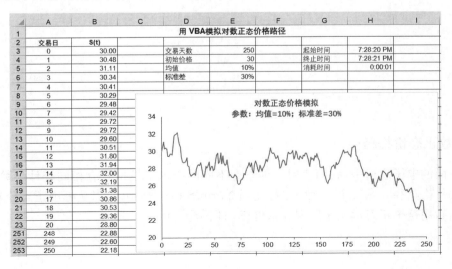

当在 R 中实现这个问题时，它会像这样：

```
22  ## Single Trial
23  # Input:
24  mean <- 0.1
25  sigma <- 0.3
26  delta_t <- 1/250
27  s_zero <- 35
28
29  # 250 normally distributed varibles
30  Z <- rnorm(250, 0, 1)
31
32  # Convert to 250 LOG-normally distributed varibles
33  log_norm_var <- exp( (mean - 0.5 * sigma ^ 2) * delta_t +
34                       sigma * sqrt(delta_t) * Z)
35
36  # Compute compounded returns
37  comp_ret <- cumprod(log_norm_var)
38
39  # Initial price * compounded returns
40  sim_price <- s_zero * comp_ret
41
42  # Plot
43  plot(1:250, sim_price, type = "l", xlab = "t", ylab = "Price(t)",
44       main = "Simulating Lognormal Price Path")
```

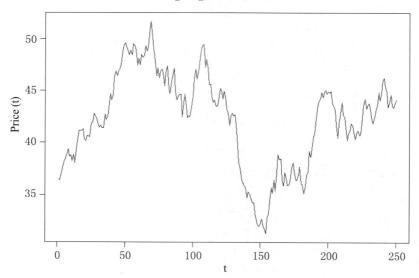

Simulating Lognormal Price Path

10 条对数正态价格路径

在下面的电子表格中，我们使用一种略有不同的技术来模拟具有相同统计参数的 10 条对数正态价格路径。在每个单元格中都使用 Norm.S.Inv(Rand()) 以从标准正态分布中取一个数。然后用这个正态偏差来模拟股票价格，如下图所示：

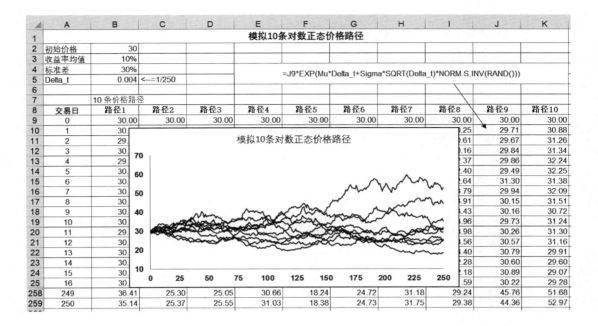

正如你所看到的，资产的平均价格随着时间的推移而增加，收益率的方差也是如此。这符合第 23.2 节中股票价格的特征（4）和特征（5）。我们预计资产的收益率和与这种收益率相关的不确定性都会随着时间的推移而增加。

在 R 中实现这个问题应该是这样的：

```
46   ## n-Trials Approach (10 trials example)
47   n <- 10
48
49   # n x 250 normally distributed varibles
50   Z <- matrix(rnorm(250 * n, 0, 1),
51               nrow = n)
52
53   # Convert to n x 250 LOG-normally distributed varibles
54   log_norm_var <- exp( (mean - 0.5 * sigma ^ 2) *
55                        delta_t + sigma * sqrt(delta_t) * Z)
56
57   # Compute compounded returns
58   comp_ret <- apply(log_norm_var, 1, cumprod)
59
60   # Initial price * the compounded return
61   sim_price <- s_zero * comp_ret
62
63   # Plot
64   plot(1:250, sim_price[,1],col=1, type = "l", ylim = c(0,70),
65        xlab = "t", ylab = "Price(t)", main = "Simulating Lognormal Price Path")
66   for(i in 1:n){lines(1:250, sim_price[,i], col=i)}
```

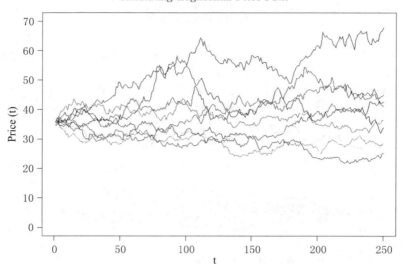

Simulating Lognormal Price Path

23.6 技术分析

证券分析师分为"基本面派"和"技术派"。这种划分与他们对宇宙创造者的看法无关,而是与他们看待股票价格的方式有关。基本面分析师认为,股票的价值最终是由基础经济变量决定的。因此,当基本面分析师分析一家公司时,他们会看它的收益、债务权益比、市场情况等。

相反,技术分析师认为股票价格是由模式决定的。他们相信,通过研究股票过去价格的

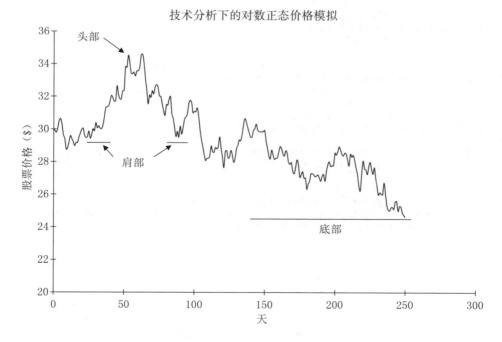

技术分析下的对数正态价格模拟

模式,他们可以预测(或至少合理地陈述)股票的未来价格。技术分析师可能会告诉你“我们目前处于头肩形态”,意思是股票价格如下图所示。技术分析师使用的其他术语包括“底部”(图中有一个)、“反弹水平”和“旗形”。

学术观点(有些人会说它很象牙塔)认为技术分析毫无价值。金融学的一个基本理论认为,市场有效地吸收了在其上交易的证券的已知信息。这个理论有几个版本。其中之一的弱有效市场假说认为,至少所有关于过去价格的信息都被纳入了当前价格。该假说意味着技术分析不能对未来价格做出预测,因为技术分析仅仅基于过去的价格信息。①

然而,很多人信奉技术分析(这本身可能给技术分析带来一些有效性)。我们在本章中运行的模拟程序将允许我们生成无数的模式,当对其进行分析时,这些模式将产生对未来价格的“良好”预测。例如,在前面的图中,24 美元似乎是股价的底,因为它永远不会更低。一个有洞察力的分析师可以在第 40 天到第 100 天之间发现一个清晰的头肩模式,其似乎有 35 美元的上限。因此,技术分析师可能会预测,除非股价上涨到 37 美元以上,否则股价将保持在 37 美元以下。(如果你想成为一名技术分析师,你必须学会板着脸说这些话。)

23.7 根据股票价格计算对数正态分布的参数

本节的主要目的是向你展示如何使用股票价格数据来计算对数正态模拟所需的年平均收益率 μ 和年收益率的标准差 σ(在第 18 章中,需要将 σ 作为 Black-Scholes 公式的输入)。在此之前,请注意股票对数收益率在 Δt 间隔内的均值和方差如下:

$$E\left[\ln\left(\frac{S_{t+\Delta t}}{S_t}\right)\right]=E[(\mu-0.5\sigma^2)\Delta t+\sigma Z\sqrt{\Delta t}]=\mu\Delta t$$

$$\text{var}\left[\ln\left(\frac{S_{t+\Delta t}}{S_t}\right)\right]=\text{var}[(\mu-0.5\sigma^2)\Delta t+\sigma Z\sqrt{\Delta t}]=\sigma^2\Delta t$$

这意味着期望的对数收益率和对数收益率的方差在时间上都是线性的。

现在假设我们想从历史价格数据估计对数正态分布的 μ 和 σ。由此:

$$\mu=\frac{\text{mean}\left[\ln\left(\frac{S_{t+\Delta t}}{S_t}\right)\right]}{\Delta t},\ \sigma^2=\frac{\text{var}\left[\ln\left(\frac{S_{t+\Delta t}}{S_t}\right)\right]}{\Delta t}$$

为了使事情更具体,下面的电子表格给出了特定股票的每月价格。从这些价格中,我们计算了对数收益率、年化平均值和标准差。注意,我们使用了 Stdev.S 函数来计算 σ。这是假设数据是实际分布的一个良好样本。

请注意,年平均对数收益率是月均值的 12 倍,而年标准差是月标准差的$\sqrt{12}$倍。一般情

① 关于这一点的讨论,见 Brealey、Myers 和 Allen(2013)的第 13 章;更高级的处理方法,见 Copeland、Weston 和 Shastri(2003)第 10—11 章。

况下，如果每年生成 n 个时期的收益率数据，则我们可得到：

	A	B	C	D
1	根据苹果公司的月度价格数据估计年度平均收益率和波动率 2014年11月—2019年11月			
2	月均值		1.31%	<—=AVERAGE(C:C)	
3	月标准差		8.51%	<—=STDEV.S(C:C)	
4					
5	年平均值, μ		15.78%	<—=12*B2	
6	年标准差, σ		29.49%	<—=SQRT(12)*B3	
7					
8	日期	调整后收盘价		月收益率	
9	2019/11/1	261.78		-0.38%	<—=LN(B9/B10)
10	2019/10/1	262.78		-0.38%	<—=LN(B10/B11)
11	2019/9/1	263.78		-0.38%	
12	2019/8/1	264.78		-0.38%	
66	2015/2/1	128.46		9.21%	
67	2015/1/1	117.16		5.96%	
68	2014/12/1	110.38		-7.46%	<—=LN(B68/B69)
69	2014/11/1	118.93			

$$\text{mean}_{\text{年收益率}} = n \cdot \text{mean}_{\text{定期收益率}}, \quad \sigma_{\text{年收益率}} = \sqrt{n} \cdot \sigma_{\text{定期收益率}}$$

当然，这并不是计算对数正态分布参数的唯一方法。我们至少应该提到另外两种方法：

• 我们可以使用一些其他程序，从过去的历史收益率中推断出未来收益率的均值和标准差。一个例子是使用移动平均线。

• 我们可以使用前瞻性数据，如使用 Black-Scholes 公式来找到隐含波动率（与股票的期权价格相适应的股票对数收益率的 σ），使用 Black-Litterman 模型来找到期望收益率。这在第 18 章（第 18.4 节"隐含波动率"）和第 15 章中已进行说明。

23.8　总结

对数正态分布是第 18 章讨论的期权定价 Black-Scholes 公式的基础之一。在本章中，我们探讨了对数正态性对股票价格的意义。我们已经展示了对数正态性（即资产的收益率是正态分布的假设）如何在 SP500 投资组合中被直观地证明是合理的。我们还展示了如何模拟对数正态分布的价格路径。最后，我们展示了如何根据资产的历史收益率计算对数正态分布的平均值和标准差。

练习

1. 假设一只股票的交易价格是 12 美元。该股票的期望年收益率为 12%，标准差为每年 35%。

a. 使用 Norm.S.Inv(Rand()) 来生成月度股票价格的模拟，如下图所示。[1]

b. 重复 a 部分练习，并在 R 中实现相同练习，记住 R 中等同于 Excel 的 Norm.S.Inv(Rand()) 函数为 rnorm()。

---

[1]　在 Excel 中使用 Norm.S.Inv 函数和 Rand() 函数，在 R 中使用 rnorm() 函数，在第 21.4 节中已经讨论过。

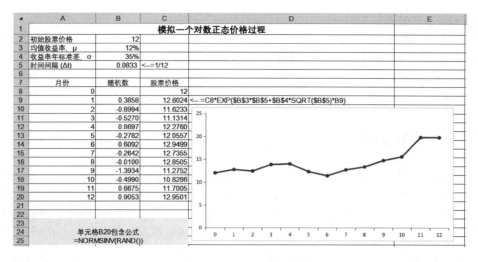

2. 扩展之前的操作，生成 250 天（约一年的交易日）的每日股价模拟。

3. 重新创建下面的电子表格。刷新电子表格（每次按 F9 键都会重新计算数字），证明 σ 越高，股票的价格路径就越不稳定。

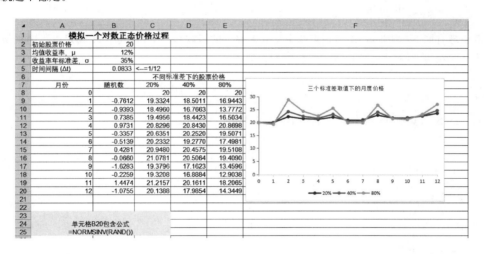

4. 重复练习 3，但在 R 中，不是 Excel。

5. 编写一个程序（用 VBA 或 R），为任意次数的运行再现对数正态频率分布。也就是说，这个程序应该：

● 产生 N 个正态随机偏差。

● 对于每个偏差产生一个对数正态价格比 $\exp\left[(\mu - 0.5\sigma^2)\Delta t + \sigma\sqrt{\Delta t}\,z\right]$。

● 将每个价格比分类到 $0, 0.1, \cdots, 3$ 的一系列间隔。

● 将频率放在电子表格中，并生成一个频率图，如第 23.4 节中的频率图。

6. 运行一些对数正态价格路径模拟。检查价格模式以了解趋势。找到以下一个或多个技术模式：支撑区；阻力区；上行/下行；头部和肩部；反转头肩；双顶/双底；圆顶/圆底；三角（上升、对称、下降）；旗形。

7. 本章的练习文件包含 SP500 和雅培 2020 年 4 月至 6 月三个月的每日价格数据。使用该数据计算 SP500 和雅培的对数收益率的年平均值、方差和标准差。SP500 和雅培的收益率之间的相关系数是多少？

8. 本章的练习文件给出了先锋指数 500 基金 1987 年至 2020 年的每日收益率。这是一家跟踪 SP500 的基金，其收益率包括股息。

● 计算整体每日收益率的统计数据：平均值和标准差。

- 将这些统计数据年化，假设每年有 250 天。
- 按年份计算日收益率和年化收益率。

提示：看看在第 30 章中讨论的函数 DAverage 和 DStdev。

附录 23.1　伊藤引理

伊藤引理是一个用于寻找随机过程的时间依赖函数的微分的恒等式。直观地说，它可以从函数的泰勒级数展开到其二阶导数，在时间增量中保留一阶项，在维纳过程增量中保留二阶项。伊藤引理，以伊藤清（Kiyosi Itô）命名，偶尔被称为伊藤-德布林（Itô-Doeblin）定理，以纪念沃尔夫冈·德布林（Wolfgang Doeblin）在其去世后才被发现的工作。[1]关于引理的正式讨论超出了本书的范围。[2]

我们首先将对数正态分布的价格过程设为几何扩散，$\frac{dS}{S} = \mu dt + \sigma dB$，其中 dB 是一个维纳过程（"白噪声"）；$dB = Z\sqrt{dt}$，其中 Z 为标准随机变量。注意：

$$\frac{dS}{S} = d(\ln(S_t)) = \ln(S_t) - \ln(S_{t-1}) = \ln\left(\frac{S_t}{S_{t-1}}\right) \Rightarrow \ln\left(\frac{S_t}{S_{t-1}}\right) = \mu dt + \sigma dB$$

伊藤引理有如下一般形式：对于任意两个变量 X 和 t 的函数 $G(X, t)$，其中 X 满足以下随机微分方程 $dX = a \cdot dt + b \cdot dB_t$，对于任意常数 a 和 b，我们得到：

$$dG = \left(a\frac{\partial G}{\partial X} + \frac{\partial G}{\partial t} + 0.5 \cdot b^2 \cdot \frac{\partial^2 G}{\partial X^2}\right)dt + \frac{\partial G}{\partial X}dB$$

如果令 $G = \ln(S_t)$，其中 $dS_t = \mu S_t dt + \sigma S_t dB$，我们得到：

$$\frac{\partial G}{\partial S} = \frac{1}{S_t}$$

$$\frac{\partial^2 G}{\partial S^2} = -\frac{1}{S_t^2}$$

$$\frac{\partial G}{\partial t} = 0$$

将其代入伊藤公式，我们得到：

$$d(\ln(S_t)) = \left(\mu \cdot S_t \frac{1}{S_t} + 0 + 0.5 \cdot \sigma^2 \cdot S_t^2\left(\frac{-1}{S_t^2}\right)\right)dt + \sigma \cdot S_t \cdot \frac{1}{S_t}dB_t$$

因此：

$$\ln\left(\frac{S_t}{S_{t-1}}\right) = (\mu - 0.5 \cdot \sigma^2)dt + \sigma \cdot dB_t$$

我们最终得到：

$$S_t = S_{t-1} \cdot e^{(\mu - 0.5 \cdot \sigma^2)dt + \sigma \cdot \sqrt{t} \cdot Z}，其中 Z \sim N(0, 1)$$

---

[1]　Itô(1944，1951).

[2]　有一个很好的参考，参见 Protter(2005)。

24

用蒙特卡罗模拟投资

24.1 概述

在本章中，我们模拟一只或多只股票组合的投资表现。首先，我们模拟单只股票（略微重复了第 23 章的材料）。然后，我们将处理相关性，先讨论两只股票收益率相关的情况，接着使用 Cholesky 分解（第 21 章）推广到多只股票的投资组合。其后，我们讨论养老金问题的模拟，其中证券投资被用来为未来的支取提供资金。最后，我们讨论对 β 的模拟，证明低 β 的股票有更高的 α。

在本章中，我们使用在空白单元格上运行模拟运算表的技术来进行敏感性分析。我们将在第 28 章中描述这种允许运行多个随机模拟的技术。

关于自动重算的提醒

本章的电子表格计算量很大。我们建议关闭自动重算模拟运算表（文件｜选项｜公式｜计算选项｜除模拟运算表外，自动重算）。

24.2 模拟单只股票的价格与收益率

在本节中，我们模拟组合投资。我们从在第 23 章中已经做过的一个练习开始，即模拟随着时间推移而变化的股票收益率。假设我们从一只股票开始，考察这只股票未来可能的价格路径。在下面的电子表格中，我们模拟了这样一个价格路径：在每个 t 点，我们为股票生成一个随机的收益率：

$$1 + \tilde{r}_t = e^{(\mu - 0.5\sigma^2)\Delta t + \sigma\sqrt{\Delta t}Z}$$

其中，Z 为 Norm.S.Inv(Rand( )) 生成的标准正态偏差。[①] t 时刻的股票价格为：

$$S_{t+\Delta t} = S_t \cdot \exp\left[(\mu - 0.5\sigma^2)\Delta t + \sigma\sqrt{\Delta t}Z\right]$$

以下是月度股价的模拟示例：

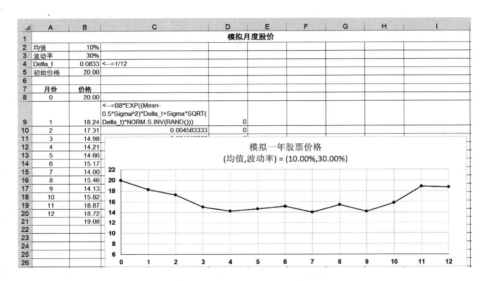

关注收益率而不是价格

如果对股票收益率进行这种模拟，我们会得到以下结果：

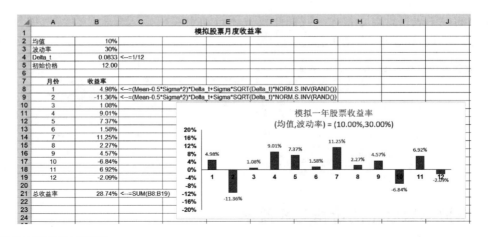

① 如果你正在使用 Excel 2007 或更早的版本，请将此函数替换为 NormSInv(Rand())。

在 R 中实现这种方法是这样的：

```
8   # Inputs:
9   mean <- 0.1
10  sigma <- 0.3
11  delta_t <- 1/12
12  s_zero <- 20
13
14  Z <- rnorm(12, 0, 1) # Generate 12 normally distributed varibles
15
16  # convert to 12 log-normally distributed varibles
17  log_norm_var <- exp( (mean - 0.5 * sigma ^ 2) * delta_t +
18                       sigma * sqrt(delta_t) * Z)
19
20  # Compute compounded returns
21  comp_ret <- cumprod(log_norm_var) #comprod is like sumproduct() in excel
22
23  # End price = initial price * compounded returns
24  sim_price <- s_zero * comp_ret
25
26  # Plotting Stock Price
27  plot(1:12, sim_price, type = "l", xlab = "t", ylab = "Price(t)",
28       main = "Simulating Lognormal Price Path")
29
30  # plot returns
31  monthly_returns <- as.table(log(log_norm_var))
32  row.names(monthly_returns) <- as.numeric(1:12)
33
34  bp <- barplot(monthly_returns, ylab="Monthly return", xlab="Month", ylim=c(-0.2,0.2),
35                main = "Simulating One Year of Stock Returns")
36  bp_lables <- paste(round(log(log_norm_var),3) * 100, "%", sep = "")
37  text(x = bp, y = log(log_norm_var),labels = bp_lables, pos = 3)
```

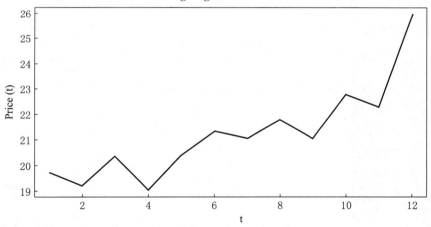

Simulating Lognormal Price Path

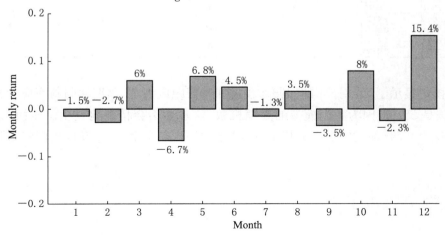

Simulating One Year of Stock Returns

24.3 两只股票的投资组合

我们将前一节的练习扩展到两只具有相关系数 ρ 的股票。为了简化问题，我们只考察收益率，不考察价格。

理论

我们回顾第 21 章，如果两个标准正态偏差 Z_1 和 Z_2 满足：

$$Z_2 = \rho Z_1 + Z_3 \sqrt{1 - \rho^2}$$

其中 Z_1 和 Z_3 为不相关的两个标准正态偏差［由 Excel 函数 Norm.S.Inv(Rand( ))生成］，则 Z_1 和 Z_2 的相关系数为 ρ。我们的模拟如下：

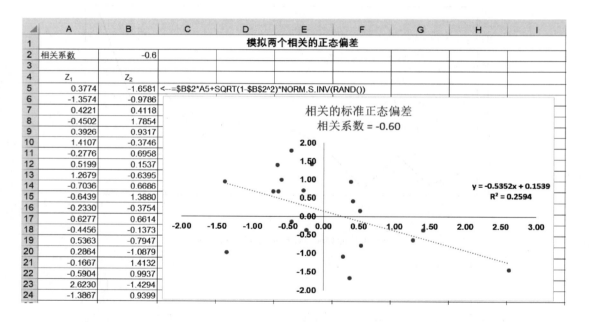

这个模拟显示了 Z_2 对 Z_1 的回归。预期回归截距应为零，预期回归斜率应为相关系数 ρ，R^2 应该是 ρ^2。但因为我们模拟的是随机数，这永远不会精确地发生。然而，如果我们多次运行这个实验（使用空白单元格上的模拟运算表，参见第 28.7 节），我们将得到近似的结果：

	J	K	L	M	N	O
2			模拟运算表统计量			
3		相关系数	截距	斜率	R方	
4	平均值	-0.589	-0.008	-0.593	0.367	<-=AVERAGE(N12:N211)
5	预期值	-0.600	0.000	-0.600	0.360	<-=B2^2
6	最大值	-0.179	0.582	-0.213	0.766	<-=MAX(N12:N211)
7	最小值	-0.875	-0.580	-1.140	0.032	<-=MIN(N12:N211)
8						
9		模拟运算表: 200次模拟				
10	模拟	相关系数	截距	斜率	R方	
11		-0.3297	-0.0755	-0.4940	0.1087	<-=RSQ(B5:B24,A5:A24)
12	1	-0.3511	0.1391	-0.3146	0.1233	=SLOPE(B5:B24,A5:A24)
13	2	-0.7253	0.3636	-0.7066	0.5260	=INTERCEPT(B5:B24,A5:A24)
14	3	-0.4838	0.2192	-0.5077	0.2340	=CORREL(A5:A24,B5:B24)
15	4	-0.3592	0.1575	-0.6267	0.1290	
16	5	-0.7306	-0.0683	-0.7295	0.5338	
207	196	-0.4675	0.0673	-0.4279	0.2186	
208	197	-0.5185	0.1471	-0.7905	0.2688	
209	198	-0.4457	-0.1883	-0.4132	0.1987	
210	199	-0.7195	0.0961	-0.8532	0.5177	
211	200	-0.6741	0.2882	-0.7044	0.4544	

在 R 中执行相同的操作应该是这样的：

```
40  # Two Correlated Standard Normal Variables
41  n <- 50
42  Z1 <- rnorm(n = n, mean = 0, sd = 1)
43  Z2 <- rnorm(n = n, mean = 0, sd = 1)
44
45  # Input desired correlation:
46  Rho <- -0.6
47
48  # Two correlated numbers
49  Z3 <- Z1 * Rho + Z2 * sqrt(1 - Rho^2)
50
51  # Plot Envelope
52  plot(Z1, Z3, main="Correlated Standard Normal Deviates",
53       type="p", xlim=c(min(Z1),max(Z1)))
54  regression <- lm(Z1 ~ Z3)
55  abline(regression, col="blue", lwd=1)
56  coeff <- round(coef(regression), 4)
57  rsquared <- summary(regression)$r.squared
58  legend('topright', legend = sprintf("Z3 = %3.2f x Z1 %+ 3.2f, R\UB2 = %3.2f",
59                      coeff[2], coeff[1], rsquared))
```

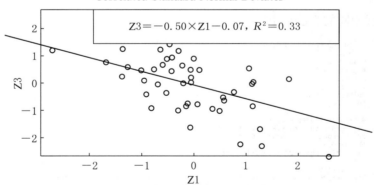

Correlated Standard Normal Deviates

$$Z3 = -0.50 \times Z1 - 0.07, R^2 = 0.33$$

模拟具有相关性的股票的收益率

我们接下来模拟两个相关的正态偏差 Z_1 和 Z_2。然后，我们利用这些偏差计算这两只股票在第 1，2，…，12 个月的收益率。

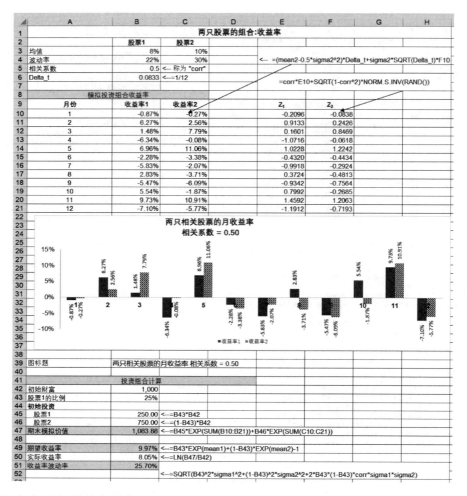

在 R 中实现相同的方法如下：

```
61  ## two correlated stocks
62  # Input
63  mean <- 0.1
64  sigma <- 0.3
65  n <- 12
66  t <- 1
67  delta_t <- t/n
68  S0 <- 20
69
70  # Two correlated numbers
71  Z1 <- rnorm(n = n, mean = 0, sd = 1)
72  Z2 <- rnorm(n = n, mean = 0, sd = 1)
73  Rho <- 0.5
74  Z3 <- Z1 * Rho + Z2 * sqrt(1 - Rho^2)
75
76  # Calculate St based on Z1 and Z3
77  log_norm_ret <- sapply(list(Z1, Z3) , function(Z) exp( ( mean - 0.5 * sigma ^ 2) *
78                      delta_t + sigma * sqrt(delta_t) * Z))
79
80  # Compute compounded returns
81  comp_ret <- apply(log_norm_ret, 2, cumprod)
82
83  # initial price * compounded returns
84  sim_price <- S0 * comp_ret
85
86  # Returns table
87  log_norm_ret_lables <- rep(c(1,2),12)
88
89  # Plot
90  monthly_returns <- as.table(log(log_norm_ret))
91  row.names(monthly_returns) <- as.numeric(1:12)
92
93  bp <- barplot(t(monthly_returns),beside = TRUE,
94          main = 'Monthly Returns of Two Correlated Stocks',
95          legend = colnames(monthly_returns))
```

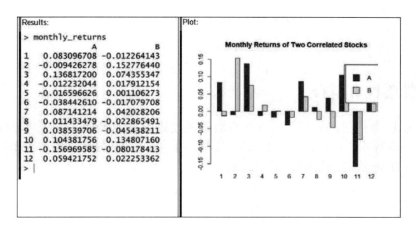

24.4 添加无风险资产

我们在前一节的练习中添加了无风险资产,模拟投资于由两种风险股票和无风险资产组成的投资组合的表现。下面的单元格 B13 和 B14 给出了风险投资组合的期望年收益率和年波动率。单元格 B19 和 B20 给出了 40% 投资于风险股票和 60% 投资于无风险资产的投资组合的期望收益率和波动率:

	A	B	C	D	E	F	G
1			由两只股票和无风险资产构成的投资组合				
2		股票1	股票2				
3	均值	8%	10%	<--单元格名称: mean1, mean2			
4	波动率	15%	20%	<--单元格名称: sigma1, sigma2			
5	相关系数	0.2	<--单元格名称: corr				
6	Delta_t	0.0833	<--=1/12, 单元格名称: delta_t				
7							
8	无风险收益率, r_f	2%	<--单元格名称: rf				
9							
10	风险投资组合						
11	股票1	30%	<--单元格名称: prop1				
12	股票2	70%	<--=1-prop1				
13	期望年收益率	9.86%	<--=prop1*EXP(mean1)+(1-prop1)*EXP(mean2)-1				
14	年收益率波动率	15.54%	<--=SQRT(prop1^2*sigma1^2+(1-prop1)^2*sigma2^2+2*prop1*(1-prop1)*corr*sigma1*sigma2)				
15							
16	投资						
17	风险投资组合	40%	<--单元格名称: prop				
18	无风险资产	60%	<--=1-prop				
19	期望收益率	5.36%	<--=prop*EXP(B13)+(1-prop)*EXP(rf)-1				
20	收益率的波动率	6.22%	<--=prop*B14				
21							
22	年收益率						
23	模拟值	6.27%	<--=SUM(D36:D47)				
24	期望值	5.36%	<--=B19				
25							
26	年化收益率的波动率						
27	模拟	5.79%	<--=SQRT(12)*STDEV.S(D36:D47)				
28	期望	6.22%	<--=B20				
29							
30		=prop*(prop1*(EXP((mean1-0.5*sigma1^2)*delta_t+sigma1*SQRT(delta_t)*B36))+(1-prop1)*EXP(((mean2-					
31		0.5*sigma2^2)*delta_t+sigma2*SQRT(delta_t)*C36))+(1-prop)*EXP(rf*delta_t)-1					
32							
33			=NORM.S.INV(RAND())				
34							
35	月份	Z_1	Z_2	组合收益率			
36	1	-0.424647744	-0.093844722	0.02%			
37	2	-0.193064664	0.61391969	1.27%			
38	3	-0.253714665	-0.48009149	-0.55%			
39	4	-0.116549747	0.553197264	1.21%			
40	5	1.34166524	1.755776742	4.09%			
41	6	-0.054266132	-1.268088286	-1.66%			
42	7	0.796321499	0.747927624	2.02%			
43	8	1.556698687	0.515380812	2.05%			
44	9	-0.556398346	-0.868041141	-1.31%			
45	10	-0.137476445	0.097934054	0.44%			
46	11	-1.286778236	-0.069450294	-0.41%			
47	12	-0.287723247	-0.679256491	-0.88%			
48							
49		=corr*B36+SQRT(1-corr^2)*NORM.S.INV(RAND())					
50							

24.5 多股票投资组合

到目前为止，我们已经模拟了包含两只股票的投资组合的表现。当转向多股票时，我们需要利用 Cholesky 分解（参见第 21.9 节）。提醒一下 Cholesky 分解是如何工作的，我们希望创建一组具有方差-协方差结构 S 的正态偏差：

$$S = \begin{bmatrix} \sigma_{11} & \sigma_{12} & \cdots & \sigma_{1N} \\ \sigma_{21} & \sigma_{22} & \cdots & \sigma_{2N} \\ \vdots & \vdots & \ddots & \vdots \\ \sigma_{N1} & \sigma_{N2} & \cdots & \sigma_{NN} \end{bmatrix}$$

如第 21 章所述，这样做的步骤如下：

（1）创建 S 的下三角 Cholesky 分解，我们用 L 表示这个矩阵，并使用 VBA 函数 Cholesky（在第 21 章中解释）来计算这个矩阵。

（2）创建一个包含 N 个标准正态偏差的列向量。我们使用 Excel 函数 Norm.S.Inv(Rand( ))。

（3）用 L 乘以标准正态偏差的列向量。

（4）结果得到一组相关的标准正态变量。

例子：给定相关性结构的标准正态偏差

如下是一个例子。我们定义了一个以期望方差-协方差矩阵为参数的 VBA 函数 Corr-

	A	B	C	D	E	F	G	H	I	J	K	L
1					使用 CHOLESKY 分解得到具有所需均值的正态分布偏差							
2		资产1	资产2	资产3	资产4		月份			3 年模拟月收益率		
3	月均值	4.00%	3.00%	2.00%	1.00%		1	24.10%	39.97%	-4.34%	8.36%	<--{=EXP(($B$3:$E$3-
4	月方差	0.400	0.200	0.300	0.100		2	36.07%	-37.20%	19.57%	3.76%	0.5*$B$4:$E$4)+CorrNorma
5							3	-21.17%	-40.76%	5.11%	55.68%	IN($B$8:$E$11))-1}
6	方差-协方差矩阵						4	35.57%	18.08%	-20.23%	-25.64%	
7		资产1	资产2	资产3	资产4		5	110.50%	-31.39%	70.04%	45.86%	
8	资产1	0.400	0.030	0.020	0.000		6	-31.63%	-14.71%	244.36%	7.57%	
9	资产2	0.030	0.200	0.000	-0.060		7	50.79%	64.02%	-37.53%	11.07%	
10	资产3	0.020	0.000	0.300	0.030		8	17.31%	-12.48%	-54.84%	28.28%	
11	资产4	0.000	-0.060	0.030	0.100		9	143.45%	5.76%	-60.05%	-43.33%	
12							10	-53.76%	-36.97%	-62.36%	55.66%	
13	统计数据						11	-49.35%	-11.47%	51.00%	7.03%	
14	计数		36	<--=COUNT(H:H)			12	62.07%	-43.32%	-24.76%	58.93%	
15		资产1	资产2	资产3	资产4		13	119.81%	-37.43%	-52.58%	37.50%	
16	数据平均值	25.3%	0.0%	30.9%	7.20%	<--=AVERAGE(K:K)	14	35.63%	-12.73%	30.10%	-6.03%	
17	Delta 平均值	21.29%	-2.96%	28.93%	6.20%	<--=E16-E3	15	116.56%	-19.90%	-46.81%	-32.94%	
18	数据方差	0.5221	0.2257	2.3861	0.0751	<--=VAR.S(K:K)	16	71.47%	61.18%	-22.55%	-6.42%	
19	Delta 方差	0.1221	0.0257	2.0861	-0.0249	<--=E18-E11	17	-22.43%	-20.00%	99.60%	18.80%	
20							18	-6.67%	11.21%	-41.74%	-19.40%	
21	样本方差-协方差减去方差-协方差矩阵						19	70.55%	-26.94%	-27.32%	24.62%	
22		资产1	资产2	资产3	资产4		20	81.94%	138.10%	-30.93%	6.80%	
23	资产1	-0.1221	0.0162	-0.1770	0.0140		21	-39.03%	-61.23%	-36.86%	33.51%	
24	资产2	0.0162	-0.0257	-0.1792	-0.0086		22	-46.43%	20.22%	-58.37%	6.77%	
25	资产3	-0.1770	-0.1792	-2.0861	0.0434		23	-44.13%	-28.19%	-36.06%	-11.32%	
26	资产4	0.0140	-0.0086	0.0434	0.0249		24	50.86%	1.39%	-2.04%	-11.99%	
27							25	-52.72%	42.77%	-49.72%	-14.34%	
28			{=B8:E11-varcovar(H:K)}				26	-53.55%	-3.31%	-23.35%	-33.59%	
29							27	-59.27%	47.28%	-69.10%	-10.83%	
30							28	72.72%	-36.29%	53.75%	24.47%	
31							29	8.38%	-20.30%	139.07%	4.52%	
32							30	79.27%	106.10%	836.66%	-2.89%	
33							31	-62.69%	-60.33%	32.78%	2.52%	
34							32	-66.73%	98.06%	11.84%	-15.87%	
35							33	-25.51%	-10.93%	-2.64%	36.28%	
36							34	84.41%	-46.60%	74.53%	54.10%	
37							35	20.69%	-39.61%	57.41%	-15.35%	
38							36	253.29%	-0.49%	152.05%	-22.98%	

Normal。下面，我们使用这个函数来模拟三年的月收益率，其中均值在单元 B3：E3 中指定，方差-协方差在均值下面的单元格中指定。

如果我们重新运行这个模拟 500 个月，模拟结果将更接近于先验值：

	A	B	C	D	E	F	G	H	I	J	K	L
1	使用 CHOLESKY 分解得到具有所需均值的正态分布偏差 500 个月份的模拟月数据											
2		资产1	资产2	资产3	资产4		月份		3 年模拟月收益率			
3	月均值	4.00%	3.00%	2.00%	1.00%		1	-48.52%	-15.40%	-68.41%	17.41%	<--{=EXP(($B$3:$E$3-
4	月方差	0.400	0.200	0.300	0.100		2	1.94%	1.68%	-40.50%	-39.41%	0.5*$B$4:$E$4)+CorrNo
5							3	152.60%	6.73%	178.40%	6.73%	rmalN($B$8:$E$11))-1}
6	方差-协方差矩阵						4	-53.19%	-19.70%	67.68%	-8.31%	
7		资产1	资产2	资产3	资产4		5	-12.21%	7.15%	-13.84%	18.26%	
8	资产1	0.400	0.030	0.020	0.000		6	-49.72%	-23.16%	59.59%	35.57%	
9	资产2	0.030	0.200	0.000	-0.060		7	-39.81%	-29.33%	34.88%	-11.15%	
10	资产3	0.020	0.000	0.300	0.030		8	50.96%	-42.18%	-62.76%	-21.19%	
11	资产4	0.000	-0.060	0.030	0.100		9	-60.26%	45.64%	-54.71%	-38.28%	
12							10	-50.41%	46.26%	-23.17%	-19.27%	
13	统计数据						11	34.71%	2.93%	77.87%	-21.89%	
14	计数		500	<--=COUNT(H:H)			12	-38.69%	-33.73%	201.52%	18.94%	
15		资产1	资产2	资产3	资产4		13	172.62%	17.52%	96.00%	13.83%	
16	数据平均值	0.6%	3.3%	4.0%	-0.73%	<--=AVERAGE(K:K	14	36.95%	-19.33%	-53.40%	20.43%	
17	Delta 平均值	-3.44%	0.32%	2.00%	-1.73%	<--=E16-E3	15	-36.49%	27.68%	-58.72%	-16.00%	
18	数据方差	0.5096	0.2906	0.3823	0.0975	<--=VAR.S(K:K)	16	-32.18%	65.05%	16.22%	-21.90%	
19	Delta 方差	0.1096	0.0906	0.0823	-0.0025	<--=E18-E11	17	103.52%	-49.43%	-35.67%	-9.19%	
20							18	-33.70%	-6.85%	10.71%	8.11%	
21	样本方差-协方差减去方差-协方差矩阵						19	108.62%	-1.16%	-49.95%	-3.43%	
22		资产1	资产2	资产3	资产4		20	-54.12%	-31.17%	130.99%	-6.15%	
23	资产1	-0.1096	0.0062	-0.0133	-0.0051		21	-71.93%	-33.32%	-36.45%	-7.13%	
24	资产2	0.0062	-0.0906	0.0028	0.0098		22	-48.32%	73.52%	-55.83%	-66.18%	
25	资产3	-0.0133	0.0028	-0.0823	0.0057		23	-62.72%	11.51%	-69.13%	-56.77%	
26	资产4	-0.0051	0.0098	0.0057	0.0025		24	-64.71%	-68.74%	-33.23%	26.49%	
27							25	14.26%	-18.17%	-30.07%	25.35%	
28		{=B8:E11-varcovar(H:K)}					26	119.60%	-35.35%	-35.21%	-32.82%	
29							27	-29.02%	28.99%	-40.62%	-24.18%	
30							28	37.84%	-4.09%	16.83%	0.81%	
500							498	-45.18%	10.68%	-27.23%	1.36%	
501							499	-59.23%	-45.09%	-23.48%	98.88%	
502							500	-22.16%	-16.50%	109.03%	6.49%	

VBA 函数 CorrNormalN

创建相关正态偏差的 VBA 函数是两个函数的组合。这些函数中的第二个函数 URandomlist 用于创建一个标准正态偏差的列向量。然后将这些偏差乘以 Cholesky 矩阵。

```
Function CorrNormalN(mat As Range) As Variant
CorrNormalN = Application.Transpose(Application.
MMult(Cholesky(mat), _
    urandomlist(mat)))
End Function
Function urandomlist(mat As Range) As Variant
    Application.Volatile
    Dim vector() As Double
    numCols = mat.Columns.Count
    ReDim vector(numCols - 1, 0)
    For i = 1 To numCols
        vector(i - 1, 0) = Application.Norm_S_Inv
        (Rnd)
    Next i
urandomlist = vector
End Function
```

在 R 中实现这个例子应该是这样的：

```
98   # Input: Variance-Covariance Matrix
99   cov_mat <- matrix(c(0.400,  0.030,  0.020,  0.000,
100                      0.030,  0.200,  0.000, -0.060,
101                      0.020,  0.000,  0.300,  0.030,
102                      0.000, -0.060,  0.030,  0.100),
103                    nrow = 4)
104
105  # Lower-Triangular Cholesky Decomposition
106  chol_decompos <- t(chol(cov_mat))
107
108  # Simulate Monthly Returns Of n Correlated Stocks
109  month_ret <- sapply(1:500000, function(x)
110      chol_decompos %*% rnorm(n = 4, mean = 0, sd = 1))
111
112  # Check: Is The Sample Varince Close To The Input Variance?
113  cov_mat - cov(t(month_ret))
```

"检查"结果为：

```
> cov_mat - cov(t(month_ret))
               [,1]          [,2]          [,3]          [,4]
[1,] -1.236769e-04 -0.0008887235  9.826772e-06  7.154813e-04
[2,] -8.887235e-04 -0.0006424022  8.960800e-05  1.950085e-04
[3,]  9.826772e-06  0.0000896080 -3.990227e-04 -4.030114e-05
[4,]  7.154813e-04  0.0001950085 -4.030114e-05 -1.474139e-04
> |
```

也就是说，它非常小，对于所有实际使用，可以被认为是零。

24.6 模拟养老金储蓄

我们回到第 1 章中讨论过的一个问题：一个潜在的养老金领取者想要储蓄 5 年，以便在随后的 8 年每年提取 3 万美元。我们在第 1.6 节中讨论的问题是对养老基金（累计年利率为 8%）在 8 年后完全耗尽的年度存款的校准。

下面是这个问题的答案：

	A	B	C	D	E	F
1	退休问题, 第1.6节					
2	利率	8%				
3	年存款	29,386.55				=$B$2*(C7+B7)
4	每年退休支取金额	30,000.00				
5						
6	年份	账户余额, 年初	年初存款	全年利息收入	账户总额, 年末	
7	1	0.00	29,386.55	2,350.92	31,737.48	<-=D7+C7+B7
8	2	31,737.48	29,386.55	4,889.92	66,013.95	
9	3	66,013.95	29,386.55	7,632.04	103,032.54	
10	4	103,032.54	29,386.55	10,593.53	143,012.62	
11	5	143,012.62	29,386.55	13,791.93	186,191.10	
12	6	186,191.10	-30,000.00	12,495.29	168,686.39	
13	7	168,686.39	-30,000.00	11,094.91	149,781.30	
14	8	149,781.30	-30,000.00	9,582.50	129,363.81	
15	9	129,363.81	-30,000.00	7,949.10	107,312.91	
16	10	107,312.91	-30,000.00	6,185.03	83,497.94	
17	11	83,497.94	-30,000.00	4,279.84	57,777.78	
18	12	57,777.78	-30,000.00	2,222.22	30,000.00	
19	13	30,000.00	-30,000.00	0.00	0.00	
20						
21	注:该问题有5笔存款和8笔年度支取，均在年初发生。第13年年初是退休计划的最后一年；如果年存款额计算正确，则支取后第13年年初余额应为零。					

在本节中,我们讨论这个问题的蒙特卡洛变型。与第 1 章一样,未来的养老金领取者没有养老金储蓄,并希望存款为随后的 8 次提款提供资金。然而,在这个版本中,储蓄被投资于一个平均收益率为 8%、收益率波动率为 18% 的高风险投资组合。我们很想知道,特定水平的年度存款能否为未来计划中的每年提取 3 万美元提供资金。为了做到这一点,我们研究了遗赠——在第 13 年年末养老金计划中剩余的金额。有几件事是明确的:

- 除投资无风险资产的情况外,储蓄或遗赠不再有任何确定性。
- 平均而言,风险资产的方差越大,平均遗产就越大。

这是一个模拟:

	A	B	C	D	E
1			一个退休问题-修正为包括随机收益率		
2	风险资产				
3	均值	8%			
4	波动率	18%			
5	年存款	29,386.55	<-- 1-5年		
6	退休支取	30,000	<-- 6-13年		
7					
8	年份	账户余额,年初	年初存款	年末账户余额	
9	1	0	29,387	28,808	<-=SUM(B9:C9)*EXP(($B$3-
10	2	28,808	29,387	59,921	0.5*$B$4^2)*1+$B$4*SQRT(1)*NORM.S.INV(RAND()))
11	3	59,921	29,387	90,315	
12	4	90,315	29,387	158,712	
13	5	158,712	29,387	137,407	
14	6	137,407	-30,000	116,905	
15	7	116,905	-30,000	76,195	
16	8	76,195	-30,000	57,786	
17	9	57,786	-30,000	32,286	
18	10	32,286	-30,000	1,647	
19	11	1,647	-30,000	-36,667	
20	12	-36,667	-30,000	-50,446	
21	13	-50,446	-30,000	-77,621	

为了感受这种不确定性,我们在一个空单元格上运行标准模拟运算表:

	G	H	I
2		模拟运算表统计数据	
3	平均值	10,790	<--=AVERAGE(H12:H21)
4	最大值	331,677	<-- =MAX(H12:H21)
5	最小值	-154,831	<-- =MIN(H12:H21)
6	波动率	158,315	<-- =STDEV.S(H12:H21)
7	正遗赠所占比例	40%	<-- =COUNTIF(H12:H21,">0")/10
8			
9		模拟运算表:模拟遗赠	
10	模拟	遗产	
11		-37,682	<-- =D21, 模拟运算表表头
12	1	-33,342	
13	2	-90,473	
14	3	41,277	
15	4	-154,831	
16	5	-91,318	
17	6	-129,790	
18	7	141,983	
19	8	-80,351	
20	9	173,071	
21	10	331,677	

这 10 次模拟的平均结果是 10 790,但有相当大的差异。只有 40% 的情况下,我们可以指望养老金能提供全部资金(在这种意义上,遗赠是正的)。

使用 R 实现前面的例子,看起来像这样:

```
115  ## 24.6 Simulating Savings for Pensions
116  mean_ret <- 0.08
117  sigma_ret <- 0.18
118  annual_deposit <- 29386.55
119  retirement_withdrawl <- 30000
120  balance <- 0
121  trials <- 20
122
123  for (i in 1:13){
124    if (i > 5){
125      change <- -retirement_withdrawl
126                } else {change <- annual_deposit}
127    balance <- (balance + change) * exp(mean_ret - 0.5 * sigma_ret^2
128                   + sigma_ret * rnorm(trials))
129                }
130  summary(balance)
131  sd(balance)
```

结果如下:

```
> summary(balance)
    Min. 1st Qu.  Median    Mean 3rd Qu.    Max.
-329084 -187564   -4978  305327  193279 2913190
> sd(balance)
[1] 905131.9
>
```

24.7 贝塔和收益率

在本节中,我们模拟一个典型的贝塔计算。假设我们知道"实际"贝塔,也就是说我们知道 σ_M、σ_i,以及股票 i 和市场之间的相关系数 ρ。然后,我们通过从适当的分布中创建收益率来模拟这个贝塔。我们使用这个例子来说明从数据中得出的实际贝塔与理论贝塔之间的距离。

回顾第 11 章,对于资产 i,β_i 的定义如下:

$$\beta_i = \frac{\text{cov}(r_i, r_M)}{\text{var}(r_M)}$$

在下面的模拟中,我们对 β_i 使用两个等价的表达式。首先,利用资产 i 与 M 之间的相关系数 ρ,我们可以将 β_i 记为:

$$\beta_i = \frac{\text{cov}(r_i, r_M)}{\text{var}(r_M)} = \frac{\sigma_i \sigma_M \rho}{\sigma_M^2} = \frac{\sigma_i}{\sigma_M}\rho$$

其次,如果我们有股票和市场收益率的时间序列数据 $\{r_{it}, r_{Mt}\}$,那么我们可以通过运行如下回归来估计 β_i:

$$r_{it} = \alpha_i + \beta_i r_{Mt}$$

如果数据具有相关系数 ρ,那么我们预期:

$$\alpha_i = E(r_M) - \beta_i E(r_i),\ \text{其中}\ \beta_i = \frac{\sigma_i}{\sigma_M}\rho,\ R^2 = \rho^2$$

在资本市场的计算中,β_i 通常是根据三到五年的月度收益率计算的。我们通过模拟两种资产的 60 个相关收益率来复制下面的过程。我们称第一项资产为"i",称第二项资产为"M"。我们从 i 和 M 的一些基本假设开始:

	A	B	C	D	E	F
1			模拟贝塔和阿尔法			
2		均值	波动率			
3	股票 i	6%	22%			
4	市场 (M)	10%	15%			
5	相关系数(i,M)	0.3000				
6						
7	预期的 α_i	0.0160	<-=mu_i-B8*mu_m			
8	预期的 β_i	0.4400	<-=rho*sigma_i/sigma_m			
9	预期的 R^2	0.0900	<-=rho^2			

接下来模拟我们的数据：

	A	B	C	D	E	F
1			模拟贝塔和阿尔法			
2		均值	波动率			
3	股票 i	6%	22%			
4	市场 (M)	10%	15%			
5	相关系数(i,M)	0.3000				
6						
7	预期的α_i	0.0160	<-=mu_i-B8*mu_m			
8	预期的β_i	0.4400	<-=rho*sigma_i/sigma_m			
9	预期的R^2	0.0900	<-=rho^2			
10						
11	r_i 对 r_M的回归					
12	截距	0.0062	<-=INTERCEPT(E19:E78,F19:F78)			
13	斜率	0.0771	<-=SLOPE(E19:E78,F19:F78)			
14	R方	0.0037	<-=RSQ(E19:E78,F19:F78)			
15						
16	模拟					
17	月份	相关的正态偏差			收益率	
18		Z_1	Z_2		股票	市场
19	1	-1.0338	-0.1847		-6.27%	-0.06%
20	2	0.1651	-1.7992		1.35%	-7.05%
21	3	0.5314	-0.5063		3.67%	-1.45%
22	4	-0.0515	1.6801		-0.03%	8.01%
23	5	-0.2287	-0.9314		-1.15%	-3.29%
76	58	-0.4192	0.7628		-2.36%	4.04%
77	59	1.4818	0.5042		9.71%	2.92%
78	60	-0.3125	-1.3481		-1.69%	-5.10%
79						
80	公式					
81	Cell B19:=NORM.S.INV(RAND())					
82	Cell C19:=rho*B19+SQRT(1-rho^2)*NORM.S.INV(RAND())					
83	Cell E19:=(mu_i-0.5*sigma_i^2)*(1/12)+sigma_i*SQRT(1/12)*B19					
84	Cell F19:=(mu_m-0.5*sigma_m^2)*(1/12)+sigma_m*SQRT(1/12)*C19					

电子表格中使用的公式如下：

- $Z_1 = \text{Norm.S.Inv}(\text{Rand}())$。正如第 21 章所讨论的，这创建了一个标准正态偏差。

- $Z_2 = \rho \cdot Z_1 + \text{Norm.S.Inv}(\text{Rand}()) \cdot \sqrt{1-\rho^2}$。正如第 21 章所述，标准正态偏差 Z_2 与 Z_1 有相关系数 ρ。

- 股票收益率列由 $r_{股票} = (\mu_{股票} - 0.5\sigma_{股票}^2) \cdot (1/12) + \sigma_{股票}\sqrt{1/12} \cdot Z_1$ 创建。

- 市场收益率列由 $r_{市场} = (\mu_{市场} - 0.5\sigma_{市场}^2) + \sigma_{市场}\sqrt{1/12} \cdot Z_2$ 创建。

结果是，市场和股票收益率具有相关系数 ρ。我们现在用 r_i 对 r_M 运行一个标准的第一遍回归。对于前述讨论的模拟，蒙特卡罗模拟的结果与理论结果相差不大：

	A	B	C	D	E	F
1			模拟贝塔和阿尔法			
2		均值	波动率			
3	股票 i	6%	22%			
4	市场 (M)	10%	15%			
5	相关系数(i,M)	0.3000				
6						
7	预期的α_i	0.0160	<-=mu_i-B8*mu_m			
8	预期的β_i	0.4400	<-=rho*sigma_i/sigma_m			
9	预期的R^2	0.0900	<-=rho^2			
10						
11	r_i 对 r_M的回归					
12	截距	0.0062	<-=INTERCEPT(E19:E78,F19:F78)			
13	斜率	0.0771	<-=SLOPE(E19:E78,F19:F78)			
14	R方	0.0037	<-=RSQ(E19:E78,F19:F78)			
15						

模拟结果表明,并不是所有的结果都接近预期。如果重复实验 50 次,我们可以看到计算出的 β_i 表现出相当大的可变性:

	H	I	J	K	L
3			**50次模拟的统计量**		
4			**理论贝塔 = 0.44**		
5		平均值	标准差	最大值	最小值
6	截距	-0.0006	0.0075	0.0146	-0.0191
7	斜率	0.4410	0.1782	0.9254	0.1388
8	R方	0.1033	0.0737	0.3326	0.0115

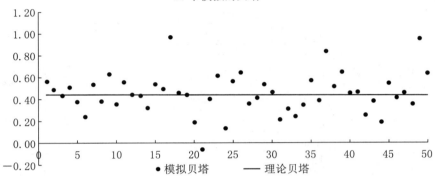

50 个模拟的贝塔

贝塔和阿尔法有关系吗?

越来越多的文献表明,低贝塔股票具有高阿尔法,反之亦然。[1]我们在蒙特卡罗模拟中证明了这一点。在下面的电子表格中,我们运行的一个模拟运算表显示贝塔和阿尔法是 σ_i 的函数。[2]

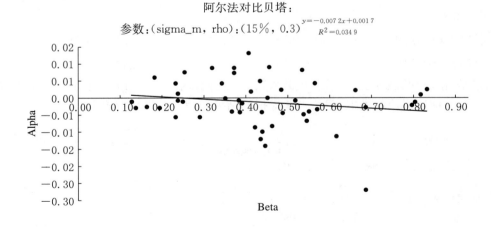

阿尔法对比贝塔:

参数:(sigma_m, rho):(15%, 0.3)

$y = -0.007\,2x + 0.001\,7$
$R^2 = 0.034\,9$

---

[1] 参考文献:Baker and Haugen(2012);Cremers,Petajisto and Zitzewitz(2010);Frazzini and Pedersen(2012);Hong and Sraer(2012)。

[2] 当然,σ_i 越高,β_i 也越高。

24.8　总结

当研究投资问题时,蒙特卡罗技术提供了超越收益率均值和标准差的标准计算的见解。在本章中,我们研究了一些常见的资产管理案例:单一股票的收益率、具有给定相关性结构的风险资产投资组合、具有不确定投资成分的标准储蓄/养老金问题,以及资产贝塔值的计算。

练习

1. 考察一个由两只股票组成的投资组合,其统计参数如下:
- 股票 A:年平均收益率=15％,年收益率标准差=30％。
- 股票 B:$\mu = 8\%$,$\sigma = 15\%$。
- Correlation(A, B)=$\rho_{A,B}$=0.3。

采用买入并持有策略的投资者购买由 60％ A 和 40％ B 组成的投资组合,并持有 20 年。模拟投资组合的年收益率。下面给出了一个建议的模板。

	A	B	C	D	E	F	G	H
1				投资具有两只股票的投资组合				
2		股票A	股票B					
3	均值	15%	8%					
4	波动率		15%					
5	相关系数	0.3						
6	A的占比	60%						
7								
8	投资组合收益汇总							
9		理论	模拟					
10	均值							
11	标准差							
12								
13		模拟收益			正态标准差			
14	年份	A	B					
15	1							
16	2							

2. 重新考察上面的问题。假设无风险利率为 4％,投资者(仍然买入并持有)的投资标的是一个 50％投资于无风险资产和 50％投资于 A 和 B 的 60/40 组合组成的投资组合,将理论收益率与模拟收益率进行比较。

3. 前面的例子假设无风险利率是不变的。另一种可能更合理的模型或许假设无风险利率是均值回归的,具有长期均值。在这一假设下,如果当前利率高于长期均值,下一时期利率将呈下降趋势,反之亦然。其中一个模型是 Ornstein-Uhlenbeck 过程(参见 Ornstein and Uhlenbeck,1930):

$$r_t = r_{t-1} + \underbrace{\phi(\mu - r_{t-1})\Delta t + \sigma\sqrt{\Delta t}Z}_{\text{利率的新息}}$$

模拟12个月这个过程：

▲	A	B	C	D	E	F	G	H	I	J
1				利率的Ornstein-Uhlenbeck过程						
2	当前利率	4%								
3	均值,μ	3%		$r_t = r_{t-1} + \varphi\ (\mu - r_{t-1})\Delta t + \sigma\sqrt{\Delta t}Z$						
4	压力,φ	0.1								
5	波动率,σ	2%				利率的新息				
6	Δt	0.0833	<-- =1/12							
7										
8	月份	利率								
9	0	4.00%								
10	1	4.19%	<-- =B9+$B$4*($B$3-B9)*$B$6+$B$5*SQRT($B$6)*NORM.S.INV(RAND())							
11	2	4.79%								
12	3	4.32%			1年期均值回归利率					
13	4	2.55%								
14	5	3.29%								
15	6	2.67%								
16	7	3.02%								
17	8	3.26%								
18	9	3.53%								
19	10	3.06%								
20	11	2.31%								
21	12	2.22%								

4. 本书的配套网站提供了5只美国股票5年的月度价格数据。

- 计算股票的月收益率。
- 计算股票的平均月收益率和标准差。
- 计算股票收益率的方差-协方差矩阵。
- 计算股票收益率的相关性矩阵。
- 计算方差-协方差结构的下三角Cholesky矩阵。

使用该文件中的数据,假设与历史收益率相同的方差-协方差结构,我们模拟36个月的股票收益率。请注意,假设未来期望月收益率与历史收益率相同是没有意义的。相反,我们使用以下值：

	A	B	C	D	E	F
1		月收益率均值和波动率				
2		JCP	AAPL	C	F	K
3	历史收益率均值	-1.08%	1.46%	-2.02%	2.02%	0.75%
4	未来期望月收益率	2.00%	1.50%	1.00%	2.00%	0.60%

25

风险价值

25.1 概述

风险价值（VaR）衡量在特定置信水平下，在正常市场条件下特定时间间隔内的最坏预期损失。正如我们的一份参考文献所述："VaR 回答了一个问题：在预设的时期内，以 $x\%$ 的概率，我能损失多少？"（Finger et al.，2002）。另一种表达方式是，风险价值是给定投资组合在特定时期内可能发生的最低百分位数的潜在损失。基本期间"T"和置信水平（百分位）"p"是两个主要参数，应该按照一种适合于风险度量的总体目标的方式进行选择。时间范围可以从交易活跃部门的几个小时到养老基金的一年不等。当主要目标是满足外部监管要求（如银行资本要求）时，这一百分位数通常非常小（如最差结果的 1%）。

然而，对于被公司用来控制风险敞口的内部风险管理模型来说，这一百分位数通常在 5% 左右。关于风险价值的一般介绍可以阅读 Linsmeier 和 Pearson（2000），以及 Jorion（1997）的著述。

在风险价值的术语中，假设一个投资组合经理每天的风险价值为 100 万美元，置信水平为 1%。这句话的意思是，在正常市场条件下，每日亏损超过 100 万美元的概率只有百分之一。

一个简单的例子

假设一个经理有一个由单一资产组成的投资组合。该资产的收益率服从正态分布，收益率均值为 20%，标准差为 30%。现在这个投资组合的价值是 1 亿美元。我们要回答各种关于年末投资组合价值的分布的简单问题：

（1）年末投资组合价值的分布情况如何？

（2）到年末亏损超过 2 000 万美元的概率是多少（即年末价值小于 8 000 万美元的概率是多少）？

（3）在 1％的概率下，年末的最大损失是多少？这是 1％水平下的风险价值。

年末投资组合价值低于 8 000 万美元的概率约为 9％。请注意，以下电子表格中的 9.12％是正态分布下 $X=80$ 左侧的区域：

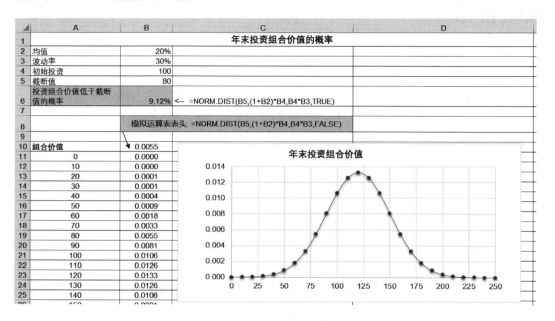

Excel 的 Norm.Dist 函数可以返回累积分布和概率质量函数。以下是我们在单元格 B6 应用 Norm.Dist 时屏幕的样子：

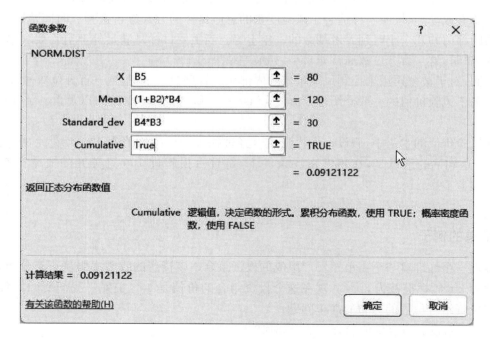

电子表格使用了两个版本的 Norm.Dist：首先，我们使用单元格 B6 中的函数来确定投资组合年末的价值小于 80 的概率。在这个版本的函数中，我们将 Norm.Dist 中的最后一个条

目的值设为 TRUE；当我们输入＝NORM. DIST(B5,(1＋B2)＊B4，B4＊B3，TRUE)，＝NORM. DIST(B5,(1＋B2)＊B4，B4＊B3，TRUE)时返回累积正态分布的值。在模拟运算表中，我们将此值设置为 FALSE，以绘制年末投资组合价值的概率质量函数。

在 R 中实现上面的例子是这样的：

```
9   # Inputs:
10  mean <- 0.20
11  sigma <- 0.30
12  init_invst <- 100
13  cutoff <- 80
14
15  # (Cumulative) Probability that portfolio worth less than cutoff
16  pnorm(cutoff, mean = init_invst * (1 + mean),
17        sd = sigma * init_invst, log = FALSE) # similar to Excel's NORM.DIST
18
19  # Probability distribution
20  port_value <- c(0:25)*10   #bins
21  prob <- sapply(port_value, function(x) pnorm(x, mean = init_invst * (1 + mean),
22                            sd = sigma * init_invst, log = FALSE))
23
24  # Plot (comulative distribution)
25  plot(port_value, prob, type = "l", main = "End-of-Year Portfolio Value",
26       xlab = "Portfolio Value", ylab = "Cumulative Probability")
27  lines(port_value, prob, type = "p")
```

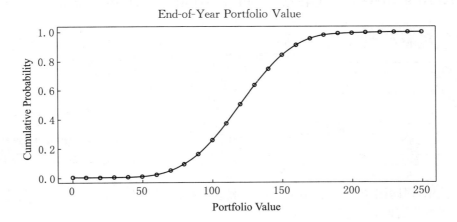

计算风险价值的三个步骤

风险价值的计算分三步：

步骤 1：识别目标投资组合的风险因子。例如，如果我们试图估计 1 000 万欧元多头头寸的风险价值，那么风险因子将是美元对欧元的汇率；如果我们试图估计股票投资组合的期权的风险价值，风险价值可能是股票价格。

步骤 2：估计风险因子的变化。例如，如果风险因子是美元/欧元汇率，那么我们将对汇率的变动进行建模。对股票和其他风险因子也是如此。

步骤 3：估计风险因子变动对投资组合的影响。在某些情况下，比如在 1 000 万欧元的多头头寸（简单地说，1 000 万欧元×汇率）的例子中，这种影响是直接的。在其他情况下，这个问题可能需要更复杂的分析（就像在期权的例子中，因为期权可能应该使用 Black-Scholes 模型定价；参见第 18 章）。

25.2　三类风险价值模型

风险价值模型基本上有三种类型。这三种类型因各自对风险因子分布的假设而不同。下面我们用一个简单的、说明性的例子来讲解 1 000 万欧元的多头头寸的风险价值,在后面的章节中,我们将讨论扩展到更复杂的例子。

解析法风险价值

在解析法风险价值中,我们假设一个风险因子的数学分布。然后,我们利用数学分布来估计投资组合的风险价值。

下面是一个简单的例子,说明了如何在 1 000 万欧元的多头头寸上计算风险价值;在这个例子中,我们计算周风险价值$\left(\text{请注意},正如第 10 章的附录 10.1 中解释的,\sigma_周 = \sigma_年 \times \sqrt{\dfrac{1}{52}}\right)$:

	A	B	C	D
1	**1000万欧元的解析法风险价值 (周)**			
2	均值 (周)	0.04%	<-- =2%/52	
3	波动率 (年)	10%		
4	波动率 (周)	1.39%	<-- =B3*SQRT(1/52)	
5	组合规模	10,000,000	欧元	
6	即期汇率	1.15	$/€	=NORM.S.INV(A9)
7				
8	**概率**	**标准差**	**风险价值 (1 周, $)**	
9	90%	1.2816	204,377	<-- =B9*$B$4*$B$5*$B$6
10	95%	1.6449	262,315	<-- =B10*$B$4*$B$5*$B$6
11	99%	2.3263	370,997	<-- =B11*$B$4*$B$5*$B$6

在本例中,风险因子为美元/欧元汇率。假设汇率的周分布为正态分布,均值为 0.04%,标准差为 1.39%,即 $S_周 \sim N(0.04\%, 1.39\%^2)$。

90% 的概率离均值有 1.281 6 个标准差,因此投资组合损失不超过 204 377 美元的可能性为 90%。同样,投资组合价值损失不超过 370 997 美元的可能性为 99%。

在 R 中实现解析法风险价值的方法如下:

```
32  # Inputs:
33  mean_annual <- 0.02
34  mean_weekly <- mean_annual*1/52
35  sigma_annual  <- 0.10
36  sigma_week  <- sigma_annual * sqrt(1/52)
37  port_size   <- 10000000
38  spot_rate <- 1.15 #(Dollar/Euro spot rate)
39
40  # Standard deviations
41  prob <- c(0.9, 0.95, 0.99)
42  st_dev <- qnorm(prob, mean = 0, sd = 1, lower.tail = TRUE, log.p = FALSE)
43  names(st_dev) <- prob
44
45  # VaR (1 week, $)
46  var_analytic <- st_dev * sigma_week * port_size * spot_rate
47  names(var_analytic) <- prob
48  var_analytic
```

结果如下：

```
> var_analytic
      0.9       0.95      0.99
204377.1 262315.2 370997.4
> |
```

在 Excel 中定义分位数

风险价值（或截断值）被称为"分布的分位数"。在 Excel 中，可以通过"单变量求解"来确定。对于两种被实践者广泛使用的分布——正态分布和对数正态分布——Excel 有查找分位数的内置函数。比如 Norm.Inv，Norm.S.Inv 和 Lognormal.inv，分别可以求正态分布、标准正态分布和对数正态分布的反函数。

这里有一个例子：某资产今天的价值为 1 亿美元，该资产的平均收益率为 20%，标准差为 30%。我们对 1% 水平的 1 年期风险价值感兴趣。这次我们在单元格 B6 中输入函数 ＝NORM.INV(0.01, (1+B3) * B5, B5 * B4)。此函数查找到均值＝120[100×(1+20%)＝120]、标准差＝30[30%×100＝30]的正态分布的 1% 概率截断值。你可以在下面的图表中看到这一点，它显示了累积分布的一部分：

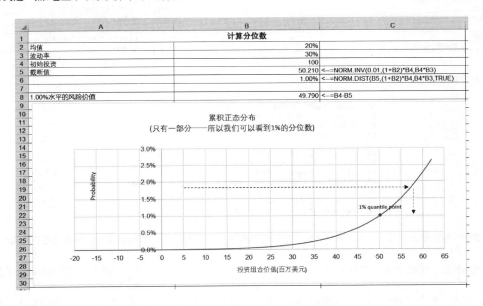

在 R 中的实现是这样的：

```
51  mean <- 0.20
52  sigma <- 0.30
53  init_invst <- 100
54  cutoff <- qnorm(0.01, mean = init_invst * (1 + mean),
55          sd = sigma * init_invst, lower.tail = TRUE, log.p = FALSE)
56
57  # Var at 1.00% Level
58  var_analytic <- init_invst - cutoff
```

对数正态分布是一种比正态分布更合理的资产价格分布（不能变成负的）。假设价格为 $V_T = V_0 \cdot e^{rT}$，或投资组合的收益率[收益率＝log（价格比）]服从年均值为 μ、年标准差为 σ 的正态分布。进一步，假设投资组合的现值为 V_0。那么可以得出，投资组合价值在时刻 T 的价值 V_T 的对数是正态分布的。[1]这意味着：

---

① 参见本书第 23.3 节和 Hull(2015)。

$$\ln(V_T) \sim \text{Normal}\left[\underbrace{\ln(V_0) + (\mu - 0.5\sigma^2)T}_{\text{均值}}, \underbrace{\sigma\sqrt{T}}_{\text{波动率}}\right]$$

例如,假设 $V_0=100$, $\mu=10\%$, $\sigma=30\%$。因此,投资组合的年末价值服从对数正态分布:

$$\ln(V_T) \sim \text{Normal}\left[\underbrace{\ln(100) + (0.1 - 0.5 \times 0.3^2) \times 1}_{\text{均值}}, \underbrace{0.3 \times \sqrt{1}}_{\text{波动率}}\right] = \text{Normal}[4.660\ 2,\ 0.3]$$

因此,一个初始价值为 1 亿美元的投资组合,其年收益率服从参数为 $\mu=10\%$ 和 $\sigma=30\%$ 的对数正态分布,其年风险价值在 1% 水平下等于 4 742 万美元:

	A	B	C
1		对数正态分位数	
2	初始值, V₀	100	
3	均值, m	10%	
4	波动率, σ	30%	
5	时期, T	1	<-- 以年为单位
6			
7	ln(V$_T$)的正态分布参数		
8	均值	4.6602	<--=LN(B2)+(B3-B4^2/2)*B5
9	波动率	0.3000	<--=B4*SQRT(B5)
10			
11	截断值	52.576	<--=LOGNORM.INV(0.01,B8,B9)
12	1% 水平的风险价值	47.424	<--=B2-B11
13			

在 R 中的实现如下所示:

```
61  init_invst <- 100
62  mean <- 0.10
63  sigma <- 0.30
64  t <- 1.0
65
66  #Parameters of normal distribution of ln(VT)
67  mean <- log(init_invst) + (mean - 0.5*sigma^2) * t
68  sigma <- sigma * sqrt(t)
69  cutoff <- qlnorm(0.01, mean = mean, sd = sigma)
70
71  # Var at 1.00% Level
72  var_analytic <- init_invst - cutoff
```

大多数风险价值的计算不涉及年风险价值。监管和管理层主要关注的是在更短的时间内(通常是几天或几周)投资组合价值的损失。显然,分布公式 $\ln(V_T) \sim \text{Normal}\left[\underbrace{\ln(V_0) + (\mu - 0.5\sigma^2)T}_{\text{均值}}, \underbrace{\sigma\sqrt{T}}_{\text{波动率}}\right]$ 可用于计算任何时间长度上的风险价值。回想一下,T 是用年来衡量的;如果一年有 250 个交易日,那么每日风险价值对应于 $T=1/250$(对于许多固定收益工具来说,应该使用 1/360、1/365 或 1/365.25,这取决于市场惯例)。

蒙特卡罗模拟法风险价值

在使用蒙特卡罗法计算风险价值时,我们通常为风险因子假设一个数学分布。然后,我们使用模拟来估计投资组合的风险价值。

下面是一个简单的例子,说明如何在 1 000 万欧元的多头头寸上使用蒙特卡洛计算风险价值。与之前一样,我们在这个例子中计算了每周的风险价值(注意,有很多行被隐藏了):

	A	B	C	D	E	F	G	H
1				1000万欧元的蒙特卡罗模拟法风险价值 (周)				
2	均值 (周)	0.04%	<-- =2%/52					
3	波动率 (年)	10%						
4	波动率 (周)	1.39%	<-- =B3*SQRT(1/52)					
5	组合规模	10,000,000	欧元			=PERCENTILE.INC($C$9:$C$2008,1-E9)		
6	即期汇率	1.15	$/€					
7								
8	试验	Z	ln(S$_t$/S$_0$)		概率	分位数	风险价值 (1周)	
9	1	0.9140	1.30%		90%	-1.76%	-202,802	<--=F9*$B$5*$B$6
10	2	0.0365	0.08%		95%	-2.21%	-253,865	<-- =F10*$B$5*$B$6
11	3	-0.1537	-0.18%		99%	-3.23%	-371,060	<-- =F11*$B$5*$B$6
12	4	1.0240	1.45%					
13	5	0.8936	1.27%	<-- =($B$2-0.5*$B$4^2)*1+$B$4*B13				
14	6	-0.7520	-1.01%	<-- =($B$2-0.5*$B$4^2)*1+$B$4*B14				
15	7	1.2531	1.77%					
2007	1999	-0.1992	-0.25%					
2008	2000	0.6743	0.96%					

在本例中,我们使用了 2 000 次试验的模拟。从业人员通常使用至少 10 000 次试验。我们使用对数正态分布假设(参见第 23 章)来模拟汇率的预期变化:

$$S_t = S_0 \cdot e^{(r_\$ - r_€ -0.5\sigma)t + \sigma\sqrt{T}Z}, \text{其中 } Z \sim N(0, 1)$$

在每一行"i"中我们都使用:

$$\ln\left(\frac{S_t}{S_0}\right) = \left[\underbrace{r_\$ - r_€}_{0.04\%} - 0.5 \underbrace{\sigma}_{1.39\%}\right]\underbrace{t}_{1} + \underbrace{\sigma}_{1.39\%} \underbrace{\sqrt{T}}_{1} Z_i$$

在我们的 2 000 个模拟样本中,10%的结果低于 -1.76%,而只有 1%的结果低于 -3.23%。我们使用了 PERCENTILE.INC() 函数求出模拟收益率的阈值。然后,根据基于模拟的变化,我们推断损失不超过 202 802 美元(单元格 G9)的概率为 90%,损失不超过 371 060 美元(单元格 G11)的概率为 99%。

以下是在 R 中实现这种方法:

```
75  # Simulate weekly returns
76  n <- 10000 #number of simulations
77  z <- rnorm(n, mean = 0, sd = 1)
78  week_ret <- (mean_weekly - 0.5 * sigma_week ^ 2) + sigma_week * z
79
80  # Calculate Percentiles
81  percentile <- quantile(week_ret, probs = 1-prob) # same as PERCENTILE.INC in Excel
82
83  # Calculate Value at Risk
84  Var_mc <- percentile * port_size * spot_rate
```

历史法风险价值

历史法风险价值是利用样本中的历史观测值来生成风险因子变动的分布。与前两种方法相比,这种方法的好处是,它不对风险因子假设任何分布。相反,它只假设一个平稳分布(即,与过去相同的分布预计将在风险价值期间发生)。换句话说,唯一的假设是样本内的历史分布在我们的风险价值期间是有效的。

下面是一个简单的例子,说明如何在 1 000 万欧元的多头头寸上得出历史法风险价值。与之前一样,我们在这个例子中计算了每周的风险价值:

	A	B	C	D	E	F	G	H
1				1000万欧元的历史法风险价值 (周)				
2	均值 (周)	0.04%	<-=2%/52					
3	波动率 (年)	10%						
4	波动率 (周)	1.39%	<-=B3*SQRT(1/52)					
5	组合规模	10,000,000	欧元					
6	即期汇率	1.15	$/€					
7								
8	日期	汇率	ln(S₁/S₋₁)	组合变化		概率	风险价值 (1周)	
9	2018/4/27	1.2108	-1.42684%	-141,671		90%	-115,688	<-=PERCENTILE.INC(D9:D111,1-F9)
10	2018/4/20	1.2282	-0.33%	-32,462		95%	-140,662	<-=PERCENTILE.INC(D9:D111,1-F10)
11	2018/4/13	1.2322	0.39%	39,107		99%	-214,146	<-=PERCENTILE.INC(D9:D111,1-F11)
12	2018/4/6	1.2274	-0.37%	-37,338				
13	2018/3/30	1.2320	-0.32%	-32,362	<-=$B$5*EXP(C13)-$B$5			
14	2018/3/23	1.2360	0.65%	65,147	<-=$B$5*EXP(C14)-$B$5			
15	2018/3/16	1.2280	-0.37%	-37,319				
16	2018/3/9	1.2326	0.10%	9,745				
110	2016/5/20	1.1207	-0.77%	-77,032				
111	2016/5/13	1.1294	-1.12%	-111,199				
112	2016/5/6	1.1421						

在这种方法中,我们使用了两年(104 周)的历史窗口(观察期)。选择观察期涉及使用长观察期(从而涵盖更极端的情况)和使用短观察期(包括更相关的数据)之间的权衡。

在我们的观察期间,假设每周的变化是在投资组合上发生的,我们使用连续复利收益率计算了每周的变化和投资组合的价值变化。

然后我们使用函数 PERCENTILE.INC( ) 为三种风险价值计算找到投资组合的损失阈值。由此,我们得知,根据我们的 2 年样本,损失不超过 115 688 美元的概率为 90%,损失不超过 214 146 美元的概率为 99%。

在 R 中实现相同的方法如下:

```
87   # Set working directory
88   workdir <- readline(prompt="working directory?")
89   setwd(workdir)
90
91   # Read data
92   data <- read.csv("Chapter_25_Data_1.csv", row.names = 1)
93
94   # Sort the data by date
95   data <- data[order(as.Date(row.names(data), format="%d-%m-%y"),decreasing = FALSE),]
96
97   # Calculate returns
98   week_ret <- diff(log(data))
99   port_change <- port_size * exp(week_ret) - port_size
100
101  # Calculate Value at Risk
102  Var_his <- quantile(port_change, probs = 1 - prob) # same as PERCENTILE.INC in Excel
```

25.3 N 种资产投资组合的风险价值

在本节中,我们将展示如何在一个由 n 种资产组成的投资组合的情形下计算风险价值。为了简单起见,我们使用一个三资产投资组合的例子。这个示例可以很容易地扩展到任何数量的证券的情形。

从前面的例子可以看出,原则上,风险价值至少不是一个非常复杂的概念。然而,在风险价值的应用中,存在两个大问题[这两个问题在 Holton(2014)第 1.9.5 节的材料中都有更详细的讨论]。

(1)第一个问题是资产收益率分布参数的估计。在风险价值的"现实世界"应用中,有必要估计收益率的平均值、方差和相关性。这是一个不容忽视的问题！在本节,我们将说明资产收益率之间的相关性的重要性。在下一节中,我们将给出一个从市场数据中估计收益率分布的高度简化的例子。例如,你可以想象欧元多头头寸和美元空头头寸的风险比只持有其中一种货币的头寸要小,因为一种头寸的利润很有可能大部分被另一种头寸的损失所抵消。

(2) 第二个问题是持仓规模的实际计算。一家大型金融机构可能有数千笔未偿还贷款。这些贷款的数据库可能不会根据其风险甚至到期时间进行分类。再举第二个例子,一家银行可能在不同地点的不同分支机构拥有相互抵消的外币头寸。在纽约的欧元多头头寸可能被在日内瓦的欧元空头头寸所抵消;我们打算用风险价值来衡量的银行的风险是基于净头寸的。

三资产投资组合的解析法风险价值

我们从资产收益率之间的相关性问题开始。继续前面的例子,但这里假设有三种风险资产。与之前一样,资产收益率分布的参数是已知的,其中包括所有的平均值 μ_1、μ_2、μ_3,以及收益率的方差-协方差矩阵:

$$S=\begin{pmatrix} \sigma_{1,1} & \sigma_{1,2} & \sigma_{1,3} \\ \sigma_{2,1} & \sigma_{2,2} & \sigma_{2,3} \\ \sigma_{3,1} & \sigma_{3,2} & \sigma_{3,3} \end{pmatrix}$$

矩阵 S 当然是对称的;$\sigma_{i,i}$ 为第 i 项资产收益率的方差;$\sigma_{i,j}$ 为资产 i 和 j 收益率的协方差(当 $i=j$,$\sigma_{i,j}$ 为资产 i 的收益率的方差)。

假设今天总投资组合的价值为 1 亿美元,其中 3 000 万美元投资于资产 1,2 500 万美元投资于资产 2,4 500 万美元投资于资产 3。则投资组合的收益率分布如下:

$$平均收益率 = x_1 \cdot \mu_1 + x_2 \cdot \mu_2 + x_3 \cdot \mu_3$$

$$收益率的方差 = \{x_1, x_2, x_3\} \cdot S \cdot \{x_1, x_2, x_3\}^T$$

其中,$x=\{x_1, x_2, x_3\}=\{0.3, 0.25, 0.45\}$ 是三种资产投资比例的向量。假设收益率是正态分布的(即价格是对数正态分布的),我们可以按照以下电子表格计算风险价值:

	A	B	C	D	E	F	G	H
1				三资产投资组合的解析法风险价值				
2		均值收益率		方差-协方差矩阵				组合比例
3	资产1	10%		0.10	0.04	0.03		0.30
4	资产2	12%		0.04	0.20	-0.04		0.25
5	资产3	13%		0.03	-0.04	0.60		0.45
6								
7	初始投资	100						
8	均值收益率	11.85%	<--{=MMULT(TRANSPOSE(B3:B5),H3:H5)}					
9	组合波动率	38.48%	<--{=SQRT(MMULT(MMULT(TRANSPOSE(H3:H5),D3:F5),H3:H5))}					
10								
11	投资值均值	111.85	<--=(1+B8)*B7					
12	投资值波动率	38.48	<--=B9*B7					
13								
14	截断值	22.3234	<--=NORM.INV(0.01,(1+B8)*B7,B9*B7)					
15	累积PDF(检查)	0.01	<--=NORM.DIST(B14,B11,B12,TRUE)					
16	1.00%水平的风险价值	-77.6766	<--=B14-B7					
17								
18								
19	注意单元格 B8 和 B9 中的函数为数组函数: 在单元格中写入函数后,必须按[Ctrl]+[Shift]+[Enter]。无需添加花括号{}——它们会自动出现。							

在 R 中实现前述问题的方法如下：

```
106  # Inputs:
107  mean_ret <- c(0.1, 0.12, 0.13)
108  cov_mat <- matrix(c(0.10, 0.04, 0.03,
109                      0.04, 0.20, -0.04,
110                      0.03, -0.04,  0.60),
111                    nrow = 3)
112  port_prop <- c(0.3, 0.25, 0.45)
113  Init_invst  <- 100
114
115  # Portfolio Stats
116  port_mean_ret <- mean_ret %*% port_prop
117  port_sigma  <- sqrt(port_prop %*% cov_mat %*% port_prop)
118  mean_invs_value <- Init_invst * ( 1 + port_mean_ret )
119  invs_value_sigma <- port_sigma * Init_invst
120
121  # Analytic VaR
122  sig_level <- 0.01
123  cutoff <- qnorm(p = sig_level, mean = mean_invs_value, sd = invs_value_sigma)
124
125  # VaR at 1.00%  level
126  var_analytic <- cutoff - Init_invst
```

三资产投资组合的蒙特卡罗模拟法风险价值

在蒙特卡罗模拟法中，我们将模拟三种资产的收益率。我们使用第 21 章解释过的 Cholesky 分解来生成正态相关随机数。这可以通过以下三个步骤实现：

（1）创建 S 的下三角 Cholesky 分解。我们用 L 表示这个矩阵，并使用本书配套网站上的 VBA 函数 Cholesky 来计算矩阵。

（2）创建一个 N 个标准正态偏差的列向量。我们使用 Excel 函数 Norm.S.Inv(Rand( ))。

（3）用 L 乘以标准正态偏差的列向量。

结果是一组相关的标准正态变量。然后，我们使用这些模拟变量来模拟资产价值的变化。以下是对 1 年期投资组合进行了 2 000 次试验模拟后得到的 1% 水平下的风险价值。

	A	B	C	D	E	F	G	H	I	J	K
1	三资产投资组合蒙特卡罗模拟法风险价值										
2		均值收益率		方差-协方差矩阵				组合比例			
3	资产1	10%		0.10	0.04	0.03		0.30			
4	资产2	12%		0.04	0.20	-0.04		0.25			
5	资产3	13%		0.03	-0.04	0.60		0.45			
6											
7	初始投资	100									
8	概率	1.00%						=NORM.S.INV(RAND())			
9	百分位数	-69.74%	<-- =PERCENTILE.INC(K20:K2019,B8)								
10	风险价值	-69.742231	<-- =B9*B7					{=TRANSPOSE(MMULT($B$14:$D$16,TRANSPOSE(B20:D20)))}			
11											
12	Cholesky分解										
13		资产1	资产2	资产3				=($B$3-0.5*$D$3)*1+SQRT($D$3*1)*E20			
14	资产1	0.3162278	0	0	<-- {=cholesky(D3:F5)}						
15	资产2	0.1264911	0.428952	0				=MMULT(H20:J20,$H$3:$H$5)			
16	资产3	0.0948683	-0.121226	0.759147							
17											
18		非相关随机数			相关随机数			模拟资产收益率			组合
19	试验	Z1	Z1	Z1	Z(资产1)	Z(资产2)	Z(资产3)	资产1	资产2	资产3	
20	1	0.3093	1.1781	-0.7181	0.0978	0.5445	-0.6586	8.09%	26.35%	-68.01%	-21.59%
21	2	0.1680	0.9119	0.9684	0.0531	0.4124	0.6405	6.68%	20.44%	32.61%	21.79%
22	3	-1.6570	-1.0899	-0.0631	-0.5240	-0.6771	-0.0730	-11.57%	-28.28%	-22.65%	-20.74%
2016	1997	-0.1629	0.8619	-0.4294	-0.0515	0.3491	-0.4459	3.37%	17.61%	-51.54%	-17.78%
2017	1998	0.0343	0.4685	1.2360	0.0108	0.2053	0.8848	5.34%	11.18%	51.53%	27.59%
2018	1999	-0.2987	-0.0093	0.7365	-0.0944	-0.0418	0.5319	2.01%	0.13%	24.20%	11.53%
2019	2000	0.7782	-0.1297	0.2343	0.2461	0.0428	0.2674	12.78%	3.91%	3.72%	6.49%

在 E、F 和 G 列中,我们使用 Cholesky 分解来生成相关的标准正态分布随机数。然后,我们使用这些数字,并采用对数正态分布(见 H、I 和 J 列)来模拟资产价格的变化。[①]一旦完成对资产收益率的建模,对投资组合收益率进行建模就简单了(参见第 10 章)。然后我们使用 Percentile.Inc( )公式估计 1% 水平下的风险价值(单元格 B10)。

在 R 中实现这种方法如下:

```
128  ## Monte-Carlo simulation VaR of the 3-asset portfolio
129
130  # Assets Variance
131  asset_var <- diag(cov_mat)
132
133  # Lower-Triangular Cholesky Decomposition
134  chol_decompos <- t(chol(cov_mat))
135
136  n <- 10000 # number of simulations
137
138  # Simulate correlated random variables
139  Z <- t( sapply(1:n, function(x) chol_decompos %*% rnorm(n = 3, mean = 0, sd = 1)))
140
141  # Simulate Monthly Returns Of 3 Correlated Stocks
142  sim_asset_ret <- apply(Z, 1, function(z) ( (mean_ret - 0.5 * asset_var)
143                                           + sqrt(asset_var) * z) )
144
145  # Simulate Portfolio Return
146  port_ret <- t(sim_asset_ret) %*% port_prop
147
148  # Calculate the 1% Percentile Return
149  percentile <- quantile(port_ret, probs = 0.01)
150
151  # VaR at 1.00%  level
152  var_monte_carlo <- percentile * Init_invst
```

三资产投资组合的历史法风险价值

三资产投资组合的历史法风险价值很容易计算。我们只需观察过去样本期间(下例中为 50 年)每一年的各项资产收益率。然后,我们在假设比例不变的情况下计算每个时期的投资组合收益率。最后,我们使用 Percentile.Inc( )函数估计投资组合的 1% 水平下的风险价值(单元格 B10)。

	A	B	C	D	E	F
1	三资产问题的历史法风险价值					
2		组合比例				
3	资产1	0.30				
4	资产2	0.25				
5	资产3	0.45				
6						
7	初始投资	100				
8	概率	1.00%				
9	百分位数	-59.30%	<-=PERCENTILE.INC(E14:E63,B8)			
10	风险价值	-59.29806	<-=B9*B7			
11						
12			实际资产收益率		组合	
13	试验	资产1	资产2	资产3		
14	1	-3.15%	-15.77%	-22.12%	-14.84%	<-{=MMULT(B14:D14,$B$3:$B$5)}
15	2	6.32%	-19.20%	-50.93%	-25.83%	
16	3	3.97%	11.45%	-13.30%	-1.93%	
62	49	2.31%	-26.09%	176.67%	73.67%	
63	50	-10.60%	32.01%	-75.94%	-29.35%	

---

① 详情请参见第 23 章。

R 实现如下：

```
154  ## Historical VaR of the 3-asset portfolio
155  # Read the return data from the csv file
156  asset_ret <- as.matrix(read.csv("Chapter_25_Data_2.csv"))
157  port_ret <- asset_ret %*% port_prop
158
159  # Calculate the 1% Percentile Return
160  percentile <- quantile(port_ret, probs = 0.01)
161
162  # VaR at 1.00%  level
163  Var_historical <- percentile * Init_invst
```

25.4　回溯测试

任何实证工作都应根据其预测的有用性进行评估。回溯测试是一个评估风险价值的有用性的过程。一旦收集了足够的数据，我们就可以使用回溯的方法，从统计上检验风险价值指标在多大程度上反映了投资组合的风险。一般来说，有两种回溯测试方法：

（1）覆盖率检验（coverage test）基本上是一种统计检验，其中零假设（H_0）是每个观测周期都来自二项分布。这也被称为假设检验。这些检验方法是检查观测值的频率是否与风险价值指标所要反映的损失分位数一致。

（2）整体分布检验（whole distribution test）是检验风险价值中假设的分布是否在样本中被观察到。一般来说，这些检验是风险价值测度对整体分布预测的拟合优度检验。

一个标准的覆盖率检验

在标准的覆盖率检验中，我们首先阐述零假设：观察到的分布来自二项分布。例如，如果我们的风险价值是 1‰水平的风险价值，我们正在 750 个观测值上检验它，$H_0 = Observation_i \sim B(750, 99\%)$，然后我们可以说，在 5‰的显著性水平下，如果超过 13 个观测值或少于 3 个观察值超过风险价值值，将拒绝风险价值指标。

	A	B	C	D	E	F	G
1			回溯测试——标准的覆盖率检验				
2	当前风险价值的水平	1%					
3	n	750					
4	显著性水平	5%					
5							
6	置信区间						
7	上界	13	<-=B3-BINOM.INV(B3,1-B2,B4/2)				
8	下界	3	<-=B3-BINOM.INV(B3,1-B2,1-B4/2)				
9	非拒绝值	3-13	<-=B8&"-"&B7				

注意，我们使用了 Binom.inv()函数，采用对称分布假设来检验风险价值。
在 R 中实现是这样的：

```
166  ## The Standard Coverage Test
167  # Inputs
168  VaR_level <- 0.01
169  n <- 750
170  signif_level <- 0.05
171
172  # Confidence interval
173  upper_bound <- qbinom(1-Signif_level/2, n, VaR_level) # Similar to Excel's BINOM.INV
174  lower_bound <- n - qbinom(1-Signif_level/2, n, 1-VaR_level)
175  non_rejection_values <-  paste(lower_bound, "-", upper_bound, sep = "")
```

我们可以利用这个结果来制定各种变量和样本量的置信区间(我们的非拒绝值):

	A	B	C	D	E	F	G
1			回溯测试——标准的覆盖率检验				
2	当前风险价值的水平	1%					
3	n	750					
4	显著性水平	5%					
5							
6	置信区间						
7	上界	13	<--=B3-BINOM.INV(B3,1-B2,B4/2)				
8	下界	3	<--=B3-BINOM.INV(B3,1-B2,1-B4/2)				
9	非拒绝值	3-13	<--=B8&"-"&B7				
10							
11	非拒绝值 (5% 显著性水平)					模拟运算表表头: =B9	
12	↓ 样本大小; → VaR 水平						
13	3-13	0.50%	1%	2.50%	5%	10%	
14	50	0-2	0-2	0-4	0-6	1-9	<--{=TABLE(B2,B3)}
15	100	0-2	0-3	0-6	1-10	5-16	
16	200	0-3	0-5	1-10	4-16	12-29	
17	250	0-4	0-6	2-11	6-20	16-35	
18	500	0-6	1-10	6-20	16-35	37-64	
19	750	1-8	3-13	11-28	26-50	59-91	
20	1000	1-10	4-17	16-35	37-64	82-119	
21	1250	2-12	6-20	21-42	48-78	105-146	
22	1500	3-13	8-23	26-50	59-92	128-173	

整体分布检验

分布检验不仅可以用于检验特定的风险价值损失分位数,而且可以用于研究风险价值所表征的整体分布。例如,一个简单的分布检验可以通过对许多不同的风险价值分位数执行多个覆盖率检验来实现。基本覆盖率检验用于评估风险价值在 1%,2.5%,5%,10%,15%,…,80% 等不同水平下的估计准确性情况。总的来说,这些分析提供了一个粗略的拟合优度检验,以衡量风险价值指标如何更好地表征投资组合的整体分布。我们使用前面的例子来说明如何进行整体分布检验:

	A	B	C
1		回溯测试——整体分布,简单的方法	
2	当前风险价值的水平	1%	
3	n	750	
4	显著性水平	5%	
5			
6	置信区间		
7	上界	13	<--=B3-BINOM.INV(B3,1-B2,B4/2)
8	下界	3	<--=B3-BINOM.INV(B3,1-B2,1-B4/2)
9	非拒绝值	3-13	<--=B8&"-"&B7
10			
11	非拒绝值 (5% 显著性水平)		
12	VaR level	非拒绝值	
13		3-13	模拟运算表表头: =B9
14	0.50%	1-8	<--{=TABLE(,B2)}
15	1.00%	3-13	<--{=TABLE(,B2)}
16	2.50%	11-28	
17	5.00%	26-50	
18	10.00%	59-91	
19	15.00%	94-132	
20	20.00%	129-172	
21	35.00%	237-288	
22	50.00%	348-402	
23	80.00%	578-621	

R 中的实现如下图所示:

```
177  # Data Table variables
178  VaR_levels <- c(0.005, 0.01, 0.025, 0.05, 0.1)
179  n <- c(50, 100, 200, 250, 500, 750, 1000, 1250, 1500) #Sample size
180
181  #  define function for the non-rjection values
182▾ non_rej_val <- function(VaR_level, n){
183    upper_bound <- qbinom(1-Signif_level/2, n, VaR_level) # Similar to Excel's BINOM.INV
184    lower_bound <- n - qbinom(1-Signif_level/2, n, 1-VaR_level)
185    non_rejection_values <-  paste(lower_bound, "-", upper_bound, sep = "")
186    return(non_rejection_values)
187  }
188
189  # run function for each combination
190  results <- outer(VaR_levels, n, FUN = "non_rej_val")
191  colnames(results) <- n
192  rownames(results) <- VaR_levels
193  results
```

结果是：

```
> results
        50       100      200      250      500      750      1000      1250       1500
0.005  "0-2"    "0-2"    "0-3"    "0-4"    "0-6"    "1-8"    "1-10"    "2-12"     "3-13"
0.01   "0-2"    "0-3"    "0-5"    "0-6"    "1-10"   "3-13"   "4-17"    "6-20"     "8-23"
0.025  "0-4"    "0-6"    "1-10"   "2-11"   "6-20"   "11-28"  "16-35"   "21-42"    "26-50"
0.05   "0-6"    "1-10"   "4-16"   "6-20"   "16-35"  "26-50"  "37-64"   "48-78"    "59-92"
0.1    "1-9"    "5-16"   "12-29"  "16-35"  "37-64"  "59-91"  "82-119"  "105-146"  "128-173"
> |
```

26

期权复制和期权策略

26.1 概述

本章我们模拟期权和期权策略。我们首先展示如何用股票和债券的动态投资组合复制股票期权。然后,我们将这种方法应用于投资组合保险(认沽期权和股票的组合)和蝶式期权组合。我们的方法源于 Black-Scholes 公式。该公式可以解释为,期权是一种由基础资产头寸和无风险资产头寸组成的投资组合,这两种头寸都随着时间的推移而动态调整。值得注意的是,Black-Scholes 公式表明,如果调整过程是连续的,那么动态策略是自融资的:初始投资组合建立后不需要额外的现金流。

在更现实的情况下,期权策略组合当然不可能被连续复制。我们必须通过只做周期性调整来妥协,这迫使我们考察:(1)如何随着时间的推移确定策略;(2)妥协策略在复制期权策略中的表现如何。我们将展示解决这个问题的几种方法。

在本章中,我们假设复制是为定价目的而进行的,因此我们采用风险中性方法(即使用 r_f 而不是期望(风险)收益率来进行基础资产模拟)。

背景:价格模拟和 Black-Scholes 公式

回想一下第 23 章,模拟股票价格的方法是模拟 $S_{t+\Delta} = S_t e^{(\mu-0.5\sigma^2)\Delta t + \sigma\sqrt{\Delta t}Z}$,其中 Z 抽取自标准正态分布。在 Excel 和 R 中,这个公式变成:

$$S_{t+\Delta} = S_t \cdot \exp[(\mu - 0.5\sigma^2)\Delta t + \sigma\sqrt{\Delta t} \cdot \text{Norm.S.Inv}(\text{Rand}())]$$

我们将在本章中使用这个公式来模拟股票价格。

再回想一下第 18 章中解释过的 Black-Scholes 公式,该公式指出,欧式认购期权和认沽期权的价格由以下公式给出:

$$认购期权 = SN(d_1) - Xe^{-rT}N(d_2)$$
$$认沽期权 = Xe^{-rT}N(-d_2) - SN(-d_1)$$

其中,

$$d_1 = \frac{\ln\left(\dfrac{S}{X}\right) + (r + 0.5 \cdot \sigma^2)T}{\sigma\sqrt{T}}, \quad d_2 = d_1 - \sigma\sqrt{T}$$

在本章中，我们对该公式的解释是，我们可以用一个标的股票的多头或空头头寸和无风险资产（即"债券"）的多头或空头头寸复制期权。

	股票仓位	债券仓位
认购期权 $= SN(d_1) - Xe^{-rT}N(d_2)$	$S_t N(d_1)$ 股票多头头寸	$-Xe^{-rT(d_2)}$ 债券空头头寸
认沽期权 $= -SN(-d_1) + Xe^{-rT}N(-d_2)$	$-S_t N(-d_1)$ 股票空头头寸	$Xe^{-rT(-d_2)}$ 债券多头头寸

因此，如果我们用包含股票和债券的投资组合复制一个期权，这个投资组合需要经常再平衡。布莱克和斯科尔斯在他们 1973 年的开创性论文中证明了一个显著事实：如果再平衡是连续的，那么股票和债券头寸的改变恰好相互抵消。这种零投资性质也被称为"自融资"，这是 Black-Scholes 复制投资组合的一个特点。

虽然我们不能在这个框架中证明这一事实，但我们可以给出一些直觉理解。在下面的电子表格中，我们观察了两个非常接近的时间。在 $t=0$ 时刻，我们为当前股票价格 $S_0=50$ 的认购期权定价。该期权的行权价格为 $X=50$，到期时间为 $T=0.5$。期权的复制投资组合中股票为 28.969 8，债券为 -24.274 5，认购期权价值为 4.695 2（单元格 B19）。

在时间 $\Delta t = 1/250$（大约 1 天后）时，随机生成的股票价格为 49.870 8。现在复制投资组合中股票为 28.640 1，债券为 -24.039 9。为了计算达到这个投资组合所需的投资，我们必须对前期投资的股票和债券进行重估。上一期股票仓位价值变更为 $28.969\ 8 \times 49.870\ 8/50 = 28.894\ 9$，上一期债券头寸现在的价值为 $-24.274\ 5 \times e^{0.04 \times 1/250} = -24.278\ 4$（增加了一天的利息）。这意味着我们必须出售一些股票：$(28.640\ 1 - 28.894\ 9) = 0.254\ 8$。因此，股票头寸变化产生的现金流是正的。在债券头寸中，我们想要将债务 $-24.278\ 4$ 改变至 $-24.039\ 9$；这意味着我们需要 0.238 5 的现金来偿还部分债务。这些变动产生的现金流量净额为 $+0.254\ 9 - 0.238\ 6 = 0.016\ 3$。参见下面电子表格：

	A	B	C	D
1		作为一个投资组合的BLACK-SCHOLES 模型		
2	Delta_t	0.0040	<-- =1/250	
3				
4		时间 = 0	时间 = Δt	
5	S	50.0000	49.8708	<-- 49.8708
6	X	50.0000	50.0000	
7	r	4.00%	4.00%	
8	T,期权到期时间	0.5000	0.4960	<--=B8-B2
9	Sigma	30%	30%	
10				
11	d_1	0.2003	0.1873	<--=(LN(C5/C6)+(C7+0.5*C9^2)*C8)/(C9*SQRT(C8))
12	d_2	-0.0118	-0.0240	<--=C11-SQRT(C8)*C9
13				
14	$N(d_1)$	0.5794	0.5743	<--=NORM.S.DIST(C11,1)
15	$N(d_2)$	0.4953	0.4904	<--=NORM.S.DIST(C12,1)
16				
17	股票仓位, S*N(d_1)	28.9698	28.6401	<--=C5*C14
18	债券仓位, -X*N(d_2)	-24.2745	-24.0399	<--=-C6*EXP(-C8*C7)*C15
19	认购期权价值	4.6952	4.6002	<--=SUM(C17:C18)
20				
21	仓位价值变动:			
22		Δt 之前仓位的价值	Δt时因仓位变动而得到的现金	
23	股票	28.8949	0.2548	<--=B23-C17
24	债券	-24.2784	-0.2385	<--=B24-C18
25	总计		0.0163	<--=SUM(C23:C24)
26		=B17*C5/B5		
27				
28				=B18*EXP(B7*B2)

本章的 Excel 工作簿为前面的例子提供了一个动态的电子表格，它会随着每次按 F9 键而改变数值。使用这个电子表格，你可以确认：

- 仓位价值变动之间很少能完全抵消。
- Δt 越小，来自持仓变化的净现金流就越小。Black-Scholes 证明，在极限情况下，这种净现金流总是为零，因此该策略是完全自融资的。

使用 R 进行一周模拟

将分两个步骤实现相同的方法。第一步，我们定义 Black-Scholes（Merton）期权定价公式。它看上去应该是这样的：

```
10  # B&S d1
11  fm5_bs_d1 <- function(S, X, t, r, sigma_S, k=0){
12      return( ( log(S/X) + (r -k + 0.5 * sigma_S ^ 2) * t ) / ( sigma_S * sqrt(t)) )
13                                                              }
14
15  # Function: d2
16  fm5_bs_d2 <- function(S, X, t, r, sigma_S, k=0){
17      return(fm5_bs_d1(S, X, t, r, sigma_S, k) - sigma_S * sqrt(t))
18                                                              }
19
20  # B&S Call option
21  fm5_bs_call <- function(S, X, t, r, sigma_S, k = 0){
22      d_1 <- fm5_bs_d1 (S, X, t, r, sigma_S, k=0)
23      d_2 <- fm5_bs_d2 (S, X, t, r, sigma_S, k=0)
24      return(S * pnorm(d_1, mean = 0, sd = 1) * exp(-k * t) -
25             X * exp(-r*t) * pnorm(d_2, mean = 0, sd = 1))
26                                                              }
27  # B&S Put option
28  fm5_bs_put <- function(S, X, t, r, sigma_S, k = 0){
29      d_1 <- fm5_bs_d1 (S, X, t, r, sigma_S, k=0)
30      d_2 <- fm5_bs_d2 (S, X, t, r, sigma_S, k=0)
31      return(X * exp(-r*t) * pnorm(-d_2, mean = 0, sd = 1) -
32             S * pnorm(-d_1, mean = 0, sd = 1) * exp(-k * t))
33                                                              }
34
35  # Option pricing example
36  fm5_bs_call(S = 50, X = 50, r = 0.04, t = 0.5, sigma_S = 0.3)
37  fm5_bs_put(S = 50, X = 50, r = 0.04, t = 0.5, sigma_S = 0.3)
```

第二步，我们定义自融资投资组合并在前面的例子中实现它，如下所示：

```
39  # Self-Financing Call position
40  fm5_sf_call_pos <- function(S, X, t, r, sigma_S, k=0){
41      # B&S d1
42      d_1 <- fm5_bs_d1 (S, X, t, r, sigma_S, k=0)
43      # B&S d2
44      d_2 <- fm5_bs_d2 (S, X, t, r, sigma_S, k=0)
45      # returns position in (S, X)
46      return(c( S = S * pnorm(d_1, mean = 0, sd = 1),
47             X = - X * exp(-r*t) * pnorm(d_2, mean = 0, sd = 1)))
48                                                              }
49
50  # Example 1: Option Replication
51  S0 <- 50
52  X <- 50
53  r <- 0.04
54  t0 <- 0.5
55  sigma_S <- 0.3
56
57  # T = 0
58  pos_t0 <-fm5_sf_call_pos(S = S0, X = X, t = t0, r = r, sigma_S = sigma_S)
59
60  # Delta t = 1/250
61  del_t <- 1/250
62  t <- 0.5 - del_t
63  St <- 49.8708
64
65  # Calculate new position
66  pos_t0.496 <- fm5_sf_call_pos(S = St, X = X, t = t, r = r, sigma_S = sigma_S)
67
68  # Value at time t of the initial position
69  val_del_t <- c(St/S0, exp(r*del_t)) * pos_t0
70
71  # Change in cash
72  sum(val_del_t - pos_t0.496)
```

结果是：

```
> # Change in cash
> sum(val_del_t - pos_t0.496)
[1] 0.01627404
>
```

26.2　不完美但无现金的认购期权复制

使用 Black-Scholes 公式完美地复制认购期权需要连续交易。假设我们在严格遵循 Black-Scholes 公式上做了一点妥协。接下来,我们使用复制策略,并强制其自融资。我们的做法如下:

- 在 0 时刻,我们设定初始投资组合如 Black-Scholes 公式所规定:

$$Stock_0 = S_0 N(d_1), \quad Bond_0 = -X \cdot e^{-rT} N(d_2)$$

- 在 $t>0$ 时刻,我们将股票头寸设置为 $S_t N(d_1)$,但我们将债券头寸设置为股票头寸变化产生的现金流:

$$Bond_{t+\Delta t} = \underbrace{Bond \times e^{r\Delta}}_{\substack{t\text{时刻的债券在} \\ t+\Delta\text{时刻的价值}}} + \underbrace{S_t N(d_{1,t}) \times \frac{S_{t+\Delta}}{S_t}}_{\substack{t\text{时刻的股票在} \\ t+\Delta\text{时刻的价值}}} - \underbrace{S_{t+\Delta} N(d_{1,t+\Delta})}_{\substack{t+\Delta\text{时刻} \\ \text{适意的股票仓位}}}$$

$$= Bond_t \times e^{r\Delta} + S_{t+\Delta}[N(d_{1,t}) - N(d_{1,t+\Delta})]$$

这是它看起来的样子。在 $t=0$ 时,复制的投资组合完全等价于 Black-Scholes 结果(单元格 H13:I13),但在 $t>0$ 时,Black-Scholes 值与投资组合值不同(尽管非常接近)。

	A	B	C	D	E	F	G	H	I
1				用不完美但无现金的投资组合复制的认购期权 不需要随着时间的推移进行投资,但并不完全匹配 Black-Scholes模型					
2	S_0, 股票价格	50							
3	X, 行权价格	50							
4	T, 行权日	0.5		{=E12*EXP(interest*Delta_t)+B13*(NORM.S.DIST(done(B12,exercise,C12,interest,Sigma),1)-NORM.S.DIST(done(B13,exercise,C13,interest,Sigma),1))}					
5	股票收益率的波动率	30%							
6	r,利率	4%							
7	Delta_t	0.0192	<--=1/52	{=B13*NORM.S.DIST(done(B13,exercise,C13,interest,Sigma),1)}					
8									
9									
10				复制组合			BS与组合价值比较		
11	周	股票价格	剩余时间	股票	债券		组合	BS	组合减去 BS
12	0	50.0000	0.5000	28.9698	-24.2745		4.6952	4.6952	0.0000
13	1	52.7105	0.4808	35.5129	-29.2659		6.2470	6.2951	-0.0481
14	2	54.7867	0.4615	40.5015	-32.8783		7.6233	7.6616	-0.0384
15	3	55.5116	0.4423	42.2962	-34.1623		8.1338	8.1049	0.0289
16	4	57.8294	0.4231	47.6378	-37.7642		9.8736	9.8462	0.0273
17	5	56.3170	0.4038	44.4529	-35.8542		8.5987	8.5272	0.0715
18	6	52.7845	0.3846	35.8803	-30.0975		5.7827	5.8151	-0.0324
19	7	55.1962	0.3654	42.1234	-34.7244		7.3990	7.4475	-0.0485
20	8	54.9457	0.3462	41.6695	-34.4885		7.1811	7.1476	0.0334
21	9	58.1823	0.3269	49.5781	-39.9691		9.6091	9.6562	-0.0472
22	10	61.1340	0.3077	55.8716	-43.7781		12.0935	12.1770	-0.0835
23	11	61.1522	0.2885	56.2299	-44.1535		12.0764	12.1104	-0.0339
24	12	63.7266	0.2692	60.9187	-46.5090		14.4097	14.4521	-0.0424
25	13	66.1848	0.2500	64.7185	-47.9948		16.7237	16.7684	-0.0447
26	14	66.5013	0.2308	65.3567	-48.3604		16.9963	17.0231	-0.0268
27	15	67.5515	0.2115	66.8475	-48.8563		17.9912	18.0073	-0.0161
28	16	66.6355	0.1923	65.9348	-48.8876		17.0472	17.0514	-0.0042
29	17	68.5495	0.1731	68.2704	-49.3669		18.9035	18.9057	-0.0022
30	18	70.6508	0.1538	70.5698	-49.6116		20.9582	20.9603	-0.0021
31	19	67.9058	0.1346	67.7729	-49.5947		18.1782	18.1787	-0.0005
32	20	69.1160	0.1154	69.0792	-49.7314		19.3478	19.3472	0.0006
33	21	66.0597	0.0962	65.9918	-49.7369		16.2549	16.2535	0.0014
34	22	61.6261	0.0769	61.3314	-49.5438		11.7876	11.7876	-0.0001
35	23	61.1329	0.0577	61.0025	-49.7439		11.2586	11.2510	0.0076
36	24	62.1778	0.0385	62.1725	-49.9095		12.2630	12.2547	0.0082
37	25	60.1414	0.0192	60.1411	-49.9528		10.1883	10.1798	0.0085
38	26	55.2421	0.0000						
39									
40	组合最终收益								
41	完美复制	5.2421	<--=MAX(B38-exercise,0)						
42	投资收益	5.2506	<--=D37*B38/B37+EXP(interest*Delta_t)*E37						

在 R 中实现如下：

```
88  # Inputs:
89  S0  <- 50.00
90  X   <- 50.00
91  t <- 0.5 # strike date
92  sigma <- 0.30
93  r <- 0.04
94  delta_t <- 1/52
95
96  # Generate a Random Stock Price Path
97  stock_ret <- sapply(rnorm(t/delta_t), function(z)
98      exp((r - 0.5 * sigma ^ 2) * delta_t + sqrt(delta_t) * sigma * z) )
99  St <- c(S0, cumprod(stock_ret) * S0)
100
101 # Time remaining
102 time <- t - delta_t * 0:26
103
104 # Calculate Nd1
105 Nd1 <- pnorm(mapply(fm5_bs_d1, St, X, time, r,sigma))
106
107 # Stock Position
108 stock_pos <- Nd1 * St
109 stock_pos[27] <- St[27]/St[26] * stock_pos[26]
110
111 # Bond Initial position
112 bond_pos <- -exp(-r * t) * X * pnorm( fm5_bs_d2(S0, X, t, r,sigma) )
113
114 # Bond Cash Flow
115 cf <- c(bond_pos, -diff(Nd1) * St[-1])
116
117 # Bond position t = 1 to t = 25
118 for (i in 2:26){
119     bond_pos[i] <- bond_pos[i-1] * exp(r*delta_t) + cf[i]
120                 }
121
122 # Bond position t = 26
123 bond_pos[27] <- bond_pos[26] * exp(r*delta_t)
124
125 # Investment payoff
126 investment_payoff <- stock_pos[27] + bond_pos[27]
127
128 # Perfectly replicated payoff
129 final_payoff <- max(0, St[27]-X)
```

我们运行这个模拟 50 次，并将完美复制的收益与投资组合的收益进行比较。我们使用第 28 章"空白单元格上的模拟运算表"中的技术来运行模拟。我们的结论是：总的来说，不完美复制策略是可行的。[①]

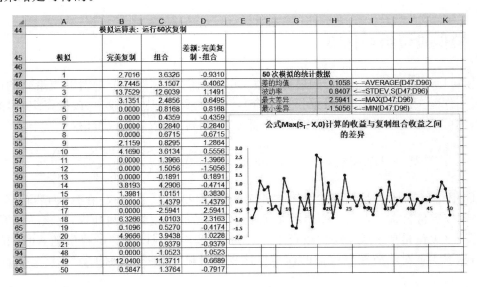

---

① 在本书的配套网站上，你可以找到用 R 进行的 50 个试验。

通过简单的分析，我们可以对认沽期权做同样的事情。为认沽期权重新得到数学结果如下：[1]

$$Bond_{t+\Delta t} = \underbrace{Bond \times e^{r\Delta t}}_{\substack{t\text{时刻的债券在} \\ t+\Delta t\text{时刻的价值}}} - \underbrace{S_t N(d_{1,t}) \times \frac{S_{t+\Delta t}}{S_t}}_{\substack{t\text{时刻的股票在} \\ t+\Delta t\text{时刻的价值}}} + \underbrace{S_{t+\Delta t} N(d_{1,t+\Delta t})}_{\substack{t+\Delta t\text{时刻} \\ \text{适意的股票仓位}}}$$

$$= Bond_t \times e^{r\Delta t} + S_{t+\Delta t}[-N(-d_{1,t}) + N(-d_{1,t+\Delta t})]$$

将此应用于模拟并运行 50 次：

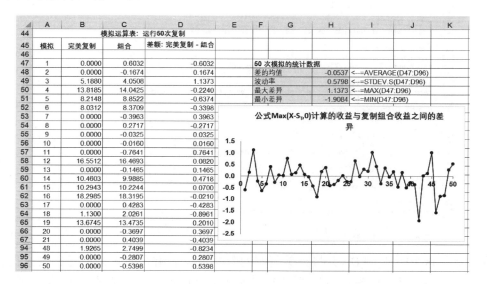

26.3 模拟投资组合保险

期权可以用来保证股票投资的最低收益。正如我们在第 16.5 节中对期权策略的讨论所显示的，当你购买一只股票（或股票投资组合），同时购买一只这只股票（或投资组合）的认沽期权时，你可以保证该策略的收益永远不会低于股票认沽期权的行权价格：

$$股票 + 认沽期权 = S_T + \max(X - S_T, 0) = \begin{cases} S_T, \text{如果 } S_T > X \\ X, \text{如果 } S_T \leqslant X \end{cases}$$

我们不可能在所有投资组合中都找到市场上交易的认沽期权；在这种情况下，Black-Scholes 期权定价公式可以向我们展示如何通过动态策略来复制认沽期权，在该动态策略中，对风险资产（无论是单一股票还是投资组合）的投资和对无风险债券的投资随着时间的推移而变化，从而实现对认沽期权收益的模拟。该复制策略是这里讨论的投资组合保险策略的核心。

---

[1] 在本书的配套网站上，你可以找到认沽期权和用 R 进行的 50 次试验。

我们从以下简单的例子开始考察：你决定投资一股 GP 的股票，目前的价格是 56 美元。该股票不支付股息。你希望在年底获得好的资本收益，但你担心股价可能会下跌。为了防止股票价格下跌带来损失，你决定购买该股票的欧式认沽期权。你购买的认沽期权允许你在一年结束时以 50 美元的价格出售该股票。认沽期权的成本为 2.38 美元，该价格是由 Black-Scholes 模型（参见第 18 章）得出的，使用了以下参数：$S_0 = 56$ 美元，$X = 50$ 美元，$\sigma = 30\%$，$r = 4\%$：

	A	B	C
2	S_0	56.00	
3	X	50.00	
4	T	1	
5	r	4.00%	
6	波动率	30%	
7	认沽期权价格	3.01	<-=@bsput(B2,B3,B4,B5,B6)

这种保护性认沽期权策略或投资组合保险策略，保证你在 GP 股票上的损失将不超过 6 美元（56－50＝6）。如果股票在年底的价格超过 50 美元，你将仅仅让认沽期权到期而不行使它。然而，如果股票在年底的价格低于 50 美元，你将行使认沽期权并收回 50 美元。这就像你购买了一份 6 美元免赔额的股票保险。

当然，这种保护不是没有代价的：你不是在你的单股股票上投资 56 美元，而是投资了 59.01 美元。你可以把额外的 3.01 美元存入银行，并在一年中赚取 4%×3.01 美元＝0.120 3 美元；或者，你可以用 3.01 美元购买更多的股票。

为了解该策略的工作原理，我们对作为股票最终价格 S_T 的函数的策略利润进行敏感性分析：

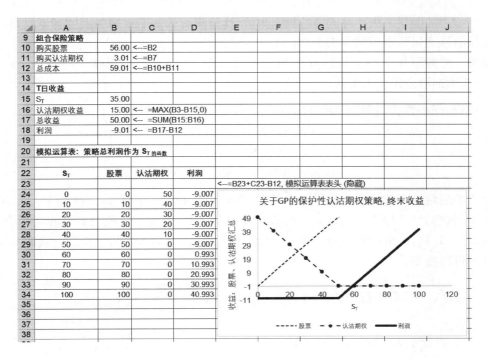

	A	B	C	D
9	组合保险策略			
10	购买股票	56.00	<-=B2	
11	购买认沽期权	3.01	<-=B7	
12	总成本	59.01	<-=B10+B11	
13				
14	T日收益			
15	S_T	35.00		
16	认沽期权收益	15.00	<- =MAX(B3-B15,0)	
17	总收益	50.00	<- =SUM(B15:B16)	
18	利润	-9.01	<- =B17-B12	
19				
20	模拟运算表: 策略总利润作为 S_T 的函数			
21				
22	S_T	股票	认沽期权	利润
23				<-=B23+C23-B12, 模拟运算表表头 (隐藏)
24	0	0	50	-9.007
25	10	10	40	-9.007
26	20	20	30	-9.007
27	30	30	20	-9.007
28	40	40	10	-9.007
29	50	50	0	-9.007
30	60	60	0	0.993
31	70	70	0	10.993
32	80	80	0	20.993
33	90	90	0	30.993
34	100	100	0	40.993

关于GP的保护性认沽期权策略, 终末收益

无可交易认沽期权时的投资组合保险

在前面的例子中,我们通过购买一个基础资产与我们的股票组合完全对应的认沽期权,实现了投资组合保险策略。但这种方法可能并不总是可行的:

- 我们希望保险的股票可能没有认沽期权交易。
- 也可能是我们想为更复杂的一篮子资产购买投资组合保险,比如股票投资组合。投资组合确实存在认沽期权(例如,SP100 和 SP500 投资组合存在交易的认沽期权),但大多数投资组合都没有可交易的认沽期权。

这时,Black-Scholes 期权定价模型提供了帮助。从这个公式可以得出,股票的认沽期权(从这里开始,"股票"将被用来指称股票投资组合以及单只股票)只是由股票的空头头寸和无风险资产的多头头寸组成的、两者的头寸都被连续地调整的投资组合。例如,考察一个到期时间为 $T=1$、行权价格为 X 的认沽期权的 Black-Scholes 公式。在 t 时刻,$0 \leqslant t < 1$,认沽期权的值如下:

$$P_t = Xe^{-r(1-t)}N(-d_2) - S_t N(-d_1)$$

$$d_1 = \frac{\ln\left(\frac{S_t}{X}\right) + (r + 0.5\sigma^2)(1-t)}{\sigma\sqrt{1-t}}, \ d_2 = d_1 - \sigma\sqrt{1-t}$$

其中,$1-t$ 是剩余到期时间;S_t 为股票在 t 时刻的价格。

因此,购买认沽期权相当于投资 $Xe^{-r(1-t)}N(-d_2)$ 在时间 1 到期的无风险债券和投资 $-S_t N(-d_1)$ 的股票。由于对股票的投资为负,这意味着认沽期权相当于持有该股票的空头头寸和持有该无风险资产的多头头寸。

购买一股股票加上一个认沽期权所需的总投资为 $S_t + P_t$。把这个写下来,将 Black-Scholes 认沽期权公式代入得到:

$$
\begin{aligned}
\text{总投资,保护性认沽期权策略} &= S_t + P_t \\
&= S_t + [Xe^{-r(1-t)}N(-d_2) - S_t N(-d_1)] \\
&= S_t(1 - N(-d_1)) + Xe^{-r(1-t)}N(-d_2) \\
&= S_t N(d_1) + Xe^{-r(1-t)}N(-d_2)
\end{aligned}
$$

这里的最后一个等式基于这样一个事实:对于标准正态分布而言,$N(-x) = 1 - N(x)$。看待这个问题的另一种方式是将 t 时刻的总投资 $S_t + P_t$ 视为一个股票和债券的组合;我们可以问,在 t 时刻,这个投资组合中投资于股票的比例 ω_t 是多少? 将上面的公式改写为投资组合比例可以得到:

$$\text{投资于股票的比例}(\omega_t) = \frac{S_t N(d_1)}{S_t N(d_1) + Xe^{-r(1-t)}N(-d_2)}$$

$$\text{投资于无风险资产的比例}(1-\omega_t) = \frac{Xe^{-r(1-t)}N(-d_2)}{S_t N(d_1) + Xe^{-r(1-t)}N(-d_2)}$$

概括来说:如果你想购买一个特定的资产组合和一份保险,以保证在 $t=1$ 时你的总投资

将不低于 X，那么在每个时间点（t），你应该在你选择的特定投资组合中投资一定比例 ω_t，在 $t=1$ 到期的无风险纯贴现债券中投资一定比例 $1-\omega_t$。Black-Scholes 认沽期权定价公式可以用来确定这些比例。

一个例子

假设你决定投资 1 000 美元购买 GP 股票（目前价格为 56 美元），并对这些股票采用保护性认沽期权策略，认沽期权行权价格为 50 美元，到期时间为一年。这确保了你在第 1 年年末的每股美元价值将不低于 50 美元。假设 GP 不存在可交易的认沽期权，因此你必须通过投资于股票和无风险贴现债券来创建自己的认沽期权。无风险利率为 4%，GP 的对数收益率的标准差为 30%。

我们将构建一系列投资组合，以周为基础实施该策略。根据上一节的讨论，我们知道这种复制策略并不完美。为了了解它是如何工作的，我们对该策略进行了模拟。

第 0 周：本周初，GP 股票的初始投资应为：

$$\omega_0 = \frac{S_0 N(d_1)}{S_0 + P_0} = \frac{56 \times 0.745\,7}{56 + 3.01} = 70.77\%$$

剩下的比例 $1-\omega_0 = 29.23\%$，投资于一年到期的无风险贴现债券。如果存在可交易的欧式 GP 认沽期权，如果这些认沽期权的行权价格为 50，行权日期为一年后，这些认沽期权的交易价格将为 3.01 美元。你的策略将包括购买 16.95 股 GP（成本＝949.03 美元）和相同数量的认沽期权（总成本＝16.95×3.01＝50.97 美元）。股票和认沽期权的数量可以很容易地被计算出：1 000 /（56+3.01）＝16.95。购买价值 707.72 美元的股票和价值 292.28 美元的债券与最初投资 16.95 份股票和认沽期权完全相同。Black-Scholes 理论保证了这种等价关系。期权价格和适当的投资组合比例的计算如下表所示：

	A	B	C
1		**BLACK-SCHOLES期权定价公式** **应用于GP认沽期权**	
2	S	56.00	股票价格
3	X	50.00	行权价格
4	T	1.00	剩余时间
5	r	4%	无风险利率
6	Sigma	30%	股票波动率
7	认沽期权价格	3.01	<-- 认购期权价格 - S + X*Exp(-r*T)：根据认沽-认购期权平价关系
8			
9	计算投资组合保险比例		
10	ω	70.77%	<-- {=B2*NORM.S.DIST(done(B2,B3,B4,B5,B6),1)/(B2+B7)}，股票的比例
11	1-ω	29.23%	<-- =1-B10，债券的比例
12			
13	初始投资	1,000.00	
14	股票	707.72	<-=B13*B10
15	股数	12.64	<-=B14/B2
16	无风险资产	292.28	<-=B13*B11

你从 $t=0$ 开始，最初的投资是 1 000 美元；现在假设到下周开始（$t=1/52=0.019\,2$）时，GP 的股价上涨到 60 美元。这是你在第 1 周开始时更新的投资组合。我们可以看到，当股票价格上涨时，该股票在投资组合中的比例增加：

	A	B	C
1		更新投资组合保险比例 (S_{t+Δt}=60)	
2	前股票价格 S_t	56.00	
3	前到期时间	1.00	
4	时间间隔, Dt	0.0192	<-=1/52
5	新到期时间	0.9808	<-=B3-B4
6	r	4.00%	无风险利率
7	X	50	行权价
8	Sigma	30%	股票波动率
9	当前股票价格 S_{t+Dt}	60.00	新股票价格
10	当前认沽期权价格 P_{t+Δt}	2.10	<-={bsput(B9,B7,B5,B6,B8)}
11			
12	前投资组合		
13	股票	707.72	
14	债券	292.28	
15			
16	当前未调整的投资组合		
17	股票	758.27	<-=B13*B9/B2
18	债券	292.51	<-=B14*EXP(B6*B4)
19	总计	1,050.78	<-=SUM(B17:B18)
20			
21	计算投资组合保险比例		
22	股票的比例, ω	78.69%	<-={=B9*NORM.S.DIST(done(B9,B7,B5,B6,B8),1)/(B9+B10)}
23	1-ω	21.31%	<-=1-B22

反之，当 Δt 时刻的股价为 50 时，股票占比下降，无风险资产占比上升：

	A	B	C
1		更新投资组合保险比例 (S_{t+Δt}=50)	
2	前股票价格 S_t	56.00	
3	前到期时间	1.00	
4	时间间隔, Dt	0.0192	<-=1/52
5	新到期时间	0.9808	<-=B3-B4
6	r	4.00%	无风险利率
7	X	50	行权价格
8	Sigma	30%	股票波动率
9	当前股票价格 S_{t+Dt}	50.00	新股票价格
10	当前认沽期权价格 P_{t+Δt}	4.88	<-={bsput(B9,B7,B5,B6,B8)}
11			
12	前投资组合		
13	股票	707.72	
14	债券	292.28	
15			
16	当前未调整的投资组合		
17	股票	631.89	<-=B13*B9/B2
18	债券	292.51	<-=B14*EXP(B6*B4)
19	总计	924.40	<-=SUM(B17:B18)
20			
21	计算投资组合保险比例		
22	股票的比例, ω	55.62%	<-={=B9*NORM.S.DIST(done(B9,B7,B5,B6,B8),1)/(B9+B10)}
23	1-ω	44.38%	<-=1-B22

我们现在模拟这种策略：

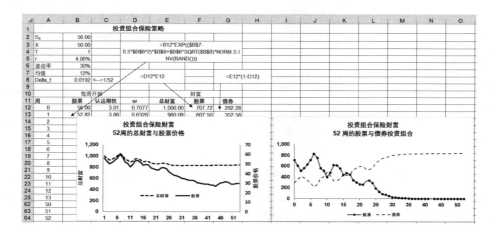

在前述模拟中,股票价格在年内下跌,最终投资组合保险策略的比例将全部在无风险资产上。下面我们提出另一种可能性:股价在一年中上涨,投资组合的比例将越来越高地在股票上,债券占比趋于零。

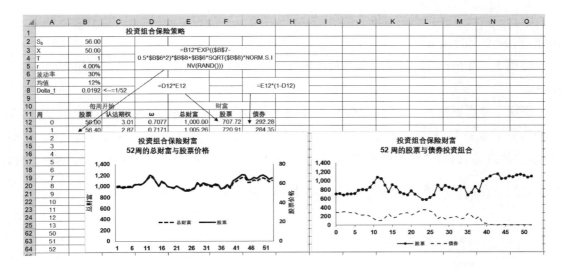

在本书的配套网站上,你可以找到复制上述分析的 R 代码;我们认为,它太技术化且太长,不适合在书中印刷。

26.4 投资组合保险的一些性质

前面的例子解释了投资组合保险的一些典型性质。以下是三个重要的性质:

性质1 当股票价格高于行权价格 X 时,则投资于风险资产的比例 ω 大于 50%。

证明 这个性质的证明需要对 ω 的公式进行一些处理。将 ω 改写为:

$$\omega = \frac{S \cdot N(d_1)}{S \cdot N(d_1) + Xe^{-r(1-t)}N(-d_2)} = \frac{1}{1 + \left(\frac{Xe^{-r(1-t)}N(-d_2)}{SN(d_1)}\right)}$$

我们将证明当 $S \geqslant X$ 时,ω 的分母 <2,这将证明该性质。首先,要注意当 $S \geqslant X$ 时,$X/S<1$。接下来,注意 $e^{-r(1-t)}<1$ 对于所有 $0 \leqslant t \leqslant 1$ 成立。最后,检查下面的表达式:

$$\frac{N(-d_2)}{N(d_1)} = \frac{N(\sigma\sqrt{1-t}-d_1)}{N(d_1)} = \frac{N\left(0.5\sigma\sqrt{1-t}-\left[\ln\left(\frac{S}{X}\right)+r(1-t)\right]/\sigma(1-t)\right)}{N\left(0.5\sigma\sqrt{1-t}+\left[\ln\left(\frac{S}{X}\right)+r(1-t)\right]/\sigma(1-t)\right)} < 1$$

该性质证毕。

性质2 当股票价格上涨时,投资于该股票的比例 ω 增加,反之亦然。

证明 看到这个性质，就足以看到当 S 增大时，认沽期权的价值减小，$N(-d_1)$ 减小。将 ω 的原始定义重写为：

$$\omega = \frac{S[1-N(-d_1)]}{S+P} = \frac{[1-N(-d_1)]}{1+P/S}$$

因此，当 S 增大时，ω 的分母减小，分子增大，这就证明了性质 2。

性质 3 当 $t \to 1$ 时，会发生以下两种情况之一：如果 $S_t > X$，则 $\omega_t \to 1$。如果 $S_t < X$，则 $\omega_t \to 0$。

证明 要看到这一点，请注意当 $S_t > X$ 且 $t \to 1$ 时，$N(d_1) \to 1$ 且 $N(-d_1) \to 0$。因此，在这种情况下 $\omega_t \to 1$。反之，当 $S_t < X$ 且 $t \to 1$ 时，$N(d_1) \to 0$ 且 $N(-d_1) \to 1$，则 $\omega_t \to 0$。严格地说，这些陈述只有在"概率极限"下才成立；参见 Billingsley(1968)。当 $t \to 1$，$S_t/X = 1$ 时，情况如何？在这个例子中 $\omega_t \to \frac{1}{2}$。然而，这种情况发生的概率为零。

26.5 题外话：投资组合总收益保险

说点题外话，我们考察一个有趣的投资组合保险问题。到目前为止，我们只考察了为每股构建一个合成认沽期权的问题。这个问题有一个稍微不同的版本，这里涉及构建一个认沽期权与股票的投资组合以保证总初始投资的总美元收益。一个典型的情景是这样的：

你有 1 000 美元可以投资，你想保证一年后至少会有 1 000z 美元。这里的 z 是一个数字，一般在 0 到 1 之间；例如，如果 $z = 0.93$，这意味着你希望你的最终财富至少是 930 美元。[①] 你想投资当前价格为 S_0 的股票，以及行权价格为 X 的股票认沽期权。你想使得认沽期权的数量等于股票的数量，以便每个"股票＋认沽期权"的"打包"的成本为今天的 $S_0 + P(S_0, X)$。为了实施该策略，你必须购买 α 股股票，其中：

$$\alpha = \frac{1\,000}{S_0 + P(S_0, X)}$$

由于你购买了 α 份股票和 α 份行权价格为 X 的认沽期权，你的投资组合的最低美元收益是 αX。你想让它等于 1 000z，因此你解出 $\alpha = 1\,000z/X$。因此，如果 $S_0 + P(S_0, X) = X/z$，你可以保证你的最低收益。

下面是这个等式在电子表格中的实现。模拟运算表显示了 $S_0 + P(S_0, X) - X/z$ 的图形；当 $S_0 = 56$，$\sigma = 30\%$，$r = 3\%$，$T = 1$，以及 $z = 93\%$ 时，这个图形与 X 轴相交的地方是认沽期权行权价格 X。

---

① 正如我们后面所示，即使使用 $z > 1$，也可以（在一定程度上）保证收益不低于某个值。

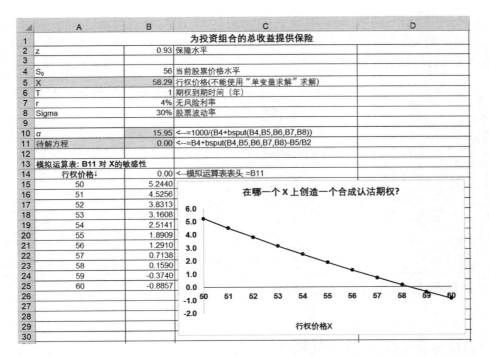

如你所见，使单元格 B11 中的方程为零的 X 在 58 和 59 之间。我们可以使用"规划求解"找到确切值，X＝58.29：

"规划求解"给出了方程 $S_0 + P(S_0, X) - X/z = 0$ 的解。

这个解是购买 $\alpha = 15.953\,6$ 份认沽期权和股票(其成本为 1 000 美元,如下面的单元格 B16 所示)。该投资组合的最低收益为 $\alpha \cdot X = 15.953\,6 \times 58.294\,1 = 930$ 美元(单元格 B19)。

	A	B	C
1			**为投资组合的总收益提供保险**
2	z	0.9300	保障水平
3			
4	S_0	56.0000	当前股票价格水平
5	X	58.2942	行权价格 (不能使用"单变量求解"求解)
6	T	1	期权到期时间 (年)
7	r	4.00%	无风险利率
8	Sigma	30%	股票波动率
9			
10	α	15.9536	<--=1000/(B4+bsput(B4,B5,B6,B7,B8))
11	待解方程	0.00	<--=B4+bsput(B4,B5,B6,B7,B8)-B5/B2
12			
13	检查:		
14	股票成本	893.40	<--=B10*B4
15	认沽期权成本	106.60	<--=B10*bsput(B4,B5,B6,B7,B8)
16	**总成本**	**1,000.00**	<--=B14+B15
17			
18	最小组合收益率	930.00	<--=B10*B5

你能为超过你最初投资的金额保险吗?

当我们提高保险水平时,认沽期权的隐含行权价格必然上升。这意味着,当我们购买更多保险时,我们在 1 000 美元认沽期权(保险)上花费得相对更多,在股票上花费得相对较少(股票有上行潜力)。

我们能为超过目前水平的投资提供保险吗?换句话说,我们可以设置 $z > 1$ 吗?这意味着我们正在选择一个保证我们最终投资超过最初投资的保险水平。稍加思考和计算,我们确实可以选择 $z > 1$,只要 $z < (1 + r)$,也就是说,我们不能保证自己获得大于无风险利率的收益!为了理解这一点,我们展示两个例子。在下面的第一个例子中,我们解出 $z = 1.04 = 1 + r$。这有一个解(注意单元格 B11 的值为零):

	A	B	C
1			**为投资组合的总收益率提供保险** **最低收益率=无风险利率**
2	z	1.0400	保障水平
3			
4	S_0	56.0000	当前股票价格水平
5	X	116.0771	行权价格 (不能使用"单变量求解"求解)
6	T	1	期权到期时间 (年)
7	r	4.00%	无风险利率
8	Sigma	30%	股票波动率
9			
10	α	8.9596	<--=1000/(B4+bsput(B4,B5,B6,B7,B8))
11	待解方程	0.00	<--=B4+bsput(B4,B5,B6,B7,B8)-B5/B2
12			
13	检查:		
14	股票成本	501.74	<--=B10*B4
15	认沽期权成本	498.26	<--=B10*bsput(B4,B5,B6,B7,B8)
16	**总成本**	**1,000.00**	<--=B14+B15
17			
18	最小组合收益率	1,040.00	<--=B10*B5

然而,当 $z > 1.04$ 时没有解。回到本节的第一个图表,我们可以看到,对于高于利率 4% 的收益率 6%($z = 1.06$)是无解的:

	A	B	C
1			**为投资组合的总收益率提供保险** **最低收益率>无风险利率**
2	z	1.06	保障水平
3			
4	S_0	56.0000	当前股票价格水平
5	X	100.0000	行权价格 (不能使用"单变量求解"求解)
6	T	1	期权到期时间 (年)
7	r	4.00%	无风险利率
8	Sigma	30%	股票波动率
9			
10	α	10.3744	<--=1000/(B4+bsput(B4,B5,B6,B7,B8))
11	待解方程	2.05	<--=B4+bsput(B4,B5,B6,B7,B8)-B5/B2
12			
13	检查:		
14	股票成本	580.97	<--=B10*B4
15	认沽期权成本	419.03	<--=B10*bsput(B4,B5,B6,B7,B8)
16	总成本	**1,000.00**	<--=B14+B15
17			
18	最小组合收益率	1,037.44	<--=B10*B5
19			
20	模拟运算表:B11对X的敏感性		
21	行权价格↓	2.05	<-- 模拟运算表表头 =B11
22	50	11.8376	
23	60	7.0267	
24	70	4.2519	
25	80	2.8543	
26	90	2.2477	
27	100	2.0513	
28	110	2.0544	
29	120	2.1508	
30	130	2.2898	
31	140	2.4480	
32	150	2.6149	
33			
34			
35			
36			
37			

在哪一个 X 上创造一个合成认沽期权?

行权价格X

26.6 模拟蝶式期权组合

在本章的最后一个练习中,我们模拟一个蝶式期权组合策略。蝶式期权组合有三种期权。在这一节中,我们模拟一个月(22 个交易日)的蝶式期权组合,每天再平衡头寸。我们的蝶式期权组合由基于当前价格 $S_0 = 35$ 的股票的三个认购期权组成。我们假设股票价格服从 $\sigma = 35\%$ 的对数正态分布,$r = 2\%$。认购期权情况如下:

- 认购期权 1:$X = 20$,头寸为买入 1 个认购期权。
- 认购期权 2:$X = 35$,头寸为卖出 2 个认购期权。
- 认购期权 3:$X = 50$,头寸为买入 1 个认购期权。

蝶式期权组合的收益/利润模式描述如下:

	A	B	C	D	E	F	G	H
1				蝶式期权组合				
2	S_0	35						
3	T	0.087301587	<-=22/252					
4	Sigma	35%						
5	r	2%						
6								
7		行权价格	仓位	成本				
8	认购期权1	20	1	15.03	<-=bscall($B$2,B8,$B$3,$B$5,$B$4)			
9	认购期权2	35	-2	1.47	<-=bscall($B$2,B9,$B$3,$B$5,$B$4)			
10	认购期权3	50	1	0.00	<-=bscall($B$2,B10,$B$3,$B$5,$B$4)			
11	初始成本	12.08962	<-=SUMPRODUCT(C8:C10,D8:D10)					
12								
13	一个利润的例子 (在模拟运算表中使用)							
14	S_T	47						
15	利润1	11.97	<-=C8*(MAX($B$14-B8,0)-D8)					
16	利润2	-21.05	<-=C9*(MAX($B$14-B9,0)-D9)					
17	利润3	0.00	<-=C10*(MAX($B$14-B10,0)-D10)					
18	总计	-9.09	<-=SUM(B15:B17)					
19								
20	模拟运算表: 利润作为 S_T 的函数							
21	S_T	收益						
22		-9.09	<-=B18					
23	0	-12.09						
24	5	-12.09						
25	10	-12.09						
26	15	-12.09						
27	20	-12.09						
28	25	-7.09						
29	30	-2.09						
30	35	2.91						
31	40	-2.09						
32	45	-7.09						
33	50	-12.09						
34	55	-12.09						
35	60	-12.09						
41	90	-12.09						

图表: 蝶式期权组合利润 (纵轴: 蝶式期权组合利润, 横轴: 期末股票价格, S_T)

回顾 Black-Scholes 公式，用 T 表示期权剩余到期时间：

$$Call(X) = S \cdot N(d_1, T) - X \cdot e^{-rT} \cdot N(d_2, T)$$

$$d_1 = \frac{\ln\left(\dfrac{S}{X}\right) + (r + 0.5 \cdot \sigma^2) \cdot T}{\sigma\sqrt{T}}, \quad d_2 = d_1 - \sigma\sqrt{T}$$

为蝶式期权组合构造一个表：

N_{Low} 认购期权	$Call(X_{Low}, t) = N_{Low}[S \cdot N(d_1(X_{Low}, T)) - X_{Low} \cdot e^{-rT}N(d_2(X_{Low}, T))]$
	$d_1(X_{Low}, T) = \dfrac{\ln\left(\dfrac{S}{X_{Low}}\right) + (r + 0.5 \cdot \sigma^2)T}{\sigma\sqrt{T}}, \quad d_2(X_{Low}, T) = d_1(X_{Low}, T) - \sigma\sqrt{T}$
N_{Mid} 认购期权	$Call(X_{Mid}, t) = N_{Mid}[S \cdot N(d_1(X_{Mid}, T)) - X_{Mid} \cdot e^{-rT}N(d_2(X_{Mid}, T))]$
	$d_1(X_{Mid}, T) = \dfrac{\ln\left(\dfrac{S}{X_{Mid}}\right) + (r + 0.5 \cdot \sigma^2)T}{\sigma\sqrt{T}}, \quad d_2(X_{Mid}, T) = d_1(X_{Mid}, T) - \sigma\sqrt{T}$
N_{High} 认购期权	$Call(X_{High}, t) = N_{High}[S \cdot N(d_1(X_{High}, T)) - X_{High} \cdot e^{-rT}N(d_2(X_{High}, T))]$
	$d_1(X_{High}, T) = \dfrac{\ln\left(\dfrac{S}{X_{High}}\right) + (r + 0.5 \cdot \sigma^2)T}{\sigma\sqrt{T}}, \quad d_2(X_{High}, T) = d_1(X_{High}, T) - \sigma\sqrt{T}$

加总上式，我们得到：

$$Butterfly(t) = S_t \{ N_{Low} \cdot N(d_1(X_{Low}, T)) + N_{Mid} \cdot N(d_1(X_{Mid}, T)) \\ + N_{High} \cdot N(d_1(X_{High}, T)) \} + - e^{-rT} \{ N_{Low} \cdot X_{Low} N(d_2(X_{Low}, T)) \\ + N_{Mid} \cdot X_{Mid} N(d_2(X_{Mid}, T)) + N_{High} \cdot X_{High} N(d_2(X_{High}, T)) \}$$

新定义的 VBA 函数为：

$$Butterfly(t) = S_t \cdot butterflyNd_1(X_{Low}, X_{Mid}, X_{High}, N_{Low}, N_{Mid}, N_{High}, S_t, X, t, \sigma, r) \\ - e^{-rT} butterflyNd_2(X_{Low}, X_{Mid}, X_{High}, N_{Low}, N_{Mid}, N_{High}, S_t, X, t, \sigma, r)$$

VBA 函数 butterflyNd1 定义如下（函数 butterflyNd2 类似）：

```
Function butterflyNd1(XLow, XMid, XHigh,
NumberLow, NumberMid, NumberHigh, Stock,
Time, Interest, sigma)
butterflyNd1 = Stock * _
    (NumberLow * Application.Norm_S_Dist
    (dOne(Stock, XLow, Time, Interest, sigma), 1) _
    + NumberMid * Application.Norm_S_Dist
    (dOne(Stock, XMid, Time, Interest, sigma), 1) _
    + NumberHigh * Application.Norm_S_Dist
    (dOne(Stock, XHigh, Time, Interest, sigma), 1))
End Function
```

自融资蝶式期权组合

我们试图保持自融资的要求（即 $t=0$ 之后没有现金流），动态地复制这一头寸。

在 $t=0$ 时刻，我们将股票和债券的投资确定为：

$$Stock(0) = S_0 \left\{ \begin{matrix} N_{Low} \cdot N(d_1(X_{Low}, t=0)) + N_{Mid} \cdot N(d_1(X_{Mid}, t=0)) \\ + N_{High} \cdot N(d_1(X_{High}, t=0)) \end{matrix} \right\}$$

之后，在 $t+\Delta t$ 时刻，我们规定股票投资如前所述，并调整债券投资以抵消股票投资金额的变动：

$$Stock(t+\Delta t) = S_{t+\Delta t} \left\{ \begin{matrix} N_{Low} \cdot N(d_1(X_{Low}, t+\Delta t)) + N_{Mid} \cdot (d_1(X_{Mid}, t+\Delta t)) \\ + N_{High} \cdot N(d_1(X_{High}, t+\Delta t)) \end{matrix} \right\}$$

来自股票头寸的现金流量

股票持仓产生的现金流为时刻 t 持仓的价值减去时刻 $t+\Delta t$ 持仓的价值：

$$Stock\ cash\ flow(t+\Delta t)=Stock(t)\cdot\frac{S_{t+\Delta}}{S_t}-Stock(t+\Delta t)$$

$$=\frac{S_{t+\Delta}}{S_t}\{N_{Low}\cdot N(d_1(X_{Low},\ S_t,\ t))+N_{Mid}\cdot N(d_1(X_{Mid},\ S_t,\ t))$$

$$+N_{High}\cdot N(d_1(X_{High},\ S_t,\ t))\}$$

$$-S_{t+\Delta}\left\{\begin{array}{l}N_{Low}\cdot N(d_1(X_{Low},\ S_{t+\Delta},\ t+\Delta t))\\+N_{Mid}\cdot(d_1(X_{Mid},\ S_{t+\Delta},\ t+\Delta t))\\+N_{High}\cdot(d_1(X_{High},\ S_{t+\Delta},\ t+\Delta t))\end{array}\right\}$$

在 Excel 中：

$$\frac{S_{t+\Delta}}{S_t}\cdot butterflyNd_1(X_{Low},\ X_{Mid},\ X_{High},\ N_{Low},\ N_{Mid},\ N_{High},\ S_t,\ X,\ t,\ r,\ \sigma)$$

$$-butterflyNd_1(X_{Low},\ X_{Mid},\ X_{High},\ N_{Low},\ N_{Mid},\ N_{High},\ S_{t+\Delta},\ X,\ t+\Delta t,\ r,\ \sigma)$$

债券头寸产生的零投资现金流

为了定义一个自融资策略，我们让每个时刻 t 的债券头寸"吸收"股票头寸的变化。在 $t=0$ 时刻，债券头寸为：

$$Bond(0)=-e^{-rT}\left\{\begin{array}{l}N_{Low}\cdot X_{Low}N(d_2(X_{Low}))+N_{Mid}\cdot X_{Mid}N(d_2(X_{Mid}))\\+N_{High}\cdot X_{High}N(d_2(X_{High}))\end{array}\right\}$$

在 $t+\Delta t$ 时刻，债券头寸为之前的头寸减去股票头寸上的现金流：

$$Bond(t+\Delta t)=Bond(t)\cdot e^{r\Delta}$$

$$-\left\{\begin{array}{l}\frac{S_{t+\Delta}}{S_t}\cdot butterflyNd_1(X_{Low},\ X_{Mid},\ X_{High},\ N_{Low},\ N_{Mid},\ N_{High},\ S_t,\ X,\ t,\ r,\ \sigma)\\-butterflyNd_1(X_{Low},\ X_{Mid},\ X_{High},\ N_{Low},\ N_{Mid},\ N_{High},\ S_{t+\Delta},\ X,\ t+\Delta t,\ r,\ \sigma)\end{array}\right\}$$

债券头寸的现金流为：

$$Bond\ cash\ flow(t+\Delta t)=Bond(t)\cdot e^{r\Delta}=Bond(t+\Delta t)$$

$$=Bond(t)\cdot e^{r\Delta}-Bond(t)\cdot e^{r\Delta}$$

$$+\left\{\begin{array}{l}\frac{S_{t+\Delta}}{S_t}\cdot butterflyNd_1(X_{Low},\ X_{Mid},\ X_{High},\ N_{Low},\ N_{Mid},\ N_{High},\ S_t,\ X,\ t,\ r,\ \sigma)\\-butterflyNd_1(X_{Low},\ X_{Mid},\ X_{High},\ N_{Low},\ N_{Mid},\ N_{High},\ S_{t+\Delta},\ X,\ t+\Delta t,\ r,\ \sigma)\end{array}\right\}$$

运行该模拟

我们按照下面的电子表格所示，运行该模拟：

	A	B	C	D	E	F	G
1					模拟蝶式期权组合		
2	S_0	35			蝶式	X	数量
3	T	0.087301587	<--=22/252		Xlow	20	-1
4	Sigma	35%			Xmid	35	2
5	r	2%			Xhigh	50	-1
6	Delta_t	0.0040	<--=1/252				
7							
8	蝶式期权组合模拟						
9	到期时间	股票	股票仓位	债券仓位			
10	0.0873	35.0000	1.9013	-13.9909			
11	0.0833	35.1364	2.9417	-15.0250	<--		
12	0.0794	34.5418	-1.8836	-10.2507	=D10*EXP($B$5*$B$6)+B11/B10*butterflyNd1($F$3,$F$4,		
13	0.0754	34.4618	-2.6790	-9.4517	$F$5,$G$3,$G$4,$G$5,B10,A10,$B$5,$B$4)-		
14	0.0714	33.8987	-7.4699	-4.6178	butterflyNd1($F$3,$F$4,$F$5,$G$3,$G$4,$G$5,B11,A11,$B		
15	0.0675	33.7412	-9.0474	-3.0060	$5,$B$4)		
16	0.0635	33.7487	-9.3449	-2.7108			
17	0.0595	34.5486	-2.6259	-9.6514			
18	0.0556	34.0240	-7.7142	-4.5240			
19	0.0516	33.1276	-15.8058	3.7704			
20	0.0476	33.2039	-15.8462	3.7747			
21	0.0437	33.1822	-16.7249	4.6640			
22	0.0397	35.0704	2.0981	-15.1103			
23	0.0357	34.5291	-4.4142	-8.6315			
24	0.0317	33.8343	-12.9987	0.0412			
25	0.0278	34.7812	-1.9087	-11.4126			
26	0.0238	34.2615	-9.6084	-3.6853			
27	0.0198	32.8907	-25.6741	12.7646			
28	0.0159	31.2663	-30.9086	19.2681			
29	0.0119	32.2771	-31.1110	18.4728			
30	0.0079	33.1438	-30.3542	16.8820			
31	0.0040	32.8555	-32.7133	19.5065			
32	0.0000	32.7778	-32.6359	19.5080			
33							
34	公式收益与模拟收益的比较						
35	公式	-12.7778	<--=G3*MAX(B32-F3,0)+G4*MAX(B32-F4,0)+G5*MAX(B32-F5,0)				
36	模拟	-13.1279	<--=SUM(C32:D32)				

现在,重复这个模拟 50 次,比较公式收益(B35)和模拟收益(B36):

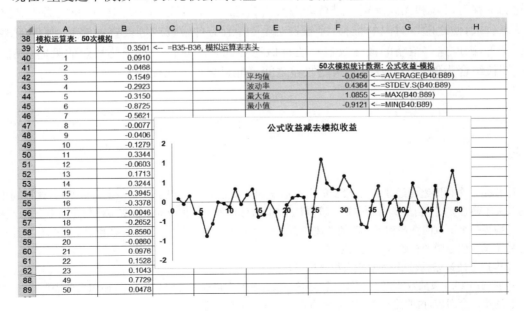

	A	B	C	D	E	F	G	H
38	模拟运算表: 50次模拟							
39	次	0.3501	<-- =B35-B36, 模拟运算表表头					
40	1	0.0910						
41	2	-0.0468			50次模拟统计数据: 公式收益-模拟			
42	3	0.1549			平均值	-0.0456	<--=AVERAGE(B40:B89)	
43	4	-0.2923			波动率	0.4364	<--=STDEV.S(B40:B89)	
44	5	-0.3150			最大值	1.0855	<--=MAX(B40:B89)	
45	6	-0.8725			最小值	-0.9121	<--=MIN(B40:B89)	
46	7	-0.5621						
47	8	-0.0077						
48	9	-0.0406						
49	10	-0.1279						
50	11	0.3344						
51	12	-0.0603						
52	13	0.1713						
53	14	0.3244						
54	15	-0.3945						
55	16	-0.3378						
56	17	-0.0046						
57	18	-0.2652						
58	19	-0.8560						
59	20	-0.0860						
60	21	0.0976						
61	22	0.1528						
62	23	0.1043						
88	49	0.7729						
89	50	0.0478						

模拟蝶式期权组合的 R 代码如下:

```
397  # Inputs:
398  s <- 35
399  sigma_S <- 0.35
400  r <- 0.02
401  t <- 22/252
402  x1 <- 20
403  x2 <- 35
404  x3 <- 50
405
406  # Price of a Butterfly
407  fm5_bs_call(S = s, X = X1, r = r , t = t, sigma_S = sigma_S) -
408      2 * fm5_bs_call(S = s, X = X2, r = r , t = t, sigma_S = sigma_S) +
409      fm5_bs_call(S = s, X = X3, r = r , t = t, sigma_S = sigma_S)
410
411  ## Self Financed Butterfly
412  # Define a function for a butterfly strategy
413  pos1 <- 1 * fm5_sf_call_pos(S = s, X = 20, r = r , t = t, sigma_S = sigma_S)
414  pos2 <- -2 * fm5_sf_call_pos(S = s, X = 35, r = r , t = t, sigma_S = sigma_S)
415  pos3 <- 1 * fm5_sf_call_pos(S = s, X = 50, r = r , t = t, sigma_S = sigma_S)
416
417  # summarize position
418  positions <- c(stock_position = sum(pos1["S"], pos2["S"], pos3["S"]),
419                  x1_position = pos1["X"],
420                  x2_position = pos2["X"],
421                  x3_position = pos3["X"])
422
423  # Calulate price
424  butterfly_price <- sum(positions)
```

26.7　总结

本章着重于模拟期权复制策略。所有的复制策略都基于 Black-Scholes 公式给出的随着时间的推移对风险和无风险资产进行动态投资的理念。在实施这一理念时,我们必须调整这一动态公式,使之随着时间的推移,净投资为零(所谓的自融资或零投资策略)。复制策略不那么完美,因此这些策略的最终收益只能近似地匹配公式收益。对于更复杂的策略(我们以蝶式期权组合为例),公式收益与策略收益之间可能显著地不匹配。

练习

1. 你是一个投资组合经理,你想投资的资产的 σ 为 40%。你要为投资设立一个认沽期权,这样到年底你的损失不超过 5%。由于这一特定资产没有认沽期权,你计划通过采取动态投资策略创建一个合成认沽期权——购买一个由风险资产和无风险债券按动态变化的比例组成的投资组合。如果利率是 6%,你在该投资组合和无风险债券中的初始投资应该是多少?

2. 模拟上述策略,假设每周对投资组合进行再平衡。

3. 回到第 26.5 节的数值例子。写一个 VBA 函数,求解隐含资产价值 V_a(提示:使用二分法)。然后使用该函数创建一个图表,说明隐含资产价值和资产波动率之间的关系。

4. 你有机会购买一家公司的股票。卖方希望的价格为每股 55 美元,但提出在半年结束时以每股 50 美元的价格回购股票。如果该股的对数收益率的 σ 是 80%，确定每股的真实价值。假设利率为 10%。

5. 认购期权备兑策略是股票多头加上认购期权空头。收益模式如下：

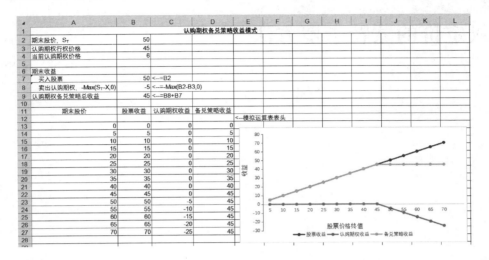

在这个问题中，你被要求在 52 周内模拟认购期权备兑策略的收益，每周更新头寸。从推导认购期权备兑策略的公式开始。将 Black-Scholes 价格和股价相加：

$$\underbrace{S_0}_{\text{股票多头}} \quad \underbrace{-S_0 N(d_1) + X e^{-rT} N(d_2)}_{\text{卖出认购期权}} = \underbrace{S_0(1 - N(d_1))}_{\text{股票多头}} + \underbrace{X e^{-rT} N(d_2)}_{\text{债券多头}}$$

因此，我们看到认购期权备兑策略是持有股票多头和债券多头。现在实现以下电子表格来检验一个模拟认购期权备兑策略的有效性。

	A	B	C	D	E	F	G	H	I	J	K
1					认购期权备兑策略收益模式						
2	初始股票价格, S_0	50									
3	X	45									
4	股票均值收益率	12%									
5	股票收益率波动率	40%									
6	利率 r	6%									
7											
8	初始认购期权价格	11.7393	<--=bscall(B2,B3,1,B6,B5)								
9	认购期权备兑策略初始投资	38.2607	<--=B2-B8								
10											
11	策略的模拟收益	????									
12	认购期权备兑策略收益	????									
13											
14	周	时间	股票价格	d_1	股票投资	债券投资	周初总投资		周末随机变量Z	周末股票价格	投资的周末价值
15	0	0	50	0.6134	13.4903	24.7705	38.2607		1.2301	53.5719	39.2531
16	1	1/52	53.57	0.7868	11.5558	27.6972	39.2531				
64	49	49/52									
65	50	50/52									
66	51	51/52									

6. 第 26.2 节讨论了认购期权的无现金复制。请使用相同的逻辑在电子表格中复制认沽期权。

27

期权定价的蒙特卡罗方法

27.1 概述

本章继续前一章的讨论,将说明如何在期权定价中实施蒙特卡罗方法。本章的主要目的是介绍如何为亚式期权和障碍期权等常见的奇异期权定价。许多奇异期权是路径依赖的:它们的收益不仅取决于基础资产的最终价格,还取决于最终价格之前的中间资产价格。在可能的情况下,我们将给出定价的封闭式公式;在其他情况下,我们将说明如何应用蒙特卡罗定价方法。

风险中性的含义是什么?

与第 10 章一样,我们继续考察存在两种基本证券的情形:无风险债券和股票。债券的利率被称为无风险利率,通常用 r 表示。在这种包含两种基本资产的情形下,"风险中性定价"可以有两种含义。在风险中性衍生品(即非基本证券)的两种含义中,证券价格都是期望收益(在无风险利率下)的贴现值。风险中性的两种含义在获得风险基本证券(股票)收益的过程中有所不同。

- 在风险中性的第一个含义中,我们改变股票收益率的基础分布,使期望股票价格为 1 加无风险利率。为了给期权定价,我们应用了风险中性的基本定价原则,即用无风险利率对期权的期望收益进行贴现。在风险中性的这种使用中,我们转换了股票的收益率,使用实际收益率概率计算期望收益率。我们将在第 27.2 节中说明这个过程。

- 风险中性的第二个含义使用二叉树模型。我们将状态价格转化为风险中性概率。在风险中性的这种使用中,我们不对股票收益率做转换,而是用等价的风险中性概率代替实际的状态概率。然后,我们通过在无风险利率下对衍生品证券的期望收益贴现来为其定价。

第一种定价方法是为其收益只取决于股票的最终价格的期权定价的理想方法。我们称这种期权为路径独立的。第二种方法更为普遍,原则上可以用来为任何期权定价,即使其收益是路径依赖的。本章探讨的这些期权的例子是亚式期权和障碍期权。两者都是路径依赖期权——期权的价格不仅取决于资产的最终价格,还取决于达到最终价格的价格路径。一般而言,路径依赖期权没有价格解析解。蒙特卡罗方法为我们提供了一个方便的数值工具来为此类期权定价。路径依赖期权的蒙特卡罗定价依赖对标的资产价格路径的模拟。

本章的结构

在第 27.2 节中,我们将说明如何用第一种风险中性定价原则(转换股票的收益率)为标准的认购期权和认沽期权定价。然后,我们继续讨论风险中性的第二个含义,并展示如何使用其为奇异期权定价。

为了使本章内容更加独立,我们将简要回顾状态价格和风险中性(第 27.3 节)的相关知识。然后,在第 27.4 节中,我们将展示如何用蒙特卡罗算法为普通期权定价。由于使用 Black-Scholes 公式对普通期权(即价格过程为对数正态分布的股票的欧式认购和认沽期权)进行准确定价,这个练习将使我们能够根据已知结果检查我们的定价方法,也使我们能够对更复杂的期权的蒙特卡罗定价建立适当的直观认识。在后面的章节中,我们将展示如何实现最常见的奇异期权的定价方法,包括亚式期权(第 27.5 节)、障碍期权(第 27.6 节)、篮子期权(第 27.7 节)、彩虹期权(第 27.8 节)、二元期权(第 27.9 节)、选择期权(第 27.10 节)和回望期权(第 27.11 节)。

27.2　运用蒙特卡罗方法对普通期权进行定价

本节我们探讨使用蒙特卡罗方法为标准欧式认购期权和认沽期权定价。我们采用前面讨论过的风险中性的第一个含义,即将股票的收益率转化,使股票的期望收益率为无风险利率,然后以无风险利率对期望期权收益进行贴现。

用这个复杂的模型通过蒙特卡罗方法为欧式认购期权和认沽期权定价,可能被认为是在浪费时间——Black-Scholes 公式(第 18 章)为欧式认购期权和认沽期权提供了一个很好的定价解。但是,就像我们在第 22 章中讨论估算 π 值的例子一样,使用蒙特卡罗方法为一个普通的认购期权定价的实践使我们对蒙特卡罗方法的应用有了更深的了解。

处理过程

考察参数如下的股票认购期权。这种认购期权可以使用 Black-Scholes 公式定价。我们将展示我们的第一个风险中性的转换收益率的程序如何使用蒙特卡罗方法来为这个认购期权定价。

	A	B	C
1		BLACK-SCHOLES认购期权价格	
2	今日股票价格, S_0	50	
3	行权价, X	45	
4	到期时间, T	1	
5	无风险利率, r	3%	
6	年波动率, Sigma	25%	
7			
8	Black-Scholes认购期权价格	8.4859	<--=BSCall(B2,B3,B4,B5,B6)

现将期权价格模拟如下：

● 第一步，我们模拟了 T 时刻的一组股票价格，股票价格具有对数正态分布，收益率具有均值为 r、标准差为 σ 的性质。

● 第二步，我们计算这些股票价格的期权的最终收益：$\max(S_T - X, 0)$。

● 第三步，我们计算平均收益的贴现值：$\exp[-r \cdot T] \cdot \text{Average}[\max(S_T - X, 0)]$。这应该与 Black-Scholes 价格相同（大致相同）。

步骤 1：生成价格数据

在澄清了这个理论问题后，现在回到我们的计算。我们首先生成 1000 个未来股票价格。每个价格都是使用公式：

$$S_T = S_0 \cdot \exp[(r - 0.5\sigma^2) \cdot T + \sigma \cdot \sqrt{T} \cdot Z]$$

生成。其中，Z 是由 Excel 函数 Norm.S.Inv(Rand( )) 产生的标准正态偏差（即 $Z \sim N(0, 1)$），如第 22 章所示。以下是一些样本数据：

	A	B	C	D	E	F
1			模拟风险中性股票价格			
2	今日股票价格, S_0		50			
3	行权价, X		45			
4	到期时间, T		1			
5	无风险利率, r		3%			
6	年波动率, Sigma		25%			
7						
8	Black-Scholes 认购期权价格		8.4859	<--{=BSCall(C2,C3,C4,C5,C6)}		
9						
10	模拟的时间 T 时的股票价格					
11	试验	S(T)				
12	1		35.5812	<--=$C$2*EXP(($C$5-0.5*$C$6^2)*$C$4+$C$6*SQRT($C$4)*NORM.S.INV(RAND()))		
13	2		77.8776			
14	3		53.8550	股票价格		
15	4		40.4835	计数	1,000	<--=COUNT(B:B)
16	5		49.2031	最大值	114.7068	<--=MAX(B:B)
17	6		36.4317	最小值	23.9059	<--=MIN(B:B)
18	7		65.6634	平均值	51.7250	<--=AVERAGE(B:B)
19	8		66.1370	波动率	13.0907	<--=STDEV.S(B:B)
20	9		53.8911			
21	10		65.7782	数据的统计量		
22	11		42.7092	平均收益率	3.39%	<--=LN(E18/C2)
23	12		60.4223	收益率的波动率	25.31%	<--=E19/E18
24	13		44.4273			
25	14		41.4150	理论统计量		
26	15		60.7398	收益率	3.05%	<--=EXP(C5*C4)-1
27	16		81.3844	收益率的波动率	25.00%	<--=C6
1010	999		35.8003			
1011	1000		64.5727			

步骤 2 和 3：终点收益和期权价格

现在我们使用样本数据来计算期权的收益。下面我们针对每个模拟股票价格计算认购期权收益(列 E)，在单元格 B10 中，我们计算这些收益的平均值(在无风险利率下)的贴现值 $\exp[-r \cdot T] \cdot \text{Average}[\max(S_T - X, 0)]$。正如预测的那样，这个贴现后的平均价格与 Black-Scholes 价格非常接近。

	A	B	C	D	E	F
1			用风险中性股票价格为认购期权定价			
2	今日股票价格, S_0	50				
3	行权价格, X	45		认购期权估值		
4	到期时间, T	1		平均收益	8.6849	<—=AVERAGE(C:C)
5	无风险利率, r	3%		贴现平均收益	8.4282	<—=E4*EXP(-B5*B4)
6	年波动率, Sigma	25%				
7						
8	Black-Scholes 认购期权价格	8.4859	<—={BSCall(B2,B3,B4,B5,B6)}			
9						
10	模拟的时间 T 时的股票价格					
11	模拟	S(T)	T时的认购期权收益			
12	1	49.3755	4.3755	<—=MAX(0,B12-$B$3)		
13	2	51.5596	6.5596			
14	3	48.1687	3.1687			
1010	999	46.1249	1.1249			
1011	1000	51.4582	6.4582			

同样的程序适用于认沽期权：

	A	B	C	D	E	F
1			用风险中性股票价格为认沽期权定价			
2	今日股票价格, S_0	50				
3	行权价格, X	45		认沽期权估值		
4	到期时间, T	1		平均收益	2.2286	<—=AVERAGE(C:C)
5	无风险利率, r	3%		贴现平均收益	2.1627	<—=E4*EXP(-B5*B4)
6	年波动率, Sigma	25%				
7						
8	Black-Scholes 认沽期权价格	2.1560	<—={=bsput(B2,B3,B4,B5,B6)}			
9						
10	模拟的时间 T 时的股票价格					
11	模拟	S(T)	T时认沽期权收益			
12	1	53.3690	0.0000	<—=MAX(0,$B$3-B12)		
13	2	70.8323	0.0000			
14	3	53.3705	0.0000			
1010	999	38.2079	6.7921			
1011	1000	47.4082	0.0000			

用 R 实现蒙特卡罗方法为普通期权定价

在 R 中应用相同的方法应该是这样的。首先，我们定义了 Black-Scholes 期权定价公式：

```r
8   # Inputs:
9   S0 <- 50
10  X <- 45
11  t <- 1
12  r <- 0.03
13  sigma_s <- 0.25
14
15  # B&S Call option (From Chapter 15)
16  fm5_bs_call <- function(s, X, t, r, sigma_s, k = 0){
17      d_1 = ( log(S/X) + (r - k + 0.5 * sigma_s ^ 2) * t ) / ( sigma_s * sqrt(t) )
18      d_2 = d_1 - sigma_s * sqrt(t)
19      return(s * pnorm(d_1, mean = 0, sd = 1) * exp(-k * t) -
20          X * exp(-r*t) * pnorm(d_2, mean = 0, sd = 1))
21                                                                      }
22
23  # Function: B&S Put option
24  fm5_bs_put <- function(s, X, t, r, sigma_s, k = 0){
25      d_1 = ( log(S/X) + (r - k + 0.5 * sigma_s ^ 2) * t ) / ( sigma_s * sqrt(t) )
26      d_2 = d_1 - sigma_s * sqrt(t)
27      return(X * exp(-r*t) * pnorm(-d_2, mean = 0, sd = 1) -
28          s * pnorm(-d_1, mean = 0, sd = 1) * exp(-k * t))
29                                                                      }
```

然后，我们采用上述的三步程序。第一步是为我们的股票生成价格数据(注意，由于 R 非常有效，我们使用了 10 万次试验，而不是 Excel 中的 1 000 次）：

```
31  ## Step 1:Generating the price data (Stock Prices at Time t)
32  # Number of runs (100K)
33  n <- 100000
34
35  # n Stock Prices
36  stock_prices <- sapply(rnorm(n), function(z)
37      S0 * exp((r - 0.5 * sigma_S ^ 2) * t + sqrt(t) * sigma_S * z) )
38
39  # Stock price statistics
40  summary(stock_prices) # Min, Max, Median, 1st and 3rd quartiles
41  sd(stock_prices) # standard deviation
42  length(stock_prices) # count
43  log(mean(stock_prices) / S0) # mean return
44  sd(stock_prices) / mean(stock_prices) # return's sigma
45
46  # Theoretical statistics
47  exp(r*t) - 1 # mean return
48  sigma_S # return's sigma
```

结果如下：

```
> # Stock price statistics
> summary(stock_prices) # Min, Max, Median, 1st and 3rd quartiles
   Min. 1st Qu.  Median    Mean 3rd Qu.    Max.
  16.08   42.21   49.93   51.53   59.10  147.55
> sd(stock_prices) # standard deviation
[1] 13.06021
> length(stock_prices) # count
[1] 100000
> log(mean(stock_prices) / S0) # mean return
[1] 0.03017472
> sd(stock_prices) / mean(stock_prices) # return's sigma
[1] 0.2534402
>
> # Theoretical statistics
> exp(r*t) - 1 # mean return
[1] 0.03045453
> sigma_S # return's sigma
[1] 0.25
> |
```

第二步（计算终点收益）和第三步（计算平均收益的贴现值）是这样的：

```
50  ## Steps 2 and 3
51  # Call payoff at time t
52  payoff <- pmax(stock_prices - X, 0)
53  avg_payoff <- mean(payoff)
54  dscnt_avg_payoff <- avg_payoff * exp(-r*t)
55
56  # Compare MC result to B&S call price
57  dscnt_avg_payoff
58  fm5_bs_call(S = S0, X = X, t = t, r = r, sigma_S = sigma_S)
59
60  # Put payoff at time t
61  payoff <- pmax(X - stock_prices, 0)
62  avg_payoff <- mean(payoff)
63  dscnt_avg_payoff <- avg_payoff * exp(-r*t)
64
65  # Compare MC result to B&S put price
66  dscnt_avg_payoff
67  fm5_bs_put(S = S0, X = X, t = t, r = r, sigma_S = sigma_S)
```

结果是：

Call option	`> # Compare MC result to B&S call price`
	`> dscnt_avg_payoff`
	`[1] 8.484912`
	`> fm5_bs_call(S = S0, X = x, t = t, r = r, sigma_S = sigma_S)`
	`[1] 8.485938`
	`>`

Put option	`> # Compare MC result to B&S put price`
	`> dscnt_avg_payoff`
	`[1] 2.168259`
	`> fm5_bs_put(S = S0, X = x, t = t, r = r, sigma_S = sigma_S)`
	`[1] 2.155987`
	`>`

例子：第二位数期权

为了展示这种方法的威力，假设我们希望为一种证券定价，该证券的收益为期末股价的第二位数。举个例子：如果 $S_T=43.532\,3$，我们的"数字证券"的收益为 3；如果 $S_T=50.532\,3$，则收益为零。（为什么有人想买这种证券是另一个问题。）

下面的电子表格显示，这种证券可以很容易地使用本节解释的蒙特卡罗方法进行定价。我们模拟 1 000 个股票价格，然后使用 Excel 函数 $\mathrm{Int}(\mathrm{Mod}(S_T,10))$ 确定期末股价的第二位数：

▲	A	B	C	D	E	F
1	用蒙特卡罗模拟为第二位数期权定价					
2	今日股票价格，S_0	50				
3	行权价格，X	45		认沽期权估值		
4	到期时间，T	1		平均收益	4.4610	<--=AVERAGE(C:C)
5	无风险利率，r	3%		贴现平均收益	4.3292	<--=E4*EXP(-B5*B4)
6	年波动率，Sigma	25%				
7						
8	模拟的时间 T 时的股票价格					
9	模拟	S(T)		T时第二位数期权收益		
10	1	59.6548	9.0	<--=INT(MOD(B10,10))		
11	2	40.7218	0.0			
12	3	45.7756	5.0			
1008	999	63.2526	3.0			
1009	1000	45.2974	5.0			

27.3 状态价格、概率与风险中性

在本章的剩下部分，我们使用本章开始时所讨论的风险中性的第二个含义：在二叉树模型的框架中，我们计算风险中性状态概率，然后将其用于计算衍生证券的期望收益。我们将把重点放在对障碍期权和亚式期权的定价上，但这些原则是通用的，可以对大多数衍生品适用。

在本节中，我们首先简要概述第 17.3 章讨论的状态价格和风险中性定价的一些基本事实。假设我们有一个二叉树框架，其中股票价格 S 在每一时期都以 U 或 D 的速度增长。

假设利率为 R。[1]风险中性是每一组状态价格的性质:给定状态价格 $\left\{q_U = \dfrac{R-D}{R(U-D)}, q_D = \dfrac{U-R}{R(U-D)}\right\}$,风险中性概率定义为 $\{\pi_U = R \cdot q_U, \pi_D = R \cdot q_D\}$。通过取期望资产收益的贴现值,风险中性概率可以为资产定价。[2]在 U 和 D 状态,一个期限内的收益分别为 $\{收益_U, 收益_D\}$ 的资产在今天的价值为:

$$资产今天的价值 = q_U\,收益_U + q_D\,收益_D = \underbrace{\frac{\pi_U\,收益_U + \pi_D\,收益_D}{R}}$$

风险中性期望收益
(用风险中性概率计算的期望值)
以无风险利率贴现

$\{收益_U, 收益_D\}$ 通常是相关资产价格的函数。例如,对于普通认购期权,$\{收益_U = \max(S \cdot U - X, 0), 收益_D = \max(S \cdot D - X, 0)\}$。

我们可以将风险中性定价方案扩展到多期框架。考察一个多期二叉树框架,其中 U 和 D 不随时间变化,用收益$_{n,j}$,$j = 0, \cdots, n$ 表示日期 n 的状态收益。收益$_{n,j}$ 表示资产在日期 n,当二叉树上有 j 次上涨($n-j$ 次下跌)时的收益。对于二叉树框架中的一个认购期权,收益$_{n,j} = \max(S \cdot U^j D^{n-j} - X, 0)$,则该资产的价值如下:

$$资产今天的价值 = \sum_{j=0}^{n} \binom{n}{j} q_U^i q_D^{n-j}\,收益_{n,j} = \underbrace{\frac{1}{R^n} \sum_{j=0}^{n} \binom{n}{j} \pi_U^i \pi_D^{n-j}\,收益_{n,j}}$$

风险中性期望贴现值

这个特殊的符号假设二叉树在重组。换句话说,它假设日期 n 的收益是路径独立的——期权收益仅是终点股票价格的函数,不依赖达到该价格的路径。我们将在本章后面讨论这个话题。以下是一个四期模型的 Excel:

	A	B	C	D	E	F	G	H
1	利用状态价格的二叉树期权定价四期(五日期)模型							
2	上涨, U	1.10						
3	下跌, D	0.97		状态价格				
4	利率, R	1.06	q_U		0.6531	<--=(B4-B3)/(B4*(B2-B3))		
5	初始股票价格, S	50.00	q_D		0.2903	<--=(B2-B4)/(B4*(B2-B3))		
6	期权行权价格, X	50.00						
7					=$E$4^A12*$E$5^B12			
8	=$B$5*$B$2^A12*$B$3^B12							
9				=MAX(C12-$B$6,0)			=COMBIN(4,B12)	
10	到终点日期时的"上涨"步数	到终点日期时的"下跌"步数	终点股票价格	终点状态期权收益	终点日状态价格	进入终点状态的路径数	价值	
11	4	0	73.2050	23.2050	0.1820	1	4.2224	
12	3	1	64.5535	14.5535	0.0809	4	4.7078	<--=D12*E12*F12
13	2	2	56.9245	6.9245	0.0359	6	1.4933	
14	1	3	50.1970	0.1970	0.0160	4	0.0126	
15	0	4	44.2646	0.0000	0.0071	1	0.0000	
16						认购期权价格	10.4360	<--=SUM(G11:G15)
17						认沽期权价格	0.0407	<--=G16+B6/B4^4-B5
18	注							
19	本模型有5个日期(0, 1, …, 5),不过只有4个区间,因此只有四个可能的"上涨""下跌"步数。							
20	认沽期权价格在单元格G17由认沽认购期权平价关系计算: put = call + PV(X) - stock							

---

[1] 正确地说,U、D 和 R 等于 $1+$增长率和 $1+$利率。为了语言上的简洁,我们将使用"上涨增长""下跌增长""利率"这些术语,尽管我们的意思略有不同。

[2] 正如第 17 章所讨论的,风险中性概率并不是状态发生的实际概率。它们实际上是"伪概率",由状态价格推导而来。

如下图所示，左侧为重组二叉树模型，右侧为非重组二叉树模型。

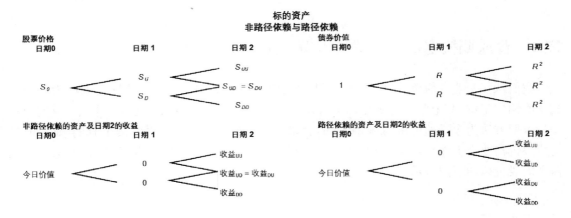

使用 R 实现二叉树模型

在 R 中应用相同的方法：

```
70  ## Binomial Option Pricing with State Prices in a Four-Period Model
71  # Inputs:
72  U <- 1.1 # Up
73  D <- 0.97 # Down
74  r <- 1.06 # 1 + interest Rate
75  S0 <- 50 # initial Stock Price
76  X <- 50 # option exercise price
77  periods <- 4
78
79  # State Prices
80  qU <- (r - D) / (r * (U - D))
81  qD <- (U - r) / (r * (U - D))
82
83  ups <- c(0:periods) # Number of "up" steps at terminal date
84  downs <-  periods-ups
85
86  # Terminal stock price
87  St <- S0 * U^ups * D^downs
88
89  # Option payoff at t
90  payoff <- pmax(St - X, 0)
91
92  # State price for terminal date
93  state_price <- qU^ups * qD^downs
94
95  # Number of paths to terminal state
96  n_paths <- choose(periods, downs)
97
98  # Call value
99  call_price <- sum( payoff * state_price * n_paths)
100
101 # Put value
102 put_price <- call_price + X / r^periods - S0
```

27.4 普通期权定价——蒙特卡罗二叉树模型方法

我们从一个非常简单的例子开始。我们使用蒙特卡罗方法在一个两期框架下为一个欧式认购期权定价，其中股票价格在每个时期或上升或下降。在下面的电子表格中，我们使用蒙特卡罗方法为今天的价格为 $S_0 = 50$ 的股票的平价期权定价。这里有两个时期，每个时期的股票价格要么上涨 $= 1.4$，要么下跌 $= 0.9$；利率为 $R = 1.05$。给定涨跌条件，标准重组二叉树中的股价树如下图所示。

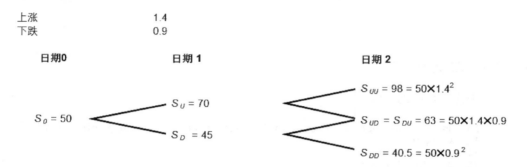

下面的电子表格展示了两种随机的价格路径及其定价：

	A	B	C	D
1			简单模拟:两日期模型中的两条路径	
2	今日股票价格, S_0	50		
3	行权价格, X	50		
4				
5	上涨, U	1.4		
6	下跌, D	0.9		
7	无风险利率, R	1.05		
8				
9	状态价格			
10	q_u	0.2857	<--=(B7-B6)/(B7*(B5-B6))	
11	q_D	0.6667	<--=(B5-B7)/(B7*(B5-B6))	
12				
13	风险中性概率			
14	π_U	0.3000	<--=B10*$B$7	
15	π_D	0.7000	<--=B11*$B$7	
16				
17	随机路径和蒙特卡洛价格			
18		路径1	路径2	
19	第1期, 上涨 (1) 或下跌 (0)?	0	0	<--=IF(RAND()>$B$15,1,0)
20	第2期, 上涨 (1) 或下跌 (0)?	1	0	<--=IF(RAND()>$B$15,1,0)
21				
22	上涨总计次数	1	0	<--=SUM(C19:C20)
23	终点股票价格	63	40.5	<--=$B$2*Up^C22*Down^(2-C22)
24	期权收益	13	0	<--=MAX(C23-$B$3,0)
25				
26	收益贴现平均值	5.8957	<--=AVERAGE(24:24)/R_^2	
27				
28	利用状态价格计算期权实际价值			
29	收益			
30	顶部	48	<--=MAX(B2*Up^2-B3,0)	
31	中间	13	<--=MAX(B2*Up*Down-B3,0)	
32	底部	0	<--=MAX(B2*Down^2-B3,0)	
33	实际期权价值	8.8707	<--=q_up^2*B30+2*q_up*q_down*B31+q_down^2*B32	

状态价格和风险中性概率在单元格 B10:B11 和 B14:B15 中计算。单元格 B19:B20 和 C19:C20 显示了两条随机的价格路径。在每个时期中,我们使用 Excel 中的 Rand 函数生成一个随机数。如果 Rand()≤π_D,则股票价格上涨,如果 Rand()>π_D,则股票价格下跌。

● 在第一条价格路径(单元格 B19:B20)中,股票价格在第一个时期下跌,在第二个时期上涨。最终股票价格为 63,期权收益为 13(单元格 B24)。

● 在第二条价格路径(单元格 C19:C20)中,股票价格在两个时期都下跌。最终股票价格为 40.5,期权收益为 0(单元格 C24)。

如果这是仅有的两条随机价格路径,蒙特卡罗期权价格将是平均值的贴现值 5.895 7(单元格 B26)。请注意,我们还使用状态价格计算了实际的认购期权价格;单元格 B33 显示此价格为 8.870 7。

蒙特卡罗模拟中的风险中性概率

注意风险中性概率在蒙特卡罗模拟中的作用:价格路径不是由实际概率决定的,而是由风险中性概率 π_U 和 π_D 决定的。在蒙特卡罗风险中性定价中,实际概率没有作用。

在 R 中实现该例子是这样的:

```
105  # Simple example (2 period example)
106  U <- 1.4 # Up
107  D <- 0.9 # Down
108  r <- 1.05 # 1 + interest Rate
109  S0 <- 50 # initial Stock Price
110  X <- 50 # option exercise price
111
112  # State prices
113  qU <- (r - D) / (r * (U - D))
114  qD <- (U - r) / (r * (U - D))
115
116  # Risk neutral probabilities
117  pi_U <- qU * r
118  pi_D <- qD * r
119
120  # Random path (2 runs example)
121  periods <- 2 # number of periods
122  paths <- 2 # number of paths
123
124  # Total Ups
125  total_ups <- rbinom(n = paths, size = periods, prob = pi_U)
126
127  # Terminal Stock Price
128  St <- S0 * U^total_ups * D^(periods - total_ups)
129
130  call_payoff <- pmax(St - X, 0)
```

也可以这样实现:

```
135  # Computing the actual option price with state prices
136  ups <- c(1:periods) # Number of "up" steps at terminal date
137  downs <-  periods-ups # Number of "down" steps at terminal date
138  St <- S0 * U^ups * D^downs # Terminal stock price
139  payoff <- pmax(St - X, 0) # Option payoff at t
140  state_price <- qU^ups * qD^downs # State price for terminal date
141  n_paths <- choose(periods, downs) # Number of paths to terminal state
142  call_actual_price <- sum( payoff * state_price * n_paths) # Value
```

扩展两期模型

当然,你不能只使用两条价格路径来运行蒙特卡罗模拟。在下面的电子表格中,我们已经将价格路径扩展到电子表格中的所有列。Excel 的电子表格宽为 16 384 列;这意味着单元格 B25 中的计算是在少于 16 384 条模拟价格路径上的期权价值平均值;在我们的示例中,我们采用了 1 000 条路径(注意隐藏的列)。

	A	B	C	D	ALL	ALM	ALN
1			简单模拟:两日期模型中的1000条路径				
2	今日股票价格, S_0	50					
3	行权价格, X	50					
4							
5	上涨, U	1.4					
6	下跌, D	0.9					
7	无风险利率, R	1.05					
8							
9	状态价格						
10	q_u	0.2857	<--=(B7-B6)/(B7*(B5-B6))				
11	q_D	0.6667	<--=(B5-B7)/(B7*(B5-B6))				
12							
13	风险中性概率						
14	π_U	0.3000	<--=B10*$B$7				
15	π_D	0.7000	<--=B11*$B$7				
16							
17	随机路径和蒙特卡罗价格						
18		路径1	路径2	路径3	路径999	路径1000	
19	第1期, 上涨 (1) 或下跌 (0)?	0	0	0	0	0	<--=IF(RAND()>$B$15,1,0)
20	第2期, 上涨 (1) 或下跌 (0)?	0	0	0	0	0	<--=IF(RAND()>$B$15,1,0)
21							
22	上涨总计次数	0	0	0	0	0	<--=SUM(ALM19:ALM20)
23	终点股票价格	40.5	40.5	40.5	40.5	40.5	<--=$B$2*Up^ALM22*Down^(2-ALM22)
24	期权收益	0	0	0	0	0	<--=MAX(ALM23-$B$3,0)
25							
26	收益贴现平均值	9.3270	<--=AVERAGE(24:24)/R_^2				
27							
28	利用状态价格计算期权实际价值						
29	收益						
30	顶部	48	<--=MAX(B2*Up^2-B3,0)				
31	中间	13	<--=MAX(B2*Up*Down-B3,0)				
32	底部	0	<--=MAX(B2*Down^2-B3,0)				
33	实际期权价值	8.8707	<--=q_up^2*B30+2*q_up*q_down*B31+q_down^2*B32				

平均贴现收益(单元格 B26)为 9.327 0。这个值是随机的,这意味着每次按下 F9 键生成一组新的随机路径时,它都会改变。蒙特卡罗方法表明,在更多路径的情况下,我们将收敛到实际期权价格 8.870 7。在下一节中,我们将证明蒙特卡罗方法最终会收敛到这个价格。

在 R 中实现前述方法相对简单且有效。在下面的实现中,我们使用了一个包含 10 000

条路径的模拟来模拟前面的例子：

```
145  # Simple Simulation: 10,000 paths in a two-date model
146  S0 <- 50 # initial Stock Price
147  X <- 50 # option exercise price
148  U <- 1.4 # Up
149  D <- 0.9 # Down
150  r <- 1.05 # 1 + interest Rate
151  paths <- 10000 # number of paths
152  periods <- 2 # number of periods
153
154  # Total Ups
155  total_ups <- rbinom(n = paths, size = periods, prob = pi_U)
156
157  # Terminal Stock Price
158  St <- S0 * U^total_ups * D^(periods - total_ups)
159
160  # Option payoff
161  call_payoff <- pmax(St - X, 0)
162
163  # Average discounted payoff
164  call_price <- mean(call_payoff / r^periods)
```

在我们的模拟中，估计的认购期权价格是 $8.852\,971$，其中实际认购期权价格应该是 $8.870\,748$，这里有 0.2% 的差异。

蒙特卡罗普通认购期权定价收敛于 Black-Scholes 模型

既然理解了这些原理，我们进一步扩展这里的逻辑。我们编写了一个 VBA 程序，在收敛于 Black-Scholes 定价的条件下，使用蒙特卡罗方法为一个普通的认购期权定价。

我们的基本计划如下：我们为当前价格为 S_0 的股票的欧式认购期权定价。期权的行权价格为 X，期权到期时间为 T，假设股票价格服从对数正态分布，均值为 μ，标准差为 σ。

使用蒙特卡罗为认购期权定价：

- 我们将单位时间间隔分成 n 等分。这意味着 $\Delta t = 1/n$。
- 对于每个 Δt，我们定义上涨 $Up_\Delta = \exp\left[(r - 0.5\sigma^2)\Delta t + \sigma\sqrt{\Delta t}\right]$ 和下跌 $Down_\Delta = \exp\left[(r - 0.5\sigma^2)\Delta t - \sigma\sqrt{\Delta t}\right]$。
- 这意味着状态价格和风险中性概率给出如下：

$$q_u = \frac{R_\Delta - Domn_\Delta}{R_\Delta(Up_\Delta - Down_\Delta)}, \quad q_d = \frac{Up_\Delta - R_\Delta}{R_\Delta(Up_\Delta - Down_\Delta)}$$

$$\pi_u = \frac{R_\Delta - Domn_\Delta}{Up_\Delta - Down_\Delta}, \quad \pi_d = \frac{Up_\Delta - R_\Delta}{Up_\Delta - Down_\Delta} = 1 - \pi_u$$

- 由于期权到期时间为 T，到 T 的价格路径要求 $m = \dfrac{T}{\Delta t}$ 个时期。长度为 m 的价格路径通过确定股票上涨或下跌来决定，它是关于一个介于 0 和 1 之间的随机数和风险中性概率 π_d 的函数。正如第 27.3 节的例子所讨论的那样，如果随机数大于 π_d，股票就会上涨；否则它会下跌。

一个 VBA 程序

下面的 VBA 程序定义了一个函数 VanillaCall。这个函数需要输入前面提到的变量。变量 Run 是创建的随机价格路径的数量；对这些路径取平均值，以确定认购期权的蒙特卡罗值：

```
Function VanillaCall(S0, Exercise, sigma, _
Interest, Time, Divisions, Runs)
    deltat = 1 / Divisions
    interestdelta = Exp(Interest * deltat)
    Up = Exp((Interest - 0.5 * (sigma) ^ 2) *
    deltat + _
    sigma * Sqr(deltat))
    Down = Exp((Interest - 0.5 * (sigma) ^ 2) *
    deltat - _
    sigma * Sqr(deltat))
    pathlength = Int(Time / deltat)
'Risk-neutral probabilities
piup = (interestdelta - Down) / (Up - Down)
pidown = 1 - piup
Temp = 0
For Index = 1 To Runs
    Upcounter = 0
    'Generate terminal price
    For j = 1 To pathlength
        If Rnd > pidown Then Upcounter = _
        Upcounter + 1
    Next j
    callvalue = Application.Max(S0 * _
    (Up ^ Upcounter) * (Down ^ (pathlength - _
    Upcounter)) - Exercise, 0) _
    / (interestdelta ^ pathlength)
    Temp = Temp + callvalue
Next Index
VanillaCall = Temp / Runs
End Function
```

上涨的次数存储在一个叫做 Upcounter 的计数器中，每个 Run 对应的认购期权的价值是特定最终价格 $S_0 \cdot$ 上涨^{Upcounter} 下跌$^{pathlength-Upcounter}$，其中 pathlength = Int(time/delat)，是 $T/\Delta t$ 的整数部分：

```
callvalue = Application.Max(S0 * (up ^
Upcounter) * _
(down ^ (pathlength - Upcounter)) - Exercise, 0)
/ (interestdelta ^ pathlength)
```

认购期权的蒙特卡罗值由 VanillaCall＝Temp/Runs 给出。

了解蒙特卡罗模拟的原理

作为接下来的参考，我们描述了蒙特卡罗模拟的原理。这些原理不仅适用于本节的普通期权，也适用于本章后面讨论的亚式期权。

- 使用风险中性概率生成价格路径。例如，在 VanillaCall 程序中，如果随机数发生器＞π_D，股票的价格就会上涨，如果随机数发生器≤π_D，股票的价格就会下降。这实际上意味着每种价格路径的风险中性概率$\{\pi_U＝1-\pi_D，\pi_D\}$被纳入价格路径本身。
- 使用蒙特卡罗方法的期权价值是由对生成的价格路径上所有结果的简单平均值进行贴现而确定的。

在电子表格中实现蒙特卡罗函数 VanillaCall

下一个电子表格显示了 VanillaCall 的实现。单元格 B13 中的值是由 Black-Scholes 公式计算的期权价值；BSCall 函数已在第 18 章中定义。

	A	B	C
1	普通认购期权的蒙特卡罗定价		
2	S_0, 当前股票价格	50	
3	X, 行权价格	50	
4	r,利率	5%	
5	T, 时间	0.8	
6	σ, 波动率	30%	←股票收益率标准差
7			
8	n,单位时间分割	200	
9	模拟次数	3,000	
10			
11	蒙特卡罗计算的普通认购期权价格	6.3527	←{=vanillacall(B2,B3,B6,B4,B5,B8,B9)}
12			
13	Black-Scholes计算的普通认购期权价格	6.2697	←{=BSCall(B2,B3,B5,B4,B6)}

该函数将期权到期时间 $T＝0.8$ 年（单元格 B5）划分为 200 次（单元格 B9），使 $\Delta t＝1/200$。每次调用该函数，它都会运行 3 000 条价格路径（单元格 B9）。上面显示的函数的一个

特定调用产生的值为 6.352 7(单元格 B11),而 Black-Scholes 调用值(使用第 18 章定义的函数 BSCall 计算)是 6.269 7(单元格 B13)。

蒙特卡罗方法的效果有多棒?检验它的一种方法是多次运行它。在下面的电子表格中,我们运行了函数 VanillaCall 的 40 个实例。

	A	B	C	D	E
1		多次运行蒙特卡罗函数			
2	S₀, 当前股票价格	50			
3	X, 行权价格	50			
4	r, 利率	5%			
5	T, 时间	0.8			
6	σ 波动率	30%	<--股票收益率标准差		
7					
8	n, 单位时间分割	100			
9	模拟次数	3,000			
10					
11	蒙特卡罗计算的普通认购期权价格	6.0417	<--{=vanillacall(B2,B3,B6,B4,B5,B8,B9)}		
12					
13	Black-Scholes计算的普通认购期权价格	6.2697	<--{=BSCall(B2,B3,B5,B4,B6)}		
14					
15	多次运行函数				
16	6.2653	6.1430	6.1071	6.2008	<--
17	6.2246	6.0998	6.1860	6.0785	{=vanillacall(B2,B3,B6,B4,B5,B8,B9)
18	5.9930	6.2745	6.2591	6.3757	}
19	5.9783	6.2971	5.9835	6.1874	
20	6.3848	5.8802	6.0416	6.1118	
21	6.0270	6.3709	6.3540	6.2955	
22	6.1327	6.5965	6.2509	6.1875	
23	6.5376	6.2415	6.4734	6.2109	
24	6.4894	6.3093	6.2717	6.2017	
25	6.0384	6.4581	6.1402	6.2865	
26					
27	均值	6.2236	<-- =AVERAGE(A16:D25)		
28	标准差	0.1624	<-- =STDEV.S(A16:D25)		

平均值(单元格 B27)具有相对较低的标准差(单元格 B28)。蒙特卡罗运行得很好。

提高蒙特卡罗程序的效率

蒙特卡罗程序本质上是非常浪费的——你必须多次运行它才能得到一个接近真实值的合理近似值。因此,让一个特定程序更有效率还有很多工作要做。继续我们的 VanillaCall 示例,我们将展示提高这种效率的一个范例。

假设在 j 个随机数后,随机价格使得认购期权不可能回到实值状态。用 $Upcounter(j)$ 表示第 j 次随机抛掷硬币后得到的上涨次数。如果 $S_0 Up^{Upcounter(j)} Down^{pathlength-Upcounter(j)} < X$,则认购期权不能在 n 个随机数后处于实值状态。该公式假设所有剩余的随机数(将有 $n-j$ 个这样的数字)将使得股票价格上涨。

对于这种情况,我们应该在 j 次后停止选择随机数,并让认购期权价值为零。下面的 VBA 程序实现了这个逻辑:

```
Function BetterVanillaCall(S0, Exercise, Mean, _
sigma, Interest, Time, Divisions, Runs)
    deltat = Time / Divisions
    interestdelta = Exp(Interest * deltat)
Up = Exp((Interest - 0.5 * (sigma) ^ 2) *
deltat + sigma * Sqr(deltat))
Down = Exp((Interest - 0.5 * (sigma) ^ 2) *
deltat - sigma * Sqr(deltat))
pathlength = Int(Time / deltat)
'Risk-neutral probabilities
piup = (interestdelta - Down) / (Up - Down)
pidown = 1 - piup
Temp = 0
For Index = 1 To Runs
    Upcounter = 0
    'Generate terminal price
    For j = 1 To pathlength
    If Rnd > pidown Then Upcounter = _
    Upcounter + 1
    If S0 * Up ^ (Upcounter + pathlength - j) _
    * Down ^ (j - Upcounter) < X Then GoTo
    Compute
    Next j
Compute:
    callvalue = Application.Max(S0 * _
    (Up ^ Upcounter) * (Down ^ _
    (pathlength - Upcounter)) _
    - Exercise, 0) / (interestdelta _
    ^ pathlength)
    Temp = Temp + callvalue
Next Index
BetterVanillaCall = Temp / Runs
End Function
```

代码中突出显示的部分（以粗体显示）是更改的内容。称为 Compute 的那几行只是计算了 Callvalue。

下面的电子表格展示了该实现：

	A	B	C
1	**普通认购期权的蒙特卡罗定价** **BetterVanillaCall:一个更有效的函数:如果，在产生j个随机中有k个上涨后，S0*Up(k+n-j)*Down(j-k)<X，那么我们中止随机价格路径，并令认购期权值= 0**		
2	S_0, 当前股票价格	50	
3	X, 行权价格	50	
4	r,利率	5%	
5	T, 时间	0.8	
6	σ 波动率	30%	<—股票收益率标准差
7			
8	n, 单位时间分割	100	
9	模拟次数	3,000	
10			
11	蒙特卡罗计算的普通认购期权价格	5.7986	<—{=bettervanillacall(B2,B3,B6,B4,B5,B8,B9)}
12			
13	Black-Scholes计算的普通认购期权价格	6.2697	<—{=BSCall(B2,B3,B5,B4,B6)}

在 R 中执行程序

在 R 中实现相同的方法 10 000 次如下：

```
167  # Inputs:
168  S0 <- 50 # initial stock price
169  X <- 50 # exercise price
170  r <- 0.1 # interest rate
171  t <- 0.8 # Time
172  sigma_S <- 0.3 # standard deviation of the stock return
173  n <- 200 # divisions of unit time
174  runs <- 10000 # number of simulations
175
176  # Define time interval and interest rate
177  delta_t <- 1 / n
178  m <- t / delta_t
179  r_delta_t <- exp(r * delta_t)
180
181  # Calculate Up and Down returns
182  U <- exp((r - 0.5 * sigma_S^2) * delta_t + sigma_S * sqrt(delta_t)) # Up
183  D <- exp((r - 0.5 * sigma_S^2) * delta_t - sigma_S * sqrt(delta_t)) # Down
184
185  # State prices
186  qU <- (r_delta_t - D) / (r_delta_t * (U - D))
187  qD <- (U - r_delta_t) / (r_delta_t * (U - D))
188
189  # Risk neutral probabilities
190  pi_U <- (r_delta_t - D) / (U - D)
191  pi_D <- 1 - pi_U
192
193  # Pricing the option:
194  total_ups <- rbinom(n = runs, size = m, prob = pi_U) # Total Ups
195  St <- S0 * U^total_ups * D^(m - total_ups) # Terminal Stock Prices
196  call_payoff <- pmax(St - X, 0) # Option payoffs
197  call_price <- mean(call_payoff / exp(r*t)) # Average discounted payoff
198
199  # Compare to B&S call price
200  fm5_bs_call(S = S0, X = X, t = t, r = r, sigma_S = sigma_S)
```

结果比 Black-Scholes 价格下降了约 0.1%。很令人印象深刻，不是吗？

```
> # Compare to B&S call price
> fm5_bs_call(S = S0, X = X, t = t, r = r, sigma_S = sigma_S)
[1] 7.278185
> call_price
[1] 7.271232
```

我们将何去何从？

现在我们了解了蒙特卡罗技术及其在 VBA 中的实现，我们可以从两个方向扩展示例。在下一节，我们将讨论亚式期权的定价，其中期权的最终收益取决于路径上的平均价格。在第 27.6 节中，我们将讨论障碍期权的定价。

27.5　为亚式期权定价

亚式期权的收益在某种程度上取决于期权到期前一段时间内资产的平均价格。[①]亚式期权有时被称为"平均价格期权"。有两种常见的亚式期权（以认购期权为例,等效的亚洲认沽期权很简单）:

● 在第一种亚式期权中,期权的收益基于标的资产的平均价格和执行价格之间的差异: $\max$(标的资产的平均价格－行权价格,0)。这种期权在原油等大宗商品的价格中很常见。

● 在第二种亚式期权中,期权的行权价格是期权到期前一段时间内标的价格的平均值: $\max$(标的资产最终价格－标的资产的平均价格,0)。这种平均行权价格期权在电力能源市场中很常见。它们对其主要风险与标的平均价格相关的套期保值者很有帮助。

当用户在此期间出售标的资产,因而暴露于平均价格,以及标的资产存在价格操纵的危险时,亚式期权特别有用。亚式期权可以弱化操纵的影响,因为它不是基于单一价格,而是基于一系列价格。

亚式期权的初步例子

我们首先考察一种亚式期权,该期权的标的股票价格在每个时期要么上涨 40％,要么下跌 20％。我们看五个日期,从日期 0 开始:

	A	B	C	D	E	F	G	H	I	J
1					**亚式期权图**					
2	初始股票价格, S_0	30								
3	上涨	1.4								
4	下跌	0.8								
5	R, 1+利率	1.03								
6	行权价格, X	40								
7										
8	**状态价格s**									
9	q_u	0.3722	<--=(B5-B4)/(B5*(B3-B4))							
10	q_d	0.5987	<--=(B3-B5)/(B5*(B3-B4))							
11										
12	**风险中性概率**									
13	π_u	0.3833	<--=B9*$B$5							
14	π_d	0.6167	<--=B10*$B$5							
15										
16	**股票价格**								115.25	<--=G17*B3
17							82.32			
18					58.80				65.86	<--=G17*B4
19			42.00				47.04			
20	30.00				33.60				37.63	<--=G19*B4
21		24.00					26.88			
22				19.20					21.50	<--=G21*B4
23							15.36			
24									12.29	<--=G23*B4
25										
26	**债券价格**								1.1255	<--=G27*$B$5
27							1.0927			
28					1.0609				1.1255	<--=G29*$B$5
29			1.0300				1.0927			
30	1.0000				1.0609				1.1255	
31			1.0300				1.0927			
32					1.0609				1.1255	
33							1.0927			
34									1.1255	<--=G33*$B$5

[①]　相关的一些定义和文献讨论,请参见 https://en.wikipedia.org/wiki/Asian_option。这个链接也提供了一个参考列表。

为了计算期权的价值，我们首先计算每条价格路径。这里有 16 条路径。下面的电子表格显示了每条路径、路径上的平均股价、期权收益和路径的风险中性概率：

	A	B	C	D	E	F	G	H	I	J	K	L	M	N	O
1							通过给所有路径定价为亚式期权定价								
2	初始股票价格, S_0	30													
3	上涨	1.4													
4	下跌	0.8													
5	R, 1+利率	1.03													
6	行权价格, X	40										单元格 O16中的公式: =$B$11^4			
7															
8	上涨状态价格, q_u	0.3722	<--=(B5-B4)/(B5*(B3-B4))												
9	下跌状态价格, q_D	0.5987	<--=(B3-B5)/(B5*(B3-B4))								单元格O18中的公式: =$B$11^3*$B$12				
10															
11	风险中性概率, 上涨	0.3833	<--=B8*B5												
12	风险中性概率, 下跌	0.6167	<--=B9*B5			单元格 M16公式 =AVERAGE(G16:K16)					单元格IN16公式: =MAX(M16-$B$6,0)				
13															
14						股票价格							股票平均	期权收益	路径
15	路径	时期1	时期2	时期3	时期4	时期0	时期1	时期2	时期3	时期4			价格		风险中性概率
16	全部上涨 (1 条路径)	上涨	上涨	上涨	上涨	30.00	42.00	58.80	82.32	115.25			65.67	25.67	0.0216
17															
18	1次下跌 (4 条路径)	下跌	上涨	上涨	上涨	30.00	24.00	33.60	47.04	65.86			40.10	0.10	0.0347
19		上涨	下跌	上涨	上涨	30.00	42.00	33.60	47.04	65.86			43.70	3.70	0.0347
20		上涨	上涨	下跌	上涨	30.00	42.00	58.80	47.04	65.86			48.74	8.74	0.0347
21		上涨	上涨	上涨	下跌	30.00	42.00	58.80	82.32	65.86			55.80	15.80	0.0347
22															
23	2次下跌 (6 条路径)	下跌	下跌	上涨	上涨	30.00	24.00	19.20	26.88	37.63			27.54	0.00	0.0559
24		下跌	上涨	下跌	上涨	30.00	24.00	33.60	26.88	37.63			30.42	0.00	0.0559
25		下跌	上涨	上涨	下跌	30.00	24.00	33.60	47.04	37.63			34.45	0.00	0.0559
26		上涨	下跌	下跌	上涨	30.00	42.00	33.60	26.88	37.63			34.02	0.00	0.0559
27		上涨	下跌	上涨	下跌	30.00	42.00	58.80	47.04	37.63			43.09	3.09	0.0559
28		上涨	下跌	上涨	下跌	30.00	42.00	33.60	47.04	37.63			38.05	0.00	0.0559
29															
30	3次下跌 (4 条路径)	上涨	下跌	下跌	下跌	30.00	42.00	33.60	26.88	21.50			30.80	0.00	0.0899
31		下跌	上涨	下跌	下跌	30.00	24.00	33.60	26.88	21.50			27.20	0.00	0.0899
32		下跌	下跌	上涨	下跌	30.00	24.00	19.20	26.88	21.50			24.32	0.00	0.0899
33		下跌	下跌	下跌	上涨	30.00	24.00	19.20	15.36	21.50			22.01	0.00	0.0899
34															
35	4次下跌 (1 条路径)	下跌	下跌	下跌	下跌	30.00	24.00	19.20	15.36	12.29			20.17	0.00	0.1446
36															
37													期权价值	1.5206	
38															
39								单元格 N37 公式 =SUMPRODUCT(N16:N35,O16:O35)/B5^4							
40															

为了给亚式期权定价，我们在每条价格路径（第 O 列）上附加了一个风险中性概率。期权价格是期望收益的贴现值，其中期望值是用风险中性概率计算的：

$$期权价格 = \frac{\sum_{\text{所有路径}} \pi_{\text{路径}} \times \text{路径上的期权收益}}{R^n} = 1.520\,6$$

这些路径是由股票涨跌的数量和顺序决定的。出于解释目的，我们强调两条价格路径：

● 沿路径{上涨，下跌，上涨，上涨}，最终股票价格为 65.856，平均价格为 43.70，期权收益为 3.70，采用风险中性价格贴现的期望值为 0.034 7×max(0，43.70-40)＝0.114；

	A	B	C
1		路径价格例子: {上涨，下跌，上涨，上涨}	
2	初始股票价格, S_0	30	
3	上涨	1.4	
4	下跌	0.8	
5	R, 1+利率	1.03	
6	行权价格, X	40	
8	上涨状态价格, q_u	0.3722	<--=(B5-B4)/(B5*(B3-B4))
9	下跌状态价格, q_D	0.5987	<--=(B3-B5)/(B5*(B3-B4))
10			
11	风险中性概率, 上涨	0.3833	<--=B8*B5
12	风险中性概率, 下跌	0.6167	<--=B9*B5
13			
14	日期	每期期初价格	价格运动: 上涨 或下跌
15	0	30.000	
16	1	42.000	上涨
17	2	33.600	下跌
18	3	47.040	上涨
19	4	65.856	上涨
20	路径上的平均价格	43.70	<--=AVERAGE(B15:B19)
21	路径末的期权收益	3.70	<--=MAX(B20-$B$6,0)
22	路径风险中性价格	0.0347	<--=B11^COUNTIF(C16:C19,"上涨")*B12^COUNTIF(C16:C19,"下跌")
23	路径的价值:	0.114	<--=B21*B22/B5^4

● 沿着路径{上涨,上涨,下跌,上涨},最终股价与之前相同：65.856。然而,平均价格以及由此产生的期权收益和价值是不同的：

	A	B	C
1		路径价格例子：{上涨,上涨,下跌,上涨}	
2	初始股票价格, S_0	30	
3	上涨	1.4	
4	下跌	0.8	
5	R, 1+利率	1.03	
6	行权价格, X	40	
7			
8	上涨状态价格, q_u	0.3722	<—=(B5-B4)/(B5*(B3-B4))
9	下跌状态价格, q_d	0.5987	<—=(B3-B5)/(B5*(B3-B4))
10			
11	风险中性概率, 上涨	0.3833	<—=B8*B5
12	风险中性概率, 下跌	0.6167	<—=B9*B5
13			
14	日期	每期期初价格	价格运动：上涨 或下跌
15	0	30.000	
16	1	42.000	上涨
17	2	58.800	上涨
18	3	47.040	下跌
19	4	65.856	上涨
20	路径上的平均价格	48.74	<—=AVERAGE(B15:B19)
21	路径末的期权收益	8.74	<—=MAX(B20-$B$6,0)
22	路径风险中性价格	0.0347	<—=B11^COUNTIF(C16:C19,"上涨")*B12^COUNTIF(C16:C19,"下跌")
23	路径的价值：	0.270	<—=B21*B22*B5^4

这两条路径说明了我们所说的亚式期权价格具有路径依赖性的含义：两条路径——都以初始股价 30 开始,以 65.856 结束——具有不同的期权收益,因为路径上的平均股价不同。

这个例子(我们还没有得出结论)也说明了为亚式期权定价的困难：每一条路径都必须得到处理。例如,这里有 16 条独立的路径($2^4 = 16$)。这将亚式期权与普通期权(期权交易员的行话是"普通香草")区分开来;对于我们在这里考察的特定例子,一个普通的期权只需要处理 5 个最终价格。

再谈风险中性概率

我们重复我们之前关于风险中性概率作用的评论(参见本节第 27.1 节)：每条路径都是由其风险中性概率贴现定价的,这是 U、D 和 R 的函数。与实际的状态概率并不相关。

用 R 为亚式期权定价——为完整二叉树建模

我们也可以在 R 中实现前述方法。在第一步中,我们对整个二叉树建模。在我们的例子中,这不是一个艰巨的任务,因为在一般情况下,二叉树有 2^m 条路径,而在我们的例子中,由于 $m=4$,我们得到 16 条路径。这是实现程序的代码：

```
204   # Inputs:
205   S0 <- 30
206   X <- 40
207   U <- 1.4
208   D <- 0.8
209   r <- 1.03
210   m <- 4 # number of periods
211
212   # State prices
213   qU <- (r - D) / (r * (U - D))
214   qD <- (U - r) / (r * (U - D))
215
216   # Risk neutral probabilities
217   pi_U <- qU * r
218   pi_D <- qD * r
219
220   # A matrix of all binomial tree paths (first approach - good for small samples)
221   paths <- sapply(1:m, function(x){
222       rep(c(rep(U, (2^x) / 2), rep(D, (2^x) / 2)), 2^(m-x))
223                  })
224   # Stock price paths
225   stock_paths <- cbind(S0, t(S0 * apply(paths, 1, cumprod)))
226
227   # Average stock price
228   avg_St <- rowMeans(stock_paths)
229
230   # Option payoff
231   asian_call_payoff <- pmax(avg_St - X, 0)
232
233   # Path risk-neutral probability
234   prob_mat <- ifelse(paths == U, pi_U, pi_D)
235   prob_vec <- apply(prob_mat, 1, prod)
236
237   # Average discounted payoff
238   asian_call_value <- asian_call_payoff %*% prob_vec / r^m
```

用 VBA 程序为亚式期权定价——蒙特卡罗方法

上一节中的电子表格例子说明了蒙特卡罗期权定价的原理，以及直接在电子表格中为期权定价的问题。对于 4 个时期，我们需要计算 $2^4 = 16$ 条路径。对于更一般的 n 期问题，有 2^n 条路径需要考察；即使是对一个非常强大的计算机来说，这也很快就变得太大了。为了准确地为期权定价，你将需要数百或数千次模拟。直接在电子表格中这样做会很麻烦。最明显的答案是编写一些 VBA 代码来自动化这个过程，这将允许我们进行任意数量的模拟。

在本节中，我们编写 VBA 代码来做一个亚式期权定价的蒙特卡罗模拟。我们通过模拟标的股票价格的上下波动序列来生成价格路径；上涨或下跌的概率取决于风险中性概率——在这个意义上，我们对亚式期权的蒙特卡罗模拟与第 27.4 节中对普通期权的模拟类似。对于生成的每一条价格路径，我们计算期权收益，在生成大量的价格路径后，我们通过对这些收益的平均值进行贴现来计算期权价格。VBA 函数 MCAsianCall 为亚式期权定价，如后文所示。

VBA 亚式认购期权定价函数

```
Function MCAsianCall(initial, Exercise, Up,
Down, _
    Interest, Periods, Runs)
    Dim PricePath() As Double
    ReDim PricePath(Periods + 1)
    'Risk-neutral probabilities
    piup = (Interest - Down) / (Up - Down)
    pidown = 1 - piup
    Temp = 0
    For Index = 1 To Runs
        'Generate path
        For i = 1 To Periods
            PricePath(0) = initial
            pathprob = 1
            If Rnd > pidown Then
                PricePath(i) = PricePath(i - 1) *
                Up
                Else:
                PricePath(i) = PricePath(i - 1) *
                Down
            End If
        Next i
        PriceAverage = Application.Sum
        (PricePath) / (Periods + 1)
        callpayoff=Application.Max(PriceAverage -
        Exercise, 0)
        Temp = Temp + callpayoff
    Next Index
    MCAsianCall = (Temp / Interest ^ Periods) /
    Runs
End Function
```

以下是该函数在一个 20 期期权的电子表格中的实现：

	A	B	C
1			用蒙特卡罗为亚式期权定价
2	初始股票价格, S_0	30	
3	上涨	1.4	
4	下跌	0.8	
5	R, 1+利率	1.03	
6	行权价格, X	40	
7	期数	4	
8	模拟次数	500	
9	亚式认购期权价值	1.8156	<—{=MCAsianCall(B2,B6,B3,B4,B5,B7,B8)}

单元格 B9 中的函数是我们对该期权的蒙特卡罗估值——模拟值。对电子表格的任何重

新计算都将导致这一函数重新运行并重新计算期权价值。

下面我们展示了第 27.5 节中介绍的 4 期期权的函数复制块。A11:D20 中每个单元格都包含公式＝MCAsianCall(Initialprice, exercise, Up, Down, Interest, Periods, Runs)，因此我们计算了期权价值的 40 个模拟值。

	A	B	C	D	E
1				亚式期权定价--VBA函数 亚式期权：每次模拟包括 4 个时期 500 次运行	
2	初始股票价格, S₀	30			
3	上涨	1.4			
4	下跌	0.8			
5	R, 1+利率	1.03			
6	行权价格, X	40			
7	时期数	4			
8	运行次数	500			
9	亚式认购期权价值	1.6465	<--{=MCAsianCall(B2,B6,B3,B4,B5,B7,B8)}		
10					
11	1.0571	1.3011	1.7867	1.9490	<--{=MCAsianCall($B$2,$B$6,$B$3,$B$4,$B$5,$B$7,$B$8)}
12	1.5239	1.4802	1.5770	1.6865	
13	1.6874	1.5277	1.4490	1.6566	
14	1.7600	1.4579	1.7900	1.4454	
15	1.4299	1.1532	1.8805	1.2265	
16	1.6168	1.2923	1.4648	1.3005	
17	1.3169	1.7401	1.5873	1.1660	
18	1.3775	1.6830	1.2276	1.3308	
19	1.5886	1.1760	1.3722	1.6857	
20	1.6008	1.6105	1.4531	1.7007	
21					
22	蒙特卡罗模拟均值	1.5029	<--=AVERAGE(A11:D20)		
23	真实值	1.5206	<-- 对整个树定价		
24	蒙特卡罗模拟标准差	0.215604873	<--=STDEV.S(A11:D20)		

我们有意为已知其真正价值的亚式期权定价。如我们前文所述，在带有上涨、下跌和利息参数的四期模型中，亚式期权的价值为 1.520 6（单元格 B23）。我们的蒙特卡罗模拟的平均值为 1.502 9，标准差为 0.215 6。

当我们增加运行次数（单元格 B8）时，我们通常会减少估计的标准差（单元格 B24），这相当于增加了模拟的准确性。在下面的例子中，我们运行了 40 个模拟，每个模拟运行 5 000 次：

	A	B	C	D	E
1				亚式期权定价--VBA函数 亚式期权：每次模拟包括 4 个时期 5000 次运行	
2	初始股票价格, S₀	30			
3	上涨	1.4			
4	下跌	0.8			
5	R, 1+利率	1.03			
6	行权价格, X	40			
7	时期数	4			
8	运行次数	5000			
9	亚式认购期权价值	1.4108	<--{=MCAsianCall(B2,B6,B3,B4,B5,B7,B8)}		
10					
11	1.5395	1.5331	1.5119	1.5306	<--{=MCAsianCall($B$2,$B$6,$B$3,$B$4,$B$5,$B$7,$B$8)}
12	1.5030	1.5982	1.6205	1.5510	
13	1.4130	1.6755	1.4626	1.5307	
14	1.5628	1.6642	1.5134	1.5400	
15	1.5483	1.4376	1.4670	1.5674	
16	1.4446	1.5658	1.4576	1.4343	
17	1.4353	1.4720	1.5939	1.5610	
18	1.4002	1.4803	1.4369	1.4767	
19	1.5751	1.5332	1.5402	1.4506	
20	1.4713	1.5105	1.5236	1.5302	
21					
22	蒙特卡罗模拟均值	1.5166	<--=AVERAGE(A11:D20)		
23	真实值	1.5206	<-- 对整个树定价		
24	蒙特卡罗模拟标准差	0.06480751	<--=STDEV.S(A11:D20)		

正如你所看到的，标准差大大降低了—不到运行 500 次时标准差的一半。

用 R 为亚式期权定价——蒙特卡罗方法

当在 R 中实现与在 VBA 中展示的相同方法时，看起来像这样（注意，我们已经使用了 100 000 次模拟，R 在数秒内运行这个过程）：

```
241  # Inputs:
242  S0 <- 30 # initial stock price
243  U <- 1.4
244  D <- 0.8
245  r <- 1.03
246  X <- 40
247  m <- 4 # number of periods
248  runs <- 100000 # number of simulations
249
250  # Risk neutral probabilities
251  pi_U <- qU * r
252
253  # Create a matrix of [runs,periods]
254  paths <- matrix( rbinom(n = runs * m, 1, prob = pi_U), nrow = runs)
255
256  # Convert matrix to Up/Down
257  paths <- ifelse(paths == 1, U, D)
258
259  # Stock price paths
260  stock_paths <- cbind(s0, t(s0 * apply(paths, 1, cumprod)))
261
262  # Average stock price
263  avg_St <- rowMeans(stock_paths)
264
265  # Option payoff
266  asian_call_payoff <- pmax(avg_St - X, 0)
```

有更多期的亚式期权

在下面的电子表格中，我们将单位时间间隔划分为 n 个子时期。我们遵循第 27.4 节的程序来定义子时期 Δt 的收益率、状态价格和风险中性概率。以下是结果的电子表格：

	A	B	C	D	E	F
1	亚式期权定价--VBA 函数 每个时间区间被划分为n个子时期。在此模拟中，到期日为 0.50 年 且单位时间间隔被分成 80 子时期。每个蒙特卡罗模拟运行 100 次。					
2	S_0, 当前 股票价格	50				
3	X, 行权价格	45				
4	T, 距行权时间	0.5				
5	r, 利率	3%				
6	σ, 股票收益率标准差	30%				
7						
8	n, T的子时期数量	80				
9	子时期间隔长度	0.0063	<--=B4/B8			
10						
11	子时期上涨	1.0239	<--=EXP((B5-0.5*B6^2)*B9+B6*SQRT(B9))			
12	子时期下跌	0.9765	<--=EXP((B5-0.5*B6^2)*B9-B6*SQRT(B9))			
13	子时期利息	1.0002	<--=EXP(B5*B9)			
14						
15	运行次数	100				
16						
17		5.2621	5.1529	5.5089	5.5387	5.7694	<--{=MCAsianCall($B$2,$B$3,$B$11,$B$12,$B$13,$B$4*$B$8,$B$15)}
18		4.6156	5.4962	5.0130	5.4197	5.5802	
19		4.5882	5.2726	5.0412	4.7225	6.0474	
20		5.3100	5.6605	5.7655	5.1424	5.5120	
21		4.8309	5.7273	5.4058	5.6192	5.2315	
22		5.6129	5.6071	5.4720	5.5197	5.6707	
23		5.3936	5.3607	4.8904	5.4359	4.6996	
24		4.5464	4.9465	5.1042	5.1713	4.9411	
25						
26	以上平均值	5.2901	<--=AVERAGE(A17:E24)			
27	最小值	4.5464	<--=MIN(A17:E24)			
28	最大值	6.0474	<--=MAX(A17:E24)			
29	标准差	0.3676	<--=STDEV.S(A17:E24)			

单元格 A17:E24 中的结果块给出了运行 MCAsianCall 函数的 40 个结果。在这个区块下面,我们给出了这些模拟的统计量。

上述模拟在每次迭代函数 MCAsianCall 时使用了 100 条价格路径;这是单元格 B15 中包含的数字。我们可以使用模拟运算表来看看改变运行次数的影响:

	A	B	C	D	E	F
31	模拟运算表: 结果对运行次数的敏感性					
32	运行次数	平均值 (40 MCAsian Call)	最小值	最大值	标准差	
33						<-- =B29 , 模拟运算表表头 (隐藏)
34	50	5.5374	4.4557	6.6007	0.5731	
35	100	5.3425	4.1916	6.3398	0.4731	
36	150	5.3333	4.1824	6.2263	0.4083	
37	200	5.3059	4.9056	5.8663	0.2418	
38	250	5.3268	4.7854	5.7168	0.2186	
39	300	5.3127	4.8190	5.6931	0.2034	
40	350	5.3907	4.9012	5.8965	0.2276	
41	400	5.3456	4.8943	5.8760	0.2261	
42	450	5.3658	5.1058	5.6230	0.1339	
43	500	5.3798	5.0054	5.7762	0.1861	
44	550	5.3393	5.1111	5.5775	0.1182	
45						
46						
47						
48						
49						
50						

很明显,增加运行次数会缩小模拟的范围。在 R 中实现上述方法应该是这样的:

```
272   # Inputs:
273   S0 <- 50 # initial stock price
274   X <- 45 # exercise price
275   t <- 0.5 # Time to exercise
276   r <- 0.03 # interest rate
277   sigma_S <- 0.3 # standard deviation of the stock return
278
279   # Define time interval
280   n <- 80 # divisions of unit time
281   delta_t <- t / n
282
283   # Calculate Up, Down and interest rate returns over 1 sub-interval
284   U <- exp((r - 0.5*sigma_S^2) * delta_t + sigma_S * sqrt(delta_t)) # Up
285   D <- exp((r - 0.5*sigma_S^2) * delta_t - sigma_S * sqrt(delta_t)) # Down
286   r_delta_t <- exp(r * delta_t)
287
288   # Risk neutral probabilities
289   pi_U <- (r_delta_t - D) / (U - D)
290
291   # Create a matrix of [runs,periods]
292   runs <- 100000
293   paths <- matrix( rbinom(n = runs * n, 1, prob = pi_U), nrow = runs)
294
295   # Convert matrix to Up/Down
296   paths <- ifelse(paths == 1, U, D)
297
298   # Stock price paths
299   stock_paths <- cbind(S0, t(S0 * apply(paths, 1, cumprod)))
300
301   # Average stock price
302   avg_St <- rowMeans(stock_paths)
303
304   # Option payoff
305   asian_call_payoff <- pmax(avg_St - X, 0)
306
307   # Average of MC simulations
308   asian_call_value_mc <- mean(asian_call_payoff) * exp(-r*t)
```

27.6 障碍期权

障碍期权的收益取决于价格在期权存续期内是否达到特定水平：

- 只有当 $t < T$，S_t 越过障碍 K 时，一个敲入障碍认购期权才有收益 $\max(S_T - X, 0)$。一个敲入障碍认沽期权有相同的条件，但收益为 $\max(X - S_T, 0)$。

- 如果股票价格在 T 之前没有达到障碍，敲出认购或认沽期权就有这些收益。

设置障碍会让期权在到期时更难以进入实值状态；因此，障碍期权的价值低于常规期权。障碍期权有四种类型：(1) 向下敲入；(2) 向下敲出；(3) 向上敲入；(4) 向上敲出。

利用蒙特卡罗方法为障碍期权定价不一定是一个好主意，但它是一个很好的练习。[1]

敲出障碍认购期权的一个简单例子

下面，我们将展示一个类似于第 27.5 节中给出的亚式期权的敲出障碍期权的扩展例子。

	A	B	C	D	E F G	H	I	J	K L	M	N	O
1							敲出障碍期权定价					
2	初始股票价格	30										
3	上涨	1.40										
4	下跌	0.80										
5	利率	1.03										
6	期权行权价格	35										
7	障碍	45.00										
8												
9	q_U	0.3722	<-=(B5-B4)/(B5*(B3-B4))									
10	q_D	0.5987	<-=(B3-B5)/(B5*(B3-B4))						单元格 M15公式：=MAX(G15:K15)<$B$7			
11	风险中性概率，上涨	0.3833	<-=B9*B5									
12	风险中性概率，下跌	0.6167	<-=B10*B5									
13							股票价格					
14	路径	时期1	时期2	时期3	时期4	时期0	时期1	时期2	时期3	时期4	$\max(S_t)<$障碍?	路径风险中性概率	敲出期权收益
15	全部上涨 (1条路径)	上涨	上涨	上涨	上涨	30.00	42.00	58.80	82.32	115.25	FALSE	0.0216	0.00
16													
17	1次下跌 (4条路径)	下跌	上涨	上涨	上涨	30.00	24.00	33.60	47.04	65.86	FALSE	0.0347	0.00
18		上涨	下跌	上涨	上涨	30.00	42.00	33.60	47.04	65.86	FALSE	0.0347	0.00
19		上涨	上涨	下跌	上涨	30.00	42.00	58.80	47.04	65.86	FALSE	0.0347	0.00
20		上涨	上涨	上涨	下跌	30.00	42.00	58.80	82.32	65.86	FALSE	0.0347	0.00
21													
22	2次下跌 (6条路径)	下跌	下跌	上涨	上涨	30.00	24.00	19.20	26.88	37.63	TRUE	0.0559	2.63
23		下跌	上涨	下跌	上涨	30.00	24.00	33.60	26.88	37.63	TRUE	0.0559	2.63
24		下跌	上涨	上涨	下跌	30.00	24.00	33.60	47.04	37.63	FALSE	0.0559	0.00
25		上涨	下跌	下跌	上涨	30.00	42.00	33.60	26.88	37.63	TRUE	0.0559	2.63
26		上涨	下跌	上涨	下跌	30.00	42.00	58.80	47.04	37.63	FALSE	0.0559	0.00
27		上涨	上涨	下跌	下跌	30.00	42.00	33.60	47.04	37.63	FALSE	0.0559	0.00
28													
29	3次下跌 (4条路径)	上涨	下跌	下跌	下跌	30.00	42.00	33.60	26.88	21.50	TRUE	0.0899	0.00
30		下跌	上涨	下跌	下跌	30.00	24.00	33.60	26.88	21.50	TRUE	0.0899	0.00
31		下跌	下跌	上涨	下跌	30.00	24.00	19.20	26.88	21.50	TRUE	0.0899	0.00
32		下跌	下跌	下跌	上涨	30.00	24.00	19.20	15.36	21.50	TRUE	0.0899	0.00
33													
34	4次下跌 (1条路径)	下跌	下跌	下跌	下跌	30.00	24.00	19.20	15.36	12.29	TRUE	0.1446	0.00
35													
36											敲出价值	0.3920	
37													
38				单元格 O34公式：							单元格 N36公式：		
39				=M34*MAX(K34-$B$6,0)							=SUMPRODUCT(O15:O34,N15:N34)/B5^4		

在这个例子中，我们模拟了一个四期（五日期）的障碍认购期权。障碍是 45（单元格 B7）。敲出期权只有在价格从未穿过这个障碍时才有收益，而敲入期权只有在股价穿过这个障碍时才有收益。在一个方程中：

---

[1] 详见 Broadie、Glasserman 和 Kou(1997) 及 Kou(2003) 的详细论述。

$$敲入障碍认购期权收益 = \begin{cases} \max[S_T - X, 0] & \text{如果 } S_t > 障碍, t < T \\ 0 & \text{其他} \end{cases}$$

$$敲出障碍认购期权收益 = \begin{cases} \max[S_T - X, 0] & \text{如果 } S_t < 障碍, t < T \\ 0 & \text{其他} \end{cases}$$

上图所示的敲出障碍认购期权只有在两件事同时发生时才会有收益:

● 股票价格没有超过障碍。发生这一情况的所有路径在列 M 中被标记为"TRUE"。为检查这个条件,在单元格 M15 中我们使用布尔函数(=MAX(G15:K15)<＄B＄7)。[①]根据是否满足该条件,该函数的计算结果为 TRUE 或 FALSE。列 M 中的其他单元格使用类似的条件。当在公式中使用时(如下面的项目所示),布尔函数的值如果为 TRUE 则为 1,如果为 FALSE 则为 0。

● 最终股票价格 S_T 为 115.25(单元格 K15),高于为 35 的期权行权价格 X(单元格 B6)。在单元格 O15 中,我们使用条件 M15 * MAX(K15－＄B＄6, 0)来评估期权收益。

(1) 如果 M15＝0(这意味着沿着路径某处有 $S_t > 50$ 和期权被"敲出"),那么期权没有收益。

(2) 如果 M15＝1($S_t < 50$ 贯穿整个路径),那么该期权有标准认购期权收益 $\text{Max}(S_T - X, 0)$。

与本章前面讨论的所有情况一样,障碍认购期权的价值是期权的期望收益的贴现值,其中的概率为风险中性概率:

$$期权价值 = \frac{\sum_{所有状态} \pi_j \, 收益}{R^4} = 0.392\,0$$

在 R 中实现这种方法是这样的:

```
311  ## Pricing Knock-Out Barrier Option with Monte Calro
312  # Inputs:
313  S0 <- 30
314  U <- 1.4
315  D <- 0.8
316  r <- 1.03
317  X <- 35
318  barrier <- 45
319  m <- 4 # number of periods
320
321  # State prices
322  qU <- (r - D) / (r * (U - D))
323  qD <- (U - r) / (r * (U - D))
324
325  # Risk neutral probabilities
326  pi_U <- qU * r
327  pi_D <- qD * r
328
329  # A matrix of all binomial tree paths
330  paths <- sapply(1:m, function(x){
331      rep(c(rep(U, (2^x) / 2), rep(D, (2^x) / 2)), 2^(m-x))
332                              })
333
334  # Stock price paths
335  stock_paths <- cbind(S0, t(S0 * apply(paths, 1, cumprod)))
336
337  # Knocked out if Maximum price in the path > 45
338  knocked_out <- apply(stock_paths, 1, max) > barrier
339
340  # Option payoff
341  ko_call_payoff <-  pmax(stock_paths[,m+1] - X, 0)*(1-knocked_out)
342
343  # Path risk-neutral probability
344  prob_mat <- ifelse(paths == U, pi_U, pi_D)
345  prob_vec <- apply(prob_mat, 1, prod)
346
347  # Average discounted payoff
348  ko_call_value <- sum(ko_call_payoff * prob_vec) / r^m
```

---

① 我们将在第 30 章讨论布尔函数。

敲入障碍认购期权

通过改变 O 列的条件,我们可以为敲入障碍认购期权定价。这次我们写入(例如,在单元格 O15 中)函数＝(1－M15) ＊ MAX(K15－$B$6,0)。M15 中的值用于检验是否穿过了障碍;如果这个值为 False(即值为零),那么期权就会被"敲入",收益就像普通的认购期权一样。如果 M15 为 True,那么障碍没有被穿过,期权没有获得收益:

	A	B	C	D	E	F	G	H	I	J	K	L	M	N	O
1								**敲入障碍期权定价**							
2	初始股票价格	30													
3	上涨	1.40													
4	下跌	0.80													
5	利率	1.03													
6	期权行权价格	35													
7	障碍	45.00													
8															
9	q_u	0.3722	<-=(B5-B4)/(B5*(B3-B4))												
10	q_D	0.5987	<-=(B3-B5)/(B5*(B3-B4))									单元格 M15公式: =MAX(G15:K15)<$B$7			
11	风险中性概率,上涨	0.3833	<-=B9*B5												
12	风险中性概率,下跌	0.6167	<-=B10*B5												
13								**股票价格**							
14		路径	时期1	时期2	时期3	时期4	时期0	时期1	时期2	时期3	时期4		max(St)<障碍?	路径风险中性概率	敲入期权收益
15	全部上涨 (1条路径)	上涨	上涨	上涨	上涨	30.00	42.00	58.80	82.32	115.25		FALSE	0.0216	80.25
16															
17	1次下跌 (4条路径)	下跌	上涨	上涨	上涨	30.00	24.00	33.60	47.04	65.86		FALSE	0.0347	30.86
18		上涨	下跌	上涨	上涨	30.00	42.00	33.60	47.04	65.86		FALSE	0.0347	30.86
19		上涨	上涨	下跌	上涨	30.00	42.00	58.80	47.04	65.86		FALSE	0.0347	30.86
20		上涨	上涨	上涨	下跌	30.00	42.00	58.80	82.32	65.86		FALSE	0.0347	30.86
21															
22	2次下跌 (6条路径)	下跌	下跌	上涨	上涨	30.00	24.00	19.20	26.88	37.63		TRUE	0.0559	0.00
23		下跌	上涨	下跌	上涨	30.00	24.00	33.60	26.88	37.63		TRUE	0.0559	0.00
24		下跌	上涨	上涨	下跌	30.00	24.00	33.60	47.04	37.63		FALSE	0.0559	2.63
25		上涨	下跌	下跌	上涨	30.00	42.00	33.60	26.88	37.63		TRUE	0.0559	0.00
26		上涨	上涨	下跌	下跌	30.00	42.00	58.80	47.04	37.63		FALSE	0.0559	2.63
27		上涨	下跌	上涨	下跌	30.00	42.00	33.60	47.04	37.63		FALSE	0.0559	2.63
28															
29	3次下跌 (4条路径)	上涨	下跌	下跌	下跌	30.00	42.00	33.60	26.88	21.50		TRUE	0.0899	0.00
30		下跌	上涨	下跌	下跌	30.00	24.00	33.60	26.88	21.50		TRUE	0.0899	0.00
31		下跌	下跌	上涨	下跌	30.00	24.00	19.20	26.88	21.50		TRUE	0.0899	0.00
32		下跌	下跌	下跌	上涨	30.00	24.00	19.20	15.36	21.50		TRUE	0.0899	0.00
33															
34	4次下跌 (1条路径)	下跌	下跌	下跌	下跌	30.00	24.00	19.20	15.36	12.29		TRUE	0.1446	0.00
35															
36													敲入价值	5.7407	
37															
38						单元格 O34公式:						单元格 N36公式:			
39						=(1-M34)*MAX(K34-$B$6,0)						=SUMPRODUCT(O15:O34,N15:N34)/B5^4			

在 R 中实现这个非常简单。我们只需要反转条件并检查我们"敲入"的位置[在我们的例子中是当 $\text{Max}(S_t) > 45$ 时]:

```
350  ## Pricing Knock-In Barrier Option
351  # Option payoff
352  knocked_in <- apply(stock_paths, 1, max) > barrier
353  ki_payoff <- pmax(stock_paths[,m+1] - X, 0) * knocked_in
354
355  # Path risk-neutral probability
356  prob_mat <- ifelse(paths == U, pi_U, pi_D)
357  prob_vec <- apply(prob_mat, 1, prod)
358
359  # Average discounted payoff
360  ki_call_value <- sum(ki_payoff * prob_vec) / r^m
```

敲入和敲出障碍的电子表格说明了障碍期权定价的另一个原则——一个敲入认购期权加上敲出认购期权的价格等于普通认购期权的价格:

敲入 + 敲出 = 普通期权

初始股票价格	30
上涨	1.40
下跌	0.80
利率	1.08
期权行权价格	30
障碍	50.00

q_u	0.4321	<---=(B5-B4)/(B5*(B3-B4))
q_D	0.4938	<---=(B3-B5)/(B5*(B3-B4))
风险中性概率，上涨	0.4667	<---=B9*B5
风险中性概率，下跌	0.5333	<---=B10*B5

单元格 M15公式：=MAX(G15:K15)<$B$7

股票价格

路径	时期1	时期2	时期3	时期4	时期0	时期1	时期2	时期3	时期4	max(S_t)<障碍?	路径风险中性概率	敲出收益	敲入收益	普通期权
全部上涨 (1条路径)	上涨	上涨	上涨	上涨	30.00	42.00	58.80	82.32	115.25	FALSE	0.0474	0	85.2480	85.2480
1次下跌 (4条路径)	下跌	上涨	上涨	上涨	30.00	24.00	33.60	47.04	65.86	FALSE	0.0542	0	35.8560	35.8560
	上涨	下跌	上涨	上涨	30.00	42.00	33.60	47.04	65.86	FALSE	0.0542	0	35.8560	35.8560
	上涨	上涨	下跌	上涨	30.00	42.00	58.80	47.04	65.86	FALSE	0.0542	0	35.8560	35.8560
	上涨	上涨	上涨	下跌	30.00	42.00	58.80	82.32	65.86	FALSE	0.0542	0	35.8560	35.8560
2次下跌 (6条路径)	下跌	下跌	上涨	上涨	30.00	24.00	19.20	26.88	37.63	TRUE	0.0619	7.632	0.0000	7.6320
	下跌	上涨	下跌	上涨	30.00	24.00	33.60	26.88	37.63	TRUE	0.0619	7.632	0.0000	7.6320
	下跌	上涨	上涨	下跌	30.00	24.00	33.60	47.04	37.63	TRUE	0.0619	7.632	0.0000	7.6320
	上涨	下跌	下跌	上涨	30.00	42.00	33.60	26.88	37.63	TRUE	0.0619	7.632	0.0000	7.6320
	上涨	下跌	上涨	下跌	30.00	42.00	58.80	47.04	37.63	FALSE	0.0619	0	7.6320	7.6320
	上涨	上涨	下跌	下跌	30.00	42.00	33.60	47.04	37.63	TRUE	0.0619	7.632	0.0000	7.6320
3次下跌 (4条路径)	上涨	下跌	下跌	下跌	30.00	42.00	33.60	26.88	21.50	TRUE	0.0708	0	0.0000	0.0000
	下跌	上涨	下跌	下跌	30.00	24.00	33.60	26.88	21.50	TRUE	0.0708	0	0.0000	0.0000
	下跌	下跌	上涨	下跌	30.00	24.00	19.20	26.88	21.50	TRUE	0.0708	0	0.0000	0.0000
	下跌	下跌	下跌	上涨	30.00	24.00	19.20	15.36	21.50	TRUE	0.0708	0	0.0000	0.0000
4次下跌 (1条路径)	下跌	下跌	下跌	下跌	30.00	24.00	19.20	15.36	12.29	TRUE	0.0809	0	0.0000	0.0000

概率

敲入	9.0334	<---=SUMPRODUCT(N15:N34,P15:P34)/B5^4
敲出	1.7375	<---=SUMPRODUCT(N15:N34,O15:O34)/B5^4
总和	10.7708	<---=K36+K37
普通期权	10.7708	<---=SUMPRODUCT(N15:N34,Q15:Q34)/B5^4

单元格 O34公式
=M34*MAX(K34-$B$6,0)

单元格P34公式
=(1-M34)*MAX(K34-$B$6,0)

使用 VBA 和蒙特卡罗对敲入障碍期权进行定价

我们编写了两个 VBA 函数来对敲入和敲出障碍期权进行定价。以下是敲出期权的函数：

```
Function MCBarrierOut(Initial, Exercise,
Barrier, Up, _
    Down, Interest, Periods, Runs)
    Dim PricePath() As Double
    ReDim PricePath(Periods + 1)
    'Risk-neutral probabilities
    piup = (Interest - Down) / (Up - Down)
    pidown = 1 - piup
    Temp = 0
    For Index = 1 To Runs
        'Generate path
        For i = 1 To Periods
            PricePath(0) = Initial
            pathprob = 1
            If Rnd > pidown Then
                PricePath(i) = PricePath(i - 1) * Up
                Else:
                PricePath(i) = PricePath(i - 1) *
                Down
            End If
        Next i
            If Application.Max(PricePath) <
            Barrier Then Callpayoff = _
                Application.Max(PricePath(Periods) -
                Exercise, 0) _
                Else Callpayoff = 0
                Temp = Temp + Callpayoff
    Next Index
    MCBarrierOut = (Temp / Interest ^ Periods) /
    Runs
End Function
```

由于该函数与第 27.5 节的 MCAsianCall 函数非常相似，我们将不讨论它，只是指出"敲入"期权的执行部分已被包含在以下行中（注意 Excel 的 Max 函数以 Application.Max 的形式使用；VBA 没有专门的取最大值函数）：

```
If Application.Max(PricePath) < Barrier Then _
    Callpayoff = Application.Max(PricePath
    (Periods) - Exercise, 0) _
    Else Callpayoff = 0
```

在下面的电子表格中，我们使用这个函数和它的相关函数 MCBarrierOut 为之前在我们扩展的例子中定价的期权定价：

	A	B	C	D	E	F
1			用蒙特卡罗模拟为障碍期权定价			
2	上涨	1.4				
3	下跌	0.8				
4	利率	1.03				
5						
6	初始价格	30				
7	时期数	4				
8	行权价格	35				
9	障碍	45				
10						
11	运行次数	500				
12						
13	敲入期权价值	5.0475	<--{=mcbarrierin(B6,B8,B9,B2,B3,B4,B7,B11)}			
14	实际价值	5.7407	<-- 由完整的例子决定			
15						
16	敲出期权价值	0.4350	<-- =mcbarrierout(B6,B8,B9,B2,B3,B4,B7,B11)			
17	实际价值	0.3920	<-- 由完整的例子决定			
18						
19	**MCBarrierIn 40次迭代**					
20	4.7417	6.1946	5.7369	5.4043	5.4030	
21	5.2149	6.0129	6.1290	5.9279	5.8527	
22	6.2947	5.5254	6.6537	4.6367	5.9575	
23	5.1244	5.7807	5.7790	6.4922	7.3337	
24	5.1981	5.5110	5.7511	6.0580	5.0413	
25	4.7872	5.9515	5.8688	5.5205	4.8407	
26	5.2309	5.2953	5.6440	6.0423	5.8842	
27	6.1141	5.5756	4.3814	6.5551	5.6839	
28						
29	模拟值均值	5.6783	<--=AVERAGE(A20:E27)			
30	真实值	5.7407	<--=B14			
31						
32	最小值	4.3814	<--=MIN(A20:F27)			
33	最大值	7.3337	<--=MAX(A20:F27)			
34	标准差	0.5946	<--=STDEV(A20:F27)			

最后，我们还可以展示 MCBarrierIn 和 MCBarrierOut 函数在单位时期被划分为 n 个子时期的情况下的实现：

	A	B	C	D	E	F	G	H
1	障碍期权定价--VBA函数 每一时期被分成n个子时期。在本次模拟中，到期日为 0.33 年，以及单位时间被分割成 60 个子时期。每个蒙特卡罗模拟运行 100 次。							
2	S_0, 当前股票价格	50						
3	X, 行权价格	45						
4	障碍	55						
5	T,期权行权时间	0.33						
6	r, 利率	3%						
7	σ, 股票收益率标准差	35%						
8								
9	n, 一个时期内的子时期数	60						
10	Delta t	0.0167	<--=1/B9					
11								
12	子时期上涨	1.0457	<--=EXP((B6-0.5*B7^2)*B10+B7*SQRT(B10))					
13	子时期下跌	0.9553	<--=EXP((B6-0.5*B7^2)*B10-B7*SQRT(B10))					
14	子时期利率	1.0005	<--=EXP(B6*B10)					
15								
16	运行次数	100						
17								
18	5.1199	6.5683	6.4351	5.0454	6.8536	<--		
19	7.8539	7.4048	4.5426	7.5729	4.8532	{=mcbarrierin($B$2,$B$3,$B$4,$B$12,$B$13,$B$1		
20	6.3544	6.0510	7.7934	6.5352	6.6967	4,INT($B$9*$B$5),$B$16)}		
21	6.6660	6.4532	5.7444	6.7598	6.8376			
22	5.7038	6.1693	6.7066	6.8660	6.2351			
23	6.4461	5.6213	5.3650	6.1142	6.5251			
24	6.2444	4.9892	7.2004	6.9676	5.5795			
25	7.8590	5.0491	4.8618	5.5549	5.5261			
26								
27	上述数值的均值	6.2431	<--=AVERAGE(A18:F25)					
28	最小值	4.5426	<--=MIN(A18:F25)					
29	最大值	7.8590	<--=MAX(A18:F25)					
30	标准差	0.8795	<--=STDEV(A18:F25)					

至于第 27.5 节中讨论的亚式期权的案例，随着运行次数（单元格 B16）的增加，近似变得更好，尽管改进并不明显：

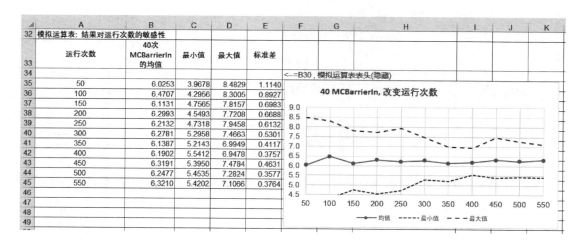

	A	B	C	D	E	F	G	H	I	J	K
32	模拟运算表: 结果对运行次数的敏感性										
33	运行次数	40次 MCBarrierIn 的均值	最小值	最大值	标准差						
34							<--=B30，模拟运算表表头(隐藏)				
35	50	6.0253	3.9678	8.4829	1.1140						
36	100	6.4707	4.2956	8.3005	0.8927						
37	150	6.1131	4.7565	7.8157	0.6983						
38	200	6.2993	4.5493	7.7208	0.6688						
39	250	6.2132	4.7318	7.9458	0.6132						
40	300	6.2781	5.2958	7.4663	0.5301						
41	350	6.1387	5.2143	6.9949	0.4117						
42	400	6.1902	5.5412	6.9478	0.3757						
43	450	6.3191	5.3950	7.4784	0.4631						
44	500	6.2477	5.4535	7.2824	0.3577						
45	550	6.3210	5.4202	7.1066	0.3764						

最后，我们可以证明，当单位时间间隔被分割的次数 n 很大时，敲入加敲出的总和近似等于 Black-Scholes 认购期权：

	A	B	C
1		敲入 +敲出 =认购期权 几乎连续的情形	
2	S₀, 当前股票价格	30	
3	X, 行权价格	35	
4	障碍	45	
5	T,期权行权时间	0.33	
6	r, 利率	3%	
7	σ, 股票收益率标准差	35%	
8			
9	n, 一个时期内的子时期数	200	
10	Delta t	0.0017	<-=B5/B9
11			
12	子时期上涨	1.0143	<-=EXP((B6-0.5*B7^2)*B10+B7*SQRT(B10))
13	子时期下跌	0.9858	<-=EXP((B6-0.5*B7^2)*B10-B7*SQRT(B10))
14	子时期利率	1.0000	<-=EXP(B6*B10)
15			
16	运行次数	1000	
17			
18	敲出障碍	0.48565058	<-{=mcbarrierout(B2,B3,B4,B12,B13,B14,B9,B16)}
19	敲入障碍	0.375898495	<-{=mcbarrierin(B2,B3,B4,B12,B13,B14,B9,B16)}
20	敲出+敲入之和	0.861549076	<-=B18+B19
21	Black-Scholes认购期权价格	0.89662152	<-{=BSCall(B2,B3,B5,B6,B7)}

利用 R 和蒙特卡罗对障碍期权进行定价

在 R 中实现相同的方法将是这样的：

```
362  ## Barrier Option with MC (Knock-In and Knock-out Example)
363  # Inputs:
364  S0 <- 30 # initial stock price
365  x <- 35
366  barrier <- 45
367  r <- 0.03 # risk-free rate
368  t <- 0.33 # time to option excercise
369  n <- 200 # number of sub-intervals of t
370  sigma <- 0.35 # annual volatility
371  runs <- 10000 # number of simulations
372  delta_t <- t/n
373
374  # Up Down and periodic interest rate
375  U <- exp((r-0.5*sigma^2)*delta_t + sigma*sqrt(delta_t))
376  D <- exp((r-0.5*sigma^2)*delta_t - sigma*sqrt(delta_t))
377  interest <- exp(r*delta_t)
378
379  # Risk neutral probabilities
380  pi_U <- (interest - D) / (U - D)
381  pi_D <- (U - interest) / (U - D)
382
383  # Create a matrix of [runs,periods]
384  paths <- matrix(rbinom(n = runs * n, 1, prob = pi_U), nrow = runs)
385  paths <- ifelse(paths == 1, U, D) # Convert matrix to Up/Down
386
387  # Stock price paths
388  stock_paths <- cbind(S0, t(S0 * apply(paths, 1, cumprod)))
389
390  # Maximum price in the path > 45?
391  p_crossed_barrier <- apply(stock_paths, 1, max) > barrier
392
393  # Option payoff
394  vanilla_payoff <-  pmax(stock_paths[,n+1] - x, 0)
395  mc_ki_payoff <- vanilla_payoff*p_crossed_barrier
396  mc_ko_payoff <- vanilla_payoff*(1-p_crossed_barrier)
```

27.7 篮子期权

一个篮子期权基于若干相关资产。篮子期权的收益类似于普通期权[认购期权：$\max(S_T - X, 0)$，认沽期权：$\max(X - S_T, 0)$]。这里的不同之处在于，标的资产（篮子）是所有特定标的资产的加权平均数。请注意，相关资产的权重并不总是相等的。

篮子期权的一个例子

假设我们正在为 FAAMG 股票（FB、AAPL、AMZN、MSFT 和 GOOG）的篮子认购期权定价。篮子有以下特点：

▲	A	B	C	D	E	F
1	篮子认购期权定价					
2		FB	AAPL	AMZN	MSFT	GOOG
3	资产价格	222.14	318.73	1864.72	167.1	1480.39
4	权重	10%	25%	20%	25%	20%
5						
6	篮子价格 (t=0)	812.69	<--=SUMPRODUCT(B4:F4,B3:F3)			
7	r	2%				
8	T (年)	0.5				
9	X	800				
10						
11	方差—协方差矩阵 (周)					
12		FB	AAPL	AMZN	MSFT	GOOG
13	FB	0.002076	0.000498	0.000817	0.000546	0.000748
14	AAPL	0.000498	0.001368	0.000556	0.000435	0.000508
15	AMZN	0.000817	0.000556	0.001731	0.000623	0.000804
16	MSFT	0.000546	0.000435	0.000623	0.000967	0.000623
17	GOOG	0.000748	0.000508	0.000804	0.000623	0.001071

为此类期权定价需要使用本书中描述的几种工具。首先，我们使用 Cholesky 分解（第 21 章）来模拟篮子中的单个资产价格（下一个电子表格中的单元格 I8：M34）。然后，我们使用这个模拟为篮子期权（单元格 B24）定价。最后一步，我们在空白单元格上使用一个模拟运算表，重复该模拟 1 000 次①（单元格 A31：B1031），以得到期望的期权值 60.27（单元格 B27）。以下是电子表格：

---

① 为了简单起见，我们使用了相对较少的模拟次数（1 000 次）。在现实生活的计算中，我们建议你使用超过 10 000 次模拟。

▲	A	B	C	D	E	F	(H	H)	I	J	K	L	M	N
1							篮子认购期权定价							
2		FB	AAPL	AMZN	MSFT	GOOG								
3	资产价格	222.14	318.73	1864.72	167.1	1480.39		{=(I8:M8)*EXP(($B$7/52-0.5*$B$19:F$19)+CorrNormalN($B$13:$F$17))}						
4	权重	10%	25%	20%	25%	20%								
5														
6	篮子价格 (t=0)	812.69	<--=SUMPRODUCT(B4:F4,B3:F3)						模拟周价格					
7	r	2%						周	FB	AAPL	AMZN	MSFT	GOOG	
8	T (年)	0.5						0	222.14	318.73	1,864.72	167.10	1,480.39	<--=F3
9	X	800						1	215.55	309.27	1,770.42	161.88	1,348.37	
10								2	224.26	319.41	1,799.52	158.35	1,348.61	
11	方差—协方差矩阵 (周)							3	226.53	340.06	1,792.32	166.71	1,348.03	
12		FB	AAPL	AMZN	MSFT	GOOG		4	219.38	350.54	1,698.33	164.10	1,343.04	
13	FB	0.002076	0.000498	0.000817	0.000546	0.000748		5	221.29	341.34	1,605.63	166.64	1,295.88	
14	AAPL	0.0004984	0.001368	0.000556	0.000435	0.000508		6	219.66	340.45	1,643.49	171.67	1,306.63	
15	AMZN	0.0008168	0.000556	0.001731	0.000623	0.000804		7	207.04	325.97	1,621.08	168.64	1,251.49	
16	MSFT	0.0005456	0.000435	0.000623	0.000967	0.000623		8	230.63	333.63	1,535.43	168.54	1,243.68	
17	GOOG	0.0007484	0.000508	0.000804	0.000623	0.001071		9	242.72	340.17	1,604.61	167.42	1,247.41	
18								10	222.38	344.36	1,609.89	169.63	1,228.07	
19	方差		0.002076	0.001368	0.001731	0.000967	0.001071	11	214.13	337.06	1,590.82	166.01	1,207.56	
20								12	212.17	338.46	1,496.09	163.99	1,163.16	
21	一次模拟							13	229.97	363.78	1,711.95	177.50	1,254.17	
22	篮子价值	723.77	<--=SUMPRODUCT(B4:F4,I34:M34)					14	239.01	398.26	1,737.86	177.92	1,292.96	
23	认购期权收益	0.00	<--=MAX(B22-B9,0)					15	216.86	383.35	1,695.73	168.18	1,203.23	
24	认购期权价值 (t=0)	0.00	<--=B23*EXP(-B7*B8)					16	211.34	377.50	1,682.86	164.79	1,171.77	
25								17	219.74	374.37	1,680.54	164.25	1,202.33	
26	1000 次模拟							18	217.32	381.27	1,708.13	164.22	1,252.30	
27	认购期权价值 (t=0)	60.27	<--=AVERAGE(B32:B1031)					19	220.91	383.26	1,672.84	164.77	1,270.57	
28								20	219.67	400.77	1,656.42	167.42	1,315.81	
29	空白单元格模拟运算表							21	213.81	393.41	1,508.61	160.32	1,321.91	
30	试验	认购价值 (t=0)						22	220.70	399.23	1,545.29	159.76	1,336.66	
31		0.00	<--=B24 模拟运算表表头					23	228.94	418.20	1,510.66	161.35	1,342.46	
32	1	0.00						24	214.15	409.72	1,497.27	159.12	1,310.11	
33	2	0.00						25	230.19	449.89	1,587.57	165.91	1,385.76	
34	3	29.98						26	216.35	429.33	1,503.43	152.71	1,279.69	
1030	999	0.00												
1031	1000	0.00												

使用 R 给篮子期权定价

在 R 中实现前述方法（从输入和数据准备开始）如下所示：

```
404  # Inputs:
405  r <- 0.02 # annual risk-free rate
406  t <- 0.5
407  X <- 800
408  n <- 52*t # weekly periods
409  asset_price <- c("FB" = 222.14, "AAPL" = 318.73, "AMZN" = 1864.72, "MSFT" = 167.1, "GOOG" = 1480.39)
410  weights <- c("FB" = 0.10,  "AAPL" = 0.25, "AMZN" = 0.2 , "MSFT" = 0.25, "GOOG" = 0.20)
411  var_cov_mat <- matrix(c(0.002075976,    0.000498403, 0.00081678, 0.000545603, 0.000748417,
412                          0.000498403, 0.001367649, 0.000556148, 0.000435025, 0.000508491,
413                          0.00081678, 0.000556148, 0.001731161, 0.000623072, 0.000804151,
414                          0.000545603, 0.000435025, 0.000623072, 0.000966882, 0.000623484,
415                          0.000748417, 0.000508491, 0.000804151, 0.000623484, 0.001071263), nrow = 5)
416
417  # Assets Variance
418  variance <- diag(var_cov_mat)
419
420  # Basket Initial Values
421  initial_values <- asset_price * weights
422
423  # Basket price (t=0)
424  basket_value_today <- sum(initial_values)
425
```

然后我们执行一个模拟并定价：

```
426  # Lower-Triangular Cholesky Decomposition
427  chol_decompos <- t(chol(var_cov_mat))
428
429  # Simulate weekly Returns Of n Correlated Stocks
430  weekly_ret <- sapply(1:n, function(x)
431      exp(chol_decompos %*% rnorm(n = 5, mean = 0, sd = 1) + r/52 - 0.5 * variance))
432
433  # Written as a concise function
434  basket_ret <- function(var_cov_mat, r, t, n){
435      return( exp(t(chol(var_cov_mat)) %*%
436                  matrix(rnorm(n = ncol(var_cov_mat) * n), nrow = ncol(var_cov_mat))+
437                  r/(n/t) - 0.5 * diag(var_cov_mat)))
438                                                     }
439  weekly_ret <- basket_ret(var_cov_mat, r, t, n)
440
441  # Total Simulated Compounded return
442  total_ret <- apply(month_ret, 1, prod)
443
444  # Simulated Basket Value
445  basket_value_end <- (asset_price * total_ret) %*% weights
446
447  # Call payoff
448  call_payoff <- max(0,basket_value_end - X)
449
450  # Call Value
451  call_value <- call_payoff * exp(-r*t)
```

在最后阶段,我们运行该模拟 10 000 次:

```
454  # Run 10000 simulations
455  m <- 10000 # number of simulations
456  basket_prices <- sapply(1:m, function(x){
457      returns = basket_ret(var_cov_mat, r, t, n)
458      total_ret = apply(returns , 1, prod)
459      return ((asset_price * total_ret) %*% weights)
460                                               })
461
462  # Call Values
463  call_value_end <- pmax(0,basket_prices - X) * exp(-r*t)
464  call_price <- mean(call_value_end)
```

27.8　彩虹期权

彩虹期权是指收益取决于一种以上具有不确定性的标的资产的期权。以下是几种不同类型的彩虹期权:

● 最佳资产或现金期权(best of assets or cash option)——在到期时提供两种风险资产和现金中的最大收益,收益:$\max(S_1, S_2, \cdots, S_n, X)$。

● 最高认购期权(call on max option)——赋予持有人在到期日以行权价格购买价值最高的资产的权利,收益:$\max[\max(S_1, S_2, \cdots, S_n)-X, 0]$。

● 最低认沽期权(put on min option)——赋予持有人在到期日以行权价格出售价值最低的资产的权利,收益:$\max[X-\min(S_1, S_2, \cdots, S_n), 0]$。

● 最低认购期权(call on min option)——赋予持有人在到期日以行权价格购买价值最低的资产的权利,收益:$\max[\min(S_1, S_2, \cdots, S_n)-X, 0]$。

● 最高认沽期权(put on max option)——赋予持有人在到期时以行权价格出售价值最高的资产的权利,收益为:$\max[X-\max(S_1, S_2, \cdots, S_n), 0]$。

● 卖出 2 和买入 1(put 2 and call 1),也被称为交换期权(exchange option)——赋予持有

人卖出预先确定的风险资产和买入其他风险资产的权利。因此,资产 1 被称为资产 2 的"行权价格",收益为:$\max(S_1 - S_2, 0)$。

我们使用 FAAMG 股票为例为不同类型的彩虹期权进行定价:

	A	B	C	D	E	F	G	H	I	J	K	L	M	N
1							彩虹期权定价							
2		FB	AAPL	AMZN	MSFT	GOOG						{=(I8:M8)*EXP(($B$7/52-		
3	资产价格	222.14	318.73	1864.7	167.1	1480.4						0.5*$B$19:$F$19)+CorrNormaIN($B$13:$F$17))}		
4														
5	最高价值	1,864.72	<--=MAX(B3:F3)											
6	最低价值	167.10	<--=MIN(B3:F3)						模拟的周价格					
7	r	2%						周	FB	AAPL	AMZN	MSFT	GOOG	
8	T (年)	0.5						0	222.14	318.73	1,864.72	167.10	1,480.39	<--=F3
9	X	800						1	201.69	325.00	1,842.25	167.37	1,438.43	
10								2	199.27	328.63	1,801.23	174.11	1,427.35	
11	方差-协方差矩阵 (周)							3	202.63	316.54	1,735.74	171.27	1,400.16	
12		FB	AAPL	AMZN	MSFT	GOOG		4	204.98	314.76	1,639.09	164.66	1,334.10	
13	FB	0.002075976	0.0005	0.0008	0.0006	0.0007		5	215.61	319.66	1,645.40	159.03	1,320.85	
14	AAPL	0.000498403	0.0014	0.0005	0.0004	0.0005		6	226.27	312.41	1,636.98	155.32	1,315.62	
15	AMZN	0.00081678	0.0006	0.0017	0.0006	0.0008		7	218.57	303.71	1,562.61	160.91	1,280.67	
16	MSFT	0.000545603	0.0004	0.0006	0.001	0.0006		8	223.22	308.52	1,554.21	166.17	1,320.28	
17	GOOG	0.000748417	0.0005	0.0008	0.0006	0.0011		9	216.84	292.11	1,543.18	158.55	1,316.30	
18								10	215.87	282.46	1,431.63	150.68	1,276.58	
19	方差	0.002075976	0.0014	0.0017	0.001	0.0011		11	222.99	264.43	1,384.70	148.76	1,297.44	
20								12	222.01	263.02	1,382.57	147.92	1,314.38	
21	一次模拟							13	212.57	265.35	1,293.87	145.46	1,246.10	
22	最佳资产或现金期权	1,584.66	<--=MAX(I34:M34,B9)					14	207.52	258.34	1,230.47	145.01	1,202.02	
23	最高认购期权	784.66	<--=MAX(MAX(I34:M34)-B9,0)					15	204.67	257.63	1,317.62	156.68	1,283.67	
24	最低认沽期权	625.03	<--=MAX(B9-MIN(I34:M34),0)					16	223.19	254.40	1,414.76	166.40	1,370.89	
25	最低认购期权	0.00	<--=MAX(MIN(I34:M34)-B9,0)					17	217.25	250.12	1,367.15	162.82	1,329.29	
26	最高认沽期权	0.00	<--=MAX(B9-MAX(I34:M34),0)					18	221.36	253.21	1,345.17	170.49	1,409.30	
27	卖出FB和买入AMZN	7.25	<--=MAX(J34-I34,0)					19	220.50	250.50	1,328.50	163.65	1,383.57	
28								20	229.43	248.07	1,297.87	151.04	1,332.46	
29	t=0时价值 (基于1000次模拟)							21	240.28	263.33	1,339.89	158.64	1,366.56	
30	最佳资产或现金期权	1,883.00	<--=AVERAGE(B40:B1039)*EXP(-B8*B7)					22	252.69	273.22	1,436.20	157.32	1,343.90	
31	最高认购期权	1,090.96	<--=AVERAGE(C40:C1039)*EXP(-B8*B7)					23	243.72	261.58	1,482.79	153.40	1,312.43	
32	最低认沽期权	627.06	<--=AVERAGE(D40:D1039)*EXP(-B8*B7)					24	244.56	253.51	1,511.43	154.30	1,342.00	
33	最低认购期权	0.00	<--=AVERAGE(E40:E1039)*EXP(-B8*B7)					25	258.60	254.74	1,564.86	162.84	1,409.46	
34	最高认沽期权	0.00	<--=AVERAGE(F40:F1039)*EXP(-B8*B7)					26	286.95	294.20	1,584.66	174.97	1,539.67	
35	卖出FB和买入AMZN	99.45	<--=AVERAGE(G40:G1039)*EXP(-B8*B7)											
36														
37	空单元格上的模拟运算表													
38	试验	最佳资产或现金期权	最高认购期权	最低认沽期权	最低认购期权	最高认沽期权	卖出FB和买入AMZN							
39		1,584.66	784.66	625.03	0	0	7.25	<--{=TRANSPOSE(B22:B27)}, 模拟运算表表头						
40	1	1,452.34	652.34	642.43	0	0	15.60							
41	2	2,155.12	1355.1	603.38	0	0	53.59							
1038	999	2,233.75	1433.8	592.12	0	0	51.86							
1039	1000	1,623.65	823.65	664.36	0	0	38.55							

用 R 为彩虹期权定价

在 R 中实现前述方法相对简单且非常有效。以下是我们执行它的方式:

```
466  ### 27.7. Rainbow option
467  m <- 10000 # number of simulations
468  asset_prices_t <- sapply(1:m, function(x){
469      returns = basket_ret(var_cov_mat, r, t, n)
470      total_ret = apply(returns , 1, prod)
471      return (asset_price * total_ret)
472                                            })
473
474  # Best of Assets of cash
475  option_payoffs <- apply( rbind(asset_prices_t, X), 2, max)
476  best_of_a_or_c <- mean(option_payoffs) * exp(-r*t)
477
478  # Call on max
479  option_payoffs <- pmax( apply( asset_prices_t, 2, max) - X, 0)
480  call_max <- mean(option_payoffs)* exp(-r*t)
481
482  # Put on min
483  option_payoffs <- pmax( X - apply( asset_prices_t, 2, min), 0)
484  put_min <-  mean(option_payoffs)* exp(-r*t)
485
486  # Call on min
487  option_payoffs <- pmax( apply( asset_prices_t, 2, min) - x, 0)
488  call_min <- mean(option_payoffs)* exp(-r*t)
489
490  # Put on max
491  option_payoffs <- pmax( x - apply( asset_prices_t, 2, max), 0)
492  put_max <- mean(option_payoffs)* exp(-r*t)
493
494  # Put FB call AMZN
495  option_payoffs <- pmax(asset_prices_t["AAPL",] - asset_prices_t["FB",], 0)
496  put_FB_call_AMZN <-  mean(option_payoffs)* exp(-r*t)
```

27.9 二元期权

二元期权也被称为数字期权。它们保证在事件发生时以固定金额或预定资产的形式获得收益。相反,如果事件没有发生,收益则无。换句话说,二元期权提供了全有或全无的收益。以下是二元期权的常见类型:

- 现金或无价值认购期权(cash-or-nothing call)——如果标的资产价格在到期时高于行权价格,则支付 N 单位现金(N),收益:$\{N$,如果 $S_T >= X$;0,如果 $S_T < X\}$。
- 现金或无价值认沽期权(cash-or-nothing put)——如果标的资产价格在到期时低于行权价格,则在到期时支付 N 单位现金(M),收益:$\{M$,如果 $S_T <= X$;0 如果 $S_T > X\}$。
- 资产或无价值认购期权(asset-or-nothing call)——如果标的资产价格在到期时高于行权价格,支付一个单位的资产,收益:$\{S_T$,如果 $S_T >= X$;0,如果 $S_T < X\}$。
- 资产或无价值认沽期权(asset-or-nothing put)——如果标的资产价格在到期时低于行权价格,支付一个单位的资产,收益:$\{S_T$,如果 $S_T <= X$;0,如果 $S_T > X\}$。

实际上,二元期权有一个封闭式公式,我们用它来检查蒙特卡罗方法的结果:

期　　权	价　　格
现金或无价值认购期权	$C = M \cdot e^{-rT} \cdot N(d_2)$
现金或无价值认沽期权	$P = M \cdot e^{-rT} \cdot N(-d_2)$
资产或无价值认购期权	$C = S_0 \cdot e^{-kT} \cdot N(d_1)$
资产或无价值认沽期权	$C = M \cdot e^{-kT} \cdot N(-d_1)$

其中 k 是连续股息率,

$$d_1 = \frac{\ln(S/X) + \left(r - k + \frac{\sigma^2}{2}\right) \cdot T}{\sigma\sqrt{T}}; \quad d_2 = d_1 - \sigma\sqrt{T}$$

下面的电子表格给出了其实现:

	A	B	C
1		二元期权定价——封闭式方法	
2	初始股票价格, S_0	30	
3	利率, r	3%	
4	股息率, k	0%	
5	行权价, X	32	
6	行权时间, T	0.01923	<--=1/52
7	波动率, σ	30%	
8	现金给付, M	50	
9			
10	d_1	-1.517	<--=(LN(B2/B5)+(B3-B4+0.5*B7^2)*B6)/(B7*SQRT(B6))
11	d_2	-1.558	<--=B10-B7*SQRT(B6)
12			
13	现金或无价值认购期权	2.978	<--=B8*EXP(-B3*B6)*NORM.S.DIST(B11,1)
14	现金或无价值认沽期权	46.99351127	<--=B8*EXP(-B3*B6)*NORM.S.DIST(-B11,1)
15	资产或无价值认购期权	1.940348021	<--=B2*EXP(-B4*B6)*NORM.S.DIST(B10,1)
16	资产或无价值认沽期权	28.05965198	<--=B2*EXP(-B4*B6)*NORM.S.DIST(-B10,1)

在 R 中实现前面的代码是这样的:

```
500  # Inputs:
501  S0 <- 30
502  r <- 0.03
503  k <- 0
504  X <- 32
505  t<- 1/52
506  sigma_S <- 0.30
507  M <- 50 #cash payments
508
509  d1 <- (log(S0/X) + (r - k + 0.5 * sigma_S ^ 2) * t) / (sigma_S * sqrt(t))
510  d2 <- d1 - sigma_S * sqrt(t)
511
512  # Cash-or-nothing call
513  cash_nothing_call <- M * exp(-r*t) * pnorm(d2)
514
515  # Cash-or-nothing put
516  cash_nothing_put <- M * exp(-r*t) * pnorm(-d2)
517
518  # Asset-or-nothing call
519  asset_nothing_call <- S0 * exp(-k*t) * pnorm(d1)
520
521  # Asset-or-nothing put
522  asset_nothing_put <- S0 * exp(-k*t) * pnorm(-d1)
```

27.10 任选期权

任选期权赋予期权持有人决定期权是认购期权还是认沽期权的权利。该决定只能在合约到期前(T_2)的固定日期(T_1)做出。这个期权有一个封闭解。

注意,在 T_1 时刻,期权价值为 $\max[C(X, T_2-T_1), P(X, T_2-T_1)]$。使用认沽-认购期权平价关系,我们得到:

$$\text{任选期权} = \max[C, C + Xe^{-r(T_2-T_1)} - S_{T_1}] = C + \max[0, Xe^{-r(T_2-T_1)} - S_1]$$

$$\text{任选期权} = C(X, T_2) + P(X \cdot e^{-r(T_2-T_1)}, T_1)$$

下面的电子表格展示了任选期权的实现:

	A	B	C
1		任选期权定价——封闭解	
2	初始股票价格, S_0	70	
3	利率, r	3%	
4	行权价, X	75	
5	行权时间, T_1	0.167	<-=2/12
6	行权时间, T_2	0.250	<-=3/12
7	波动率, σ	30%	
8			
9	任选期权	8.64	<-=BSCall(B2,B4,B6,B3,B7)+BSput(B2,B4*EXP(-B3*(B6-B5)),B5,B3,B7)

R 版本的实现看起来像这样:

```
525  # Inputs:
526  S0 <- 70
527  r <- 0.03
528  X <- 75
529  t1 <- 2/12
530  t2 <- 3/12
531  sigma_S <- 0.30
532
533  # Chooser option
534  chooser_option <- (fm5_bs_call(S0, X, t2, r, sigma_S) +
535      fm5_bs_put(S0, 75 * exp(-r*(t2-t1)), t1, r, sigma_S))
```

27.11　回望期权

回望期权(lookback option)允许持有人在期权存续期内已发生的价格中选择最有利的行权价格或资产价格。有两种类型的回望期权：

- 浮动行权价格的回望期权——到期日行权价格确定为相关资产在期权存续期内价格的最优值。对于认购期权，行权价格为该资产在期权存续期内的最低价格；对于认沽期权，它是资产的最高价格。收益函数为：

浮动行权价格回望认购期权：收益 $= S_T - \min(S_t)$

浮动行权价格回望认沽期权：收益 $= \max(S_t) - S_T$

下面的电子表格展示了浮动行权价格回望期权的一个实现：

浮动行权价格的回望期权定价

单元格 M14公式：=MAX(G14:K14)
单元格 N14公式：=MIN(G14:K14)
单元格 P14公式：=K14-N14

初始股票价格	30	
上涨	1.40	
下跌	0.80	
利率	1.03	
qu	0.3722	<-=(B5-B4)/(B5*(B3-B4))
qd	0.5987	<-=(B3-B5)/(B5*(B3-B4))
风险中性概率 上涨	0.3833	<-=B8*B5
风险中性概率 下跌	0.6167	<-=B9*B5

股票价格

路径	t=1	t=2	t=3	t=4	t=0	t=1	t=2	t=3	t=4	max(St)	min(St)	路径风险中性概率	回望认购期权	回望认沽期权	
全部上涨 (1条路径)	上涨	上涨	上涨	上涨	30.00	42.00	58.80	82.32	115.25	115.25	30.00	0.0216	85.25	0.00	<-=M14-K14
1次下跌 (4条路径)	下跌	上涨	上涨	上涨	30.00	24.00	33.60	47.04	65.86	65.86	24.00	0.0347	41.86	0.00	<-=M16-K16
	上涨	下跌	上涨	上涨	30.00	42.00	33.60	47.04	65.86	65.86	30.00	0.0347	35.86	0.00	
	上涨	上涨	下跌	上涨	30.00	42.00	58.80	47.04	65.86	65.86	30.00	0.0347	35.86	0.00	
	上涨	上涨	上涨	下跌	30.00	42.00	58.80	82.32	65.86	82.32	30.00	0.0347	35.86	16.46	
2次下跌 (6条路径)	下跌	下跌	上涨	上涨	30.00	24.00	19.20	26.88	37.63	37.63	19.20	0.0559	18.43	0.00	<-=M21-K21
	下跌	上涨	下跌	上涨	30.00	24.00	33.60	26.88	37.63	37.63	24.00	0.0559	13.63	0.00	
	下跌	上涨	上涨	下跌	30.00	24.00	33.60	47.04	37.63	47.04	24.00	0.0559	13.63	9.41	
	上涨	下跌	下跌	上涨	30.00	42.00	33.60	26.88	37.63	42.00	26.88	0.0559	10.75	4.37	
	上涨	下跌	上涨	下跌	30.00	42.00	58.80	47.04	37.63	58.80	30.00	0.0559	7.63	21.17	
	上涨	上涨	下跌	下跌	30.00	42.00	33.60	47.04	37.63	47.04	30.00	0.0559	7.63	9.41	
3次下跌 (4条路径)	上涨	下跌	下跌	下跌	30.00	42.00	33.60	26.88	21.50	42.00	21.50	0.0899	0.00	20.50	<-=M28-K28
	下跌	上涨	下跌	下跌	30.00	24.00	33.60	26.88	21.50	33.60	21.50	0.0899	0.00	12.10	
	下跌	下跌	上涨	下跌	30.00	24.00	19.20	26.88	21.50	30.00	19.20	0.0899	2.30	8.50	
	下跌	下跌	下跌	上涨	30.00	24.00	19.20	15.36	21.50	30.00	15.36	0.0899	6.14	8.50	
4次下跌 (1条路径)	下跌	下跌	下跌	下跌	30.00	24.00	19.20	15.36	12.29	30.00	12.29	0.1446	0.00	17.71	<-=M33-K33
									回望价值				10.48	8.95	

单元格 P33公式：=K33-N33
单元格 P35公式：=SUMPRODUCT(P14:P33,O14:O33)/B5^4

- 具有固定行权价格的回望期权——在这种情况下，期权的行权价格是固定的。该期权以到期日的最佳价格行使。收益是最优标的资产价格与行权价格之间的最大差值。对于认购期权，标的资产价格处于期权存续期内的最高水平。对于认沽期权，标的价格处于期权存续期内的最低水平。收益函数为：

固定行权价格回望认购期权：收益 $= \max(S_t) - X$

固定行权价格回望认沽期权：收益 $= X - \max(S_t)$

下面的电子表格展示了固定行权价格回望期权的一个实现：

固定行权价格的回望期权定价

初始股票价格	30								
上涨	1.40			单元格 M14公式: =MAX(G14:K14)					
下跌	0.80								
利率	1.03								
期权行权价格	35			单元格 N14公式: =MIN(G14:K14)					

qU	0.3722	<-=(B5-B4)/(B5*(B3-B4))
qD	0.5987	<-=(B3-B5)/(B5*(B3-B4))
风险中性概率，上涨	0.3833	<-=B8*B5
风险中性概率，下跌	0.6167	<-=B9*B5

单元格 P14公式: =MAX(M14-$B$6,0)

股票价格

路径	t=1	t=2	t=3	t=4	t=0	t=1	t=2	t=3	t=4	max(St)	min(St)	路径风险中性概率	回望认购期权	回望认沽期权	
全部上涨(1条路径)	上涨	上涨	上涨	上涨	30.00	42.00	58.80	82.32	115.25	115.25	30.00	0.0216	80.25	5.00	<-=MAX($B$6-N14,0)
1次下跌(4条路径)	下跌	上涨	上涨	上涨	30.00	24.00	33.60	47.04	65.86	65.86	24.00	0.0347	30.86	11.00	<-=MAX($B$6-N16,0)
	上涨	下跌	上涨	上涨	30.00	42.00	33.60	47.04	65.86	65.86	30.00	0.0347	30.86	5.00	
	上涨	上涨	下跌	上涨	30.00	42.00	58.80	47.04	65.86	65.86	30.00	0.0347	30.86	5.00	
	上涨	上涨	上涨	下跌	30.00	42.00	58.80	82.32	65.86	82.32	30.00	0.0347	47.32	5.00	
2次下跌(6条路径)	下跌	下跌	上涨	上涨	30.00	24.00	19.20	26.88	37.63	37.63	19.20	0.0559	2.63	15.80	<-=MAX($B$6-N21,0)
	下跌	上涨	下跌	上涨	30.00	24.00	33.60	26.88	37.63	37.63	24.00	0.0559	2.63	11.00	
	下跌	上涨	上涨	下跌	30.00	24.00	33.60	47.04	37.63	47.04	24.00	0.0559	12.04	11.00	
	上涨	下跌	下跌	上涨	30.00	42.00	33.60	26.88	37.63	42.00	26.88	0.0559	7.00	8.12	
	上涨	上涨	下跌	下跌	30.00	42.00	58.80	47.04	37.63	58.80	30.00	0.0559	23.80	5.00	
	上涨	下跌	上涨	下跌	30.00	42.00	33.60	47.04	37.63	47.04	30.00	0.0559	12.04	5.00	
3次下跌(4条路径)	上涨	下跌	下跌	下跌	30.00	42.00	33.60	26.88	21.50	42.00	21.50	0.0899	7.00	13.50	<-=MAX($B$6-N28,0)
	下跌	上涨	下跌	下跌	30.00	24.00	33.60	26.88	21.50	33.60	21.50	0.0899	0.00	13.50	
	下跌	下跌	上涨	下跌	30.00	24.00	19.20	26.88	21.50	30.00	19.20	0.0899	0.00	15.80	
	下跌	下跌	下跌	上涨	30.00	24.00	19.20	15.36	21.50	30.00	15.36	0.0899	0.00	19.64	
4次下跌(1条路径)	下跌	下跌	下跌	下跌	30.00	24.00	19.20	15.36	12.29	30.00	12.29	0.1446	0.00	22.71	<-=MAX($B$6-N33,0)

	回望价值	9.40	11.58

单元格 P33公式:
=MAX(M33-$B$6,0)

单元格 P35公式:
=SUMPRODUCT(P14:P33,O14:O33)/B5^4

我们把为回望期权创建一个 VBA 函数作为本章最后的家庭作业留给读者。
R 实现如下所示。对于带有浮动行权价格的回望期权，我们使用以下方法：

```r
538  # Lookback option with floating strike
539  # Inputs:
540  S0 <- 30
541  U <- 1.4
542  D <- 0.8
543  r <- 1.03
544  m <- 4 # number of periods
545
546  # State prices
547  qU <- (r - D) / (r * (U - D))
548  qD <- (U - r) / (r * (U - D))
549
550  # Risk neutral probabilities
551  pi_U <- qU * r
552  pi_D <- qD * r
553
554  # A matrix of all binomial tree options
555  paths <- sapply(1:m, function(x){
556      rep(c(rep("U", (2^x) / 2), rep("D", (2^x) / 2)), 2^(m-x))
557                  })
558
559  # A matrix of Stock Prices
560  St <- cbind(S0 ,t(S0 * apply(ifelse(paths == "U", U, D), 1, cumprod)))
561
562  # Path risk-neutral probability
563  prob_mat <- apply(ifelse(paths == "U", pi_U, pi_D), 1, prod)
564
565  # Lookback Call Payoffs
566  lb_call_floating <- ((St[,m+1] - apply(St, 1, min)) %*% prob_mat) / r^m
567
568  # Lookback Put Payoffs
569  lb_put_floating <- ((apply(St, 1, max) - St[,m+1]) %*% prob_mat) / r^m
```

对于固定行权价格的回望期权,我们使用:

```
572  # Input:
573  S0 <- 30
574  U <- 1.4
575  D <- 0.8
576  r <- 1.03
577  X <- 35
578  m <- 4 # number of periods
579
580  # State prices
581  qU <- (r - D) / (r * (U - D))
582  qD <- (U - r) / (r * (U - D))
583
584  # Risk neutral probabilities
585  pi_U <- qU * r
586  pi_D <- qD * r
587
588  # A matrix of all binomial tree options
589  paths <- sapply(1:m, function(x){
590      rep(c(rep("U", (2^x) / 2), rep("D", (2^x) / 2)), 2^(m-x))
591                               })
592
593  # A matrix of Stock Prices
594  St <- cbind(S0 ,t(S0 * apply(ifelse(paths == "U", U, D), 1, cumprod)))
595
596  # Path risk-neutral probability
597  prob_mat <- apply(ifelse(paths == "U", pi_U, pi_D), 1, prod)
598
599  # Lookback Put Payoffs
600  lb_put_fixed <- (pmax(X - apply(St, 1, min),0) %*% prob_mat) / r^m
601
602  # Lookback Call Payoffs
603  lb_call_fixed <- (pmax(apply(St, 1, max) - X,0) %*% prob_mat) / r^m
```

27.12 总结

蒙特卡罗方法——通过追踪股票价格的大量路径来进行期权定价的模拟——充其量是一种"次佳"定价方法。但在没有解析公式的情况下,蒙特卡罗很容易在 VBA 中编程,也很容易在 Excel 中看到结果。在这一章中,我们已经说明了普通期权、亚式期权、障碍期权、篮子期权、彩虹期权、二元期权、任选期权和回望期权的蒙特卡罗方法。路径依赖期权的其他变化及其蒙特卡罗解决方案将在练习中考察。

练习

1. 创建一个 VBA 子程序[叫它 Exercise1()],它生成一个随机数,并在屏幕上的消息框中输出,看起来像这样:

注意:使用 VBA 关键字 Rnd。

2. 创建一个 VBA 子程序[称为 Exercise2()],生成 5 个随机数,并在屏幕上的消息框中输出,如下所示:

注意:使用 FormatNumber(Expression,NumDigitsAfterDecimal)只输出 4 位数字。

3. 创建一个 VBA 子程序[称为 Exercise3()],它生成 5 个随机数字 1 或 0,并在屏幕上的消息框中输出,如下所示:

4. 假设股票价格服从二项分布。我们希望在 VBA 宏中为股票创建一个随机的价格路径。以下是输入和一些示例输出,写一个合适的 VBA 子程序:

注:

● 在 VBA 消息框中,使用 Chr(13)开始一个新的行。

● 在电子表格中使用范围名称来将值从电子表格转移到 VBA 程序。

5. 重复前一个练习。这次计算一条路径的平均价格:

6. 使用本章中定义的函数 VanillaCall 创建一个模拟运算表,在该表中,你可以看到函数中包含的模拟次数与认购期权的 Black-Scholes 值之间的关系。你的结果应该如下所示:

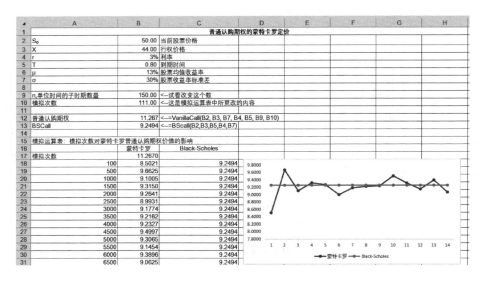

第六部分　技术

28

模拟运算表

28.1 概述

模拟运算表命令是功能强大的可以进行复杂的敏感性分析的命令。Excel 可以让你有机会构建一个模拟运算表,在这个表中可以有一个变量变化,或者两个变量变化。Excel 模拟运算表是一个数组函数,因此当相关的电子表格单元格发生改变时,模拟运算表也会动态地改变。

在本章中,你将学习如何构建一维和二维的 Excel 模拟运算表。在本章的最后,我们展示了如何破解 Excel 的模拟运算表功能,为我们执行多个模拟——也就是,在空白单元格上使用模拟运算表。

28.2 一个例子

假设一个项目的初始成本为 1 000 美元,随后有 7 个现金流。第 1—5 年的现金流量以 g 的速率增长,因此第 t 年的现金流量为 $CF_t = CF_{t-1} \cdot (1+g)$,给定贴现率 r,则项目的净现值为:

$$NPV = -1\,150 + \frac{CF_1}{(1+r)^1} + \frac{CF_1(1+g)}{(1+r)^2} + \frac{CF_1(1+g)^2}{(1+r)^3} + \cdots + \frac{CF_1(1+g)^4}{(1+r)^5}$$

内部收益率是使净现值等于零的比率:

$$0 = 1\,150 + \frac{CF_1}{(1+IRR)^1} + \frac{CF_1(1+g)}{(1+IRR)^2} + \frac{CF_1(1+g)^2}{(1+IRR)^3} + \cdots + \frac{CF_1(1+g)^4}{(1+IRR)^5}$$

这些计算在 Excel 中很容易完成。在下面的例子中,初始现金流为 300,增长率为 $g =$

5%，贴现率为 $r=10\%$：

	A	B	C	D	E	F	G	H
1				模拟运算表例子				
2	CF₁	300						
3	增长率	5%						
4	贴现率	10%						
5								
6	年度	0	1	2	3	4	5	
7	现金流	-1000.00	300.00	315.00	330.75	347.29	364.65	<--=F7*(1+$B$3)
8								
9	NPV	245.18	<--=NPV(B4,C7:I7)+B7					
10	IRR	18.86%	<--=IRR(B7:G7,0)					

请注意表示增长率、贴现率、净现值和内部收益率的单元格位置。后面将需要它们。

28.3 创建一个一维模拟运算表

我们将通过改变一个参数进行敏感性分析的模拟运算表称为一维模拟运算表。本节讨论此类模拟运算表，下一节将讨论二维模拟运算表。

假设我们想知道净现值和内部收益率如何受到增长率变化的影响。模拟运算表命令使得我们能方便地做到这一点。第一步是设置表的结构。在下面的例子中，我们把净现值和内部收益率的公式放在最上面一行，把我们希望变化的变量（在这里是增长率）放在第一列。此时，表格看起来像这样：

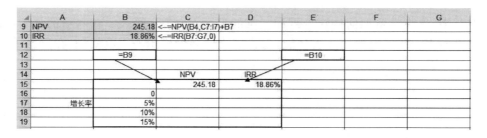

真正的模拟运算表（与列和行的标签相反）在黑色边框中列出。"NPV"和"IRR"标签下的数字引用上图中的相应公式。因此，如果单元格 B9 包含净现值的计算，那么字母"NPV"下的单元格包含公式"＝B9"。类似地，如果单元格 B10 包含内部收益率的原始计算，那么表中"IRR"下的单元格包含公式"＝B10"。

我们喜欢把模拟运算表电子表格看作由两部分组成：
- 一个基本的例子。
- 对基本例子进行敏感性分析的表格。在我们的示例中，表的第一行包含对在我们的基本示例中完成的计算的引用。虽然有其他方法来创建模拟运算表，但这种结构既典型又易于理解。

现在做以下事情：
- 突出显示表格区域（在黑色边框中列出）。
- 激活命令"数据|模拟分析|模拟运算表"。你将得到一个对话框，要求你明确行输入单

元格和/或列输入单元格。

模拟运算表 ? ×

输入引用行的单元格(R):

输入引用列的单元格(C): $B$3

确定　　取消

在本例中，我们希望更改的变量位于表的左侧列中，因此我们将行输入单元格留空，并在列输入单元格框中指示单元格 B3（在我们的基本示例中，该单元格包含增长率）。结果如下：

	A	B	C	D	E	F	G
11							
12		=B9			=B10		
13							
14			NPV	IRR			
15			245.18	18.86%			
16		0	137.24	15.24%			
17	增长率	5%	245.18	18.86%			
18		10%	363.64	22.45%			
19		15%	493.37	26.00%			

28.4 创建二维模拟运算表

我们还可以使用模拟运算表命令同时改变两个参数来改变一个公式。例如，假设我们要计算不同增长率和不同贴现率下现金流的净现值。我们创建一个像这样的新表：

	A	B	C	D	E	F	G
21	=B9			贴现率 ↓			
22							
23		245.18	8%	10%	12%		
24		0					
25	增长率 -->	5%					
26		10%					
27		15%					

表格的左上角包含公式"＝B9"，作为对我们示例中的净现值的引用。

现在我们再次使用模拟运算表命令。这一次，我们同时填充行输入单元格（指示单元格 B4，在我们的基本示例中是贴现率的位置）和列输入单元格（指示 B3）。

模拟运算表 ? ×

输入引用行的单元格(R): $B$4

输入引用列的单元格(C): $B$3

确定　　取消

结果如下：

	A	B	C	D	E	F	G
21	=B9						
22				贴现率 ↓			
23		245.18	8%	10%	12%		
24		0	197.81	137.24	81.43		
25	增长率 -->	5%	313.84	245.18	182.02		
26		10%	441.29	363.64	292.30		
27		15%	580.98	493.37	412.98		

28.5 一个关于美观的提示：隐藏单元格公式

模拟运算表看起来有点奇怪，因为正在计算的公式显示在模拟运算表中（在我们的示例中，在第一个模拟运算表的顶部行和第二个模拟运算表的左上角）。你可以通过隐藏公式单元格使表格看起来更漂亮。为此，标记出有问题的单元格并使用"设置单元格格式"命令（或按下鼠标右键并单击"设置单元格格式"，然后转到"数字|自定义"）。在对话框中，转到标有"类型"的框，并在该框中插入分号。下面是前面的例子：

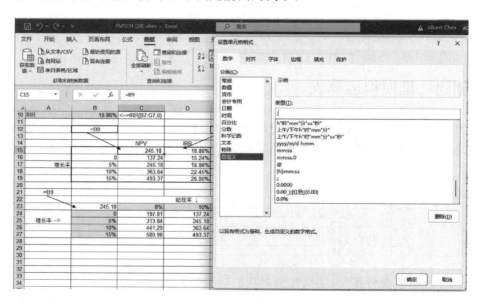

单元格内容现在将被隐藏。这将得到以下结果：

	A	B	C	D	E	F	G
12		=B9			=B10		
13							
14			NPV	IRR			
15							
16		0	137.24	15.24%			
17	增长率	5%	245.18	18.86%			
18		10%	363.64	22.45%			
19		15%	493.37	26.00%			
20							

28.6 Excel 的模拟运算表是数组

这意味着 Excel 模拟运算表动态地链接到你的初始示例。当更改原示例中的参数时,模拟运算表的相应列或行将发生改变。例如,如果我们将初始现金流从 300 改为 250,前面图中的模拟运算表将会发生以下情况:

	A	B	C	D	E	F	G	H
1				模拟运算表例子				
2	CF$_1$	250						
3	增长率	5%						
4	贴现率	10%						
5								
6	年度	0	1	2	3	4	5	
7	现金流	-1000.00	250.00	262.50	275.63	289.41	303.88	<-=F7*(1+$B$3)
8								
9	NPV	37.65	<-=NPV(B4,C7:I7)+B7					
10	IRR	11.41%	<-=IRR(B7:G7,0)					
11								
12		=B9			=B10			
13								
14			NPV	IRR				
15								
16		0	-52.30	7.93%				
17	增长率	5%	37.65	11.41%				
18		10%	136.36	14.86%				
19		15%	244.47	18.27%				

28.7 空白单元格上的模拟运算表(进阶)

模拟运算表的一个令人兴奋的用途是运行随机模拟的多次迭代。例如,假设你使用 Rand() 函数创建 10 个 0 到 1 之间的随机数。这个 Excel 随机数发生器已在第 21 章有过详细讨论。我们所描述的模拟可能是这样的:

	A	B	C	D	E	F
1				10个随机数		
2	0.5952	<-=RAND()		统计量		
3	0.4825	<-=RAND()		均值	0.4550	<-=AVERAGE(A2:A11)
4	0.7984	<-=RAND()		方差	0.0514	<-=VAR.P(A2:A11)
5	0.3880	<-=RAND()		波动率	0.2266	<-=SQRT(E4)
6	0.1500	<-=RAND()				
7	0.2498	<-=RAND()				
8	0.7011	<-=RAND()				
9	0.4404	<-=RAND()				
10	0.0884	<-=RAND()				
11	0.6564	<-=RAND()				

如果你想重复这个实验 10 次,你的电子表格可能是这样的:

	A	B	C	D	E	F	G	H	I	J	K	L
1					10个随机数 X 10 次试验							
2	0.5715	<-=RAND()			统计量							
3	0.1975	<-=RAND()		均值	0.4873	<--=AVERAGE(A2:A11)						
4	0.0238	<-=RAND()		方差	0.0695	<--=VAR.P(A2:A11)						
5	0.6710	<-=RAND()		波动率	0.2637	<--=SQRT(E4)						
6	0.8644	<-=RAND()										
7	0.7048	<-=RAND()										
8	0.1316	<-=RAND()										
9	0.4624	<-=RAND()										
10	0.5902	<-=RAND()										
11	0.6557	<-=RAND()										
12												
13					10 个实验：每个单元格包含 Rand()							
14		1	2	3	4	5	6	7	8	9	10	
15		0.0344	0.1851	0.7476	0.4004	0.0873	0.6237	0.3582	0.4280	0.3603	0.3826	
16		0.7515	0.8333	0.8928	0.7585	0.9955	0.3363	0.0697	0.3129	0.0587	0.1651	
17		0.6985	0.3057	0.9570	0.6351	0.3842	0.7637	0.3842	0.7413	0.7918	0.1788	
18		0.1192	0.6470	0.6506	0.9717	0.4372	0.9587	0.2413	0.5503	0.8706	0.4838	
19		0.6295	0.1504	0.9525	0.3617	0.3858	0.9183	0.2345	0.4092	0.8623	0.9721	
20		0.6398	0.8716	0.6087	0.7858	0.4339	0.1333	0.2767	0.0797	0.0259	0.2710	
21		0.3741	0.7647	0.5102	0.9881	0.8278	0.7011	0.9663	0.2057	0.0769	0.9120	
22		0.6501	0.9247	0.5916	0.4249	0.8359	0.0958	0.7396	0.9003	0.1920	0.1086	
23		0.2822	0.0923	0.4409	0.6958	0.9644	0.9316	0.7854	0.7136	0.2949	0.6302	
24		0.5914	0.2308	0.8556	0.5344	0.4301	0.6571	0.3797	0.2789	0.9517	0.7727	
25												
26	10个实验的统计量											
27	均值	0.4771	0.5006	0.7208	0.6556	0.5683	0.6120	0.4436	0.4620	0.4485	0.4877	<--=AVERAGE(K15:K24)
28	方差	0.0590	0.1019	0.0315	0.0459	0.0878	0.0921	0.0745	0.0613	0.1286	0.0917	<--=VAR.P(K15:K24)
29	波动率	0.2428	0.3192	0.1774	0.2144	0.2963	0.3035	0.2729	0.2475	0.3586	0.3029	<--=SQRT(K28)

使用带有空白单元格引用的模拟运算表

有一个更有效的方法来运行这个实验，如下图所示。注意，"模拟运算表"对话框中引用的单元格是空的。

	A	B	C	D	E	F
1				进行实验的更好方法		
2	0.5578	<-=RAND()			统计量	
3	0.6785	<-=RAND()		均值	0.5628	<--=AVERAGE(A2:A11)
4	0.6097	<-=RAND()		方差	0.0203	<--=VAR.P(A2:A11)
5	0.8447	<-=RAND()		波动率	0.1425	<--=SQRT(E4)
6	0.4489	<-=RAND()				
7	0.4843	<-=RAND()				
8	0.5088	<-=RAND()				
9	0.6891	<-=RAND()				
10	0.5006	<-=RAND()				
11	0.3055	<-=RAND()				
12						
13			数据表			
14	实验	均值	方差	波动率		
15		0.5628	0.0203	0.1425	<- =E5, 模拟运算表表头	
16	1					
17	2					
18	3					
19	4					
20	5					
21	6					
22	7					
23	8					
24	9					
25	10					

模拟运算表　？　×

输入引用行的单元格(R)：　⬆

输入引用列的单元格(C)：　$D$7　⬆

确定　　取消

结果看起来像这样（"像这样"意味着它是一个近似值，因为根据这个实验的性质，结果是随机的，所以每次重新计算，比如按 F9 键，将产生一组不同的数字）：

	A	B	C	D	E	F
1				进行实验的更好方法		
2	0.4481	<-=RAND()			统计量	
3	0.8342	<-=RAND()		均值	0.4202	<-=AVERAGE(A2:A11)
4	0.5063	<-=RAND()		方差	0.0456	<-=VAR.P(A2:A11)
5	0.6607	<-=RAND()		波动率	0.2135	<-=SQRT(E4)
6	0.3309	<-=RAND()				
7	0.5230	<-=RAND()				
8	0.1863	<-=RAND()				
9	0.3851	<-=RAND()				
10	0.2426	<-=RAND()				
11	0.0849	<-=RAND()				
12						
13			数据表			
14	实验	均值	方差	波动率		
15		0.4202	0.0456	0.2135	<- =E5, 模拟运算表表头	
16	1	0.3460	0.0857	0.2927		
17	2	0.5228	0.0746	0.2732		
18	3	0.5531	0.0825	0.2873		
19	4	0.5334	0.1030	0.3210		
20	5	0.4245	0.0440	0.2099		
21	6	0.5859	0.1076	0.3280		
22	7	0.5550	0.0633	0.2515		
23	8	0.4984	0.1213	0.3484		
24	9	0.4069	0.0498	0.2232		
25	10	0.4251	0.0992	0.3149		

一个更现实的示例(也更进阶)

为什么要使用这种技术？回到第 24.6 节讨论的模拟养老金问题。假设你 75 岁退休,有 100 万欧元的储蓄。你想将其中的 60％投资于风险资产,其平均年收益率 $\mu=11\%$,收益率标准差 $\sigma=30\%$。你计划在今年年底和未来 9 年每年提取 10 万欧元,总共提取 10 次。

10 年后你剩下的金额取决于风险资产的随机年收益率。如第 24 章所述,这可以通过使用 $\exp[(\mu-0.5\sigma^2)+\sigma \cdot \mathrm{Norm.S.Inv}(\mathrm{Rand}())]$ 来建模。我们将这个函数和假设嵌入下面的电子表格中。剩下的金额在 B24 单元格中。在下面的例子中,这个数字是正的,但它也可以是负的——这取决于参数。[1]

	A	B	C	D	E	F
1				养老金问题		
2	当前储蓄	1,000,000				
3	投资于					
4	风险资产	60%				
5	无风险资产	40%	<--=1-B4			
6	每年提取	100,000				
7						
8	收益率参数					
9	无风险利率	4%			=B14*$B$4*EXP((mu-	
10	风险资产收益率均值	11%		sigma^2)+sigma*NORM.S.INV(RAND())+$B$5*EXP(riskfree))		
11	风险资产收益率波动率	30%				
12						
13	年龄	年初储蓄	年末储蓄	年末提取金额	扣除提取后净额	
14	75	1,000,000	1,358,745	100,000	1,258,745	<--=C14-D14
15	76	1,258,745	1,095,241	100,000	995,241	
16	77	995,241	749,580	100,000	649,580	
17	78	649,580	437,258	100,000	337,258	
18	79	337,258	403,757	100,000	303,757	
19	80	303,757	569,250	100,000	469,250	
20	81	469,250	357,443	100,000	257,443	
21	82	257,443	295,740	100,000	195,740	
22	83	195,740	212,626	100,000	112,626	
23	84	112,626	166,961	100,000	66,961	
24	85	66,961				

---

[1] 当然,这个负数是有问题的！也许你有其他资源,也许你在这 10 年里改变了你的支出政策,或者也许你会更早离世(但愿上帝保佑!)。我们忽略了所有这些问题。

现在，我们使用新的"空白单元格上的模拟运算表"技术运行 20 个模拟，看看最终（单元格 B24）的数额可能是多少：

	A	B	C	D	E	F	G	H	I
1				养老金问题 -在空白单元格使用数据表进行20次模拟					
2	当前储蓄	1,000,000					模拟运算表		
3	投资于						模拟	期末金额	
4	风险资产	60%						-246,680	<--=B24, 模拟运算表表头
5	无风险资产	40%	<--=1-B4				1	-527,232	<--{=TABLE(,E2)}
6	每年提取	100,000					2	-170,574	
7							3	-432,105	
8	收益率参数						4	2,468,560	
9	无风险利率	4%		=B14*$B$4*EXP((mu-			5	1,240,353	
10	风险资产收益率均值	11%		sigma^2)+sigma*NORM.S.INV(RAND())			6	-189,305	
11	风险资产收益率波动率	30%		+$B$5*EXP(riskfree))			7	-389,638	
12							8	1,500,995	
13	年龄	年初储蓄	年末储蓄	年末提取金额	扣除提取后净额		9	693,861	
14	75	1,000,000	737,437	100,000	637,437	<--=C14-D14	10	189,875	
15	76	637,437	706,162	100,000	606,162		11	-416,290	
16	77	606,162	668,351	100,000	568,351		12	518,098	
17	78	568,351	506,880	100,000	406,880		13	-10,435	
18	79	406,880	485,019	100,000	385,019		14	-168,402	
19	80	385,019	213,061	100,000	113,061		15	-63,136	
20	81	113,061	141,837	100,000	41,837		16	-29,261	
21	82	41,837	31,078	100,000	-68,922		17	-220,352	
22	83	-68,922	-45,282	100,000	-145,282		18	-396,393	
23	84	-145,282	-146,680	100,000	-246,680		19	2,352,143	
24	85	-246,680					20	-177,055	

更好的方法

我们可以使用一个二维模拟运算表，结合空白单元格上的模拟运算表，对不同的年度提取金额运行多次模拟：

	A	B	C	D	E	F	G	H
13	年龄	年初储蓄	年末储蓄	年末提取金额	扣除提取后净额			
14	75	1,000,000	533,379	100,000	433,379	<--=C14-D14		
15	76	433,379	420,148	100,000	320,148			
16	77	320,148	276,524	100,000	176,524			
17	78	176,524	137,204	100,000	37,204			
18	79	37,204	35,639	100,000	-64,361			
19	80	-64,361	-51,100	100,000	-151,100			
20	81	-151,100	-159,676	100,000	-259,676			
21	82	-259,676	-234,224	100,000	-334,224			
22	83	-334,224	-392,184	100,000	-492,184			
23	84	-492,184	-264,844	100,000	-364,844			
24	85	-364,844						
25								
26	数据表：作为提取值函数的终值							
27	↓模拟；→ 年提取值							
28	-364,844	50,000	75,000	100,000	125,000	150,000	175,000	200,000
29	1							
30	2							
31	3							
32	4							
33	5							
34	6							
35	7							
36	8							
37	9							
38	10							
39	11							
40	12							
41	13							
42	14							
43	15							
44	16							
45	17							
46	18							
47	19							
48	20							

模拟运算表　？　×

输入引用行的单元格(R): $B$6 ↑

输入引用列的单元格(C): $F$25 ↑

确定　取消

以下是一些结果，显示了 7 个不同的年度提取金额的 20 次模拟。为了趣味性和完整性检查，我们还在第 50、51 行中运行了一些统计量计算。

	A	B	C	D	E	F	G	H	I
26	数据表: 作为提取值函数的终值								
27	↓模拟: → 年提取值								
28	170,423	50,000	75,000	100,000	125,000	150,000	175,000	200,000	
29	1	-14,358	253,575	672,265	-843,891	-268,746	107,306	-1,892,074	<--{=TABLE(B6,F25)}
30	2	182,857	2,292,752	-752,976	209,120	5,466,461	89,174	-1,053,817	
31	3	469,601	-354,293	1,179,597	-394,928	71,597	428,130	310,260	
32	4	-6,114	1,550,871	-395,726	-137,136	-890,844	-1,249,876	-1,362,447	
33	5	386,763	-34,416	468,343	159,925	543,858	91,597	-272,815	
34	6	525,011	-92,314	-343,825	-5,001	-1,270,274	-920,623	-1,020,172	
35	7	659,320	-47,396	-372,820	-357,659	-627,125	-1,195,998	-1,278,304	
36	8	-73,307	-390,258	224,541	-289,770	-666,334	-1,202,673	301,091	
37	9	3,781,712	599,952	134,526	-602,179	-590,792	-1,290,740	34,273	
38	10	895,795	1,274,445	21,916	2,047,818	241,195	-90,972	-4,939,885	
39	11	493,417	-99,924	22,330	304,802	63,825	-820,200	-550,030	
40	12	1,644,621	5,996,223	1,115,407	494,761	410,376	-459,545	-1,286,715	
41	13	2,527,213	1,641,054	539,206	-298,311	-2,249,217	1,586,773	-1,357,481	
42	14	1,919,375	3,531,528	-336,559	431,337	-821,787	-489,743	59,645	
43	15	1,580,835	-46,767	9,968,793	-407,662	691,257	205,466	3,988,208	
44	16	3,861,610	5,188	1,251,636	-4,726	-82,386	-729,423	-1,640,843	
45	17	127,473	100,365	-243,554	-791,141	-801,485	-451,351	-650,185	
46	18	258,959	774,774	-405,456	-1,431,934	1,125,450	208,087	-1,107,019	
47	19	229,740	-167,046	360,466	8,200,321	-353,769	225,933	-840,789	
48	20	1,211,181	-112,246	-474,341	-799,832	-670,011	-1,057,901	-1,501,169	
49									
50	均值		1,033,085	833,803	631,688	274,196	-33,938	-350,829	-803,013
51	波动率 (Stdev.s)		1,190,116	1,587,419	2,274,604	1,994,214	1,500,149	737,831	1,589,459

28.8　模拟运算表可以停止你的计算机

模拟运算表是惊人的，但它们可能是一个令人难以置信的对计算机资源的浪费！几个有趣的模拟运算表可以让你的电子表格变得运行缓慢。解决这个问题的一种方法是将重新计算选项设置为手动（"文件|选项"）:

练习

1. a. 使用"数据|模拟运算表"绘制函数 $f(x)=3x^2+2x+15$ 的图形,如下图所示:

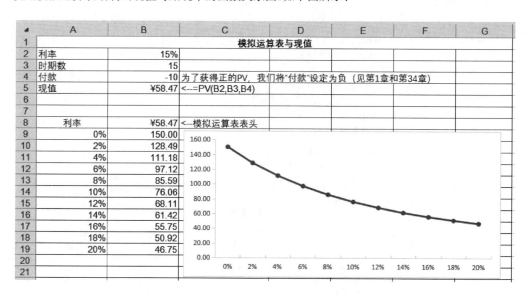

b. 使用"规划求解"或"单变量求解"找出 $f(x)=0$ 的两个 x 值。

2. Excel 函数 PV(rate,number_periods,payment)计算固定付款的现值。例如,在下面的电子表格中,

$$PV(15\%,15,-10)=\sum_{t=1}^{15}\frac{10}{(1+15\%)^t}=58.47。$$（注意,我们把付款作为一个负数,否则 Excel 会返回一个负数！这个小烦恼见第 1 章和第 30 章。)

使用模拟运算表绘制出现值与贴现率的函数关系图,如下图所示:

3. 下面的电子表格片段显示了一个项目的净现值和内部收益率计算:

	A	B	C	D	E	F	G	H
1				净现值、贴现率和增长率				
2	增长率	10%						
3	贴现率	15%						
4	成本	500						
5	第一年现金流	100						
6								
7	年份	0	1	2	3	4	5	
8	现金流	-500	100	110	121	133.1	146.41	
9								
10	净现值	-101.42	<--=NPV(B3,C8:G8)+B8					
11	内部收益率	6.6%	<--=IRR(B8:G8)					
12						单元格B15包含模拟运算表函数=B10		
13								
14			增长率					
15		-101.42	-	0.03	0.06	0.09	0.12	
16		-	-	30.91	63.71	98.47	135.28	
17	贴现率	0.03	-42.03	-14.56	14.55	45.38	78.01	
18		0.06	-78.76	-54.26	-28.30	-0.84	28.21	
19		0.09	-111.03	-89.08	-65.85	-41.28	-15.33	
20		0.12	-139.52	-119.78	-98.91	-76.86	-53.57	
21		0.15	-164.78	-146.97	-128.15	-108.28	-87.32	
22		0.18	-187.28	-171.15	-154.13	-136.16	-117.23	
23		0.21	-207.40	-192.75	-177.30	-161.01	-143.84	
24		0.24	-225.46	-212.11	-198.04	-183.22	-167.62	
25		0.27	-241.73	-229.54	-216.69	-203.17	-188.95	

使用模拟运算表对项目的净现值进行敏感性分析,令贴现率从0%,3%,6%,…,21%变化,令增长率从0%,3%,…,12%变化。

4. 使用模拟运算表,为函数 $\sin(x \cdot y)$ 画图,其中 $x=0, 0.2, 0.4, …, 1.8, 2$, $y=0, 0.2, 0.4, …, 1.8, 2$。使用"曲面图"(Surface)选项制作函数的三维图。

5. 鲍里斯和塔里克在扔硬币。每次掷硬币,如果硬币正面朝上,塔里克赢得1美元。如果硬币是反面向上,塔里克就给鲍里斯1美元。

● 模拟这个游戏10次,显示塔里克的累积获胜金额。

● 在空白单元格上使用模拟运算表模拟25场比赛,每场10轮,显示塔里克的累积获胜金额。

6. 玛丽亚和沙维特在扔硬币。他们的游戏运作如下:

● 第一次掷硬币时,如果硬币正面朝上,沙维特付给玛丽亚1美元(反之亦然)。

● 每次连续投掷时:如果硬币正面朝上,且玛丽亚领先,沙维特付给她之前赢的钱的平方。如果硬币正面朝上,且沙维特领先,这就抵消了玛丽亚对沙维特的所有债务。

模拟玛丽亚投掷10次后赢的钱。

29

矩　阵

29.1　概述

本书的投资组合最优化章节(第11—12章)广泛使用矩阵来寻找有效的投资组合。本章包含了关于矩阵的足够的信息,满足投资组合数学所需的计算。

矩阵是数字的一个矩形数组。以下均为矩阵:

	A	B	C	D	E	F	G	H	I
1				EXCEL中的矩阵					
2	矩阵 A (行向量)				矩阵 B (3 x 3 方阵)				矩阵 C (列向量)
3	2	3	4		13	-8	-3		13
4					-8	10	-1		-8
5					-3	-1	11		-3
6									
7	矩阵 D (4 x 3 矩阵)								
8	13	-8	-3						
9	-8	10	-1						
10	-3	-1	11						
11	0	13	3						

只有一行的矩阵也称为行向量;只有一列的矩阵也称为列向量。行数和列数相等的矩阵称为方阵。

通常用一个字母来表示矩阵或向量。在这种情况下,例如我们经常记 $B=[b_{ij}]$,其中 b_{ij} 代表矩阵的第 i 行和第 j 列的元素。对于向量,我们可以记 $A=[a_i]$ 或 $C=[c_i]$。因此,对于上面给出的例子:

$$a_3=4, \ b_{22}=10, \ c_1=13, \ d_{41}=0$$

上面的矩阵 B 是对称的,即 $b_{ij}=b_{ji}$。(第11—12章投资组合讨论中使用的方差-协方差矩阵是对称矩阵。)

29.2　矩阵运算

在本节中,我们简要地回顾矩阵的基本运算:矩阵乘以标量、矩阵相加、矩阵的转置和矩阵乘法。

标量乘以矩阵

将一个矩阵乘以一个标量就是将矩阵中的每一个元素乘以这个标量。因此,例如:

	A	B	C	D	E
1			标量乘以矩阵		
2	标量		6		
3					
4	矩阵 B				
5		13	-8	-3	
6		-8	10	-1	
7		-3	-1	11	
8					
9	标量 * 矩阵 B				
10		78	-48	-18	<--=C5*$B$2
11		-48	60	-6	
12		-18	-6	66	

矩阵加法

如果矩阵有相同的行数和列数,就可以把它们加在一起。两个向量或矩阵的相加是通过将它们相应的项相加来实现的。因此,如果 $A=[a_{ij}]$ 和 $B=[b_{ij}]$,那么 $A+B=[a_{ij}+b_{ij}]$:

	A	B	C	D	E	F	G	H	I
1				矩阵相加					
2	矩阵 A			矩阵 B			矩阵 A + B之和		
3	1	3		2	3		3	6	<--=B3+E3
4	3	0		23	5		26	5	
5	6	-9		8	6		14	-3	
6	5	11		-15	1		-10	12	
7	7	12		4	-1		11	11	

矩阵转置

转置是一种将矩阵的行转化为列的操作,反之亦然。因此,对于矩阵 E:

	A	B	C	D	E	F	G	H	I
1					矩阵转置				
2	矩阵 E					E的转置: E^T			
3	1	2	3	4		1	0	16	<--{=TRANSPOSE(A3:D5)}
4	0	3	77	-9		2	3	7	
5	16	7	7	2		3	77	7	
6						4	-9	2	
7									
8	单元格F3:H6 由数组函数Transpose(A3:D5)生成。该函数通过选定区域来插入,输入公式,然后按[Ctrl]+[Shift]+[Enter]结束。细节参见第31章。								

上面的示例使用了数组函数 Transpose。关于使用数组函数的更多细节在第 31 章给出。

矩阵乘法

你可以用矩阵 A 乘以矩阵 B 得到乘积 AB。然而，你只能在 A 的列数等于 B 的行数的情况下才能这样做。得到的乘积 AB 是一个由 A 的行数和 B 的列数组成的矩阵。

困惑吗？几个例子会有帮助。假设 X 是一个行向量，Y 是一个列向量，都有 n 个元素：

$$X=\begin{bmatrix} x_1 \cdots x_n \end{bmatrix}, \; Y=\begin{bmatrix} y_1 \\ \vdots \\ y_n \end{bmatrix}$$

那么 X 与 Y 的乘积的定义如下：

$$XY=\begin{bmatrix} x_1 & \cdots & x_n \end{bmatrix}\begin{bmatrix} y_1 \\ \vdots \\ y_n \end{bmatrix}=\sum_{i=1}^{n} x_i y_i$$

现在假设 A 和 B 是两个矩阵，A 有 n 列和 p 行，B 有 n 行 m 列：

$$A=\begin{bmatrix} a_{11} & a_{12} & \cdots & a_{1n} \\ \vdots & & \ddots & \vdots \\ a_{p1} & a_{p2} & \cdots & a_{pn} \end{bmatrix} \; B=\begin{bmatrix} b_{11} & \cdots & b_{1m} \\ b_{21} & \cdots & b_{2m} \\ \vdots & \ddots & \vdots \\ b_{n1} & \cdots & b_{nm} \end{bmatrix}$$

那么 A 和 B 的乘积 AB，由如下矩阵定义：

$$AB=\begin{bmatrix} \sum_{h=1}^{n} a_{1h}b_{h1} & \sum_{h=1}^{n} a_{1h}b_{h2} & \supset & \sum_{h=1}^{n} a_{1h}b_{hm} \\ \sum_{h=1}^{n} a_{2h}b_{h1} & \sum_{h=1}^{n} a_{2h}b_{h2} & \supset & \sum_{h=1}^{n} a_{2h}b_{hm} \\ \vdots & \vdots & & \vdots \\ \sum_{h=1}^{n} a_{ph}b_{h1} & \sum_{h=1}^{n} a_{ph}b_{h2} & \supset & \sum_{h=1}^{n} a_{ph}b_{hm} \end{bmatrix}, \text{其中第 } ij \text{ 个元素} = \sum_{h=1}^{n} a_{ih}b_{hj}$$

注意 AB 的第 ij 个坐标是 A 的第 i 行乘以 B 的第 j 列。在这个例子中：

如果 $A=\begin{bmatrix} 2 & -6 \\ -9 & 3 \end{bmatrix}$，$B=\begin{bmatrix} 6 & 9 & -12 \\ -15 & 2 & 4 \end{bmatrix}$，那么 $AB=\begin{bmatrix} 42 & 6 & -48 \\ -69 & -75 & 120 \end{bmatrix}$

矩阵乘法的顺序是至关重要的。矩阵的乘法不可交换；即 AB 不等于 BA。如上例所示，A 乘以 B 是可能的这一事实并不总是意味着 BA 是有定义的。

对于 Excel 中的矩阵相乘，我们使用数组函数 MMult：

	A	B	C	D	E	F
1	矩阵相乘					
2	矩阵 A			矩阵 B		
3	2	-6		6	9	-12
4	-9	3		-5	2	4
5						
6	AB之积					
7	42	6	-48	<--{=MMULT(A3:B4,D3:F4)}		
8	-69	-75	120			

为了将两个矩阵相乘，第一个矩阵的列数必须等于第二个矩阵的行数。因此，我们可以用 A 乘以 B，但我们不能用 B 乘以 A。如果你在 Excel 中尝试这个操作，函数 MMult 会给你一个错误提示：

	A	B	C	D	E	F
1	矩阵相乘 第一个矩阵的列数应该等于第二个矩阵矩阵的行数 矩阵 B 不能乘以矩阵 A!					
2	矩阵 A			矩阵 B		
3	2	-7		6	9	-12
4	0	3		-5	2	4
6	BA之积					
7	#VALUE!	#VALUE!	#VALUE!	<--{=MMULT(D3:F4,A3:B4)}		
8	#VALUE!	#VALUE!	#VALUE!			

29.3 逆矩阵

如果一个方阵 I 的所有非对角线元素都是 0 并且所有对角线元素都是 1，那么这个方阵 I 就叫做单位矩阵。因此：

$$I = \begin{bmatrix} 1 & 0 & \cdots & 0 & 0 \\ 0 & 1 & \cdots & 0 & 0 \\ \vdots & \vdots & & \vdots & \vdots \\ 0 & 0 & \cdots & 1 & 0 \\ 0 & 0 & \cdots & 0 & 1 \end{bmatrix}$$

我们很容易确定，将任意矩阵 A 乘以适当维数的单位矩阵会使 A 保持不变。因此，如果 I_n 是 $n \times n$ 单位矩阵，A 是 $n \times m$ 矩阵，$IA = A$。同样，如果 I_m 是 $m \times m$ 单位矩阵，$AI = A$。

现在假设我们给出一个维数为 n 的方阵 A。$n \times n$ 矩阵 A^{-1} 如果满足 $A^{-1}A = A^{-1} = I$，称为 A 的逆矩阵。计算一个逆矩阵有很多工作要做；幸运的是，Excel 有数组函数 MInverse 来为我们进行计算。这里有一个例子：

	A	B	C	D	E	F	G	H	I	J
1						逆矩阵 利用数组函数Minverse 计算方阵的逆矩阵				
2		矩阵 A					矩阵A的逆矩阵			
3	1	-9	16	1		-0.0217	1.8913	0.5362	-1.1449	<--{=MINVERSE(A3:D6)}
4	3	3	2	3		0.0000	-1.0000	-0.1667	0.6667	
5	2	4	0	-2		0.0652	-0.6739	-0.1087	0.4348	
6	5	7	3	4		-0.0217	-0.1087	-0.2971	0.1884	
7										
8		验证逆矩阵								
9	我们将 A*Inverse(A):									
10	1.00	0.00	0.00	0.00	<--{=MMULT(A3:D6,F3:I6)}					
11	0.00	1.00	0.00	0.00						
12	0.00	0.00	1.00	0.00						
13	0.00	0.00	0.00	1.00						

如上所述,你可以使用 MMult 函数来验证上述矩阵及其逆矩阵的乘积确实给出了单位矩阵。在上面的例子中,我们使用"单元格|设置单元格格式|数字"来指定两位小数以便不要出现像 $1.07\mathrm{E}-15$ 这样的表达式(这个表达式的意思是 1.07×10^{-15},因此本质上是零)。

具有逆矩阵的方阵称为非奇异矩阵。矩阵非奇异的条件如下:考察一个维数为 n 的方阵 A,当且仅当 $x_i=0(i=1,\cdots,n)$ 是 n 个方程 $\sum_i a_{ij}x_i=0$,$j=1,\cdots,n$ 的唯一解时,可以证明 $A=[a_{ij}]$ 是非奇异的。矩阵求逆是一件棘手的事情。如果存在一个向量 X,它的分量几乎全部为零,并且是上述方程组的解,那么这个矩阵是病态的(ill-conditioned),而且可能很难找到一个精确的逆矩阵。

29.4　求解联立线性方程组

一个包含 m 个未知数的 n 个线性方程组可以记为:

$$
\begin{array}{ccccccccc}
a_{11}x_1 & + & a_{12}x_2 & + & \cdots & + & a_{1n}x_n & = & y_1 \\
a_{21}x_1 & + & a_{22}x_1 & + & \cdots & + & a_{2n}x_1 & = & y_2 \\
\vdots & & \vdots & & & & \vdots & & \vdots \\
a_{n1}x_1 & + & a_{n2}x_1 & + & \cdots & + & a_{mn}x_1 & = & y_n
\end{array}
$$

把系数矩阵记为 $[a_{ij}]$,未知量列向量写成 $X=[x_j]$,常数列向量写成 $Y=[y_j]$,我们可以把上述方程组写成 $AX=Y$。

不是每个线性方程组都有解,也不是每个解都是唯一的。当矩阵 A 为方阵且非奇异时,方程组 $AX=Y$ 总是有唯一解。在这种情况下,解是通过在方程 $AX=Y$ 两边左乘 A 的逆矩阵得到的:

因为　　　　　　　　 $AX=Y\Rightarrow A^{-1}AX=A^{-1}Y\Rightarrow X=A^{-1}Y$

这里有一个例子。假设我们要解 3×3 方程组:

$$
\begin{array}{ccccccc}
3x_1 & + & 4x_2 & + & 66x_3 & = & 16 \\
0 & + & -33x_2 & + & x_3 & = & 77 \\
42x_1 & + & 3x_2 & + & 2x_3 & = & 12
\end{array}
$$

我们设置好公式并在 Excel 中求解如下：

	A	B	C	D	E	F	G	H
1							解联立方程	
2		系数矩阵 A			列向量 y		解A⁻¹ Y	
3	3	4	66		16		0.4343	
4	0	-33	1		77		-2.3223	<--{=MMULT(MINVERSE(A3:C5),E3:E5)}
5	42	3	2		12		0.3634	
6								
7	检查解							
8					16			
9	A	x	B	=	77		<--{=MMULT(A3:C5,G3:G5)}	
10					12			

在单元格 E8：E10 中，我们通过将矩阵 A 乘以列向量 G3：G5 来检查该解是否确实为方程组的解。

练习

1. 使用 Excel 进行如下矩阵操作：

$$a. \quad \begin{bmatrix} 2 & 12 & 6 \\ 4 & 8 & 7 \\ 1 & 0 & -9 \end{bmatrix} + \begin{bmatrix} 1 & 1 & 2 \\ 8 & 0 & -23 \\ 1 & 7 & 3 \end{bmatrix}$$

$$b. \quad \begin{bmatrix} 2 & -9 \\ 5 & 0 \\ 6 & -6 \end{bmatrix} \begin{bmatrix} 3 & 1 & 1 \\ 2 & 3 & 2 \end{bmatrix}$$

$$c. \quad \begin{bmatrix} 2 & 0 & 6 \\ 4 & 8 & 7 \\ 1 & 0 & -9 \end{bmatrix} \begin{bmatrix} 1 & 1 & 2 \\ 8 & 0 & -2 \\ 1 & 7 & 3 \end{bmatrix}$$

2. 求下列矩阵的逆矩阵：

$$a. \quad \begin{bmatrix} 1 & 2 & 8 & 9 \\ 2 & 5 & 3 & 0 \\ 4 & 4 & 2 & 7 \\ 5 & -2 & 1 & 6 \end{bmatrix}$$

$$b. \quad \begin{bmatrix} 3 & 2 & 1 \\ 6 & -1 & 3 \\ 7 & 4 & 3 \end{bmatrix}$$

$$c. \quad \begin{bmatrix} 20 & 2 & 3 & -3 \\ 2 & 10 & 2 & -2 \\ 3 & 2 & 40 & 9 \\ -3 & -2 & 9 & 33 \end{bmatrix}$$

3. 使用 Excel 数组函数 Transpose 对下列矩阵进行转置。

$$a.\ A=\begin{bmatrix} 3 & 2 & 1 \\ -15 & 4 & 1 \\ 6 & -9 & 1 \end{bmatrix}$$

$$b.\ B=\begin{bmatrix} 1 & 2 & 3 & 4 & 5 \\ -2 & 7 & -9 & 0 & 0 \\ 3 & -3 & 11 & 12 & 1 \end{bmatrix}$$

4. 用矩阵解下列方程组：

$$
\begin{aligned}
3x & +4y & -6z & -9w & =15 \\
2x & -y & & +w & =2 \\
& y & +z & +w & =3 \\
x & +y & -z & & =1
\end{aligned}
$$

5. 求解方程 $AX=Y$，其中：

$$A=\begin{bmatrix} 13 & -8 & -3 \\ -8 & 10 & -1 \\ -3 & -1 & 11 \end{bmatrix},\ Y=\begin{bmatrix} 20 \\ -5 \\ 0 \end{bmatrix},\ X=\begin{bmatrix} x_1 \\ x_2 \\ x_3 \end{bmatrix}$$

6. 病态矩阵是指"几乎没有"逆的矩阵。这类矩阵的一个例子是希尔伯特矩阵。一个 n 维希尔伯特矩阵是这样的：

$$H_n=\begin{bmatrix} 1 & 1/2 & \supset & 1/n \\ 1/2 & 1/3 & \supset & 1/(n+1) \\ \vdots & & & \\ 1/n & 1/(n+1) & & 1/(2n-1) \end{bmatrix}$$

a. 计算 H_2、H_3、H_8 的逆矩阵。

b. 考察以下方程组：

$$H_n\begin{bmatrix} x_1 \\ x_2 \\ \vdots \\ x_n \end{bmatrix}=\begin{bmatrix} 1+1/2+\cdots+1/n \\ 1/2+1/3+\cdots 1/(n+1) \\ \vdots \\ 1/n+1/(n+1)+\cdots+1/(2n-1) \end{bmatrix}$$

通过观察找到这些问题的答案。

c. 现在解出 $n=2,\ 8,\ 14$ 时的 $H_n \cdot X=Y$。你如何解释这些差异？

30

Excel 函数

30.1 概述

Excel 包含几百个函数。本章仅概述本书中使用的主要函数。所讨论的函数如下：
- 财务函数：NPV、IRR、PV、PMT、XIRR、XNPV、IPMT 和 PPMT；
- 日期函数：Now、Today、Date、Weekday、Month、Datedif；
- 统计函数：Average、Var、Varp、Stdev、Stdevp、Correl、Covar；
- 回归函数：Slope、Intercept、Rsq、Linest；
- 条件函数：If、Countif、Countifs、Averageif、Averageif、Countif；
- 引用函数：VLookup、HLookup、XLookup、Offset；
- Large、Rank、Percentile、Percentrank；
- Count、CountA。

另外有一章(第 31 章)将专门讨论数组函数这个重要的话题。

30.2 财务函数

Excel 有大量的财务函数。本书中使用的主要函数将在本节中进行探讨。

NPV 函数

Excel 定义的净现值与标准财务定义有所不同。在金融文献中,贴现率为 r 的现金流序列 C_0, C_1, C_2, $\cdots$, C_n 的净现值表达式如下：

$$NPV = \sum_{t=0}^{n} \frac{C_t}{(1+r)^t} \text{ 或 } NPV = C_0 + \sum_{t=1}^{n} \frac{C_t}{(1+r)^t}$$

在许多情况下，C_0 表示所购买资产的成本，因此为负。

Excel 定义的 NPV 总是假设第一笔现金流发生在一个时期之后。因此，想得到标准财务表达式的用户必须用 $NPV(r, (C_1, \cdots, C_n)) + C_0$ 计算。以下是一个例子：

	A	B	C	D
1		**EXCEL的 NPV 函数**		
2	贴现率	5%		
3				
4	年份	现金流	现值	
5	0	-100.00	-100.00	<--=B5/(1+$B$2)^A5
6	1	35.00	33.33	
7	2	33.00	29.93	
8	3	34.00	29.37	
9	4	25.00	20.57	
10	5	16.00	12.54	
11				
12	PV(未来现金流)	125.74	<--=SUM(C6:C10)	
13	PV(未来现金流)	125.74	<--=NPV(B2,B6:B10)	
14	净现值	25.74	<--=SUM(C5:C10)	
15	净现值	25.74	<--=B5+NPV(B2,B6:B10)	

需要注意的是，NPV 函数对空白单元格和含有零的单元格做出区分。这可能会引起一些混乱，在下一个例子中可以看到。单元格 B5:B7 中的现金流现值为 86.38，对应 $\frac{100}{1.05^3}$。但在其他类似的现金流（单元格 B11:B13）例子中，Excel 的 NPV 函数将第一个现金流视为 100 并返回答案 $\frac{100}{1.05} = 95.24$。所以，在使用 NPV 函数时，你必须明确地在零现金流单元格中输入零。

	A	B	C
1		**NPV 跳过空格!**	
2	贴现率, r	5%	
3			
4	年份	现金流	
5	1	0.00	
6	2	0.00	
7	3	100.00	
8	现值	86.38	<--=NPV(B2,B5:B7)
9			
10	年份	现金流	
11	1		
12	2		
13	3	100.00	
14	现值	95.24	<--=NPV(B2,B11:B13)

IRR 函数

现金流序列 $C_0, C_1, C_2, \cdots, C_n$ 的内部收益率为使现金流量的净现值为零的利率 r：

$$\sum_{t=0}^{n} \frac{C_t}{(1+IRR)^t} = 0$$

IRR 函数的 Excel 语法是 IRR(cash flows, guess)。这里，cash flows 代表现金流的整个序

列,包括第一笔现金流 C_0,guess(初始猜测值)是计算内部收益率的一个可选起点。

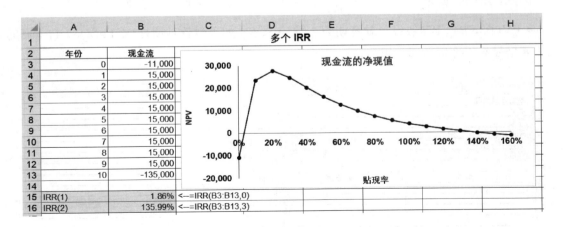

guess 不是必需的,当只有一个内部收益率时,它通常是无关紧要的。

	A	B	C
1		**EXCEL的 IRR 函数**	
2	年份	现金流	
3	0	-100	
4	1	35	
5	2	33	
6	3	34	
7	4	25	
8	5	16	
9			
10	IRR	15.00%	<--=IRR(B3:B8)
11	IRR	15.00%	<--=IRR(B3:B8), IRR Guess = 5%

如果有多个内部收益率,那么 guess 的选择可能会产生影响。例如,考察以下现金流:

	A	B	C	D	E	F	G	H
1					多个 IRR			
2	年份	现金流						
3	0	-11,000						
4	1	15,000						
5	2	15,000						
6	3	15,000						
7	4	15,000						
8	5	15,000						
9	6	15,000						
10	7	15,000						
11	8	15,000						
12	9	15,000						
13	10	-135,000						
14								
15	IRR(1)	1.86%	<--=IRR(B3:B13,0)					
16	IRR(2)	135.99%	<--=IRR(B3:B13,3)					

该图(由未显示的模拟运算表创建)显示有两个内部收益率,因为净现值曲线两次穿过 x 轴。为了找到这两个内部收益率,我们必须改变 guess 值(尽管 guess 的精确值并非关键)。

在下面的例子中,我们改变两个 guess 值,但仍然得到了相同的答案:

	A	B	C	D	E	F	G	H
15	IRR(1)	1.86%	<-=IRR(B3:B13,0)					
16	IRR(2)	135.99%	<-=IRR(B3:B13,3)					

注:如果一组给定的现金流中有不止一次符号变化,那么这组现金流通常有不止一个内部收益率。在上面的例子中,初始现金流是负的,CF_1 到 CF_9 是正的(这说明有一次符号变化);但 CF_{10} 是负的,这是第二次符号变化。如果你怀疑一组现金流有多个内部收益率,首先要做的是使用 Excel 绘制净现值的图表,就像我们前面做的那样。净现值曲线与 x 轴相交的次数识别了内部收益率的数量(以及它们的近似值)。

PV 函数

该函数计算年金的现值,年金是一系列固定的定期付款。例如:

	A	B	C	D
1		PV 函数		
2	期末支付金额			
3	利率	5%		
4	期数	5		
5	期间支付	100.00		
6	现值	-432.95	<-=PV(B3,B4,B5)	
7	现值	432.95	<-=SUM(C11:C15)	
8				
9	年份	现金流	现值	
10	0			
11	1	100	95.24	<-=B11/(1+$B$3)^A11
12	2	100	90.70	
13	3	100	86.38	
14	4	100	82.27	
15	5	100	78.35	<-=B15/(1+$B$3)^A15

因此,432.95 美元 $= \sum_{t=1}^{5} \dfrac{100}{(1.05)^t}$。关于 PV 函数有两点需要注意:

● PV(B3,B4,B5)假设付款日期为 1、2、……、5。如果付款日期是 0、1、2、3、4,下面的电子表格显示了你应该怎么填写:

	A	B	C	D
17	期初支付金额			
18	利率	5%		
19	期数	5		
20	期间支付	100.00		
21	现值	-454.60	<-=PV(B18,B19,B20,,1)	
22	现值	454.60	<-=SUM(C25:C29)	
23				
24	年份	现金流	现值	
25	0	100	100.00	
26	1	100	95.24	<-=B26/(1+$B$18)^A26
27	2	100	90.70	
28	3	100	86.38	
29	4	100	82.27	<-=B29/(1+$B$18)^A29

公式 PV(B18,B19,B20,,1)还可以在对话框中生成:

● 令人恼火的是，当支付或未来价值为正时，PV 函数（以及下文的 PMT、IPMT 和 PPMT 函数）产生的结果是负的（这里有一个逻辑，但不值得解释）。解决方案很明显：要么记为－PV(B3，B4，B5)，要么让支付为负，记为 PV(B3，B4，－B5)。

Excel 计算年金的方法是求解以下公式：

$$0 = PV + \frac{PMT}{RATE} \cdot \left[1 - \left(\frac{1}{(1 + RATE)^{NPER}} \right) \right] + \frac{FV}{(1 + RATE)^{NPER}}$$

看了这个表达式，我们就知道现值为什么为负了。我们还可以理解 Excel 中 PV()、PMT()、RATE()、NPER() 和 FV() 函数之间的关系。

PMT 函数

该函数计算在固定期限内等额偿还贷款所需的每期付款。例如，下面的第一个计算显示，一笔 1 000 美元的贷款，若以 8% 的利率在 10 年内偿还完毕，将需要每年支付 149.03 美元的利息和本金。所进行的计算是以下方程的解：

$$初始贷款本金 = \sum_{t=1}^{n} \frac{X}{(1+r)^t}$$

	A	B	C
1		**PMT函数**	
2	**期末支付**		
3	利率	8%	
4	期数	10.00	
5	本金	1,000.00	
6	支付	-149.03	<--=PMT(B3,B4,B5)
7			
8	**期初支付**		
9	利率	8%	
10	期数	10.00	
11	本金	1,000.00	
12	支付	-137.99	<--=PMT(B9,B10,B11,,1)

抵押贷款摊销表可以使用 PMT 函数计算。这些表格(在第 1 章中有详细说明)显示了每次支付在利息和本金之间的分配情况。在每个期间,贷款的还款(用 PMT 函数计算)被分割成:

- 我们首先计算当期期初未偿还本金的利息。在下表中,在第 1 年年末,我们欠在年初未偿还的贷款本金的利息 80 美元(=8%×1 000 美元)。

- 剩余的付款(第 1 年,69.03 美元)用于偿还未偿还的本金。

请注意,在第 10 年年末,本金的偿还恰好等于年初未偿还的本金(即贷款已还清)。

	A	B	C	D	E	F
1			贷款摊销表(抵押)			
2	利率	8%				
3	期数	10				
4	本金	1,000				
5	年度还款	149.03	<-=PMT(B2,B3,B4)			
6					=$B$2*B10	
7	=B10-E10		=$B$5			
8				将还款分成		
9	年份	年初本金	还款金额	利息	本金偿还	
10	1	1,000.00	149.03	80.00	69.03	<-=C10-D10
11	2	930.97	149.03	74.48	74.55	
12	3	856.42	149.03	68.51	80.52	
13	4	775.90	149.03	62.07	86.96	
14	5	688.95	149.03	55.12	93.91	
15	6	595.03	149.03	47.60	101.43	
16	7	493.60	149.03	39.49	109.54	
17	8	384.06	149.03	30.73	118.30	
18	9	265.76	149.03	21.26	127.77	
19	10	137.99	149.03	11.04	137.99	

IPMT 函数和 PPMT 函数

正如你在前面看到的那样,贷款表显示了贷款的等额还款(通过 PMT 函数计算)在利息和本金之间的分配。在前一节的贷款表中,我们首先计算每期的固定还款金额(C 列),然后计算期初本金的利息(D 列),最后从期间的总还款中减去该利息(E 列)。

IPMT 函数和 PPMT 函数在不依赖总付款的情况下进行此计算。这里有一个例子:

	A	B	C	D	E
1			IPMT 和 PPMT		
2	利率	8%			
3	期数	10			
4	本金	1,000			
5					
6	年份	年末本金 偿还金额		年末利息支付金额	
7	1	69.03	<-=PPMT($B$2,A7,$B$3,-$B$4)	80.00	<-=IPMT($B$2,A7,$B$3,-$B$4)
8	2	74.55	<-=PPMT($B$2,A8,$B$3,-$B$4)	74.48	<-=IPMT($B$2,A8,$B$3,-$B$4)
9	3	80.52		68.51	
10	4	86.96		62.07	
11	5	93.91		55.12	
12	6	101.43		47.60	
13	7	109.54		39.49	
14	8	118.30		30.73	
15	9	127.77		21.26	
16	10	137.99		11.04	

如你所见,计算的付款与前一小节的贷款表中相同。

XIRR 函数和 XNPV 函数

XIRR 函数和 XNPV 函数计算在特定日期收到的一系列现金流的内部收益率和净现值。

当日期间隔不均匀时，它们对计算内部收益率和净现值特别有用。[①]

XIRR 函数

以下是一个例子：你在 2021 年 2 月 16 日为一项资产支付 600 美元，该资产在 4 月 5 日偿还 100 美元；2021 年 7 月 15 日偿还 100 美元；然后从 2021 年到 2029 年，每年 9 月 22 日偿还 100 美元。这里的日期间隔不是均匀的，所以你不能使用 IRR 函数。使用 XIRR 函数（下图 B16 单元格），你可以计算年化内部收益率，即如第 1 章所定义的实际年利率（EAIR）。

	A	B	C
1		EXCEL的XIRR 函数	
2	日期	支付	
3	2021/2/16	-600	
4	2021/4/5	100	
5	2021/7/15	100	
6	2021/9/22	100	
7	2022/9/22	100	
8	2023/9/22	100	
9	2024/9/22	100	
10	2025/9/22	100	
11	2026/9/22	100	
12	2027/9/22	100	
13	2028/9/22	100	
14	2029/9/22	100	
15			
16	XIRR	21.97%	<--=XIRR(B3:B14,A3:A14)

XIRR 函数的工作原理是将每笔现金流按日利率贴现。在我们的例子中，第一笔 100 美元的现金流发生在 48 天后，第二笔发生在 149 天后，以此类推。XIRR 函数将 21.97％ 转换为日利率，并使用其对现金流进行贴现：

$$-600+\frac{100}{(1.2\,197)^{48/365}}+\frac{100}{(1.2\,197)^{149/365}}+\cdots+\frac{100}{(1.2\,197)^{3\,140/365}}=0$$

	A	B	C	D	E
1			XIRR 如何工作？ XIRR计算每日内部收益率		
2	日期	支付	自起始日起天数	现值	
3	2021/2/16	-600		-600.00	<--=B3
4	2021/4/5	100	48	97.42	<--=B4/(1+$B$16)^(C4/365)
5	2021/7/15	100	149	92.21	<--=B5/(1+$B$16)^(C5/365)
6	2021/9/22	100	218	88.81	<--=B6/(1+$B$16)^(C6/365)
7	2022/9/22	100	583	72.81	<--=B7/(1+$B$16)^(C7/365)
8	2023/9/22	100	948	59.70	<--=B8/(1+$B$16)^(C8/365)
9	2024/9/22	100	1,314	48.91	
10	2025/9/22	100	1,679	40.10	
11	2026/9/22	100	2,044	32.88	单元格 C4包含公式 =A4-$A$3
12	2027/9/22	100	2,409	26.96	
13	2028/9/22	100	2,775	22.09	
14	2029/9/22	100	3,140	18.11	
15					
16	XIRR	21.97%	<--=XIRR(B3:B14,A3:A14)	0.00	<--=SUM(D3:D14)

[①] Excel 的 IRR 函数假设第一笔现金流发生在今天，下一笔现金流发生在一个时期之后，接下来的现金流发生在两个时期之后，以此类推。Excel 的 NPV 函数假设第一笔现金流发生在一个时期之后，下一笔现金流发生在两个时期之后，等等。我们称之为"现金流均匀间隔"。如果不是这样，你将需要 XIRR 函数和 XNPV 函数。

XNPV 函数

XNPV 函数计算非均匀间隔现金流的净现值。在下面的例子中,我们在与使用 XIRR 函数相同的例子中使用该函数计算净现值。

	A	B	C
1		EXCEL的XNPV 函数	
2	日期	支付	
3	2021/2/16	-600	
4	2021/4/5	100	
5	2021/7/15	100	
6	2021/9/22	100	
7	2022/9/22	100	
8	2023/9/22	100	
9	2024/9/22	100	
10	2025/9/22	100	
11	2026/9/22	100	
12	2027/9/22	100	
13	2028/9/22	100	
14	2029/9/22	100	
15			
16	贴现率	12%	
17	XNPV	151.59	<--=XNPV(B16,B3:B14,A3:A14)

注意,与 NPV 函数相反,XNPV 函数要求你指出所有的现金流(从初始现金流开始),NPV 函数从第一笔现金流开始。

XIRR 函数和 XNPV 函数中的缺陷

XIRR 函数和 XNPV 函数解决了现金流有时间日期时的贴现问题,但它们有两个缺陷:XNPV 函数不适用于零贴现率,XIRR 函数不能求解多重内部收益率。下面我们讨论这些问题。然后,我们定义了两个新函数 NXNPV 和 NXIRR 以解决这些问题。这两个函数作为附加函数包含在本章附带的电子表格中。[①]

问题 1: XNPV 函数在零贴现率下不起作用

当贴现率为正时,XNPV 函数工作得很好,但当贴现率为零时,XNPV 函数就失效了。[②]我们在下图(单元格 E3)说明了这一点。我们的新函数 NXNPV 解决了这个问题(单元格 E4):

	A	B	C	D	E	F
1			XNPV 在零贴现率下无效- NXNPV解决该问题			
2	贴现率	3%		贴现率	0%	
3	XNPV	579.05	<--=XNPV(B2,B6:B11,A6:A11)	XNPV	#NUM!	<--=XNPV(E2,E6:E11,D6:D11)
4				NXNPV	680	<--=nXNPV(E2,E6:E11,D6:D11)
5	日期	现金流		日期	现金流	
6	2022年1月13日	-1,000		2022年1月13日	-1,000	
7	2022年8月18日	115		2022年8月18日	115	
8	2023年1月20日	121		2023年1月20日	121	
9	2023年7月15日	100		2023年7月15日	100	
10	2024年1月1日	333		2024年1月1日	333	
11	2024年7月16日	1,011		2024年7月16日	1,011	

---

① 另外两个函数 NXIRR 和 NXNPV 由本杰明·哈奇克斯开发。阅读本书配套网站上的"添加 Getformula 到你的电子表格",看看如何复制这些函数到你自己的电子表格中。

② 回想一下,当贴现率为零时,净现值就是所有现金流的总和。

问题 2：XIRR 函数不适用于两个内部收益率的情形

XIRR 函数的 guess"开关"不起作用。如下图所示，这意味着 XIRR 函数无法计算具有多个收益率的现金流的内部收益率：

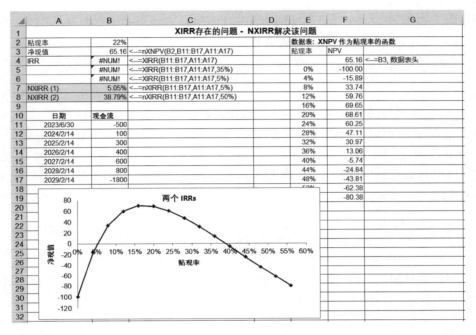

从模拟运算表中可以看出，内部收益率有两个（5%左右和 40%左右）。但 XIRR 函数不能识别出这两个内部收益率（见单元格 B4：B6）。另一个函数 NXIRR 解决了这个问题（单元格 B7：B8）。

30.3 日期和日期函数

下面这段话摘自 Excel 的"帮助"，它告诉你在电子表格中输入日期所需的几乎所有信息。

EXCEL 帮助：了解日期计算和格式

Excel 将日期存储为一串连续数字，称为序列值（serial value）。例如，在 Windows Excel 中，1900 年 1 月 1 日是序号 1，2008 年 1 月 1 日是序号 39 448，因为它是 1900 年 1 月 1 日之后的 39 448 天。

Excel 以小数形式存储时间，因为时间被认为是一天的一部分。十进制数是一个 0（0）～0.999 999 99 的值，表示从 0:00:00（上午 12:00:00）到 23:59:59（下午 11:59:59）的时间。

由于日期和时间都是值，因此可以对它们进行加、减和其他计算。通过将包含日期或时间的单元格的格式更改为一般格式，可以将日期视为序列值，将时间视为小数部分。

你需要知道的基本事实是，Excel 将日期转换为数字。例如，假设你决定在单元格中输入日期：

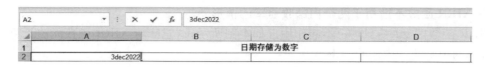

当你按下回车键时，Excel 认为你输入了一个日期。下面是它出现的方式：

请注意，在公式栏（如上所示）中，Excel 将输入的日期解释为 2022/12/3。[1]当你将单元格重新格式化为"设置单元格格式|数字|常规"时，你将看到 Excel 将该日期解释为数字 44 898，数字 1 为 1900 年 1 月 1 日。

电子表格日期可以做减法：在下面的电子表格中，我们输入了两个日期，并使它们相减，以找到日期之间的天数：

你也可以给日期加上一个数字来找到另一个日期。例如，1947 年 11 月 16 日之后 165 天的日期是什么？

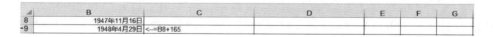

拉伸日期

在下面的单元格中，我们添加了两个日期，然后"拉伸"单元格以添加更多的日期，它们之间的间隔相同：

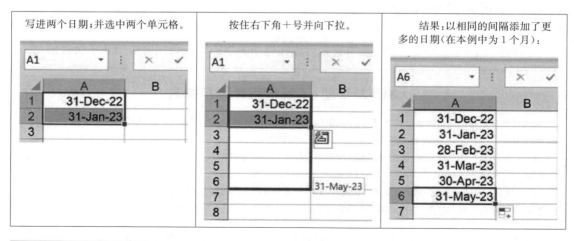

---

① 它的显示和解释方式取决于在 Windows 控制面板中输入的区域设置。

电子表格中的时间

小时、分钟和秒也可以输入到单元格中。在下面的单元格中,我们输入了 8:22:

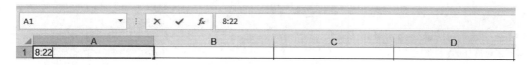

当我们按下回车键时,Excel 将其解释为上午 8:22:

Excel 可以识别 24 小时时间,还可以识别"a"表示上午,"p"表示下午:

Excel 识别上午/下午	
输入为:	当你按回车键时:

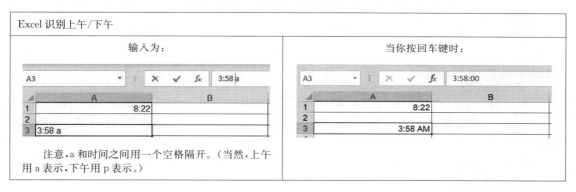

注意,a 和时间之间用一个空格隔开。(当然,上午用 a 表示,下午用 p 表示。)

你可以像减去日期一样减去时间;下面的 D4 单元格告诉你,在 2023 年 2 月 3 日的两个时间之间已经过去了 4 小时 13 分钟:

	A	B	C	D	E
1	总小时数	9:49	<--=SUM(D4:D5)		
2					
3	日期	开始	结束	已过时间	
4	2023/2/3	8:32	12:45	4:13	<--=C4-B4
5	2023/4/5	16:24	22:00	5:36	<--=C5-B5

当使用"设置单元格格式|数字|常规"重新格式化上述单元格时,你可以看到时间在 Excel 中表示为一天的小数值:

	A	B	C	D	E
1	总小时数	0.409	<--=SUM(D4:D5)		
2					
3	日期	开始	结束	已过时间	
4	44960	0.356	0.531	0.17569	<--=C4-B4
5	45021	0.683	0.917	0.23333	<--=C5-B5

如果你输入日期和时间并重新格式化,你还可以看到:

这是你输入的内容:	
它看起来是这样的:	
如果将其格式重新设置为常规:	

Excel 中的时间和日期函数

Excel 有一整套的时间和日期函数。以下是我们认为有用的几个函数:

• Now 函数读取计算机时钟并表示日期和时间。Now 函数不接受参数,并用空括号表示:Now()。

• Today 函数读取计算机时钟并打印日期。这个函数和 Now 函数一样用空括号表示:Today()。

• Date(year,month,day)函数给出输入的日期。

• Weekday 函数表示星期几。

• Month、Week 和 Day 函数给出一个日期的月份、周、日。

以下是电子表格中的一些函数:

	A	B	C
1	**序列值**	**日期/时间格式**	
2	45636.56347	10/Dec/24 13:31	<--=NOW()
3	45636	10-Dec-24	<--=TODAY()
4	43924	3-Apr-22	<--=DATE(2022,4,3)
5			
6	**Now()的不同格式**		
7		10/Dec/24	<--=NOW()
8		12/10/24 13:31	<--=NOW()
9		1:31 PM	<--=NOW()
10			
11	**使用Weekday,Month,Weeknum,Day等不同函数**		
12		3	<--=WEEKDAY(NOW())
13		5	<--=WEEKDAY("3apr1947")
14		4	<--=MONTH(B4)
15		12	<--=MONTH(NOW())
16		50	<--=WEEKNUM(NOW())
17		10	<--=DAY(NOW())

计算两个日期的差值：Yearfrac 函数和 Datedif 函数

Excel 函数 Yearfrac 和 Datedif 以各种有用的方式计算两个日期之间的差值：

	A	B	C	D
1				DATEDIF 和 YEARFRAC 计算两个日期之差
2	日期1	1977/4/7		
3	日期2	2020/3/31		
4				
5		42.98	<--=YEARFRAC(B2,B3,0)	两个日期之间的年数，30日每月，360日每年
6		42.98	<--=YEARFRAC(B2,B3,1)	两个日期之间的年数，每月实际天数，每年实际天数
7		43.61	<--=YEARFRAC(B2,B3,2)	两个日期之间的年数，每月实际天数，每年360天
8		43.01	<--=YEARFRAC(B2,B3,3)	两个日期之间的年数，每月实际天数，每年365天
9		42.98	<--=YEARFRAC(B2,B3,4)	两个日期之间的年数，30日每月，360日每年（欧洲）
10				
11		42	<--=DATEDIF(B2,B3,"y")	两个日期之间的年数
12		515	<--=DATEDIF(B2,B3,"m")	两个日期之间的月数
13		15699	<--=DATEDIF(B2,B3,"d")	两个日期之间的日数
14		24	<--=DATEDIF(B2,B3,"md")	超过完整月份的天数
15		11	<--=DATEDIF(B2,B3,"ym")	超过完整年数的月数
16		358	<--=DATEDIF(B2,B3,"yd")	超过完整年数的天数

30.4 统计函数

Excel 包含许多统计函数。我们使用以下示例演示这些函数，并假设你使用的是 Excel 2013 版本或更老版本。

函数 Var.p 和 Stdev.p 计算总体方差和标准差，而函数 Var.s 和 Stdev.S 计算样本方差和

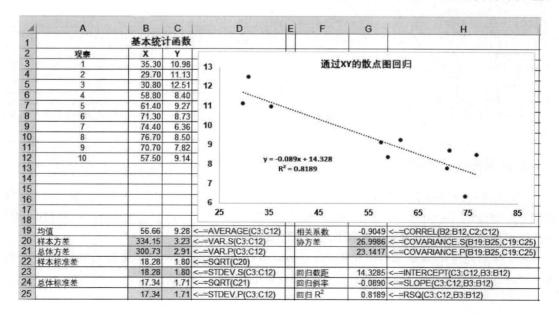

标准差。这两个函数的不同之处在于,Var.p 函数假设你的数据是整个总体,因此除以数据点的数量,而 Var.s 函数假设数据来自分布的样本:

$$\text{Var.p}(x_1, \cdots, x_N) = \frac{1}{N} \sum_{i=1}^{N} (x_i - \text{Average}(x_1, \cdots, x_N))^2$$

$$\text{Stdev.p}(x_1, \cdots, x_N) = \sqrt{Var.p(x_1, \cdots, x_N)}$$

$$\text{Var.s}(x_1, \cdots, x_N) = \frac{1}{N-1} \sum_{i=1}^{N} (x_i - \text{Average}(x_1, \cdots, x_N))^2$$

$$\text{Stdev.s}(x_1, \cdots, x_N) = \sqrt{\text{var}(x_1, \cdots, x_N)}$$

Covariance.s、Covariance.p 和 Correl 函数

这些函数(在第 10—15 章投资组合中广泛使用)用于计算两组数字的协方差和相关性。有关定义,请参阅第 10.2 节。函数 Covariance.p 为总体协方差(即除以总体规模 M),而 Covariance.s 是样本协方差(除以 $M-1$)。下面是一个我们计算麦当劳(MCD)股票和 Wendy's(WEN)股票收益率的协方差和相关系数的例子。请注意相关系数的两种计算方式。在单元格 E7 中,我们使用 Excel 的 Correl 函数;在单元格 E8 和 E9 中,通过使用相关定义 $\text{Correlation}(MCD, WEN) = \frac{\text{covar}(MCD, WEN)}{(\sigma_{MCD} \cdot \sigma_{WEN})}$,我们展示了不同的计算方法。

	A	B	C	D	E	F
1	协方差与相关性: MCDONALD (MCD) 和 WENDY (WEN)					
2	日期	MCD	WEN		协方差	
3	2019/12/1	2.24%	4.08%		0.00092	<--=COVARIANCE.P(B:B,C:C)
4	2019/11/1	-1.14%	1.22%		0.00094	<--=COVARIANCE.S(B:B,C:C)
5	2019/10/1	-8.76%	5.83%			
6	2019/9/1	-0.98%	-9.18%		相关性	
7	2019/8/1	3.38%	19.02%		0.33296	<--=CORREL(B:B,C:C)
8	2019/7/1	1.46%	-7.36%		0.33296	<--=COVARIANCE.P(B:B,C:C)/(STDEV.P(B:B)*STDEV.P(C:C))
9	2019/6/1	5.21%	6.81%		0.33296	<--=COVARIANCE.S(B:B,C:C)/(STDEV.S(B:B)*STDEV.S(C:C))
10	2019/5/1	0.35%	-1.19%			
11	2019/4/1	3.96%	3.95%			
58	2015/5/1	-0.64%	10.50%			
59	2015/4/1	-0.92%	-7.42%			
60	2015/3/1	-0.62%	-1.24%			
61	2015/2/1	6.75%	5.09%			

计算数据库的统计信息

Excel 有一整套用于数据库的统计函数。这些函数都以字母"D"(代表"数据")开头,其中有 DAverage、DCount、DMin、DVar(样本方差)、DVarP(总体方差)、DStdev 和 DStevP。还有更多函数,但我们将把它们留给你来探索。

为了了解这些函数是如何工作的,请考察以下例子:我们有一组苹果公司的月度股价和收益率。假设我们要计算所有大于 10% 的收益率的平均收益率:

	A	B	C	D	E	F	G	H	I
1				用 **DAVERAGE**、**DVAR**等函数操作苹果股票的收益率					
2							标准范围 (2 行)		
3	日期	AAPL	收益率			日期	AAPL	收益率	
4	2019/12/1	293.65	9.72%	<--=LN(B4/B5)				>10%	
5	2019/11/1	266.45	7.17%	<--=LN(B5/B6)					
6	2019/10/1	248.02	10.50%			均值		15.78%	<--=DAVERAGE(A3:C242,3,F3:H4)
7	2019/9/1	223.30	7.42%			方差		0.0028	<--=DVAR(A3:C242,3,F3:H4)
8	2019/8/1	207.33	-2.04%			标准差		5.24%	<--=DSTDEV(A3:C242,3,F3:H4)
9	2019/7/1	211.60	7.36%						
241	2000/3/1	4.22	16.96%						
242	2000/2/1	3.56	9.97%						
243	2000/1/1	3.22							

通过上面的例子，我们看到有三个部分：

- 数据库在单元格 A3:C242(注意，许多行是隐藏的)。它的标题栏是日期、AAPL、收益率。
- 有一个两行的标准范围：顶部行匹配数据库的标题，底部行收益率下有">10％"。
- 现在，函数 DAverage(A3:C242，3，F3:H4)计算所有大于 10％ 的收益率的平均值。带参数的 DVar 函数计算样本方差，DStdev 函数计算样本标准差(其中样本是苹果公司收益率高于 10％ 的月份)。

如果改变标准范围，你会得到一个不同的答案：

	F	G	H	I
2		标准范围 (2 行)		
3	日期	AAPL	收益率	
4			<8%	
5				
6	均值	-3.05%		<--=DAVERAGE(A3:C242,3,F3:H4)
7	方差	0.0121		<--=DVAR(A3:C242,3,F3:H4)
8	标准差	11.02%		<--=DSTDEV(A3:C242,3,F3:H4)

"D"函数的高级用法

假设我们想知道苹果公司某一年的收益率统计数据。诀窍如下：

	A	B	C	D	E	F	G	H	I
1				使用DAVERAGE、 DVAR、DSTDEV操作指定期间内的苹果股票收益率					
2							标准范围 (2 行)		
3	日期	AAPL	收益率			日期	日期		
4	2019/12/1	293.65	9.72%	<--=LN(B4/B5)		>=42736	<=43830	<--="<="&G12	
5	2019/11/1	266.45	7.17%	<--=LN(B5/B6)				=">="&F12	
6	2019/10/1	248.02	10.50%						
7	2019/9/1	223.30	7.42%			均值		2.71%	<--=DAVERAGE(A3:C242,3,F3:G4)
8	2019/8/1	207.33	-2.04%			方差		0.0064	<--=DVAR(A3:C242,3,F3:G4)
9	2019/7/1	211.60	7.36%			标准差		7.99%	<--=DSTDEV(A3:C242,3,F3:G4)
10	2019/6/1	196.58	12.65%						
11	2019/5/1	173.22	-13.65%			起始	结束		
12	2019/4/1	198.55	5.49%			2017/1/1	2019/12/31		
241	2000/3/1	4.22	16.96%						
242	2000/2/1	3.56	9.97%						
243	2000/1/1	3.22							

我们将日期放在单元格 F12:G12 中，并使用 Text 函数在"日期"标题下创建适当的标准。

再举一个例子，剩下的交给你。我们希望找到苹果公司每年的收益率统计数据。我们通过增加年份来扩大数据库和标准范围。2019 年的一个例子显示，该年的平均收益率和标准差为 5.3％ 和 7.05％。运行以"年份"为参数的数据表，得到以下结果：

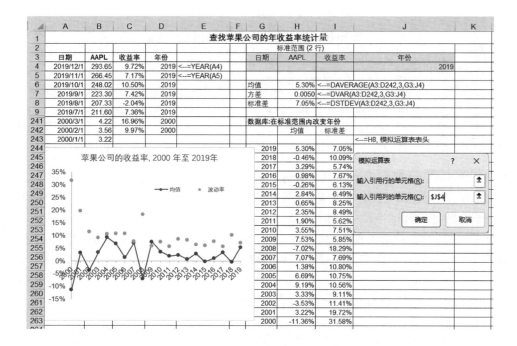

30.5 用 Excel 做回归

有几种技术可以用 Excel 生成普通最小二乘回归。我们使用刚才讨论的麦当劳和 Wendy's 的数据来说明三种技术。

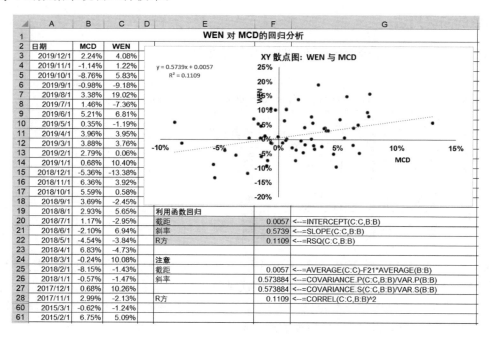

使用 Excel 函数

第一种技术涉及函数 Slope、Intercept 和 Rsq；这些函数给出了 B 列数据对 C 列数据进行简单回归的参数。利用这些数据，WEN 收益率与 MCD 收益率之间关系的最佳线性解释为：

$$r_{WEN}=0.005\ 7+0.573\ 884 \cdot r_{MCD}，R^2=11.09\%$$

使用散点图和趋势线

另一种我们可以进行一个简单回归的方法是用散点图绘制数据，然后使用趋势线函数来计算回归分析指标：

- 首先，使用"XY 散点图"绘制数据。
- 点击数据，然后选择"添加趋势线"。如下图所示。

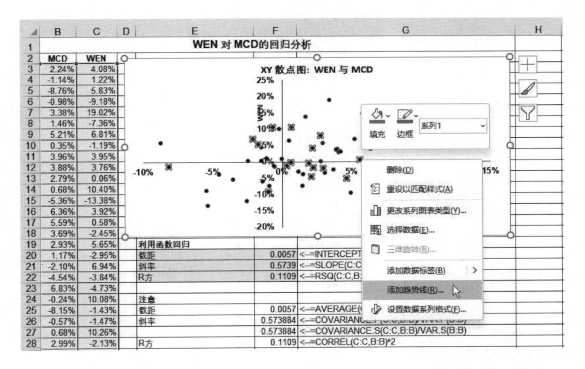

下图是回归分析的菜单。我们已经表明想要线性回归，并勾选"显示公式"和"显示 R 平方值"。

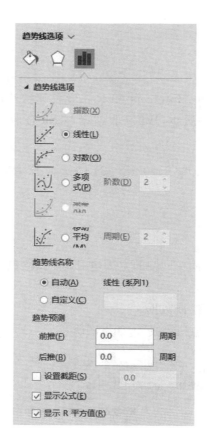

这是最终结果：

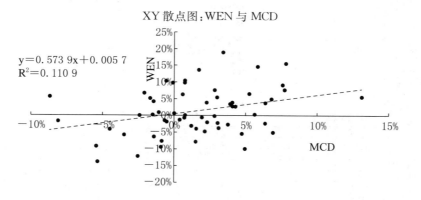

XY 散点图：WEN 与 MCD

$y = 0.573\,9x + 0.005\,7$
$R^2 = 0.110\,9$

使用数据分析进行回归

使用与之前相同的数据，我们按"数据|数据分析|回归"。[①]在下图中，我们要求将输出放在单元格 E4 中：

[①] 只有安装了数据分析加载宏，此过程才可用。如果在数据菜单上没有看到数据分析，请转到"文件|选项|加载项"。在屏幕的底部，选择管理 Excel 加载项转到下一个页面上，勾选"分析工具库"。

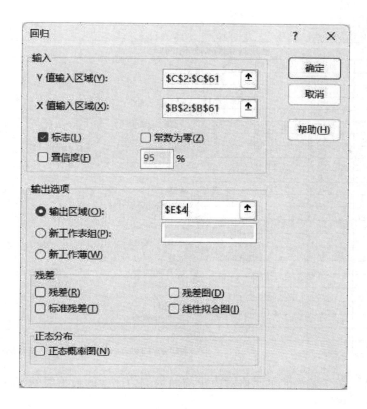

下面是结果。我们高亮显示了截距（单元格 F20）、斜率（单元格 F21）和 R^2（单元格 F8），这些单元格是由相关 Excel 函数计算的：

	E	F	G	H	I	J	K
1		WEN对 MCD的回归分析: 使用数据|数据分析|回归					
2							
3							
4	总结输出						
5							
6	回归统计						
7	多重相关系数（Multiple R）	0.33296205					
8	决定系数（R Square）	0.11086373					
9	调整后决定系数（Adjusted R Square）	0.09526485					
10	标准误差	0.06623622					
11	观测值	59					
12							
13	方差分析						
14		自由度（df）	平方和（SS）	均方（MS）	F-统计量	显著性F	
15	回归分析	1	0.031180789	0.03118079	7.10716	0.009972208	
16	残差	57	0.250072501	0.00438724			
17	总计	58	0.28125329				
18							
19		系数	标准误差	t-统计量	P-值	下限 95.0%	上限 95.0%
20	截距	0.00567175	0.009225055	0.61482039	0.54112	-0.012801102	0.0241446
21	MCD	0.57388444	0.215266495	2.66592549	0.00997	0.142820716	1.0049482

采用"数据分析|回归"对多个解释变量进行数据分析

同一模块可用于多个解释变量。在下图中，我们要求将输出放置在单元格 A14 中：

以下是输出。高亮显示的单元格对应于前面示例中产生的最重要的统计值。

	A	B	C	D	E	F	G
14	总结输出						
15							
16	回归统计						
17	多重相关系数（Multiple R）	0.958948606					
18	决定系数（R Square）	0.919582428					
19	调整后决定系数（Adjusted R Square）	0.896605979					
20	标准误差	0.578275019					
21	观测值	10					
22							
23	方差分析						
24		自由度（df）	平方和（SS）	均方（MS）	F-统计量	显著性F	
25	回归分析	2	26.76742602	13.38371301	40.02282612	0.000147478	
26	残差	7	2.340813984	0.334401998			
27	总计	9	29.10824				
28							
29		系数	标准误差	t-统计量	P-值	下限 95.0%	上限 95.0%
30	截距	14.17054458	0.627107223	22.59668533	8.41516E-08	12.68767163	15.65341753
31	X1	-0.098674278	0.011036744	-8.94052449	4.45359E-05	-0.12477203	-0.072576526
32	X2	0.008864083	0.002994705	2.95991879	0.021107491	0.001782731	0.015945434

使用 Linest 函数

Excel 有一个数组函数 Linest，它的输出由一些普通最小二乘回归统计数据组成。[1]这是一张电子表格和 Linest 函数对话框的图片：

---

[1] 还有一个 Excel 函数 Logest，其语法与 Linest 函数完全相同。Logest 函数计算参数以拟合指数曲线。

Linest 是一个数组函数（参见第 31 章），这意味着我们同时按下［Control］＋［Shift］＋［Enter］键而不是［Enter］键。使用前面例子中的数据，我们可以使用 Linest 函数产生以下输出：

	A	B	C	D
1		使用 LINEST进行简单回归		
2	观察值	X	Y	
3	1	35.3	10.98	
4	2	29.7	11.13	
5	3	30.8	12.51	
6	4	58.8	8.4	
7	5	61.4	9.27	
8	6	71.3	8.73	
9	7	74.4	6.36	
10	8	76.7	8.5	
11	9	70.7	7.82	
12	10	57.5	9.14	
13				
14		Linest 输出		
15		斜率	截距	
16	斜率 (=slope(C3:C12,B3:B12))-->	-0.0890	14.3285	<-- 截距（=intercept(C3:C12,B3:B12))
17	斜率标准误差 -->	0.0148	0.8770	<--截距标准误差
18	R^2 (=Rsq(C3:C12,B3:B12)) -->	0.8189	0.8117	<-- y 值的标准误差 (=Steyx(C3:C12,B3:B12))
19	F-统计量 -->	36.1825	8	自由度
20	SS_{xy} = Slope*(从均值获得的观察值的积的总和) -->	23.8377	5.2705	<-- SSE =残差平方和
21				
22	使用Index() 从 Linest()中提取值			
23	斜率	-0.0890	<--=INDEX(LINEST(C3:C12,B3:B12,,1),1,1)	
24	截距	14.3285	<--=INDEX(LINEST(C3:C12,B3:B12,,1),1,2)	
25	R^2	0.8189	<--=INDEX(LINEST(C3:C12,B3:B12,,1),3,1)	
26	t-统计量	16.3376	<--=B24/INDEX(LINEST(C3:C12,B3:B12,,1),2,2)	
27				
28	斜率	-0.0890	<--=INDEX(LINEST(C3:C12,B3:B12,,TRUE),1,1)	
29	斜率标准误差	0.0148	<--=INDEX(LINEST(C3:C12,B3:B12,,TRUE),2,1)	
30	t-统计量	-6.0152	<--=B28/B29	

Linest 函数生成一个没有标识输出的列标签或行标签的输出块。Excel 的帮助很好地解释了输出的含义；在上面的图片中，我们已经添加了解释。

注意这个函数的语法：Linest(y-range，x-range，constant，statistics)。参数 y-range 是因

变量的范围,参数 x-range 是自变量的范围。如果参数 constant 被省略(如上述情况)或设置为 True,则回归正常计算;如果函数 constant 被设置为 False,则截距强制为零。如果参数 statistics 被设置为 True(如上例所示),则计算一系列统计量;否则只计算斜率和截距。

可以使用函数 Index(下面将讨论)调用该输出的单个项。例如,假设我们想对斜率做一个简单的 t 检验;这样做需要我们用斜率值除以它的标准误差。

Index 函数

关于 Index 函数的讨论通常属于第 30.7 节引用函数的内容。在这里解释它只是因为我们在前一小节中使用了它。有时我们想从数组中选择一个单独的值。在下面的示例中,单元格 A2:C4 的范围包含数字和名称的混合。要从这个范围中选择一个单独的项,我们使用 Index(A2:C4,row,column),其中 row 和 column 相对于范围本身。因此,"Howie"出现在单元格 A2:C4 范围的第 2 行和第 3 列。

	A	B	C
1		INDEX 函数	
2	a	Terry	3
3	Simon	6	Howie
4	Lizzie	7	Tal
5			
6	Howie	<--=INDEX(A2:C4,2,3)	

在下一节中,我们将使用 Index 函数从 Linest 数组中挑选出一项。

用 Linest 函数进行多元回归

Linest 函数也可以用来做多元回归,如下图所示:

	A	B	C	D	E	F
1			用Linest进行多元回归			
2		观察值	X_1	X_2	Y	
3		1	35.3	81.2	10.98	
4		2	29.7	22.5	11.13	
5		3	30.8	77.3	12.51	
6		4	58.8	34.8	8.4	
7		5	61.4	55.1	9.27	
8		6	71.3	124.8	8.73	
9		7	74.4	18.5	6.36	
10		8	76.7	234.6	8.5	
11		9	70.7	22.5	7.82	
12		10	57.5	123.3	9.14	
13						
14			x_2 coeff.	x_1 coeff.	intercept	
15		斜率e -->	0.0089	-0.0987	14.1705	<-- 截距
16		标准误差 -->	0.0030	0.0110	0.6271	
17		R^2 -->	0.9196	0.5783	#N/A	
18		F统计量 -->	40.0228	7.0000	#N/A	
19		SS_{xy} -->	26.7674	2.3408	#N/A	
20						
21			{=LINEST(E3:E12,C3:D12,,TRUE)}			
22						

30.6　条件函数

If 是最常用的允许你放入条件语句的函数。

Excel 的 If 语句的语法是 If(condition, output if condition is true, output if condition is false)。在下面的例子中，如果初始数字是 B2≤=3，那么期望的输出是 15。如果 B2＞3，则输出为 0：

⊿	A	B	C
1			**IF 函数**
2	初始值	2	
3	If语句	15	<-=IF(B2<=3,15,0)
4			
5	初始值		2
6	If 语句	小于等于 3	<-=IF(B5<=3,"小于等于 3","大于 3")

如你在第 6 行中所看到的，你还可以使用 If 函数输出文本，方法是将所需的文本括在双引号中。

布尔函数

布尔函数类似于 If 语句。当你在括号中包含一个问题时，你正在建立一个布尔函数：

	A	B	C
1		**基本布尔函数**	
2	x	22	
3	y	-15	
4			
5	数字	25	
6	数字 <= x?	FALSE	<-=(B5<=B2)
7	数字 > y?	TRUE	<-=(B5>B3)
8			
9	相乘	0	<-=B6*B7

在单元格 B6 中，我们输入"=(B5≤=B2)"；它询问 B5 是否小于或等于 B2。如果答案是肯定的，Excel 返回 False，否则返回 True。False * True 或 False * False 得到 0（参见单元格 B9），True * True 得到 1。

	A	B	C
1		**基本布尔函数**	
2	x	22	
3	y	-15	
4			
5	数字	20	
6	数字 <= x?	TRUE	<-=(B5<=B2)
7	数字 > y?	TRUE	<-=(B5>B3)
8			
9	相乘	1	<-=B6*B7

布尔函数可以在最意想不到的地方发挥作用。在下面的电子表格中，前两列包含了万豪在两年内的每月收益率。我们遇到的问题是计算有多少个月的收益率处于任意上界和下界

	A	B	C	D	E	F	G	H
1						使用布尔函数		
2	日期	万豪价格	收益率					
3	2019/12/1	151.43	7.95%		<--=LN(B3/B4)	多少个数据点?	239	<--=COUNT(C:C)
4	2019/11/1	139.86	10.36%		<--=LN(B4/B5)	最大收益率	36.99%	<--=MAX(C:C)
5	2019/10/1	126.10	1.74%			最小收益率	-27.22%	<--=MIN(C:C)
6	2019/9/1	123.93	-0.98%					
7	2019/8/1	125.15	-9.81%			上界	5%	
8	2019/7/1	138.06	-0.88%			下界	-2%	
9	2019/6/1	139.28	12.04%					
10	2019/5/1	123.48	-8.87%			多少小于上界？	164	<--=COUNTIF(C:C,"<"&G7)
11	2019/4/1	134.93	8.67%			多少大于下界?	159	<--=COUNTIF(C:C,">"&G8)
12	2019/3/1	123.72	0.18%					
13	2019/2/1	123.50	8.96%			多少处于上界与下界之间	84	<-- =SUMPRODUCT((C3:C241>G8)*(C3:C241<G7),(C3:C241>G8)*(C3:C241<G7))
14	2019/1/1	112.91	5.35%					
15	2018/12/1	107.03	-5.44%			上下界之间收益率均值	1.32%	=SUMPRODUCT((C3:C241>G8)*(C3:C241<G7),C3:C241)/SUMPRODUCT((C3:C241>G8)*(C3:C241<G7),(C3:C241>G8)*(C3:C241<G7))
236	2000/7/1	15.22	9.91%					
237	2000/6/1	13.78	-0.52%					
238	2000/5/1	13.86	12.47%					
239	2000/4/1	12.23	1.76%					
240	2000/3/1	12.02	13.35%					
241	2000/2/1	10.52	-11.95%					
242	2000/1/1	11.85						

之间,并取这两个界限之间的收益率的平均值。

在单元格 G3 中,我们使用 Count 函数来确定收益率的数量。单元格 G10 和 G11 使用 Countif 函数来确定有多少收益率低于单元格 G7 中的上界,有多少收益率高于单元格 G8 中的下界。那有多少收益率在这两个界限之间？你不能用 Countif 函数解决它,但我们可以用一个涉及布尔函数的技巧(单元格 G14):

$$=\text{SUMPRODUCT}\underbrace{((C3:C241>G8)*(C3:C241<G7)}_{},\ \underbrace{(C3:C241>G8)*(C3:C241<G7))}_{同前}$$

创建一个向量,当收益率高于上界(单元格 G7)时为 1,当收益率低于下界(单元格 G8)时为 0

Sumproduct 函数使这两个向量相乘并对结果求和,这就得到了上界和下界之间收益率的个数

单元格 G15 中使用一个类似的技巧,以找到两个界限之间的平均收益率:

$$=\frac{\text{SUMPRODUCT}((C3:C241>G8)*(C3:C241<G7),\ C3:C241)}{\text{SUMPRODUCT}((C3:C241>G8)*(C3:C241<G7),\ (C3:C241>G8)*(C3:C241<G7))}$$

这是非常棘手的,但它也是非常有用的！

30.7 引用函数

VLookup 函数和 Hlookup 函数

由于 VLookup 函数和 HLookup 函数都具有相同的结构,我们将集中讨论 VLookup,让你自己去弄清楚 HLookup。VLookup 是在电子表格中引入表搜索的一种方法。例如,假设收入的边际税率如下表所示(即,对于低于 8 000 美元的收入,边际税率为 0;对于收入超过 8 000 美元的人,边际税率为 15%)。单元格 B9 说明了如何使用 VLookup 函数来查找边际税率。

	A	B	C
1		VLOOKUP 函数	
2	收入	税率	
3	0	0%	
4	8,000	15%	
5	14,000	25%	
6	25,000	38%	
7			
8	收入	15,000	
9	税率	25%	<--=VLOOKUP(B8,A3:B6,2)

这个函数的语法是 VLookup(lookup_value，table，column)。所查找表 A3：B6 的第一列必须按升序（递增）排列。参数 lookup_value（在本例中是收入 15 000）用于确定表中的适用行。该行是其值小于等于 lookup_value 的第一行；在这个例子中，这是以 14 000 开始的一行。列条目确定从适用行中的哪一列获取答案；在这种情况下，边际税率在第二列中。

Dget 函数

Dget 是一个有用的数据库函数。它可以从具有多个值的表中获取特定的值。该函数的结构是 Dget(Database，field，criteria)。这里有一个简单的例子。

	A	B	C
1		DGET 函数	
2	产品	销售额 (百万)	
3	A	1.50	
4	B	2.30	
5	C	2.60	
6	D	4.30	
7			
8	产品	销售额 (百万)	
9	A	1.50	<--=DGET(A2:B6,B2,A8:A9)

Offset 函数

函数 Offset 允许我们指定数组中的一个单元格或单元格块。它不能被单独使用——相反，它必须是另一个 Excel 函数的一部分。下面的例子显示了一个很大的数组。我们希望对较大数组的四行五列数组求和（这些数字在单元格 B6 和 B7 中指定）；正如单元格 B3 和 B4 中指定的那样，我们希望这个求和数组从大数组的第三行下边和第二列右边开始：

	A	B	C	D	E	F	G	H
1			使用OFFSET					
2	起始角							
3	行以下	3						
4	列以上	2						
5	求和范围							
6	行数	4						
7	列数	5						
8	和	811	<--=SUM(OFFSET(A11:H20,B3,B4,B6,B7))					
9	检查	811	<--=SUM(C14:G17)					
10								
11	89	34	72	42	41	89	75	41
12	33	6	49	7	62	50	38	17
13	71	69	42	68	39	75	32	77
14	2	69	8	79	40	8	67	46
15	70	12	44	48	88	27	38	51
16	85	0	23	35	83	30	17	52
17	30	50	16	28	73	4	55	68
18	35	56	31	24	15	47	89	88
19	99	31	55	60	45	24	28	3
20	93	72	7	75	90	81	52	71

单元格 B8 中的函数 Offset(A11：H20，B3，B4，B6，B7)指定了 A11：H20 范围内的一个单元格块。这个范围从范围 A11：H20 的左上角单元格的下面三行(单元格 B3)和右边两列(单元格 B4)开始。范围本身是四行深(单元格 B6)和五列宽(单元格 B7)。

单元格 B6 和 B7 中的值总是必须是正的，但 B3 和 B4 中的值可以是正的，也可以是负的。有关 Offset 的创新用法，请参阅第 14.6 节。

30.8　Large、Rank、Percentile 和 Percentrank 函数

Large(array，k)函数返回数组中第 k 个最大的数字，Rank(number，array)函数返回 number 在数组中的排名。

下面是每个函数的示例：

	A	B	C
1		LARGE, RANK, PERCENTILE, PERCENTRANK	
2		数据	
3	10.98	8.73	
4	11.13	6.36	
5	12.51	8.50	
6	8.40	7.82	
7	9.27	9.14	
8			
9	排序, k	3	
10	第K个最大数字	10.98	<--=LARGE(A3:B7,B9)
11			
12	具体数字	9.27	
13	从上到下排序	4	<--=RANK(B12,A3:B7)
14	从下到上排序	7	<--=RANK(B12,A3:B7,1)
15			
16	百分位排序	0.8	
17	百分位	11.01	<--=PERCENTILE(A3:B7,B16)
18			
19	具体数字	9.27	
20	百分位排序	0.666	<--=PERCENTRANK(A3:B7,B19)

因此，A3：B7 范围内的第三大数字是 10.98，9.27 是 A3：B7 范围内的第四大数字。如单元格 B19 所示，如果你在函数 Rank 中指定一个额外的参数，你将看到 9.27 是范围 A3：B7 从小到大排序的第七个数字。

如上表所示，Excel 还有类似的分位数函数：Percentile 和 PercentRank。

30.9　Count、CountA、Countif、Countifs、Averageif 和 Averageif 函数

正如它们的名字所暗示的那样，这六种函数的运作方式如下：
- Count 函数：计算单元格范围内的数字条目的数量。
- CountA 函数：计算单元格范围内的所有非空白单元格的数量。
- Countif 函数：计算满足特定条件的单元格的数量。
- Countifs 函数：根据多种情况计算单元格的数量。
- Averageif 函数和 Averageifs 函数：显而易见。

Count 函数和 CountA 函数的例子如下：

	A	B	C
1	**COUNT和COUNTA**		
2	**Count**: 只为数值计数		5 <--=COUNT(A6:C8)
3	**CountA**: 计算所有非空白单元格		8 <--=COUNTA(A6:C8)
4			
5	**数据:**		
6	1	two	3
7	4		six
8	seven	8	9

要使用 Countif 函数，我们必须指定一个条件。下面的电子表格给出了默克公司一年的股票周收益率（许多行被隐藏）：

	A	B	C	D
1	**对MERCK股票周收益率应用 COUNTIF**			
2	收益率个数	1043	<--=COUNT(C:C)	
3	收益率超过2%	266	<--=COUNTIF(C:C,">2%")	
4				
5	开始日	2010/1/1		
6	结束日	2019/12/31		
7	观察值	522	<--=COUNTIFS(A11:A1054,">="&B5,A11:A1054,"<="&B6)	
8	收益率均值	0.24%	<--=AVERAGEIFS(C11:C1053,A11:A1053,">="&B5,A11:A1053,"<="&B6)	
9				
10	日期	MRK	收益率	
11	2019/12/28	90.95	-0.60%	<--=LN(B11/B12)
12	2019/12/21	91.50	-0.09%	<--=LN(B12/B13)
13	2019/12/14	91.58	3.33%	
14	2019/12/7	88.58	0.38%	
1050	2000/1/29	35.47	-1.73%	
1051	2000/1/22	36.09	5.29%	
1052	2000/1/15	34.22	-2.30%	
1053	2000/1/8	35.02	-1.09%	
1054	2000/1/1	35.41		

在单元格 B3 中，我们计算所有超过 2% 的股票收益率的数量。在单元格 B7:B8 中，我们展示了一种不同的技术。一个特定时间框架的观测次数可以通过 Countifs 函数计算，其中两个标准一个是日期大于或等于开始日期，另一个是小于或等于结束日期。更改单元格 B5:B6 中的值允许我们计数和计算不同时间框架的平均收益率。

31

数组函数

31.1 概述

Excel 数组函数或公式在矩形单元格块上执行操作。在最简单的情况下，内置的 Excel 数组函数，如 Transpose 或 MMult，将一个数组转置，或将两个矩阵相乘。一旦掌握了数组函数的窍门，就可以设计自己的数组公式。例如，在本章中，我们将展示如何使用数组公式来找到矩阵的非对角线元素的最小值或最大值，或者挑选出矩阵的对角线，这些都是在进行投资组合计算（如第 10—15 章所讨论的）时需要知道的有用技巧。

关于数组函数或公式，需要记住的一件重要的事情是，它们可以同时按[Ctrl]＋[Shift]＋[Enter]键进入电子表格；这与我们通过按[Enter]键输入函数或公式的通常过程相反。

如果你使用的是 Excel 2019 版本或更高版本，你可以通过简单地按[Enter]键来实现与自动"溢出（spill）功能"相同的目标。经典数组函数和"溢出"功能的主要区别是：

（1）不需要选择要填充结果的范围。Excel 将自动决定输出范围的大小。

（2）输出范围从公式单元格开始，并根据返回数组通过向右方和下方填充单元格来溢出结果。

（3）使用溢出范围内的第一个单元格（左上角）编辑公式。在溢出范围内的其他单元格也将显示公式，但公式将是"灰色的"，不能更新。

（4）当你在溢出区域内选择一个单元格时，该范围将以蓝色边框突出显示。

（5）溢出的范围可以在左上角单元格后使用符号♯来引用。例如，你可以使用 B2♯而不是 B2：B6。这被称为"溢出范围"操作符。

（6）如果溢出区域中有任何非空单元格，公式将返回一个♯SPILL！错误。当被占用的单元格被清除时，Excel 将自动填充单元格。

31.2　Excel 的一些内置数组函数

在本节中，我们将讨论一些内置的 Excel 数组函数：Transpose、MMult、MInverse 和 Frequency。其他函数在本书的其他地方讨论——例如，Linest 函数在第 30 章中讨论。

转置

假设我们试图在电子表格中计算单元格 A2:B4 中的一个 3×2(三行，两列)矩阵的转置。

Excel 有一个名为 Transpose()的函数。与所有数组函数一样，它的使用需要注意：

- 标记目标：选中你打算放入转置矩阵的单元格 D3:F4。
- 输入数组函数：现在输入＝Transpose(A2:B4)。这将出现在被选中单元格的左上角。

当然，你可以使用通常的技巧来告诉 Excel 你想要的单元格(例如，指向或使用区域命名)。

此时，你的电子表格看起来是这样的：

- [Ctrl]＋[Shift]＋[Enter]：当你输入完公式后。这将把数组函数放入所有被选中的单元格中。

以下是最终"产品"的样子：

注意，数组函数用大括号{}括起来。你不用输入这些玩意，Excel 会自动输入它们。

粘贴 | 选择性粘贴 | 转置

当然,还有另一种转置数组的方法:你可以复制原始数组,然后使用"粘贴 | 选择性粘贴"来转置数组,单击"转置":

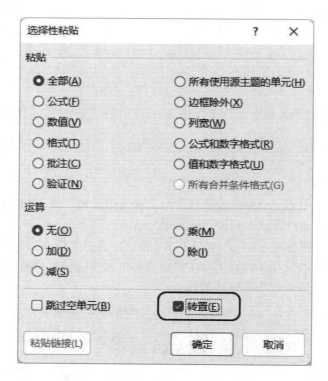

这将转置所选中的区域,但它不会将原来的区域与目标区域联系起来。当你改变了原来的区域,目标区域是不变的。关于数组函数 Transpose 的巧妙之处在于,它是一个动态函数,就像所有数组函数和公式一样:当你改变一个初始单元格集时,转置的数组也会改变。

MMult 和 MInverse 函数——矩阵乘法和求逆矩阵

这两个函数在第 10—15 章投资组合计算中被使用和得到解释,所以我们在这里只简要概括如下:

- Mmult(range1,range2)函数将 range1 中的矩阵乘以 range2 中的矩阵。当然,这只有在 range1 中的列数等于 range2 中的行数的情况下才有可能。
- Minverse(range)函数计算参数 range 内矩阵的逆矩阵。请注意,range 必须为矩形。

Frequency 函数

Excel 数组函数 Frequency(data_array,bins_array)计算数据集的频率分布。下面的电

子表格显示了 2001 年 1 月至 2019 年 12 月期间苹果公司（AAPL）股票的月收益率数据。在 E 列中，我们放置了 bins_array，注意第一个间隔值将低于该期间的最低月收益率，最后一个间隔值将高于最高月收益率。范围 F8：F38 包含数组函数 Frequency（C4：C363，E8：E38）。例如，我们可以从结果中推断出，在这 19 年期间，有两个月收益率在 22.2％—24.8％，有 20 个月收益率在 9％—11.7％。

	B	C	D	E	F	G	H	I
1				FREQUENCY 数组函数				
2	AAPL	月收益率						
3	293.65	9.72%	<—=LN(B3/B4)					
4	266.45	7.17%	<—=LN(B4/B5)	最小值	-39.98%	<—=MIN(C:C)		
5	248.02	10.50%		最大值	37.42%	<—=MAX(C:C)		
6	223.30	7.42%						
7	207.33	-2.04%		间隔	频率			
8	211.60	7.36%		-41.00%	0	<—{=FREQUENCY(C4:C242,E8:E38)}		
9	196.58	12.65%		-38.37%	1			
10	173.22	-13.65%		-35.73%	1			
11	198.55	5.49%		-33.10%	0			
12	187.94	9.69%		-30.47%	0			
13	170.59	3.95%		-27.83%	0			
14	163.98	5.37%		-25.20%	1			
15	155.41	-12.06%		-22.57%	1			
16	175.32	-20.34%		-19.93%	2			
17	214.87	-3.10%		-17.30%	1			
18	221.63	-0.48%		-14.67%	6			
19	222.70	17.92%		-12.03%	4			
20	186.17	2.76%		-9.40%	6			
21	181.10	-0.56%		-6.77%	14			
22	182.12	12.29%		-4.13%	11			
23	161.06	-1.51%		-1.50%	21			
24	163.52	-5.57%		1.13%	29			
25	172.89	6.19%		3.77%	17			
26	162.51	-1.07%		6.40%	32			
27	164.26	-1.18%		9.03%	22			
28	166.20	1.65%		11.67%	20			
29	163.49	9.24%		14.30%	15			
30	149.06	-5.82%		16.93%	9			
31	157.99	9.77%		19.57%	9			
32	143.28	3.22%		22.20%	1			
33	138.74	-5.48%		24.83%	2			
34	146.56	6.15%		27.47%	0			
35	137.82	-0.01%		30.10%	0			
36	137.83	5.19%		32.73%	1			
37	130.86	12.12%		35.37%	0			
38	115.92	4.66%		38.00%	1			
39	110.64	5.20%						
40	105.04	-2.70%						
41	107.91	0.43%						
42	107.44	6.89%						
43	100.29	1.80%						
44	98.51	8.62%						
45	90.37	-3.75%						
46	93.82	6.32%						
47	88.07	-15.07%						
48	102.40	12.52%						
49	90.35	-0.67%						
50	90.96	-7.82%						
51	98.36	-11.25%						
52	110.08	-1.01%						
53	111.19	8.01%						
54	102.63	-1.90%						
55	104.60	-7.16%						
56	112.36	-3.35%						
57	116.19	-3.38%						
58	120.18	4.02%						
59	115.44	0.58%						
60	114.78	-2.79%						
61	118.03	9.21%						
62	107.65	5.96%						
63	101.42	-7.03%						
229	1.13	-16.97%						
230	1.34	37.42%						
231	0.92							

苹果股票月收益率的频率2001-2019

31.3　自建数组函数

根据我们的经验,数组函数通常出现在需要进行长时间重复计算的情况下。然后你会发现,同样的计算也可以在单个数组函数中完成。在许多情况下,理解为什么特定的数组技术应该有用是不容易的。例如,在本章中,我们将使用 A3＋B6:B8 将单元格 A3 的内容添加到 B6:B8 中的每个单元格。为什么? 天知道! 我们还使用了(据我们所知并未被记录)B3:B7 ^ A3:A7 计算单元格 B3 的 A3 次方,单元格 B4 的 A4 次方,…,等等。

在本节中,我们将通过两个与投资收益率有关的示例演示自建的数组函数。

根据 10 年的收益率数据计算复合年收益率

下表给出了哈佛大学捐赠基金的年度收益率。要求你计算 10 年期间的复合年收益率。假设收益率已经被离散计算$\left(意思是\ r_t=\dfrac{捐赠基金价值_t}{捐赠基金价值_{t-1}},\ t=1,\ \cdots,\ 10\right)$,你意识到复合年收益率是 $r=((1+r_{2\,002})\cdot(1+r_{2\,003})\cdots\cdot(1+r_{2\,011}))^{1/10}-1$。在下面的单元格 B14 中,我们使用一个数组函数来进行计算:

	A	B	C
1		哈佛大学捐赠基金收益率 截至6月30日的年度	
2	年度	收益率	
3	2010	10.98%	
4	2011	21.36%	
5	2012	-0.05%	
6	2013	11.31%	
7	2014	15.40%	
8	2015	5.78%	
9	2016	-2.04%	
10	2017	8.06%	
11	2018	9.96%	
12	2019	6.50%	
13			
14	复合年收益率	8.53%	<--{=PRODUCT(1+B3:B12)^(1/10)-1}

Excel 函数 Product 将单元格范围内的条目相乘。单元格 B14 的条目为 B3:B12 中的每个单元格加 1,再每个单元格相乘,取其十次方根,结果减去 1——全部计算都在一个单元格中(当然,通过按[Ctrl]＋[Shift]＋[Enter]键输入)。[①]

计算连续复利年化收益率

下面表格的 B 列给出了 Youngtalk 投资基金客户账户中积累的金额。连续复利年化收益率由 $r_t=\ln\left(\dfrac{账户_t}{账户_{t-1}}\right)$ 计算,其间的平均年收益率为 $\dfrac{1}{10}\sum_{t-1}^{10}r_t$。在下面的单元格 B15 中,

---

①　Excel 文档中没有说明为什么这个了不起的功能有效,但确实如此。

我们通过求平均年收益率完成这个计算,在单元格 B17 中,我们展示了一个在单个单元格中完成整个计算的数组函数。很整洁!

	A	B	C	D
1			YOUNGTALK投资基金	
2	年份	年初投资	当年连续复利收益率	
3	2012	100.00		
4	2013	121.51	19.48%	<–=LN(B4/B3)
5	2014	132.22	8.45%	
6	2015	98.63	-29.31%	
7	2016	75.65	-26.53%	
8	2017	140.48	61.90%	
9	2018	221.40	45.49%	
10	2019	243.46	9.50%	
11	2020	280.11	14.02%	
12	2021	398.72	35.31%	
13	2022	543.58	30.99%	
14				
15	复合年收益率		16.93%	<–=AVERAGE(C4:C13)
16			16.93%	<–=LN(B13/B3)/10
17	用数组函数进行相同计算		16.93%	<–{=AVERAGE(LN(B4:B13/B3:B12))}

最后注意:看看 C16 单元格。如果你知道一些连续时间的数学知识,你就会知道 LN(B13/B3)/10 会得到同样的结果。简单许多!

使用数组函数计算贴现因子

我们已知一系列利率 r_1, r_2, $\cdots$, r_n,我们想计算 $\sum_{t=1}^{n} \dfrac{1}{(1+r_t)^t}$。Excel 的 NPV 函数不适用于此,所以我们不得不建立自己的函数。下面的电子表格显示了两种方法:

	A	B	C	D
1			利用数组函数计算现值因子	
2	年份	利率		
3	1	6.23%		
4	2	4.00%		
5	3	4.20%		
6	4	4.65%		
7	5	4.80%		
9	现值	4.3746	<– {=SUM(1/((1+B3:B7)^A3:A7))}	
10				
11	用递归公式检查公式			
12	年份	利率	1/(1+r_t)^t 之和	
13	1	6.23%	0.9414	<–=1/(1+B13)^A13
14	2	4.00%	1.8659	<–=C13+(1/(1+B14)^A14)
15	3	4.20%	2.7498	<–=C14+(1/(1+B15)^A15)
16	4	4.65%	3.5836	<–=C15+(1/(1+B16)^A16)
17	5	4.80%	4.3746	<–=C16+(1/(1+B17)^A17)

在单元格 B9 中,我们使用一个数组函数 $\{=SUM(1/(1+B3:B7)^A3:A7))\}$。记 $(1+B3:B7)^A3:A7)$ 向 B3:B7 中的每个单元格加 1,并计算对应的单元格 A3:A7 次幂。应用 Sum 函数给出结果(当然,这是一个数组函数,你必须用[Ctrl]+[Shift]+[Enter]键输入它)。

第 13—17 行给出了一种替代方法,即递归地构建结果。这可以得到同样的结果,但需要做更多的工作。

31.4 矩阵数组公式

在本节中,我们创建了一些与矩阵有关的数组函数。

从矩阵中减去一个常数

在第 10—15 章的投资组合计算中,我们经常需要从矩阵中减去一个常数。这是一个简单的数组公式,通过按[Ctrl]+[Shift]+[Enter]键输入。

	A	B	C	D	E	F	G	H
1				从矩阵中减去一个常数				
2	矩阵			常数		矩阵减去常数		
3	1	6		3		-2	3	
4	2	6				-1	3	<--{=A3:B7-D3}
5	3	8				0	5	
6	4	9				1	6	
7	5	10				2	7	

创建一个对角线上为 1,其他地方为 0 的矩阵

这是第 9 章提到的一个问题:我们想要一个矩阵,它的对角线上的元素都是 1,但非对角线上的元素都是 0。下面的电子表格显示了两种方法:

	A	B	C	D	E	F
1		创建一个由1和0组成的矩阵 我们希望对角线上为1,其他位置为0				
2	下列单元格包含数组公式 {=IF(B3:E3=A4:A7,1,0)}					
3		A	B	C	D	
4	A	1	0	0	0	
5	B	0	1	0	0	
6	C	0	0	1	0	
7	D	0	0	0	1	
8						
9	下列单元格包含数组公式 =IF(B$10=$A11,1,0)					
10		A	B	C	D	
11	A	1	0	0	0	
12	B	0	1	0	0	
13	C	0	0	1	0	
14	D	0	0	0	1	

第一种和第二种方法依赖于对行和列的标记。在第一个示例中,公式=IF(B3:E3=A4:A7,1,0)检验行标签是否等于列标签;如果这是真的,我们就在单元格里放一个1,否则就放一个0。在第二个例子中,我们使用一个混合了绝对引用和相对引用的 If 函数来创建相同的效果。

求矩阵的最大和最小非对角元素

我们要找到矩阵的非对角元素的最大元素和最小元素。下面展示了两种方法：

	A	B	C	D	E	F
1			找出非对角元素的最大值和最小值 复杂方法			
2			源矩阵			
3		A	B	C	D	
4	A	10	2	3	4	
5	B	-3	20	4	-3	
6	C	1	5	60	6	
7	D	4	2	-10	25	
8						
9	以下范围包含数组公式 =IF(B3:E3=A4:A7,"",B4:E7)					
10		A	B	C	D	
11	A		2	3	4	<--{=IF(B3:E3=A4:A7,"",B4:E7)}
12	B	-3		4	-3	
13	C	1	5		6	
14	D	4	2	-10		
15						
16	非对角元素最大值	6	<--=MAX(B11:E14)			
17	非对角元素最小值	-10	<--=MIN(B11:E14)			
18						
19						
20	仅使用非数组公式					
21	以下范围包含非数组公式 =IF(B$3=$A4,"",B4)					
22		A	B	C	D	
23	A		2	3	4	<--=IF(E$3=$A4,"",E4)
24	B	-3		4	-3	
25	C	1	5		6	
26	D	4	2	-10		
27						
28	非对角元素最大值	6	<--=MAX(B23:E26)			
29	非对角元素最小值	-10	<--=MIN(B23:E26)			

在上面的例子中，我们首先使用数组函数将所有对角元素替换为空白单元格。然后我们可以使用 Max 函数和 Min 函数来确定极端非对角元素。如行 20—29 所示，我们也可以在单元格 B11 使用非数组公式 IF(B $ 3 = $ A4，" "，B4)并复制它到矩阵的其余部分。

我们还可以通过将数组公式直接合并到 Max 函数和 Min 函数中来找到最大值和最小值，如下面的电子表格所示：

	A	B	C	D	E
1			找出非对角元素的最大值和最小值 一步操作		
2			源矩阵		
3		A	B	C	D
4	A	10	2	3	4
5	B	-3	20	4	-3
6	C	1	5	60	6
7	D	4	2	-10	25
8					
9	非对角元素最大值	6	<--{=MAX(IF(B3:E3=A4:A7,"",B4:E7))}		
10	非对角元素最小值	-10	<--{=MIN(IF(B3:E3=A4:A7,"",B4:E7))}		

使用 VLookup 替换非对角元素

现在，假设我们想使用一个查找表来替换非对角元素，如下图所示：

◢	A	B	C	D	E	F
1				替换矩阵中非对角元素的最大值、最小值		
2				复杂方法，非数组公式		
			源矩阵			
3			A	B	C	D
4		A	10	2	3	4
5		B	-3	20	4	-3
6		C	1	5	60	6
7		D	4	2	-10	25
9	查找表替换					
10	-10		i			
11	-6		ii			
12	-2		iii			
13	2		iv			
14	6		v			
15	10		vi			
16	以下范围包含非数组公式					
17	=IF(B$3=$A4,B4,VLOOKUP(B4,$A$10:$B$15,2))，已复制到所有单元格					
18			A	B	C	D
19		A	10	iv	iv	iv	<--=IF(E$3=$A4,E4,VLOOKUP(E4,$A$10 $B$15,2))
20		B	ii	20	iv	ii
21		C	iii	iv	60	v
22		D	iv	iv	i	25

数组公式可以简化这个过程：

◢	A	B	C	D	E	F
1				替换矩阵中非对角元素的最大值、最小值		
2				利用数组公式		
			源矩阵			
3			A	B	C	D
4		A	10	2	3	4
5		B	-3	20	4	-3
6		C	1	5	60	6
7		D	4	2	-10	25
9	查找表替换					
10	-10		i			
11	-6		ii			
12	-2		iii			
13	2		iv			
14	6		v			
15	10		vi			
16	以下范围包含数组公式					
17	=IF(B3:E3=A4:A7,B4:E7,VLOOKUP(B4:E7,A10:B15,2))					
18			A	B	C	D
19		A	10	iv	iv	iv	<--{=IF(B3:E3=A4:A7,B4:E7,VLOOKUP(B4:E7,A10:B15,2))}
20		B	ii	20	iv	ii
21		C	iii	iv	60	v
22		D	iv	iv	i	25

练习

1. 使用自建的数组函数将向量{1，2，3，4，5}乘以常数 3。

2. 使用数组函数 Transpose 和 MMult 将行向量{1，2，3，4，5}乘以列向量 $\begin{bmatrix} -8 \\ -9 \\ 7 \\ 6 \\ 5 \end{bmatrix}$。

3. 下面你会发现 6 只股票的方差-协方差矩阵。使用数组函数创建一个只有对角线上为方差、其他地方为零的矩阵。

	A	B	C	D	E	F	G
		GE	**MSFT**	**JNJ**	**K**	**BA**	**IBM**
1							
2	**GE**	**0.103 5**	0.075 8	0.022 2	−0.004 3	0.085 7	0.141 4
3	**MSFT**	0.075 8	**0.165 7**	0.041 2	−0.005 2	0.037 9	0.140 0
4	**JNJ**	0.022 2	0.041 2	**0.036 0**	0.018 1	0.010 1	0.045 5
5	**K**	−0.004 3	−0.005 2	0.018 1	**0.057 0**	−0.007 6	0.012 2
6	**BA**	0.085 7	0.037 9	0.010 1	−0.007 6	**0.089 6**	0.085 6
7	**IBM**	0.141 4	0.140 0	0.045 5	0.012 2	0.085 6	**0.299 3**

4. 对于上述问题：使用数组函数创建一个对角线上为零且非对角线为协方差的矩阵。

5. 在本书的配套网站上，你会找到本章的 Excel 练习文件。这份文件提供了三家共同基金的数据。计算每只基金的离散年收益率，然后使用数组函数计算该期间的复合年收益率。回想一下，如果收益率为离散复利收益率，第 t 年的收益率为（基金价值$_t$/基金价值$_{t-1}$）−1；如果收益率为连续复利收益率，则第 t 年收益率为 ln（基金价值$_t$/基金价值$_{t-1}$）。

32

关于 Excel 的一些提示

32.1　概述

本章涵盖了 Excel 的一些提示，用于处理我们有时会遇到的问题和需求。本章的内容并不全面和具有一致性。涵盖的主题包括：

- 快速填充和复制；
- 随着数据的变化而变化的图表标题；
- 创建多行单元格（用于在单元格中放置换行符和图形标题的链接）；
- 输入希腊符号；
- 输入下标和上标（但不是同时输入上标和下标）；
- 命名单元格；
- 隐藏单元格；
- 公式审核；
- 写入多个电子表格；
- 使用 Excel 的个人工作簿快速复制、粘贴和格式化。

32.2　快速复制：在被填充的列旁边填写数据

通常，我们通过拖动带有公式的单元格填充手柄来复制单元格。有时有一个更简单的方法。考察以下情况：

	A	B	C
1		自动填充/复制	
2		1	2
3		2	5 <- =B2+3
4		3	
5		4	
6		5	
7		6	
8		7	
9		8	
10			
11	双击一个单元格的"填充手柄"将填充该列的剩余部分，如果与该单元格相邻的单元格有一个被填充的单元格。		

双击"填充柄"（如下面的叉号所示）。双击后，单元格 B2：B9 区域将自动填充 B3 中的公式。

	A	B	C
1		自动填充/复制	
2		1	2
3		2	5 <- =B2+3
4		3	
5		4	
6		5	
7		6	
8		7	
9		8	
10			
11	双击一个单元格的"填充手柄"将填充该列的剩余部分，如果与该单元格相邻的单元格有一个被填充的单元格。		

结果如下：

	A	B	C
1		自动填充/复制	
2		1	2
3		2	5 <- =B2+3
4		3	8
5		4	11
6		5	14
7		6	17
8		7	20
9		8	23
10			
11	双击一个单元格的"填充手柄"将填充该列的剩余部分，如果与该单元格相邻的单元格有一个被填充的单元格。		

32.3 填充序列单元格

有时，我们想用一个序列填充一组单元格。这可以通过点击"开始|填充|序列"来完成：

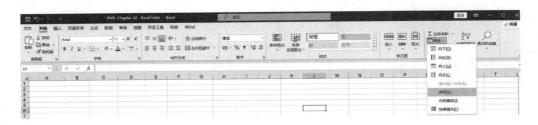

这里有一个例子。从单元格 A1 开始，我们想要填充一列，每列增加 3 个单元格，直到达到 16 个：

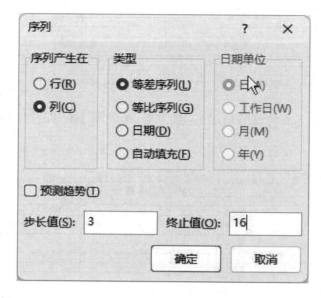

点击确定会得到以下结果：

	A
1	1
2	4
3	7
4	10
5	13
6	16

这个有趣的命令还有其他几个选项，我们将留给你自行尝试。

32.4 多行单元格

有时在单元格中添加换行符是有用的，从而创建一个多行单元格。在需要换行的地方按下［Alt］＋［Enter］键即可。

	A
1	在单元格中添加换行符
2	这是一个多行单元格。 通过在所需的断点处 按下[Alt]+[Enter]键，可以换行。

当然,还有其他方法可以使单元格多行排列。最明显的是在"设置单元格格式|对齐"的"文本控制"命令中勾选"自动换行":

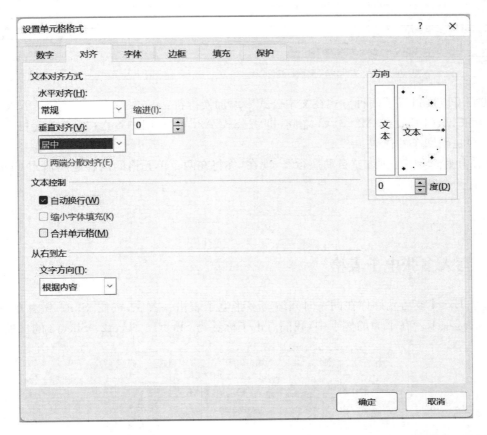

这是我们选择"自动换行"后的单元格。(注意,在上面的对话框中,我们也将单元格的垂直对齐设置为居中。)

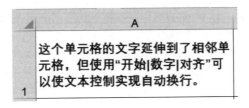

32.5 文本公式的多行单元格

有时,你希望在文本公式的单元格中添加换行符。在下面的例子中,单元格 A5 中的文本公式合并了单元格 A2 和 A3 中的文本。

	A	B
1		为连接的文本添加一个断点
2	Simon	
3	Jack	
4		
5	SimonJack	<–=A2&A3
6	Simon Jack	<–=A2&CHAR(10)&A3, 未正确格式化
7	Simon Jack	<–=A2&CHAR(10)&A3, 在开始选项卡上按下自动换行

我们可以通过以下两种方式在文本公式中添加换行符：

●将 Char(10)放在 A2 和 A3 之间，即将公式 A2&Char(10)&A3 写入单元格。其中，Char(10)是硬回车的代码。

●在开始选项卡上点击"自动换行"。现在，你将在两个单元格的内容之间输入 Char(10)的地方有一个断点。

32.6　写入多张电子表格

这个 Excel 技巧允许你在同一时间编写多张电子表格。首先，按住[Shift]键并单击几张工作簿的选项卡。在下面的例子中，我们点击了标签为 Sheet1、Sheet2、Sheet3 的选项卡。

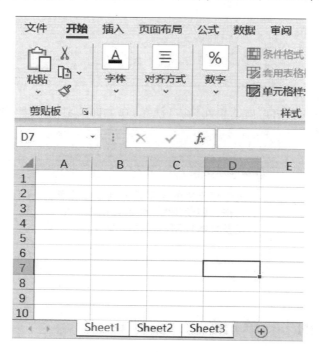

现在，我们在其中一张表格上写的任何东西也会写在其他所有表格的相同单元格中，这样我们就可以生成三个相同的电子表格：

32.7　移动 Excel 工作簿中的多张电子表格

　　我们通过按住 [Shift] 键并标记相关电子表格的标签，可以在多个表格上写入内容。一个类似的技巧可以移动同一个 Excel 工作簿中的多张表格：

- 按住 [Shift] 键并点击相应的工作表，标记多个工作表。
- 现在使用"编辑│移动"或"复制电子表格"将表移动或复制到同一电子表格的另一个位置或不同的电子表格。

32.8　Excel 中的文本函数

　　文本（Text）函数允许你将数字更改为文本。以下是一些例子：

	A	B	C
1		文本函数	
2	收入	15,000	
3	税率	35%	
4	应交税款	5,250	<-=B2*B3
5			
6	文本格式的税率	35.00%	<-=TEXT(B3,"0.00%")
7		0.4	<-=TEXT(B3,"0.0")
8			
9	收入显示为日期格式	Jan.24,1941	<-=TEXT(B2,"mmm.dd,yyyy")

请注意,你可以选择使用不同方法以文本形式格式化单元格 B3——单元格 B6 将税率格式化为小数点后保留两位的百分比,而单元格 B7 将税率格式化为小数点后保留一位的小数,从而使其四舍五入。

还要注意单元格 B9 中的一个有点愚蠢的例子:由于 Excel 中的日期只是表示从 1900 年 1 月 1 日开始的天数的数字,我们可以将 15 000 美元的收入在单元格 B2 中表示为日期。

在下一节中,我们将使用文本函数创建可自行更新的图表标题。

32.9 更新图表标题

当电子表格上的参数发生更改时,你希望更改图表标题。例如,在下一个电子表格中,你希望图表标题表示增长率。

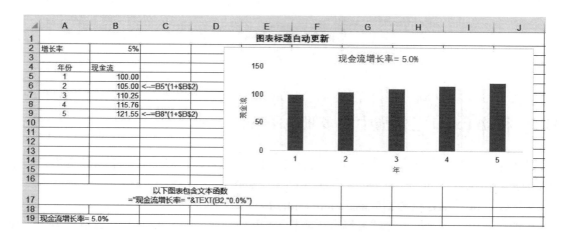

一旦我们完成了必要的步骤,改变增长率将改变图表及其标题:

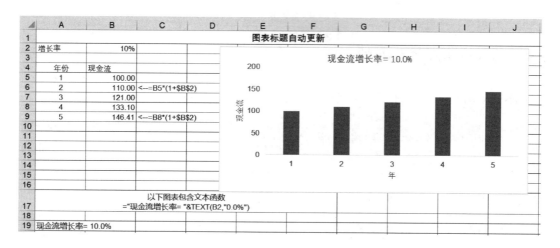

要使图表标题自动更新，请执行以下步骤：

• 以你想要的格式创建图表。给图表一个"替代标题"。（是什么并不重要；你很快就会消除它。）在这个阶段，你的图表可能是这样的：

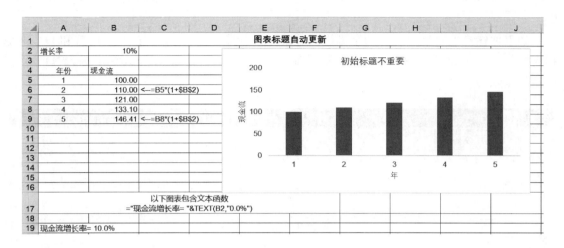

• 在单元格中创建你想要的标题。在上面的例子中，单元格 A19 包含公式：＝"现金流增长率"&TEXT(B2，"0.0％")。

• 点击图表标题来标记它，然后进入公式栏，插入一个等号来表示公式。然后用公式指向单元格 A19 并单击［Enter］键。在下图中，你可以看到图表标题高亮显示，并在公式栏中显示"＝'Chart titles auto update'！＄A＄19"表示图表的标题。

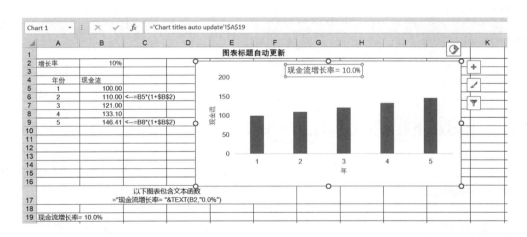

32.10 在单元格中加入希腊符号

我们如何在电子表格中输入希腊字母？

	A	B
1	单元格中的希腊字母与符号	
2	初始股票价格	30
3	均值，μ	15%
4	标准差，σ	20%
5	Delta, Dt	0.004

如果你知道希腊字母对应的字母（例如，μ 和 σ 分别是 m 和 s，而 Σ 和 Δ 是 S 和 D），这是相当简单的。例如，我们先在单元格 A5 中输入"Delta，Dt"，然后在公式栏中标记"D"，并将字体类型改为"Symbol"：

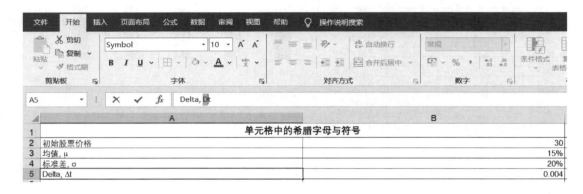

按［Enter］键将产生所需的结果。

	A	B
1	单元格中的希腊字母与符号	
2	初始股票价格	30
3	均值，μ	15%
4	标准差，σ	20%
5	Delta, Δt	0.004

32.11 上标和下标

在 Excel 中输入下标或上标不是问题。在单元格中输入文本，然后将你想要转换为下标或上标的字母标记：

	A	B
1	单元格中的上标和下标	
2	x2	

现在，点击"设置单元格格式"，选中"上标"框：

结果如下：

	A	B
1	单元格中的上标和下标	
2	x^2	
3		
4	x_i^1	不能把一个上标和一个下标放在一起

正如你在上面的 A4 单元格中所看到的，你不能将下标和上标放在同一个字母上。也就是说，不能创建 x_i^2。

32.12 命名单元格

有时给单元格起个名字是有用的。这里有一个例子：

	A	B	C
1	被命名的单元格		
2	收入	15,000	
3	税率	33%	
4	支付税金	4,950	<-=B3*B2

我们想将单元格 B3 称为"税率"。为此，我们标记单元格，然后转到工具栏上的名称框：

B3		✕	✓	fx	33%		
	A		B		C		D
1		被命名的单元格					
2	收入		15,000				
3	税率		33%				
4	支付税金		4,950	<--=B3*B2			

在突出显示的单元格 B3 上输入"税率"，我们可以在 Excel 工作薄的任何地方以这个名称引用 B3：

	A	B	C
1		被命名的单元格	
2	收入	15,000	
3	税率	33%	
4	支付税金	4,950	<--=税率*B2

有时 Excel 允许我们使用单元格名称，而不需要实际执行刚才描述的过程。在下一个例子中，Excel 允许我们使用列标题作为单元格名称：

	A	B	C	D
7	销售收入	利润率	利润	
8	1000	0.2	200	<-- =销售收入*利润率
9	5000	0.3	1500	<-- =销售收入*利润率

要管理被命名的单元格，请转到"公式"选项卡上的"名称管理器"：

32.13 （在数据表和其他地方）隐藏单元格

在本书中，我们经常隐藏数据表表头的单元格内容。这里有一个简单的数据表（这个主题在第 28 章有详细讨论）：

	A	B	C	D
1			隐藏单元格	
2	支付	100		
3	支付次数	15		
4	贴现率	15%		
5	现值	$584.74		
6				
7			支付的现值	
8	模拟运算表		584.74	<-=B5 模拟运算表表头
9		0%	1,500.00	
10		3%	1,193.79	
11		6%	971.22	
12		9%	806.07	
13		12%	681.09	
14		15%	584.74	
15		18%	509.16	
16		21%	448.90	

单元格 C8 中的模拟运算表表头是该表工作所必需的，但如果将该表复制到其他文档中，则它很难看，可能会令人困惑。要隐藏 C8 的内容，标记单元格并转到"设置单元格格式"（或单击鼠标右键）：

在"数字 | 自定义 | 类型"框中，我们放入了分号。这保留了单元格内容，但防止它们被看到。当你复制单元格时，它们会这样出现：

	A	B	C	D
1			隐藏单元格	
2	支付	100		
3	支付次数	15		
4	贴现率	15%		
5	现值	$584.74		
6				
7			支付的现值	
8	模拟运算表			<--=B5 模拟运算表表头
9			0%	1,500.00
10			3%	1,193.79
11			6%	971.22
12			9%	806.07
13			12%	681.09
14			15%	584.74
15			18%	509.16
16			21%	448.90

请注意单元格 D8 中的注释：我们建议你总是注释你的电子表格，以便当你在几周／几个月后回到它时，你将知道单元格 C8 确实有一些东西在其中！

最后一个注意事项：要隐藏包含对另一个包含公式的单元格的引用的单元格，可能需要三个分号（；；；）。在下面的电子表格中，单元格 B4 包含函数 IF。单元格 B6 引用这个单元格。为了隐藏 B6，我们在"设置单元格格式|数字|自定义|类型"中使用三个分号而不是一个分号。

	A	B	C
1		隐藏引用一个公式的单元格H	
2	a	33	
3	b	8	
4	c	bbb	<-- =IF(B2+B3<15,"aaa","bbb")
5			
6	所要隐藏的单元格 -->		<-- =B4

32.14 公式审核

Excel 可以告诉你在公式中的哪些地方使用了单元格，以及特定公式依赖于哪些单元格。点击"公式|追踪从属单元格"允许你这样做：

	A	B	C	D	E	F	G
14			定额还款计划				
15	贷款本金	10,000					
16	利率	7%					
17	贷款期限	6	<-- 还清贷款年限				
18	年还款金额	2,097.96	<--=PMT(B16,B17,-B15)				
19							
20					还款金额分割为：		
21		年	年初贷款本金	年末还款金额	利息	本金偿还	
22		1	10,000.00	2,097.96	700.00	1,397.96	
23		2	8,602.04	2,097.96	602.14	1,495.82	
24		3	7,106.23	2,097.96	497.44	1,600.52	
25		4	5,505.70	2,097.96	385.40	1,712.56	
26		5	3,793.15	2,097.96	265.52	1,832.44	
27		6	1,960.71	2,097.96	137.25	1,960.71	
28		7	0.00				

结果如下：

	A	B	C	D	E	F	G
14				定额还款计划			
15	贷款本金	10,000					
16	利率	7%					
17	贷款期限	6	<-- 还清贷款年限				
18	年还款金额	2,097.96	<--=PMT(B16,B17,-B15)				
19							
20					还款金额分割为：		
21		年	年初贷款本金	年末还款金额	利息	本金偿还	
22		1	10,000.00	2,097.96	700.00	1,397.96	
23		2	8,602.04	2,097.96	602.14	1,495.82	
24		3	7,106.23	2,097.96	497.44	1,600.52	
25		4	5,505.70	2,097.96	385.40	1,712.56	
26		5	3,793.15	2,097.96	265.52	1,832.44	
27		6	1,960.71	2,097.96	137.25	1,960.71	
28		7	0.00				

以类似的方式，我们可以检查哪些单元格被特定单元格引用：

	A	B	C	D	E	F	G
14				定额还款计划			
15	贷款本金	10,000					
16	利率	7%					
17	贷款期限	6	<-- 还清贷款年限				
18	年还款金额	2,097.96	<--=PMT(B16,B17,-B15)				
19							
20					还款金额分割为：		
21		年	年初贷款本金	年末还款金额	利息	本金偿还	
22		1	10,000.00	2,097.96	700.00	1,397.96	
23		2	8,602.04	2,097.96	602.14	1,495.82	
24		3	7,106.23	2,097.96	497.44	1,600.52	
25		4	5,505.70	2,097.96	385.40	1,712.56	
26		5	3,793.15	2,097.96	265.52	1,832.44	
27		6	1,960.71	2,097.96	137.25	1,960.71	
28		7	0.00				

编写一个良好的电子表格的一般规则是：你应该尽量避免使用没有引用或从属项的单元格，公式审核可以帮助你实现这一点。

32.15 将百万单位格式改为千

通过使用"设置单元格格式|自定义"，你可以将百万单位改为以千为单位。考察以下损益表，看看这在哪里比较方便：

	A	B
1		损益表
2	销售收入	31,235,689
3	销售成本	15,250,888
4	销售、一般和管理费用	2,356,188
5	利息	1,999,824
6	税前利润	11,628,789
7	税	4,418,940
8	税后利润	7,209,849

我们想让损益表以千为单位出现（换句话说，我们将看到 31 235 689 而不是 31 236）。以下显示了如何做到这一点：

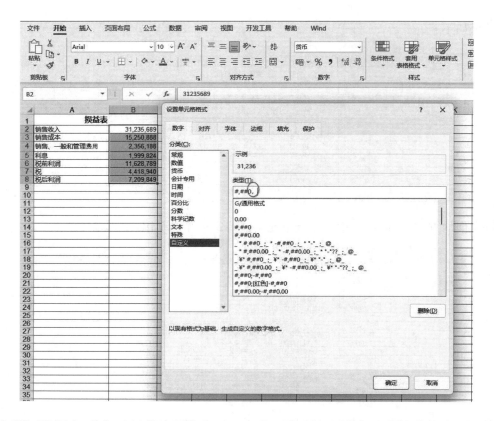

在"类型"框中,我们已经指出了"♯,♯♯0,"。最后的逗号表示我们希望 Excel 去掉数字的最后三位(并将数字四舍五入)。这仅仅是一个格式变化,实际数字没有改变:在下面的输出单元格 B10 中,我们将销售额乘以 2;结果是 62 471 378。

	A	B	C
1		损益表	
2	销售收入	31,236	
3	销售成本	15,251	
4	销售、一般和管理费用	2,356	
5	利息	2,000	
6	税前利润	11,629	
7	税	4,419	
8	税后利润	7,210	
9			
10	保留了值的单元格	62,471,378	<--=B2*2

在"类型"框中添加另一个逗号(即"♯,♯♯0,,")将会丢失另外三个数字。

32.16　Excel 的个人工作簿:将频繁使用的程序自动化

Excel 的个人工作簿允许你保存只有你才能访问的宏和过程。我们给出了这类程序的两个例子:

- 我们解释了 Excel 的"复制为图片"功能,并展示了如何将其附加到存储在个人工作簿中的宏上。这大大简化了从 Excel 复制和粘贴到 Word 的工作(本书中所有的复制/粘贴都是这样做的)。
- 我们解释了如何在个人工作簿中保存数字格式。

使用 Excel 的"复制为图片"功能

Excel 包含了一个很好的从 Excel 中复制图片的方法。这对于在没有链接的情况下将 Excel 电子表格的图片形式嵌入 Word 很有用。以下是它的工作方式:

(1) 在 Excel 中,选中要复制的区域:

	A	B	C	D	E	F	G
1							
2	方差-协方差矩阵					均值	
3	0.2000	-0.0200	0.0250	-0.0080		3%	
4	-0.0200	0.3000	0.0600	0.0030		2%	
5	0.0250	0.0600	0.4000	0.0000		8%	
6	-0.0080	0.0030	0.0000	0.5000		4%	
7							
8	常数	-1%					

(2) 在"开始"选项卡,点击"复制|复制为图片":

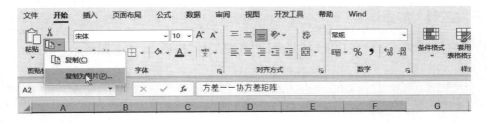

(3) 选中"如打印效果":

(4) 你现在可以去任何其他程序(Microsoft Word/PowerPoint/Outlook),并选择粘贴。结果是:你得到了电子表格的图片。

	A	B	C	D	E	F
2	方差-协方差矩阵					均值
3	0.2000	-0.0200	0.0250	-0.0080		3%
4	-0.0200	0.3000	0.0600	0.0030		2%
5	0.0250	0.0600	0.4000	0.0000		8%
6	-0.0080	0.0030	0.0000	0.5000		4%

程序自动化

我们希望将这个过程自动化：

- 将其转换为宏。
- 为这个宏附加一个快捷键（在本例中，[Ctrl]＋w）。
- 让宏和快捷键在所有的 Excel 电子表格中可用。

要做到这一点，你必须创建一个 Personal. xlsb 文件。该文件是隐藏的，但每次启动 Excel 时都会被激活。它只属于你自己——你的电子表格的其他读者不会看到它。以下是步骤：

- 激活菜单栏上的"开发工具"选项卡。
- 使用"录制宏"将宏保存为个人工作簿。
- 编辑你的个人工作簿。

激活"开发工具"选项卡

进入"文件|选项|自定义功能区"并激活"开发工具"选项卡，如下图所示：

使用"录制宏"

"开发工具"选项卡允许你使用"录制宏",并将其保存为 Personal.xlsb 工作簿的一部分。我们将以"复制为图片"功能进行说明。

(1) 打开一个空白的 Excel 工作簿,单击"开发工具"选项卡,然后单击"录制宏",如下所示:

Excel 将询问"录制宏"的细节。这是由我们填写的。请注意,我们将其保存为"个人宏工作簿",并使用快捷键:

(2) 现在转到"开始"选项卡,标记电子表格的一个区域,并选择"复制为图片"功能:

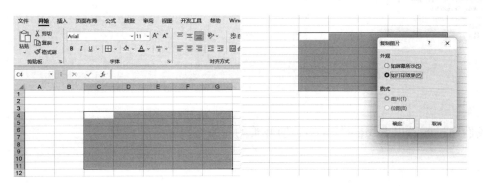

（3）回到"开发工具"选项卡并单击"停止录制"：

（4）关闭 Excel。Excel 会询问你是否想要保存个人宏工作簿。答案当然是肯定的。

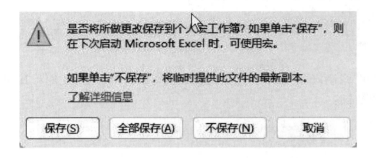

这就在你的 Excel 文件夹生成了 PERSONAL.XLSB（通常在：C：\Users\…\AppData\Roaming\Microsoft\Excel\XLSTART 下）。

编辑个人工作簿

既然保存了 PERSONAL.XLSB 文件，你就可能想编辑它。打开任意 Excel 文件，按下［Alt］＋［F11］键进入 VBA 编辑器。请注意，个人工作簿也在那里：

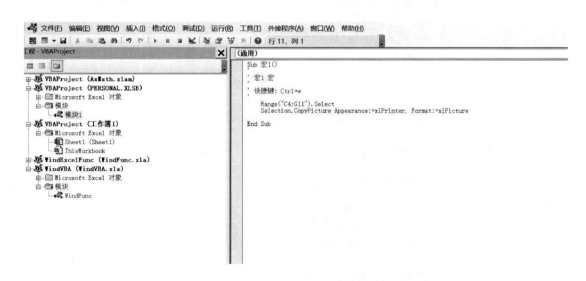

我们通过删除以 Range（"C4：G11"）开头的行来编辑：

```
Sub Macro1()
`
` Macro1 Macro
` Copy as picture
`
` Keyboard Shortcut: Ctrl+q
   Selection.CopyPicture Appearance:=xlPrinter,
   Format:=xlPicture
End Sub
```

使用宏

从现在开始,每当你打开电脑上的一个文件,你可以按下[Ctrl]+q 键复制一个区域作为图片。请注意,这个功能只在你的机器上工作,因为它在你的个人工作簿中。

32.17 快速格式化数字

我们经常希望用逗号分隔符格式化数字,而不是使用小数。例如:

	A	B	C
1	1,356.001	1,987.398	
2	3,387.3	4,458.98	

使这些数字的格式一致:
- 标记数字。
- 按[CTRL]+[SHIFT]+[1]键。这将使用千位数分隔符和两位小数来格式化单元格。

结果是:

	A	B	C
1	1,356.00	1,987.40	
2	3,387.30	4,458.98	

你可以使用相同的技巧来格式化数字,按[CTRL]+[SHIFT]+[2]键使用时间格式;按[CTRL]+[SHIFT]+[3]键使用日期格式;按[CTRL]+[SHIFT]+[4]键使用货币格式;并按[CTRL]+[SHIFT]+[5]键使用百分比格式。下面的电子表格说明了结果:

	A	B	C
1		快速格式化单元格	
2	单元格值	853.678543	
3			
4	通过以下不同按键组合得到不同格式的结果		
5	[CTRL]+[SHIFT]+[1]	853.68	<-=$B$2
6	[CTRL]+[SHIFT]+[2]	16:17	<-=$B$2
7	[CTRL]+[SHIFT]+[3]	02/May/1902	<-=$B$2
8	[CTRL]+[SHIFT]+[4]	$853.68	<-=$B$2
9	[CTRL]+[SHIFT]+[5]	85368%	<-=$B$2

33

R 编程要领

本章不打算以任何方式对如何使用 R 进行全面的讨论。因为 R 是一个开放代码程序，而且它很常见，所以在网络上有很好的资源可以这样做。[①]

在本书中，我们使用 RStudio 用 R 进行编程。我们强烈建议你习惯使用它，因为 RStudio 也是行业标准。[②]

33.1 规则 1：使用 R 函数提供的帮助信息

很多时候，在使用 R 时，你将不得不使用新的和不熟悉的函数。只要在每个函数之前加上一个"?"，R 就将返回函数的详细描述以及使用说明。例如，看看下面的 max 函数：

```
5  #33.1  using ? to get help on formula
6  max(10,12) # stand on this line and click [ctrl]+[enter] to run
7  ?max # stand on this line and click [ctrl]+[enter] to get help
```

当我们运行第 6 行，我们得到：

```
> max(10,12)
[1] 12
```

当我们运行第 7 行，我们得到：

---

① 例如，参见 Zuur、Ieno 和 Meesters(2009)。

② 参见 https://rstudio.com/。

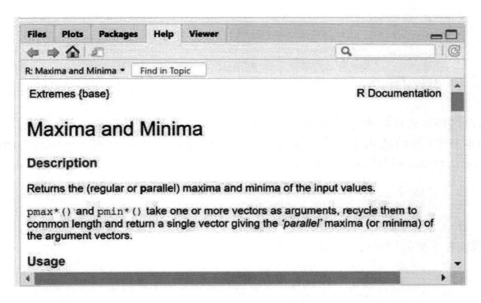

R 的这个功能非常受欢迎，强烈推荐给每个人。

33.2 安装软件包

使用 R 最好的一点可能是它是开源的，所以它的内容有很多贡献者。这意味着我们可以使用其他人编写的函数。R 提供了大量这样的软件包，你需要做的就是激活它们。因为我们有一个教学的目标，所以在本书中我们尽最大努力不使用外部包。但是，实务工作者一直在使用它们。

如果你想激活一个包并在任何你想使用它的地方加载它，只需输入：

- install.packages("package-name")——在 R 中安装一个包。如果你知道包的名字，就把它放在括号里的引号里。
- library(package-name)——当你想使用它的时候就加载它。

因此，如果我们想安装和使用非常著名的绘图包（称为 ggplot），代码将像这样：

```
 9  #Installing and using a package (ggplot)
10  install.packages("ggplot2") # click [ctrl]+[enter] to install
11  library("ggplot2") # click [ctrl]+[enter] to load
```

33.3 设置默认文件夹（工作目录）

在处理外部数据时，首先定义工作目录是很重要的。在 R 中设置一个默认文件夹被称为设置一个工作目录，它是通过以下方式完成的：

```
setwd("C:\\Users\\mofka")
```

```
13  # setting a working directory
14  setwd("C:\\Users\\Mofka")  #  "\\" is needed to specify sub-directory
```

虽然这种方法有用,但它非常烦人,因为我们需要添加两个"\"行来指定子目录。

在本书中,我们使用了一种不同的、更灵活的方法。我们使用 readline(prompt = "working directory?")提示用户输入文件路径。它看起来是这样的:

```
16  # Set working directory (better approach)
17  workdir <-readline(prompt="working directory?") # paste path below
18  setwd(workdir) #click [ctrl]+[enter] to run
```

然后,我们在下面的控制台中得到以下提示:

```
> # Set working directory (better approach)
> workdir <-readline(prompt="working directory?")
working directory?|
```

我们需要做的就是复制文件夹地址(使用文件资源管理器):

然后,我们将文件夹地址粘贴到提示问题旁边:

```
working directory?C:\Users\Mofka\My books\FM\FM5\Section 6 - Technical chapters\FM5, Chapter 33 - R
                  Essentials
```

单击[Enter]键。R 在设置 workdir 变量时,自动将"\"替换为"\\"。然后,我们只需在示例的第 18 行单击[CTRL]+[ENTER]键来设置工作目录。

33.4　理解 R 中的数据类型

以下是 R 允许你存储的基本数据类型:[1]
- Numeric:十进制数字,是数字的默认数据类型;
- Integer:整数(没有前导零);
- Complex:由 i 定义的复数;
- Logical:一个布尔对象,其值是 TRUE(也可以写作 T 或 1)或 FALSE(也可以写作 F

---

[1]　对于 Excel 用户:数据类型有点类似于单元格格式。

或 0）；

Character：一个文本对象。

R 允许你将数据存储在各种结构中。简单地说，以下是基本结构：

● Vector：单一数据类型的索引数组（可以是任何数据类型），由 c() 定义；

● List：一个包含所有数据类型和数据结构（包括表或其他列表）的索引数组，由 list() 定义；

● Matrix：一个单个数据类型的表，由 matrix() 定义；

● Data frame：由数据定义的所有数据类型（无约束）的表（数据帧）。由 frame() 定义；

● Factors：一个文本数据分类数组，由 factor() 定义。

33.5　如何从 csv 文件中读取表

要读取 csv 文件，可以使用 read.csv() 函数。以下是该函数的一些基本元素：

● file：文件的名称。该文件必须在工作目录中（参见第 33.3 节）；

● header：表是否有表头（True 或 False）；

● StringsAsfactors：当表将文本存储为 Factors 数据类型时应该为 True。数据类型有利于提高内存效率，但如果你不熟悉如何处理它们，它们可能会导致一些错误；

● colClasses：定义每个列的数据类型。

下面是我们在第 10 章中使用的读取股票数据的例子：

```
20  # read data from a csv file (taken from chapter 10)
21  monthly_prices <- read.csv("Chapt_10_data.csv", row.names = 1, stringsAsFactors = FALSE,
22                             colclasses=c("character", "double", "double"))
23  head (monthly_prices) # head presents the first part of the table
```

在这个例子中，我们定义了一个名为 monthly_prices 的表（数据帧）。该表从 csv 文件中的表中加载所有价格数据。结果是这样的：

```
> # read data from a csv file (taken from chapter 10)
> monthly_prices <- read.csv("Chapt_10_data.csv", row.names = 1, stringsAsFactors = FALSE,
+                            colClasses=c("character", "double", "double"))
> head (monthly_prices) # head presents the first part of the table
           AAPL     K
01-Dec-18 157.07 56.45
01-Nov-18 177.20 62.46
01-Oct-18 217.17 64.26
01-Sep-18 223.99 68.72
01-Aug-18 225.08 69.90
01-Jul-18 188.16 69.16
> |
```

33.6　如何将股价数据直接导入 R

股票数据可以从许多来源获得，包括雅虎（https://finance.yahoo.com/）或谷歌（https://

www.google.com/finance/）。quantmod 包提供了对这些源的轻松访问。quantmod 还为金融建模提供了许多其他有用的功能，因此我们强烈建议你使用并进一步探索它。在下面的例子中，我们将展示如何提取在第 10 章中保存为 csv 文件的数据。

```
29  ##33.6  Import stock data from finance.yahoo directly
30  # Install quantmod package
31    install.packages("quantmod")
32    library(quantmod)
33
34  start_date <- as.Date("2008-12-01") # yyyy-mm-dd
35  end_date <- as.Date("2018-12-01") # yyyy-mm-dd
36
37  # getSymbols load data directly into the global environment.
38  price_Data <- new.env()
39  ticker_symbol <- c("AAPL","K")
40  getSymbols(ticker_symbol, src = "yahoo", from = start_date, to = end_date,
41           periodicity = 'monthly', env=price_Data )
42
43  # Collect the adjusted prices of all stocks to one table
44  Stocks_Adj_Data <- do.call(merge, eapply(price_Data, Ad))
```

33.7 定义函数

在许多情况下，创建一个函数而不是多次重写程序是有效和舒适的。在蒙特卡罗章节中，我们在模拟期权定价时经常使用这种方法。函数的结构如下所示（注意需要换行）：

```
function_name <- function(inputs){
    result <- f(inputs)
    return(result)
        }
```

一旦定义了函数，我们可以简单地使用 function_name(inputs)来调用它。

在下面的两个示例中，我们将展示如何在 R 中实现这些函数。我们从一个如何将温度从华氏温度转换为摄氏温度的简单示例开始。假设我们要转换 100 华氏度。我们将使用以下公式实施此转换：摄氏度＝华氏度－$32 \times \dfrac{5}{9}$。

```
46  # First example: Convert temperatures from Fahrenheit to Celsius
47  fahr_to_celsius <- function(temp) {
48    celsius <- ((temp - 32) * (5 / 9))
49    return(celsius)
50                    }
51  fahr_to_celsius(100)
```

结果如下：

```
> fahr_to_celsius(100)
[1] 37.77778
> |
```

在第二个例子中,我们要计算永续年金的现值因子。为了实现,我们使用以下公式:
$pv_{factor} = \dfrac{1}{r-g}$。结果如下:

```
> pv_factor(0.1, 0.02)
[1] 12.5
>
```

33.8　在R中为数据绘图

实务工作者使用"ggplot2"包来绘制R中的数据。然而,R中的基本图表对于本书中的示例来说已经相当不错了(同样,我们已经尽量避免使用外部包)。然而,我们强烈建议使用ggplot2包来绘制R中的数据。

```
plot(x, y)
```

R中的基本(二维)绘图由x值和y值组成:

其他参数可以是:type:图的类型,用"l"表示直线,用"p"表示散点图,用"h"表示直方图(列)等;main:主图表标题;xlab：X坐标轴标签;ylab：Y坐标轴标签;ylim：Y坐标轴范围;xlim：X坐标轴范围。

下面的简单例子试图说明plot()在R中的使用:

```
61  # Plotting data in R
62  x <- c(100, 120, 130, 150, 200)
63  y <- c(200, 220, 270, 280, 350)
64  plot(x,y)
```

这个例子给出了:

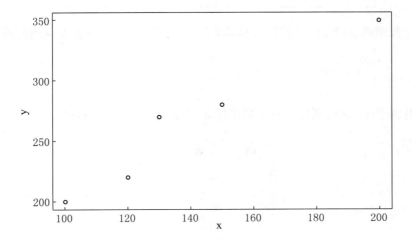

而代码

```
66  plot(x,y, main = "Y vs. X", xlab = "X variable", ylab = "Y variable")
67
```

给出：

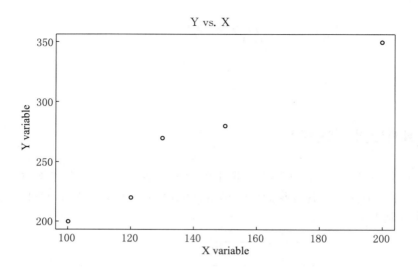

33.9 apply 函数

R 中的 apply 函数非常有用。当我们有一个表，并希望对每一行（或列）执行计算，而不是对整个表执行计算时，我们使用 apply 函数。

这相当于在 Excel 中创建一个函数，然后"拖动"它为多个行或列。apply 函数的最基本结构如下：

```
apply(X, MARGIN, FUN)
```

这里，X 是一个数组或表（矩阵/数据帧），MARGIN 是行（1）或列（2），FUN 是要应用的函数。例如：

```
apply(my_df, 1, sum)
```

在下面的例子中，我们创建了一个简单的 3×3 矩阵，看起来像这样：

	V1	V2	V3
1	1	2	3
2	4	5	6
3	7	8	9

然后，我们使用 apply 函数计算行和列的和：

```
68  #33.9  using the apply function
69  data_matrix <- matrix(c(1, 2, 3,
70                          4, 5, 6,
71                          7, 8, 9), nrow=3, byrow=TRUE)
72  row_sums <- apply(data_matrix, 1, sum)
73  colum_sums <- apply(data_matrix, 2, sum)
```

结果如下：

```
> row_sums
[1]  6 15 24
> colum_sums
[1] 12 15 18
>
```

33.10　lapply 和 sapply 函数

lapply 函数类似于 apply 函数，但它不是在数组或矩阵中执行，而是在列表中执行。实际上，这意味着你可以在多个表或其他数据结构上执行一个函数。结果，你将得到一个列表。例如，我们可以取两个矩阵的列表，并对每个矩阵应用 rowsum 函数：

```
76  #33.10  The lapply and sapply functions
77  data_matrix1 <- matrix(c(1, 2, 3,
78                           4, 5, 6,
79                           7, 8, 9), nrow=3, byrow=TRUE)
80
81  data_matrix2 <- matrix(c(2, 4, 6,
82                           8, 10, 12,
83                           14, 16, 18), nrow=3, byrow=TRUE)
84  # Create a list
85  data_list <- list(data_matrix1, data_matrix2)
86  lapply(data_list, rowSums)
```

结果是两个数组的列表：

```
> lapply(data_list, rowSums)
[[1]]
[1]  6 15 24

[[2]]
[1] 12 30 48
```

sapply 函数类似于 lapply 函数，但结果不是得到一个列表，而是得到一个矩阵。例如，我们可以在 data_list 上应用上面定义的 sapply 函数：

```
87  sapply(data_list, rowSums)
```

这将返回以下矩阵：

```
> sapply(data_list, rowSums)
     [,1] [,2]
[1,]   6   12
[2,]  15   30
[3,]  24   48
```

主要参考文献

注意：这份文献目录并非力求详尽无遗。我们列出本书提及的参考文献，并偶尔补充一些书籍和文章，以帮助读者拓宽视野，接触更深入的主题。有时，同一参考文献会在不同章节中多次出现；有时，我们会将若干章节的参考文献一并列出；而有时则仅针对单个章节给出参考文献。

第 1—5 章：公司金融与估值

Benninga, S., and T. Mofkadi. 2017. *Principles of Finance with Excel* (3rd ed.). Oxford University Press.

Benninga, S., and O. Sarig. 1997. *Corporate Finance: A Valuation Approach*. McGraw-Hill.

Benninga, S., and O. Sarig. 2003. Risk, Returns, and Values in the Presence of Differential Taxation. *Journal of Banking and Finance*.

Brealey, R. A., S. C. Myers, and F. Allen. 2013. *Principles of Corporate Finance*. 11th ed. McGraw-Hill.

Damodaran, A. 2012. *Investment Valuation: Tools and Techniques for Determining the Value of Any Asset*. 3rd ed. Wiley.

DeAngelo, H., L. DeAngelo, and D. J. Skinner. 2008. "Corporate Payout Policy." *Foundations and Trends in Finance*.

Dittmar, A. K., and R. F. Dittmar. 2004. "Stock Repurchase Waves: An Explanation of the Trends in Aggregate Corporate Payout Policy." Working paper, University of Michigan.

Fruhan, W. E. 1979. *Financial Strategy: Studies in the Creation, Transfer, and Destruction of Shareholder Value*. Irwin.

Goedhart, M., T. Koller, and D. Wessels. 2015. *Valuation: Measuring and Managing the Value of Companies*. 6th ed. Wiley.

Gordon, M. J. 1959. "Dividends, Earnings, and Stock Prices." *Review of Economics and Statistics*.

Ross, S. A., R. W. Westerfield, and J. Jaffe. 2010. *Corporate Finance*. 9th ed. McGraw-Hill.

第 6 章：租赁

Abdel-Khalik, A. R. 1981. "Economic Effects on Lessees of FASB Statement No.13, Accounting for Leases." Financial Accounting Standards Board.

Copeland, T. E., and J. F. Weston. 1982. "A Note on the Evaluation of Cancellable Operating Leases." *Financial Management*.

Financial Accounting Standards Board. 1976. "Statement No.13: Accounting for Leases." Financial Accounting Standards Board.

Franks, J. R., and S. D. Hodges. 1978. "Valuation of Financial Lease Contracts: A Note." *Journal of Finance*.

Levy, H., and M. Sarnat. 1979. "On Leasing, Borrowing, and Financial Risk." *Financial*

Management.

Lewellen, W. G., M. S. Long, and J. J. McConnell. 1979. "Asset Leasing in Competitive Capital Markets." *Journal of Finance.*

McConnell, J. J., and J. S. Schallheim. 1983. "Valuation of Asset Leasing Contracts." *Journal of Financial Economics.*

Myers, S. C., D. A. Dill, and A. J. Bautista. 1976. "Valuation of Financial Lease Contracts." *Journal of Finance.*

Ofer, A. R. 1976. "The Evaluation of the Lease versus Purchase Alternative." *Financial Management.*

Schallheim, J. S. 1994. *Lease or Buy? Principles for Sound Decision Making.* Harvard Business School Press.

第 7 章：久期和免疫

Altman, E. 1989. "Measuring Corporate Bond Mortality and Performance." *Journal of Finance.*

Altman, E., and V. M. Kishore. 1996. "Almost Everything You Wanted to Know about Recoveries on Defaulted Bonds." *Financial Analysts Journal.*

Babcock, G. 1985. "Duration as a Weighted Average of Two Factors." *Financial Analysts Journal.*

Bierwag, G. O. 1977. "Immunization, Duration, and the Term Structure of Interest Rates." *Journal of Financial and Quantitative Analysis.*

Bierwag, G. O. 1978. "Measures of Duration." *Economic Inquiry.*

Bierwag, G. O., G. G. Kaufman, R. Schweitzer, and A. Toevs. 1981. "The Art of Risk Management in Bond Portfolios." *Journal of Portfolio Management.*

Bierwag, G. O., G. G. Kaufman, and A. Toevs. 1983a. "Duration: Its Development and Use in Bond Portfolio Management." *Financial Analysts Journal.*

Bierwag, G. O., G. G. Kaufman, and A. Toevs. 1983b. *Innovations in Bond Portfolio Management: Duration Analysis and Immunization.* JAI Press.

Billingham, C. J. 1983. "Strategies for Enhancing Bond Portfolio Returns." *Financial Analysts Journal.*

Chance, D. M. 1983. "Floating Rate Notes and Immunization." *Journal of Financial and Quantitative Analysis.*

Chance, D. M. 1996. "Duration, Convexity, and Time as Components of Bond Returns." *Journal of Fixed Income.*

Chua, J. H. 1984. "A Closed-Form Formula for Calculating Bond Duration." *Financial Analysts Journal.*

Cooper, I. A. 1977. "Asset Values, Interest Rate Changes, and Duration." *Journal of Financial and Quantitative Analysis.*

Cox, J. C., J. E. Ingersoll Jr., and S. A. Ross. 1979. "Duration and the Measurement of Basis Risk." *Journal of Business.*

Cox, J. C., J. E. Ingersoll Jr., and S. A. Ross, 1981. "A Re-Examination of the Traditional Hypotheses of the Term Structure of Interest Rates." *Journal of Finance.*

Cox, J. C., J. E. Ingersoll Jr., and S. A. Ross. 1985a. "An Intertemporal General Equilibrium Model of Asset Prices." *Econometrica.*

Cox, J. C., J. E. Ingersoll Jr., and S. A. Ross. 1985b. "A Theory of the Term Structure of Interest Rates." *Econometrica*.

Fisher, L., and R. L. Weil. 1971. "Coping with the Risk of Market-Rate Fluctuations: Returns to Bondholders from Naive and Optimal Strategies." *Journal of Business*.

Gultekin, B., and R. J. Rogalski. 1984. "Alternative Duration Specifications and the Measurement of Basis Risk: Empirical Tests." *Journal of Business*.

Hicks, J. 1939. *Value and Capital*. Clarendon Press.

Ingersoll, J. E., Jr., J. Skelton, and R. L. Weil. 1978. "Duration Forty Years Later." *Journal of Financial and Quantitative Analysis*.

Leibowitz, M. L., and A. Weinberger. 1981. "The Uses of Contingent Immunization." *Journal of Portfolio Management*.

Macaulay, F. R. 1938. *Some Theoretical Problems Suggested by Movements of Interest Rates, Bond Yields, and Stock Prices in the United States since 1856*. National Bureau of Economic Research.

McCullogh, J. H. 1990. "U.S. Term Structure Data, 1946—1987." *Handbook of Monetary Economics*. Vol.1. North-Holland.

Ott, R. A., Jr. 1986. "The Duration of an Adjustable-Rate Mortgage and the Impact of the Index." *Journal of Finance*.

Redington, F. M. 1952. "Review of the Principle of Life-Office Valuations." *Journal of the Institute of Actuaries*. Reprinted in G. A. Hawawini, ed. 1972. *Bond Duration and Immunization: Early Developments and Recent Contributions*. Garland.

Samuelson, P. A. 1945. "The Effects of Interest Rate Increases on the Banking System." *American Economic Review*.

Smith, D. J. 1998. "A Note on the Derivation of Closed-Form Formulas for Duration and Convexity Statistics on and between Coupon Dates." *Journal of Financial Engineering*.

Vasicek, O. "An Equilibrium Characterization of the Term Structure." *Journal of Financial Economics*.

Weil, R. L. 1973. "Macaulay's Duration: An Appreciation." *Journal of Business*.

第 8—9 章:久期和期限结构建模

Adams, K. J., and D. R. Van Deventer. 1994. "Fitting Yield Curves and Forward Rate Curves with Maximum Smoothness." *Journal of Fixed Income*.

Altman, E. I., and A. C. Eberhart. 1994. "Do Seniority Provisions Protect Bondholders' Investments?" *Journal of Portfolio Management*.

Altman, E. I., and V. M. Kishore. 1996. "Almost Everything You Wanted to Know about Recoveries on Defaulted Bonds." *Financial Analysts Journal*.

Altman, E. I., and S. Nammacher. 1984. "The Default Rate Experience of High Yield Corporate Debt." *Financial Analysts Journal*.

Amihud, Y., and H. Mendelson. 1991. "Liquidity, Maturity, and the Yields on U.S. Treasury Securities." *Journal of Finance*.

Annaert, J., G. P. Claes, M. J. K. Ceuster, and H. Zhang. 2013. "Estimating the Spot Rate Curve Using the Nelson-Siegel Model: A Ridge Regression Approach." *International Review of Economics and Finance*.

Antonov, A., and Y. Yanakieva. 2004. "Transition Matrix Generation." International Conference on Computer Systems and Technologies.

Bakshi, G., D. B. Madan, and F. X. Zhang. 2004. "Understanding the Role of Recovery in Default Risk Models: Empirical Comparisons and Implied Recovery Rates." Unpublished working paper.

Cantor, R. 2001. "Moody's Investors Service Response to the Consultative Paper Issued by the Basel Committee on Banking Supervision and Its Implications for the Rating Agency Industry." *Journal of Banking and Finance.*

Carty, L. V., and J. S. Fons. 2003. "Measuring Changes in Corporate Credit Quality." Moody's Special Report, November.

Chacko, G. 2005. "Liquidity Risk in the Corporate Bond Markets." Working paper, Harvard Business School.

Chambers, D., W Carleton, and D. Waldman. 1984. "A New Approach to Estimation of Term Structure of Interest Rates." *Journal of Financial and Quantitative Studies.*

Cochrane, J. H. 2001. *Asset Pricing.* Princeton University Press.

Coleman, T., L. Fisher, and R. Ibbotson. n.d. *U.S. Treasury Yield Curves 1926—1994.* Moody's Investor Service.

Coleman, T. S., L. Fisher, and R. Ibbotson. 1992. "Estimating the Term Structure of Interest from Data That Include the Prices of Coupon Bonds." *Journal of Fixed Income.*

Crosbie P. J., and J. R. Bohn. 2002. *Modeling Default Risk.* KMV.

Diament, P. 1993. "Semi-Empirical Smooth Fit to the Treasury Yield Curve." *Journal of Fixed Income.*

Diebold, F. X., and C. Li. 2006. "Forecasting the Term Structure of Government Bond Yields." *Journal of Econometrics.*

Driessen, J., and F. de Jong. 2005. "Liquidity Risk Premia in Corporate Bond Markets." Discussion paper, University of Amsterdam.

Duffie, D. 1998. "Defaultable Term Structure Models with Fractional Recovery of Par." Working paper, Stanford University.

Duffie, D., and K. J. Singleton. 1997. "An Econometric Model of the Term Structure of Interest-Rate Swap Yields." *Journal of Finance.*

Duffie, D., and K. J. Singleton. 1999. "Modeling Term Structures of Defaultable Bonds." *Review of Financial Studies.*

Dynkin L., A. Gould, J. Hyman, V. Konstantinovsky, and B. Phelps. 2006. *Quantitative Management of Bond Portfolios.* Princeton University Press.

Edwards, A. K., L. E. Harris, and M. S. Piwowar. 2004. *Corporate Bond Market Transparency and Transaction Costs.* UWFC.

Fabozzi, F. J. 1996. *Bond Markets, Analysis and Strategies.* Prentice Hall.

Fama, E., and K. R. French. 1993. "Common Risk Factors in the Returns of Stocks and Bonds." *Journal of Financial Economics.*

Finger, C. C., V. Finkelstein, G. Pan, J. P. Lardy, T. Ta, and J. Tierney. 2002. "Credit-Grades Technical Document." RiskMetrics Group.

Fisher, M., and D. Zervos. 1996. "Yield Curve." In *Computational Economics and Finance: Modeling and Analysis with Mathematica*, ed. H. R. Varian. Springer.

Gebhardt W. R., S. Hvidkjaer, and B. Swaminathan. 2005. "The Cross-Section of Expected Corporate Bond Returns: Betas or Characteristics?" *Journal of Financial Economics.*

Gürkaynak, R. S., B. Sack, and J. H. Wright. 2007. "The U.S. Treasury Yield Curve: 1961 to the Present." *Journal of Monetary Economics.*

Hagan, P., and G. West. 2005. "Methods for Constructing a Yield Curve." *Wilmott Magazine*.

Hickman, W. B. 1958. *Corporate Bond Quality and Investor Experience*. Princeton University Press.

Ho, T. S. Y. 1992. "Key Rate Durations: Measures of Interest Rate Risk." *Journal of Fixed Income*.

Jafry, Y., and T. Schuermann. 2004. "Metrics for Comparing Credit Migration Matrices." *Journal of Banking and Finance*.

Jarrow, R. A. 1996. *Modeling Fixed Income Securities and Interest Rate Options*. McGraw-Hill.

Jarrow, R. A., D. Lando, and S. M. Turnbull. 1997. "A Markov Model for the Term Structure of Credit Spreads." *Review of Financial Studies*.

Jarrow, R. A., and S. M. Turnbull. 1995. "Pricing Derivatives on Financial Securities Subject to Credit Risk." *Journal of Finance*.

Lando, D. 1998. "On Cox Processes and Credit Risky Securities." *Review of Derivatives Research*.

Lando, D. 2004. *Credit Risk Modeling Theory and Applications*. Princeton University Press.

Litterman, R., and J. Scheinkman. 1991. "Common Factors Affecting Bond Returns." *Journal of Fixed Income*.

Löffler, G. 2004. "An Anatomy of Rating through the Cycle." *Journal of Banking and Finance*.

Löffler, G. 2005. "Avoiding the Rating Bounce: Why Rating Agencies Are Slow to React to New Information." *Journal of Economic Behavior and Organization*.

Longstaff, F. A. 2001. "The Flight-to-Liquidity Premium in U. S. Treasury Bond Prices." *Journal of Business*.

Longstaff, F. A., S. Mithal, and E. Neis. 2004. "Corporate Yield Spreads: Default Risk or Liquidity? New Evidence from the Credit-Default Swap Market." *Journal of Finance*.

Mann, S. V., and P. Ramanlal. 1997. "Relative Performance of Yield Curve Strategies." *Journal of Portfolio Management*.

McCulloch, J. F. 1971. "Measuring the Term Structure of Interest Rates." *Journal of Business*.

McCulloch, J. F. 1975. "The Tax-Adjusted Yield Curve." *Journal of Finance*.

Merton, R. C. 1974. "On the Pricing of Corporate Debt: The Risk Structure of Interest Rates." *Journal of Finance*.

Moody's Investors Service. 1992. "Corporate Bond Defaults and Default Rates." Moody's Special Report.

Nelson, C., and A. Siegel. 1987. "Parsimonious Modeling of Yield Curves." *Journal of Business*.

Parnes, D. 2005. "Homogeneous Markov Chain, Stochastic Economics, and Non-Homogeneous Models for Measuring Corporate Credit Risk." Working paper, University of South Florida.

Shea, G. 1984. "Pitfalls in Smoothing Interest Rate Term Structure Data: Equilibrium Models and Spline Approximations." *Journal of Financial and Quantitative Analysis*.

Shea, G. 1985. "Interest Rate Term Structure Estimation with Exponential Splines: A Note." *Journal of Finance*.

Standard & Poor's. 2020. *2019 Annual Global Corporate Default and Rating Transition Study.* https://www.maalot.co.il/Publications/TS20200504110435.pdf.

Stigum, M., and F. L. Robinson. 1996. *Money Market and Bond Calculations.* Irwin.

Subramanian, K. V. 2001. "Term Structure Estimation in Illiquid Markets." *Journal of Fixed Income.*

Suits, D. B., A. Mason, and L. Chan. 1978. "Spline Functions Fitted by Standard Regression Methods." *Review of Economics and Statistics.*

Sundaresan, S. 1997. *Fixed Income Markets and Their Derivatives.* South-Western College.

Svensson, L. E. O. 1994. "Estimating and Interpreting Forward Interest Rates: Sweden 1992—1994." Working Paper 4871. National Bureau of Economic Research.

Svensson, L. E. O. 1995. "Estimating Forward Interest Rates with the Extended Nelson & Siegel Method." *Sveriges Riksbank Quarterly Review.*

Taggart, R. A., Jr. 1996 *Quantitative Analysis for Investment Management.* Prentice-Hall.

Tuckman, B. 1996. *Fixed-Income Securities.* Wiley.

Vasicek, O., and G. Fong. 1982. "Term Structure Estimation Using Exponential Splines." *Journal of Finance.*

Yu, F. 2002. "Modeling Expected Return on Defaultable Bonds." *Journal of Fixed Income.*

第 10—13 章:投资组合计算

Bengtsson, C., and J. Holst. 2002. "On Portfolio Selection: Improved Covariance Matrix Estimation for Swedish Asset Returns." Working paper, Lund University.

Black, F. 1972. "Capital Market Equilibrium with Restricted Borrowing." *Journal of Business.*

Bodie, Z., A. Kane, and A. J. Marcus. 2011. *Investments.* 9th ed. McGraw-Hill/Irwin.

Chan, L. K. C., J. Karceski, and J. Lakonishok. 1999. "On Portfolio Estimation: Forecasting Covariances and Choosing the Risk Model." *Review of Financial Studies.*

D'Avolio, G. M. 2002. "The Market for Borrowing Stock." *Journal of Financial Economics.*

Disatnik, D., and S. Benninga. 2007. "Shrinking the Covariance Matrix—Simpler Is Better." *Journal of Portfolio Management.*

Elton, E. J., and M. J. Gruber. 1973. "Estimating the Dependence Structure of Share Prices." *Journal of Finance.*

Elton, E. J., M. J. Gruber, S. J. Brown, and W. N. Goetzmann. 2009. *Modern Portfolio Theory and Investment Analysis.* 8th ed. Wiley.

Elton, E. J., M. J. Gruber, and T. Ulrich. 1978. "Are Betas Best?" *Journal of Finance.*

Fama, E., and K. French. 1997. "Industry Costs of Equity." *Journal of Financial Economics.*

Frost, P., and Savarino, J. 1986. "An Empirical Bayes Approach to Efficient Portfolio Selection." *Journal of Financial and Quantitative Analysis.*

Green, R. C. 1986. "Positively Weighted Portfolios on the Minimum-Variance Frontier." *Journal of Finance.*

Green, R. C., and B. Hollifield. 1992. "When Will Mean-Variance Efficient Portfolios Be Well Diversified?" *Journal of Finance.*

Jensen, M. C., ed. 1972. *Studies in the Theory of Capital Markets.* Praeger.

Ledoit, O., and M. Wolf. 2003. "Improved Estimation of the Covariance Matrix of Stock Returns with an Application to Portfolio Selection." *Journal of Empirical Finance.*

Ledoit, O., and M. Wolf. 2004a. "Honey, I Shrunk the Sample Covariance Matrix." *Journal of Portfolio Management.*

Ledoit, O., and M. Wolf. 2004b. "A Well-Conditioned Estimator for Large-Dimensional Covariance Matrices." *Journal of Multivariate Analysis.*

Lintner, J. 1965. "The Valuation of Risky Assets and the Selection of Risky Investments in Stock Portfolios and Capital Budget." *Review of Economics and Statistics.*

Markowitz, H. 1952. "Portfolio Selection." *Journal of Finance.*

Merton, R. C. 1972. "An Analytic Derivation of the Efficient Portfolio Frontier." *Journal of Financial and Quantitative Analysis.*

Mossin, J. 1966. "Equilibrium in a Capital Market." *Econometrica.*

Nielsen, L. R. 1987. "Positively Weighted Frontier Portfolios: A Note." *Journal of Finance.*

Press, W. H. et al. 2007. *Numerical Recipes: The Art of Scientific Computing.* 3rd ed. Cambridge: Cambridge University Press.

Roll, R. 1977. "A Critique of the Asset Pricing Theory's Tests, Part I: On Past and Potential Test-ability of the Theory." *Journal of Financial Economics.*

Roll, R. 1978. "Ambiguity When Performance Is Measured by the Securities Market Line." *Journal of Finance.*

Sharpe, W. F. 1963. "A Simplified Model for Portfolio Analysis." *Management Science.*

Sharpe, W. F. 1964. "Capital Asset Prices: A Theory of Market Equilibrium under Conditions of Risk." *Journal of Finance.*

Surowiecki, J. 2003. "Get Shorty." *The New Yorker*, December 1.

第 14 章：事件研究

Ball, C., and W. N. Torous. 1988. "Investigating Security Price Performance in the Presence of Event Date Uncertainty." *Journal of Financial Economics.*

Binder, J. J. 1985. "On the Use of the Multivariate Regression Model in Event Studies." *Journal of Accounting Research.*

Boehmer, E., J. Musumeci, and A. B. Poulsen. 1991. "Event-Study Methodology under Conditions of Event-Induced Variance." *Journal of Financial Economics.*

Brown, S., and J. B. Warner. 1985. "Using Daily Stock Returns: The Case of Event Studies." *Journal of Financial Economics.*

Campbell, J. Y., A. Lo, and C. McKinley. 1996. *The Econometrics of Financial Markets.* Princeton University Press.

Fama, E. 1976. *Foundations of Finance.* Chapters 3 and 4. Basic Books.

Fama, E., L. Fisher, M. Jensen, and R. Roll. 1969. "The Adjustment of Stock Prices to New Information." *International Economic Review.*

MacKinlay, C. 1997. "Event Studies in Economics and Finance." *Journal of Economic Literature.* Salinger, M. 1992. "Value Event Studies." *Review of Economics and Statistics.*

Thompson, R. 1995. "Empirical Methods of Event Studies in Corporate Finance." Chapter 29 in *Finance*, ed. R. Jarrow et al. Elsevier Science B.V.

第 15 章：Black-Litterman 模型

Best, M. J., and R. R. Grauer. 1985. "Capital Asset Pricing Compatible with Observed Market Value Weights." *Journal of Finance.*

Best, M. J., and R. R. Grauer. 1991. "On the Sensitivity of Mean-Variance-Efficient Portfolios to Changes in Asset Means: Some Analytical and Computational Results." *Review of Financial Studies*.

Bevan, Andrew, and Kurt Winkelmann. 1998. "Using the Black-Litterman Global Asset Allocation Model: Three Years of Practical Experience." *Fixed Income Research*.

Black, Fischer, and Robert Litterman. 1991. "Global Asset Allocation with Equities, Bonds, and Currencies." *Fixed Income Research*.

Chopra, V. K., and W. Ziemba. 1993. "The Effect of Errors in Means, Variances, and Covariances on Optimal Portfolio Choice." *Journal of Portfolio Management*.

DeMiguel, V., L. Garlappi, and R. Uppal. 2009. "Optimal versus Naive Diversification: How Inefficient Is the 1/N Portfolio Strategy?" *Review of Financial Studies*.

He, Guangliang, and Robert Litterman. 2002. "The Intuition behind Black-Litterman Model Portfolios." https://papers.ssrn.com/sol3/papers.cfm? abstract_id=334304.

Idzorek, T. 2007. "A Step-by-Step Guide to the Black-Litterman Model: Incorporating User-Specified Confidence Levels." In *Forecasting Expected Returns in the Financial Markets*, ed. S. Satchell. Academic Press.

Jagannathan, R., and T. Ma. 2002. "Risk Reduction in Large Portfolios: A Role for Portfolio Weight Constraints." *Journal of Finance*.

Kandel, S., and R. F. Stambaugh. 1995. "Portfolio Inefficiency and the Cross-Section of Expected Returns." *Journal of Finance*.

Litterman, R. 2003. *Modern Investment Management: An Equilibrium Approach*. Wiley.

Malkiel, Burton G. 2005. "Reflections on the Efficient Market Hypothesis: 30 Years Later." *Financial Review*.

Schwartz, T. 2000. "How to Beat the S&P 500 with Portfolio Optimization." Mimeo.

Sharpe, W. F. 1974. "Imputing Expected Portfolio Returns from Portfolio Composition." *Journal of Financial and Quantitative Analysis*.

Theil, Henri. 1971. *Principles of Econometrics*. Wiley.

第 16—19 章:期权

Benninga, S., J. Stroughair, and R. Steinmetz. 1993. "Implementing Numerical Option Pricing Models." https://www.researchgate.net/profile/Simon_Benninga2/publication/5071365_Implementing_Numerical_Option_Pricing_Models/links/54857d8d0cf2437065c9d5b8/Implementing-Numerical-Option-Pricing-Models.pdf.

Bhaghat, S., J. Brickley, and U. Loewenstein. 1987. "The Pricing Effects of Interfirm Cash Tender Offers." *Journal of Finance*.

Billingsley, P. 1968. *Convergence of Probability Measures*. Wiley.

Black, F., and J. C. Cox. 1976. "Valuing Corporate Securities: Some Effects of Bond Indenture Provisions." *Journal of Finance*.

Black, F., and M. Scholes. 1973. "The Pricing of Options and Corporate Liabilities." *Journal of Political Economy*.

Bodie, Z., A. Kane, and A. J. Marcus. 2019. *Investments*. 11th ed. McGraw-Hill Education.

Brennan, M. J., and E. S. Schwartz. 1976. "The Pricing of Equity-Linked Life Insurance Policies with an Asset Value Guarantee." *Journal of Financial Economics*.

Brennan, M. J., and R. Solanki. 1981. "Optimal Portfolio Insurance." *Journal of Financial and Quantitative Analysis.*

Copeland, T. E., J. F. Weston, and K. Shastri. 2003. *Financial Theory and Corporate Policy.* Addison-Wesley.

Cox, J., and S. A. Ross. 1976. "The Valuation of Options for Alternative Stochastic Processes." *Journal of Financial Economics.*

Cox, J., S. A. Ross, and M. Rubinstein. 1979. "Option Pricing: A Simplified Approach." *Journal of Financial Economics.*

Cox, J., and M. Rubinstein. 1985. *Options Markets.* Prentice-Hall.

Cvitanić, J., Z. Wiener, and F. Zapatero. 2006. "Analytic Pricing of Employee Stock Options." *Review of Financial Studies.*

Gatto, M. A., R. Geske, R. Litzenberger, and H. Sosin. 1980. "Mutual Fund Insurance." *Journal of Financial Economics.*

Haug, E. G. 2006. *The Complete Guide to Option Pricing Formulas.* 2nd ed. McGraw-Hill.

Hull, J. 2017. *Options, Futures, and Other Derivatives.* 10th ed. Pearson.

Hull, J., and A. White. 2004. "How to Value Employee Stock Options." *Financial Analysts Journal.*

Jacobs, B. 1983. "The Portfolio Insurance Puzzle." *Pensions and Investment Age.*

Jacques, W. E. 1987. "Portfolio Insurance or Job Insurance?" *Financial Analysts Journal.*

Jarrow, R. A., and A. Rudd. 1983. *Option Pricing.* Irwin.

Knuth, D. E. 1981. *The Art of Computer Programming.* Vol.2: *Seminumerical Algorithms.* Addison-Wesley.

Leland, H. E. 1980. "Who Should Buy Portfolio Insurance?" *Journal of Finance.*

Leland, H. E. 1985. "Option Pricing and Replication with Transaction Costs." *Journal of Finance.*

Merton, R. C. 1973. "Theory of Rational Option Pricing." *Bell Journal of Economics and Management Science.*

Merton, R. C. 1976. "Option Pricing When Underlying Stock Returns Are Discontinuous." *Journal of Financial Economics.*

Omberg, E. 1987. "A Note on the Convergence of Binomial-Pricing and Compound-Option Models." *Journal of Finance.*

Pozen, R. C. 1978. "When to Purchase a Protective Put." *Financial Analysts Journal.*

Press, W. H., B. P. Flannery, S. A. Teukolsky, and W. T. Vetterling. 2007. *Numerical Recipes: The Art of Scientific Computing.* 3rd ed. Cambridge University Press.

Rubinstein, M. 1985. "Alternative Paths to Portfolio Insurance." *Financial Analysts Journal.*

Rubinstein, M., and H. E. Leland. 1981. "Replicating Options with Positions in Stock and Cash." *Financial Analysts Journal.*

Taleb, N. N. 1997. *Dynamic Hedging: Managing Vanilla and Exotic Options.* John Wiley & Sons.

第 20 章:实物期权

Amram, M., and N. Kulatilaka. 1998. *Real Options: Managing Strategic Investment in an Uncertain World.* Harvard Business School Press.

Benninga, S., and E. Tolkowsky. 2002. "Real Options—An Introduction and an Application to R&D Valuation." *Engineering Economist.*

Dixit, A. K., and R. S. Pindyck. 1995. "The Options Approach to Capital Investment." *Harvard Business Review*.

Kellogg, D., and J. M. Charnes. "Real-Options Valuation for a Biotechnology Company." *Financial Analysts Journal*.

Luehrman, T. A. 1998. "Investment Opportunities as Real Options: Getting Started on the Numbers." *Harvard Business Review*.

Trigeorgis, L. 1993. "Real Options and Interactions with Financial Flexibility." *Financial Management*.

Trigeorgis, L. 1996. *Real Options: Managerial Flexibility and Strategy in Resource Allocation*. MIT Press.

第 21—27 章:蒙特卡罗方法

Abramowitz, M., and I. A. Stegun. 1972. *Handbook of Mathematical Functions with Formulas, Graphs, and Mathematical Tables*. National Bureau of Standards.

Acworth, P., M. Broadie, and P. Glasserman. 1996. "A Comparison of Some Monte Carlo and Quasi-Monte Carlo Techniques for Option Pricing." In *Monte Carlo and Quasi-Monte Carlo Methods*, ed. H. Niederreiter et al. Springer.

Baker, N. L., and R. A. Haugen. 2012. "Low Risk Stocks Outperform within All Observable Markets of the World." http://ssrn.com/abstract=2055431.

Barone-Adesi, G., and R. E. Whaley. 1987. "Efficient Analytic Approximation of American Option Values." *Journal of Finance*.

Beder, T. 1996. "VAR: Seductive but Dangerous." *Financial Analysts Journal*.

Benninga, S., and M. Blume. 1985. "On the Optimality of Portfolio Insurance." *Journal of Finance*.

Borwein, J. M., P. B. Borwein, and J. H. Bailey. 1989. "Ramanujan, Modular Equations, and Approximations to Pi or How to Compute One Billion Digits of Pi." *American Mathematical Monthly*.

Box, G. E. P., and M. E. Muller. 1958. "A Note on the Generation of Random Normal Deviates." *Annals of Mathematical Statistics*.

Boyle, P. P. 1977. "Options: A Monte Carlo Approach." *Journal of Financial Economics*.

Boyle, P. P., M. Broadie, and M. Glasserman. 1997. "Monte Carlo Methods for Security Pricing." *Journal of Economic Dynamics and Control*.

Boyle, P. P., and S. H. Lau. 1994. "Bumping Up against the Barrier with the Binomial Method." *Journal of Derivatives*.

Boyle, P. P., and Y. K. Tse. 1990. "An Algorithm for Computing Values of Options on the Maximum or Minimum of Several Assets." *Journal of Financial and Quantitative Analysis*.

Boyle, P. P., and T. Vorst. 1992. "Option Replication in Discrete Time with Transaction Costs." *Journal of Finance*.

Broadie, M., and P. Glasserman. 1997. "Pricing American-Style Securities Using Simulation." *Journal of Economic Dynamics and Control*.

Broadie, M., P. Glasserman, and G. Jain. 1997. "Enhanced Monte Carlo Estimates for American Option Prices." *Journal of Derivatives*.

Broadie, M., P. Glasserman, and S. Kou. "A Continuity Correction for Discrete Barrier Options." *Mathematical Finance*.

Cox, J., S. A. Ross, and M. Rubinstein. 1979. "Option Pricing: A Simplified Approach." *Journal of Financial Economics*.

Cremers, M., A. Petajisto, and E. Zitzewitz. 2010. "Should Benchmark Indices Have Alpha? Revisiting Performance Evaluation." American Finance Association(AFA) Atlanta Meetings Paper.

Dupire, B. 1998. *Monte Carlo Methodologies and Applications for Pricing and Risk Management*. Risk Books.

Finger, C. C., V. Finkelstein, G. Pan, J. P. Lardy, T. Ta, and J. Tierney. 2002. "Credit-Grades Technical Document." RiskMetrics Group.

Frazzini, A., and L. H. Pedersen. 2012. "Betting against Beta." Swiss Finance Institute Research Paper No.12—17. http://ssrn.com/abstract=2049939.

Fu, M., S. B. Laprise, D. B. Madan, Y. Su, and R. Wu. 2001. "Pricing American Options: A Comparison of Monte Carlo Simulation Approaches." *Journal of Computational Finance*.

Galanti, S., and A. Jung. 1997. "Low-Discrepancy Sequences: Monte Carlo Simulation of Option Prices." *Journal of Derivatives*.

Gamba, Andrea. 2002. "Real Options Valuation: A Monte Carlo Approach." Faculty of Management, University of Calgary Working Paper 2002/3.

Gentle, J. E. 1998. *Random Number Generation and Monte Carlo Methods*. Springer.

Glasserman, P. 2004. *Monte Carlo Methods in Financial Engineering*. Springer.

Grant, D., G. Vora, and D. E. Weeks. 1996a. "Path-Dependent Options: Extending the Monte Carlo Simulation Approach." *Management Science*.

Grant, D., G. Vora, and D. E. Weeks. 1996b. "Simulation and Early-Exercise of Option Problem." *Journal of Financial Engineering*.

Haugh, M. 2004. "The Monte Carlo Framework, Examples from Finance and Generating Correlated Random Variables." www.columbia.edu/~mh2078/MCS04/MCS_framework_FEegs.pdf.

Haugh, M. B., and L. Kogan. 2008. "Duality Theory and Approximate Dynamic Programming for Pricing American Options and Portfolio Optimization." In *Handbooks in Operational Research and Management Science*(Vol.15), ed. J. R. Birge and V. Linetsky. Elsevier.

Heynen, R. C., and H. M. Kat. 1994a. "Crossing Barriers." *Risk*.

Heynen, R. C., and H. M. Kat. 1994b. "Partial Barrier Options." *Journal of Financial Engineering*.

Holton, G. A. 2014. *Value-at-Risk: Theory and Practice*. 2nd ed. Self-published ebook, www.value-at-risk.net.

Hong, H. G., and D. A. Sraer. 2012. "Speculative Betas." National Bureau of Economic Research Working Paper 18548.

Itô, K. 1944. "Stochastic Integral." *Proceedings of the Imperial Academy*.

Itô, K. 1951. "On Stochastic Differential Equations." *Memoirs of the American Mathematical Society*.

Jorion, P. 1997. *Value at Risk: the New Benchmark for Controlling Market Risk*. McGraw-Hill.

Kanigel, R. 1991. *The Man Who Knew Infinity: A Life of the Genius Ramanujan*. Scribner. Reprint, Washington Square Press, 2016.

Knuth, D. E. 1981. *The Art of Computer Programming*. Vol.2: *Seminumerical Algorithms*. Addison-Wesley.

Kou，S. G. 2003. "On Pricing of Discrete Barrier Options." *Statistica Sinica*.

Lehmer，D. H. 1951. "Mathematical Methods in Large-Scale Computing Units: Proceedings of the 2nd Symposium on Large-Scale Digital Calculating Machinery." In *Annals of the Computational Laboratory of Harvard University*. Harvard University Press.

Linsmeier，T. J.，and N. D. Pearson. 2000. "Risk Measurement: An Introduction to Value at Risk." *Financial Analysts Journal*.

Longstaff，F. A.，and E. S. Schwartz. 2001. "Valuing American Options by Simulation: A Simple Least-Squares Approach." *Review of Financial Studies*.

Protter，P. E. 2005. *Stochastic Integration and Differential Equations*. 2nd ed. Springer.

Raymar，S. B.，and M. J. Zwecher. 1997. "Monte Carlo Estimation of American Call Option on the Maximum of Several Stocks." *Journal of Derivatives*.

RiskMetrics. 1995. "Introduction to RiskMetrics." This and other documents can be found at www.riskmetrics.com/techdoc.html.

Rogers，L. C. G. 2002. *Monte Carlo Valuation of American Options*. Mathematical Finance.

Tavella，D. 2002. *Quantitative Methods in Derivatives Pricing—An Introduction to Computational Finance*. Wiley.

Tezuka，S. 1998. "Financial Applications of Monte Carlo and Quasi-Monte Carlo Methods." In *Random and Quasi-Random Point Sets*，ed. P. Hellekalek and G. Larcher. Springer.

Tilley，J. A. 1998. "Valuing American Options in a Path Simulation Model." In *Monte Carlo*，ed. B Dupire. Risk Books. Originally published in 1993.

Tsitsiklis，J. N.，and B. Van Roy. 2001. "Regression Methods for Pricing Complex American-Style Options." *IEEE Transactions on Neural Networks*.

Uhlenbeck，G. E.，and L. S. Ornstein. 1930. "On the Theory of the Brownian Motion." *Physical Review*.

Willard，G. A. 1997. "Calculating Prices and Sensitivities for Path-Independent Derivative Securities in Multifactor Models." *Journal of Derivatives*.

第 33 章：R 编程要领

Zuur，A. F.，E. N. Ieno，and E. H. W. G. Meesters. 2009. *A Beginner's Guide to R*. Springer.

图书在版编目(CIP)数据

财务金融建模：用 Excel 和 R：第五版 /（美）西蒙·
本尼卡，（美）塔尔·莫夫卡迪著；陈代云译. -- 上海 ：
格致出版社 ：上海人民出版社，2025. --（高级金融学
译丛）. -- ISBN 978-7-5432-3647-9

Ⅰ. F276.6-39

中国国家版本馆 CIP 数据核字第 202557UF16 号

责任编辑　程筠函　周天歌
装帧设计　人马艺术设计·储平

高级金融学译丛

财务金融建模(第五版)
——用 Excel 和 R

[美]西蒙·本尼卡　塔尔·莫夫卡迪　著

陈代云　译

出　　　版　格致出版社
　　　　　　　上海人民出版社
　　　　　　　(201101　上海市闵行区号景路 159 弄 C 座)
发　　　行　上海人民出版社发行中心
印　　　刷　浙江临安曙光印务有限公司
开　　　本　787×1092　1/16
印　　　张　42.5
插　　　页　1
字　　　数　1024,000
版　　　次　2025 年 6 月第 1 版
印　　　次　2025 年 6 月第 1 次印刷
ISBN 978-7-5432-3647-9/F·1614
定　　　价　188.00 元

上海市版权局著作权合同登记号：图字 09-2024-0063

高级金融学译丛

财务金融建模:用 Excel 和 R(第五版)
[美]西蒙·本尼卡 塔尔·莫夫卡迪/著 陈代云/译

资产管理:工具和问题
[美]弗兰克·J.法博齐 等/著 俞卓菁/译

项目融资:分析和构建项目
[美]卡梅尔·F.德·纳利克 弗兰克·J.法博齐/著 俞卓菁/译

项目融资:金融工具和风险管理
[美]卡梅尔·F.德·纳利克 弗兰克·J.法博齐/著 俞卓菁/译

机构资产管理基础
[美]弗兰克·J.法博齐 弗朗西斯科·A.法博齐/著 俞卓菁/译

金融计量学:模型和方法
[英]奥利弗·林顿/著 陈代云/译

金融计量经济学导论(第三版)
[英]克里斯·布鲁克斯/著 王鹏/译

固定收益数学:分析与统计技术(第四版)
[美]弗兰克·J.法博齐/著 俞卓菁/译

金融工具手册
[美]弗兰克·J.法博齐/编著 俞卓菁/译

投资组合的构建和分析方法
[美]德西丝拉娃·A.帕查马诺瓦 弗兰克·J.法博齐/著
郭杰群 等/译

金融经济学原理(第二版)
[美]斯蒂芬·F.勒罗伊 简·沃纳/著 钱晓明/译

固定收益建模
[丹]克劳斯·芒克/著 陈代云/译

信用风险定价模型:理论与实务(第二版)
[德]贝尔恩德·施密德/著 张树德/译

公司违约风险测度
[美]达雷尔·达菲/著 王蕾/译

信用风险:建模、估值和对冲
[美]托马斯·R.比莱茨基 等/著 唐齐鸣 等/译

数理金融基准分析法
[澳]埃克哈特·布兰顿 等/著 陈代云/译

衍生证券教程:理论和计算
[美]克里·贝克/著 沈根祥/译